激进之鉴

—— 从战争实践看美军军种联合

张书恒 著

武汉大学出版社

图书在版编目(CIP)数据

激进之鉴:从战争实践看美军军种联合/张书恒著.—武汉:武汉大学出版社,2025.7

ISBN 978-7-307-24357-6

Ⅰ.激… Ⅱ.张… Ⅲ.军事战略—研究—美国 Ⅳ.E712

中国国家版本馆 CIP 数据核字(2024)第 075518 号

审图号:GS 粤(2025)0394 号

责任编辑:蒋培卓　　　责任校对:杨　欢　　　版式设计:马　佳

出版发行:**武汉大学出版社**　(430072　武昌　珞珈山)
　　　　　(电子邮箱:cbs22@whu.edu.cn　网址:www.wdp.com.cn)
印刷:武汉中科兴业印务有限公司
开本:720×1000　1/16　　印张:24.75　　字数:481 千字　　插页:1
版次:2025 年 7 月第 1 版　　2025 年 7 月第 1 次印刷
ISBN 978-7-307-24357-6　　定价:99.00 元

版权所有,不得翻印;凡购我社的图书,如有质量问题,请与当地图书销售部门联系调换。

目 录

绪论 ·· 1
  兵种的产生 ·· 1
  由兵种到军种 ··· 3
  美军的军种及其军种联合 ·· 8
  本书研究目的与内容 ·· 11

第一章 美国独立战争：军种联合萌芽的出现(1765—1815) ······················· 13
  独立战争爆发与大陆军的产生 ·· 14
  战争催生联合的萌芽 ··· 17
  美国海军的建立 ··· 22
  文官治军制度的初步形成 ··· 26
  1812 年美英战争 ··· 30
  本章小结 ·· 36

第二章 内战与扩张：现代军种的逐步建立(1815—1918) ························· 38
  军事职业化的开端 ··· 38
  南北战争 ·· 43
  不断扩张的年代 ··· 53
  现代军种的诞生 ··· 59
  第一次世界大战 ··· 62
  本章小结 ·· 68

第三章 第二次世界大战：军种在矛盾争斗中联合(1918—1945) ··············· 70
  两次大战之间的军种联合 ··· 70

防御退却军种联合不力 ………………………………………… 75
　　对峙转折调整军种部署 ………………………………………… 79
　　战略反攻军种争中有联 ………………………………………… 85
　　欧洲战场的盟国联军实践 ……………………………………… 93
　　本章小结 ………………………………………………………… 99

第四章　朝鲜战争时期：军种联合统而难合（1945—1953） ……… 101
　　军种的发展与统一指挥 ………………………………………… 101
　　"联合国军"的初期防御 ………………………………………… 106
　　军种联合实施仁川登陆 ………………………………………… 115
　　遭遇中国军队的反击 …………………………………………… 120
　　联合空中绞杀战的失败 ………………………………………… 126
　　本章小结 ………………………………………………………… 130

第五章　身陷越战泥潭：军种联合步履维艰（1953—1972） ……… 132
　　战略不定中的军种发展 ………………………………………… 132
　　"特种战争"多样化支援 ………………………………………… 137
　　"局部战争"无序的联合 ………………………………………… 141
　　导弹战与电磁空间的对抗 ……………………………………… 154
　　"扩大战争"草草收场 …………………………………………… 158
　　本章小结 ………………………………………………………… 162

第六章　越战后的沉沦：美军痛定思痛大改革（1972—1986） …… 164
　　越战后的沉沦与改革 …………………………………………… 164
　　中东折戟信心再遭挫 …………………………………………… 171
　　"空地一体战"牵动军力提升 …………………………………… 176
　　80年代中后期的对外用兵 ……………………………………… 181
　　联合作战体制基本成型 ………………………………………… 188
　　本章小结 ………………………………………………………… 191

第七章　称雄海湾战场：军种联合走向成熟（1986—1991）……194
　　战前形势与高技术优势……194
　　快速建立联合防御体系……198
　　转入进攻部署与临战行动……203
　　"非接触"联合空中作战……209
　　100小时联合地面进攻……216
　　本章小结……224

第八章　再逞巴尔干半岛：军种联合技术驱动（1991—1999）……226
　　信息技术催生新军事革命……226
　　联合作战理论的迅猛发展……231
　　巴尔干危机与北约军事部署……234
　　海空联合毁瘫南联盟军战力……243
　　全面狂轰滥炸瓦解军心士气……247
　　本章小结……257

第九章　"持久自由"行动：军种联合走向深入（1999—2001）……259
　　谋求联合作战体系创新……259
　　"9·11"事件与反恐战争部署……265
　　"持久自由行动"战略空袭……271
　　军种联合城市进攻作战……275
　　空地联合清剿"基地"残余……281
　　本章小结……287

第十章　伊拉克自由行动：军种联合阶段跃升（2001—2003）……289
　　打造信息优势与网络中心战……289
　　未雨绸缪展开"倒萨"准备……295
　　多方向多样式发起战争行动……302
　　"震慑"行动空地一体推进……305

目 录

  "雷霆"行动联军轻取巴格达 ·············· 315
  本章小结 ·············· 321

第十一章 伊战后用兵：军种联合激进而迷茫（2003 年以后） ·············· 323
  部队信息化转型中途夭折 ·············· 323
  后阿富汗战争胜负孰评 ·············· 329
  中东北非四处用兵 ·············· 338
  军事战略调整与再次转型 ·············· 345
  从"多域战"到"全域战" ·············· 348
  本章小结 ·············· 354

第十二章 总结与展望 ·············· 356
  历程总结 ·············· 356
  几点展望 ·············· 370

附录 大事记 ·············· 378

部分参考文献 ·············· 386

后记 ·············· 389

绪　　论

人类社会发展历程始终与战争如影随形。为了通过暴力迫使对方服从己方的意志，人们总是想尽办法制作出各种武器并把它们灵活而有序地组织起来，使战争日趋复杂并上升为一门艺术。联合作战便是人类社会发展到一定阶段而创造的战争艺术。从长达5500年的世界军事历史维度看，联合作战经历了兵种产生、军种产生进而走向军种联合的漫长演化过程，而真正具有现代意义的军种联合却仅发展了100余年时间，其中，美军的军种联合最值得我们关注和研究。

兵种的产生

兵种的产生最早可以追溯到人类文明诞生的初期。由于各种武器的发明与使用，出现了使用这些不同武器的早期兵种。公元前3500—前2000年间，随着炼铜技术的发展，在埃及和两河流域产生了第一批新式兵器：战斧、锤矛和剑。当时的军队通常由手持矛或战斧和盾的步兵再配上一些投石兵和弓箭兵组成，所以，步兵当之无愧是人类战争史上第一个兵种。大约在公元前2500年，战马首次被引入两河流域的苏美尔，在公元前1700—前1200年骑兵逐渐形成，但这一阶段由于马鞍和马镫还未发明，限制了骑兵的作用，直到公元500年以后的封建战争才真正进入骑兵主导的时代。在公元前700年左右，战车兵逐渐演变成陆战场上的主要突击兵种。随着兵器制造技术发展和作战需要，早期兵种又进一步分化产生轻装步兵、重装步兵、重装骑兵、弓箭骑兵、战象兵以及舟兵等。兵种的多样化使战争内容变得更加丰富，战争的胜负也更具不确定性。公元前499—前449年，训练有素、纪律严明的希腊重装步兵在两次希波战争中战胜数量占绝对优势的强大波斯军队，使独具特色的希腊文明得以延续。据记载，远在亚欧大陆东部的中国在夏朝开始有了步兵和车兵等兵种，比中东早期兵种要晚1000多年，但到公元前600年左右，中国的战争艺术已明显优于中东。

技术的革新使武器装备不断发展，进而推动兵种的演化，落后的兵种被淘汰，更具作战效率的新兵种产生，兵种战术也会呈现新的时代特征。到十九世纪初，代表火器时代发展顶峰的拿破仑战争时期，形成了陆战中具有现代意义的三个主要兵种：步兵、骑兵和炮兵。早期步兵与这一时期的步兵已不能相提并论。滑膛枪的运用使士兵能够有效射杀40码以外的敌人，传统方阵直接厮杀已经被横队密集火力射击所代替，另外，还有灵活的散兵用来骚扰准备进攻的敌人。骑兵也装备了火枪，但数量有限，在战场上发挥了次要作用。炮兵开始展现"战争之神"的威力，利用马匹的牵引快速灵活部署，对机动速度有限的敌方步兵队形产生巨大杀伤作用。进入工业时代以后，随着各种专业技术运用于战争，又进一步出现了多种门类的兵种，包括装甲兵、航空兵、防空兵、潜艇兵、岸防兵、工程兵、通信兵、防化兵，等等。这些兵种中既有直接参与作战的战斗兵种，也有担负支援任务的各类专业兵种。

　　综合来看，兵种通常有两个基本特征：一是使用特定的武器装备；二是担负特定的作战任务，在战场上发挥特定的作用。由于每一种武器既具有自身独特的作战优势，又不可避免存在弱点，因此，兵种一经产生就必然要走向联合。轻装步兵比重装步兵有更好的机动性，而重装骑兵的冲击力有利于瓦解敌方士气。弓箭兵可以在数百码外放出高抛物线的箭从上部攻击敌人，破坏对方的阵形，但近身搏杀能力很弱。在西方古代战争艺术中，兵种联合首先体现在对各兵种的混合编组运用上：通常，各兵种按一定的作战队形排列成军阵，步兵方阵在军阵的中间，战车和骑兵方阵位于左右两侧，大批轻装弓箭兵和投石兵站在最前面。战斗中，各兵种有序展开联合行动。先是由弓箭兵和投石兵对敌军队形进行远距离射击，以掩护正规部队展开，重装步兵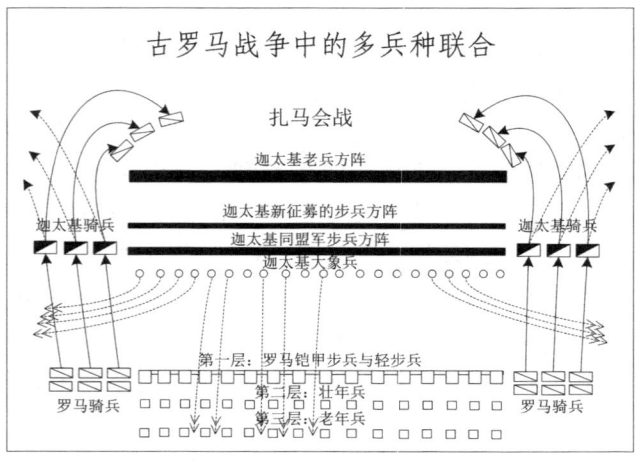方阵正面接敌后，轻装步兵尽量寻机袭击敌方阵的侧翼和后部。战车兵和骑兵始终保持在敌方侧翼相对位置，必要时，发动快速突击，以强大的冲击力冲散敌方队形，给敌方造成很大的心理震撼。随后，战斗可能会变为一方的溃逃和另一方的追杀，直到一方彻底崩溃。

　　多兵种的联合还渗透在军队的体制编制中。称雄欧亚大陆的罗马军团就是将多兵种合理编组，形成优势互补的战斗组织。一个古罗马军团相当于现代军队的一个师，由十个大队组成，有4500~5000名士兵，其中包括300名骑兵。每个古罗马军团配有一个联合军团，两者的组织体制相同，不过联合军团的骑兵通常有600人，一个古罗马军团和联合军团合起来相当于现代的一个军，有9000~10000人，骑兵共计900人①。在近代战争中，拿破仑也率先认识到步兵、骑兵、炮兵联合作战的重要性，大胆进行军队组织结构的改革，他将步兵、骑兵和炮兵混合编组成只有几千人的称之为"师"的小型军队，它既可以独立行动，又可以与其他师联合作战，后又将"师"合并为"军"，这种以"师"为单位的多兵种混合编制一直沿用至今，成为现代陆上多兵种合成作战的基础。克劳塞维茨在《战争论》中明确指出三个兵种的联合在战争中可以更充分地发挥力量，并对这一时期步兵、骑兵、炮兵的数量比例进行过总结，提出骑兵、步兵比例通常要在1∶3至1∶6之间，而步、炮兵比例至少要达到每千人两门或三门火炮的比例②。

由兵种到军种

什么是军种？曾任美军参谋长联席会议主席的马克斯威尔·D.泰勒有过解释："陆、海、空军乃是国防部中分别负责提供在陆、海、空环境中顺利执行持久战斗任务所必需的军事力量的军种。③"这个解释很明显是从作战空间角度来划分军种类别的。还有文献对军种的定义是："按主要作战领域和主战兵种对军队构成成分划分的基本种类。通常分为陆军、海军、空军。"该定义只强调了按"主要作战领域"，没有强调按"作战空间"界定，也就是说，军种的划分并不完全以作战空间为标准。从当前世界各国军队现实情况看，军种的划分主要是按作战空间划分，但并非完全按此标准，需要考虑更多复杂的因素。

无论如何划分军种，有一点可以确定，军种是由兵种发展而来，并经历了较漫长的演化过程。军种起源于兵种，形成的标志则是多维作战空间的划分。陆军是最早产生的军种，由早期各类地面作战兵种构成。海军的产生最早也可以追溯到公元前500年。当时，控制着世界上最繁华海域的古希腊海上舰队拥有高超的操船技巧和撞击战术，让强大的波斯帝国只能望洋兴叹。中国春秋战国时期的吴国、越国、楚国和齐国也都编有水军。据《太白阴经》记载，"水战具，始于伍员。以舟为车，以楫为马"④。中国古代水军始自伍子胥以舟船当车马，主要局

---

① 哈珀-柯林斯：《世界军事历史全书》，中国友谊出版公司1998年版，第62页。
② 克劳塞维茨：《战争论》，解放军出版社1996年版，第281页。
③ 马克斯威尔·D.泰勒：《音调不定的号角》，世界知识出版社1964年版，第124页。
④ 谢志宁，陈爽译注：《白话太白阴经》，气象出版社1992年版，第154页。

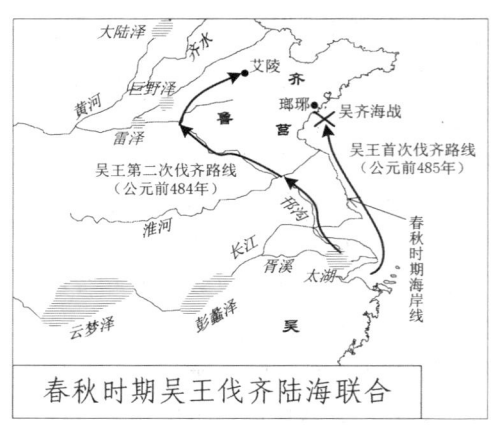

春秋时期吴王伐齐陆海联合

限在大江内河作战，但也有吴齐海战这样的海战记录。总的来讲，尽管军种产生的历史可以追溯很远，但明确的陆军、海军的军种概念却是在近代才逐渐形成。推进现代军种形成的关键因素是海军的独立成军，海军与陆军并列成为国家武装力量的两大支柱。按照系统论的观点，兵种演化生成军种是战争系统"从低度有序到高度有序，从简单到复杂"①的进化，是战争系统众多内因与外因综合作用的必然结果。十六世纪，随着大航海时代的到来，西欧沿海强国为了谋求海上霸权拓展海外贸易，大力发展海上作战力量，海权成为支撑国家发展的关键因素。同时，火药在军事领域的运用导致舰载火炮的发明，从而创新了海上作战模式，使海战更具威力和独特性，海军逐渐从辅助性支援力量演变为维护国家安全与利益的支撑力量，英国、法国、西班牙和荷兰开始建立常备海军。自此，依据陆地和海洋两个作战空间域划分武装力量成为世界各国建军原则，现代意义上的陆军与海军两大军种应运而生。例如，英国作为近代海上强国，经过数百年的海上征战，逐步将海上军民混合的舰队发展成为正规化的海军。1509年4月，英王亨利八世继位后成立了海军局。1660年5月，查理二世继位，恢复君主制，正式建立英国皇家海军。1661年1月，英国陆军正式创立。1683年，威廉·布拉瑟威特担任英陆军大臣后组建了陆军部，负责对英国陆军的行政管理。②

通常，一个军种可包含若干个兵种，但不能简单地说军种就是若干兵种的总和。军种区别于兵种有三个比较突出的特征：一是通常能统御某一个作战空间域。这里作战空间域指的是武装力量实施作战时的主要活动空间，统御则是指对该作战空间域的支配和掌控。现代军种产生的初期，军种的基本任务就是对所属作战空间域的掌控。例如，海军掌握制海权是对某一海域的统御，空军夺取制空权是对某一空域的统御。而这种统御能力是单由某一个兵种所不能达到的。二是必须在一个国家的武装力量中起到支撑作用。何为支撑作用？就是在国家武装力量中，如果有这支军种力量，不仅可以保障在一个领域拥有军事能力，而且能够有效地保障国家安全或国家在某领域的安全。三是必须有完整配套的兵力装备体

---

① 苗东升：《系统科学精要》，中国人民大学出版社2016年版，第48页。
② 阿伦·马林森：《英国陆军史》，广西师范大学出版社2013年版，第41页。

系和作战能力生成路径。不同的军种由于活动领域不同，所使用的主战武器装备差异明显，各军种武器装备有其特定的研发、试验、生产、定型、列装的要求，形成了特定的领导管理与体制编制，同时，在人才培养、作战训练方面也有特定的方式方法，每个军种自成体系且互有差异。根据这三个特征，当前世界各国通常将武装力量划分为陆、海、空三个军种。但是，各国依据本国国情军情还有一些特殊的军种分类。例如，美军把海军陆战队列为一个军种并由海军部领导管理。这是由于美军在大量的海外军事行动中需要实施两栖登陆作战，对相应的兵力、装备和作战有特殊需求，形成军中之军的特殊结构。实际上，美海军陆战队主要的作战使命是实现"由海向陆"，也可以看作对陆海接合部这一特定作战空间域的掌控。

关于什么是联合作战，军事理论界给出了多种定义。有的文献认为，联合作战是两个以上军兵种或两支以上军队的作战力量，在联合指挥机构统一指挥下共同实施的作战。美军给出的定义为，联合作战是对由联合部队或按照指挥关系进行运用的各军种部队实施的军事行动的统称。不管这些定义的具体表述如何，当前世界各国对联合作战已经形成趋向一致的认识，那就是联合作战必须是由两个或以上军种部队参加的军事行动，并以此作为评判现代意义联合作战的基本标准。同一军种的多个兵种部队共同作战不能称为联合作战。

军种一经产生就必然要走向联合。这首先是战争多维性的本质要求。战争的维度经历了由陆地一维向陆、海两维，再向陆、海、空立体三维以及多维发展的过程。战争的维度本身与国家安全的维度相一致，与国家利益拓展的多维疆域相一致。国家安全和利益的边疆延伸到哪里，战争的维度就会拓展到哪里，军种联合也就发展到哪里。必须通过军种联合作战，在多个战争维度上限制敌方军事能力，拓展我方自由活动的空间，才能维护国家安全与利益。军种走向联合还源于战争各个维度间互为支撑的内在需求。十九世纪末至二十世纪初，美国海军上校阿尔弗雷德·赛耶·马汉发表了著名的《海权论》，随后，英国战略家哈尔福德·约翰·麦金德发表《陆权论》，意大利空军战略

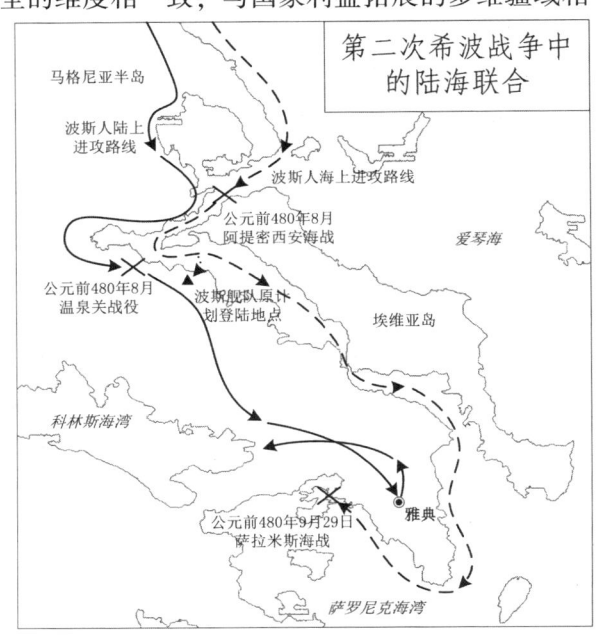

理论家朱里奥·杜黑发表《空权论》，这三大军事名著分别从不同空间域的角度详细解析了本军种的重要性，促进了现代军种的分化与独立，但不免充满本军种利益的色彩，忽视了三个维度、三种制权的必然联系，更轻视了军种联合的历史大势。首先，对海洋的控制离不开陆权的支撑。二战时期的太平洋战场，日军为了实现对西太平洋广阔领域的控制，依托西南太平洋众多珊瑚岛礁建立三层防御圈，而美军采取"蛙跳"战术逐岛争夺，重新夺回了西太平洋控制权，这都是典型的以夺陆权来获取海权的例证。反过来，制陆权也可能由于制海权的丧失而丧失。二战中，日军企图封锁澳大利亚至美国西岸的海上航线，使盟军丧失澳大利亚这个反攻基地。德军由于缺乏强大的海上力量，未能打败英国皇家海军，导致"海狮计划"夭折，同样，制海权的缺失也使德军不能阻止盟军经地中海对北非的增援，而最终丧失北非战场。其次，现代作战中制空权是制陆权、制海权的必要条件。自从1903年第一架比空气重的动力飞机试飞成功，把人类战争的维度拓展到天空，从空对地侦察照相到近距离空中支援，再发展到战略轰炸，空中战场成为影响地面作战、海上作战乃至整个战争胜负的关键领域。反过来，制陆权、制海权能够保证空军基地、机场的建立和安全，为制空权奠定基础。海湾战争的"沙漠盾牌"行动初期，美军快速部署第82空降师、第101空中突击师到伊沙边境，其目的之一就是保护先期部署到沙特的空军航空兵地面安全。总而言之，从军种的属性看，军种联合的本质就是多维空间域的联合。

然而，军种走向联合的步伐比兵种联合要慢得多。由于不同军种活动在不同的空间域，空间域上的差异造成空间距离上的阻隔，早期的军种之间没有很多联合的需求。公元前五世纪的古希腊和波斯帝国拥有相当规模的陆军和海军，在战略层面已经可以看到一点军种联合的萌芽。公元前480年的第二次希波战争中，波斯大军从陆海两个方向大举入侵希腊。当斯巴达国王李奥尼达率领7000多步兵在温泉关浴血抵抗数十万波斯大军时，希腊海军将领地米斯托克利在50公里外的阿提密西安海峡顽强阻击波斯舰队，粉碎了波斯人在温泉关后侧登陆，两面夹击希腊步兵的企图，而一个月后，希腊海军在萨拉米斯海域的绝地反击则更是一举扭转了其濒临绝境的陆上败局，这或许是最早的，也是最经典的军种联合案例。这种萌芽状态的、粗放型的联合从冷兵器时代一直延续到火器时代后期。现代意义上的军种联合产生于近代，经历了两个重要步骤：第一步是现代军种的产生为军种走向联合提供必要的前提。这一步从十七世纪中叶到一战后期，大约经历了250年，主要是陆、海两个军种联合的实践探索，受陆海火力射程、威力等影响，这种陆海联合依然是粗放型的、局部的。第二步是在第一次世界大战之后——人类开始进入机械化战争时代，各军种火力的射程、精确度、威力和机动性大幅度提升，尤其是飞机运用于战场使战争进入三维空间，飞机可以地面部队难以企及的方式快速移动，以惊人的速度和致命的武器给敌方以迅猛突然的垂直打击，使空中作战与地面、海上作战在时间和空间上产生了密切的关联。从一定意义上讲，飞机在军事领域的运用拉近了陆、海空间的距离，空地联合、空海联合开创了军种联合的新纪元。至此，军种联合的观念也开始在各国军事家头脑中普遍形成，军种联合开始进入快速发展轨道。

军种联合相对兵种联合难度更大，这是因为军种联合是跨体系的联合，需要突破各个体系既有的"壁垒"，需要跨越"三个障碍"：一是体系障碍。由于各军种力量均在本军种体制内编成，而军种联合则是横向建立协同关系，需要打破原有的树状领导结构与指挥链路，必须协调解决一系列矛盾，包括调整军种利益问题。一战后，作为装甲营营长的古德里安可以很容易地在所辖营建制内探索步坦协同的技术与程序，创造了装甲闪击战法。但是，要组织一支地面部队与空中力量的跨军种联合演练却要难得多，组织者不但要克服纵向上多层级的领导管理体系和利益矛盾，还要解决空地联合作战的技术手段，协调不同军种武器装备使用上的差异性。二是建设障碍。军种联合还面临战与建两条不同路线的矛盾问题。每个军种都有自身独特的人才培养模式和装备采办渠道，形成特定的战斗力生成模式，战斗力建设与作战实践具有明显不同的规律，需要解决建设与作战需求的一致性问题，解决建设与作战职能的界限分割问题。三是领域障碍。军种的产生主要源自作战空间域的划分，每个军种都有自己统御的空间域，每个军种部队在各自不同领域行动，军种联合需要跨域实施。跨域联合会面临通信联络、态势认知、行动协同、时空同步等更多困难，对组织指挥提出了很高要求。

从联合层次看，军种联合可以分为战略级联合、战役级联合和战术级联合。战略级军种联合是指从整个战争的全局上，军种之间通过互为呼应的作战行动，营造有利的战争态势，达成战争目的。战略级军种联合通常在各军种最高指挥机构之间建立协同关系，军种部队的部署在空间上有较大距离，各军种的战术行动往往关联度不是很高，对时空协同的要求不很精确，但的确能对军种作战产生互为促进的效果。战略级联合主要表现在军种对所在空间域的掌控。例如，空军夺取战场制空权行动，使陆军部队免受空中威胁，从而更有效地实施地面作战，可以看作陆空两大军种的战略级联合；空军对影响战争全局的敌方一系列重要目标实施战略空袭，削弱敌方战争能力和意志，也可以视为对友邻军种的一种联合行动。陆军地面作战也可以与海军的海上策应行动形成战略级联合。战役级军种联合是指在战役纵深内，各军种部队通过协调一致的作战行动，营造有利的战场态势，达成作战目的。战役级军种联合通常在战区或相当于陆军集团军级的指挥机构之间建立协同关系，战场空间跨度通常在数十公里以上，对军种联合行动的时空协同精确性有一定要求。例如，朝鲜战争初期，美国远东空军对朝鲜人民军的空中遮障迟滞行动，弥补其地面防御力的不足，就是战役级的军种联合。战术级军种联合是指军种战术级作战单元围绕打击敌前沿或纵深的重要目标实施的较为精确的联合战斗行动。战术级军种联合通常在相当于陆军师或旅及旅以下的指挥机构之间建立协同关系，对时空协同精确性要求比较高，战场空间跨度一般在数十公里以下，是军种联合向深度发展的方向。空中力量对地面部队的近距离空中支援就是典型的战术级军种联合。

从联合主体看，军种联合还可以区分为军种地位完全平等的协同性的联合行动和一个军种对另一个军种实施支援性的联合行动。现代战争的实践表明，军种联合以谁为主没有固定的模式，应视作战需要而定，甚至还会随着战争进程发生变化。一项作战任务，或由各军种分担，或以某一军种为主实施。当军种之间采取完全平等的联合行动时，通常是由联合作战指挥机构统一制订作战计划，消除矛盾冲突，各军种部队相对独立地完成作战任务，军种部队之间直接的协同相对较少。当军种部队之间采取支援与被支援的联合行动时，通常有主次之分，以被支援的军种部队为主，实施支援的军队部队为辅。无论军种联合行动中谁主谁次，都应该视作军种联合作战，与军种的主次地位无关。

军种联合与战争形态也有着密切的关系。战争形态是由主战武器、军队编制、作战思想和作战方式等战争要素构成的战争整体形式和状态。普遍认为，人类战争形态经历了冷兵器时代、热兵器时代、机械化时代，现在已经处在信息化时代，正在向智能化时代转型。战争形态的演变根源于特定历史时期武器装备技术的决定性推动，随之在编制体制、作战方式甚至制胜机理诸方面发生质变，从而形成特定的战争范式。军种联合在战争形态演变的大背景下发展，同样根源于武器装备技术推动，体现在编制体制、作战方式中。冷兵器时代、热兵器时代主要是陆海联合，机械化时代产生了陆海空三维空间联合，信息化时代又加入了网电空间、太空空间等多维空间联合。从整个战争历史进程看，军种联合随着战争形态由低到高发展而不断深化，是战争形态演化的阶段性产物。

美军的军种及其军种联合

美国自独立战争爆发开始，相继建立陆军、海军和海军陆战队，二战结束后又正式成立空军。美军军种联合是伴随着其参与和发动的大量战争实践而发展的，其军种从产生到走向联合均比欧洲列强要晚，在发展初期的相当一段时间内处在跟跑状态，大量地向当时欧洲列强学习。二战以后，美军逐步推进联合作战体制改革和作战理论创新，到海湾战争一跃成为世界军种联合作战的领跑者，并且把这种领跑优势一直延续到现在。可以说，美军军种联合在短短 250 年的国家发展历程中，总体上处于一种激进式的发展状态。我们可以对美军军种联合发展历程做一个初步的描摹：美军军种联合最早可以追溯到美国独立战争中大陆军的产生，包括其最早的军种——大陆陆军的产生和随后大陆海军的产生，以此为起点可以划分为五个阶段，这五个阶段随着美军对外用兵的胜负沉浮又呈现出时而缓慢、时而快速，时而急躁冒进、时而又陷入迷茫徘徊的多变节奏。

第一阶段是萌芽期，从美国独立战争开始至第一次世界大战结束，共计143年。这一阶段时间跨度较长，包括了美国独立战争、南北战争、海外军事扩张以及第一次世界大战等战争实践，美军军种联合在缓慢发展中开始形成初步的条件和实践经验，比较典型的事件有：美军陆军、海军两大军种以及海军陆战队产生；美军文官治军体制架构初步形成，为联合作战体制奠定基础；进行了一系列初步的军种联合作战实践，其中最有名的联合作战是1812年海军指挥官托马斯·麦克多诺在尚普兰湖击败英军舰队，形成对英陆军补给线的侧翼威胁，有效地配合了普拉茨堡的陆上防御作战，这是美军官方认可的最早的军种联合作战。1863年在维克斯堡战役中美军陆军格兰特将军和海军波特将军组织拟制陆海联合计划，成为联合作战案例典范。另外，在美墨战争、南北战争以及美西战争中也开创了不少军种联合作战实践。鉴于联合作战中暴露的军种行动缺乏协调的问题，1903年美军建立了由陆军与海军的军职领导人和各军种主要计划人员组成的陆军和海军联合委员会。第一次世界大战中，飞机、坦克以及海军各种新型舰艇在战争中大量使用，世界各国逐步建立现代军种，军种行动更加丰富，空军的产生使战争进入三维空间，军种联合的观念在世界各国形成共识。但是，此阶段美军军种联合水平整体落后于欧洲军事强国。

第二阶段是实践探索期，从第一次世界大战结束至第二次世界大战结束，共计27年。这一阶段军种联合作战的观念已正式确立，在战争中进行了广泛的实践探索，是美军军种联合实践最丰富、最激进，也是军种矛盾冲突最激烈的时期，包括战前美军对军种联合的初步探索和战争期间在太平洋战区、欧洲战区大量的联合作战实践，比较典型的事件有：战前美陆军、海军、陆基航空兵以及海军陆战队的发展，陆海委员会机构的调整以及出台《陆海军联合行动》，提出军种协同原则，美军航空兵对近距离空中支援的探索等；战争期间，美军高层采纳了莱希海军上将提出的"高级联合司令部"的概念，建立了美军参谋长联席会议，这个并没有被法律认可的机构在二战中发挥了辅助总统进行战争筹划的作用。美军作为盟军的参战力量之一，在欧洲战场上，先后参加西西里岛联合登陆作战、意大利联合登陆作战、诺曼底联合登陆作战，探索了盟军联合作战的经验。而在太平洋战场上，作为盟军主导力量，分别在西南太平洋、中太平洋和南太平洋实施了大量的联合登岛作战，积累了大量军种联合经验教训。特别是在太平洋战场上，以麦克阿瑟为领导的陆军与尼米兹领导的海军之间围绕指挥权的争斗，成为战后美军强力推进联合作战体制改革的直接动因。

第三阶段是体制改革期，从第二次世界大战结束后至1986年《戈德华特-尼科尔斯国防部重构法案》出台，共计41年。这一阶段包括了朝鲜战争、越南战争、德黑兰解救人质、入侵格林纳达、"黄金峡谷"行动等大小十余场战争实践，美军经历了较多的失败、困顿和迷茫，并从体制机制上积极谋求军种的最佳联合，是其军种联合曲折发展阶段。比较典型的事件是美军高层先后推动了四次联合作战体制改革，建立联合作战司令部，理顺领导管理与作战指挥职权，逐步建立完善军令政令分离型高层领导体制。1947年，美国国会颁布《国家安全法》，依据该法案，美国成立国家安全委员会，由国务卿、新设立的国防部长、三大军种部长等组成，负责为总统出谋划策，协调与整合国家安全政策。同时，还成立了由国防部长领导的"国家安全机构"的二级机构。1949年，美国会出台《国家安全法修改案》，正式成立国防部，并使之成为行政部门，各军种部长归国防部长管辖。参谋长联席会议继续保留作为顾问与协调的职能机构。至此，美军初步形成总统—国防部长—各军种部的领导管理体制，实现了在战略层面将各军种统一起来。1958年美国国会再次通过法案，明确各军事部门统一归国防部长管辖，而国防部长听从总统的命令，增加了参联会主席的权威，将三军参谋长排除在指挥序列之外，但各军种仍然保留对各自人员、装备和后勤的控制，军种间的协同与合作变得更加紧密。1986年美国国会提出《戈德华特-尼科尔斯国防部重构法案》，该法案增强了参谋长联席会议主席的权力，并对军队指挥系统进行了重构，正式确立了由总统通过国防部长直接领导联合作战指挥官的指挥链，从而使各军种部完全退出指挥链。该法案是美军联合作战体制改革中最彻底的一次改组，标志着美军军种联合在体制机制方面已趋于成熟。

第四阶段是快速发展期，从1986年至2003年伊拉克战争结束，共计17年。这一阶段是世界公认的美军军种联合的一个快速发展期，美军开始成为军种联合作战的领跑者。先后发动了入侵巴拿马、海湾战争、科索沃战争、阿富汗战争、伊拉克战争等多次大规模联合作战，一战一个联合作战样式，一战上升一个台阶，联合作战理论也得到快速发展，形成从战争实践到战后总结、从理论创新到技术推动的发展路径，军种联合不断向深层次推进。1991年伊拉克入侵科威特燃起海湾战火，美军借机发动自越战以来最大规模的地区性联合作战。这场历时43天的联合军事行动，对美军来讲，既是高技术武器的胜利，也是《戈德华特-尼科尔斯国防部重构法案》的胜利。海湾战争后，美军掀起联合作战理论发展的热潮，美参联会颁布一系列联合作战条令。1999年美军与北约联手发动科索沃战争，这场以空袭为主要方式的联合作战，使人们看到了精确制导弹药的巨大威力、非接触作战、非线性的战争形态开始呈现。2001年"9·11"事件引发阿富汗战争，这场战争是空袭与地面特种作战的联合，发现及摧毁"杀伤链"开始广泛运用到作战中，把军种联合推向战术深层次。同时，针对多频谱军事行动，美军还提出了部队信息化转型的思想，指望打造信息化部队。2003年，美军再次发动伊拉克战争，这是一场空中打击与地面进攻紧密协同的大规模联合作战，目标是直接推翻萨达姆政权，由于部队、人员、装备的信息化、网络化程度比较高，这场战争又被称为人类历史上第一场信息化战争，标志着美军军种联合在信息化技术与军事理论协同作用下发生质的跃升。

第五阶段是迷茫徘徊期，从2003年伊拉克战争结束后至今，共计21年。这一阶段美军加紧推进联合作战体系建设，将军事战略向高端战争方向转变，并积极调整全球军力部署，在新的环境下军种联合发展处在激进而迷茫徘徊状态。美军在近几场局部战争完胜的刺激下，为了长久维护世界霸权地位，美军军种联合建设发展进入一个激进状态，持续不断推进新世纪军队转型，创新联合作战理论，研制新式武器装备，同时，在世界热点地区四处用兵。但另一方面，美军身陷阿富汗和伊拉克两大战争泥潭十余年，战争消耗巨大，那些曾经光鲜新颖的联合作战理论和高新技术装备在疲惫不堪的反恐战争中黯然失色。随后又面临传统战略对手俄罗斯复苏、中国不断崛起以及国际多边主义发展等更具挑战的复杂环境，曾经在海湾地区不可一世的美国大兵现在遇到了更具威胁的对手。美军针对大国之间的高端战争，调整军事战略，先后出台"空海一体战""多域战""马赛克战""全域作战"等作战概念，并谋求抢占智能化战争制高点，军种联合在混沌复杂中摸索发展。

本书研究目的与内容

本书是对美军军种联合建设与运用的一个系统研究成果，采取历史纵向发展视角，深入研究美军自创建以来军种联合发展后来居上的激进历程，探讨其特点规律与经验教训，展望发展趋势，内容涵盖从美军军种产生直至现在的完整时间跨度。美军以装备简陋、数量有限、缺乏训练的大陆民兵起底，在短短250年内实现由弱到强，在发展过程中不乏战争失利后的低迷沉沦，走过很多弯路，最终，走在了世界联合作战发展的前列，其中有很多值得我们探究的历史经验和实践教训。古人云："往古者，所以知今也""故知兵者，动而不迷，举而不穷"。我们今天研究美军的军种联合，绝对不是去宣扬美军的征战辉煌，更无意炫耀美军的强盛战力，而是对美军这样一个称霸全球的武装力量进行全纵深的、多视角的综合研究，重点想弄清一系列理论上的问题：美军军种联合是如何发展到今天这个状态的？我们应如何冷静客观地认识美军当前联合作战的水平？有哪些值得我们借鉴的经验和教训？未来美军军种联合将向什么方向发展？等等。

　　本书研究内容的关键词是美军的"军种联合"，而不是美军的"联合作战"。这两个词都是关于联合作战问题，但是，视角和重心有所不同。如果研究美军"联合作战"，其重心则是在"作战"上，聚焦于敌我双方对抗行动，侧重于联合作战战役战术。研究美军"军种联合"，则重点是研究美军的军种是如何发展并联合起来的，侧重于从组织层面研究美军联合作战。对于每一场战争，主要探讨美军如何编成与部署军种力量、如何构建联合作战体系、如何联合运用军种力量、取得什么样的效果。

　　在内容设计上，本书以美军参与和发动的典型战争为主线进行章节设计，以叙述美军战争实践为主，兼顾美军军种联合的建设，依据五个发展阶段，共设立十二章。第一章、第二章分别研究美国独立战争和军事扩张年代的美军军种联合，探索其在萌芽期军种联合的特点规律。第三章主要研究第一次世界大战结束到第二次世界大战的美军军种联合，探索其在实践探索期军种联合的特点规律。第四章、第五章、第六章分别研究美军在朝鲜战争、越南战争以及二十世纪70、80年代对外用兵中的军种联合，探索其在体制改革期军种联合的特点规律。第七章、第八章、第九章、第十章分别研究海湾战争、科索沃战争、阿富汗战争、伊拉克战争中的美军军种联合，探索其在快速发展期军种联合的特点规律。第十一章主要研究伊战之后美军对外用兵实践，探索其在迷茫徘徊期军种联合的特点规律。第十二章总结与展望，主要是对美军军种联合建设与运用的特点规律进行归纳总结，对美军军种联合发展走向进行一些展望。以上内容涉及大小十余场战争、百余次军种联合作战行动，每章阐述一场或数场战争，时间跨度不一，有的数十年，有的只有几个月，但代表了美军军种联合发展阶段性的特征和水平。整个章节内容形成由"建"到"战"，由"战"到"建"无缝连接的时间脉络，从而串联起美军军种联合发展内在的因果逻辑。当你孤立地观察某一场战争的时候，也许会产生老调重弹的乏味感，但是，当跨越250年的大小十余场战争按时间顺序出场，在你脑海中连续播放时，你可能会更清晰地看到美军军种联合建设与运用的发展规律，这也是本书研究的目的所在。

　　本书在写作方法上，注重把握三个原则：一是注重将战争史研究与联合作战理论研究相结合，在讲故事中形象化地展现美军军种联合建设与运用的特点规律，避免枯燥单调地论述理论观点，做到故事性、学术性与史料性有机统一。二是注重点面结合，夹叙夹议，既要把战争的主干历程讲清，还要深入到一些重点战斗行动中去解剖麻雀，探析其中的丰富内容。在叙述战争史的同时，辅以联合作战理论上的评析，尤其在每章结束都以小结的形式对美军军种联合的发展水平进行阶段性总结。三是注重抓住亮点，对每一场战争的研究，不追求面面俱到，采取化繁为简，紧紧抓住军种联合这个核心选取素材，并从指挥者的视角，突出主要亮点，提炼出观点，进行有重点的论述。

第一章 美国独立战争：军种联合萌芽的出现（1765—1815）

美洲新大陆自被发现之日起就杀戮不断，战争、流血和殖民充斥在每一寸土地。对于新移民者来讲，那是一个危险的新世界，时刻都要准备拿起武器将一切来犯者或阻挡者置于死地，那是一个强者为王的世界，强者的天堂，弱者的地狱。美国独立战争就爆发在这片新大陆上，这是一场北美殖民地与其母国英国的流血冲突，是美利坚合众国的立国之战。在这场被视为自由反抗暴政的斗争中，美国创立了自己最原始的军种，并在战争实践中孕育了军种联合的萌芽。

早在十五世纪末，欧洲人发现西半球，从而开启了一个全新的时代——探索与殖民时代。先是西班牙、葡萄牙在十六世纪将南美洲、中美洲以及北美洲南部大片土地据为己有。紧接着，法国在十六、十七世纪进入这片新土地。从纽芬兰岛沿圣劳伦斯河，横穿五大湖，顺密西西比河南下直至墨西哥湾的大片富饶土地全部被纳入法兰西的疆土。作为欧洲列强后起之秀的英国，1607年在弗吉尼亚詹姆斯河畔的詹姆斯敦建立第一个英国殖民地，到十八世纪初在大西洋西海岸建立起永久定居点。在一个个殖民者开拓新疆土的征途中，战争这个人类历史中最丑恶的"怪胎"，将美洲大陆的历史烙上了最沉重的血色。最早的战争爆发在殖民者与原著印地安人之间，这是一场完全不对等的战争，是强者对弱者的杀戮，曾经繁盛的印第安文明在不到200年时间里几乎消失殆尽。到十七世纪后期，战争的矛头开始转到不同母国的殖民者之间。英国殖民者与法国殖民者在北美地区展开了为期74年的殖民争霸战，断断续续进行了威廉王之战、安妮女王之战、乔治王之战、法国-印第安人之战。最终，法国人的全部据点都被英国人占领，不得不与英国缔结《巴黎和约》，拱手让出全部殖民地控制权。

美国军队的源头最早可以追溯到英国殖民者踏上北美土地的那一刻。为了能够在美洲土著印第安人控制的区域定居下来，同时，还要抵御率先一步占领北美土地的其他欧洲劲敌，早期英国殖民者在每一个殖民地建立起了民兵制度，规定所有健壮男性都有服兵役的义务，拿起武器来保卫殖民地的开拓和建立。这种民兵组织自一开始便注入了很多英国传统。一批参加过欧洲战争的英国职业老兵向殖民地民兵传授了军事技能，教他们学会构筑防御工事。牧师们还用圣经思想鼓舞这些新世界民兵的尚武精神，使他们认识到上帝是站在他们这一边的，作战杀敌是一个真正基督徒的神圣职责。更为重要的是，早期的殖民者们还将英国政治制度中国王与议会相互制衡的上层结构移接到新大陆，为美国建立分权制的国家政体奠定了基础，也为美军文官治军制度提供了土壤。早期各殖民地，由英国国王直接任命总督，并由总督总管一切，同时，各殖民地又效仿英国建立了殖民地议会。作为立法机关，殖民地议会几乎控制着所有的财政支出，包括军事拨款。以财权为杠杆，殖民地议会逐步取得对民兵的控制权。随着殖民地地盘的不断扩大，早期囿于固定居住点的兼顾开荒生产的全民义务服役的民兵制度逐步衰落，民兵制度开始向"民兵志愿军"发展，他们有自己的制服、装备、组织体制和团体精神，还可以得到政府发放的津贴。"民兵志愿军"的成分变得更加复杂，他们来自各个不同的社会阶层，在作战需要的时候可以走得更远。在英国与法国的北美争霸战中，殖民地的"民兵志愿军"协助英国陆军和英国皇家海军赶走了法国人。直到1763年英国取得七年战争的胜利，殖民地的"民兵志愿军"依然是大英帝国的一部分。

独立战争爆发与大陆军的产生

美国军队的产生是由于北美殖民地与其母国之间的战争，而爆发这场战争的种子在英国的子民们踏上北美这块土地时就已经孕育。1763年七年战争胜利后，大英帝国可以说是收获满满，似乎在一夜之间，拥有了一个比本土面积还要大十二倍的新世界。尽管这片新疆土与大不列颠岛远隔重洋，多少有些鞭长莫及的尴尬，但这片新大陆不可限量的经济与政治价值让帝国的首脑们狂喜不已，然而，分裂的种子也正在势不可挡地生长。

矛盾的根源是大英帝国与现在的北美殖民者之间对北美新世界归属问题的认识差异。对于大英帝国来讲，所有的北美殖民者都是大英帝国的子民，"普天之下莫非王土"，不管这片领土距离有多遥远，大英帝国都有发号施令的统治权，理应从这块新土地上攫取最大的财富价值。何况，自始至终是帝国的陆军正规军与皇家海军在争夺北美殖民地战争中打败了法国，帝国已经为新疆域的开拓耗费了巨大的资金。另外，大英帝国这个欧洲最强大帝国对当下自己的实力也信心十足，毕竟英国拥有1100万人口，是北美殖民地总人口的四倍多，英国陆军兵力有5万，皇家海军是世界最强大的海军，拥有131艘桅帆战列舰和139艘其他舰艇，足够荡平来自世界任何角落中的反抗者。而在北美殖民者的观念里，经过祖祖辈辈150余年的开疆拓土，北美大陆俨然已经是殖民者自己的家园，在过去的岁月里，殖民者们已经享有了很多的自治特权，包括选举本地政府官员，自行收税、制定法规条例，他们成立了自己的民兵武装，并且，自己纳税供养这些武装，一直以来他们都是依靠自身力量战胜印第安人。更有不少殖民者认为，不是英国军队而是殖民地的"民兵志愿军"把法国人赶出了北美大陆。

  随后，英国政府出台的一系列法令导致这一矛盾不断走向激化。先是定居在大西洋沿岸的北美殖民者几十年来向阿巴拉契亚山脉以西地区疯狂扩张，与当地印第安人发生冲突纠纷。大英帝国《1763年公告》以官方名义宣布设立"公告线"，该法令规定，阿巴拉契亚山脉以西的所有土地都属于印第安人，殖民地移民不得进入定居。英国还决定派正规军在西部驻防，以执行公告线法令。对于英国政府来讲，这是一举多得的法令，既可以保护北美殖民者不受印第安人侵犯，又可以阻止贪得无厌的殖民者向西拓展领土。当然，这些驻军需要依靠殖民地征税来供养。殖民地移民对此法令痛恨不已，他们既不需要这些英军的"保护"，也不同意禁止他们进入理应"属于"他们自己的西部土地，更不愿意为那些多此一举的英国军队支付军饷，他们拒绝遵守"公告线"。随后，英国政府又强行推行《航海条例》，在殖民地内外贸易中提高税收。1764年，英国议会再次通过《糖税法》，对殖民地进口的蔗糖和蜜糖征收关税，以此手段为驻守边界的英军支付费用，也为减轻战争积累的巨大债务。此举立刻遭到殖民者的坚决反对，各殖民地很快爆发抗议活动。抗议的浪潮此起彼伏。1765年，英国议会又不识时务地通过《印花税法》和《军队驻扎法》两项法律，《印花税法》要求殖民地的印刷品使用伦敦特制的印花纸，并上交印花纸的税费，每一张纸的税费高达半个便士至1英镑。法令一出台终于捅了最后的马蜂窝，立刻引起殖民地更大规模的抗议活动。殖民地移民宣称，只有他们自己的立法机关才可以对他们征税。1765年10月，各殖民地在纽约召开反印花税大会，发布抗议书，号召各殖民地团结起来抵制英货，向英国政府施压。一些殖民地成立"自由之子"等组织开始采取暴力和破坏等极端手段，强烈抵制英货。尽管英国政府迫于压力作出让步，用其他法令替代了《印花税法》，但是，美国独立的火种在这一刻点燃，一个羽翼逐步丰满的殖民地社会正亟待脱离其母国的管控。从这一刻起，北美殖民者对大英帝国的反抗已经升级为有政治组织领导的暴力行动，1765年也被很多史学家认为是美国独立战争爆发的起点。然而，在随后的10年间，殖民地的独立战争进展并没有预想的迅速，领导独立运动的政治组织还处在幼稚阶段，有强烈独立主张的殖民者还只占少数，真正的战争行为没有爆发。但是，英国政府施行的各种法令仍然遭到各殖民地的强烈抵制，持续不断的暴力和非暴力抗议活动逐步升级。

  暴力行动终于在1774年上升为战争行动。由于英国政府出台的《茶叶法案》给予东印度公司到北美殖民地销售积压茶叶的专利权，并明令禁止殖民地贩卖私茶，此举引起了新一轮更大规模的殖民地暴力抗法事件。波士顿市民将数艘东印度公司货船的茶叶全部倒入大海，使英国与殖民地矛盾彻底激化。英国政府决定动用军队将殖民地反抗扼杀在萌芽状态。战争的阴云已经压向北美大地。1774年9月，殖民地第一次大陆会议在费城召开，会议敦促各殖民地集中军需物资、收集武器、整顿民兵，为可能爆发的冲突做好准备。1775年春，殖民地领导人兼英军总司令盖奇也在波士顿集结部队，准备采取军事行动。首次军事交火行动在波士顿西北的康科德爆发。4月18日，英军中校弗朗西斯·史密斯率领的700名士兵遭到数千大陆民兵的沿途伏击，不得不退守波士顿城内，随后，被城外数万名同仇敌忾的大陆民兵包围。1775年6月14日，第二次大陆会议在费城召开，会议正式决定组建"大陆军"，从包围波士顿的民兵中抽选组成10个步兵连，推选有杰出领导才能的乔治·华盛顿担任总司令。这一天成为美国陆军的建军日，美国军队也由此诞生。

这支刚刚诞生的美国陆军还非常孱弱，面临诸多的困难。没有统一制式的武器装备，主要靠在战斗中缴获和仿制，包括从英军缴获的"布朗贝斯"燧发滑膛枪、缴获的法式点69口径沙勒维尔滑膛枪以及来自欧洲的轻型燧发枪和短管滑膛枪，另外，还有仿制的英"布朗贝斯"滑膛枪和法式滑膛枪。1776年美军还成立了一支炮兵部队，这些火炮型号样式不一，多仿效法国制造，包括4磅、8磅和12磅野战炮，16磅、24磅和36磅攻城加农炮，还有8英寸、12英寸和16英寸迫击炮。作为国家正规军，在服装上虽然有统一化的趋势，但受限于财政能力，只能勉强拼凑以满足基本供给需要。陆军的训练一开始也有极大的随意性，几乎所有的陆军士兵缺乏纪律意识，只具备一些基本的军事技能。这一状况直到1778年才开始改善。华盛顿委任的陆军总监冯·施托伊本制订了第一个陆军训练计划，第二年，又制定下发《美国兵团的命令和纪律标准》。同时，冯·施托伊本还推动了美国陆军早期编制结构的改革，陆军标准的营由八个连组成，每个连编60人左右。

然而，美国陆军面临的最大困难还是兵源问题，如何建立行之有效而又连续稳定的兵役制度，以保证兵员源源不断地加入革命的队伍。此时的美国在北美共占有13个殖民地，13个殖民地成为13个州，组合成脆弱的联邦。每个州的民众对本州的认同大于对国家的认同，只有三分之一的人赞成革命，三分之一的人反对革命，还有三分之一不愿意服从任何政府。尽管殖民地很早就实行了兵役制度，每一个健壮男性公民都有服兵役的义务，但是，州殖民地民兵短期服役比现在联邦大陆军的长期义务所遭受的痛苦和危险少得多，而且，不需要远离家园和农庄。很多人更愿意选择前者，还有不少人通过支付代偿金、雇用顶替者或是逃跑来逃避兵役义务，这些都增加了大陆军招兵的困难，绝大多数士兵来自社会的最底层，因此，大陆军的人数从未达到规定的兵力规模。1775年秋，大陆会议批准组建28个团，共20000人，一年之后，又增加至88个团，共75000人，最终确定为110个团，共80000人，但军队的实际规模不足规定中的一半，更缺乏称职的军官。11月10日，大陆会议还决定建立两个营的"海上军人"，专门从事登陆作战和海军舰队的警卫部队，这是海军陆战队的前身。早期美军推行由各个州民兵与小规模国家正规军相补充的模式，民兵提供大量受过一定训练的士兵，而正规军则提供军事技能中坚力量，民兵数量众多让英军四处碰壁，但对抗大规模英军，还需要大陆军和民兵并肩作战。

不可否认的是，新生的美国陆军充满着强烈的革命热情和奉献精神。尽管在战争爆发初期，支持独立革命的人数不算多，但是，随着革命进程的发展，殖民地民众寻求自治、追求独立的信念越来越坚定。对北美殖民者来讲，大陆军是为争取他们的自由而准备用生命来捍卫国家的军队，服兵役是爱国的行为，是应尽的义务，以至于那些能够参加大陆军的士兵都是自愿服役，在他们的心目中是对自由和独立的强烈渴望，他们认为自己的行为是为他们自己也为子孙后代能过上自由美好的生活。这种发自内心的憧憬和渴望凝结成大陆军承受艰难、不惧失败的战斗精神。这种原始自发的战斗精神也让刚刚建立的大陆军能够克服武器装备简陋、数量规模有限、缺乏正规化训练等困难。

战争催生联合的萌芽

1775年是独立战争的第一年，战事总体上不算激烈。双方兵力呈现分散交错状态，英军有限的兵力集中在沿海和加拿大边境几个较大的城市支撑点，而大陆军在靠内陆的广大地区机动作战，费城则是殖民地革命者的首都，整个战场沿阿巴拉契亚山脉以东分为北部和南部两个区域。大陆军和英军似乎都还没有形成非常明确的战争计划，只是大陆军的行动更为积极一些。这一年处在一种殖民地自发的民兵战争状态，双方作战各有胜负。在北部战场，1775年11月，华盛顿派遣亨利·诺克斯上校长途跋涉400余公里赴尚普兰湖的泰孔德罗加堡，将缴获的50门大炮拖回波士顿，并部署在周边的高地，用于炮击波士顿市区和港口，此举迫使英军少将威廉·豪不得不率部放弃波士顿，撤至新斯科舍省哈利法克斯。第二场战役是大陆军对驻加拿大英军实施的钳形攻势。此役的目的是通过击退驻扎在圣劳伦斯河和五大湖一线的英军，从而把加拿大纳入为北美的第14个殖民地。大陆军左路由理查德·蒙哥马利准将率领2000名民兵进攻蒙特利尔。右路由大陆军本尼迪克特·阿诺德上校率领1100人沿肯纳贝克河北上，穿过缅因茂密的丛林，进攻魁北克城。左路军于11月13日轻松占领蒙特利尔，但右路军进展不利，阿诺德的部队在缅因荒野饱受伤病饥饿困扰，进攻魁北克未克，狼狈不堪。蒙哥马利的左路军由蒙特利尔向东支援阿诺德，12月30日，两支部队联合向魁北克发动猛攻依然不克，损兵折将，蒙哥马利本人阵亡，阿诺德不得不率兵回撤至泰孔德罗加堡。在南部战场，大陆军的进攻相对顺利一些。12月，在诺福克以南弗吉尼亚民兵和200名大陆军士兵将弗吉尼亚的英国总督约翰·穆雷的保王党部队打得落荒而逃，随后不久，殖民地民兵部队在莫里斯溪桥击败了北卡罗来纳的保王党民兵部队，这两个州的保王党力量基本被铲除。

1776年是美国独立战争加剧的一年，随着战争规模不断扩大，水面舰队加入战场，军种联合行动便自然产生。该年7月4日，美国大陆会议通过了《独立宣言》，正式宣布北美殖民地脱离英国的统治，宣告美利坚合众国成立。而英国政府也加紧调兵遣将，展开平叛行动。在北部战场，8月，英军拟制了一个包括三路大军的陆海联合进攻计划。第一路大军由盖伊·卡莱顿爵士指挥1.3万人沿尚普兰湖南下，攻占泰孔德罗加堡、奥尔巴尼，然后向东进攻新英格兰地区。第二路由英军威廉·豪爵士指挥部署于哈利法克斯的3.2万陆军会同第三路由海军中将理查德·豪爵士指挥的一支强大舰队由海上两栖登陆进攻纽约，这支强大的舰队包括了英军皇家海军一半的兵力。陆海两路大军攻占纽约后，英国皇家海军沿哈德逊河北上向大陆纵深发展，实施沿河封锁，而威廉·豪爵士指挥陆军北上与盖伊·卡莱顿的部队会合，征服新英格兰地区，并与其他地区切割开来。新英格兰地区包括北美殖民地的马萨诸塞州、罗德岛州、康涅狄格州和新罕布什尔，是北美殖民地最肥沃富饶的地区，控制了新英格兰地区，英军就有了可靠的后方基地，由此向南逐步蚕食发展。英军的这个战略计划可谓用心良苦。

面对英军来势汹汹的陆海联合攻势，势单力薄的美军处境艰难，胜负难料，这似乎是一场危及独立战争命运的战争。但是，华盛顿决定集中手下的19000名大陆军和民兵从波士顿出发保护纽约，这些部队士兵大多数是未经训练的大陆军新兵和民兵。他将兵力分为两部分，由伊斯雷尔·普特南少将率领10000人部署在长岛的布鲁克林高地，自己亲率其余9000人防守曼哈顿岛。8月27日，英国皇家舰队2万余人在长岛登陆，击溃了美军的前沿警戒部队，然后对布鲁克林高地的美军围而不攻。美军乘机渡过伊斯特河退回曼哈顿，随后，继续向西渡过特拉华河转移至比较安全的宾夕法尼亚州。英军轻松占领纽约。英军威廉·豪爵士没有按预定计划向北发展而是挥师南下，进逼新泽西和费城。皇家舰队转而向北机动，夺取罗得岛的纽波特港。随着冬季的来临，英军停止了进攻，只在巩固纽约至新泽西州一线。华盛顿的部队虽经战斗所剩无几，但保存了有生力量，为后续反击英军奠定了基础。

针对圣劳伦斯河方向盖伊·卡莱顿爵士的英军，大陆会议决定建造舰队，将

战争催生联合的萌芽

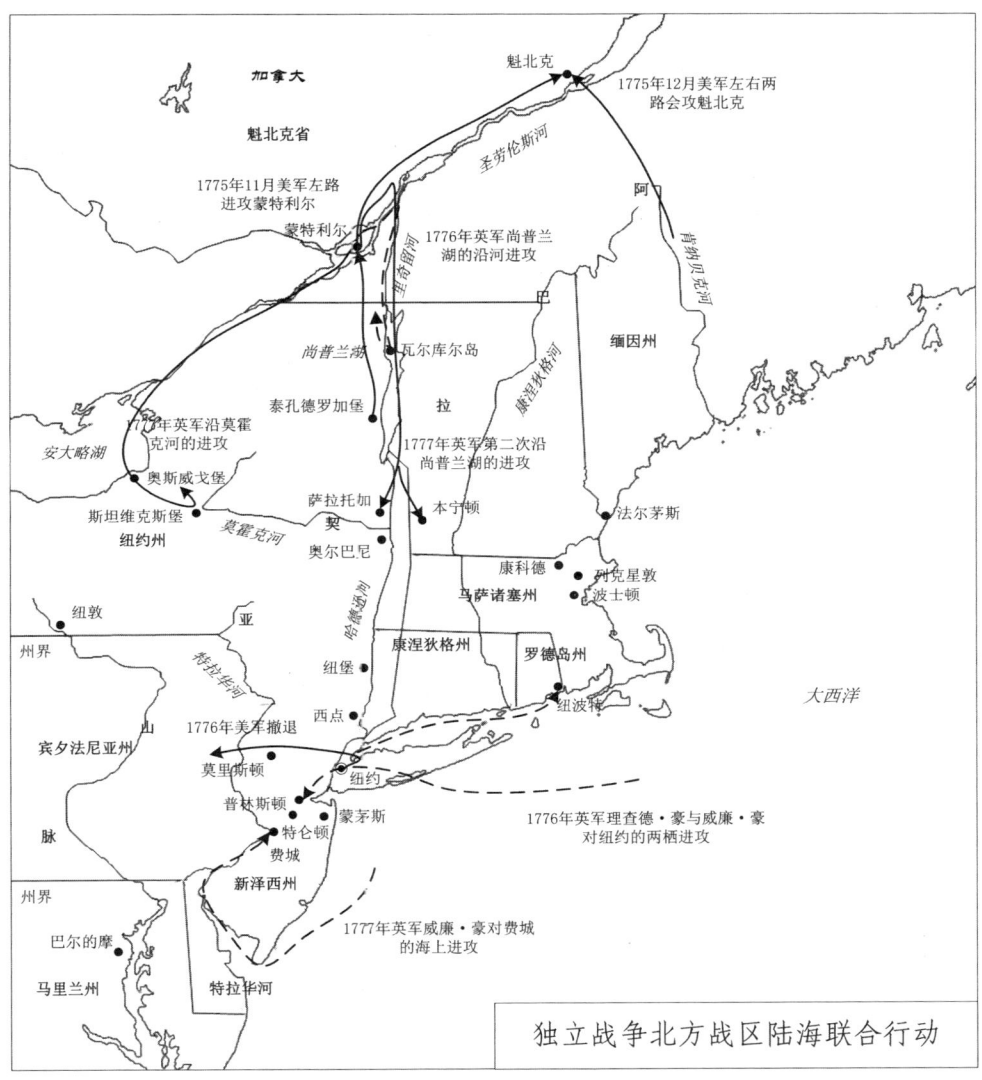

独立战争北方战区陆海联合行动

英军阻击在尚普兰湖，并任命本尼迪克特·阿诺德少将担任舰队司令。这支美军最早的舰队在6周内组建完毕，舰队共有15艘小型舰艇。然而，直到10月11日，英军盖伊·卡莱顿爵士才组建完成拥有30艘舰艇的内河舰队，并开始向尚普兰湖下游进发。阿诺德率领新建的舰队在尚普兰北面的瓦尔库尔岛布下阵势。在瓦尔库尔岛附近，阿诺德舰队向英军舰队发动攻击，激战8小时，美国舰队不敌英军，连夜撤退。此战，虽然美军舰队失败，但是，在战略上迫使英国临时组建舰队，大大延缓了英军南下进攻泰孔德罗加堡和奥尔巴尼的时间，瓦尔库尔岛战役后，英军不得不向北撤退，英军原计划采取的钳形攻势彻底破产。美军这支

19

没有取胜的小小舰队挽救了美国独立战争的命运。从整个战场形势看，美英双方作战已经有联合作战的特征并影响战争进程。一方面，美军如果没有阿诺德舰队的快速组建和勇敢阻击，英军两路大军就有可能在新英格兰会合，英军原定的战争企图可能会实现。另一方面，英军几路水陆大军各自为阵，没有形成合力。驻加拿大英军10月中旬才出发，早就错过了封锁合围美军于新英格兰地区的机会。在进攻纽约的作战中，英军也没有利用皇家海军舰队的机动性去包围歼灭曼哈顿岛上的华盛顿部队。这反映出当时美英双方已经出现了陆海联合作战的实践需求，但对军种联合的重要性认识不够，没能非常明确地联合运用陆海两支力量。

在北部战场，英军虎头蛇尾的进攻势头似乎得到遏制，而华盛顿利用冬季对新泽西州的特仑顿和普林斯顿发动突袭，迫使英军退回纽约。在南部战场，英军副司令亨利·克林顿少将和海军上将彼得·帕克爵士率部水陆并进，向南卡罗来纳州最大的城市查尔斯顿发动进攻。自6月起，英军接连实施了三次大规模的进攻，均告失利，英军被迫退回纽约。

1777年，英军仍然保持较强的进攻势头，总的企图是再次以多路兵力进攻哈德逊河流域，进而割裂和征服新英格兰地区。第一路由巴里·圣莱杰中校指挥700名正规军、1000名亲英分子和印第安人从安大略湖的奥斯威戈向东进发，沿莫霍克河进至奥尔巴尼。第二路由约翰·伯戈因少将指挥7200名正规军和650名保王党民兵和印第安人沿哈德逊河南下，至奥尔巴尼与第一路英军会合后围攻该城。与此同时，第三路由威廉·豪少将由纽约出发北上，与奥尔巴尼的英军会师后，共同向东新英格兰地区发展。但是，英军三路兵力在协同上再次出现严重失误，导致整个作战计划失败。英军圣莱杰中校的部队自安大略湖出发仅前进60余公里，在斯坦威克斯堡久攻未果，只得悻悻而退。伯戈因率部沿哈德逊河岸陆路机动，沉重的大炮和辎重成了累赘，遭到美军霍雷肖·盖茨指挥的新英格兰民兵沿路布障阻击，最终被美军阻止在比米斯高地的坚固防线前。随后，数量众多的民兵和不断增援的大陆军将北撤的英军围困在萨拉托加，10月17日，走投无路的伯戈因及其6000人马缴械投降。在纽约方向的英军指挥官威廉·豪并没有按伯戈因的意图北上，而是率领1.3万英军走海路南下进攻殖民地的首府费城，与北面的英军完全中断了联络。威廉·豪采取迂回包围等方式击败了华盛顿的顽强防守，10月份攻占费城，11月份清除了特拉华河沿岸的美军要塞。华盛顿虽然没有完成保卫首府的任务，但是，他的部队没有遭到根本性的削弱。总的来讲，这一年由于英军糟糕的联合行动，没有达到预期的作战目的，相反，美军在萨拉托加大捷中全歼英军，鼓舞了全体军民的士气，开始摆脱战争爆发初期的被动，看到了胜利的曙光。

到1777年冬季，英军尽管还占领着纽约、纽波特和费城几个孤立的沿海城

战争催生联合的萌芽

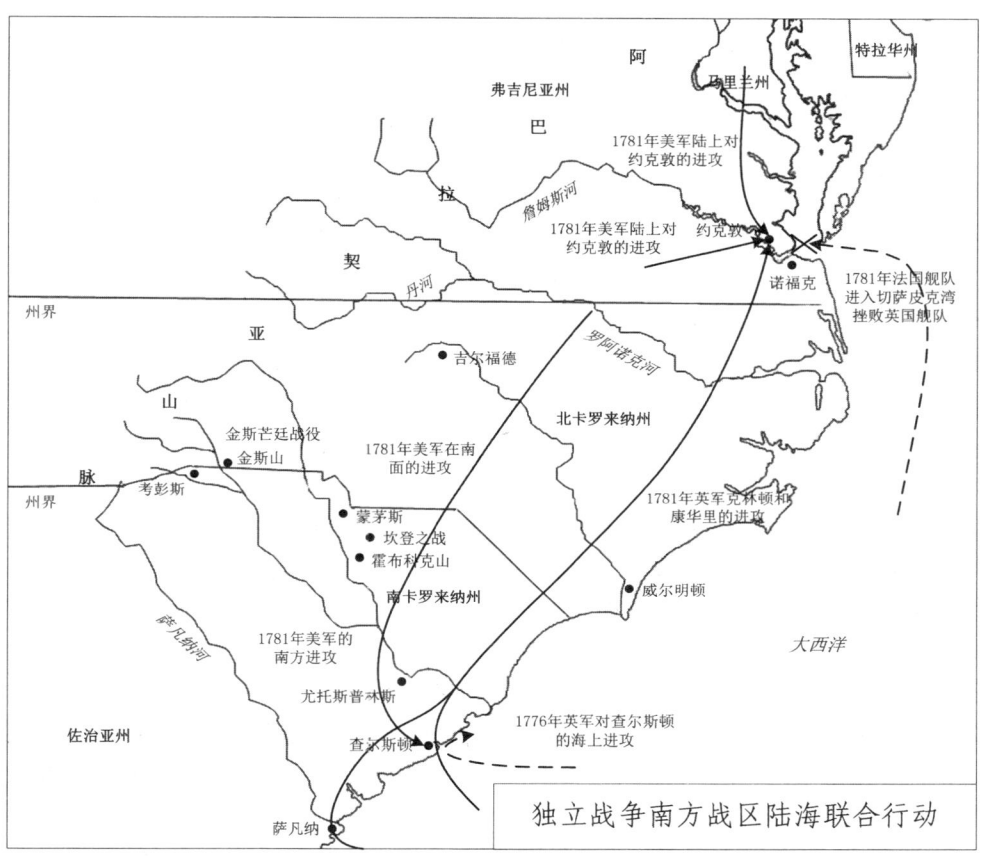

独立战争南方战区陆海联合行动

市,但是,美军和广大民兵控制着广阔的农村且信心不断增强。双方力量实际上已经进入一种相持状态。此后几年,欧洲列强开始倒向美国一方。法国、西班牙、荷兰相继向英国宣战,这无疑扰乱了英国在北美的平叛行动。此时的英国已经陷入四面楚歌的境地,不得不重新调整自身的战略,英军在殖民地北方采取守势,重点把控纽约周围若干城市要点,在南部采取步步为营的绥靖策略,利用当地保王党民团,对英军占领的土地实行控制,然后逐步向北扩展,直至占领全境。英国派遣亨利·克林顿少将接替屡次失利的威廉·豪。1778年6月18日,克林顿率一万之众放弃费城向纽约集中,在这一地区与美军保持对峙状态。而在南部,英军展开积极的进攻。12月,克林顿指挥3500人攻占萨凡纳以及佐治亚州的其他地区。1779年5月,又攻陷查尔斯顿,并且俘获本杰明·林肯少将及其指挥的5400人的大陆军部队。同时,英军伯纳斯特·塔尔顿中校率领英国保王党兵团歼灭350名弗吉尼亚民兵。英军似乎已经牢牢掌控住南部局势。与此同时,英军还在纽约至佛罗里达州的边疆地区开辟了第二战场。英军与印第安部落

21

结成同盟,对抗殖民地叛军,英军还从位于印第安人地区中心的底特律出发向东袭击殖民地的要地,南部的印第安人也发生反美暴乱,不过,这些叛乱都被大陆军和民兵平息。

1780年,战局开始完全扭转。在北部,一支5000人的法国部队增援纽波特港口,加入到美军独立战争的行列。在南部,针对英军和保王党的游击战在南、北卡罗来纳州和佐治亚州如火如荼展开,原来保持中立的南方人纷纷加入起义军的队伍。10月,在南卡罗来纳州的金斯芒廷战役,大陆军民兵将千余名保王党民兵全部歼灭。1781年,大陆会议派遣纳撒尼尔·格里恩接替碌碌无为的萨拉托加战役英雄霍雷肖·盖茨领导南部独立运动,接连获得几次胜仗。此时,南方的英军已经处于兵力不足、部署分散的状态,而且严重缺乏海外后勤补给。8月1日,南方英军主将康华里率部转移至切萨皮克湾约克河畔的约克敦,等待海上补给支援。

美军开始转向对英军的陆海联合进攻。华盛顿率8000人从纽约南下与南方美军会师,对英军康华里部形成围攻之势,而法国海军少将弗朗索瓦·德·格拉斯伯爵指挥的法国舰队从海路进至切萨皮克湾。9月5日起,法、英舰队进行了一场至关重要的海战,经过断断续续4天炮击,法国海军挫败自纽约方向赶来的英国舰队,这些英国舰队的企图是进入海湾解救被困英军地面部队。此时,疲惫不堪的英军康华里部队面临着15000余人的美法地面部队的重重包围,而正是这场切萨皮克湾海战几乎锁定了最后战局。10月19日,防守约克敦的英军弹尽粮绝,被迫缴械投降,美国独立战争取得决定性胜利。1783年9月,美利坚合众国与大英帝国签订《巴黎和约》。

独立战争是美军立足本土抵抗大英帝国来自海洋的强大攻势。客观上讲,首先是英军实施了大量的陆海联合作战,英军先后两次有计划地进行了较大规模的陆海联合进攻行动,但英军的陆海进攻严重缺乏协调,各路部队随意性极大,没有形成合力。美国是在应对英国的强大攻势中逐步建立陆军和海军部队,海陆联合是在被动中实施,但已经认识到海战对地面作战的重大支援作用。大陆军由正规军和大量缺乏训练的民兵组成,作战非常顽强,缺乏战略战术,屡战屡败,屡败屡战。美国海军非常孱弱,不能进行有效的海战,也没能掌握制海权,更谈不上联合作战。法国的参战尤其是法国海军的加入,改变了战争的态势,法国海军尽管并不强大,但足以让劳师远征的英国皇家海军丧失战斗意志,让美军在最后阶段基本掌握了自己海洋的制海权,所以,最终还是陆海联合作战让美军取得了战争的胜利。

美国海军的建立

海军的独立成军大概在十七世纪,英国、法国、西班牙等欧洲列强相继创建海军。海军的产生会自然地导致世界各国将军事力量按陆地和海洋两个作战空间域划分为陆军和海军,现代军种正式产生。在随后一百多年里,陆海两大军种在各自空间域内发展自己的战术,表面上互不相干,实际上又有着密不可分的内在联系,在很多战争实践中,陆战与海战存在或多或少的支援关系。可以说,正是海军的产生,或者说军种的产生与分化催生了现代军种联合的萌芽。此前法国人在北美殖民地争夺战中败给英国人,从根本上是败在海军力量不足,败在军种联合能力上。作为一个欧洲大陆国家,法国一直重视陆军建设,打地面战争,而英国军队的优势则在海上。实际上,在早前北美殖民地上演的英法之争,英国人一直没有占到很多便宜,转折点是在1757年,英国开始利用优势的皇家海军封锁法国海岸,攻击所有在公海上发现的法国商船和运输船只,切断外界对驻守加拿大法军的援助。仅仅两年时间,失去海上补给的法军便彻底丧失了对北美殖民地的控制权。可以说,正是陆海联合这一优势让英国人取得了北美殖民地战争的胜利。

再观历时9年的美国独立战争,尽管大多数军事行动是在陆上进行的,但是,海上作战已经成为战争的重要内容,并在战争实践中建立了美国海军,美军军种联合的萌芽也随之悄然产生,对战争进程的影响不可小觑。以至于身为美国陆军总司令的华盛顿在给法国朋友的信中总结说:"是在海岸经常保持一支优势的海军,它将削弱敌人的力量,使之处于艰难的防御地位,剥夺他们扩大战果的一切希望,从而使他们失去继续进行战争的动力。"①但是,早期美国海军的建立不但面临基础弱、底子薄的现实困难,而且,发展过程也是一波三折,有支持者也有反对者,总体上处在一种弱势的位置。

战争爆发后,北美殖民地十一个州相继成立小规模的舰队,但是,这些海上力量如此之小,以至于还不能称作真正的海军。真正促进美国海军建立的是1775年10月英国皇家海军对缅因州法尔茅斯港的炮击,这场袭击让大陆会议认识到海军的重要性,10月13日,大陆会议决定建立海军,这一天,也就成为美国海军建军日,这一时间只比大陆军的建立晚4个月。美国海军最初只有4艘军舰,11月,又购买了一艘军舰——排水量为200吨的"艾尔弗雷德"号,这5艘军舰配备火炮均不足20门,从吨位和火力上讲只能称作中型艇,而且性能状况并不好。相比之下,英国皇家海军的每艘军舰至少有30余门火炮,一级军舰则装备有100余门火炮。除了购买军舰外,初期的美国海军需要建造军舰、招募船员,还要在海上展开行动,特别是解决最棘手的造舰技术问题,包括如何铸造大炮、

---

① 斯蒂芬·豪沃思:《驶向阳光灿烂的大海:美国海军史》,世界知识出版社1997年版,第55页。

如何制造锚。这支袖珍海军军舰最多时也只有 34 艘，绝大部分军舰在战争中被炸毁或被俘虏。与此同时，美国海军的组织体系也在尝试和摸索中。1775 年 10 月中旬大陆会议成立了 3 人海军委员会，12 月更名为海上委员会，成员增至每州一人，1779 年海上委员会又被一个由 3 人组成的海军部委员会取代。1781 年 9 月之后，由于不熟悉海军情况，又缺乏经费，海军部委员会又被取消，由熟悉海军需求的殖民地财务监督罗伯特·莫里斯主管海上事务，对海军的组织承担及拥有完全的责任和权力。总之，建立初期的美国海军在指挥体系上完全不受华盛顿控制，完全是独立于陆军之外作战。

美国海军之所以这么快就宣告建立，这与北美大陆特定的地理和社会环境密切相关。北美殖民地河流纵横且紧靠大西洋，阿巴拉契亚山脉自东北向西南绵延千余公里，将北美东部沿海地区与内陆切割开来。山脉以东十三个新殖民地分布在大西洋沿岸的狭长地带。北美殖民地波士顿、纽波特、纽约等主要的大城市都濒临大西洋，而且，均为优良港口，沿岸分布着大量由西向东走向的河流，包括特拉华河、哈德逊河、康涅狄格河等大河以及波士顿以北的查尔斯河，英国军舰可以由大西洋沿河向西深入大陆内部，把战争引向没有防御的地区。在阿巴拉契亚山脉以西，密西西比河自北向南纵贯北美大陆，在北面经五大湖通过圣劳伦斯河与大西洋连通，在南面经新奥尔良流入墨西哥湾，也为船只自大西洋深入大陆腹地提供了天然的通道。从社会环境看，英军进攻北美洲必须从大西洋航海而来，实施舰队两栖攻击，皇家海军的舰队还可以自海上进入内河向大陆纵深发展，因此，美军迫切需要拥有自己的舰队阻击来自海上或大河上的进攻。而殖民地移民都是自海上登陆北美大陆，具有航海经验，移民中有大量造船匠和船员，具备建造和使用海军舰队的人力和技术条件。

但是，早期美国海军无论是数量还是质量都无法与英国皇家海军匹敌，无法打破英军对美国沿岸和北大西洋水域的控制，大多数时间只能在码头附近游弋，且以败绩居多。战争期间，英国皇家海军总共拥有 200 艘军舰，但驻扎在北美的只有 24 艘，不过这已经足够对付初出茅庐的美国海军了。1776 年 2 月，美国海军由毫无海战经验的埃塞克·霍普金斯指挥装有 20 余门大炮的快速帆船"艾尔弗雷德"号和另外 7 艘军舰离开特拉华，前往弗吉尼亚州的切萨皮克湾，清扫集结在那里的英国船只，舰队由于迷航未能到达目的地，在返航途中，又在康涅狄格的新伦敦附近被吨位较小的英国快速帆船"格拉斯哥"号击败。1778 年 3 月 17 日，由尼古斯拉·彼德尔指挥的装有 32 门大炮的快速帆船"伦道夫"号在巴巴多斯附近海域被装有 64 门大炮的英国皇家海军"雅茅斯"号击沉。1779 年夏，由达德利·索尔顿塔尔舰长指挥的一支海军中队在缅因州佩诺布斯科特河河口被英国舰队打败。1779 年，约翰·保罗·琼斯指挥"好人理查德"号在英国约克郡沿岸弗兰伯勒角外海击败装有44门大炮的英国皇家海军"塞拉皮斯"号。整个战争期间，美国海军先后派遣60余艘战舰出海，俘获、击沉大约200艘英国各类船只。值得一提的是，美国战时武装民船却取得了赫赫战功，这些武装民船主要由私掠船组成，私掠船大多由渔船改装而成，船长持有捕押许可证，被允许俘获敌人的船只并且在市场上出售这些船只及其货物，以此获取个人的利益。这些私掠船多达2000余艘，主要是袭扰英国的航运，掠夺弹药、粮食和服装等补给品，游弋在北美沿岸、圣劳伦斯湾一带和加勒比海，甚至跑到欧洲海域，总共俘获了超过2200艘英国商船，直接威胁英国通往殖民地的海上补给线，迫使皇家海军不得不承担大量商船的护航任务。

早期美国海军在独立战争中的作用，还不仅限于对英国海上补给线的威胁上，严格上讲，这种"扰乱行为"对战争只起到了有限的作用，因为，自始至终英国的海上航运并未因此停止过。美国海军第二个方面的作用是同美国陆军的联合作战，包括把陆军从一个战区运往另一个战区，或者支援陆军部队的地面战斗。其中，最关键的一仗是尚普兰湖的首次阻击战，海军阿诺德将军率领15艘军舰的小型舰队与英军舰队在尚普兰湖血拼，成功地破坏了英军的南下合围企图，使新英格兰地区的美国陆军部队度过最危急的年头，这几乎挽救了独立战争事业。另外，美国海军的建立还为美国独立战争获得外援提供了重要渠道。在战争的大部分时间里，美国海军一直横跨大西洋运送外交人员来往于美法之间，其中，通过海路争取法国参战对殖民地最终取胜起到关键作用。1778年《美法同盟条约》签订之后，重新焕发活力的法国海军加入反英的行列。法国海军炮轰港口，封锁港口内的英国舰队，甚至派出地面部队实施登陆作战，配合大陆军的地面进攻行动。到1780年，法国和西班牙海军已经控制了加勒比海水域，并占领了纽波特等重要港口，严重威胁英国人的海上补给线。英军在约克敦的最后之战，法国海军上将格拉斯率舰队从加勒比海北上，进驻切萨皮克湾，击败英军托马斯·格拉夫斯的增援舰队，彻底切断了英军的退路，最终定格了战争的胜利。

独立战争结束后，美国国会面临建立一个什么样的国家体制之争，是否要建立一支常备陆军和海军是亟待讨论的问题，大陆军成为国会裁撤的重点对象，海军境况更加糟糕。大多数人认为维持一支海军费用太过高昂，而且没有实在用途，海军所有战船都被卖掉，到1785年8月1日，最后一艘舰船"联盟"号被卖掉，大陆海军宣告解体。直到1793年独立的美国与列强产生新的矛盾，战争的风险来自海上，美国国会才作出重建海军的决定，虚弱的美国海军才迎来又一个新的发展时期。

第一章 美国独立战争：军种联合萌芽的出现(1765—1815)

文官治军制度的初步形成

美军自创建之初就确立了文官治军的原则，各军种在这个制度大框架下逐步建立，文官治军制度也构成其军种联合作战的体制基础，而文官治军制度背后所依靠的是其特定的"三权分立"国家政治体制。这种文官治军制度的主要特点是由议会决定军队的建立、战争的发动以及为军队征税，军队主要将领由总统提名，并由议会决定，而总统作为军队的总司令决定和指挥部队的行动。

认识美军文官治军制度的形成需要了解其代议制。美国这种代议制根植于其母国英国。早在中世纪的欧洲，国王将居民分别归入不同社会组别，比如贵族、神职人员、乡绅以及市镇官员，通过召集这些等级的领袖来填充皇家的金库。这些集会后来被称为议会，最初在法国，其后在英国产生。议会的最初目的仅仅是对皇家的税收政策进行表决，随着资产阶级革命发展，议会的力量逐步壮大，开始与国王争夺税收征管权，形成一种相互制衡的权力架构。在十七世纪的北美殖民地，这些来自欧洲大陆的开拓者们带来了代议制的传统，北美十三个殖民地先后建立了本地区的议会，这些议会掌握着各殖民地的税收征管、货币发行以及防御等所有权力，并与英王派驻的总督相互制衡。独立战争爆发后，1774年9月5日，第一次大陆会议在费城召开，这意味着北美"国家层次"的代表大会得以诞生。1775年5月10日，第二次大陆会议则宣示了殖民地脱离英国而独立建国。大陆会议是美国国家层面议会最早的形式，也就是说，自美国宣布独立开始，议会就掌握着这个国家的最高权力。1783年，美国独立战争取得胜利后，开始认识到仅靠议会这一立法机构很难促进这个国家的运行，面临着"生下来有个立法的身体，但却没有脑袋"的问题，美国需要建立一个国家层面的行政体系。1787年5月25日，来自各州的代表齐聚费城，起草了一部全新的政府章程，一个独立于各州行使职能的积极有力的中央政府确立了起来。1789年3月，美国国会正式成立，取代了临时性的大陆会议。同年，国会颁布《司法条例》，开始建立独立的司法体系，"三权分立"的国家体制架构正式形成。

在国会、总统与法院三权分立的国家体制架构下，美国文官治军制度逐步形成。从第一支常备陆军建立开始，代表当时美国立法机构的大陆会议就认识到"常备军对人民的自由是一种威胁"，大陆会议坚持任何时候军队都应由文官控制，并责成首任陆军总司令华盛顿必须"遵守并服从"大陆会议的所有命令，定期向立法机构汇报。陆军总司令只负责战时指挥作战，而部队的管理权、军事将领的任免权以及后勤事务均由大陆会议决定。1775年6月美国陆军建立，由大陆会议任命最具军事才能的华盛顿为总司令，而征兵工作、军费开支则由大陆会议负责。大陆会议还专门成立了一个五人委员会负责军事工作,但是,委员会的工作一直面临着管理混乱、职责不清以及贪污腐败的困局。

独立战争临近尾声,大陆会议迅速展开裁军工作。这个刚刚完成独立的国家开始考虑如何构建军队的问题,包括是否需要一支常备军,如果需要,这支常备军保持多大规模,由谁负责管理和指挥。而在这个问题的背后,美国还面临着解决如何构建这个国家的顶层架构的问题,在实际中,这两个问题是捆绑在一起的,后者制约和决定着前者。战争结束后,美国国内围绕国家体制形成了集权与分权两种不同派别的争斗。一部分人主张加强中央政府的权威,中央政府具有征税权,同时,建立一支足以捍卫国家利益的军队,这部分人又被称为国家主义者。另一部分人则主张削弱中央政府权力,将绝大多数权力交由各州自己掌握,主张国家不建立正规军,而由各州掌握自己的民兵,这部分人又被称为反国家主义者。在大陆会议中,反国家主义者暂时占据着上风,而国家主义者与军队代表团形成统一的战线。在这个时期,作为独立战争主要的指挥官和军队领袖、德高望重的华盛顿将军对建军的态度非常重要,他总体上是偏向于国家主义者,华盛顿的观点是倾向于建立一支正规军,而对民兵不感兴趣,但是,他清楚,大陆会议和民众都反感正规军的存在,他本人也不愿与大陆会议完全对立。随后发生的一系列事件加速了美国高层解决军队政策问题的进程。

第一个事件是1782年—1783年发生的所谓"纽堡叛乱"。早在战争初期,大陆军官就曾经要求按照欧洲军队的惯例,在战后享受一半工资的终身补助金。大陆会议在1780年答应了军官们的这个要求。但是,战争结束后,国会却没有兑现这一诺言。军官们担心会白白地在军队服役,于是起草了一份请愿书,要求把战后领取半数工资的终身补助金改为将总金额一次性付清,并成立了军队代表团将请愿书送交国民大会。在一些国家主义者的怂恿下,一支驻扎在纽约西点以北纽堡的一群陆军军官扬言要违抗军令,拒不解散,直到拿到所欠薪水为止。资历深厚、威望崇高的华盛顿将军一直就坚持文官治军,1783年3月15日,他亲自召开会议向躁动的军官们晓之以理,恳求军官们继续发扬"无以伦比的爱国主义精神和任劳任怨的美德",并以自己的亲身经历要求军官们不要玷污军队的荣誉。随后,华盛顿将军又将事件的经过向国会作了报告,呼吁国会答应军官们的要求。国会为此通过一项计划,把终身领取半数工资的补助金改为领取5年的全薪。一场企图发动军事政变的"叛乱"就此平息。

第二个事件是1783年5月13日以亨利·诺克斯为首的一群军官在斯徒本成立的"辛辛那提协会"。该协会以一种永久的组织形式将独立战争时期的军官联系在一起,并在各个州建立了分支组织,而且,协会章程还规定其子孙有继承会员资格的权利。尽管创建者声称协会的目的是组织一些带有慈善性质的社交活动,但是,许多国会议员怀疑该协会可能成为美国通向世袭制度的第一步,更值得担心的是,这个带有军队背景的协会将会变成一个对国家有威胁的新集团。直到华盛顿担任了协会会长,人们的疑虑才有所消解,但是公众对该组织的敌意却越来越深。

第三个事件是1783年4月11日,大陆会议在还没有与英国签订最终和平协议的情况下宣布结束战争状态。这导致军人们纷纷要求复员,并且要求立即得到补助金,但是,大陆会议不同意在实现最终和平之前让军人复员,也无法满足军人们对补助金的要求。于是,部队开始骚动起来,来自宾夕法尼亚州的部队开进宾夕法尼亚州议会大厦、大陆会议和宾夕法尼亚立法会,军人要求立即退役,并要求国家支付全薪。甚至,有些军官威胁要取消国民大会对军队的领导权。

为了解决这个新兴国家军队怎么建的问题,大陆会议成立了一个委员会,由华盛顿的前助手亚历山大·汉密尔顿来领导研究未来的军队政策,而华盛顿本人则担任委员会的主要见证人。委员会提出了和平时期建军的两条主要意见:一是国家需要建立一支正规军防卫西部边境,规模控制在2630人;二是国家需要一支训练有素的民兵队伍作为正规军的补充,但这支民兵队伍应该国家化,由中央政府提供统一武器装备、确定组织架构和进行日常训练。总体上,委员会的这个提议是倾向于在国家层面建立一支正规军,在反对存在正规军的人占上风的情况下,大陆会议最终还是否决了汉密尔顿的报告,并在1784年6月2日解散了大陆军,只留下80名士兵和几名军官。但是,为了应对西部边境的印第安人和退守在此的英军,大陆会议在第二天组建了一支700人的部队,命名为美国第1团,部队从四个州招募而成,士兵的服役期为1年,后来又改为3年,这是美国历史上第一支和平时期的国家军队。实际上,这支部队既不是正规军,也不是严格意义上的民兵,其人员依靠各州提供,但由国会发薪水并制定纪律,团司令官必须同时向大陆会议和宾夕法尼亚州议会报告。

在接下来的一段时间里,这支规模过小的正规军一直未有效地履行保护西部边境安全的责任,促使人们开始怀疑分权政治体制下正规军的弱化对国家权威的影响。1786年,马萨诸塞州爆发了一场农民起义。起义者领导人是参加过独立战争的军人丹尼尔·谢斯,起义者打着要求分配土地、减轻税负的旗号,进攻当地的军火库。大陆会议临时从各州征调了1300人的志愿兵,但军队赶到为时已晚,起义者已经占领军火库,直到第二年,起义才被镇压下去。一系列事件上暴露出的军事上的软弱,促成了立宪会议的召开。人们开始认识到除非政府变得强大,否则美国国内将继续处于软弱状态,在国际上也必然会受到轻视,更多的人们开始希望美国成为一个在国内国外更加自由、更加强大的大国。1787年,大陆会议在费城召开立宪会议,会议颁布了第一部宪法,明确了中央政府与各州政府的权力,大陆会议得到成立一支陆军和一支海军的授权,并且有权征税支持军队,但军事拨款以两年为限,以防范军队权力不受节制。国会拥有宣战权,并在必要时提供手段、征调民兵维护和平。民兵平时归各州管辖,特殊情况征调的民兵将由中央政府指挥。宪法还规定总统是军队总司令,有权任命军官,但必须经过国会的同意。这样一来,新宪法通过国会和总统两条线对军队实施领导和管理,这既强化了国家层面对军队的掌控,同时,国会与总统,一个是立法部门,另一个是执行部门,两者又形成对军队领导权的相互制衡。另一方面,宪法允许各州拥有民兵并有权委任军官。这样,美国正式从宪法层面确立其双轨制的军队结构并一直沿用至今,即在国家层面建立一支正规军,在各州管辖内保留传统的民兵组织。

1789年美国新政府成立,开始落实宪法中规定的军队制度。首先是在政府内设立陆军部,作为政府中专门管理军事事务的机构,任命亨利·诺克斯为首任陆军部部长。1789年9月,美国第1团和炮兵营组建,6个月后,第1团编制中又增加了4个连,总人数达到1216人。1790年6月1日,首任陆军部长诺克斯第一次发布陆军部队远征作战的命令,目标是在西北边境沿瓦巴什河和莫米河深入印第安人地区。接连几次政府组织的远征军遭遇惨败。国会又给陆军增加了一个团的编制,并授权总统征召数量为2000名的"征选兵",服役期6个月。这种"征选兵"是介于正规军和民兵之间的一种兵员,是由国家政府供养和指挥的联邦志愿兵,但又与民兵一样,服役期较短。由于"征选兵"与民兵都存在缺乏训练和组织纪律的问题,国会又批准成立3个团,诺克斯把扩编了的陆军重新整编为美国军团,下辖4个子兵团,人数达5280名,这是一支由美国政府掌握的强有力的正规军。

另外,1802年3月16日,美国国会还通过法案,创建了独立于炮兵的新兵种——工程兵,并规定"该兵种应组建一所军事学院",这一天标志着美军的第一所院校西点军校的诞生。

美国海军早期的建立与发展也遭遇波折。1783年,美国独立战争取得初步胜利后,这支"袖珍海军"并没有存在很长时间,在1785年,仅存的一些舰只或被出售,或被送掉。直到1793年法国大革命导致欧洲爆发世界性大战,美国积极拓展的海外贸易受到英、法等国的威胁,国会才通过《1794年海军法》,开始推行海军战舰建造计划。支持建立海军的人认

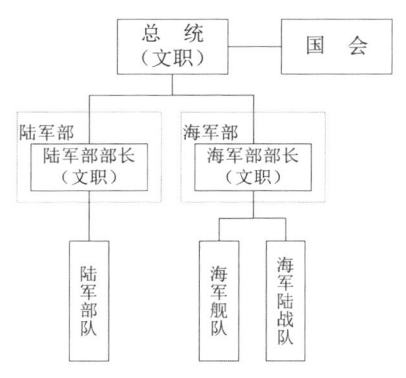

美军文官治军制度的初步形成

为，海军是一支能使整个国家获益的统一的武装力量，海军也是国家实力的象征，能保证美国获得欧洲的尊重，但直到1797年，美国海军勉强只有3艘舰船。1798年，随着美英关系的恶化，国会提出了海军扩军计划，同时，恢复海军陆战队的建制，规定其任务是为船只提供护卫，还可以被派往陆地上作战。1798年4月，国会决定设立海军部，由马里兰州商人本杰明·斯托德特出任首任部长，这表明美国海军作为一个独立军种正式成立。1789年11月美海军建立了军舰警卫部队，这是海军陆战队前身。1798年7月11日，美国海军陆战队在军舰警卫部队的基础上独立成军。至此，美国陆军、海军、海军陆战队三大军种及其高层领导机构完整建立，国会和政府两条线的文官治军制度也初步形成。

1812年美英战争

独立战争的胜利，并没有完全解决这个新兴国家的一切问题，刚刚成立的美利坚合众国内外仍然面临一系列的矛盾纠纷。在内部，先后进行了一系列向西部开疆拓土的战争，而在外部，与英法等国依然纷争不断，其国家权利还未得到欧洲列强的最终认可，这最终导致1812年美英之间再次爆发战争，史称美国第二次独立战争。

矛盾的根源之一是西部边界问题。早期北美殖民地主要在沿大西洋地区，而在阿巴拉契亚山脉的西部边境，殖民地与印第安人居住地之间有着非常模糊的界线，殖民地移民一直就对西部广袤的土地和资源垂涎欲滴，尤其是觊觎五大湖、密西西比河与俄亥俄河之间的旧西北地区。1787年，美国大陆会议将其划定为美国领土，但是，该地区的印第安人却不接受这个管制，英国人乘机煽动印第安人的对抗，并为他们提供武器和补给。1790年至1794年，美国联邦政府先后组织了三次陆军远征行动，平定了印第安人的抵抗，引发新一轮涌入西北地区的移民潮。1803年和1806年，美国陆军还实施了两次大规模的拓展疆域的远征行动，对新从法国人手中购买的路易斯安那地区和科罗拉多地区进行探索，对这些广袤的新土地已经有了更为合法的所有权和深刻了解。随着殖民地移民对印第安人土地的进一步入侵，1811年，爆发了另一场对印第安人的战斗，领导印第安人奋起反抗的是肖尼部落酋长特库姆塞和他的兄弟"先知"，特库姆塞团结各个部落，组成了一个庞大的印第安人防御同盟。印第安纳准州长官威廉·享利·哈里森率领一支近1000人的正规陆军和民兵部队向蒂珀卡努河的特库姆塞村庄发起进攻，部队被印第安人疯狂的肉搏战击溃，此战失利的重要原因被认定是英国为印第安人提供新式武器，这导致了第二年美国向英国的宣战。

在美军忙于平定边界、探索西部新领土之际，欧洲列强之间爆发了战争，美国很快陷入这场列强争斗战。首先是1789年法国大革命爆发，其目标是反对波旁王朝，炮兵少校出身的拿破仑·波拿巴以卓越的军事才能成为法国大革命的领袖，向欧洲其他列强宣战，其中包括英国。鉴于欧洲列强战争严重依赖各殖民地与中立国运来的补给，美国迅速成为头号战争物资供应国，而英、法从来也没有把这个初出茅庐的北美国家放在眼里，两国都要抢夺驶往敌方的美国船只和货物。到1793年，美国已经在海上与英法陷入一场不宣而战的战争。美国国会决定重建战争后遭裁撤的海军，但是，先后仅有"合众国"号、"星座"号和"宪法"号三艘快速帆船建成下水，势单力薄的美国海军勉强抵御来自海上的威胁。在1799年和1800年，美国在与法国两年的海上冲突中，俘获了80艘法国船只，而"星座"号两次在加勒比海击败法舰"起义"号和"复仇"号，这一结果让法国大为恼火。但美国海军在随后与英国的海上对抗中表现不佳。英国皇家海军抢夺了大量的美国船只，仅在1803年至1807年约有500艘美国船只遭到英国抢夺，英国人还强迫被俘的美国海员加入皇家海军。1807年，英国快速帆船"豹"号在弗吉尼亚沿岸追击美国快速帆船"切萨皮克"号，并向其开火，造成21人死伤，并抓走四名据称是皇家海军的逃兵。这一事件大大激怒了美国。杰斐逊总统首先采取对英、法同时禁运的策略。迫于陆上和海上的种种压力，1812年6月18日，在美国第四任总统詹姆斯·麦迪逊上任之际，美国国会决定对英国宣战。

  第二次独立战争依然是一场英强美弱的不对称战争。开战之初，英国陆军兵力达到30万，有15万海军和125艘战列舰。对于美国来讲，虽然已经有了正式的陆军、海军，但是，力量整体上还是非常薄弱，陆军只有1.2万人的正规军和45.8万名如同一堆散沙的民兵，海军仅有16艘战船和4000名水兵，只有3艘超级重型快速舰算得上是当时世界同级舰中的佼佼者，包括装备44门火炮的"美国"号、"宪法"号、"总统"号，4艘次一级的快速舰，包括"星座"号，38门火炮，"国会"号，38门火炮，"切萨皮克"号，38门火炮，"埃塞克斯"号，32门火炮。但是，美军占有地理上以近制远的优势，战争的主动权掌握在美国手里，战争行动主要在北美大陆进行，美军进攻的主要目标是位于加拿大的英国堡垒。英国只能把极小的一部分力量投入北美方向，在加拿大的英国军队只有6000名正规军和7.1万名民兵，英国皇家海军由于忙于与法国作战，也只能派出80艘军舰来掩护大西洋西岸漫长的北美海岸线，不过，这些海军力量已经足够击败微不足道的美国海军。从陆、海两大军种的对比看，美军在海上作战的劣势要远大于其在陆上作战的劣势。

  这场战争在样式上与前一场独立战争也有很大的相似之处。整个战争战略层面有联合作战的初步特征，海上封锁作战与陆上攻防作战相互配合，这次美军再没有法国人的海上支援，但有更为稳固的本土支撑。在海上作战中，面对英国皇家海军强大的实力，美国海军确立的目标仅仅是袭扰和破坏英军的封锁，好在美国是依托本土作战，英军的海上封锁并不能动摇其战争的基础。而这次陆上作战，英军并没有把重点放在从东部沿岸的大规模两栖登陆上，战斗主要发生在西北部的美加边境，包括从休伦湖、伊利湖、安大略湖到尚普兰湖一线，在这些地域，美国内河海军部队和地面部队的联合在关键场合能够占据优势，随着战争进程的推进，这个优势便越来越显现出来。

在海上，美国海军数量有限的军舰避免大部队作战，力求采取更加灵活的战略战术，主要以单艘军舰巡航方式，重点对途经北大西洋海上交通线的英国船只进行骚扰，寻机与英舰作战，保护美国商船自由出入北美。这些措施使得美国在1812年的海上战绩辉煌。1812年7月，约翰·罗杰斯船长将英国哈利法克斯海军中队引诱至数百公里外的海面，从而使美国商船得以安全抵达港口，这是美国海军第一场胜利的战斗行动。1812年8月19日，伊萨克·豪尔船长指挥"宪法"号在新斯科舍省附近海域击败了装有38门大炮的英舰"格雷厄"号。10月12日，美海军斯蒂芬·迪凯特准将率"合众国"号又击败了英国皇家海军"马其顿人"号。12月，威廉·贝因布里奇准将的"宪法"号击败英国皇家海军"爪哇"号。但是，实力强大的英国海军增派军舰很快控制了海上局势，对从新英格兰到新奥尔良一线的美国港口实施严密封锁，美国所有船只都被困在港口内，英国皇家海军还对海岸进行惩罚性袭击，企图搞垮美国海上和沿海贸易。1812年以后，美国开始利用掠私船突破英国人的封锁，机动至远海，依旧仿效上一次战争模式，采取积极行动袭击英国商船，两年间，共有500艘私掠船得到授权，俘获1300多艘英国船只。但是，由于海军力量上的悬殊，美国人认识到仅靠海上作战不能取得战争的胜利。

地面作战的进程恰恰相反，开战初期美军接连遭遇惨败，随着战事的发展，美军逐步获取作战优势。1812年作为开战第一年，美国陆军在美加边境自西向东发起了三场进攻行动，均以失败告终。7月，密歇根准州长官威廉·豪尔准将率领一支由1500名俄亥俄民兵组成的部队从底特律出发，渡过底特律河并顺流而下进攻位于加拿大的英军堡垒莫尔登堡。英军利用控制着伊利湖和安大略湖的优势，切断了美军的后勤补给和援军，同时，印第安人又伏击切断了美军陆上补给线。由于美军豪尔准将对敌情威胁判断过高，并担心英军和印第安人会从北部突袭底特律，于是放弃对莫尔登堡的进攻，率军退回底特律，8月16日，率全军在底特律不战而降。同时，自南部迪尔伯恩堡赶来增援底特律的一支美军在途中遭遇印第安人屠杀。接替豪尔的陆军准将威廉·亨利·哈里森决定夺回底特律这个西北重镇以挽回不利局势。10月，哈里森准将率领西部领地的6500人的部队自伊利湖西端的梅格斯堡和斯蒂芬森堡垒向北前进，一支1000人的先遣队在底特律西南的弗伦奇镇被英军全歼，至此，整个底特律地区都落入英国人之手。美军的第二次进攻在伊利湖东侧的尼亚加拉，同样以失败告终。为了这次作战，美军集结了6500人的正规陆军和纽约民兵，企图进攻位于加拿大的英军堡垒昆士顿。但是，这支大部队由两个指挥官指挥，分别是没有战斗经验但有重要政治关系的纽约民兵军官斯蒂文·范·伦斯勒准将和陆军准将亚历山大·斯迈斯，两人就进攻方式和地点产生争执。伦斯勒准将作为地位较高的指挥官，在斯迈斯拒绝合作的情况下，决定率部穿过尼亚加拉河发起进攻。10月13日，初战告捷，伦斯勒的600名士兵渡过河流，攻占昆士顿高地。但是，后续的纽约民兵拒绝渡河进入加拿大领地作战，此时，大量英军趁机实施反扑，伦斯勒只得指挥1300名美军士兵在加拿大境内作战，造成350名士兵伤亡，900名士兵放下武器投降，昆士顿得而复失。美军第三次进攻行动目标是蒙特利尔，也遭遇类似的失败。11月，美军指挥官亨利·迪尔伯恩准将带领5000名正规陆军和纽约民兵向北机动，企图进攻蒙特利尔，在途中遭遇3000名英军士兵的阻击，结果他的军队被击退。此时，同行的纽约民兵也拒绝进入加拿大作战，进攻行动被迫中止。总之，1812年这一年，美军的地面进攻作战接连遭遇失败。究其原因，美军在湖泊分布密集的美加边境是单纯的陆军作战，相反，英军则控制了伊利湖和安大略湖这个重要水上通道，可以轻松地切断美军补给线。另外，此时美军缺乏统一的军制，指挥官之间缺乏协调和互信，指挥无能并且各自为战，正规陆军与民兵之间也缺乏有效的配合。

虽然1812年美军在陆地上遭受了挫折，但是，1813年仍然采取了进攻战略。美军似乎吸取了屡次失败的教训，开始注重对美加边境重要水域的的控制权，内河海军与陆军加强协同，尽管地面作战有胜有负，但海军在伊利湖的胜利使美加边境战局得到稳定。4月，美军从安大略湖最东面的萨基茨港发动了一次进攻作战，目标是夺取圣劳伦斯河对岸的金斯顿。美国的地面指挥官是迪尔伯恩准将，与他配合作战的是海军准将伊萨克·昌西领导的一支海军舰队。当舰队在安大略湖向北机动的过程中，迪尔伯恩临时改变决心，率领1700人的部队转向进攻西北方向的约克，然后进攻安大略湖西端的乔治堡和伊利堡。4月27日，美军顺利攻占约克，一个月后，迪尔伯恩又率军进攻乔治堡和伊利堡，英军不战而退。但是，英军集中兵力反戈一击大败美国追兵，迫使美军不得不放弃刚刚夺占的伊利堡，英国要塞很快又回到了英国人的手中，剩余美军不得不孤守乔治堡。与此同时，驻加拿大总督乔治·普雷沃爵士从金斯顿对安大略湖东端的美军基地萨基茨港实施坚决的进攻，留守该港的美军400名陆军和750名民兵匆忙防守。美军几乎丧失了安大略湖地区主动权。

在地面作战陷入被动的情况下，美国海军却在伊利湖取得关键性的胜利。9

第一章　美国独立战争：军种联合萌芽的出现(1765—1815)

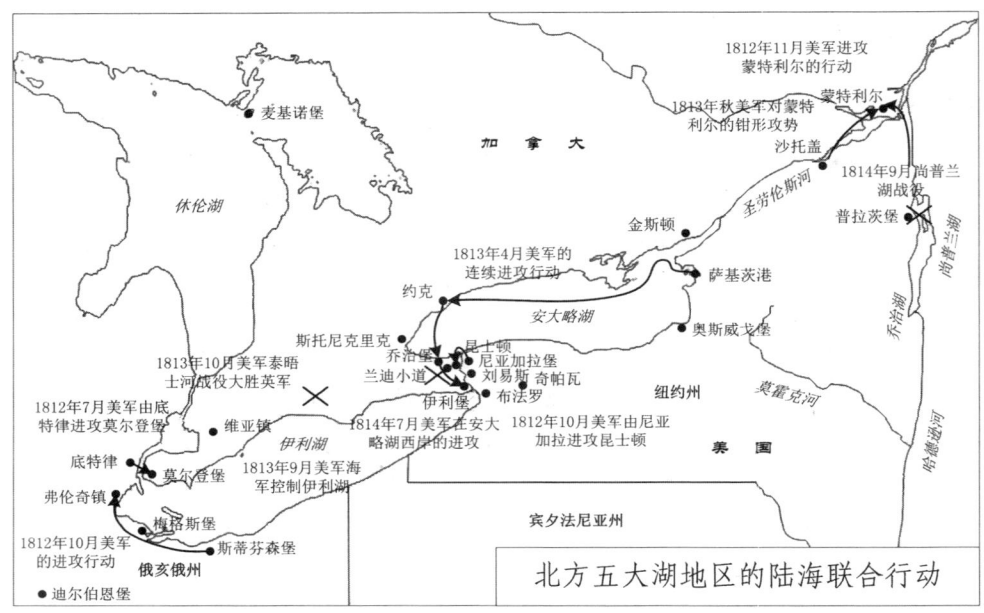

北方五大湖地区的陆海联合行动

月 10 日，美海军指挥官奥利弗·哈泽德·佩里指挥一支舰队在普特因贝大胜由 6 艘军舰组成的英国海军中队，一举控制了西面的伊利湖。随着伊利湖落入美军之手，英军穿越湖区的供给线被切断，位于底特律地区的美军哈里森部可以随舰队向下加拿大的英军发起进攻。10 月 5 日，在安大略湖西南部的泰晤士河战役中，美军一举全歼 2000 多名英军和印第安人部队，击毙美加边境印第安人反抗力量领袖特库姆塞，这一战果，不但瓦解了西北部印第安人联盟，也使美军再次夺回对伊利湖至安大略湖一线的控制权。同年秋季，美军乘势对蒙特利尔发起一次钳形攻势，但这一仗没有达到预期目的。美陆军准将韦德·汉普顿将军率 4000 士兵从尚普兰湖湖畔的普拉茨堡出发，从南部向蒙特利尔进攻，另一支 6000 人的部队在詹姆士·威尔金森将军的带领下，从萨基茨港沿圣劳伦河向东进攻蒙特利尔，面对英军的顽强抵抗，两路进攻都没有取得成功，先后退至普拉茨堡。

在这一年中，美军还在南面新奥尔良地区开辟了新战场，主要力量是来自田纳西州的 2000 余名民兵，由安德鲁·杰克逊担任指挥官，打击目标则是该地区的印第安人。英国皇家海军继续在大西洋沿岸实施封锁行动，在切萨皮克湾来回扫荡，6 月份，英国皇家海军对诺克福发动了一次失败的海陆进攻行动。

1814 年，在欧洲战场上，法国已经溃败，拿破仑于 1814 年 4 月退位，获胜的英国可以向北美派遣增援力量，但是，美国人的战斗精神也越来越高涨。战争的规模与激烈程度有明显的增加，海、陆军联合作战更加广泛，美英双方似乎都想竭力击败对手，结果是双方互有得失，这促成了战争的结束。美军首先在安大略湖地区发动了第一次大规模的攻势。7月3日,美国陆军准将雅各布·布朗率领3500人士兵从布法罗渡过尼亚加拉河,占领伊利堡,并且开始北上与昌西准将及其海军舰队在安大略湖会师,以控制整个尼亚加拉半岛。两天后,布朗在斯科特的协助下,在奇帕瓦河击败了英军戈登·德拉蒙德和亚斯·芮阿罗的兵团,然后继续北上。此时,由于昌西准将正在向昆士顿进军,拒绝与布朗会师,布朗只好退回奇帕瓦。7月25日,布朗的部队在奇帕瓦的兰迪小道与英军再次相遇,展开激战,双方损失均在800人以上。美军被迫退回伊利堡,很快又炸毁伊利堡,撤退至尼亚加拉边界进行重组。同时,美军从尚普兰湖的普拉茨堡派出援军增援尼亚加拉的战斗,这导致尚普兰湖向英军敞开了大门。

9月1日,英军普雷沃将军指挥1.2万名在欧洲战场久经战阵的老兵沿里奇留河从陆路向下游推进,在其左侧,一支英国海军中队在乔治·唐尼的率领下沿尚普兰湖同步南下,保护沿尚普兰湖的补给线路畅通,这支英国海军中队包括4艘快速帆船、双桅方帆船、单桅帆船和12艘炮艇。美军驻守普拉茨堡的部队包括亚历山大·马孔姆率领的3400名陆军士兵,还有托马斯·麦克多诺率领的海军分舰队,这支美国舰队由14艘战船组成。9月6日,普雷沃率陆军部队抵达普拉茨堡,他决定先等海军中队摧毁停泊在此的美国防御舰队后再采取行动。9月11日,唐尼的舰队驶进普拉茨堡湾,引发激烈的水战。不料,麦克多诺的舰队凭借高超的射击

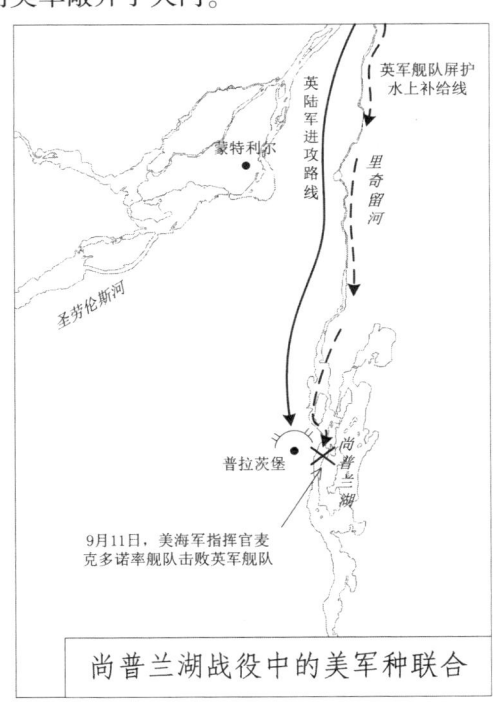

尚普兰湖战役中的美军种联合

技术与灵活机动,经过2个多小时就击沉了英舰2艘,击伤多艘。舰队的战败使英军失去了对尚普兰湖的控制权,英军沿湖的补给线将受到严重威胁,无法保证陆上的进攻作战。英军普雷沃将军第二天率领全军撤回加拿大。这场战役级的陆海联合行动以美军胜利而结束,自此,尚普兰湖这个连接加拿大和美国腹地的重要水道一直掌握在美军手中,使美国的北部边境得以保全。

为了配合普雷沃将军在尚普兰湖的进攻行动,8月,英国一支4000人的军队在罗伯特·罗斯的率领下,从百慕大群岛出发,直奔切萨皮克海湾,其目的是攻打华盛顿和巴尔的摩。10月,英军在帕图西恩河登陆,并开始向华盛顿进军。

美国政府匆忙集合了 5000 名正规军、民兵和水兵进行防御。英军击溃了美军的抵抗，直取华盛顿，放火焚烧国会大厦、总统官邸和政府建筑。随后，英军乘船继续向巴尔的摩进发。10000 多名美国民兵在巴尔的摩修筑工事，奋起反击，终于迫使英军停止了前进的脚步。

英军放弃了对巴尔的摩的进攻，重新调整力量，进攻新奥尔良，展开封锁密西西比河的行动。英军集结了 8000 名正规军和 50 艘军舰。驻新奥尔良的美军指挥官安德鲁·杰克逊少将只有 5000 人。英军采取主力正面进攻，小部分兵力从侧翼包抄的方法。1815 年 1 月 8 日，战斗打响，结果正面进攻的英军部队遭到美军 20 门火炮的猛烈射击，3 小时内，英军伤亡近 2000 人。英军不得不放弃了进攻行动。

1814 年美英双方各有胜负，美国人在尚普兰湖告捷，英国人则烧毁了华盛顿首府，但交战双方都没有取得明显优势，谁也不能在短期内取得战争的胜利。而引发这场战争的根本原因是英国抢夺美国的船只和船员，损害了美国在公海的中立权利，随着拿破仑和法军的失败，这个战争根源已经没有意义，双方也不愿意无休止地将战争持续下去。1814 年圣诞节前夜，美英两国签订了《根特条约》，正式宣告战争结束。

1812 年战争是美国对英国的第二次独立战争，也可以称作美国建国后的第一场对外战争，英国远道而来意在复仇，美国则是为了巩固立国根基。战争的两大战场主要在边境外围，北部是沿圣劳伦斯湖到五大湖地区，东部是沿大西洋的海岸与港口沿线，英军依然是发挥皇家海军的优势支援陆海联合行动，美军尽管没有掌握制海权，但依托本土内陆纵深作战，让英国皇家海军的封锁大打折扣，另外，美军在五大湖地区以及尚普兰湖地区的陆海行动也有一定成效。

本章小结

美国独立战争前后历时 50 年，经过了美英之间两次战争对决的胜利使北美大陆的殖民者们完全脱离英国，建立了属于自己的国家，确立了"三权分立"的国家体制。在这个基础上，初步建立起陆军、海军、海军陆战队三支军种力量以及文官治军的军队体制，并且还有 1812 年在尚普兰湖经典的陆海联合行动，军种联合作战开始在战争实践中迸发萌芽。

这一时期，美军军种联合作战是以弱势对强势，是被迫走向联合，实际上较多采取陆海联合作战的是英军，美军陆、海行动只是一种被动的应对、被动的防御。英军远涉重洋陆海并用，同时，北美大陆河川纵横，客观产生了海洋内河、大陆两种战场，诸多因素促使美军在建军之初就很快建成陆军和海军两大军种。

由于广袤的战场空间阻隔，英军的陆海联合行动失误较多，多路进攻行动协调配合不力，给美军陆海部队分路应对提供了可能。美军是本土作战，战争根基在陆地，陆上作战是占主导性的，对战争起决定性作用，海洋内河战场则是支援策应陆上作战。尽管美海军十分弱小，但海军作用不容小觑，在战争的最初几年，因为没有海军，美国几乎输掉了战争。随着海军的建立，在海上威胁英军补给线，掠夺补给品，迫使英国皇家海军花费大量兵力在护航上，尤其是美内河海军在尚普兰湖的阻击行动，关键时刻挽救了新生美利坚的命运。无论是最初的独立战争，还是1812年美英再战，最后都离不开对制海权的掌控，陆海联合是达成两次战争目的的基本条件。

但是，这两场战争实践中的美军军种联合，还仅仅是战略性的联合行动，作战命令的传输停留在时效极低的运动通信。在政府层面也没有一个机构来加强军种之间的协调，尤其缺乏对军种联合重要性的深刻认知。在建军之初的相当长一段时间里，华盛顿作为总司令只能指挥大陆军，不能调动运用海军，联合行动组织非常困难，失误比较多，与冷兵器时代自发的、无意识的联合行动本质上是一样的，一个战场上的军种作战往往是在不经意间对另一个战场上的军种作战产生影响，这种影响也往往是非常滞后的认识。

美军军种联合的萌芽阶段，还体现在初步搭建了具有美国自身特色的早期文官治军制度，这既是美军国防体制的原始架构，也是军种联合作战体制的原始框架。国会拥有军队建设的最高决策权和宣战权。总统是军队总司令，履行国会赋予的权力，统管陆海两大军种，陆军部领导指挥陆军部队，海军部领导指挥海军舰队和海军陆战队。这个基本架构确定了美国国家、政府与军队的关系，国会与总统在军事决策中的分界线，总统与军种最高领导之间的责权关系，军种最高领导机构与军种部队之间的关系，以及陆、海两大军种的横向关系，明确了总统是协调陆、海两大军种部队的中枢纽带。

第二章 内战与扩张：现代军种的逐步建立（1815—1918）

美国建国初期的独立战争具有所谓的追求独立、自由和民主的元素，但是，自由和民主的旗帜无法掩饰殖民者无限膨胀的野心与贪婪。独立战争一结束，美国便走向对外扩张之路，先是在南部，美军发动对墨西哥的侵略行动。领土的迅速扩张和国家失控又导致南北战争爆发。随后，在西部，美国人打着进步与文明的旗号，不断侵入印第安人领地。之后，美国又发动美西战争并参与第一次世界大战。伴随着内战和对外扩张的步伐，美国逐步建立起现代军种力量体系。

军事职业化的开端

十九世纪是现代科技发明与发展的一个划世纪时代，工业革命带来的技术进步改变了战争的方式。1804 年英国人史蒂芬·孙成功制造了第一台蒸汽作动力的火车机车，1826 年纽约成立了第一家铁路公司，火车与铁路的发明使交通运输变得更加迅速，价格也更低廉。1844 年塞缪尔·莫尔斯发明了世界上第一部电报机，前所未有地缩短了信息传递的时间和空间，传统信息传递依赖送信员，需要花费很长时间，现在则可以一瞬间完成。新技术导致的军队火力增强，使步兵的武器更加致命。可靠性极差的燧石装置逐渐被雷帽取代，步兵的射击速度比以往任何时候都快。来复枪和圆锥形子弹的发明可以在 500 码的距离上致敌毙命，到 1861 年，武器制造商们造出了后膛枪和连发枪，1862 年美国人理查德·加特林还造出了第一挺机关枪。这一切新的科学技术被发明并运用于战争领域，改变了陆战模式。从战略上讲，军队能以前所未有的速度进行远距离调动，以合理的费用相对容易地得到后勤支援，还可以依靠电报实施远距离指挥。而在战术层面，由于步兵武器的射程、精度和射速大幅提高，拿破仑战争曾使用的大量步兵和骑兵的正面密集进攻，无异于集体屠杀。

在海上，蒸汽机和钢铁取代了船上的风帆和木头，海军舰船的机动力、火力和防御力发生了令人吃惊的变化。世界上第一艘蒸汽动力战舰"富尔顿"号于

1814年建造完成。军舰可以直线航行，不必根据风向和水流曲折前进。30年代后期，美国海军开始采用发射爆破弹的舰炮，可以将木质舰壳炸碎起火。1843年蒸汽推力的螺旋桨军舰"普林斯顿"号下水，该舰的设计使蒸汽舰不仅具有机械推进的优点，而且具有与帆船同等的火力。为了增强军舰的防御力，1843年，第一艘公开的铁甲舰"密执安"号下水。随后，冶金技术的进步使人们能造出更厚、防御能力更强的铁甲，同时也能制造出推力更大、初速更快的强大火炮。这一时期，尽管蒸汽机还未能完全取代帆船，铁质舰也未能全部取代木质舰，但是，新质军舰已经彻底改变了海战的战略战术。

两次独立战争结束后，美国政府认识到和平时期保持常备军的重要性，正规军始终是保家卫国的第一道防线，包括有一支强大的海军保护通商，一系列防御工事保卫海岸线，还要有一支正规陆军和民兵守卫边疆。普通民兵的数量迅速减少，以至于整个民兵制度退出历史舞台，取而代之的是各州志愿民兵部队，职业化的正规军加上志愿民兵成为美国国防的基础力量，并开始了军队职业化进程。

美国独立战争以及随后欧洲爆发的拿破仑战争推动热兵器时代战争形态的转变，战争的规模不断扩大、复杂性不断增加，随之产生了新的管理、作战、战略和战术问题。要解决这些问题，需要更多技术熟练的军官，这便促进了军官职业化的快速发展。十九世纪上半叶，美国和欧洲各国开始出现军官职业化趋势。所谓军官职业化通常具备三个特点：从长期学习和经验中得来的专业知识；履行有益于社会的各项职能的责任；团体意识，即使本职业人员有别于社会其他人员的一种集体意识。职业军官的专门知识是控制暴力，责任是保卫国家安全。团体意识来自教育过程和本职业内形成的习惯和传统。实现军官职业化的一个重要途径就是利用军事院校培养训练有素的军官和战略专家。普鲁士和法国先后利用军事院校培养锻造了大量优秀军官。作为仿效法国人的结果，美军高层下大力复兴刚建立不久的西点军校。1817年7月，随着名誉少校希尔维纳斯·塞耶担任西点军校校长，组织起了一套以四年学制为中心的规章制度，该校逐步发展成为美国一流的军事与工程兵学校。西点军校初期主要讲授陆军工程兵课程，现在增加了军事理论和军事史课程，约米尼的《战争艺术》和克劳塞维茨的《战争论》在课堂上被教授学习，使培训的军官获得了较系统化的军事职业知识，更重要的是向每一名教官和学员灌输了职业军人坚定的信念。到1860年，超过76%的美国陆军军官为西点毕业生。1824年，美军又建立陆军第一所研究生院，向学员提供在步兵、骑兵、炮兵中任职和担任参谋所需的特殊知识，并进一步培养军官团的责任感和团体意识。

尽管由于国会对职业海军根深蒂固的反对态度，美国海军职业化步伐被大大延迟，但是，随着蒸汽驱动军舰的使用，迫切要求更多的海军职业化的技术培训。直到1845年，由海军中校富兰克林·布坎南建立了第一所海军军官学校，海军军官得到专业化的培训，海军军官职业化进程迈出了重要一步。同时，独立战争期间成立的海军军官委员会（由三位高级军官组成，负责为海军部长出谋划策）在1842年进行了更具专业化的改革，成立了五个海军局，包括军械与水文局，医药与军医局，船坞与码头局，建筑、设备与维修局以及给养与衣物局，外加一支工程部队，这使海军事务管理实现了专门化，变得更加职业。

军官职业化的发展改变了过去美国军官团缺乏稳定的管理，缺乏职业知识，人员更新快以及内部不团结等问题。军官们的军人生涯大大延长，1797年所有军官的平均服役期只有10年，但到1830年已经延长到30年，一些有抱负的军官们把当职业军官视为毕生的事业，军人的职业价值理念也开始形成。另一方面，像欧洲主要国家参谋部的发展一样，美军军种参谋部人员不断扩张，成为一个固定机构，主要职能是制定条令条例，进行装备采购，使得军事管理更加稳定。

这一时期，美国最显著的国家变化是领土扩张和西部运动，殖民地一直拓展至太平洋沿岸。陆军在这一时期是国家发展的推进力量，包括对西部地区的勘探工作，改善西部地区的交通，促进西部的经济繁荣，还有镇压西部的印第安人，阻止潜在的外国敌人，保护边界定居者。海军则在美国的海外贸易和领土扩张上发挥重要作用，包括海上勘探活动、对外商业和利益拓展。例如，在中国的第一次鸦片战争（1840年）中，由劳伦斯·卡尼率领的一支海军分舰队以保护美国商人为由，迫使中国签订了《中美望厦条约》，该条约规定中国按照最惠国待遇，向美国商人开放五个通商口岸，为美国打开了通往远东国际政治的大门。马修·C.佩里以武力强迫日本签订了《神奈川条约》。另外，海军还在亚洲、加勒比海、地中海、南美洲东西海岸及东非沿海进行征讨，谋取美国的利益。正是由于海军的远征活动，美国的海外贸易在60年间增加了十多倍，一跃成为十九世纪中期最大的经济强国。

北美大陆西部扩张运动结束后，美国发动了第一次对外国的侵略战争——美墨战争。美墨战争源于本属于墨西哥的得克萨斯宣布独立，随后又要求加入美国联邦，美国国会投票赞成对得克萨斯的兼并，导致美国与墨西哥断绝外交关系。战争于1846年5月13日正式爆发。

美军分兵四路侵入墨西哥境内。其中，有三路进攻部队的目标是攻占墨西哥北部，一路由扎卡里·泰勒准将率领从格兰德河口的马塔莫罗斯向西出发，进攻蒙特雷。同时，泰勒又担任驻墨美军的总指挥。约翰·E.乌尔准将从圣安东尼奥向西南进军，与泰勒会师。斯蒂芬·卡尼上校从利文沃思堡南下西进，直抵圣菲，然后继续向西进攻位于加利福尼亚南岸的圣迭戈。在墨西哥南部，还有一支主力部队从墨西哥韦拉克鲁斯港出发，在斯科特将军的率领下向西直接进攻墨西哥首都墨西哥城。

1846年9月24日，泰勒将军攻占蒙特雷，随后继续向重要的交通枢纽城市萨尔蒂约进军，并与乌尔的部队在此会师。在8000余兵力被紧急调往东部坦皮科港，同时对敌情掌握不明的情况下，泰勒贸然率领余下的7000人继续向南，企图穿越300英里的不毛之地挺进墨西哥城。而此时，驻守墨西哥城的墨军圣安纳将军拥有2万余众，正亲率1.5万人向北进发，准备迎击孤军冒进的美军。1847年2月21日，两支敌对军队在萨尔蒂约以南的布埃纳维斯塔展开交锋。经过两天的激烈厮杀，美军尽管数量占明显劣势，但凭借强大的炮兵火力与正规军和志愿兵的激战，以及泰勒本人临危不惧的指挥，给墨军以沉重的打击，造成墨军较大伤亡，不得不退出战场，这也是美军在美墨战争中的首场大胜。在格兰德河的北部，卡尼的军队自利文沃思堡翻山越岭，穿越沙漠，直扑加利福尼亚地区，先后攻破圣菲、圣迭戈等城市，1847年1月又占领洛杉矶，从而将整个加利福尼亚收入囊中。至此，美军基本上已经控制了整个墨西哥北部，战争的重心开始转移至南部斯科特对韦拉克鲁斯以及墨西哥城的进攻上来。

美国海军在这场拓展领土的战争中发挥了关键作用。在墨西哥东部，大卫·科纳准将率领舰队封锁了战略地位极端重要的格兰德河河口，随后又攻占阿尔瓦拉多、维拉克鲁斯、图斯潘等多个沿海港口，从而完全封锁了墨西哥湾海岸。在墨西哥西部的太平洋沿岸，美国海军先是控制了圣巴巴拉、圣佩德罗和洛杉矶等加利福尼亚沿岸的港口，至1847年，又占领了墨西哥西海岸的重要港口。海军的加入使美军牢牢控制了大西洋和太平洋的海岸，截断了墨西哥获得给养的外部通道，防止墨西哥获得援军，同时，海军的战舰还为陆军的运输提供了重要的保障。美国陆军与海军在韦拉克鲁斯港实施的两栖登陆作战则是一次典型的陆、海军联合作战，这也是美国历史上首次大规模联合两栖登陆作战。韦拉克鲁斯港位于墨西哥湾的西南侧，是墨西哥东岸的最大港口，西距墨西哥城约300公里，拿下该港口，美军就可以直捣墨西哥首都。1847年3月初，美军在韦拉克鲁斯以北的坦皮科附近集结了斯科特将军的1.3万名陆军士兵。3月9日，美海军准将戴维·康纳指挥舰队在韦拉克鲁斯以南实施大规模两栖登陆作战，利用特别设计的平底登陆船，将大约1万名海军和陆军士兵连同大炮、给养，在十一个小时以内成功运送上岸。随后，陆军和海军士兵对韦拉克鲁斯城市形成合围之势，海军卸下舰船上的大炮部署到城市周边，向城墙持续精准地发射近2000发炮弹，同时，海港内的战舰还向城墙发动攻击，在陆、海联合部队压倒性的炮火攻击下，3月29日，韦拉克鲁斯守军宣告投降。

斯科特乘势率军一路向西推进，目标指向墨西哥城。在成功突破墨军的几次阻击行动后，8月7日约1万名陆军和海军陆战队士兵抵达墨西哥城，并从多路

第二章 内战与扩张：现代军种的逐步建立（1815—1918）

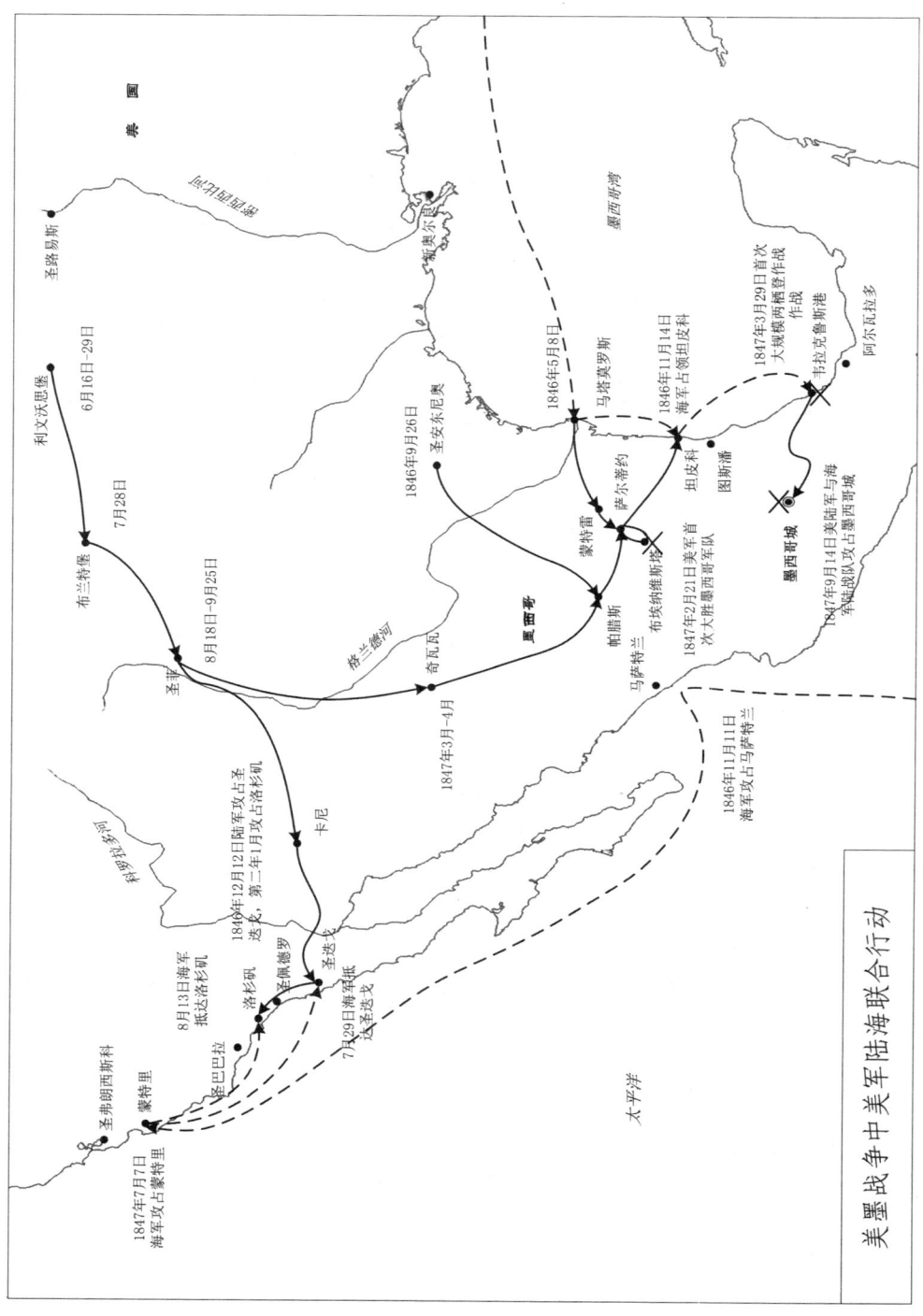

向该城发动强攻,美军采取步兵与炮兵协同进攻方式,给墨西哥军造成巨大伤亡。斯科特首先占领墨西哥城的外围防御阵地,随后向内层城堡发动总攻势,墨西哥圣安纳将军见败局已定,9月14日率政府成员撤退。至此,美墨战争最终以美军压倒性的胜利而停火。但是,直到1848年2月战争才正式结束,双方签订《瓜达卢普-伊达尔戈条约》。此战使美国获得了包括今加利福尼亚、亚利桑那、新墨西哥、犹他和内华达诸州,以及科罗拉多州和怀俄明州部分领土在内的超过50万平方公里的新领土,而美国为此付出了1.3万生命的代价。

再观美墨战争,墨西哥是早期西班牙殖民者开创的新国家,无论是发展历史还是领土面积都在美国之上,堪称"美洲一哥",而且,墨西哥正规军的数量也大大超过美军。美军之所以能够迅速打败墨军,在军事上主要有三个原因:一是美军在武器装备方面占明显优势。美国陆军大部分装备的是新式滑膛枪,射击更加迅速准确。而炮兵以马牵引,机动能力大大增加,火炮可发射6磅、12磅和18磅的霰弹和实心弹,在屡次战斗中,强大的火炮给墨西哥军队以重大杀伤,往往以少胜多。相比之下,墨西哥的主力以骑兵为主,装备陈旧,士气低落。二是美军已经发展形成较高素质的职业化军队。美军兵役制度已经由过去依靠本土民兵转型为地方性的志愿兵部队,这些志愿兵通常经过严格的筛选,自有一套独特的训练方法,具有很强的战斗力,同时还具有强烈的军人自豪感。而美军陆军军官则由一大批接受过西点军校培养的年轻军官组成,具备职业军人的素养与技能。三是美军实施了较有效的陆海联合作战。职业化的军队使军事行动成为一门专业,必然推动军事艺术和方法的快速发展,也会对军种联合的发展产生更大的推动作用。此战中,美军陆海联合已经有较明显的统一筹划的痕迹。陆军主要担负对墨西哥境内纵深城市与要塞的进攻,海军在整个战争中主要是担负海岸封锁、兵力运输和炮火支援的任务,而在韦拉克鲁斯港的两栖登陆战则是陆、海两大军种战役战术层面的首次联合行动。另外,值得一提的是,美国海军陆战队也开始一显身手,在战争中,海军陆战队主要是与陆军并肩作战,并在1847年与陆军一起参加了攻打墨西哥城的作战行动,而这次行动还被写入美国海军陆战队队歌。总之,美国陆军、海军、海军陆战队三大军种开始走向成熟,变得更加职业,对其国家尽忠职守。经过美墨战争,美国不仅进一步巩固了自己的独立地位,而且发展成为北美洲最强大的国家。但是,一场美国历史上最为残忍的战争已经近在咫尺,这是一次自相残杀的大灾难。

南 北 战 争

南北战争也称美国内战,也有称为"叛乱战争"和"诸州之战"。这场战争于

1861年4月爆发，历时四年结束，其间位于北方的联邦军伤亡61万人，南方的邦联军也付出了死伤45.2万人的代价。南北战争是美国历史上最血腥的一场战争，战争造成的死亡人数超过了包括两次世界大战在内的二十世纪发生的所有战争中美军阵亡人数。

南北战争根本的原因是南北两大区域经济发展模式的不同。美国独立建国后，北方各州开始逐步发展工业与贸易，并以此为经济主体，兼营各种农作物的大规模商业性农业。而南方各州则普遍排斥工业与贸易，固守农业经济，并以棉花为基础经济作物。这种差异导致南、北双方在涉及关税及公路、运河和铁路等国内交通网络的国家经济政策方面存在巨大分歧。在这种经济基础上的社会政治结构，南、北双方也存在巨大不同。北方政治结构相对开放，政治权力广泛分布于上层阶级、中产阶级和下层阶级之中，而南方的政治经济权力牢牢掌握在庄园主贵族手中。另外，双方还有一个巨大分歧在于，南方使用黑奴作为主要劳动力来源，而北方早在十九世纪初便废除了奴隶制，这一矛盾在西部和南部新领土扩张的过程中变得日益尖锐起来。

矛盾激化是在十九世纪50年代之后，北方的废奴主义者与南方狂热的奴隶制支持分子围绕逃亡黑奴的遣送问题发生激烈的冲突，并为此还成立了全部由北方人组成的反对奴隶制扩张的共和党。1860年11月，共和党候选人亚伯拉罕·林肯赢得总统大选，以南卡罗来纳州为首的南部诸州开始宣布脱离联邦，并成立新政府，号称"美利坚诸州同盟"。联邦政府一次次的让步努力均告失败，1861年4月12日南方邦联军队主动挑衅，林肯总统决定以军事手段镇压南方的分裂行径，美国内战就此爆发。

在实力对比上，北方联邦政府相比于南方的反叛者具有明显的优势。北方有23个州2700万人口，南方只有11个州910万人口，其中还包括约360万奴隶。北方拥有支撑战争的强大工业基础，能够为战争不断补充大量的武器装备和食品以及其他补给；而且北方还拥有占全国70%的铁路干线，能够用于运送军队和军需物资；在制造海军舰船和商业船只的能力上北方也远胜南方。南方的主要优势在于依托本土作战，而北方不得不进行危险且艰巨的进攻行动。

北方联邦军队由亚伯拉罕·林肯总统兼任总司令。林肯尽管没有军事指挥经验，但具有过人的视野与意志力，凭借着不惜一切代价平定叛乱的坚定决心将北方民众紧紧团结在一起。林肯的战争指导方针是将南部牢牢封锁住，凭借北方在人数与资源上的优势，可以将南部诸州各个击破，从而结束战争。因此，他提出对南部实施封锁合围的计划，并设计了四大战略进攻行动：一是夺占南方的重镇里士满，消灭据守于此的所有南方军队；二是占领纵贯南部的密西西比河，将南方一分为二，截断南方的西部对东部的增援和补给；三是夺取位于田纳西河上游的重要铁路中心查塔努加,并向沿海地区展开大规模强攻,对南部实施分割清剿;四是夺取所有南部港口,对整个南大西洋和墨西哥湾 3500 英里的海岸线实施全面封锁,阻止南方出口和进口战争物资。这四项进攻行动中,第一、三项主要是地面进攻行动,第二、四项则是海军的封锁作战行动。也就是说,北方政府的整个战争设计中,就已经有了明确的陆海联合行动设计。

南方邦联军队由戎马一生的杰斐逊·戴维斯担任总司令,同时,戴维斯又就任南方的临时总统。戴维斯本人生性骄傲自大、教条顽固,缺乏战略眼光与政治魅力,而且在军事决策上独断专行。这也导致南方各州领导人不愿听命于临时政府,各自保护自己的地盘,不愿为邦联军队贡献人力物力。如此一来,南方的战争目标是尽可能地防守,拖延战局,直至取胜的代价高到让北方人无法承受,再要求政府结束战争,从而实现南方独立建国。

1861 年 4 月 12 日,南方邦联军队炮击位于南卡罗来纳州的萨姆特堡军事基地,成为战争的导火索。开战之初,双方并没有急于进攻,只是加紧组建、训练部队,并在北方首都华盛顿与南方首都里士满一带形成对峙,双方的目标直指对方的首都。联邦军在华盛顿南面的亚历山德里亚集结了一支 3 万人的部队,由欧文·麦克道尔准将指挥以保卫首都。另外一支 1.5 万人的部队部署在西面谢南多厄山谷北端,由年迈的少将罗伯特·帕特森指挥。邦联军在距华盛顿西南 26 英里的铁路中心马纳萨斯枢纽站集合了 2.2 万人,由皮埃尔·G. T. 博勒加德准将指挥。另一支 1.1 万人的部队在西面的谢南多厄山谷内,由约瑟夫·E. 约翰斯顿准将指挥。7 月 16 日,按照林肯总统的命令,麦克道尔率部沿沃伦顿公路南下,进攻博勒加德的部队。而此时,博勒加德已在马纳萨斯以东的布尔河后方布好防线,同时,西侧的约翰斯顿准将利用铁路将 1.1 万名士兵运来增援。麦克道尔按计划指挥部分兵力从正面佯攻,主力则从西侧对博勒加德实施翼侧卷击,双方展开激烈拼杀,战线从东西走向变成南北走向,西侧为联邦军,东侧为邦联军。下午 4 时许,胜负见分晓,邦联军反过来对麦克道尔的右翼实施卷击,筋疲力尽的联邦军队开始被迫撤退,随着布尔河大桥被炮火击中,撤退很快转变为溃败,大批士兵慌不择路逃回华盛顿。结果是联邦军队伤亡 2896 人,邦联军队伤亡 1982 人,邦联军队在第一次马纳萨斯战役中赢得决定性胜利。

林肯用乔治·B. 麦克莱伦少将替换作战不力的麦克道尔。新上任的麦克莱伦在 1862 年初重新组建出 15 万人的波托马克河兵团,但是,麦克莱伦在指挥上时刻小心谨慎、犹豫不决,丧失了很多进攻的时机,直到 5 月份才率领大军绕道弗吉尼亚半岛从东面进攻满士里。邦联的军队在约翰斯顿的指挥下调整部署,逐步向满士里回撤并寻找战机。随后,邦联军队发现了麦克莱伦右翼的薄弱点,并调集重兵实施侧击,展开"七日战役",结果双方各有胜负,联邦军撤出弗吉尼亚半岛。林肯决定由西线调来的约翰·波普少将指挥波托马克河兵团,从北面进攻里士满,同年8月29日至30日,双方打响了第二次马纳萨斯战役,此役联邦军队向邦联军先后发动了三次进攻,均告失败,伤亡1.6万人。随后9月4日,邦联军渡过波托马克河,发起对联邦的一次进攻作战,16日,双方在马里兰州的夏普斯堡展开一场血战。4万名邦联军沿安蒂特姆河挖壕布阵,与7.5万名志在全歼对手的联邦军激战一天,日落前共有4700人阵亡,18440人负伤,另有3000人失踪。此役双方在战术上不分胜负,在战略上邦联军队入侵北方马里兰州的企图被挫败。五天后,1862年9月22日,林肯发表《解放宣言》,郑重宣布自1863年1月1日起,叛乱地区的奴隶都将获得自由。这一大胆举动让北方占据极为有利的道义优势,沉重打击了南部的反叛势力,将南北战争转变为一场具有进步意义的废奴战争。

到1862年末,东部战场几乎陷入僵局。邦联军队获得两次马纳萨斯战役胜利,挫败了联邦军队对里士满的进攻,总体上占有上风。但是,联邦军队没有被击垮,而且北方占据着道义上的优势,联邦军队的战斗力依然在恢复,而且西部战事开始朝着对北方有利的方向发展。

联邦军在西部的战略目标是夺取密西西比河和田纳西州地区,将邦联分割成两半,进而从铁路枢纽查塔努加出发,穿过亚特兰大到海边再次分割南方。但是,战事一直等到内战爆发的第二年才真正展开。联邦军队依托密集的河流,充分地运用了水陆联合进攻的优势,给邦联军队沉重打击,连续夺占了一系列要地。

先是1862年2月,格兰特准将率领田纳西河兵团进攻田纳西河上的亨利堡和相距约12英里、位于田纳西州北部边界坎伯兰河之上的多纳尔森堡,目的是利用这两条河流深入邦联弧线防区的中部。格兰特的陆军得到了海军准将安德鲁·H. 富特的新型炮艇支援。联邦海军首次使用一种吃水很浅的装甲炮舰——"辛辛那提"号、"卡罗德莱特"号、"埃塞克斯"号和"圣路易斯"号,这些军舰都是在短短几个月的时间内迅速建成的,装备有强大的舰载火炮,也显示了北方强大的工业潜力。亨利堡的邦联守军面临装备短缺、士气低落的困境,6日开城投降。格兰特和富特继续向坎伯兰河上的多纳尔森堡进发,激战一日后夺占该城堡。一周后再次攻占坎伯兰河上游的纳什维尔,整个肯塔基州和田纳西州落入联邦军之手。另一路由约翰·波普少将率领1.8万人的密西西比河兵团沿密西西比河,在一支海军内河中队的火力支援下,于3月至4月间先后攻占密苏里州的新马德里和伊利诺伊州开罗市以南的战略要点"十号岛",向南一直通往田纳西州皮洛堡的道路已经完全敞开,至6月份,联邦军又占领位于下游的孟菲斯城。与此同时,联邦军又计划让格兰特的田纳西州兵团与布维尔的俄亥俄州兵团在科林斯会合，联合攻取该地。4月6日至7日，联邦军与邦联军在科林斯东北23英里的夏洛伊教堂附近展开夏洛伊战役，这是南北战争的一场大血战，在两天的战斗中，联邦军伤亡1.3万人，邦联军伤亡1万人，最后，邦联军败退至科林斯东南的图帕洛。3月7日，联邦军还在密西西比河以西的阿肯色州取得皮里奇战役的胜利。

尽管在8月以后，邦联军连续组织了几次强大反攻行动，企图夺回对田纳西州和肯塔基州的控制，但均以失败告终。到1862年底，联邦军已经牢牢地控制了密西西比河、田纳西河、坎伯兰河、田纳西州中部与密西西比河上游的一系列战略要点，对南方的分割战略已初见成效。

在海上，联邦军占据着绝对的优势。北方所拥有的强大的造船和购船实力，使联邦军到1861年底已经拥有各类舰艇250艘，而南方邦联军仅有十来艘小型舰艇，而且几乎没有任何工业和造船能力。因此，联邦军在亚特兰大和墨西哥湾沿岸实施了严密的海上封锁和夺取港口的行动。联邦军以汉普顿锚地的门罗要塞为作战基地，实施了多次由海上向陆地的两栖登陆战，在邦联军后方建立、巩固军事基地。1861年8月，联邦陆、海两军种发起联合远征，深入北卡罗来纳海域，成功夺取守卫着邦联后大门的哈特勒斯堡，800名士兵从门罗要塞登陆，建立了一个封锁基地，封锁了阿尔伯马尔海峡和帕姆利科湾。两个月以后，另一支联合远征队开赴南卡罗来纳的罗亚尔港，该港口控制着联接萨凡纳和查尔斯顿的重要内陆水路。9艘战舰对防御要塞实施猛烈炮击，掩护T.W.谢尔曼指挥的17000名陆军实施了成功的登陆。1962年4月24日，联邦舰队向位于密西西比河口的重要港口城市新奥尔良进军。海军准将D.G.法拉格特率领8艘海岸炮舰和海防舰、20艘迫击炮船、9艘炮舰由海岸驶入密西西比河港湾，对圣菲利浦堡和杰克逊堡实施炮火压制，陆军巴特勒少将率陆军1万人乘势攻占该两处堡垒。25日，攻占新奥尔良，该港口是南方最重要的港口城市，联邦军在此建立基地，就可以由此沿密西西比河向北对邦联军实施夹击。

总之，南北战争的头两年，尽管在东部的地面作战进展不够顺利，但在西部的沿密西西比河和大西洋沿岸，联邦军依靠强大的海军火力优势取得一系列胜利，似乎正是海军的这一优势开始在扭转战争的局面。随着1863年1月1日，林肯总统正式颁布《解放宣言》，北方已经在政治上和军事上获得了这场战争的主动权。林肯还在战争期间开创并发展了现代指挥与参谋理念。1862年3月，在陆军司令乔治·B.麦克莱伦经历连续作战失利而不思进取的时候，林肯总统决定自己亲自担任陆上部队司令，并得到由陆军部长埃德温·M.斯坦顿和陆军各局首脑组成的"陆军委员会"的辅佐，这样，实际上创立了美国陆军的首个总参谋部。随后在1864年3月，林肯向国会申请设立中将军衔，并又任命有作战指挥经验的西斯·S.格兰特为中将兼陆军司令,同时,又任命深谙军务的哈勒克少将担任陆军参谋长职务,负责在林肯、格兰特和联邦陆军各部门指挥官之间协调联络,进一步在陆军中建立起一套现代指挥参谋体系。

进入战争的第三个年头,西部战役成为决定整个战争走势的关键。北方联邦军队通过密西西比河将南方分割为东西两半的企图胜利在望,联邦军队沿河上下对进,几乎控制了整个河流,只剩下维克斯堡还掌握在邦联军的手中。维克斯堡位于密西西比河高高的陡岸之上,控制着整个河面,同时,又是连接东西铁路线的枢纽,地理位置极为重要,并且易守难攻,这个运输中枢也自然成为南北双方下一步争夺的要点。1862年的最后两个月,田纳西河防区司令尤里西斯·S.格兰特少将先后两次从陆路远距离南下实施试探性攻击,都由于补给线过长,遭到邦联军骑兵袭击补给线,被迫放弃进攻计划。1863年初的几次攻击再次失败后,格兰特决心改变从陆路北面、东北面的进攻策略,转而在海军军舰的支援配合下,从维克

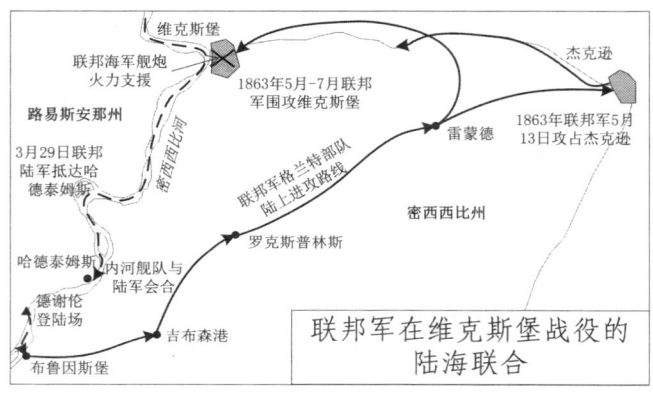

斯堡的南部实施大迂回进攻。3月29日,格兰特率大部队绕道密西西比河的西边,向南穿过长长的沼泽艰难地抵达路易斯安那州的哈德泰姆斯,随后海军波特少将指挥舰队成功通过维克斯堡的邦联军炮火南下与格兰特会合,将所有部队运至密西西比河东岸的布鲁因斯堡,不久,大批的补给也通过运输船运抵这里。格兰特率大军首先向东直扑密西西比州首府杰克逊市,5月13日击败了邦联守军后占领该市,切断邦联军对维克斯堡的支援。格兰特又调头西进,于5月22日将维克斯堡团团包围,围城之战从5月22日起持续了一个多月。联邦陆军7万余人以及密西西比河上的军舰炮火夜以继日地向城内猛烈攻击,城内邦联军几乎弹尽粮绝,趋于绝望,最终于7月4日开城投降。接下来的目标就是查塔努加,这个田纳西州最重要的铁路枢纽,战略位置极其重要,从这里出发向东南进攻,联邦军可以对南方地区进行再次分割。1863年9月9日,联邦军通过诱敌成功占领查塔努加,但随后遭到邦联军增援部队的疯狂反扑,邦联军依托查塔努加外围三面环绕的山地将该城包围。10月,联邦军从东部的波托马克河兵团调集两个军驰援,在实力得到大大加强后,联邦军于11月23日率先发起反击,历时2天的血战,击溃邦联军的进攻部队,终于保住了这个重要的铁路枢纽。

进入1864年后，联邦军威廉·T.谢尔曼少将率10万大军向南进攻最后一座铁路枢纽城市亚特兰大。进攻行动自5月9日开始，联邦军逐次突破沿途阻击，直至9月1日占领这座"南部门户"。自11月15日开始，谢尔曼率领部队继续向沿海进发，12月21日攻占位于南卡罗来纳州的沿海要塞萨凡纳。至此，联邦军已经完成对南方的再次分割。在西部战线激战的同时，东部战线也经历了数次大血战。1863年发生在东部的第一场重要战役是钱瑟勒斯维尔战役，此战以联邦军队失败结束。联邦军方面为约瑟夫·胡克少将指挥的波托马克河兵团，拥有14万之众。邦联军兵力只有7万，指挥官是具有丰富经验的李将军。该年4月中旬，联邦军主要分两路向南发起进攻，一路由约翰·塞奇维克少将率4万人在弗雷德里克斯堡正面渡过拉帕汉诺克河，目的是牵住李的部队，另一路则由胡克亲自指挥主力，在拉帕汉诺克河西侧10英里处，渡过拉皮丹河，插入李军后方。邦联军也是分兵两路应对，一路由祖拜尔·A.厄尔利少将带1万人马留在弗雷德里克斯堡阻止联邦军的正面进攻，而李将军本人亲率主力向西对抗胡克的进攻。在西侧的钱瑟勒斯维尔，邦联军队也采取正面牵制、侧翼迂回的战术向毫无防备的联邦军发动闪电进攻，联邦军尽管数量众多，但被打个措手不及。5月5日，胡克的联邦军主力退回拉帕汉诺克河北岸，胡克与塞奇维克两支军队从东西联手进攻邦联军的计划被打乱，钱瑟勒斯维尔战役以联邦军失败结束。

得胜后的邦联军李将军打算进一步扩大战果，决定向北发动一次战略性的侧翼迂回进攻，基本的设想是从谢南多厄山谷出兵，北上进入宾夕法尼亚州，随后挥师东进，直逼费城和巴尔的摩，同时迫使胡克的波托马克河兵团尾随追击，然后在适当的地区对追兵发起进攻，此举旨在通过冒险获得一次重大战果来改变战争局势，这就是南北战争具有转折意义的葛底斯堡战役。1863年6月3日，李将军率领7.5万邦联精锐部队，从西北方向沿谢南多厄山谷向北进发，全军分成三队，分别由朗斯特里特(第一军)、A.P.希尔(第三军)、查德·S.尤厄尔(第二军)三位指挥官率领。6月30日，邦联军队全部渡过波托马克河，并先后进入宾夕法尼亚境内，一切进展顺利。但此时，李将军出现的第一个失误是情报侦察组织不力，在大军实施远距离侧翼迂回过程中，对联邦军的动态掌握不清，导致在葛底斯堡两军即将相遇时，邦联军的三路人马还处在分散状态，邦联军只得仓促应战。这时，联邦军队的指挥官已经由胡克改换为做事可靠、不轻易慌乱的米德少将，正当邦联军乱作一团的时候，他已经派遣一支约3万人的先遣部队逼近邦联军。7月1日清晨，战斗正式打响，双方的部队在葛底斯堡城北面和西面捉对展开厮杀，战斗异常惨烈。李将军依靠数量上暂时的优势发起总攻，希望在联邦军大部队没有到来之前击溃对方。激战一日结束，联邦先遣部队抵挡不住对方的猛烈攻势，退守葛底斯堡东、南两面的高地，而邦联军则占据城北和西面的塞

第二章 内战与扩张：现代军种的逐步建立(1815—1918)

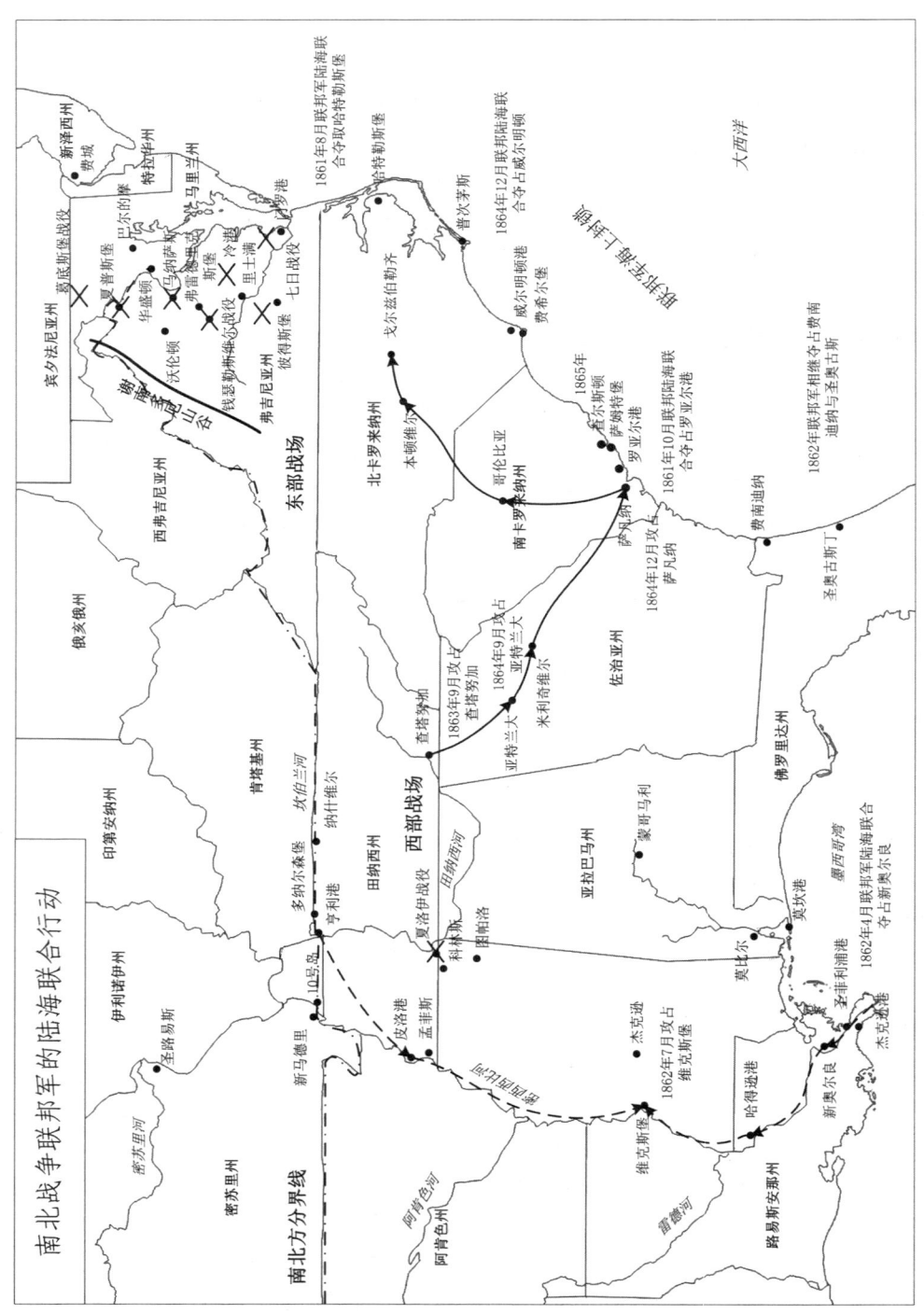

米纳里山脉一线。2日全天，邦联军依旧发起大规模攻势，从左、中、右三路向联邦军的防御阵地实施突破，但联邦军队同样实施了顽强的反突破，双方进入胶着状态，而此时，联邦军队的主力援军即将进入战场，邦联军队已经处在进难攻、退难走的双重困境。3日上午，邦联军向联邦军的防守阵地发动最后的死亡冲锋，再次失败，而联邦军援军已到，李将军不得不收缩部队，建立防御阵地，等待联邦军的反击。不过，米德的联邦军队此时并不急于发动反攻，他的目标只是将邦联军队逐出宾夕法尼亚。7月4日，邦联军队才得以逐步撤回南部。此役，南北双方都付出了巨大的伤亡代价，其中，南方邦联军伤亡2.3万人，北方联邦军伤亡2.8万人，但是南方的损失是无法弥补的，而北方战力则越战越强。北方取得葛底斯堡战役的胜利，连同7月4日夺占密西西比河维克斯堡要塞，标志着南方政权失败的到来。

1863年的海上行动依然发挥着重要的作用。联邦海军的封锁正慢慢扼杀南方的经济。南方竭力通过小型的走私船突破封锁，以获得外部资源。截至1863年6月，联邦海军已经捕获了885艘走私船。为了彻底扼杀南方的战争支撑，4月初，联邦海军对南卡罗来纳州的查尔斯顿港实施进攻，但面对邦联军的顽强抗击，直到9月6日，联邦陆军以及海军陆战队才夺取该港口附近的瓦格纳堡。其间，南方还使用简易潜艇攻击了联邦海军的军舰。

1864年初，北方联邦军已经开始全面反攻。除了西部战场上谢尔曼率军从查塔努加出发实施向东南方向的战略分割行动外，在东部战场，已经升任联邦军总司令的格兰特中将亲自督战，米德的波托马克河兵团以12万之众，渡过拉皮丹河，朝南方首都里士满进发。自5月4日起，联邦军队沿铁路线发起一系列激烈的地面进攻行动，包括荒原之战、斯保契尔维尼亚之战、耶洛塔弗恩之战、冷港之战，尽管联邦军伤亡惨重，但格兰特仍然坚持进攻，将邦联军逼退到里士满一带。6月13日，联邦军渡过詹姆斯河，随即将里士满及其南面的彼得斯堡团团包围，切断邦联军来自南部大后方的补给来源，围困行动一直持续到1865年4月初。

这一年，联邦军继续在海上进行封控行动，而邦联军也在尽其所能地进行海上反封锁行动，双方发生了多次舰船的交火。2月17日，邦联军一艘真正的潜艇"亨莱"号用鱼雷炸沉了封锁查尔斯顿港的联邦海军炮舰"豪萨图涅克"号。10月27日，联邦海军在北卡罗来纳州的普次茅斯击沉了南方自己建造的威力强大的"阿尔比马尔"号军舰，该舰一直威胁着联邦海军在普次茅斯的水陆联合攻击行动。另外，联邦海军还进行了两次针对港口的进攻行动。8月5日，联邦海军进入莫比尔港击败了邦联海军的剩余力量。12月，为了支援陆上对里士满的围困，联邦军队对北卡罗来纳州的威尔明顿港实施两栖登陆作战。波特海军上将的

第二章 内战与扩张：现代军种的逐步建立(1815—1918)

舰队对该港口的防御要塞费希尔堡实施密集的炮火攻击，同时陆军部队和海军陆战队共计8000人进行多轮抢滩登陆行动，1865年1月13日攻占该堡垒，此举意味着邦联军的所有海上通道均被关闭，这也注定了在里士满实施顽抗的邦联军的失败命运。

1865年，战争已经到了最后时刻。已经占领了萨凡纳的西线谢尔曼大军转头向北进攻，扫清沿线的残余邦联军队，向格兰特的大军靠拢。格兰特命令波托马克河兵团沿彼得斯堡全线发起大规模进攻，邦联军防线被瓦解粉碎。随后，各个战场上的邦联军相继投降，4月9日，南方军总司令罗伯特·李将军投降，南北战争结束。

反观残酷血腥的南北战争，这是美国以三权分立为基础的联邦制度嬗变失控而导致的第一次社会大分裂，本是同一个国家的民众反目为仇，很多在战场厮杀的南北双方军官甚至是西点军校的同班同学，尽管北方赢得了战争，恢复了国家统一，但战争给美国人民造成了巨大伤痛，这是美国国家发展中最沉痛的教训。从军事视角看，这场战争反映了武器装备与战术方面发生的许多新变化，已经可以称得上是一场"现代战争"。线膛枪全面替代了滑膛枪，后装式连发武器和线膛炮也得到使用，枪炮的射程、射速和精准度实现了质的跃升，如美制1861式步枪58口径，有效射程达到300码，骑兵使用了具有连发功能的卡宾枪，甚至第一款研制成功的机关枪也运用于战场，线膛炮的射程达到2500码而且精度更高。装备技术发展使战术也在发生显著变化。如大面积的堑壕和野战防御工事出现，使防守占据了明显优势；骑兵在线膛武器威胁下变得不堪一击，转而主要担负侦察与掩护任务；强大的防守火力使正面进攻变得极其困难，进而广泛地发展了侧翼进攻战术；炮兵射程增加和威力增强导致部署越来越靠后，主要用于火力支援；海上出现了铁甲舰的首次交锋；铁路被用来运送部队，电报被广泛用于指挥部队；等等。但是战争中双方战术运用还缺乏革命性的创新，尤其是步兵战术，大体上依然沿袭拿破仑战争时期的集团进攻方式，步兵在敌军防线前排成两列长长的战线向前推进，而防守的步兵和炮兵能够从容不迫地向对手倾泻猛烈的炮火，这也是造成南北战争伤亡惨重的直接原因。

进一步从军种联合的发展看，南北战争中美军军种联合的发展也是非常明显的。战争总体上依然是以陆军为主的地面作战，主要的战场在陆地，但是海军在战争中也担负着重要使命任务，对加速战争进程起到不可或缺的作用，反映在三个方面：一是陆海联合行动已经成为美军战略层面计划作战的重要指导原则。林肯在北方联邦军的战略计划制订中将海军的海上封锁、夺占沿海港口和封控内河要塞作为战略目标，其中，西线战场重点规划了对密西西比河的封控行动，将南方分割为两半，在东线战场重点规划了对大西洋、墨西哥湾沿岸的封锁和港口夺控。火车与铁路的使用使陆军机动范围更大，客观上增加了陆海联合的机会和协调性。无线电的使用使军种联合精确性提高，这反映在维克斯堡的陆海联合进攻中。二是战争中大量地实施了两栖登陆作战，包括对密西西比河沿岸"10号"岛、皮洛港、新奥尔良、维克斯堡等10余个沿河要塞，以及大西洋沿岸的罗亚尔港、莫比尔、查尔斯顿、威尔明顿等近10个港口要塞的两栖作战，两栖作战战术也得到发展。三是海军陆战队这个独特的新军种得到了新的发展和运用。开战初，美海军陆战队仅1892人，主要分散配置在陆军地面部队中参与作战。随着大量海岸两栖登陆作战的需要，美海军一些指挥官开始重新定位陆战队的使命任务，把这支两栖作战的专门兵种用在登陆作战中，先后组建多个海军陆战队营，总人数最大达到了4000余人。但是，这支介于陆军与海军之间的独特兵种的地位还未真正得到军队高层的认识。

不断扩张的年代

南北战争结束后，美国进入一个调整恢复和工业化的快速发展期。首先是大量军人的复员，因为在很多美国人看来，和平时期没有必要供养如此数量众多的部队。陆军现役人员被逐年削减，1866年国会授权将常备军兵力削减至54302人，1869年又裁减至3.7万人，而到1876年，兵力已被削减至27442人。美国陆军担负着多样化任务。大量的美国人蜂拥进入密西西比河与落基山脉之间的广袤地区，疯狂攫取领土和资源，与当地原住印第安人发生激烈冲突，陆军担负着保护这些"开拓者"的任务。另外，陆军仍然还有对南部的军事占领任务，以及随着国内不断加剧的劳资矛盾，陆军还担负着维持国内治安、遏制暴力活动的任务。战后随着海上作战需求的缺失，美国海军也被大量裁减，从1865年的700多艘军舰，6万名现役人员，下降到1880年的48艘舰船、8000余人。

与印第安人的战争主要是陆军的军事行动。西部战场辽阔，回旋余地大，北起加拿大边境，南讫墨西哥的广大地域。经过裁军后的陆军兵力单薄，陆军被分散驻守在数百个营地和哨所里，需要进行大范围巡逻，团以上大规模的部队很少集结。印第安人擅长骑马作战，采取打了就跑的游击战术。与印第安人作战，火力似乎不是最主要的问题，能够快速地追击才是作战的关键，陆军骑兵部队再次得到重用，而行动迟缓的炮兵和步兵则很少使用。从1866年至1890年，持续20余年，经历大小战斗超过1000次，而战斗中制造的暴行令人发指。

南北战争之后是美军职业化、专业化的形成期，各类军事教育机构、专业学会和刊物蓬勃发展，并掀起军事理论创新的热潮。人们不仅总结已经过去的战争理论，还在全面思考讨论未来的战争方向。美军高层指挥官非常赞赏普鲁士军事

第二章 内战与扩张：现代军种的逐步建立(1815—1918)

制度，特别是效仿普鲁士军事教育体系来发展自己的军事学院。陆军开始创造研究生院制度，创建了培养人才的高级院校。通过在研究生院的学习，军官能够学到各自军种的专门技术以及在高级指挥部工作应有的知识和须掌握的原则。如1866年工程兵从西点军校分离出来，建立了陆军工程研究院。1881年陆军又成立莱文沃斯堡学院，教授有关步兵和骑兵的基本技术，后又改名为陆军参谋指挥学院，每隔一年，从所有骑兵团和步兵团各抽一名中尉进校学习，学业结束后，他们把学到的理论逐步推广到全军。一批军事专业协会和军事刊物被创立。1878年，陆军部批准成立了美国军事学会，会员可以是部队军官和对军事有兴趣的平民，其宗旨是促进军事科学和军事史的研究，学会还定期发行军事刊物，这些军事刊物与军校教育互为补充。陆军战术原则也在创新发展，针对枪炮越来越精准强大的威力，西点军校教官埃默里·厄普顿提出新的战术突破方法，摒弃长而密集排列的横队战术队形，把战术建立在更加灵活的4人小组基础上，使用4人小组可逐渐建立散兵横队，这就要求必须培养部队的灵活和主动精神。

十九世纪后期，担任过美国海军学院院长的阿尔弗雷德·赛耶·马汉发表《海权论》，成为美军军事理论创新的一个里程碑，对世界各国海上军事战略也产生了极其深远的影响。马汉《海权论》的核心思想是"谁控制了海洋，谁就控制了世界"。他认为，海洋占据地球表面积的绝大部分，是人类生活与文明的起源，通过对历史上一系列重要霸权争夺战争中海战影响的描述，他得出几个重要的结论：制海权对一国力量最为重要，海洋的主要航线能带来大量商业利益，要有足够的商船与海外港口、基地来利用这种利益，还必须有强大的舰队确保制海权。另外，还强调了海洋军事安全的价值，认为海洋可保护国家免于在本土交战。因此，他主张美国应建立强大的远洋舰队，控制加勒比海、中美洲附近的水域，进一步控制其他海洋，再进一步与列强共同攫取东南亚与中国的海洋利益。《海权论》把海洋与一个国家的利益发展密切地联系起来，一改过去海上作战仅仅是支援配合陆上作战的传统，海洋像陆地一样成为一个新的战场域——海域，人们必须夺取它、控制它。这样，海军才真正可以成为一个举足轻重的、独立的军种，并有着它独特的使命。《海权论》的诞生，还使得美国人不再甘心局限在北美洲这块陆地上，而把眼光投向了整个世界，开启了它的全球霸权之路，这一定程度上诱发了美国第一场跨洲际的对外战争——美西战争。

美西战争是势头强劲的美国与日薄西山的老牌殖民国家西班牙之间的一场殖民地争夺战，战争的矛盾根源来自中美洲的古巴。古巴近在美国肘腋，与美国佛罗里达州隔海相望，向南紧邻加勒比海，越过加勒比海便是连接两大洋的巴拿马运河。进入十九世纪晚期，曾经称霸全球的西班牙帝国已经只剩下古巴和菲律宾等为数不多的几个海外殖民地。十九世纪60、70年代,古巴爆发摆脱殖民统治的独立运动,经过一番挫折后,到了1895年,古巴再次掀起脱离西班牙统治的革命高潮。领导革命的古巴革命委员会将总部设在纽约,以图取得这个强悍邻国的支持,此举正中美国下怀。鉴于古巴特殊的中美洲位置,美国国会有意采取干预,因为,美国只要掌握了古巴,就可以控制加勒比海地区,进而控制巴拿马运河这个进出两大洋的咽喉要道,而且,还可以进一步拓展中美洲市场、获得更广阔的原料产地以及更大的国际影响力,而这个战略扩张的意图也正好与时下流行的《海权论》的思想密切吻合。

美国国会在1896年通过决议,打算在事实上承认古巴脱离西班牙,成为独立国家。对此,西班牙声明无法接受,拒绝认可,美西关系日趋恶化。1898年年初发生的几起事件,导致西班牙与美国之间的战争最终爆发。2月9日,西班牙驻华盛顿公使的一封信因被盗而公之于众,信中对美国总统麦金利的侮辱之词激怒了美国民众,两国关系进一步恶化。一个星期后,美国装甲巡洋舰"缅因"号停泊在古巴的哈瓦那港口,莫名其妙地爆炸沉没,260名美国水兵丧生,美国人将这场灾难性的事件归罪于西班牙,民众舆论强烈要求美国采取行动。4月20日,美国国会提出一揽子决议案,要求西班牙承认古巴独立并立即撤出古巴,授权总统动用美国陆、海军支持古巴独立。24日,西班牙作出回应对美宣战,美国也于第二天对西宣战。

这是一场海战重于陆战的联合作战,美国高层一开始的战略规划就已经确立这个指导原则,尽力将战争局限于海上,辅以少量的陆军行动。3月9日,美国国会通过一项5000万美元的战争拨款,其中的3/5给了海军,2/5给了陆军。总统麦金利亲自担任战争的总指挥官,在白宫设置作战室,通过电报设备麦金利可以与海上各方向上的部队实时快捷通信。总统还担当陆、海军的联络人,考虑到海上作战需要联合指挥,陆军部长拉塞尔·亚历山大·阿尔及尔和海军部长约翰·戴维斯·朗组建了一个海陆联合作战委员会,由海军和陆军分别派出一名军官组成。为了获得专业性的意见,麦金利还任用副官亨利·科尔宾辅助指挥。

美海军进行了较为充分的战前准备,包括延长士兵的服役期,大量囤积军火和燃料,调整兵力部署,加强海上民兵部队动员,下达战争准备的指令。美海军部还专门督造了3艘战列舰及大批鱼雷快艇和驱逐舰,并购买和包租了50艘民用蒸汽船用于运输。海军部队分为5个中队进行部署:乔治·杜威指挥亚洲舰队部署在香港,准备对菲律宾发动攻击。一个北部巡逻舰队负责监视缅因州和特拉华海角之间的水域,海军辅助部队负责监视多个港口。由温菲尔德·斯科特·雪利指挥的机动舰队部署在汉普顿锚地,保护东海岸。威廉·桑普森负责的北大西洋舰队的主力部署在基韦斯特。相比之下,陆军的准备稍显仓促,通过招募新兵迅速将正规军由 2.7 万人扩编至 6 万人,另外还有 20 余万的志愿军。陆军部在南部搭建军营,对其进行热带作战训练。陆军集结完毕后,先后共编组了 8 个军,每个军由一名将军率领,这些部队主要部署在佛罗里达州的坦帕、田纳西州的托马斯军营以及基韦斯特、新奥尔良、莫比尔等地。

相比之下,西班牙在军事上和心理上都没有做好与美国作战的准备。西班牙名义上有一支庞大的军队,包括在古巴的 15 万人,在波多黎各的 8000 人,在菲律宾的 2 万人,以及在本土的 15 万人,但是,多年与殖民地反叛力量的艰苦作战,已经元气大伤。西班牙海军不仅规模不大而且舰船严重失修,可用的海上力量主要有两支:一支是在非洲佛得角群岛集结的由帕斯奎尔·德·塞维拉海军少将指挥的中队,目标是保卫加勒比海;另一支是由帕特里西奥·蒙托霍海军少将指挥的中队,目标是保卫菲律宾。

战争首先在远东的菲律宾打响。进攻菲律宾的是美海军杜威舰队,其核心是 2 艘 5000 吨级的巡洋舰,另有 2 艘轻型巡洋舰、2 艘炮舰以及武装缉私舰,实力很强。而他的对手西班牙蒙托霍少将率领的舰队有 5 艘巡洋舰和 3 艘炮舰,尽管数量比美军还多,但装备质量和官兵素质完全无法与美军匹敌,蒙托霍的旗舰只是一艘 3000 吨级的无防护巡洋舰,其余舰的性能也很差。由乔治·杜威指挥的亚洲舰队于 5 月 1 日凌晨驶入马尼拉湾,有效地避开了西军布设的水雷,又毫发无损地穿过西军岸炮和舰炮的打击,抵近西班牙舰队,经过 5 个小时的舰炮射击,全歼港内蒙托霍舰队的 8 艘舰艇。两天之后,杜威手下的 1700 名海军陆战队士兵又攻占了卡维特海军造船厂,但由于兵力不够,无法展开后续的攻击行动,西班牙军队依然占领着马尼拉和菲律宾的剩余部分。根据总统麦金利的指令,6 月 30 日,W. 梅里特少将率领 1 万名陆军从马尼拉湾的甲米地登陆,支援对菲律宾的地面进攻行动。8 月 13 日,陆军部队在杜威舰队火力的协助下顺利夺占菲律宾首都马尼拉。

在加勒比海地区,美国海军与陆军联合展开了行动,但联合行动似乎并不顺畅。自 1898 年 4 月 23 日起,桑普森率领的北大西洋舰队开始实施对古巴的封锁行动,重点在封锁哈瓦那、西恩富戈斯两个重要港口以及古巴西北海岸,截断驻古巴的西班牙军队的海上补给。4 月 29 日,西班牙海军塞维拉的舰队从佛得角群岛出发一路向西,企图支援驻守古巴的地面部队,该舰队最后进入圣地亚哥港,6 月 1 日即被美海军桑普森舰队封锁在港口内。随后,桑普森派遣一个营的海军陆战队占领关塔那摩湾,这是美国在古巴领土上第一次真正意义的战斗。桑普森认识到,现在要解决西班牙舰队和登陆古巴作战的问题,都离不开陆军的加入。担任古巴地面进攻的是美国陆军威廉·鲁夫斯·谢夫特少将,他率领着几乎全由正规军组成的第 5 军，正在佛罗里达州的坦帕做着战前准备。5 月 26 日，总统麦金利的国防会议才决定谢夫特的第 5 军奔赴圣地亚哥。第 5 军的航渡并没有得到海军的支持，不得不依靠破旧的小型海岸汽船来运送登陆部队，直到 6 月 22 日，才有大约 1.7 万名陆军完成航渡，他们在圣地亚哥东南方向 15 英里的代基里和西波内登陆。

  关于对古巴陆上进攻的目标，谢夫特与桑普森的看法截然不同。桑普森的意见是通过有限的军事行动夺取圣地亚哥港口入口处的炮台，这样可以为海军进入港内消灭塞维拉舰队提供支援，但谢夫特得到的陆军部命令则是可以在攻击堡垒和帮助海军对付塞维拉舰队之间见机行事，而谢夫特对陆军部命令的理解更加重了自身的使命，他认为陆军部是希望能通过一次大规模陆地战役拿下圣地亚哥。所以，他在登陆后便无视海军，沿着西波内到圣地亚哥的公路长驱直入，向内陆发起攻势。6 月 24 日，陆军一举拿下位于西波内西北 3 英里的拉斯瓜斯马斯，打开了通往圣地亚哥的通道。最艰难的一场战斗发生在 7 月 1 日，谢夫特的部队攻打圣地亚哥东北部的埃尔凯尼村庄以及城市东部的圣胡安高地，热带丛林的气候给部队战斗力造成严重影响，进攻部队士气低落，虽然敌人的位置在桑普森舰队火炮射程内，但是也没有申请舰炮火力支援，战斗勉强取得了胜利。7 月 3 日，驻泊在圣地亚哥湾的塞维拉舰队企图突围逃跑，被桑普森舰队一举摧毁。在进攻圣地亚哥城的战斗中，陆军与海军又面临着不协调的因素，谢夫特催促海军攻击港口入口处的堡垒并驶入海湾，从西班牙守军后方发起进攻，而桑普森表示只要陆军能够占领堡垒，他将愿意提供帮助，同时要求谢夫特让所有兵力参与围攻，但谢夫特拒绝了这一要求。就在美国海军与陆军僵持不下时，驻圣地亚哥的西班牙守军在长时间封锁和恶劣自然环境的双重压迫下业已濒临崩溃，7 月 17 日守将乔斯·托拉正式宣布投降，古巴的战事就此解决。数天后，美国陆军部又授权少将迈尔斯率部抵达波多黎各的瓜尼卡，并于 8 月 12 日攻占圣胡安。接踵而来的就是美国与西班牙达成和平协议，美西战争最终以美国的完胜结束。

  从军种联合的角度看，美西战争中陆军与海军的联合并不出色，两个军种指挥协调困难，甚至还出现互不支持的纠纷，但它突出的特点在于战略上这是一场海战重于陆战的战争，海战的胜利就已经决定了战争的胜利，这场战争让人们重新定位陆战与海战的关系，海上作战已经作为一个战争域，与陆战具有同等重要的地位，而此后陆军与海军之间便开始出现较激烈的竞争和矛盾冲突。美西战争后，美国的海外扩张战争接连不断，陆军和海军陆战队镇压菲律宾人民起义，海军和海军陆战队参与八国联军入侵中国的行动，这是美军首次参加在他国土地上的多国军事行动，接着，又吞并夏威夷群岛、关岛和菲律宾群岛。这些陆海行动让美国逐渐成为一个世界性的大国。

第二章 内战与扩张：现代军种的逐步建立(1815—1918)

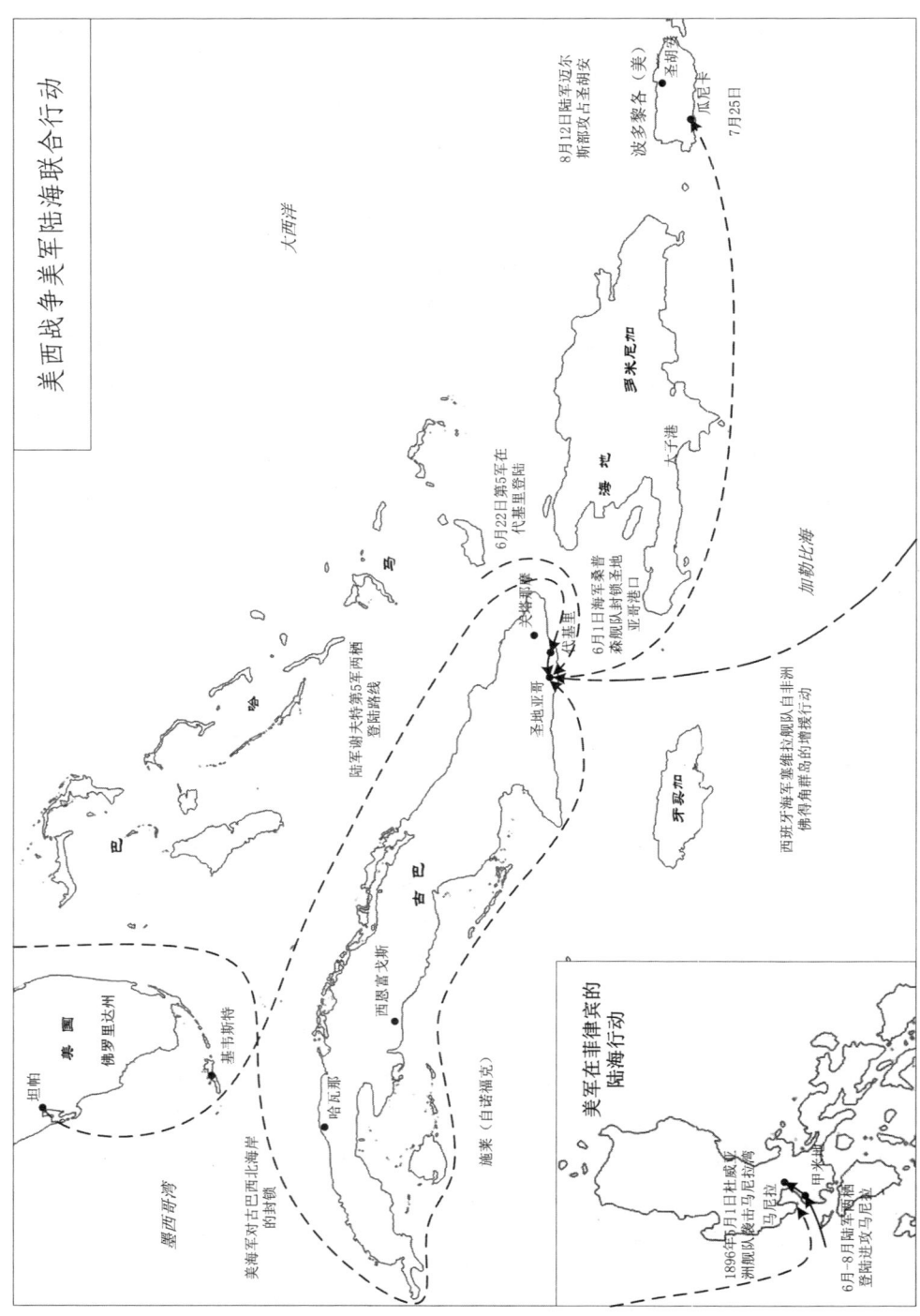

现代军种的诞生

十九世纪的最后20年，美国不断向外扩张，走向帝国主义的道路，这一方面受流行的社会达尔文主义思潮的影响，另一方面也是其本身工业生产过剩的必然要求。相当多的美国人都认为国家的行为也和生物界一样，只有适者生存，因此，强国显然可以把其势力向弱国扩张，国家帝国主义必然要求与之相适应的军事现代化的发展。面对日益壮大、装备精良的欧洲列强，美国陆、海军的发展应放眼欧洲先进国家，特别是德国和英国，战争准备应放在能够"科学地"进行战争的能力上，要革新编配优异的武器装备，接受更为职业化的军事训练，具备现代科学管理技术的现代军队。

陆军的教育体系和高层参谋机构不断扩充优化。除了已成立的莱文沃斯堡学院，还在弗吉尼亚州门罗堡重新建立炮兵学校，以及工程应用学院，许多培训通信兵、医务队等专业兵种的学校也陆续成立。1889年陆军还成立了专门负责研究政策的军事情报部，派驻各主要大使馆的武官搜集有关外国军事方面的情报，着手制订战备动员计划，并分发地图以及特别军事报告。另外，1903年在华盛顿还成立了为高级军官提供深造的陆军军事学院。

陆军还努力在人事、预备役和指挥体系方面进行现代化改革。针对陆军中存在大量外国人、素质良莠不齐的问题，国会通过法令明确宣布应征者必须是美国公民，陆军还提出一系列改进措施，包括更好的食品、被装、营房、更高的薪金和更多的升迁机会。陆军还提出要靠能力而不是靠资历晋升的原则，对军官实施严格的考核和年度工作报告制度。在预备役方面，大多数人赞同厄普顿的观点，提倡建立一支有别于民兵的、由联邦政府控制的国家后备力量，而不是以州控制的国民警卫队作为陆军的一线后备力量。在指挥体系上，陆军高层内部面临权力倾轧的官僚主义，缺乏军事知识的文官陆军部长与各局之间、与按资历提升的陆军总司令之间往往互不相容，严重缺乏协调，陆军部长与陆军司令之间指挥关系极不明确，而各部局的首脑实际上享有终身任职的特权。为了解决这个突出的矛盾，1903年陆军成立总参谋部，为陆军事务提供全方面的协调与监督，撤销陆军总司令一职，以参谋长代替原来的陆军司令为陆军现役最高军职，辅佐文官陆军部部长。建立总统通过陆军部长到参谋长的陆军作战指挥系统，参谋长由总统从所有将官中挑选，任期四年，他是军队和文职领导之间真正的桥梁，参谋长通过对各部局的领导，可以更有效地实施指挥。

随着大国间的国际性竞争导致战争爆发的可能性增大，陆军加快了军事力量建设的步伐。从1904年至一战前，陆军的军费投入逐年在上升，兵力规模也在

第二章　内战与扩张：现代军种的逐步建立（1815—1918）

快速增长。据资料显示，1904年军费165百万美元，兵力70387人；1908年军费175百万美元，兵力76942人；1912年军费184百万美元，兵力92121人；1916年183百万美元，兵力108399人。①

陆军的力量结构与武器装备也在快速发展。南北战争及其之前，美国陆军一直以步兵团和骑兵团作为基本作战单位，到美西战争后，逐步开始建立旅和师的编制模式，这种编制能更好地与欧洲各国军队接轨。炮兵也在1907年分成两个部分：海岸炮兵和野战炮兵，海岸炮兵重在依托工事防御，而野战炮兵能够随步兵机动作战。武器装备也更加精良，新式改良步枪的射程、射速和精确程度逐步提高。到1903年，可发射无烟子弹的点30口径"克拉格-约根森"五发装步枪在使用了十几年后，被斯普林菲尔德M1903代替，后者被认为是服役步枪中最理想的选择，它使用可调整的子弹并具有用弹夹快速装填内部弹仓的能力。火炮方面，由于炮弹、后坐缓冲装置和光学瞄准具的改进，整体性能可与欧洲最好的野战炮相媲美。机枪则采用了更加轻便、更易生产的贝内特-梅西轻机枪。为了加强对战场的控制，陆军还采用了以电池做电源的野战电话，提高了战术通信能力。有了野战电话系统，炮兵就可以将前方观察员、火力控制中心和射击炮群连接起来，使得间瞄火力得到加强。此外，为了加强摩托化机动能力，陆军还一次性地买下500辆车，成立了22个卡车连来运载供给。

美国海军在南北战争后经历了一段至暗时刻。美国国内和平已成定局，就算有敌人，也远在3000英里以外的大洋彼岸。人们看不到有什么发展大规模海军的必要性。联邦海军700多艘战舰大量被裁撤，仅剩下为数不多的几艘铁甲舰和帆船，舰船设备老旧，海军军官们对蒸汽船有强烈抵制。但进入十九世纪80年代后，随着美国市场在全球的大幅扩张，美国民众开始意识到美国经济的增长与繁荣离不开海洋，必须建立一支强大的海军保护美国的海外贸易。以威廉·H.亨特为代表的几任海军部长开始致力于现代化军舰的建造，1883年首批4艘钢质结构现代化军舰被建造完成。1880年海军鱼雷学院成立。1882年海军情报局成立。1885年海军还在纽波特成立海军军事学院，成为海军战略战术研究中心，马汉在该学院讲授海军发展史，1890年，马汉的《海上力量对历史的影响，1660—1783年》正式出版，此书论述了海上力量对国家强大的重要性，深深地影响美国与世界其他国家的军队高层。

海军还加强了人事以及政策制度等方面的改革创新。比如，改革征兵政策，海军征兵的范围不再局限于沿海水手，美国内陆地区许多有一技之长的非海员也成为了征兵目标，并将参加海军上升为一种对国家的责任。许多新一代的海军士

---

① 阿伦·米利特：《美国军事史》，解放军出版社2014年版，第262页。

兵往往还掌握海上电子设备、军用器材、造船学和科学管理等领域的专业特长。1899年海军颁布的《海军人事法》还努力从人事上打破以往单纯靠论资排辈获得晋升的成规。直至十九世纪90年代，美国人开始完全醒悟过来，认识到海军所能带来的经济效益以及在提升国家实力和发展外交关系过程中的关键作用。1890年，美国国会通过《海军法案》，美国开始大规模发展海军，新海军开始朝着钢铁、蒸汽动力以及更强的火炮装置方向发展。到1898年，海军已拥有4艘一级战列舰、2艘二级战列舰、2艘重装甲巡洋舰以

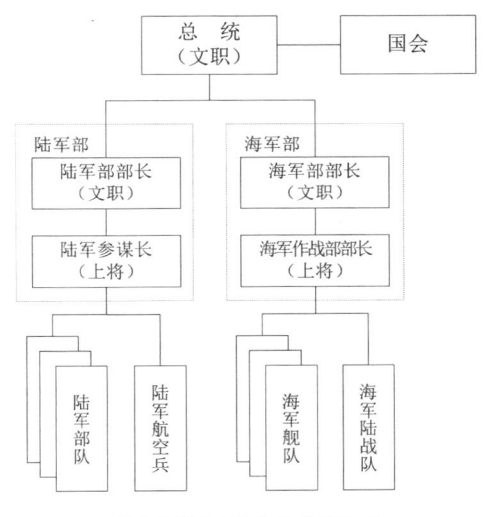

美国现代国防体制原型

及10多艘装甲巡洋舰。至1916年，美国海军拥有60000余人，配备战列舰、巡洋舰等各型主力战舰77艘，其中，14艘"后无畏舰"级别的战舰，战列舰最大排水量达到3.1万吨，全部作战舰船均配备了较为先进的蒸汽动力推进装置和后装式线膛炮，战舰越来越大，杀伤力越来越强，美国海军已经成为一支世界性的海上力量。1915年3月，海军还设立海军作战部长为最高军职，辅佐海军部部长，建立总统通过海军部长到作战部长的海军作战指挥系统。至此，美军形成从国家最高指挥当局到陆、海两大军种的现代国防体制原型。

海军陆战队在南北战争中的成长非常有限，陆战队兵力规模最大时仅有4167名官兵，美国高层决策层对陆战队的任务定位还非常模糊。战后，海军陆战队多次面临被国会解散的风险，部分原因是它在战争中担负的任务与陆军的任务没有明显的不同。在随后的数十年里，连续几任海军陆战队司令通过积极推进现代化、职业化改革来证明自身存在的价值。改革要求陆战队军官必须出自海军军官学校，针对有志于献身军旅的军士和士兵制定了一系列晋升、退休政策，使这份事业更加有吸引力；成立陆战队应用学校，建立大量的陆战队训练基地；设计了陆战队组织标准表，进行工厂化大规模的制服生产，以确保军容整齐；制定两栖作战标准化的训练方法和战术，加强陆战队官兵的特殊技能培养，包括对体力、射击精度、野战勤务和现代战术的特殊要求。海军陆战队在一系列涉外军事行动中表现不菲：1871年陆战队攻占朝鲜的汉江要塞；1882年参与保护在埃及亚历山大港的美国侨民；1885年迅速有效地控制了巴拿马人的骚乱。美西战争后，海军陆战队为美国控制巴拿马运河中立下了汗马功劳。此后，海军陆战队作为两

第二章 内战与扩张：现代军种的逐步建立（1815—1918）

栖警察部队一直在加勒比海地区挥舞美国"大棒"，担负治安干预的任务。到一战前夕，海军陆战队兵力已经达到10600人，成为一支精锐的两栖作战部队。

临近十九世纪末，飞机的发明让人类进入航空时代，美军开始打造一支空中力量，但是进展非常缓慢。1903年美国莱特兄弟成功试飞固定翼飞机。陆军认识到了飞机在侦察方面所拥有的潜力。1907年，在总统罗斯福的鼓励之下，陆军通信部队成立了一个航空小队。1909年8月，陆军拥有了第一架飞机"飞机1号"，最初的飞机只能装载2人，1人操纵飞机，1人负责观察，时速只有40英里，航程仅有125英里，后又在飞机上装备了原始的轰炸系统和机关枪。1912年在圣迭哥的北岛建立了通信兵部队航空学校，作为永久性飞行员培训中心，开始训练飞机进行炮火进攻、侦察确定敌军方位、空中拍摄和无线电报通信等能力。在国会支持下，1913年陆军在得克萨斯州建立第一支飞行中队"1号航空中队"，该飞行中队由9架简陋的双翼机组成，后来被用于在墨西哥的侦察和传递信息等服务性业务。与此同时，美国海军也热衷于发展飞机在海上的运用。1910年海军聚集了一批致力于发展飞机的年轻人，他们需要解决让飞机能在舰船上起飞并能够回收的问题。1910年一个文职试飞员驾驶一架双翼飞机从战舰上起飞成功，但国会对海军发展飞机持反对态度，部分原因是当时飞机投下的炸弹不足以击沉战舰。1915年海军终于争取到了海军全体委员会和国会的支持，开始发展海军航空兵，但到第一次世界大战爆发前，海军总共也只有8架飞机。在这一时期，欧洲主要强国军用飞机的发展更为迅速，在总体水平上要高于美国，其中，法国处于领先地位，拥有27个飞行中队，220名飞行员，成为当时空中第一强国。

第一次世界大战

就在美国寻求对外扩张的同时，一场世界性的大战正在欧洲大陆酝酿，其矛盾的根源是新兴的欧洲强国——德国。自1871年普法战争取得辉煌胜利后，普鲁士领导下的德意志民族自信心瞬间爆棚，这直接促成了统一德国的建立，德国的统一与强大打破了欧洲经济与军事实力的平衡。欧洲大小列强为了捍卫本国利益联手结盟，形成两大对立阵营：德国、奥匈帝国和意大利结成三国同盟，英国、法国和俄国则组成三国协约。两大阵营中的各国都坚持本国的利益绝对不容损害，大肆扩军备战，使整个欧洲大陆变成了一个火药桶，战争一触即发。

大战的主战场在欧洲大陆，攻城略地、消灭对方有生力量从而迫使对方屈服是此战的主要方式。德国陆军的装备和训练最好，在战前动员后，总规模达到570万人，其中型和重型火炮的数量占有优势，并有良好的工业体系支撑，作战思想强调进攻。奥匈帝国陆军是模仿德国陆军的，但其内部存在民族组成复杂的矛盾，战斗力水平低劣，总兵力不超过230万人。法军在总体实力上居欧洲第二位，战前兵力达450万人，仅次于德国，法军的缺点在于轻视防御，缺乏中型和重型火炮。英国陆军主要由志愿兵组成，由职业化的军官指挥，具有较好的战术和士气，总兵力仅15万人。俄军的优势在于易于管理、吃苦耐劳以及拥有巨大的人力资源，但装备和弹药严重不足，战前总兵力530万人。

德国从一开始就面临着东西两线作战的问题，德国总参谋长冯·施里芬将军为此制订了著名的"施里芬计划"。该计划假定俄军由于地域广阔而动员缓慢，大约需要2个月才能完成战争准备，充分利用这个时间差，德军首先集中几乎全部的德军兵力在西线消灭最危险的法军和英军，然后，转头集中优势兵力在东线打败行动迟缓的俄军。其中，在最关键的西线作战中，施里芬判断法军将在贝尔福和色当之间集结，目的是夺取阿尔萨斯和洛林地区，因此，将德军35个半军编成5个军团，用左翼10%的兵力正面阻击法军攻势，右翼90%的兵力从荷兰、比利时实施大规模迂回运动，包围歼灭法军主力。施里芬的继任者小毛奇反对这一冒险的计划，将正面防御兵力增加到了25%，而右翼机动兵力减为60%，同时还抽调了部分兵力加强到东线，防止可能的不测。修改后的"施里芬计划"总体风险下降了，但显得更加平庸。奥地利作为德国的同盟国，制订了东线作战的两个计划："B计划"仅同塞尔维亚作战，"R计划"同时与塞尔维亚和俄国作战。

在另一方面，复仇心切的法国制订了"十七号计划"，正如施里芬所预料，法军计划沿东部边境集结，并通过阿尔萨斯-洛林地区进攻。后计划有所调整，预留了2个军团的兵力转向西面，以防德军从比利时的侧翼迂回。英国远征军被用于加强比利时边境一带的法军左翼。俄军则不顾动员缓慢的现实而决心立即同时对德国和奥地利实施进攻。

1914年6月28日塞尔维亚激进青年刺杀奥匈帝国弗朗茨斐迪南大公与大公夫人，战争的潘多拉魔盒终于被打开，于是人们惊讶地看到了世界大战爆发的多米诺骨牌效应。先是7月28日奥地利向塞尔维亚宣战，为了声援塞尔维亚，日本、俄国向奥地利宣战，于是8月1日德国对俄国宣战，8月3日德国又对法国宣战。再是8月4日英国对德国宣战，8月6日奥地利也对俄国宣战。只有意大利暂时保持中立。

战争的进程并未像各自作战计划设想的那样迅速制敌于死地，相反，在东西两线双方经过较短的进攻行动后迅速进入僵持状态。在西线，1914年8月德国按计划率先展开对法军的侧翼迂回进攻，右翼5个军团以优势兵力从比利时和法国东北部展开侧击行动，很快将法军和英国远征军压迫至巴黎以东的马恩河一线，整个战线呈现以凡尔登要塞为轴心的扇形。9月份，法军左翼防守军团利用德军战线上的缺口发起绝地反击，把德军赶回埃纳河对岸，随后开始挖壕据守，到

第二章 内战与扩张：现代军种的逐步建立（1815—1918）

12月，双方已经沿战线筑起全长570公里的堑壕。在接下来的四年里，双方在这条堑壕战线实施拉锯战，均没有丝毫进展，造成300多万军人丧命。同年，德军在东线的坦能堡战役和马祖里湖战役大败俄国人，在随后几年内，双方在东线互有胜负，保持着一种相对机动灵活的对峙状态。

第一次世界大战源于欧洲大陆，结束于欧洲大陆，是一场地地道道的陆上战争，一战的海上作战总体上是处于辅助地位，是对陆上作战的一种补充。之所以有海战需求，其根源在于"总体战"思想和马汉的"海权论"思想的影响。德国并不强大的海军致力于袭击协约国的商船船队，以此来打击对手的经济后援，而英国皇家海军则要寻歼德国海军舰队，夺取制海权，清除德国的所有海外基地，封锁德国的沿海港口，将德国死死地困在欧洲大陆，另外，双方的战争决策者们也企望通过在海上制服对手，来打破陆战场上的僵局。海战的主要战场是北海，这里是德国舰队主要的出海口，海战以1917年2月1日德国实行无限制潜艇战为分界线分为两个阶段：前期双方主要进行水面伏击反伏击战和两栖作战，水面上作战首次展示了铁甲巨舰的强大威力和无畏勇气。最大的一场海战——日德兰大海战，于1916年5月31日在丹麦沿海爆发，德国公海舰队27艘战列舰和战列巡洋舰以及72艘其他舰只，与英国37艘无畏级战列舰和战列巡洋舰外加111艘其他舰艇进行对决，结果双方各有胜负，英国被击沉的战舰略多一点，但在战略上英国仍牢牢封锁着欧洲大陆，而德国公海舰队不敢再轻易出海。唯一的两栖作战发生在地中海北部的达达尼尔海峡，英军企图通过两栖登陆行动夺占土耳其控制的达达尼尔海峡要塞，以打通对俄国的海上支援通道，最终以英军的失败而告终。后期双方几乎集中全力进行潜艇战和反潜战。德国人在海上从未取得过一次决定性的胜利，但是，德国通过潜艇战在各海上航道上打击英国后勤支援的计划几乎取得了成功。

欧洲两大阵营鏖战数年，双方已经损失惨重、精疲力竭。面对大西洋彼岸的血腥厮杀，天性好斗的美国人被撩拨得蠢蠢欲动。从战略上和情感上考量，美国选择了站在英法协约国一边，但保持着相对的独立。美国的最高决策层非常清楚，美国的参战必须是为了美国的利益，美军也必须在最恰当的时机投入战场。此时，美国远在北美洲隔岸观火，处在一个极为有利的战略地位，一方面向协约国大量兜售军火和战争物资，获得商业利益，另一方面，积极厉兵秣马展开战争准备。1916年6月美国国会通过《国防法案》开始启动战争准备，法案批准建立一支十七万五千人的正规军，一支新的由联邦控制的四十七万五千人的国民警卫队，一支后备队和一支由志愿人员组成的部队。另外，还批准建立一支"举世无双的海军"。直到协约国已经认识到只有美国大规模参战才能打破战争僵局让德国人屈服，美国才于1917年4月6日正式向德国宣战。

宣战之后，美国海军还未做好充足的准备，舰艇数量和水兵人数与国会法案规定的数目差距较大，但是英国在德国潜艇战的封锁围困下，大量商船队遭受重创，整个国家正处在无法支撑的危机状态。美海军部决定临时订购驱逐舰和猎潜艇，迅速将一切可用的驱逐舰派往英国。随后一年多的时间里，美国海军的主要任务是与英国皇家海军联手实施反潜巡逻，主要活动在苏格兰至地中海一带，在反潜战中还开发使用了新型触发水雷和深水炸弹等武器，对德国潜艇造成巨大杀伤，保护了协约国的商船队。美国海军还在北海实施了布雷行动，一年内布下5.6万枚水雷，使德国海军根本无法进入这一重要水域。但是，美国海军始终没有机会与对手进行水面舰艇作战。

然而，美国陆军在地面战场上却面临残酷的杀戮。美国陆军先后有约200万士兵组成远征军被派往欧洲，共编成42个师，其中包括20万黑人士兵，由约翰·J.潘兴少将担任总指挥官。1917年6月，美国远征军首批部队抵达法国，到1918年夏增至100万人。根据总指挥官潘兴的要求，参战美军作为一个整体被部署在位于法军右侧洛林一带的战线，并在开战前进行了全面的堑壕战和白刃战训练。在武器装备上，美国陆军使用1903式斯普林菲尔德步枪、马克沁机枪和水冷式点30口径勃朗宁自动步枪，火炮主要装备法式75毫米野战炮。美国远征军主要在1918年正式投入作战行动。

1918年德军指挥官埃里希·鲁登道夫的战略计划是利用东线俄军垮台之机将部队调往西线，趁大批美军尚未到来，集中350万大军突破并击垮英、法军疲惫的防线。3月21日，德军在索姆河畔圣康坦以北向协约国军防线左翼发动大规模进攻，德军采取改进的步炮协同进攻战术，先集中大量火炮进行集中炮击和徐进弹幕射击，步兵随后实施集团式冲锋。德军大规模进攻初见成效，由于英军顽强抵抗，4月初攻势停止。随后，德军又在佛兰德地区的利斯河向英军发起进攻，结果同样陷入僵局。5月27日，德军向位于巴黎东北部"贵妇小道"的法军发起进攻，进展较为顺利，德军迅速推进至巴黎以东、位于马恩河畔的蒂耶里堡。6月，美国远征军赶到蒂耶里堡与法军会合，开始联合阻止强大的德军。美军在蒂耶里堡成功阻击德军，并占领贝洛森林，为此美军付出了伤亡万余人的高昂代价。6、7月份，美军十个师又协助英、法军在亚眠和马恩河凸出部的防守中击败德军的进攻。

7月份，协约国军队开始对锐气耗尽的德军发起全线反击。7月18日至8月5日，法军对马恩河突出部进行强有力的攻击，美陆军共7个师参加了这次战役，尽管伤亡惨重，但将德军击退了20英里。8月8日，英、法联军又联手进攻亚眠凸出部，英国集中400辆坦克实施了首次装甲部队突破，瓦解德军阵地，迫使对手撤退到原来的兴登堡防线。9月12日，位于右翼的美军再次展开大规模

第二章　内战与扩张：现代军种的逐步建立（1815—1918）

的攻势，55万美军在260辆坦克和1500架飞机的掩护下向圣米耶尔凸出部发动进攻，再次大获全胜，德军损失1.6万人，放弃圣米耶尔凸出部。经过三次进攻战役，整个西部战线被拉直，协约国进入最后进攻阶段。

协约国的最后进攻计划是法军从中路发起进攻，同时，左翼的英军进攻康布雷—圣康坦地区，美军则穿过默兹河—阿尔贡森林地带，与英军联合从两翼发动巨大的钳形攻势，抢占铁路枢纽欧努瓦和梅济耶尔，从而突破瓦解德军的最后防线。9月26日，在2300门大炮和840架协约国飞机的支援下，总指挥官潘兴亲自指挥120万美军交替实施进攻，先后突破德军四道防线，穿越阿尔贡森林突进90英里进抵默兹河，这次攻势美军付出了伤亡12万人（其中阵亡26667人）的高昂代价。11月5日，美军跨过默兹河，与此同时法军也攻占了梅济耶尔，英军夺取欧努瓦，德军防线开始全面溃败。

这场世界大战一个里程碑性的突破在于空战的产生，人类战争实践进入三维立体空间。大战前各国飞机及其空中力量的数量规模几乎是微不足道的，但是战争爆发后在你死我活的较量中，飞机的性能、种类和数量得到迅猛的发展，空军作为一个军种真正在战争中确立了起来，而美国尽管没有成立空军，但陆军、海军分别创立了自己的航空兵，成为大战中一支活跃的空中力量。战争之初，军用飞机仅仅用于侦察，用无线电指引地面火炮准确射击和空中照相侦察。不久作战双方开始看到空中轰炸行动的独特作用。1914年9月，法国组建了首支专门实施轰炸行动的飞行部队，所有的参战国都开始研制专用轰炸机，实施空中轰炸行动，主要是轰炸超出火炮射程的敌方纵深目标，支援地面进攻行动。空中轰炸的威胁又导致了防空行动的产生，开始在地面使用高角度射击的机枪和火炮，同时还发展了空中飞机对飞机的防御，后者又导致了战斗机空战行动的产生。第一次空战发生在1914年10月5日，由机载人员手持卡宾枪进行射击，不过很快双方就展开了对空中优势的争夺。法国率先于1915年3月1日正式创建战斗机部队，其他各国也纷纷研发战斗机，更高的航速、升限和机动性的单座战斗机被广泛使用，同步齿轮制造成功后，机关枪便可以穿过螺旋弧射击，空战因此越来越具挑战性，而战斗机作为"空中英雄"更加吸引着公众的目光。1915年10月协约国和同盟国双方开始争夺前线上空的制空权，协约国拥有比同盟国多得多的飞机，大部分时间里掌握着制空权。大战中后期，双方开始发展大型、远程、多引擎轰炸机，深入敌后进行轰炸，摧毁敌人的作战能力，但这些战略轰炸造成的直接损失不大，而在政治和心理上的影响则更大些。

美国陆军航空兵直到1917年9月才派出第一个飞行小分队到达法国，到该年年底组建了第一支歼击机联队，包括5个"歼敌大队"和19个飞行中队，只有不到700架飞机由美国制造，绝大多数是从协约国借来的。这些飞机起初只执行

第一次世界大战

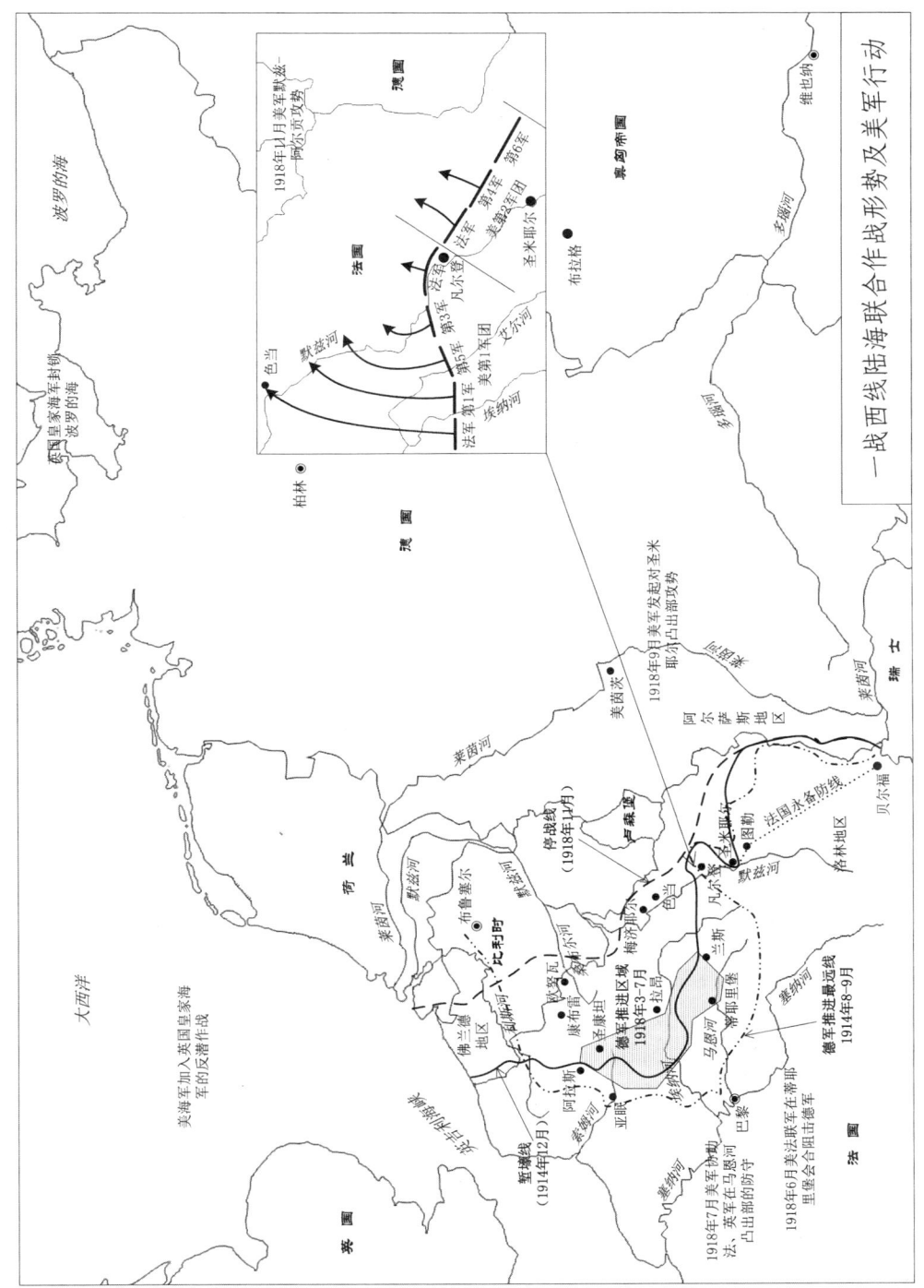

一战西线陆海联合作战形势及美军行动

空中侦察任务，后来开始与德国空军展开空战，并对敌方堑壕阵地进行低空扫射和轰炸。1918年夏天，美国陆军航空兵参加了马恩河战役，9月12日又在圣米耶尔进攻中支援了陆军的地面行动，9月16日，美陆军航空兵又在默兹河—阿尔贡森林进攻行动中全力支援了地面作战行动。

从总体上看，一战中的航空兵在数量规模上已经相当可观，成为双方非常重要的作战力量。大战中法国制造了大约5.1万架飞机，英国约5.2万架飞机，德国大约4.8万架飞机，意大利2万架飞机。美国生产了1.5万架飞机，但这些飞机几乎没有投入作战。从空战行动效果上看，空战在前线产生过可观的直接军事效果，但仍然处于支援性的地位，对战争胜负的影响是有限的，其主要影响还是在政治和心理方面，但更深远的意义在于战争实践让人们深刻认识到，战争已经拓展到空中战场，航空兵必将成为独立于陆军和海军的第三支作战力量。此后，空战理论开始发展起来，一批热衷于空战的军事家包括意大利的朱利奥·杜黑、英国空军司令官弗雷德里克·赛克斯、美国的米切尔等都提倡决定性的空中打击思想，进一步要求建立一支独立空军。

再从军种联合角度看，尽管第一次世界大战是一场以陆战为主的大规模战争，但是，第一次世界大战是军种联合作战发展的一个分水岭、一个重要的里程碑，经过此战现代陆、海、空三大军种已基本形成三足鼎立之势，战场也发展到陆海空三维立体空间，并在各自战场空间发展了许多新的作战方式，陆上发展了堑壕战以及针对堑壕战的步炮协同进攻战术，海上则发展了潜艇作战和海上护航作战，空中发展了单机空战和空中编队作战，空中轰炸则包括单纯的近距离战术支援和对敌政治和经济首府实施战略轰炸和大规模战略轰炸。军种联合已经不单纯是陆海联合，而且还包括了新的陆空联合作战。

本章小结

从美国独立战争结束至第一次世界大战结束的整整100年，是一个充满变革、跌宕起伏的时代，工业革命激起了强大的社会生产力和创造力，殖民者野心勃勃，疯狂对外扩张，列强利益发生冲突。在军事领域，军队开始向职业化方向发展，军官与士兵得到专业化知识培训，战争形态实现由热兵器时代向机械化时代跃进转型，一系列新技术推动了武器的改进和大量生产，使战略战术发生前所未有的变化。蒸汽动力对海洋事务的冲击促使马汉"海权论"的产生，铁路为战争提供了巨大的后勤支援，电报和电话的发明让战场指挥官能够更加快捷地传递信息，飞机的产生和运用使战争进入空战场。军种的构成开始向陆、海、空三大支柱力量分化，战争进入立体多维空间，促进了真正具有现代意义的军种联合作战产生。

  在这一时期，美国地处偏远的北美洲，远离欧洲工业文明变革的中心，各军种遭遇国会限制和不同政治派别的相互掣肘，发展起伏波折，在整体水平上要落后于欧洲列强，但一次次对外拓展疆土、拓展海上贸易刺激着军事力量的发展，其军种联合虽然整体走势缓慢但至关重要，最突出的进步就是在战争实践中逐步建立了现代军种，奠定了现代军种联合的基础。美国仿效欧洲强国，推进军事职业化的发展，让从军者能长期投入军事领域，使各军种的建设与运用更加专业化。志愿军逐步代替了传统民兵，军事院校教育让军官能系统掌握本军种战略战术与专业知识。陆军枪炮不断向射程更远、精度更高、射速更快发展，海军舰船走向蒸汽动力、铁甲巨炮时代。陆军与海军的运用已经纳入美军高层战略计划的决策程序，军种联合的运用越来越成为战略决策者的习惯，这一点在美墨战争、南北战争和美西战争的战略筹划中表现得很突出。美海军陆战队在经历多次被解散的风险后，已经与陆军划清了界限，建立了独具特色的两栖作战标准化的训练方法和战术，以及人才选拔和培养制度。在早期文官治军制度的基础上，美陆、海两大军种完成本军种指挥体系构建，陆军建立了总统—陆军部长—陆军参谋长—陆军部队的指挥体系，海军建立了总统—海军部长—海军作战部长—海军部队的指挥体系，甚至开始在美军高层建立陆海联合作战委员会，协调军种联合作战事宜。

  十九世纪后期至二十世纪初美军军种联合的发展中还出现了三个里程碑意义的创新：一是马汉的《海权论》将海军和海战场推向一个史无前例的高度，人们一致认识到制海权的争夺本身就是战争，决定着一个海洋国家的兴衰发展，海军作为一个独立的现代军种已经完全确立。二是美国陆军航空兵的建立，尽管美国航空兵数量规模不及欧洲列强，但在一次大战欧洲战场上表现不凡，美陆军航空兵已经初具规模，海军舰载航空兵也吸引了一大批开拓者。三是发端于欧洲的"总体战"思想成为现代军种联合作战思想形成的前奏，对美军产生重要影响，在美国南北战争中已经充分地展现了总体战的威力，南方邦联军面对北方联邦军的陆上进攻和海上封困，最终精疲力竭，"总体战"思想还促成了一次大战中对战双方持续展开的海上封锁和空中战略轰炸。

第三章 第二次世界大战：军种在矛盾争斗中联合（1918—1945）

一战的惨痛教训并没有警醒世人，战后经济萧条以及战败国对失败的不甘，为世界的短暂和平蒙上阴影。东西方列强积极发展新的作战理论，改进新式武器，并萌发现代军种联合思想。意大利墨索里尼推行法西斯统治，希特勒纳粹德国兴起，日本军国主义野心极度膨胀，终于引发规模更大的第二次世界大战。日本偷袭珍珠港后，美国加入同盟国阵营，同时在太平洋和欧洲两大战场用兵，由于在战略层面体制机制不畅，陆军与海军作战指挥体系分立，军种联合始终矛盾重重。

两次大战之间的军种联合

一战结束以后，世界迎来一个短暂的和平，尽管没有大的国家间战争，但小规模冲突和维持和平的行动不少。技术的进步和基于对一战经验教训的总结，也使军事理论与战术思想创新进入一个高发期。1932年至1934年的日内瓦裁军会议失败后，大多数国家又开始重新武装起来，此时，尽管美国的影响力已经超出一般的地区性大国，但位于战争策源地的欧亚大陆列强依然引领着世界军事装备和作战理论发展的主流。

以坦克为主导的战术发展，推动陆军部队逐步实现机械化，并发展为包含多兵种的合成军种。坦克诞生于一战，但直到大战结束，都没有出现装甲战术的重大变化。一战以后，由于生产了耐用的履带和悬挂系统，坦克速度达到每小时40多公里，装甲厚度达到10~20毫米，并且装备了37毫米的火炮，坦克的机动速度、装甲厚度和火力不断提高，机械可靠性和持续作战能力也得到了增强，优良的技术性能极大地增强了坦克的战术价值，使之具有真正意义上的战略机动能力。同时，陆军地面反坦克火炮得到快速发展，而用于防范空中来袭飞机的防空武器也在不断完善。1932年，以英国军事理论家富勒为代表提出装甲战理论，完整叙述了机械化部队作战方法，但是，真正实现机械化的只有俄德两国。在古德里安等富有创新精神的年轻军官的推动下，1935年德国组建了第一个坦克师，该师装备有 500 多辆坦克，两个乘坐卡车的步兵营，以及摩托化炮兵和反坦克炮。大量的坦克在步兵和炮兵的支援下具备强大的突破敌人防御的战术进攻能力。同时，装甲部队与空军的联合也被军事理论家们所重视，基本设想是空军为装甲部队地面作战提供空中战术支援，支援的方法是以俯冲式轰炸机加强或替代火炮，而趋于成熟的无线电技术不仅能对地面部队进行指挥与协调，也可对空军进行指挥与协调。

海军舰船的装甲防护不断增强，逐步形成攻防兼备的作战能力。战列舰、巡洋舰和驱逐舰不仅具有对舰的远程火力，而且能够对来袭飞机实施拦截，舰船的航速也有所提高。这一时期真正具有革命意义的是航空母舰的诞生。一次大战的实践证明利用俯冲式轰炸机和鱼雷机对军舰进行攻击具有很好的效果，而且，由于飞机的作战半径超过了舰炮，如果一方的作战飞机能够从航空母舰出发去攻击另一方的舰船，则前者的舰船就不必惧怕后者的舰炮袭击，因此，航空母舰成为各国海军发展的热点。英国首先将三艘航速 30 节、排水量 1.8 万吨的舰船改造为航母。航母飞机的航程和侦察能力使航母与战列舰或巡洋舰完全区别开，海军首次在武器系统上出现了多类并存的状态，面临着同时处理海空两类性质迥异的武器系统的问题。然而，更大型的陆基飞机比舰载机的航程要远，经常表现更佳，并且不需要昂贵的航母为基地，作战消耗更低。因此，航空母舰的发展并没有取代空军与海军联合的需求。

飞机技术得到突飞猛进的发展，空军开始独立成军，空战的作用快速提升。1918 年，一架战斗机装配的发动机通常只有 200 马力，速度仅为每小时 200 公里。到 1939 年，飞机发动机的功率已经增加了五倍，并且飞机由双翼发展为单翼，降低了风对飞机的阻力，一些飞机每小时能飞行 500 公里以上。1918 年的战斗机拥有两挺步枪口径的机枪，但 1939 年战斗机装备的机枪数量却已经多达八挺或加装与之相当的大口径武器，而且还能携带一些小型炸弹。轰炸机已经发展成拥有 1~4 台发动机的轻、中、重型三种型号，其载弹量已达数吨。俯冲式轰炸机专门用于以大角度向目标俯冲，由于临近目标所以能更准确地进行投弹。1921 年，意大利军事理论家杜黑出版《制空权》一书，超前预见到飞机这一新技术产品用于战争，将出现新的武装力量——空军，新的战争领域——空战场，新的战争样式——空中战争，必将引起战争的变革。杜黑还首次提出"掌握制空权就是胜利。没有制空权，就注定要失败"，并指出夺取制空权只能靠空军，因此，建立一支与陆海军并列的独立空军是绝对必要的。杜黑还进一步从战略高度论述了空军的编成、作战运用等问题。在随后的 20 年间，意大利、法国、德国、美国先后建立独立空军或强大的陆军航空队。在二次大战爆发前的最后几年，飞机的战略战术运用已经发展得异常迅猛。除了使用战斗机夺取制空权外，空对地轰炸开始成为重要的进攻性行动样式，而且，空中轰炸还进一步发展为战略轰炸和近距离战术支援两种模式。1935年埃塞俄比亚战争中，意大利飞机对在平坦、开阔战场上撤退的两万名埃塞俄比亚败军进行攻击，投掷了73吨炸弹，获得辉煌的战绩。1937年西班牙内战中，西班牙政府军的轰炸机和战斗机对被道路束缚了的意大利人进行了有效的突击。这些战例表明，空中轰炸和战斗机对地面部队的打击效果已经十分明显，为空地联合提供了可能。

两次大战之间的20年是现代军种联合的重要发端期。各国军种发展的特点是陆、海、空三大军种越来越强调各自的独立性，同时，又越来越认识到军种之间协同配合的重要性，这是一个军种从独立建军又走向联合的矛盾对立过程，在这个过程中，现代军种联合作战的思想开始萌发。德国军事家埃里希·鲁登道夫上将在1934年出版的《总体战》中就已经明确体现军种联合思想，但没有明确提出联合作战的概念。他提出，国防军的编成应包括陆军、海军和空军，由于各军种武器在战争中发挥着不同的作用，所以，各军种在行动上要相互支援。"在战争中，无论是小规模还是大规模决战，都要运用巧妙的战术和战略，利用敌人的错误，才能在陆上、空中和海上造成对敌的包围态势"①，"三军作战的最终目的是：消灭敌人。为发挥各兵种的武器效力，力争决胜，部队需进行兵力兵器区分，这种区分必须有利于发挥部队的威力"②。一直强调独立空军作用的杜黑，在他后期的制空权理论中也开始重视军种联合问题，他在1928年出版的《未来战争的可能面貌》一书中就指出："我并不想使这些指出航空兵在未来战争中重要性的话被理解为降低陆军和海军的价值。我比别人都更一贯坚持这三件武装力量构成一个不可分的整体，是一件三刃的战争兵器。"③在实践中，德军则在"总体战"思想的推动下，1935年建立了国防军统帅部，设立国防军总司令，并配套总参谋部，削弱三大军种总司令的权力，在战略层面实现军种的联合。1936年，德国空军颁发《空军作战原则》，强调德国空军不应该是完成独立任务的独立力量，在战争中将承担四大任务：夺取空中优势、战略性作战、战场阻滞和近距空中支援，其中，以空军支援地面部队作战逐步成为最主要的思想。随后，装甲名将古德里安将无线电通讯系统与操作规程巧妙地融为一体，使德军拥有他国军队所不具备的陆空协同能力。英国军队也于1937年建立参谋长委员会，加强对英国陆军、皇家海军、皇家空军的统一指挥。

一次大战后，虽然美国实际上已经是一个全球性的超级大国，但美国政府奉

---

① 埃里希·鲁登道夫：《总体战》，解放军出版社2005年版，第98页。
② 埃里希·鲁登道夫：《总体战》，解放军出版社2005年版，第107页。
③ 朱里奥·杜黑：《制空权》，解放军出版社2005年版，第213页。

行孤立主义,采取韬光养晦的策略,对世界事务采取不干涉的态度,并对庞大的军队进行大范围复员、裁军。这一时期,美军只有陆军、海军两大军种。1920年美国国会通过《国防法案》。美国陆军被分为陆军常备军、国民警卫队与编成的后备队三部分,其特点是职业化正规军作为美国陆军的核心,由固定的军官负责培训非职业军人,其核定兵力为28.7万人。美国本土共设九个军区,海外在巴拿马、夏威夷和菲律宾设立分军区,每个海外分军区均建立野战司令部。12个军区中均包括六个步兵师,其中,一个正规军师、两个国民警卫队师和三个预备役师。陆军绝大多数军、师、旅、团都处在非满员状态,战时则通过征集已编组的后备役人员迅速扩大规模。陆军部获权制订战争计划,陆军参谋长和参谋部成员负责执行制订的战争计划,并由参谋部成员协助参谋长监督全军。潘兴出任陆军参谋长之后,在参谋部内部分别设立人事机构、情报机构、训练与作战机构、后勤机构和战争计划机构五个处,实现了职能重组。1926年7月,美陆军成立航空兵团,核定实力最大可达1.7万人和1800架飞机。1934年,陆军开始装备全金属结构的双发"马丁"B-10轰炸机;1936年装备波音B-17"空中堡垒"轰炸机;1937年装备带有闭式座舱、可伸缩起落架的单翼战机P-35;1939年装备P-40"柯蒂斯"和P-88"闪电"战斗机。1941年6月,陆军航空队建立,航空兵正式成为美国陆军一个战斗兵种,至二战前夕,陆军航空兵已经拥有40多个战斗航空兵大队,拥有侦察机、战斗机、轰炸机、运输机,成为美国武装部队的重要组成部分。

美国海军经过一战后的裁军,舰船数量规模大幅削减,直到20年代后期才加大了建设力度。1921年美国海军建立海军航空局,在海军少将威廉·A.莫菲特领导下集中力量建立海军航空兵,不断实验并购买战斗机、鱼雷轰炸机和俯冲轰炸机,建造航空母舰。1929年,美国第一艘专门设计的航空母舰"游骑兵"号动工开建。1933年至1936年,美国国会先后批准建造"企业"号、"约克敦"号、"黄蜂"号和"大黄蜂"号航空母舰。至1939年,美国海军拥有373艘现役舰只、5艘航空母舰。美国海军陆战队在一战中取得了出色的战绩,1917年美海军陆战队第一航空队成立,陆战队也进入军事航空领域。一战后,美海军陆战队先后在加勒比海、海地、尼加拉瓜等地区成功完成一系列军事任务。20年代以后,美海军陆战队加强对两栖作战的研究与发展,主要是想定如果日本占领太平洋上的岛屿,唯有依靠两栖攻击才可夺回。1933年,太平洋舰队陆战队成立。通过对两栖作战的深入研究与实践,海军陆战队发展成为具有独特作战使命的军种,在美国军事架构中谋得一席之地。

在这一阶段,美军军种联合的思想业已初步形成,并进行了初步的实践探索,但在军种联合体制机制上滞后于同一时期的英国和德国。在第一次世界大战

第三章　第二次世界大战：军种在矛盾争斗中联合（1918—1945）

最后阶段，当时的美国陆军航空勤务队，便在圣米耶尔和默兹—阿尔贡战役中展现出优异的对地攻击能力。受当时技术条件的限制，空对地攻击主要以战前规划为主，空中力量很难与地面部队指挥官建立良好的协调沟通机制，飞机对地攻击的效果非常有限。1921年，在弗吉尼亚海角沿岸，美空军英雄比利·米切尔的轰炸机进行了精确控制下的轰炸实验，击沉了已经报废的德国战列舰"奥斯弗里斯兰"号，展示了航空兵对海军实施火力支援的空海协同能力。1926年，美海军陆战队大举进攻尼加拉瓜，陆战队飞机第一次采用对敌俯冲轰炸，这是美军实战中首次尝试近距离空中支援。另外，到二战前，甚高频电台的出现，初步解决了地面部队指挥官与飞行员联络沟通的问题。但是，由于美国对初建陆军航空兵的主流思想是致力于发展战略轰炸和飞行器，美军航空兵与陆、海军的联合面临较大的阻力。

在军种联合的体制机制方面，鉴于一战前成立的陆海联合委员会虚弱的影响力，美国陆军部和海军部部长商定重建联合委员会，并赋予它新活力，成员增加到6人：两个军种的军职领导人及其副职，以及陆军的作战计划局局长和海军的计划局局长，而且，批准成立了一个由两个军种参谋部计划局成员组成的工作班子，即"联合计划委员会"。但是，这个新的委员会依然只是一个由军官组成的顾问团，没有执行权，顾问团得出的结论只有在得到两个军种部长批准后才能获得官方效力。尽管美军上下已经产生建立统一国防部的呼声，但各军种部队在重量级军事领导的支持下，拒绝合并军种部。不过，1927年陆海联合委员会出版的《陆海军联合行动》提出了军种协同的原则，即"不涉及'最高利益'的军种指挥官被要求执行涉及最高利益的军种指挥官分派的任务"，但"两个军种依照各自独立的作战计划批准部队采取相对独立的行动完成任务"[1]。1935年《陆海军联合行动》的修订稿中删除了"最高利益"原则，强调联合行动中的协调可以通过灵活的相互合作得以实现，这为二战中美军种联合作战提供了重要指导。然而，从实践看，陆、海两个军种始终未能就任何一个需要联合的情况达成共识。直到珍珠港事件发生的时候，美军最高指挥部依然由两个完全独立的军种构成，根本没有什么广泛的或者经过很好整合的协调机制。

珍珠港事件后不久，罗斯福总统和丘吉尔首相在华盛顿召开的阿卡迪亚会议中建立了盟军参谋长委员会，作为对英、美军行动实施战略指挥的最高军事机构。英国的参谋长委员会设有计划和情报人员，对英国部队实施着有效的行政协调、战术协调和战略指挥，美军直到1942年7月，才由海军上将威廉·丹尼尔·莱希提出了"高级联合司令部"的概念——实际上就是美军参谋长联席会议

---

[1]　戴维·贾布隆斯基：《陆战、海战和空战》，军事科学出版社2014年版，第19页。

的起源。莱希上将成为参谋长联席会议主席,成员包括陆军参谋长乔治·马歇尔上将,海军作战部长兼美国舰队总司令欧内斯特·J.金海军上将和陆军航空副参谋长兼陆军航空兵司令亨利·H.阿诺德上将。各军种参谋长主要负责就海上、陆地和空中等问题提出建议,并对整个防务政策提出建议。另外,在1942年初的阿卡迪亚会议上还首次对"联合"和"联军"这两个术语进行界定。"联合"包括同一个国家的两个或更多的军种;"联军"适用于两个或更多国家的组织、计划与作战。这两个概念成为现代联合作战的理论根源。

防御退却军种联合不力

1941年12月7日清晨,日本海军偷袭珍珠港。随即,美国罗斯福总统对日宣战,正式加入反法西斯同盟国的行列。美军同时参加了太平洋战场和欧洲战场的军事行动。在太平洋战场,美军主要实施了针对日军的一系列联合夺控岛礁作战。在欧洲战场,美军参战部队作为同盟国军队的一部分,实施了针对德、意的多国联军作战。太平洋是美军陆、海两大军种联合矛盾冲突最为激烈的区域,比较集中地反映了这一时期美军军种联合的状态。美军在太平洋的对日作战可区分三个阶段:一是1941年12月7日至1942年4月,为防御退却阶段,即从日军偷袭珍珠港开始,到美参谋长联席会议对太平洋战场划分战区、调整部署为止;二是1942年4月至1942年12月,为对峙转折阶段,即从美军太平洋战场划分战区、调整部署开始至瓜达尔卡纳尔岛争夺战结束;三是1943年1月至1945年9月,为战略反攻阶段,即从盟军在卡萨布兰卡召开会议筹划战略反攻行动开始至日本宣布投降结束。

在太平洋战场防御退却阶段,由于美国对日本的野心估计不足,没有做好应对准备,造成在太平洋地区处处被动挨打,人员伤亡惨重,关岛、菲律宾相继失守。在战争初期,美军高层领导与指挥体制处于陆、海两大军种并立状态,导致双方协调不力,不能实施有效的联合作战,菲律宾地区作战问题尤为突出。

菲律宾是东南亚一个多民族群岛国家,位于西太平洋,是太平洋和中国南海、印度洋的交通要冲,曾长期沦为西班牙的殖民地。1898年美西战争结束后,获胜的美国接管了菲律宾。一战后,随着民族独立运动的兴起,1935年菲律宾结束了美国的总督制,实行自治的联邦政体,由曼努埃尔·奎松就任联邦总统。菲律宾最大的岛屿吕宋岛上有美国在远东最大的克拉克空军基地和甲米地海军基地,同时,菲律宾也是美军在亚洲驻军数量最多的国家。

1941年6月苏德战争爆发,为日本加速推行其"大东亚共荣圈"侵略计划提供了大好时机。7月2日,日本天皇御前会议确定了所谓"帝国新国策纲要",决

第三章　第二次世界大战：军种在矛盾争斗中联合（1918—1945）

定除了继续进行侵华战争之外，当务之急是"向南方推进"。日军大本营的战争企图是：第一阶段在突袭珍珠港的同时，对菲律宾和马来亚发动进攻，并占领关岛、威克岛和香港等地；第二阶段夺取爪哇岛、苏门答腊、婆罗洲及俾斯麦群岛；第三阶段占领缅甸、安达曼群岛和尼科巴群岛。菲律宾作为日军南进路线上的战略要地，是日军实施战略进攻，将美国势力驱出远东的关键。日军作战计划规定，首先夺取制空权，在开战之初三天内歼灭美空军主力，同时在吕宋岛实施多处登陆，占领机场，适时向前机动航空兵，以保障主力在仁牙因湾登陆，占领马尼拉。在南部则占领第二大岛棉兰老岛，最后占领菲律宾全境。日军参战兵力是由本间雅晴中将为司令的第14军，下辖2个师团、1个旅团，共5.7万余人。直接支援作战的有海军第3舰队和第11航空舰队，陆军第5飞行集团，共有各型作战舰只43艘，陆海军航空兵飞机500架。

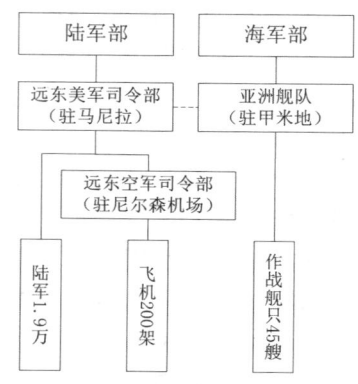

战前驻菲美军指挥体系

针对日本日益膨胀的侵略野心，美国彻底放弃了避免与日本冲突的幻想。1941年7月，美国在菲律宾成立远东美军司令部，由麦克阿瑟任司令，统辖远东全部陆军和陆军航空兵。同时，美国政府调拨应急资金帮助菲律宾动员军事力量，并将其与美国守备部队合并。美国陆军也加紧向菲律宾运送武器装备。到战争爆发前，美菲兵力共有陆军约13万余人，其中美军1.9万人，菲军约11.2万人，另有轻型坦克108辆，配备有限的几门大炮；陆军航空兵共有飞机200架，包括35架B-17轰炸机、72架P-40战斗机以及部分菲律宾空军的旧飞机；海军1个混合舰队，即亚洲舰队，作战舰只45艘。从总体实力来看，美菲联军是比不过日军的，但是，美菲联军也可以称得上是一支陆、海、空军种齐全的联合力量，如果有效地组织联合行动，顽强抗击日军登陆，也许不会造成被动挨打、全面溃败、束手就擒的结局。不幸的是，这些临时拼凑的美军联合部队在开战前就暴露出致命的问题。

首先，由于美军陆、海两大军种各成体系，临时成立的远东美军司令部只是一个陆军指挥机构，在麦克阿瑟中将的领导下，指挥包括菲律宾在内的远东地区陆军及其航空部队，司令部设在马尼拉。下辖远东空军司令部，司令部设于菲律宾克拉克机场，由刘易斯·布里尔顿少将担任司令。而在海军方面，驻菲律宾海军由亚洲分舰队司令托马斯·哈特海军上将担任总指挥，司令部设于甲米地海军基地，统领驻菲律宾的所有海军力量，包括3艘巡洋舰、13艘驱逐舰和29艘潜艇。由于没有联合作战司令部，陆军与海军两个军种部队对上分别接受陆军部和海军部的纵向指挥,部署在甲米地海军基地的亚洲舰队不归麦克阿瑟直接指挥,与麦克阿瑟在工作上只是平行关系。麦克阿瑟的上司是陆军部部长,而哈特海军上将的上司是海军部部长。在指挥权上,麦克阿瑟可以对辖区内的陆军和陆军航空兵进行指挥,但无法调动驻菲海军力量。哈特海军上将比麦克阿瑟年长3岁,军龄长6年,在海军中建立过赫赫战功,享有很高声誉,与同样在陆军声名显赫的麦克阿瑟成见颇深,相互很少联系。双方在围绕如何联合防范日军南进菲律宾的问题上,没有进行有效磋商,这导致在防御日军入侵时,美陆军与海军部队之间几乎没有协同。

在作战计划方面,陆、海两大军种缺乏沟通协调,没有综合各军种优势实现联合防御。针对日本对菲律宾可能发动的进攻,早在1924年,美国陆海联合委员会就制定了"橙色计划",其要点是:一旦吕宋岛遭到敌海上力量的攻击,驻守该岛的美国守卫部队将在亚洲分舰队的支援下坚持6个月时间,迟滞敌人的行动,然后撤退到多山的巴丹半岛和要塞岛屿科雷希多坚守待援,阻止敌人进入马尼拉湾。同时,美国舰队将从本土赶来支援,与日本海军决战。从这个作战计划看,保护菲律宾和反击日

战争之初美军驻菲部署

军的任务主要是由美国海军担负,具有比较明显的海军利益倾向。所以,此计划一出台就遭到美国陆军部的反对,其理由是当时状态下以美国海军的实力很难在海上打败日本联合舰队,更何况,美国舰队要从夏威夷远道机动至菲律宾海域,必须经过日本人占领的加罗林群岛和吉尔伯特群岛,势必要遭到日本陆基航空兵打击,因此,这一计划对美国陆军来讲无论如何是不能接受的。1935年11月,麦克阿瑟赴菲律宾担任军事顾问后,便着手制订菲律宾建军计划,以此来反对已经定案的"橙色计划"。作为曾担任过美陆军参谋长的麦克阿瑟,其建军计划的主旨必然是要提升陆军在菲律宾防务上的地位作用,新计划的核心思想就是使美国支援力量与菲律宾防御力量相结合,在陆地实施防御作战,但是,这一计划并未得到美国总统和陆军部的支持,建军工作开展起来也是困难重重。另外,在战役战术层面,陆、海两个军种计划也没有进行有效的沟通。例如,亚洲舰队司令哈特上将在没有与麦克阿瑟有效沟通的前提下,单方面制订的作战计划是,把所有水面舰艇(3艘巡洋舰、13艘驱逐舰)转移至荷属东印度群岛的西里伯斯和婆罗

洲，以躲避日机空袭。而潜艇部队连同3艘支援舰留在马尼拉湾，执行支援陆军、保卫菲律宾的任务。具体计划是：战争一旦爆发，潜艇部队的1/3将去攻击台湾岛、印度支那、海南岛等远距离的日军基地，另外1/3在日军可能登陆的吕宋岛周围海域巡逻，剩下的1/3在马尼拉湾留作战略预备队。计划中对于舰队是否需要陆基航空兵的空中掩护没有任何提及，对于舰队行动如何与陆军的地面行动协同配合也没有考虑，这导致在战争爆发后，各军种之间行动严重脱节，缺乏相互配合与支援。

在日本联合舰队偷袭珍珠港的第二天，即1941年12月8日，日本500架陆、海军航空队飞机先后从台湾起飞对吕宋岛美空军基地进行轰炸。当日机飞临目标上空时，美航空兵的飞机正完成日常警戒任务降落地面休息，大批日机呼啸而来，炸弹倾泻而下，停在克拉克机场的18架B-17轰炸机和伊巴机场72架P-40战斗机中的55架遭袭被毁，在接下来的一周里，美军战斗机几乎消耗殆尽，美军彻底丧失对菲律宾的制空权。开战之初，作为远东美军司令的麦克阿瑟本来拥有对驻菲陆、空兵力的统一指挥权，但是，他在战略上没有重视空军的作用，没有充分地运用数量不多的空军进行空中掩护，让日军轻易抢占了制空权，使整个作战处于被动。

由于失去了空中掩护，亚洲舰队司令哈特上将意识到，他的海军兵力很难支援陆军保卫菲律宾，于是，他在当天夜里命令所属海军潜艇驶离甲米地海军基地，向南撤退。10日，日军航空队重点轰炸了甲米地海军基地，导致部分未及时撤离港口的舰船被毁。与此同时，美海军作战部长欧内斯特·金海军上将在得知日本在菲律宾海域部署有强大舰队之后，命令正在前往马尼拉执行支援任务的"彭萨科拉"护航舰队改变航向，开往澳大利亚，以免遭到日本军舰的拦击，在不与陆军协调的情况下，擅自放弃联合计划委员会1939年制订的"彩虹5号"作战计划赋予的护卫接防驻菲地面部队的任务。在随后几天，驻菲的海军主要将领也率部弃马尼拉而去，丢下麦克阿瑟的地面部队在菲律宾孤军奋战。

陆军航空兵的未战先败、海军的临阵逃逸，使美陆军地面部队在菲律宾的作战态势处在非常不利的局面。麦克阿瑟只能勉强依靠单一陆军实施地面防御，阻击日军的进攻。最终，在困守巴丹半岛4个月后，失去海空支援的7.5万美菲军地面部队，在温赖特将军的率领下向日军投降，此后，发生了二战中最残酷的虐俘事件——"巴丹死亡行军"。菲律宾防御战就此结束。

这是战争初期美军在太平洋战场上的一次重要防御战役，面对着势头凶猛的日军，美军在菲律宾驻有海、陆、空军种齐全的作战力量，而且还有10余万菲军的配合，占有数量上的优势，武器装备也并不逊色，麦克阿瑟又是有丰富经验的指挥官，如果有效地组织好军种联合，发挥各军种优长，不至于出现短时间内全军覆没的溃败结果。假如麦克阿瑟能及时采纳远东空军司令布里尔顿少将的建议，出动留在克拉克机场的18架B-17轰炸机去袭击台湾，很有可能打乱日本人的入侵时间表，变被动为主动。假如制空权没有如此快地丢失，美海军兵力尤其是潜艇兵力就可以从海上袭击日军登陆编队，菲律宾的地面防御作战将更容易实施，而且，海军还可以更容易将地面部队实施战略转移。

美军在菲律宾这个远东最主要的战场失利后，日军又相继占领泰国、中国香港、马来亚、荷属东印度群岛、缅甸，以及西太平洋上的一些小岛，但这时日军兵力使用几近极限，已成强弩之末。美军却逐步从战争初期的失利、悲观、惶恐中恢复信心，在国内加强了人力、物力的全面动员，扩大了战时军工、军需品的生产，美、英、中、澳等反法西斯同盟国加强了战略协调，太平洋战场进入对峙转折阶段，同时，美军军种联合也面临新的形势。

对峙转折调整军种部署

太平洋战场进入对峙转折阶段后，美军逐步从初期失败的阴影中恢复元气，通过几场关键性的战役，逐步由防御退却变为相持、反攻的态势。此阶段，美军的军种联合有了很大改进和提升。

美军高层在战略层面加强了陆、海军的协调，初步解决了陆海两大军种在太平洋战场的主导权之争，理顺了军种之间的关系。1942年初，结合盟军高层会议，美军在华盛顿召开参谋长联席会议。会议期间，美军高层围绕"欧洲第一"还是"亚洲第一"的问题展开了激烈的争论，这场争论实质上也是陆军和海军两个军种在反法西斯战争中谁起主导作用的争论。以海军作战部长欧内斯特·金海军上将为首的海军派试图修改"欧洲第一"的战略，主张向太平洋增援部队，尽早向日本人进攻，阻止其南下进攻澳大利亚。而以马歇尔和艾森豪威尔为首的陆军参谋部则坚持"欧洲第一"的战略，认为要想最终打败轴心国，把力量集中在大西洋战区是绝对必要的。3月16日，经过在美军参谋长联席会议上的激烈争论，陆军部取得了最后胜利，会议决定：仍维持"欧洲第一"战略，在太平洋地区只取守势。同时，会议还将太平洋战场分成两个独立的战区：即西南太平洋战区和太平洋战区，前者包括澳大利亚、所罗门群岛、俾斯麦群岛、新几内亚、荷属东印度和菲律宾，由再次升任陆军上将的麦克阿瑟任总司令；后者包括中南美洲航线以外的其他太平洋战区，由太平洋舰队司令海军上将尼米兹任总司令。此外，鉴于太平洋战区辽阔，又将其划分为北、中、南三个次战区，其中，南太平洋战区单独成立了以罗伯特·戈姆利为首的司令部。同时，参谋长联席会议还指出，太平洋舰队即使出于战略考虑，需要进入麦克阿瑟的西南太平洋战区，也仍归尼米兹指挥，并把西南太平洋战区的大部分海军部队划归麦克阿瑟指挥,以加强其海军力量。

除了进行战区划分外,在太平洋各战区范围内,均配置了陆、海、空军兵种齐全的作战力量,并在战区内建立了统一指挥的联合作战指挥体系。例如,西南太平洋战区司令部陆军司令由澳大利亚的托马斯·布莱梅少将担任,下辖2个澳大利亚师、2个美国国内运输来的陆军师以及支援部队。空军司令由布雷特少将担任,后又调整为乔治·肯尼,下辖陆军航空兵第5航空队、各类作战飞机200余架。海军司令则由赫伯特·利里担任,下辖海军第7舰队,包括早先在澳大利亚新西兰联合防区的海军部队。在指挥关系上避免了战争初期亚洲舰队与陆军各自为阵的局面。这种按地理范围对太平洋战场进行的划分,既有对太平洋战场战略统筹的总体考虑,也是平衡陆、海两大军种利益,缓解指挥权之争的措施,这样可以暂时性地解决军种主导权之争的问题,为美各军种联合行动理顺了关系。但是,在战役战术层面,军种联合还没有得到有效地改进,指挥中矛盾不断,甚至出现协同不力误伤友军的情况。

美军指挥关系和部署调整后的第一仗便是珊瑚海海战。珊瑚海海战是人类历史上第一次在视线之外以飞机为进攻武器的航母对抗的海上厮杀,日本以损失一艘轻型航母"祥凤"号换取了击沉美军一艘重型航母"列克星敦"号,获得战术上的胜利,但是,在战略上,美军却粉碎了日军进攻莫尔兹比港的企图,打破了日军不可战胜的神话,太平洋战场态势开始出现转机。

1942年5月上旬,日本为了扩大"外防御圈",继续向西南太平洋推进,企图夺取新几内亚和莫尔兹比港等区域,以便扩大以拉包尔为中心的防御体系。4月底,日海军第4舰队,包括2艘重型航空母舰和1艘轻型航空母舰向珊瑚海海域挺进。美太平洋舰队司令尼米兹决心阻止日军南进行动,遂命令所有4艘航空母舰向该海域集结,珊瑚海海战由此拉开。从地理位置来讲,珊瑚海属于西南太平洋战区,但美军参战力量来自尼米兹的太平洋舰队,麦克阿瑟的地面部队无法支援海军,其所属的拥有200架飞机的陆基航空兵本可以发挥一点以空制海的作用,但是,这些陆基飞机从来就没有经过海上作战和识别军舰的训练,根本无法与海军联合。最终,麦克阿瑟派出一些空中搜索机协助海军展开对海侦察,一些陆基轰炸机则被派往莫尔兹比港袭击日军进攻部队。不幸的是,由于缺乏陆海有效协同机制,美陆基航空兵甚至还误炸了太平洋舰队的舰船,幸亏弹投得不准,否则后果不堪设想。珊瑚海海战的结果是日军损失1艘小型航母、97架飞机,美军损失1艘重型航母、1艘航母遭重创,另损失2艘舰艇、77架飞机,总体上,美军在战术上的损失略大于日军,但战略上却是成功。在军种联合方面,此战是第二次世界大战中美军陆海两大军种的首次联合,尽管失误较多,效果不佳,但开启了军种联合的新尝试。

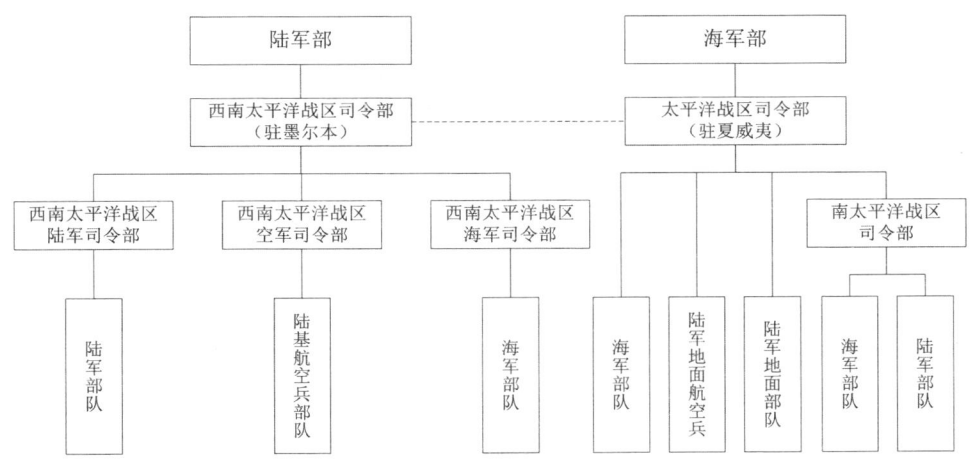

1942年3月美军太平洋战场作战指挥体系

中途岛海战于1942年6月发生在中太平洋战区,是一场史无前例的大规模海战,对战争进程具有重要的转折意义,但从军种联合来看并没有更多值得总结的经验。美军参战力量以太平洋舰队为主,陆军参战力量很少,仅有部署在中途岛上的100余架海军陆战队飞机和陆军轰炸机支援了航母舰载机作战,而陆军B-17轰炸机攻击日本联合舰队的效果并不理想。

中途岛海战是太平洋战场上最重要的转折点。美海军上将尼米兹领导的太平洋舰队在充分掌握日军偷袭计划之后,果断把握战机,一役歼灭日军南云中将指挥的第一机动梯队4艘重型航母舰"赤诚"号、"加贺"号、"苍龙"号和"飞龙"号,使日军损失了一半的航母和许多技术熟练的飞行员,自此,日军开始丧失在太平洋的海空控制权,被迫停止了战略上的全面攻势。

中途岛海战结束后,美日双方的强弱态势对比发生了重大变化,进入一种相持对峙状态,美军开始运筹战略进攻问题。美军陆海两大军种再次掀起了主导权之争。先是主张进攻的急先锋陆军上将麦克阿瑟向华盛顿提出一个大胆的计划:集结盟军的陆、海、空力量,直接对日军在太平洋上的重要据点——拉包尔实施大举进攻。麦克阿瑟之所以提出这样的计划有两点考虑:一是受两次海战胜利的刺激,为了挽回陆军在菲律宾失利的面子,并就此增强他在西南太平洋战区的军事力量,进而争取到太平洋战争的统一指挥权;二是由于西南太平洋战区军事力量经调整补充后已经有了很大的改观,他本人信心百倍。但是,这一计划刚提出,就立刻受到海军作战部长金上将的坚决反对。金上将认为,拉包尔的日军防守非常严密,而且,周围还有六个空军基地,如果现在利用航母舰队进攻拉包尔必然遭到日军陆基航空队的空中打击。因此,他提出应自东至西逐步拿下所罗门

第三章　第二次世界大战：军种在矛盾争斗中联合（1918—1945）

群岛，建立陆基航空兵基地，并在夺取制空制海权后再联合攻取拉包尔。同时，金上将还认为，太平洋战场上岛屿的夺控战主要依靠海军陆战队、航空母舰、运输舰及支援舰船，这些参战力量只能来自太平洋舰队和太平洋战区，所罗门群岛作战应由尼米兹上将指挥，而麦克阿瑟的陆军将在攻占这些岛屿后担任守备任务。桀骜不驯的麦克阿瑟对此大为光火，他坚持所罗门群岛和拉包尔都在西南太平洋战区范围，在他战区作战的部队应由他指挥。最初，作为陆军参谋长的马歇尔上将赞同麦克阿瑟的意见，这导致陆军部与海军部的直接对抗。海军金上将坚持说，正如在欧洲作战的部队大部分是陆军，由陆军担任最高指挥是合理的一样，在太平洋作战的部队主要是海军和陆战队，由海军担任最高指挥同样是合理的。金甚至说，如果得不到西南太平洋战区陆军部队的支援，他也要准备使用海军和陆战队发动所罗门群岛作战。经过陆、海军激烈的争吵后，参谋长联席会议最终不得不平衡双方的利益，确定一个折衷方案。首先是将原定的西南太平洋战区与南太平洋战区之间的分界线向西偏移一个经度，这样包括图拉吉岛和瓜达尔卡纳尔岛在内的东所罗门群岛就划入南太平洋战区了。陆海两大军种的联合作战就构成了一个分成三个步骤进行的钳形攻势：第一步即一号任务，攻占图拉吉岛、圣克鲁斯群岛及其附近岛屿；第二步即二号任务，攻占包括莱城、萨拉马瓦在内的新几内亚东北海岸以及所罗门群岛中的其他岛屿；第三步即三号任务，进攻新不列颠岛，夺取拉包尔。一号任务由尼米兹负责指挥，二、三号任务由麦克阿瑟负责指挥。一场围绕美军局部战略反攻主导权的军种之争在平衡利益中得到初步解决。

1942年7月，正当美海军跃跃欲试展开战略反攻一号行动之际，一个新的敌情传来，日本海军特遣部队已在瓜达尔卡纳尔岛登陆，并在紧急修建机场，企图重新夺取珊瑚海的制空权，封锁澳大利亚东部的海上通道。美军不得不调整原定的计划，把进攻瓜达尔卡纳尔岛作为一号行动的第一步。这一作战由南太平洋战区部队的威廉·哈尔西海军上将负责实施。该部队下辖两个特混编队，共有航母3艘、战列舰1艘、轻重巡洋舰14艘、驱逐舰32艘，地面作战部队有海军第1陆战师以及第2陆战师一部，后续又有两个陆军步兵师加入了作战。麦克阿瑟的西南太平洋海军部队负责从新西兰运送登陆部队，另有海军陆战队飞机和陆军航空兵实施支援作战。瓜达尔卡纳尔岛战役是一场长达6个月的残酷的海陆空大战，是美日双方势均力敌的拼死搏斗，总共包括三场大规模陆上攻防作战和七场海上交战。热带海岛丛林中的战斗以血腥、疾疫和湿热考验了陆战队和陆军师的士气和作战技能，而战役的胜利最终取决于空中和海上优势。

瓜岛争夺战是日军在太平洋战场上企图挽回败局的最后一次战略上的进攻作战。为了攻占新几内亚的莫尔兹比港，进逼美军的反攻基地澳大利亚，山本五十六集中日本联合舰队的主力，配合陆军第 17 军与美军展开对瓜达尔卡纳尔岛的激烈争夺，此役以美军全面夺控瓜岛结束，再一次粉碎了日军"不可战胜"的神话。瓜岛争夺战也是美军由相持对峙到战略反攻的转折点。

1942 年 5 月，日军从澳大利亚人手中夺取了瓜岛北面的图拉吉岛、加布图岛以及塔纳姆博果岛。6 月初，日军开始在瓜岛上修建机场。日军联合舰队依托这个机场可以再往南进攻，控制美国本土至澳大利亚的海上运输线路。形势所迫，美军决定将瓜岛和附近岛屿夺回。8 月 7 日，美海军陆战队第 1 师主力在 82 艘舰艇的护送下，登上瓜岛及其北面的附属岛屿。在北面的图拉吉诸岛，美陆战队员首次遭遇到日军"万岁"自杀式突击，进攻并不顺利；而在南面的瓜岛，上岛的海军陆战队冒着日本空军和海军持续不断的狂轰滥炸，加紧修筑机场和环形防御工事。与此同时，第一场大规模海战——萨沃岛海战，于 8 月 9 日拂晓打响。一支由 5 艘重型巡洋舰、2 艘轻型巡洋舰和 1 艘驱逐舰组成的日军舰队进入西拉克海峡，向掩护滩头部队的美海军小型舰队发动攻击，海战持续 90 分钟，完全呈一边倒趋势，美海军遭受重创，4 艘巡洋舰被击沉，1 艘巡洋舰和 3 艘驱逐舰被击伤，同行的运兵船被迫撤离。

8 月 20 日，美海军陆战队在瓜岛上的"亨德逊"机场修建完成，30 余架陆战队 SBD"无畏式"俯冲轰炸机和 TBF"复仇者"鱼雷轰炸机进驻，在 1000 公里以外的新赫布里底群岛和新喀里多尼亚群岛还有陆战队飞机和陆军航空兵的 B-17、B-26 轰炸机提供支援，美军在瓜岛附近已具备局部空中优势和对地、对海打击能力。几乎在同时，日本陆军发动了大规模的岛上进攻——特纳鲁战役。日本陆军中将百武晴吉率领 6000 名士兵，企图将美国海军陆战队逐出瓜岛。先遣部队的一木清直大佐迫不及待地率领刚刚登岛的 800 名士兵发起凶猛的进攻，遭到美陆战队强大火力的阻击，日军进攻失败。三天后，第二场海战——东所罗门海战打响。日海军中将南云忠一指挥着 3 艘航空母舰、8 艘战列舰、6 艘巡洋舰和 22 艘驱逐舰进入弗莱彻中将负责守卫美军补给线的第 61 特混舰队（包括三艘航母）的攻击范围，24 日至 25 日展开为期两天的海空大战，美海军舰队得到"亨德逊"机场飞机的帮助，日本人损失航空母舰 1 艘，美"企业"号航母也受伤，双方各有胜负退出战场，但日军就此丧失昼间制海权，美军终于可以向瓜岛大量运送援兵和补给，而日军只能利用快速舰乘夜向岛上运送援军。

瓜岛上的地面战斗依然异常激烈。日本人抱定决心要夺回瓜岛控制权，由此导致了第二场大规模岛上战役——"血岭"战役。9 月 12 日至 14 日，日军岛上增援部队从西、东、南三个方向向"亨德逊"机场周边的环形阵地发起进攻，在整个环形阵地一带双方常常展开近身肉搏，美海军陆战队极强的战斗力让日军进攻再次受挫。双方为了在陆上一决高下，不断调兵遣将，最终又引发了两场大规模海战。10月11日至12日，美海军少将诺曼·斯科特指挥的一支由巡洋舰和驱逐舰组成的混成舰队在埃斯佩兰斯角与护送增援部队的日本舰队狭路相逢，经过一夜混战，美军1艘驱逐舰被击沉，但挫败了日军的增援行动。25日至26日，日军南云中将率44艘军舰（包括2艘航母）与美海军金凯德少将率领的23艘战舰（包括两艘航母）在圣克鲁斯群岛再次发生海战，双方舰载机蜂拥出动，两小时后，日军3艘军舰被击伤，而美军损失了"大黄蜂"号航母、1艘驱逐舰和70余架飞机，日军在战术上取得胜利。

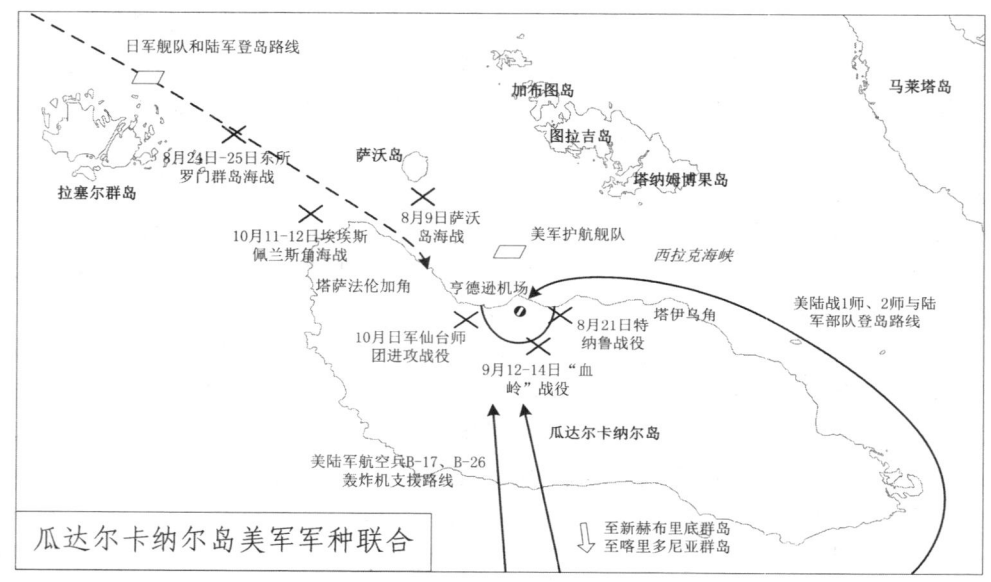

瓜达尔卡纳尔岛美军军种联合

然而，日军在瓜岛上的进攻再次失败。10月24日至26日，百武中将亲自指挥骁勇善战的仙台师团1万多士兵，在瓜岛西侧的塔萨法伦加角登陆，想一鼓作气夺回瓜岛。日军从西、南、东三面分四路向亨德逊机场美海军陆战队环形防御阵地发起向心攻击，但是，复杂的岛上地形导致各路日军严重缺乏协同，而美海军陆战队在地面和空中火力的密切协同下展开坚决抵抗。日军攻势受阻，伤亡惨重，不得不撤退至瓜岛西面。11月份，美海军陆战队后续部队到达，后又有美陆军两个师的精锐增援到岛上，而岛上的日军残兵败将已陷入弹尽粮绝、孤立无援的境地。而接下来，又是三场相当惨烈的海战，双方舰队均损失不小，进入胶着状态。但是，日军联合舰队面临着被耗尽的危险，而美海军却在不断地投入新的军舰，美陆军增援部队也在不断投入战场。日军最终不得不放弃瓜岛。可以说，瓜达尔卡纳尔岛争夺战是太平洋战场上美陆海空三大军兵种力量首次大规模联合作战，大战集中反映了岛屿争夺作战中军种联合的基本规律，那就是，没有制空权，就很难获得制海权，没有制海权，陆上或岛上作战也终将会失败。

在瓜岛战役展开的同时，驻拉包尔的日军第 17 集团军的另一部分兵力，在巴布亚新几内亚半岛北岸的布纳和戈纳登陆，企图翻越欧文斯坦利岭攻取巴布亚新几内亚的莫尔兹比港，以进逼盟军的反攻基地澳大利亚。麦克阿瑟率领 4 个陆军师和澳军，还有陆军航空兵和由登陆艇、巡洋舰、驱逐舰、补给舰组成的两栖舰队展开巴布亚战役。这是一场以陆战为主的联合行动。由于实力较强的美陆军航空兵摧毁了日军的空中掩护和增援船队，导致了日军的一系列惨败。巴布亚新几内亚和瓜达尔卡纳尔岛同处珊瑚海海域北端，与日军防守重地拉包尔构成掎角之势，两个战场分别为美海军和陆军主导，两个军种、两处战场，共同的作战对象是日军驻拉包尔的陆海兵力，在战略战役这个层面形成了比较默契的协同配合，最终使日军在两个地区的战略反攻同时遭到失败。瓜岛战役和巴布亚战役的胜利标志着太平洋战场上美军开始由对峙转折进入战略反攻。

纵观这一阶段美军军种联合的实践，在战略层面，美军通过划分责任战区、区分战役作战任务来解决军种联合问题，化解军种指挥权纷争，平衡双方利益。由于美军在战略层缺乏权威性的统帅机构，此时的参谋长联席会议只是一个协调机制，各军种参谋长本身就是联席会议成员，军种纷争的解决是依靠协商，相互妥协，最终的结果往往是折衷与平衡，各顶半边天。这种军种联合的协调机制一直沿用至战争结束，双方争吵不断，最后总是以一个相对平衡的方案解决矛盾。太平洋战场上岛屿加海洋独特的战场环境似乎给这种平衡提供了天然的条件，菲律宾、荷属东印度群岛、澳大利亚这一大片陆地相连接的战区由陆军负责，而所罗门群岛以东的南太平洋以及马绍尔群岛、马里亚纳群岛等在内的中太平洋战区则是在广袤的海洋中星罗棋布的小型珊瑚岛礁群，理所当然成为海军的负责区。这种解决军种联合的方式在战略层面，或者战役层面是可行的，但战术层面的军种联合缺乏有效的机制和手段。

战略反攻军种争中有联

战略反攻阶段，美军加紧筹划反攻行动，加强各战区陆、海、空军力量，经过半年的准备期，自 1943 年 5 月起从北、中、南、西南对日占岛屿群展开平行进攻。在北太平洋夺取日占阿留申群岛；在中太平洋先后夺取吉尔伯特群岛、马绍尔群岛、马里亚纳群岛；在南太平洋先后夺取新乔治亚群岛、北所罗门群岛；在西南太平洋夺取新几内亚。随后，由西南太平洋战区与中太平洋战区联合实施了莱特湾登陆，顺势解放菲律宾。在最后的进攻作战中，夺取日军硫黄岛、冲绳岛，迫使日军败退撤至本土。此阶段，美军在战略层面加强协调，通过军种高层对话，协商战略行动，解决军种纷争，军种联合向战役战术深层次发展。

第三章　第二次世界大战：军种在矛盾争斗中联合(1918—1945)

经过瓜岛战役和巴布亚战役，日本重新夺取太平洋战场主动权的企图彻底失败。日军大本营决心采取"确保要塞"的防御战略，全线进入防守态势。对于同盟国来讲，战略反攻大幕正式拉开。1943年1月，美英两国在卡萨布兰卡召开盟军参谋长会议，商讨欧洲及太平洋战争的长远计划，决定在太平洋战场上对日展开一系列平行攻势，即在西南太平洋进攻所罗门群岛和新几内亚；在中太平洋进攻特鲁克群岛和关岛；在北太平洋进攻阿留申群岛。为了落实盟军会议确立的战略目标，各战区加强了对军种力量的调整补充。3月，美军参谋长联席会议在华盛顿召开，协调各军种在有限资源下提出的互相冲突的战略要求。先是麦克阿瑟提出了越海夺取拉包尔的"埃尔克顿"作战计划，并希望再向他提供五个师的兵力、1800架飞机以及包括航母在内的海军力量。这个雄心勃勃的作战计划立刻遭到陆军航空兵和海军的强烈反对，陆军航空兵以轰炸德国为由，不支持麦克阿瑟，海军更是不愿派出更多的舰艇兵力给西南太平洋战区。参谋长联席会议最后只得再次平衡各军种利益，将麦克阿瑟的进攻任务限定在新几内亚岛东部和新不列颠岛南部，尼米兹的任务限于北太平洋的阿图岛和基斯卡岛，另外，给麦克阿瑟增派了两至三个师和有限的飞机、舰艇。

这次联席会议，还讨论了统一太平洋部队建制的问题，这是协调太平洋各战区联合作战的关键。在战争初期，为了解决军种主导权的纷争，美军将太平洋战场划分为若干个战区，以地理范围区分责任。但是，随着日军防线的后退，各战区范围逐步增大，出现战区范围的重叠，并且，各战区内编成的军种力量规模也在增大，每个战区都面临同时指挥诸军种力量的需求，特别是，要处理好陆军上将麦克阿瑟指挥的西南太平洋战区与太平洋舰队的关系，统一建制、进一步明确指挥职权非常必要。会议最后确定：尼米兹的太平洋舰队司令部对舰只的活动享有最后支配权，但是，奉派前往西南太平洋战区的海军部队应由麦克阿瑟控制，同时，南太平洋的哈尔西海军上将所属部队也由麦克阿瑟实施战略上的指导。这样，麦克阿瑟实际上已经掌握了他自己的舰队、15个美国和澳大利亚师、1200架飞机，再加上南太平洋的航母舰队、400架飞机和7个师的兵力，成为太平洋战场上最强大的联合作战力量。

在战略反攻行动的筹划方面，陆、海两军种又产生了明显的分歧，出现了陆、海两军种的"两条路线"斗争。海军的战略设想是，在中太平洋取道马绍尔群岛和加罗林群岛向菲律宾推进，在中国台湾及大陆沿海地区获得立足点后直捣日本本土。麦克阿瑟提出太平洋战略反攻路线应由澳大利亚出发，经过新几内亚到棉兰老岛，最后攻占菲律宾。理由是，这条路线作战可以绕过日军据点，并可得到陆基航空兵的有力支援。如果由中太平洋和西南太平洋两条路线同时进攻，将造成目标和力量分散，增加战争的难度，并且，在中太平洋贸然进攻日军防守坚固的岛屿有可能重蹈日军中途岛的覆辙。麦克阿瑟还提出，陆、海、空军必须完全彻底地联合作战，这种联合作战的基本模式是：占领前进基地，前进的每一个阶段都以一个机场为目标，作为下一个进程的支撑，使陆基轰炸机可以在战斗机的掩护下进行对地对海攻击。当航空线向前推进时，在空军的掩护下海军又能抢夺敌人的海上交通线。这就是所谓的"蛙跳战术"。陆军参谋长马歇尔上将虽然认同麦克阿瑟的观点，但出于平衡军种利益的考虑，还是赞成了陆、海军种自北至南多路进攻的方案。

1943年5月，美海军少将金凯德指挥北太平洋战区部队攻占阿图岛，揭开了太平洋战场美军大反攻的序幕。6月30日，麦克阿瑟指挥美澳盟军在西南太平洋发起强大的"车轮行动"钳形攻势，其右翼哈尔西的两栖部队占领新乔治亚群岛，左翼连续占领伍德拉克岛和基里维纳岛，从海、陆、空三路直逼莱城。8月，尼米兹组建中太平洋部队即海军第5舰队。由海军中将斯普鲁恩斯任舰队司令，下设第5两栖作战舰队，由特纳海军少将任司令；两栖作战部队，由海军陆战队史密斯少将任司令，陆军第27师编入两栖作战部队。另外，还成立了陆基航空兵，由海军少将胡佛任司令，统一指挥第5舰队航空兵部队。

8月中旬，美英两国军事首脑在加拿大的魁北克举行代号为"四分仪"的会议，确定了尼米兹的中太平洋作战计划。同时，对麦克阿瑟拟攻击拉包尔的计划提出了异议，并要求绕过拉包尔而置之不理，分别向新不列颠南部和布干维尔岛挺进，这意味着海军的太平洋战略占了上风，而麦克阿瑟进军马尼拉的步伐遭遇阻碍。随后，陆、海两大军种分别在西南太平洋和中太平洋两条战线上向日军防御圈并肩突击。9月至10月，麦克阿瑟先后攻占莱城和芬什港，11月，在西南太平洋战区空军的全力支援下，南太平洋战区司令哈尔西指挥战区海军两栖部队夺占布干维尔岛。为了顺利攻占下一个目标——新不列颠岛，麦克阿瑟撤换了他的海军司令卡彭德，理由是卡彭德平庸无能、过于胆小，而且，不按程序办事，经常直接同海军部金上将和尼米兹保持通讯联络。这是美军第一次由一个陆军身份战区指挥官撤换下属海军指挥官，说明此时美军临时设立的战区指挥官具有一定的职务任免权，这有利于军种的联合行动。对于此事，麦克阿瑟当时有一句经典的评论："没有哪个军种会心甘情愿听从其他军种的指挥而展开大规模战斗。"此话也客观上暴露出当时美军军种联合作战不顺的尴尬。12月，麦克阿瑟的部队在新不列颠岛西北角格劳斯特角登陆，随后控制该岛西部。同年11月，海军在中太平洋也发起攻势，尼米兹的部队分别在吉尔伯特群岛的马金岛和塔拉瓦岛登陆。但是，在塔拉瓦岛，海军两栖部队遇到日军的顽抗，付出伤亡3000余人的代价才攻下这块弹丸之地。

1943年11月，盟军首脑分别在开罗和德黑兰实现了首次会晤。美英联合参

第三章 第二次世界大战:军种在矛盾争斗中联合(1918—1945)

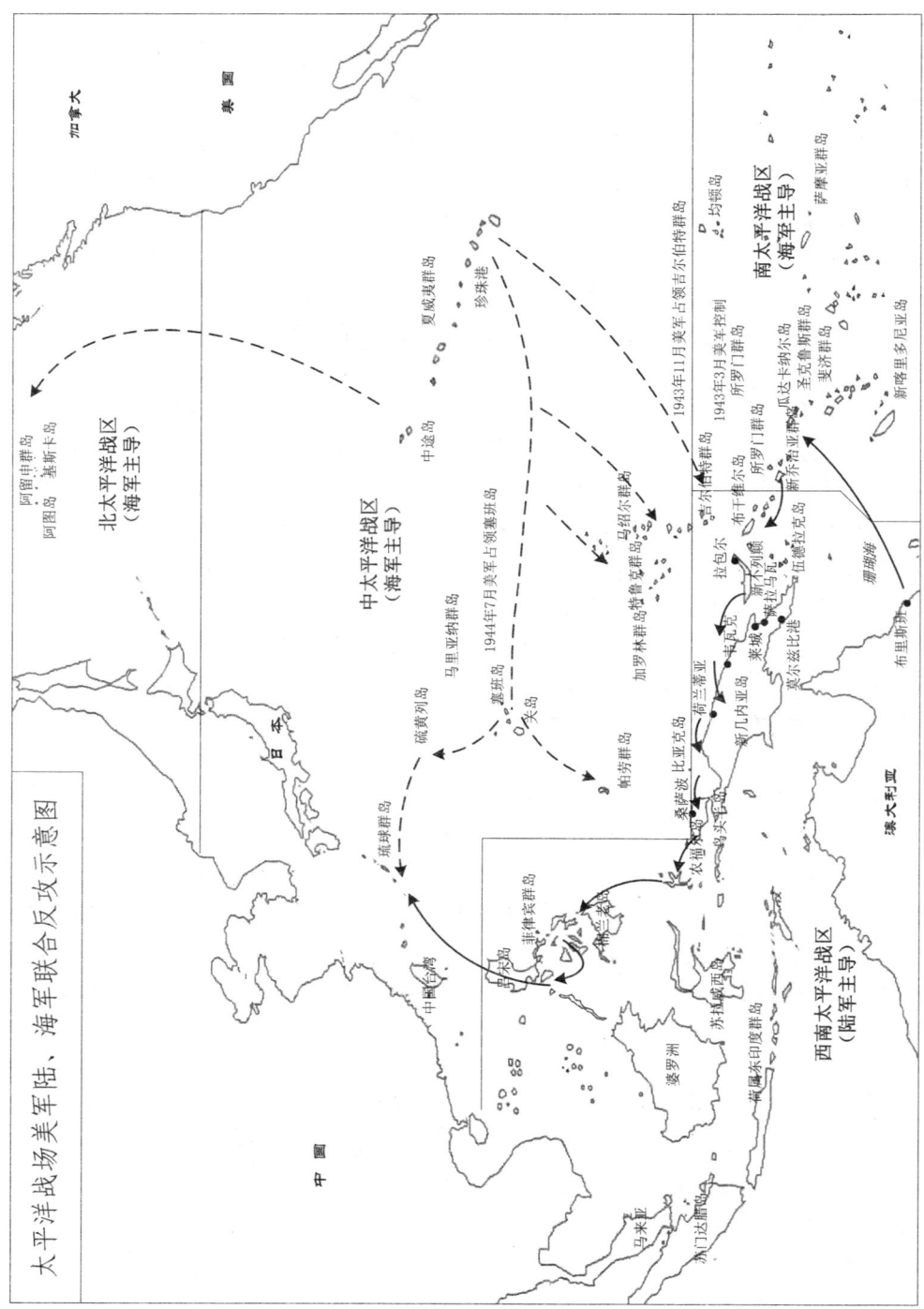

太平洋战场美军陆、海军联合反攻示意图

谋部讨论了1944年盟军的战略计划，进一步讨论了太平洋战区两路并进的方针。第一路，麦克阿瑟指挥的西南太平洋联合部队将沿新几内亚北海岸推进，从棉兰老岛进入菲律宾，另一路尼米兹指挥的中太平洋部队将攻占马绍尔、加罗林和马里亚纳群岛，两路进攻部队将在吕宋岛—中国台湾—中国大陆三角圈内会合，然后北上进攻日本。围绕两条进攻路线孰轻孰重的问题，两个军种又各执一词。海军以及美军参谋长联席会议的计划人员偏重中太平洋进攻路线，因为，中太平洋进攻的胜利意味着能较快地向日本推进。但是，麦克阿瑟强烈反对这个方案，因为，他认识到一旦这条路线胜利的话，他的西南太平洋部队进攻菲律宾就会变得多余了，陆军面临被边缘化，于是，他反复强调了重西南轻中太平洋的观点，并提出了充足的理由：由中太平洋的远海进攻日本防御严密的马里亚纳群岛，没有陆基航空兵保护网，将会造成像塔拉瓦岛一样的重大损失，说不定还会重蹈日本中途岛大败的覆辙。甚至，他还要求将中太平洋的所有海军舰队都划入他的西南太平洋战区，由他统帅全部的陆、海、空力量向菲律宾进攻。麦克阿瑟最后还高调宣称："把太平洋战争的中央指挥权交给我，我保证在十个月内拿下菲律宾，不要再让海军的权欲和无知继续给国家造成大悲剧。"此次会议争吵的结果是陆、海两军种互不妥协，美军也没有一个最高权威机构为两军种的争执拍板定案，最后只好各自按照原定的两条路线展开进攻行动。

1943年12月起，麦克阿瑟继续实施"车轮行动"。3月，向西北一举夺下马努斯岛、洛斯内格罗斯岛和埃米拉岛，完成对拉包尔的包围。此役，西南太平洋战区肯尼的航空兵为哈尔西的海军提供了大量的侦察和火力打击支援。至此，所罗门群岛完全被美军控制。

随着"车轮计划"的完成，美军参谋长联席会议再次召集麦克阿瑟和尼米兹到华盛顿解决一直悬而未决的陆、海军种分歧，确定反攻日本的最佳路线。这次具体争议的已不仅仅是选择哪条进攻路线的问题，而是，陆、海两大军种从哪个地点进入吕宋岛—中国台湾—中国大陆三角地带的战略问题。同样，还是出现了两个各持己见的意见。麦克阿瑟坚持要优先解放菲律宾，认为通往吕宋岛的路线是战略上最好的路线。麦克阿瑟摆出的理由不但有依陆进攻的优势，而且，还提出"打回菲律宾"曾是他必须承诺的誓言。另一方面，海军认为中国台湾是一个比吕宋岛更好的会合地点，它既可以封锁日本至荷属东印度群岛的航线，又可以充当踏上整个中国大陆海岸的垫脚石。双方依然各执己见，除了让陆军和海军各行其是外，没有更好的解决对策。

麦克阿瑟依旧制订他的战略计划。为了加快战争进程，他决定跳过新几内亚北岸的汉萨湾和韦瓦克地区，向西大踏步跃进500英里进攻荷兰蒂亚。这项大胆而有创意的建议受到参联会的坚持。但是，由于跃进距离过远，超出了西南太平

第三章 第二次世界大战：军种在矛盾争斗中联合(1918—1945)

洋战区航空兵支援的范围，必须取得中太平洋海军航母编队的机动支援，这一设想才可能实现。这次行动让陆、海军暂时放弃了路线之争，转而联合起来进攻同一个目标。4月22日，麦克阿瑟发起荷兰蒂亚登陆战，此役，除西南太平洋战区所属陆、海、空军参战外，中太平洋战区斯普鲁恩斯指挥的第58特混舰队袭击了荷兰蒂亚北部的帕劳群岛和加罗林群岛，击毁大量日军飞机和舰船，这是太平洋战争以来首次分属两个战区的陆、海军实施战区间的联合行动，这次行动也表明，随着战争进程向西太平洋推进，美军的军种联合在经过战略层的多轮纷争后，逐步化解分歧，自觉地走向联合。5月27日，麦克阿瑟再次发起比亚克岛登陆战。6月15日，尼米兹在北面的中太平洋战区开始了他的马里亚纳群岛战役，经过22天的艰苦战斗，攻占塞班岛，成功突破日本的内防御圈，切断了日本与南方资源地的联系。麦克阿瑟毫不犹豫，指挥部队再向西跳跃一步，于7月2日在比亚克以西的农福尔岛登陆，7月30日又占领鸟头半岛，夺取桑萨波，这标志着新几内亚战役的结束。美陆、海两军种在太平洋战场的两条战略进攻路线如两把锋利的尖刀刺向日军防御心脏。

随着太平洋战争进入最后决战期，美军军种联合也发展到了一个新的阶段，综合陆、海、空诸军兵种协同一致对日本侵略军实施有效打击已经在各军种高层指挥官头脑中形成共识，尤其是麦克阿瑟和尼米兹两名上将更是一抛过去军种之间的嫌隙，自觉地走到同一个目标上来，给太平洋战争最后阶段的军种联合作战创造了最有利条件。7月21日，总统罗斯福亲赴珍珠港会晤麦克阿瑟和尼米兹，协调确定把攻占菲律宾作为战略进攻的最后方向，由此，引发了太平洋战场上规模最大的一次诸军兵种联合作战——莱特岛战役。

莱特岛战役是西南太平洋和中太平洋两个战区、陆海两大军种的全面联合，此役可以看作二战时期美军军种联合水平的一个集中表现。尽管在作战规模上与四个月前欧洲战场上盟军诺曼底登陆战役相差较远，但是，莱特岛战役包括莱特岛登陆战和莱特湾海战两个部分。其中，莱特湾海战是二战最大的一次海战，登陆战和海战几乎在同一时间展开，既相对独立又密切协同，海战行动支援和保障了莱特岛登陆行动。美军参战力量是跨战区、跨军种编成的，登陆行动由麦克阿瑟的西南太平洋战区实施，克鲁格的陆军第6集团军第10军和第24军共六个师约28万人承担登陆任务，西南太平洋战区所属第7舰队和太平洋战区所属第3舰队负责支援任务，共有各类舰只700余艘。空中掩护和支援的力量包括陆军第5、第13航空队和澳大利亚航空队，连同海军航母舰载机，飞机总数达2000架。但在指挥关系上面临的一个致命问题是，担负支援任务的第3、第7舰队分别听命于尼米兹和麦克阿瑟，这种多头指挥造成两支舰队在任务协调上不及时，险些造成严重后果。

先是在战役发起前，肯尼的西南太平洋战区陆基航空队与哈尔西的第3舰队从9月下旬开始协同对日军主要空军机场实施大规模轰炸。肯尼的陆基航空兵袭击日军南翼，对棉兰老岛和荷属东印度群岛的日军机场进行反复轰炸。哈尔西的舰载机负责打击日军北翼，重创驻吕宋岛、冲绳以及中国台湾的日军舰机。10月10—15日庞大的两栖登陆部队先后从荷兰蒂亚和马努斯启程，19日航渡编队在莱特湾以东海面会合。20日，第7舰队的舰炮火力及两个战区的航空兵向登陆点提供了强大的火力支援。22日，登陆部队分南北两路突击上岛。当日，美陆军就有13.2万多名士兵和20万吨给养被运上海滩。就在美国陆军向莱特岛纵深推进的同时，美第7舰队部署于莱特湾附近海域，承担支援登陆任务，哈尔西的第3舰队配置在萨马岛以东的南北一线，负责掩护登岛任务。美、日舰队在莱特湾开始了一场历时四天规模空前的大海战。

此前，日军统帅部为了保卫从日本本土到菲律宾群岛一线，已经制定了"捷1号作战"，企图通过三支大规模舰队作战将入侵美军赶出菲律宾，给予美国海军致命打击。其中，第一突击舰队包括"大和"号和"武藏"号两艘巨型战列舰，以及3艘其他战列舰、12艘巡洋舰和15艘驱逐舰，由海军中将栗田健男指挥，在婆罗洲文莱附近的林加锚地集结。舰队将通过巴拉望航道，穿过菲律宾群岛中部的锡布延海，突破东面的圣贝纳迪诺海峡，然后绕过萨马岛，从北面进攻莱特湾内的美军舰队。栗田舰队一部包括2艘战列舰在内的7艘军舰，在海军中将西村祥治的指挥下，在巴拉望以南同大部队分离，然后与从琉球群岛南下的由海军中将志摩清英指挥的第二突击舰队（包括3艘巡洋舰在内共7艘军舰）会合，两支舰队将一同穿过棉兰老岛北面的苏里高海峡，从南面向莱特湾内的美军舰队发动攻击。另外，日军一支由小泽治三郎中将指挥的特混舰队，包括4艘航空母舰、2艘战列舰、4艘巡洋舰和8艘驱逐舰，由日本濑户南下至吕宋岛以东海域诱出哈尔西的航空母舰编队，使其远离莱特岛，不能掩护登陆部队，为第一、第二突击舰队进攻创造条件。对日军夹讲，这是一个错综复杂的作战计划。

10月23日，日军第一突击舰队行进至菲律宾群岛最西端的巴拉望岛海域就遭到美军潜艇攻击，2艘巡洋舰被击沉，1艘被击伤，但第一突击舰队继续向锡布延海进发。24日，栗田舰队在锡布延海再次遭到攻击，又有一艘巡洋舰遭到重创沉没，于是栗田第一突击舰队向西返航。与此同时，在南面的第二突击舰队在苏里高海峡也被美军发现，并遭到攻击。这时，作为诱饵的日军特混舰队已机动到菲律宾北面海域，被美军第3舰队发现，第3舰队司令哈尔西中将以为掩护莱特岛滩头阵地的任务应由第7舰队负责，于是他率领第3舰队全力追击北逃的日军特混舰队。这样一来，由于麦克阿瑟和尼米兹二人在指挥上各自为政，哈尔西与金凯德两位舰队司令都以为对方在掩护锡布延海东端的圣贝纳迪诺海峡。而

第三章 第二次世界大战：军种在矛盾争斗中联合（1918—1945）

且，都没有想到日军第一突击舰队在日落时分突然又改变航向，再次向东面的圣贝纳迪诺海峡驶来。而此时美海军舰队的防护方向只有南面苏里高海峡的西村与志摩舰队。

25 日，日军西村第二突击舰队驶入苏里高海峡，美第 7 舰队利用狭窄海峡的地理优势痛击日舰，莱特湾南面的威胁消除。然而不久，栗田的第一突击舰队突破圣贝纳迪诺海峡，绕过萨马岛向南进入莱特湾。此时，唯一能够阻止日军第一突击舰队的只有一支小型航母特混舰队，这支舰队只有 6 艘护航航空母舰、3 艘驱逐舰和 3 艘护航驱逐舰，由第 7 舰队克利夫顿·斯普雷格海军少将指挥。金凯德海军中将直到此时才发现哈尔西依旧在北面进攻日军小泽的特混舰队诱饵。让美军庆幸的是，当由 4 艘战列舰、6 艘重型巡洋舰和 11 艘驱逐舰组成的日军主力第一突击舰队在萨马岛海域遭遇美军小型舰队后，误以为碰上的是哈尔西强大

92

的第 3 舰队，在激烈的混战中，栗田下令全体舰队沿圣贝纳迪诺海峡返航，一场虚惊得以结束。这是由于美军军种分立、多头指挥，再加上低劣的指挥通信造成两支舰队缺乏有效协同，海上防线出现空档，差点让日军第一突击舰队突入莱特岛登陆海域，使登陆部队遭受灭顶之灾。战后，麦克阿瑟总结说："这一险些带来灾难的事件责任在于华盛顿。在海战中，两位主要指挥官在同一海域、同一战役中作战，但却相互独立，一个归我指挥，另一个归 5000 英里外的尼米兹指挥。"①此事件也突出反映了二战时期美军种主导体制下联合作战的深层次矛盾。

欧洲战场的盟国联军实践

不同于在太平洋战场上的主导作用，在欧洲战场，美国只是同盟国重要的参战国之一，美军与英军以及其他同盟国军实施的是盟国联军作战，其中，最主要的是英美联军。盟国联军作战是跨国的联合作战，在实施上更加复杂，不但要解决军种间的矛盾，还要解决多国部队在联合中的矛盾，其难点是要解决如何组织多国部队联军作战的问题。

日本袭击珍珠港后，美国加入同盟国的行列，美军同时参加太平洋和欧洲两个战场的作战，其中，在欧洲战场的主要作战对象是德军和意大利军队。1941年圣诞节过后，英国首相温斯顿·S. 丘吉尔及其随行人员与以罗斯福为首的美国军政要员，在华盛顿举行了第一次全体会议，即阿卡迪亚会议。会议议题是"克服近来的挫折、整合资源，重夺对敌主动权"，会议确定希特勒是主要敌人，在太平洋上目前主要是阻止日本人进攻，并通过了《联合国家宣言》，与会 26 国决心共同战败德意日法西斯侵略，国际反法西斯联盟正式成立。为了便于盟军之间的协调与合作，会议还决定建立一个跨国家间的高层协调机构"盟军参谋长联席会议"，总部设在华盛顿，成员组成包括英国三个军种的参谋长，美方成员包括美国陆军部参谋长马歇尔上将、海军作战部长斯塔克海军上将、美军舰队总司令金上将、美军陆军航空队司令阿诺德中将。英军参谋部的总部设在伦敦，英军还任命了驻美国的英国联合参谋团高级成员，作为代表盟军参谋长联席会议的英方成员在华盛顿处理日常事务。盟军参谋长联席会议成为盟国联军作战的组织基础。美军也同步成立了属于自己的"美国参谋长联席会议"，美军参谋长联席会议的成立在战略层面初步解决了美军陆军部、海军部互不隶属、缺乏协调的问题，罗斯福可以三军最高统帅的身份直接同各军种军职领导人商讨作战问题。

盟军参谋长联席会议于 1942 年 2 月 9 日召开第一次正式会议，几个月后，

---

① 傅雁南：《桀骜不驯的麦克阿瑟》，世界知识出版社 2005 年版，第 231 页。

第三章　第二次世界大战：军种在矛盾争斗中联合(1918—1945)

为了加强战略筹划的功能，在盟军参谋长联席会议之下又组建了一个联合参谋机构，机构内部设有联合参谋规划部、联合情报委员会等部门，美军参谋长联席会议最初是按照盟军参谋长联席会议体制建立的，后来逐渐脱离了盟军参谋长联席会议独立运行，而这个联合参谋机构本身主要由美军成员组成，自然也服务于美军参谋长联席会议。同年7月份，罗斯福任命海军上将威廉·D.莱希为最高统帅的参谋长，但是这个参谋长仅起到了联络参谋长联席会议与白宫的作用，陆海两大军种的首脑主导着参谋长联席会议的工作，而且美军参谋长联席会议本身在整个战争期间也未通过总统行政令的方式确定。

根据阿卡迪亚会议要求，美国陆军部在1942年3月份为欧洲战场准备了一个代号为"围捕"的作战计划，拟建立约48个师、5800架飞机的同盟国联军从法国西海岸登陆。该计划得到美英高层首脑的基本同意。5月份，艾森豪威尔赴英国实地研究考察计划落实问题，6月上旬，艾森豪威尔向陆军部部长马歇尔呈报了一份关于美国驻欧洲战区司令的文件，提议在欧洲战区的美军应设置"战区司令"，战区司令的职能是组织、训练和指挥派往该战区的所有美国陆、海、空部队。随后，马歇尔经罗斯福总统批准，任命艾森豪威尔为欧洲战区美军总司令，这表明美军陆、海、空军种力量在欧洲战区实现了统一指挥，这也是美军最早设立的战区司令。战区司令的设置又可以在部队层面解决军种各自为战、自我保护的问题，诸如兵力部署、指挥安排、战略计划等重大事项，现在可以由战区司令统一筹划决定。

作为欧洲战区司令的艾森豪威尔开始着手组建他的参谋部，他请参谋长联席会议秘书沃尔特·史密斯少将担任他的参谋长。为了加强欧洲战区司令的权威，美国政府发布了一系列指令，"欧洲战区的指挥将领，将指挥现在和以后派往欧洲战区的所有美国陆军，包括被派遣去与陆军协同作战的海军陆战队在内"；"在海军部和陆军部的同意下，指挥将领将对指定在这个地区参加战斗的所有海军实行计划指挥和作战指挥"。艾森豪威尔还将美第二军司令部调到伦敦附近，作为欧洲战区地面部队最高司令部，并委派马克·克拉克少将负责指挥战区所有地面部队。

欧洲战区是盟军参谋长联席会议关注的主要战场，英美两国军队在这里共同作战。英美两军的战略规划人员一致认为当前欧洲战场胜利的关键是苏联牵制了德国大部分军力，但是围绕英美两军的行动出现了两种不同的认识：美方提出要尽快在西欧开辟第二战场，以减轻苏联的压力，而英方鉴于一次大战堑壕战的教训，对过早开辟第二战场更为慎重，英国首相丘吉尔强烈要求集中兵力解放北非。罗斯福总统本人也认识到目前美军的战争准备还很不成熟，最终盟军参谋长联席会议确定了代号为"火炬"行动的北非联合登陆作战。

欧洲战场的盟国联军实践

经罗斯福和丘吉尔商定,任命艾森豪威尔为盟军总司令,负责筹划和指挥"火炬"行动,计划英美联军于1942年11月8日在法属北非登陆,然后再由西向东对德意发动进攻,彻底歼灭北非的德意军队,控制地中海,巩固中东,为尔后在意大利和巴尔干半岛的军事行动创造有利条件。丘吉尔建议罗斯福任命艾森豪威尔担任这场战役的总指挥,英军亚力山大将军担任副总指挥,这将是一场大规模的两栖登陆联军作战。作为一支多国部队,需要挑选美英军官来充实筹划战役的指挥机构人员,每个部门既有美国人,又有英国人。在筹划进攻的地点上,盟军初步确定了大西洋海岸的卡萨布兰卡、奥兰、阿尔及尔,主要考虑是盟军航空母舰很少,需要由陆基飞机提供空中掩护,而盟军唯一可使用的基地是直布罗陀。

参加"火炬"作战的英美军队共有13个师、600余艘军舰、1700架飞机,分别编成三个特混舰队实施登陆:"西部"特混舰队由美军巴顿少将指挥进攻卡萨布兰卡;"中部"特混舰队由美军弗里登·道尔少将指挥进攻奥兰;"东部"特混舰队登陆后由英国中将安德森指挥进攻阿尔及尔。英美联军在遭遇短暂的抵抗后,向北非东部强行推进。随着德军退至突尼斯南部的马雷斯防线,又有一部轴心国援军抵达北非,英美联军与轴心国军队在突尼斯城以西地区形成对峙状态,双方都不能突

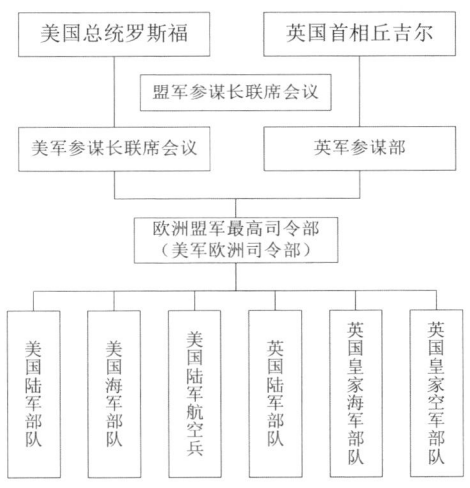

欧洲战场美英联军指挥体制

破对方的防线。直到第二年5月,英美联军才占领突尼斯全境,最终彻底解放整个北非地区,"火炬"作战成为了英美联军作战的首次胜利。通过"火炬"行动,美军对空军的认识发生了历史性的转变。航空兵原隶属于陆军,仅担负支援地面部队作战的任务,并被分散地用于局部的空中掩护,或只作为地面火炮射程的延伸,不仅作战效果很差,而且极大地剥夺了航空兵的灵活性,使其难以集中力量夺取空中优势。此役之后,美军专门颁布了第100-20号野战手册《空中力量的指挥与使用》,该手册规定:"陆上力量和空中力量是相互平等和相互依存的,任何一方都不从属于另一方""夺取空中优势是一切重大地面作战胜利的第一需要。空中力量最珍贵之处在于其固有的灵活性"。

1943年1月,在卡萨布兰卡会议上,同盟国讨论了"火炬"行动后在何处给对手下一次打击。英国首相丘吉尔极力主张继续将地中海列为主要地区,北非战事结束后应立即进攻西西里岛,对此,罗斯福继续作出了让步。在对德国实施密

集轰炸的决策上美英两国也取得了一致的意见，都认为战略轰炸是未来进军法国不可或缺的前奏。

1943年7月，盟军展开了代号为"赫斯基"行动的西西里岛两栖登陆作战。地面部队8万人、600辆坦克和900门火炮从两个方向展开突击行动。英军蒙哥马利指挥的英国第8集团军在西西里岛东南角的锡拉库以南登陆，然后向北面的墨西拿海峡挺进，美军巴顿指挥的第7集团军在西西里岛南岸的杰拉湾登陆，掩护蒙哥马利的左翼。至8月中旬，西西里岛完全落入盟军手中。几乎在同时，盟军已经在意大利南端展开了进攻意大利的"雪崩"行动。英国第8集团军主力部队跨海进攻意大利西南端的雷焦卡拉布里亚，余部在东面的塔兰托登陆，美军第5集团军在萨莱诺实施两栖登陆，两支美英部队登陆后直接向北发展。战役发起后意大利宣布投降，但德军凯塞林元帅率领德军生力军进入意大利阻击美英联军的进攻，双方僵持在古斯塔夫防线一带，德军顽强的抗击让盟军损失不小，这场艰苦的攻坚战持续了近2年，直到1945年5月，盟军才突破德军的所有防线，占领意大利北部。

随着战局的发展，意大利战场已成为次要战场，跨越英吉利海峡实施正面进攻开始成为盟军关注的焦点。1943年8月，罗斯福与丘吉尔在加拿大魁北克会晤期间，讨论了在欧洲开辟第二战场的日期，通过了在1944年5月底到6月中旬，英美军队在法国北部登陆的决定。11月份，罗斯福赴开罗进一步与英国人研究1944年的作战和联军指挥问题。在随后不久的德黑兰会议上，罗斯福向斯大林郑重承诺，在1944年春天英美联军将开辟西线第二战场，也就是在法国诺曼底地区实施"霸王"行动。会议之后，罗斯福确定艾森豪威尔担任"霸王"行动盟军总司令。诺曼底登陆是世界历史上规模最大的一次两栖作战，作为盟军总司令，指挥着英、美以及其他几个盟国的数百万大军，需要把多个国家的诸军兵种部队整合在一起，编成一支队伍，面临各国部队组成、人员素质的不同，甚至对作战的看法有着根本的不同，要求最高指挥官胸怀宽广，能够包容兼蓄，并且具有极强的感召力，这些条件当时只有艾森豪威尔才具备。即便如此，艾森豪威尔在战争的筹划准备阶段依然面临诸多困难。

首先是盟国参谋长联席会议在战略决策上仍不能取得一致意见，他们对于意大利战役后，在地中海采取什么行动有很大的分歧。英国想在亚得里亚海发动两栖进攻，从右面打击德军；另一部分美国军方高层则倾向于在法国南部的里昂湾登陆，从左面打击，即"铁砧"行动，此行动可以将相当一部分德军牵制在法国南部。最终还是艾森豪威尔凭借盟国远征军总司令的权威，极力坚持在法国西部实施登陆作战，推迟"铁砧"行动，把尽可能多的登陆艇和各军兵种部队抽出来，加入"霸王"行动中。

在军种联合运用上也面临种种矛盾。1944年1月,艾森豪威尔在华盛顿召开英美两国的三军高级将领会议。盟国参谋长联席会议尚未决定空军部队归艾森豪威尔指挥。因此,空军的将领们态度十分傲慢,各有自己的主张。英国皇家空军轰炸航空兵司令哈里斯要通过对德国城市进行轰炸来使德国屈服;而美国第8航空队司令斯帕茨则是要通过有选择地毁灭某些重工业,特别是石油生产工业,来迫使德国投降,两人都不认为"霸王"行动是必要的,并且都不肯交出空军指挥权。艾森豪威尔反驳的观点是,在德国放下武器之前,必须在陆地上打败他们,因此,"霸王"行动有巨大意义。在最初阶段,盟军地面登陆部队处于一比十的劣势,只有空中优势才能使"霸王"行动有可能实施,重型轰炸机应该用来攻击德军在法国北部和比利时的运输系统,以孤立登陆地区。最后,艾森豪威尔不得不以辞职为要挟获得盟国空军的支持,同时也作出了必要的让步,同意两国轰炸航空兵在地面部队登陆后可以轰炸德国境内的石油工业等设施。

在"霸王"行动中,空军的具体指挥权也面临着矛盾。哈里斯要求英国皇家轰炸机部队不编入作战编成而独立行动,之后,丘吉尔又提出一个折衷的方案,所有轰炸机部队在行动中"配属于"盟军最高司令部执行某些具体任务,但最高司令部的飞行计划要得到盟国参谋长联席会议批准。艾森豪威尔强烈反击一切不能完全指挥英美轰炸机部队的作战行动,再次以辞职为要挟。这样一来,英国方面又作出了些让步,答应让盟军最高司令部拥有"监督"轰炸机部队的权力。最后在罗斯福的支持下,艾森豪威尔才如愿获得所有空军的指挥权。

"霸王"行动盟军的总兵力要远超过德军在登陆地区的兵力,但在前期盟军抢滩登陆阶段,兵力处于劣势,盟军拥有制空权和制海权的绝对优势,盟军轰炸机和军舰可以强大的火力轰击德军的战壕,海空军的火力支援成为决定登陆作战成败的关键,而联军联合作战指挥体系的构建为"霸王"行动奠定了组织基础。

在遭遇了持续恶劣天气的困扰后,天气终于出现了转机。1944年6月6日早晨4时15分,艾森豪威尔下达了战役发起命令,进攻行动开始。登陆日首日,盟军共有39个师,8000架轰炸机,海军284艘军舰以及4000多艘登陆艇和其他舰只,朝着诺曼底地区的剑滩、朱诺、金滩、奥马哈和犹他海滩进发。海军的舰炮和空军轰炸机摧毁了德军的防御工事,掩护攻击舰向前推进,一批批坦克登陆上岸,直捣德军阵地。第一天就有15万余名盟军士兵突破滩头阵地,向内陆推进。德军顽强抵抗,但纵深桥梁和铁路运转中心都被空袭炸毁,支援兵力无法到达。盟军随后向纵深推进的作战进行得相当艰苦,尽管如此,盟军站稳了脚跟,并逐步扩大战线,"霸王"行动无疑取得了巨大成功。

值得一提的是,随着空地打击发挥越来越大的作用,美军在欧洲战场开始探索近距离空中支援。在进攻意大利的作战中,美军第一次正式引入空地引导的概

第三章 第二次世界大战：军种在矛盾争斗中联合(1918—1945)

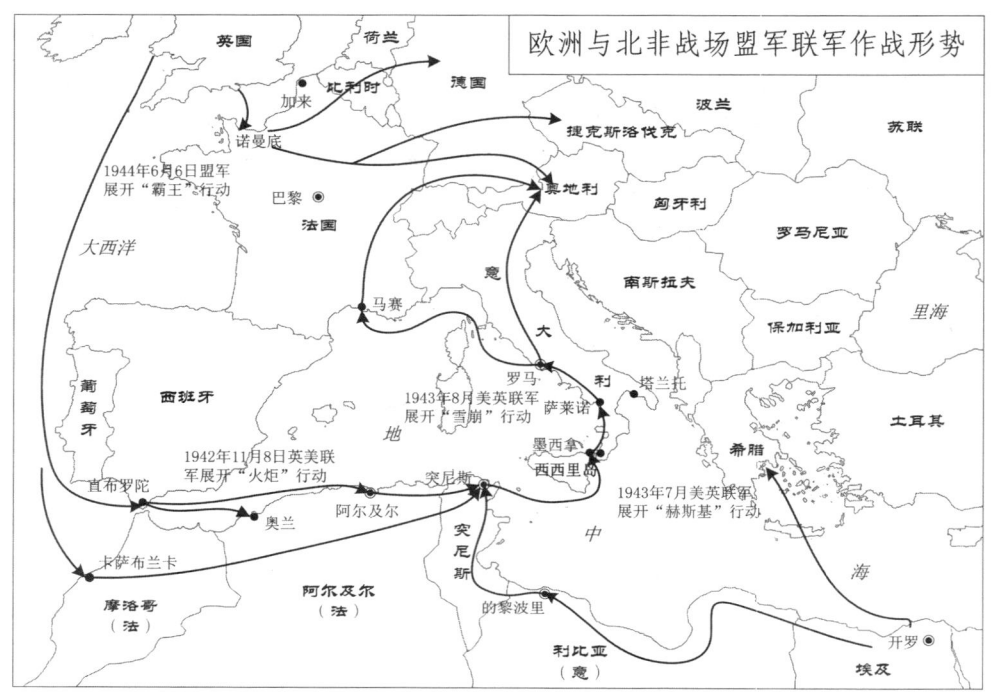

念，利用无线电台，美军地面部队指挥官与空中飞行员建立直接联系。随后发展了一套简易的空地引导流程，由经过训练的专业军官或飞行员组成战术空军控制组，通过安装在吉普车上的甚高频电台，直接与战斗轰炸机飞行员沟通，为其指示需要攻击的目标。战术空军控制组，简称 TACP，通常包括 1 名军官、1 名空军飞行员担任空军前进控制员、通讯人员、2-3 名警卫人员和 1 名司机。这种战术空军控制组一般配置到军和师，或配置到装甲师每一个独立作战的团级装甲战斗群。在诺曼底战役中，这个战术得到更广泛的应用，为成功登陆立下汗马功劳。近距离空中支援作为美军战术级的军种联合，在欧洲战场产生并运用成熟，标志着其军种联合开始向战术层级拓展。

总的来看，二次大战欧洲战场上的联军作战，是美军首次在海外与盟国联军作战的实践探索，主要是美英两国联军作战。盟国之间的联军作战既包含了军种联合行动，还需要解决跨国军队行动配合问题，由于参战各国家利益目标不同、对作战认识不同、部队编成不同，甚至文化习俗不同，组织实施的难度更大。欧洲战场的美英联军作战是一次比较成功的联军作战，其最根本的原因是美英两国拥有共同的目标——打败德国法西斯的侵略，双方在联军过程中能够充分考虑对方的利益需求主动退让。当美英两国在作战目标和进攻路线上存在分歧的时候，美国总统罗斯福能够主动让步接受英国首相丘吉尔以地中海为主战场的主张，而在盟军最高司令的人选上，丘吉尔则主动支持综合能力强、影响力大的美国将领艾森豪威尔担任最高司令，英国几个将领担任副司令官，尽管这些将领的军衔资历比艾森豪威尔高。在美英两国联军作战的编组上有时是美英两军各自独立作战，有时是两军混合编成作战，在任务分配上一视同仁，没有任何偏袒，让分属不同国家的两支军队能够联合形成一个整体。

本 章 小 结

从一次大战结束至二次大战结束是美军具有现代意义军种联合的实践探索期。美军的陆军、海军、海军陆战队等现代军种已经建立，空军虽未成军但作为陆军航空兵是陆军重要战斗兵种，而且，二战爆发前美军上下已经形成军种联合的观念，1942年初美英盟军正式提出联合作战的概念，但还缺乏有效的军种联合体制机制，军种联合的方式方法也认识不够，在联合实践中暴露出很多体制上的矛盾问题，美军边实践边探索边改进联合作战体制机制和方法。

战前，美军军种联合基础比欧洲军事强国薄弱。总统直接指挥陆、海两大军种，没有权威的高层联合作战指挥机构，每个军种直接谋划战争全局，各自为阵，这是美军军种争吵不断的根本原因。在这种军种主导体制框架下，任何一个由某一军种承担的联合作战，都会被另一军种所牵制。开战之初成立的美军参谋长联席会议，没有经过法律批准，权威性不够，其运行方式是各军种参谋长共同协商，协商的结果没有仲裁，只有靠一方说服另一方，或者采取折衷方案，影响了战略筹划与运行的效率。

美军在战区层面创建了多个具有联合指挥属性的作战司令部，包括太平洋战区的西南太平洋战区司令部、太平洋战区司令部以及欧洲战区司令部，这些作战司令部分属不同军种，本质上代表某一军种的利益，军种矛盾又反映为战区之间的矛盾。从最初"欧洲第一"还是"亚洲第一"的争论，到太平洋战场上西南太平洋与中太平洋两条进攻路线之争，再到"进攻菲律宾"与"进攻中国台湾"之争，本质上都是陆海两大军种的利益之争。

战区层面作战司令部之下，初步探索了战区司令部+战区军种司令部的联合指挥体系构架。战争之初，美陆军、海军在太平洋地区是独立编成与部署的，一个军种指挥官不能指挥另一个军种部队。美军吸取初期失败教训，在每个战区司令部以下广泛地采取多军种联合编成，使各军种相互取长补短，为战争的胜利奠定基础。由于没有健全的联合体制机制约束，军种联合编成具有临时性，造成临时编入的其他军种部队指挥官不听调遣，喜欢直接听令于本军种的上级指挥。战争后期，由于美军在实践中逐步理顺了指挥权与控制权的关系，这种跨军种的联

第三章　第二次世界大战：军种在矛盾争斗中联合(1918—1945)

合作战运行得要顺畅一些。

二战期间，尽管美军军种矛盾争斗激烈，但军种联合已经完整涵盖战略、战役、战术三个层面，其中，战略和战役两个层面表现最为突出。在战略层面，主要是太平洋战区两大战略反攻路线的协同，这两条反攻路线分别由陆军和海军主导，所以，也是陆、海两大军种在战略上的联合。在战役层面，美军实施了较为广泛的军种联合，取得较好效果。几乎每场战役都有军种联合行动，包括陆军航空兵对地面部队、海军舰艇编队的支援作战，主要是对日军重要机场、港口进行高强度空袭，以及战场空中侦察等。在地面作战中，陆军地面部队与海军陆战队也进行了广泛密切的协同作战。海军陆战队重点实施两栖登陆作战，而陆军地面部队实施上陆后的纵深进攻作战。另外，海军的舰炮给两栖登陆和岛上进攻作战提供了强大的火力支援。在战术层面，欧洲战场上的美陆军与陆军航空兵建立并发展了近距离空中支援战术，军种联合拓展到战术级。

第四章　朝鲜战争时期：军种联合统而难合（1945—1953）

二战结束后，美国一跃成为拥有核武器的全球超级大国，国际政治格局形成以美苏为首的两大阵营，冷战对抗的帷幕正式拉开。面对冷战时代的到来，美军总结二战经验教训，加强各军种力量与武器装备建设，极力推进高层领导指挥体制与机构改革，意在保持其霸主地位。朝鲜内战的突然爆发，引发美国再次启动对外干预用兵的战车，踏上远东这个血与火的战场，尽管初步实现了武装部队的统一指挥，但在战争实践中难以真正实现高效而密切的军种联合。

军种的发展与统一指挥

当人们还沉浸在反法西斯战争胜利的喜悦之时，一幅冷战的"铁幕"已经徐徐落下，将世界分隔为东西两大阵营，美国当仁不让地成为这场新"竞赛"的主角。虽然美军高层意识到必须保留大量现役部队，以保持美国在世界范围内的领先优势，但大部分民众要求士兵们回家，重新过上安稳的日子。公众的压力最终促成了战后新一轮国防预算压缩和裁军大潮。1946 年至 1950 年，美国国防预算从战争期间的占国民生产总值 35% 锐减到不足 5%，例如，1945 年美军费开支为 830 亿美元，1946 年降至 427 亿美元，1947 年降至 128 亿美元，1948 年只有 91 亿美元。国防预算大幅下降使战备受到严重削弱，各军种人员数量也被大幅裁减。到 1950 年，美国陆军由原有的 800 万减员到只剩下不足 60 万人，陆军航空队包括地勤人员在内被削减到仅仅 30 万人，海军则由 340 万人裁减到只剩下不足 7.5 万名军官和士兵。

尽管军队数量大幅削减，但各军种为了自身发展，就战后军队重组计划大斗口水，这是战争期间军种对立的继续。战争的实践全面检验了各军种的优势和不足，战后各军种如何发展，特别是处在美苏两个超级大国冷战和美国拥有核大棒威慑能力的新局势下各军种何去何从，是摆在美军高层眼前的战略问题。1945 年艾森豪威尔担任陆军参谋长，表现出强势的作风，起草了一项武装部队的改组计划，通过杜鲁门总统提交国会。陆军的目标是整合海军陆战队，并理所当然地成为美国唯一的陆上部队，因为在陆军看来，核武器让两栖登陆变得毫无意义。陆军航空队要求独立成为军种，并且试图控制海军和海军陆战队的陆基与海基航空兵。这样，海军将只剩下水面与水下作战和舰队护航的海上任务，而海军陆战队则只能承担一些无足轻重的安保任务。以詹姆斯·弗雷斯特尔为部长的海军部对陆军为主导的整军计划奋起还击。海军坚持海权论的思想，认为控制海权对美国安全至关重要，并强调海军航母舰队一贯具有的灵活性，还要求在保持二战海军部队结构不变的前提下，能够使用核武器进行作战。为了缓解军种在建设问题上的矛盾，1948年3月27日，三个军种达成了《基韦斯特协议》，以平息他们对于各自在美国国防中所起的作用和所承担的任务孰轻孰重的争端，但协议似乎并不能解决军种利益之争。1949年4月，空军、陆军占主导优势的参谋长联席会议决定取消海军"美国号"超级航母的建造。而作为反击，一些海军高级军官在国会听证会攻击空军B-36轰炸机的采购，造成这一计划的夭折。

继美国在二战中使用原子弹后，1949年苏联引爆了一个核装置，打破了美国对核武器的垄断。1952年11月，美国成功爆炸第一颗氢弹，标志着人类已经全面进入核时代。在核力量的保护之下，美国总统杜鲁门提出"遏制战略"，希望通过使用政治、经济、外交、军事等多重手段遏制社会主义国家的扩张，各军种常规武器发展受到很大影响。

1946年5月14日，美陆军部发布138号通令，正式推行整编工作，重点对陆军参谋部机构与职能以及裁军后的部队编制进行调整，地面部队改为美国大陆上的6个集团军作战区。经过复员和整编，陆军作战能力有较大的削弱，很多武器装备仍然是二战时使用的，作战部队仅由10个师、1个师级警察部队和9个独立的团战斗队组成，绝大多数陆军师不满员。在关于陆军参谋部的职能上，继续强调陆军部对所有陆军部队有指挥权，陆军参谋长是总统和陆军部长的主要军事顾问，陆军参谋长全权指挥美国陆军各部队，并就陆军各部队在战争中的使用、作战计划以及平时的战备状况向陆军部长负责。同时，也强调作战中要发挥下级司令部的作用。

关于空中力量建设，美军一直就有观点要建立独立的空军，但二次大战的突然爆发使这一设想暂时搁浅，直到二战结束，其空中力量还只是陆军的一个兵种。战争结束后，空中力量巨大的规模和战争中表现出的巨大作用，使得空军独立成军已成为势在必行之事。1947年7月，美军陆军航空队开始脱离陆军的领导，向独立的空军部队过渡。9月18日，美国空军正式成立，W.斯图尔特·赛明顿宣誓就职首任空军部长，卡尔·斯帕茨就任美国首任空军参谋长。这样，美军正式形成陆军、海军（包括分支军种海军陆战队）、空军三足鼎立的力量格局，杜鲁门总统同时颁布第9877号行政命令，明确三个军事部门的职责。美国空军将承担三大职责：对敌军基地进行战略空袭；保卫美军自己的基地不受到敌方空军袭击；向美国陆军和海军提供战术支援。依据这一职责，美国空军建立了战略空军司令部、战术空军司令部和空军防御司令部。1947年9月，又增设了空军研究与发展司令部、大陆空军司令部以及空军军事空运司令部。由于战略性轰炸在第二次世界大战中起到了决定性的作用，美国空军自建立之日起就十分重视战略空军的发展，从空军的角度看，发展战略打击能力也是空军独立于陆、海军发展的有力支撑。战略空军的使命就是：可以在任何时间、对全世界任何一个地区，执行远程攻击作战的任务，其力量包括第15航空队、第8航空队以及担负原子弹进攻任务的第509混合大队。战略空军的主力机型是1943年服役的B-29轰炸机，这种战略轰炸机最大载弹量达9吨，承担核轰炸和常规轰炸双重任务，到1950年美空军共有1787架该型机。为了解决核弹投掷数量不断增加的问题，美空军致力于发展B-29轰炸机以及战后改良的B-29轰炸机的空中加油能力，1948年2月20日，第一架具备空中加油能力的远程轰炸机B-50问世。战术空军则面向喷气时代的到来，致力于研制更为超高速的飞机。1945年12月3日，第一架喷气式飞机F-80"流星"研制成功，该型机飞行速度超过800公里/时。1949年5月，美空军还装备了具有亚音速的喷气式F-86"佩刀"战斗机，用于空战、拦截与轰炸，很快发展成为美空军战斗机的主力机型。

战后5年内，美军海军总体处在下坡状态，大型战舰由1200艘锐减到250艘，舰载飞机只剩下4300架，比战争期间缩减了90%，一度辉煌的海军几乎退回到了战前的水平。更糟糕的是，空军的快速发展以及陆军传统的优势地位，给战后美国海军带来了挑战。美海军既要应对裁军与军费开支大幅削减的影响，又要反击来自其他军种的威胁。面对军种发展竞争，海军不得不争取使自己能够获得核能力。战争结束后，海军就开始关于生产核动力潜艇的可能性的讨论，计划发展"能发射带有核弹头的导弹的大型装甲舰"，进行巡航导弹和弹道导弹的试验。为能够运载搭载原子弹的多引擎巨型喷气式飞机，1949年海军开始建造"美国号"超级航空母舰，但这一计划被中途取消。海军陆战队也寄希望于研发新型飞机来保护两栖登陆作战，他们认为近距离空中支援飞机和直升机将可以为两栖部队分散行动提供最有力的保障，因此，更青睐飞行速度相对较慢的F4U"海盗"式攻击机，这种螺旋桨式攻击机飞行速度在600公里/小时以上，既可停驻在陆地，又可以在舰上起飞，很适合与前沿地面部队的协同。

战争期间及战后各军种间无穷无尽的纷争，促使美军高层下决心对领导指挥体制进行改革，改革的目标是实现武装部队的统一指挥。1947年7月26日，根据总统杜鲁门提出的三军统一计划，国会制定出台了《1947年国家安全法》，这是美军第一次军种联合体制机制的改革。根据该法案,美军高层首次设立了国防部长以及"国家军事机构",后者由国防部长领导,包括陆、海、空军文职部长,海军部长詹姆斯·福雷斯特尔被任命为首任国防部长。参谋长联席会议依然由三军参谋长组成,负责就军事事务为总统出谋划策。另外还成立了国家安全委员会,由国务卿、国防部长、三大军种部长等组成,负责为总统谋划国家安全事务,协调与整合一切国家安全政策。此次改革的目的在于通过在总统之下设立国防部长以及"国家军事机构",来解决战争期间总统直接领导各军种造成的军种各立山头的局面。但是,此次体制改革存在的问题是,国防部长只有少量工作人员,只有一般的协调权,几乎无权干涉各军种部门,参谋长联席会议仍然是一个委员会性质的机构,并未把武装力量真正统一起来,各军种部长依然可以撇开国防部长直接与总统协商行事。

由于这一轮改革效果不佳。1949年8月,美国国会又通过了《国家安全法修正案》,该法案加强了国防部长的权力,把"国家军事机构"变成国防部,成为政府中的一个执行部门,陆、海、空军部则由政府的执行部门变为国防部下属的三个军事部门。国防部长为正式内阁部长级别,各军种部长不再在国家安全委员会拥有席位,由国防部长管辖。参谋长联席会议增设了主席一职,由一名不代表任何军种的军人担任,成为总统和国防部长的首席军事顾问。这一轮体制改革使美军高层权力开始集中于国防部长,各军种终于被强行与总统隔开,国防部长进入作战指挥链并可以在国防计划层面解决参谋长联席会议无法解决的军种纷争。但是,重组法案没有削除军种间的对立,每个军种依然是战建一体,没有打破军种主导参联会和控制作战司令部的局面。军种部长尽管失去了国家安全委员会法定成员资格和向总统申诉决定的权利,但各军种部长可以直接向国会报告,造成军种在国防部长的统一领导下,仍具有一定的自主性,这种自主性客观上让各军种的"大佬"们有更多维护本军种利益的机会。更为关键的是,军种依然在指挥链上,参与筹划指挥军种作战。在参谋长联席会议里,尽管增加了主席一职来解决各军种成员过于平等而无法拍板定案的问题,但是,参谋长联席会议的各军种成员仍然保留对各自军种的指挥权。另外,军种具有任命战区下辖的本军种指挥官的权力,战区指挥官对所属的战区军种指挥官只有使用权,没有任免权。在这样的机制下,即便是总统授权战区司令部统一指挥各军种部队,但配属战区的各军种部队指挥官为了本军种利益,或多或少还要听命于本军种部长,军种力量难以实现最佳的联合。

这一时期,美军还加强了联合参谋部和联合司令部的建设,在参联会设立了"联合参谋部"协助参联会制订战略联合计划和后勤联合计划。1946年12月,总统杜鲁门根据参谋长联席会议的建议下达指令,成立统一的海外司令部,先后建立5个海外联合司令部，包括远东司令部、太平洋司令部、阿拉斯加司令部、加勒比司令部和欧洲司令部，每个司令指挥着各自的陆、海、空军部队，另外，美军还建立了驻大西洋、地中海的美军海军部队，但这些名义上的"联合司令部"由于各军种利益保护，最后都被各军种主导。1950年5月，美军还实现对军法的统一制定，让各军种遵守统一的军事司法制度。

这一时期值得关注的是，随着美空军独立成军，空中作战样式得到快速发展，已经形成三类行动：一是夺取空优；二是空中遮障；三是近距空中支援。三种行动形成优先次序，夺取空优是纯粹的空中攻防行动，目的是夺取制空权，而空中遮障与近距空中支援是对地支援行动。按照美军的观点，夺取空中优势是空中力量运用的首要任务，在未确保空中优势的情况下，空中支援将难以甚至不可能完成。空中遮障是对敌战略纵深目标实施打击，摧毁敌军的战争支撑体系，阻滞敌军战场机动。空中遮障主要是对已掌握的目标进行反复攻击，而且飞行路线经过仔细挑选，绕过敌防空要点，安全系数较高，并能够取得较大的战果。近距空中支援是指空中力量对交战的友军或即将交战的友军提供支援，且距离近到需与地面部队协调才可实施。从战术与指挥的角度看，近距空中支援具有很大的实施难度，飞行员与地面士兵的战场视野存在巨大差异，造成空、地不同角度对目标的描述和确认难以统一，空地之间还需要保持良好的通信沟通，同时，空地两种力量之间还要建立有效的协同机制。早在1948年，旨在厘清美军各军种关系的《基维斯特协议》里就有针对近距空中支援的阐述："以飞机发动的对地面或海上目标的攻击，由于这些目标与友军距离太近，因此每次空中任务都需要与友军的行动和火力情况进行详细的协调整合。"从军种联合的角度看，美空军优先级由高到低的三类行动，分别对应了战略、战役、战术三个层面的军种联合行动。

美军还颁布了具有联合性质的野战教范第31-35号《陆空联合作战》，该教范总结第二次世界大战期间美军空军和陆军在地面战斗中合作的经验，形成了使用战术空军力量的原则。根据陆空联合作战原则，战术航空队和陆军集团军在战区内进行联合作战有必要组织一个联合机构，陆空司令部毗邻设置，其作用是：交换作战情报，使陆军司令官在需要空中支援时可以有地方提出申请；使空军司令官有一个机构，可以及时对实施空中支援的兵力制订计划和进行指挥，这个机构的名称是"联合作战中心"，编成包括一个空军作战处和一个陆军陆空作战处，空军设有一个战术空军控制中心，与联合作战中心密切联系，负责战术航空队的飞机控制与警报活动。另外，战术航空队还应派出战术空军控制组充任战术控制系统最前沿的分队，从前沿观察哨指挥执行支援任务的飞机实施攻击。每个战术空军控制组由一名有经验的飞行军官和几名操作维修车载通讯设备的士兵组成，

第四章　朝鲜战争时期：军种联合统而难合（1945—1953）

军官即任前进空军控制员。战术空军控制组一般协同陆军一个师、一个团或一个营的战斗活动，具体配置层级与数目根据特定战线上密切支援的需要情况来决定。这些陆空联合作战原则和相应机构的组织原则成为美军在朝鲜战争中陆空联合的重要官方依据。

"联合国军"的初期防御

朝鲜是亚洲大陆东北部伸向太平洋中的一个半岛，地幅狭长，三面环海。近代以来朝鲜饱受日本殖民统治的蹂躏，直到第二次世界大战结束才重获自由。1945年8月波茨坦会议之后，在美苏两个超级大国的操控下，在朝鲜半岛上以北纬三十八度线为分界线成立了南北两个政府，即北朝鲜与南朝鲜，两个政府分别走上不同的发展道路，造成了国家和民族的分裂。自建立之日起，朝鲜内部南北两个政府就围绕如何实现南北统一问题展开尖锐的斗争。从1949年开始，南朝鲜军队不断在三八线地区制造军事摩擦，挑起军事冲突，三八线地区火药味越来越浓，一场内战已不可避免。1950年6月25日早晨，武装冲突终于发生了质变，朝鲜大规模内战全面爆发，北朝鲜金日成首相根据战争局势的突变，要求朝鲜人民军"立即发动决定性的反击"。此时，朝鲜人民军共有10个步兵师、1个坦克旅及若干空军、海军和警备部队，总兵力约13.5万。朝鲜人民军突破三八线后迅速发起第一次战役，即汉城战役。南朝鲜军在朝鲜人民军的猛烈攻击下迅速土崩瓦解，南朝鲜伪总统李承晚带上少数高级幕僚仓皇逃离汉城，在大田设立临时政府。南朝鲜军总部也撤往始兴，失去指挥的南朝鲜军队各自为战，纷纷南逃。朝鲜人民军最高司令部决定，继续南进，解放整个南朝鲜，取得祖国解放战争的最后胜利。而南朝鲜军队此时已经完全丧失斗志，溃不成军。

时任美国总统杜鲁门正推行所谓的"遏制"战略，目的就是要利用军事手段遏制"共产主义在世界任何地方的胜利"，朝鲜内战爆发为其战略的实施提供了机会。此时，美军在远东地区的军事力量有：陆军4个师又1个步兵团，以及部分野战炮兵、坦克等作战支援部队；海军包括远东海军司令部所属的1艘巡洋舰、4艘驱逐舰和一些两栖及运输舰船，另外，还有以菲律宾为基地的美国海军第7舰队；空军包括远东空军司令部所属的第5航空队和1个轻型轰炸机联队、1个运输机联队，以及战略轰炸机司令部所属的轰炸机部队，共有各种作战飞机1172架。[①]

针对朝鲜半岛突发战争事态，美国高层第一时间就作出了反应。根据美国驻

---

① 詹姆斯·F.斯纳贝尔：《朝鲜战争中的美国陆军——战争爆发前后》，国防大学出版社1990年版，第50页。

南朝鲜大使的要求，美国时间 6 月 24 日晚，总统杜鲁门批准远东军向南朝鲜运送弹药。美国时间 6 月 25 日，美国务卿艾奇逊在国务院主持召开国务院和军方首脑的联席会议，在会上，围绕如何援助南朝鲜一事，各军种各执己见。美空军参谋长范登堡和海军作战部长谢尔曼的意见是，用空军和海军支援就足够了。陆军参谋长柯林斯则认为，如果南朝鲜军队被打败了，那就需要地面部队。经过一天的反复商讨，至 26 日晚杜鲁门总统最后作出决定：立即出动美国海军和空军部队，"毫无限制"地攻击三八线以南的朝鲜人民军部队，支援南朝鲜军作战；授权麦克阿瑟指挥美国在朝鲜的一切军事行动；同时，将朝鲜发生的冲突提交联合国安理会讨论，以便得到联合国支持，使美国能够以联合国的名义采取行动；同时，还批准了派遣第 7 舰队入侵台湾海峡，武装阻止中国人民解放军解放台湾。总统杜鲁门的决定通过电传会议下达给了麦克阿瑟，麦克阿瑟即刻向美国远东空军司令厄尔·帕特里下达了出动作战飞机的命令。

6 月 27 日晚间起，美军远东空军两个飞行大队——第 35 截击机联队和第 49 战斗轰炸机联队飞临朝鲜上空作战，对朝鲜三八线以南地区的目标狂轰滥炸，同时，第 7 舰队的舰船也已从菲律宾开进台湾海峡。28 日，第 19 轰炸机大队的 B-29 轰炸机对汉城的两条主要公路实施轰炸，对被北朝鲜军队占领的金浦机场实施轰炸，企图以海空支援遏制朝鲜人民军的攻势。6 月 29 日，麦克阿瑟亲自到汉江南岸视察，得出的结论是：已经丧失斗志的南朝鲜军即便获得美国空军和海军的支援，也不可能阻止敌人向南的迅猛攻势。随后，他决定将海空军的作战范围扩大到三八线以北地区，并且申请动用地面部队投入战斗。6 月 29 日晚，美军参谋长联席会议同意了麦克阿瑟扩大空中支援行动范围和派遣地面部队的要求，并授权第 7 舰队转隶麦克阿瑟的远东司令部。

为了让军事干涉朝鲜的行动披上合法外衣，自开战之日起，美国政府高层还连续给联合国施压。7 月 7 日，在苏联代表缺席的情况下，美国操纵联合国最终通过决议，确定了联合国会员国"出兵援助大韩民国防御武装进攻"，"提供军事部队和其他援助的国家将部队和其他援助交由美国指挥下的统一司令部使用"，"由美国派该项部队的司令官"[①]。所谓的"联合国军"正式成立。按照这一决议，总统杜鲁门是美军武装干涉朝鲜战争的最高决策者，国家安全委员会、国务院、国防部等是首要咨询机构。参谋长联席会议是指导朝鲜战争的执行机构，陆军参谋长担任参谋长联席会议指导在朝鲜军事行动的执行代表，陆军参谋部负责具体计划和指导所有"联合国军"在朝鲜的军事行动。在战区指挥方面，任命美国远东司令部司令麦克阿瑟为侵朝"联合国军"总司令。总部设在日本的美国远东军

[①] 齐德学：《抗美援朝战争史》（第一卷），军事科学出版社 2000 年版，第 43 页

总部内,由远东军总部行使"联合国军"总部权力。美军第8集团军司令沃尔顿·沃克中将为侵朝美国陆军司令,兼任"联合国军"地面部队总指挥。美国远东军属下的美国远东空军司令兼任"联合国军"空军司令官,美国远东海军司令兼任"联合国军"海军司令官,以上两个司令部都位于日本东京,但与远东司令部分开部署。这种指挥架构造成朝鲜战争中美军联合作战指挥关系不顺畅。尽管总统、国防部长有高于军种的职权,而且,参谋长联席会议设置了主席一职,具有对三军进行统一指挥的职权,但是,由陆军参谋长作为参联会指导朝鲜军事行动的执行代表,三大军种部都可以参与战争的筹划,对所属军种力量的使用有决定权。麦克阿瑟的远东司令部名义上是一个联合性的司令部,实际上可以看作一个陆军司令部,人员大多来自陆军,与二战时期的西南太平洋战区司令部相似。对上来讲,麦克阿瑟作为陆军司令官既要向参谋长联席会议请示事项,又要向陆军参谋长柯林斯上将取得联络。对下来讲,由于远东司令部本质上是一个陆军司令部,所以,与其所属的远东空军、远东海军之间也始终存在军种之间的隔阂,海军和空军觉得它们在远东地区的活动受辖于陆军指挥官,而麦克阿瑟则认为他无法对这些军种部队施加足够的控制和监督。受限于这样的体制架构,美军军种联合很难形成合力。

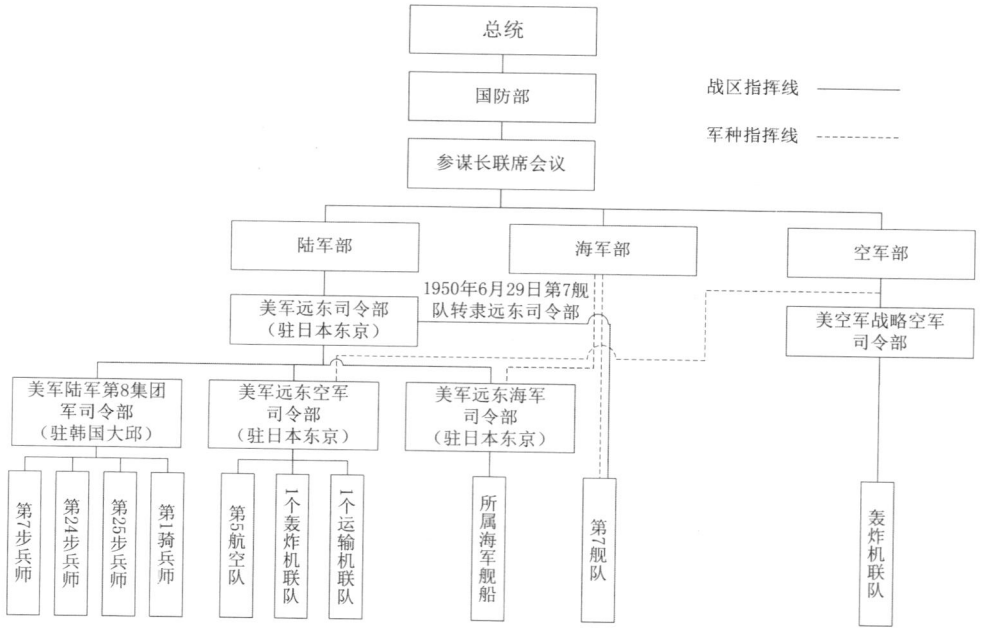

朝鲜战争初期美军联合作战指挥体系

在力量构成上,"联合国军"由美国、英国、法国、土耳其、加拿大等16个国家组成,其中美军占90%以上,另外,南朝鲜将军队的指挥权完全交给了以美国为首的"联合国军"。"联合国军"成立之初主要由驻扎在日本的美军组成,其中,陆军包括第8集团军,下辖第1骑兵师、第7、第24和第25师以及7个防空营。到仁川登陆时,后续增援的地面部队包括美国第5步兵军团、第2步兵师和第1海军陆战旅。空军主要是美第13航空队和驻日第5航空队,包括32架"双野马"和365架F-80"流星"喷气式战斗机,一个月之内,又得到145架F-51战斗机的援助,另外,还有1个轻型轰炸机联队以及战略轰炸机司令部所属的轰炸机部队。远东海军包括所属的1艘巡洋舰、4艘驱逐舰和一些两栖及运输舰船,以及转隶远东司令部的第7舰队。

朝鲜战争是一场以地面作战为主的局部战争。战争中美军的军种联合突出表现在空对地的支援作战,包括空军、海军和陆战队飞机对地面部队实施火力支援。美军地面部队依仗强大的地面火力和海空火力,弥补了其地面部队人数的不足,尤其是在战争初期,美军海空支援行动给朝鲜人民军向南推进造成了较大阻滞,海空火力支援地面防御作战,实现了以空间换取时间的效果。

朝鲜人民军解放汉城之后,主力继续南下,6月29日全面推进至汉江北岸地区。30日朝鲜人民军发动第二次战役,即汉江战役,此役目标是突破汉江,进占北纬37度线地区。人民军设立前线指挥部,任命金策为前线指挥部司令官,统一指挥人民军前线作战部队,下辖第1、第2两个方面军,每个方面军4~6个师。7月1日,位于西线的第1方面军开始强渡汉江,主攻部队于7月3日占领汉江南岸南朝鲜军队的核心阵地永登浦,助攻部队也突破汉江,进至水原东北地区,威胁南朝鲜军队的后方安全。7月4日解放水原。与此同时,7月1日,美军首批地面部队——第24步兵师第21团第2营,即"史密斯特遣队"空运进入朝鲜南部的釜山空军基地,并被紧急运至水原以南的乌山地区布防,7月5日与朝鲜人民军先头部队在乌山以北遭遇,激战数小时,几乎全部被歼。人民军继续向南攻击,7月6日解放平泽。担任中部和东部地区进攻的人民军第2方面军抢渡南汉江,7月6日挺进至阴城、忠州、堤川、宁越、三陟一线,至此,朝鲜人民军全线推进至北纬37度线地区,胜利完成第二次战役。

7月7日,朝鲜人民军发起第三次战役,即大田战役,投入全部兵力在西、中、东各个方向同时出击,目的是不让美军和南朝鲜军有占据新防线的时间,迅速突破锦江和小白山山脉,围歼敌人基本主力。美军也加快向朝鲜战场增兵的速度。9日,第25师先头部队在朝鲜登陆并投入战斗,随即,第1骑兵师、第2步兵师开始启运朝鲜。美参联会从国内总预备队和驻世界各国的部队中,紧急补充兵员,并开始征召预备役人员。英国、澳大利亚、荷兰、新西兰等仆从国陆续派

第四章　朝鲜战争时期：军种联合统而难合（1945—1953）

兵编入"联合国军"。在西线，人民军主力采取正面攻击和侧翼运动相结合的方式，沿汉城至釜山的公路向大田方向发起猛攻。美军第24师凭借天险，依托要点防御，最大限度地迟滞人民军的南进速度，掩护美军后续部队登陆和展开，同时，美空军和舰载航空兵部队昼夜出动，不停地在战场上侦察、狂轰滥炸，封锁道路，支援地面部队作战。至13日，西线人民军全线进至锦江北岸地区。14日，发起强渡锦江作战，16日全线突破锦江防线，19日完成对大田地区美第24师主力的合围，20日人民军解放大田并完全击溃美24师，生俘该师师长威廉·迪安。在中部战线，人民军在阴城、忠州、丹阳地区与南朝鲜军激战，南朝鲜军依托车岭山脉和美军飞机的支援拼死固守，形成拉锯战状态。战至20日，人民军突破了南朝鲜军的防线，继续向南翻过小白山山脉。至此，朝鲜人民军胜利结束了第三次战役。

为阻止朝鲜人民军南下，美军和南朝鲜军沿洛东江设防，南朝鲜军负责中部和东部战线的防御，部署在洛东江北岸的咸昌、醴泉、安东等地区，美军第1骑兵师、第25师和第24师残部担任西线防御，部署在洛东江西岸永同、金泉、晋州等地区。同时，美军和南朝鲜军还在这条防线后侧加紧构建洛东江主防线。为了尽早突破洛东江，不让敌人有喘息之机，7月21日，朝鲜人民军发起第四次战役。全军以西线大田、金泉、大邱方向为主要进攻方向，从南、西、北三个方向向釜山地区进攻。在西线，人民军一部沿西海岸迂回南下，7月31日占领晋州，进逼釜山门户马山。主攻部队沿大田至大邱公路连续击溃美军阻击，8月3日进至洛东江西岸。中部战线，人民军第2方面军于8月3日全面进至洛东江北岸地区。美军调整兵力部署，炸毁洛东江上所有桥梁，依托洛东江建立最后防线，即"釜山环形防御阵地"。随着增援部队陆续到达，在防御圈内，美军和南朝鲜已经集结了强有力的地面部队14.5万余人，其中美军4个步兵师、1个陆战旅，5.9万余人，南朝鲜军5个步兵师及警备部队，计8.25万余人。美军部署于防御圈西部马山至倭馆一线，南朝鲜军部署于防御圈北部倭馆至盈德一线，防御圈内以釜山为中心，拥有便利的公路和铁路交通线，加上美军拥有绝对的制空权和地面火力优势，形成内线作战的有利条件。

8月2日，朝鲜人民军两个方面军发起洛东江战役，从东、北、西三个方向强渡洛东江，向美韩联军发起猛攻。在西线最南端的人民军自陕川和晋州向东猛攻，一路渡过洛东江进至灵山，形成进逼釜山的态势。在大邱地区，第1、2方面军主力强渡洛东江后，对大邱展开向心攻击，8月15日进至义城、军威、善山、倭馆、玄风一线。在东线，第2方面军主力一部强渡洛东江后，击溃盈德之南朝鲜军，进至浦项地区。美韩联军在防御圈内积极调整部署，地面部队全线展开凶猛的反扑，同时，出动空军、海军的空中力量实施密集的火力支援。8月16日，美国远东空军出动5个B-29型轰炸机大队，对倭馆地区实施地毯式轰炸，共投入960吨重磅炸弹和大量凝固汽油弹,将洛东江岸的高地炸成一片焦土。人民军在被美军和南朝鲜军空袭杀伤后,全线撤至洛东江西岸和倭馆、浦项以北地区,双方进入僵持状态。此时,朝鲜人民军经过近两个月的连续作战,主力部队损耗很大。而且,后方超长的补给线被美军飞机截击封锁,难以及时前运物资,后勤补给出现严重困难。

为了夺取战争的最后胜利,8月31日,朝鲜人民军调整部署发起第五次战役。以一部牵制玄风至倭馆地区的美军,集中主力从西线南部和北线发起总攻。至9月10日,西线人民军再次渡过洛东江进至玄风、昌宁、灵山、马山一线,威胁美军和南朝鲜军防御的核心,北线人民军则进至大邱北侧。美军和南朝鲜军在密集的空中和地面炮火支援下实施反击,美军飞机不分昼夜地对人民军阵地实施狂轰滥炸,并切断人民军前线部队与后方的联系。人民军的进攻再次受阻,被迫再次撤至洛东江西岸。至此,"联合国军"防御阵地得到稳固,开始进行反攻准备。

朝鲜人民军连续发起五次进攻战役后,战局陷入僵持状态,主要是由于双方力量对比发生了逆转,朝鲜人民军经过近两个月的连续作战,主力部队损耗很大,加上战线南移,后勤补给出现严重困难。而"联合国军"地面增援部队源源不断投入战场,此时,釜山防御圈内的美军、英军和南朝鲜军兵力已达17.9万余人。[①] 同时,美军还掌握绝对的制空权、制海权以及海空火力支援优势,对北朝鲜军民实施野蛮轰炸。尽管战争初期"联合国军"依靠海、空对地支援逐步获得防御作战的主动权,但是,由于军兵种联合作战体系还很不成熟,各军种合力不够,导致空地支援效果并不好,其依靠的是空中力量不加甄别的狂轰滥炸。

战争爆发的前几天,美空军对朝鲜人民军的情况掌握不清楚,远东空军指挥体系也没有及时转入战时状态,空军主要是担负空运撤退任务和夺取空中优势,空地火力支援仅是前线作战飞机的一种无目的的轰炸,包括对汉城城外、汉江以北的公路实施轰炸,对金浦机场、对平壤的机场进行轰炸,限制朝鲜人民军空军兵力前置。6月27日,美第5航空队司令部在日本板付建立前进梯队,空中兵力逐步向日本西海岸前沿转场。朝鲜人民军发动第二次战役后,美军才开始建立空地支援体系,但未来得及投入使用。7月5日,一个由空军人员编成的简易的联合作战中心在大田开设,与刚刚投入朝鲜战场的美陆军第24师师部同地部署。根据美军《陆空联合作战》教范,空地火力支援需要向前沿派出战术空军控制组,此时,远东空军先后仅派出6个战术空军控制组配置在第24师各部队,另有1个战术空军控制组配给南朝鲜军队。每个控制组配备一辆装有AN/ARC-1型无线

[①] 齐德学:《抗美援朝战争史》(第一卷),军事科学出版社2000年版,第86页。

第四章　朝鲜战争时期：军种联合统而难合（1945—1953）

电台的吉普车和另一辆运载人员的吉普车，但通讯设备陈旧。此役中，远东空军主要对朝鲜人民军展开战略轰炸行动，第 5 航空队使用 B-26、F-82 和 F-80 对北朝鲜军进行低空攻击，对人民军的交通线进行扫射、轰炸和火箭弹攻击，另外，还动用了 B-29 战略轰炸机对重要交通线、桥梁、城镇进行轰炸，B-29 以一定时间间隔出动，在天安和水原间公路上寻找人民军的坦克、卡车和部队临时出现目标。这些战略轰炸都是在没有地面或空中引导的情况下，由作战飞机自行搜索目标轰炸，实际轰炸效果并不好。

直到 7 月 8 日朝鲜人民军发起第三次战役，美军前沿战术空军控制组开始引导支援步兵打击行动。美军不但使用地面战术空军控制组，还使用联络机机载空中控制员实施空中引导。基本引导流程是：由陆军部队通过联合作战中心的陆空作战处提出对特定目标给予空中支援的申请，联合作战中心将空中支援申请传递至远在日本板付的第 5 航空队前进梯队，第 5 航空队派出空地支援作战飞机至前线，飞机飞抵指定空域后向地面或空中战术控制组报告，如果有攻击目标，就告诉飞行员，没有目标，这些战斗机飞行员就在公路上搜索临时出现的目标。客观上讲，有了战术空军控制组引导，美军空地支援打击效果有所加强，麦克阿瑟要求远东空军，必须不断地攻击正在威胁美第 24 师的人民军行进纵队和装甲部队。但根据美军自己的战后总结显示，其空地支援行动面临的困难也是很多的。由于这一时期人民军向南突击速度很快，美第 24 师抵挡不住人民军的攻势，战线不断后撤，美军师以下各部队无法判明人民军主力位置，导致无法引导对地打击，因为，喷气式战斗机在前线进行低空活动的时间极为有限，必须有现成的目标可供攻击，才能发挥对地支援效果。另外，联合作战中心向板付的第 5 航空队前进梯队提出空中支援也极为困难，不能及时传递空中支援申请，第 5 航空队只有定时派出战斗轰炸机飞向前线，主动与战术空军控制组联络。前沿战术空中控制组的通讯装备陈旧、易损坏、易遭人民军炮火打击，而且，战术空军控制组很难前进到足够发挥最大效能的地方。除数量较少的 F-82 外，远东空军很多作战飞机不适应夜间和复杂气象条件作战。诸如此类情况，制约了其空地支援效果，还出现了 7 月 3 日皇家澳大利亚空军攻击南朝鲜军队的误伤情况。

随着对战场的不断适应，远东空军对地支援行动强度逐渐加大，第 5 航空队几乎动用了全部的兵力支援美第 24 师的防御作战。每日空中攻击支援行动达到 200 次以上，主要使用战斗轰炸机对人民军行进纵队和阵地进行轰炸和扫射。远东空军还出动大量中型、轻型轰炸机 B-29、B-26 轰炸人民军交通线，包括铁路、公路交叉点、桥梁、隧路和其他目标，过于密集的 B-29 机群甚至导致战术空中控制员无法引导指挥。美军的空中攻击阻滞了人民军推进的速度，损耗了人民军部分兵力，争取到了将美国增援部队派去朝鲜所需的时间。但是，朝鲜人民军也由初期对防空认识不够的状态向利用各种手段应对美军空袭转变，包括让坦克和卡车使用偏僻小路行军，对前方补给品堆集所进行疏散、伪装等。

人民军发起第四次战役以后，美军撤退至洛东江一线，联合作战中心空军作战处也随新成立的美第8集团军司令部部署在大邱，随后第5航空队前进司令部也进驻大邱与空军作战处合并，成为美军战术空军在朝鲜的主要指挥所，美军空地联合作战指挥进一步加强。同时，还增加了战术空军控制组配属数目，战术空军控制组配置到美军每个步兵团、每个指挥当前战斗的高一级司令部，南朝鲜部队的军和师都配备了一个战术控制组，另外还成立了战术空军空中控制中队，引导对目标的空袭。派出有经验的空军军官与第8集团军所属部队和远东海军特混舰队保持联络，向接受配属的司令官提供战术空军的使用建议。尽管如此，远东空军与地面部队联合还是面临种种困难，陆军人员很难相信联合作战中心将会产生效果，他们认为地面作战最终还需要通过地面来解决，对陆空协同的业务工作也多是敷衍应付。更严重的是第8集团军还没有能力解决陆空联合作战系统所需要的专门通讯设备，特别是没有建立完善的战术空援申请网，各营对空援的申请按规定都要通过这个通讯网有条不紊地传送到联合作战中心。

朝鲜人民军在洛东江一线的攻势还是遭到开战以来美海空军最猛烈的阻击，朝鲜人民军经过兵员补充、调整部署增强了战斗力，先后在防御圈的西南方向的晋州、东北方向的浦项和西北方向的大邱向美军发起强攻。美第8集团军也得到了增援部队的加强，巩固了釜山防御圈，并得到了空军、海军和海军陆战队的大量飞机支援。这一阶段，美军完全掌握了制空权，主要实施三种空地支援行动：在联合作战中心的战术指挥下在防御圈附近实施空地密切支援；对三八线以南交通线实施封锁；远东空军轰炸机指挥部在三八线以北对交通线实施封锁。其中，密切的空地支援行动为其防御行动提供了最直接的支持，8月间，美国远东空军的飞机在防御圈一线共出动7397架次进行密切支援，平均每天达238架次。美军依靠数量众多作战飞机的狂轰滥炸减轻了其地面部队防御的压力，但空地联合暴露出非常多的问题。

美海军舰载机协同组织不好。由于军种在战建上的分立，一开始，远东77特混舰队既没有和联合作战中心建立任何通讯联系，也没有派出联络人员，舰载机在陌生的地区仅靠飞行员自己寻找轰炸目标，轰炸效果很不好，通过调整后才逐步与陆空部队建立协同关系，舰载机进入朝鲜后向联合作战中心报告，由战术空中控制组提供引导。海军陆战队飞机也面临协同组织的问题。8月初，美海军陆战队第1航空联队加入了空地支援行动。海军陆战队实施空中支援的原则和组织是适宜于支援两栖作战任务的，拥有自己的地面、空中战术控制中队，每个步兵营都配有航空兵观察员，并且陆战队使用螺旋桨飞机在阵地上空保持盘旋飞行

第四章　朝鲜战争时期：军种联合统而难合（1945—1953）

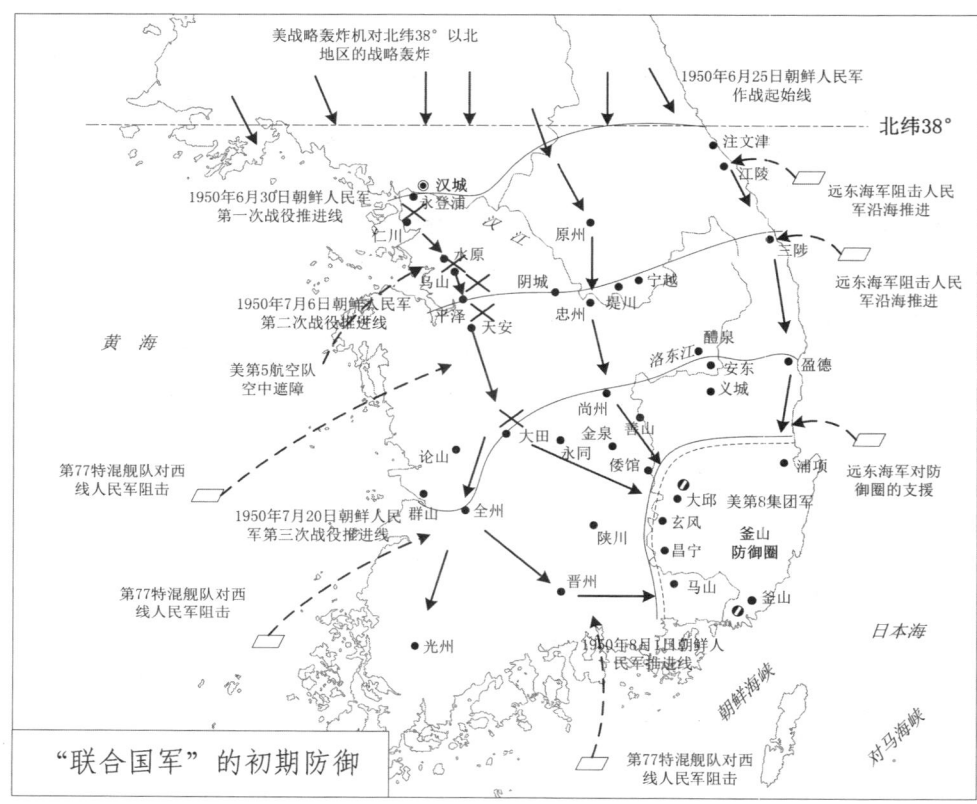

"联合国军"的初期防御

支援，所以，其航空兵与地面部队是整合在一起的，但是，现在需要支援第8集团军作战，受第5航空队协同指挥，在跨军兵种的空地支援中效果不好。另外，陆军与空军航空兵的协同效果也不好，第8集团军没有认识到与空军是平等的军种关系，制订作战计划从未与第5航空队磋商，使得空军对陆军的行动不知所措，甚至陆军在西线撤退到洛东江以东一线时忘记通知第5航空队的一线机场人员。最后一点，由于在狭小的空间组织各军种大量支援飞机行动，导致地面与空中战术控制员工作量激增，造成大量飞机拥挤在一起等待与战术控制站联络，降低了空地支援效率。

总体上看，美军大量空中力量的支援行动延缓了朝鲜人民军的强攻速度，消耗了人民军的作战能力，第二次战役朝鲜人民军自汉城推进至平泽约80公里只用了7天时间，第三次战役自平泽推进至大田也是80公里用了14天，第四次战役自大田至洛东江西岸80公里共花费了30天。美军通过空地一体节节阻击，实现了以空间换取时间，使增援部队逐步投入战场，为反攻创造了有利条件。所以，李奇微评价战争初期海空军的作用时说："至于说飞行员，如果没有他们，这场战争可能在六十天之内就会告终，整个朝鲜也就会落到共产党手中"①

美海军在初期防御中也展开了积极的行动，最初只有美军的"福吉谷"号和英国皇家海军的"凯旋"号两艘航母参与防御作战，为了保住釜山这个最后的桥头堡，美海军紧急调集第7舰队和其他海区舰船向东亚集结，首先控制了朝鲜半岛两侧的制海权，并通过海上运输短时间内紧急调来大量地面增援部队和物资，使包围圈内的兵力密度越来越大。海军舰船依靠舰载火炮和舰载机支援地面部队阵地防御，保护地面部队的侧翼，包括阻击人民军沿东部海岸的南进，阻击人民军沿西部全州、晋州的迂回推进。对于战争初期美海军对地面防御作战的支援作用，麦克阿瑟的评价是："海军是防守釜山外围的关键因素，尤其是当陆上基地还没有发展起来，对空尚无把握之时。甚至就在对空已有把握之时，它们对于支援地面作战的陆基飞机也是有力的助手。"②

军种联合实施仁川登陆

整个1950年8月份，朝鲜人民军主力被紧紧地阻滞在洛东江地区，前线战局进入僵持状态，而朝鲜后方出现严重的兵力空虚。麦克阿瑟借机发动了仁川登陆行动，切断朝鲜人民军的补给线和退路，实现对人民军的南北夹击，美军由被动防御转向绝地反击。仁川登陆也是"联合国军"在朝鲜战场上实施的一次成功的军种联合两栖登陆战役。此役的胜利，一方面，得益于老将麦克阿瑟善于把握全局的战略眼光，力排众议，坚定选择仁川作为登陆地点，达到了出其不意、攻其不备的奇袭效果。另一方面，在这场战役的筹划与实施过程中，美军充分利用了多军种的联合作战优势，尤其是在参战地面部队总规模有限、仁川港航道狭窄、单波次卸载登陆部队数量受制的情况下，利用强大的海、空火力阻截朝鲜人民军反登陆支援兵力，保障"联合国军"后续地面部队全部按时完成突击上陆，发挥了军种相互配合、联合行动的效果。

仁川港位于朝鲜半岛西海岸中间部位的蜂腰处，东距汉城直线距离仅有20公里。在此处，朝鲜半岛的东西宽度不足200公里。汉城以及西南的永登浦是朝鲜人民军南进洛东江部队补给的大动脉——汉城至釜山铁路公路的交通枢纽。来自北方的朝鲜人民军主要补给线都集中在这里，并从这里运往南方各战线。美军如果能在仁川登陆，并顺势向东攻占汉城和永登浦，就能够完全切断人民军粮食和弹药的补给渠道，进一步向东发展则可以完全堵截人民军后撤路线。朝鲜战争

---

① 李奇微：《朝鲜战争》，军事科学出版社1983年版，第35页。
② 朝鲜战争中的美国海军，海军博览，第61页。

第四章　朝鲜战争时期：军种联合统而难合（1945—1953）

爆发不久，麦克阿瑟亲临汉城一线视察，目睹南朝鲜军队溃不成军的狼狈态势，就产生了投入美军实施仁川登陆达成转败为胜的想法。7月10日，远东司令部按照麦克阿瑟的指示拟制了代号为"兰心行动"的仁川登陆计划，最终由于时间紧迫力量准备不足没有实施。随着战局不断发展，朝鲜人民军一路势如破竹向南突进，逐步将美韩联军围困在釜山地区。美军迅速增派第25师、第1骑兵师从海上登陆釜山，会同溃败后撤的美第24师和南朝鲜的5个师加强防御，委任第8集团军司令沃克中将赴釜山全面指挥地面防御作战。同时，充分利用海军、空军掌握的绝对制空优势阻滞和打击人民军，逐步形成以釜山为中心的面积约1000平方公里的釜山环形防御圈。此时，朝鲜人民军兵力也用到了极限，面对美军多军种联合的坚强防御束手无策。

为了挽回败局、转败为胜，麦克阿瑟始终没有放弃他仁川登陆的决心。7月23日，远东司令部再次草拟完成新的仁川登陆计划，代号为"铁铬行动"。麦克阿瑟将这一计划向美参谋长联席会议呈报。这一计划共有三个不同的方案：一是"作战计划100-B"方案，设想实施仁川登陆；二是"作战计划100-C"方案，设想实施群山登陆；三是"作战计划100-D"方案，设想实施注文津登陆。麦克阿瑟极力主张第一方案，即仁川登陆。仁川登陆计划，确定登陆进攻时间为9月15日，使用地面部队第1陆战师和"联合国军"总预备队，海军和空军部队执行运送部队、开辟通路、火力掩护、空中轰炸等任务，海军陆战队第1航空联队为登陆进攻提供直接空中火力支援。登陆部队占领仁川，并夺取汉城，切断朝鲜人民军的主要交通补给线。釜山环形防御圈内的美第8集团军和南朝鲜军随即发动反攻，与登陆地面部队南北夹击，合围洛东江前线的人民军主力。

但是，围绕仁川登陆作战计划的最后确定，麦克阿瑟与掌握参联会大权的各军种部头头们再次产生激烈的争论交锋。8月23日，美参联会主要成员和预备登陆的高级军官在东京"联合国军"司令部举行会谈。大家都同意在人民军的侧后实施登陆，但关于登陆点的选择出现非常大的分歧。海军人员极力反对在仁川登陆，主要考虑的是潮汐和地形因素。仁川港潮水平均涨落差为6.2米，是世界上最大的涨落差，预定登陆日当天潮差将在9.3米左右。由于地形平缓，退潮时淤泥滩向港外延伸达3公里，车辆和人员难以通行。涨潮时登陆部队上岸，须攀越近5米高的防波堤，港口中还有许多坚固的建筑物供人民军防守，两栖登陆将面临严重困难。落潮时船只进入仁川港需要经过90公里长的"飞鱼峡"，此处不仅狭窄弯曲，而且潮水流速快，人民军在"飞鱼峡"入口处的月尾岛部署了岸防部队，登陆部队只要有一艘船被击沉在航道中，便会造成航道堵塞。另外，登陆日当天的高潮在6时59分，只持续两小时，两栖部队要在两小时之内完成冲击上陆、夺占控制全港的月尾岛，并将上陆部队所需的全天补给品和作战物资全部运上陆,否则,登陆部队得不到增援,则难以顶住人民军守备部队的反击。所以,海军得出的结论是:"如果仁川行动成功,我们将不得不改写教科书"。陆军参谋长柯林斯主张在仁川以南160公里的群山登陆,理由是群山登陆条件相对好一些,而且群山靠近人民军论山至大田的补给线,便于与第8集团军会师。针对各军种大佬们的观点,麦克阿瑟进行了坚定而有力地反驳,他的理由主要有三点:1. 在群山登陆风险会小一些,但价值也小,像这种侧翼运动只不过是将人民军的补给线和交通线推后而已,不能对敌实施彻底包围;2. 在仁川登陆占领汉城将能切断北朝鲜人的补给线并封锁半岛南部,使北朝鲜人很快陷于孤立无援和分崩离析;3. 所有反对在仁川登陆的论点,恰恰是有助于保证这次出奇制胜的因素。为了坚持仁川登陆,麦克阿瑟甚至把自己的职业名誉全部压上,最后,他强调如果不登陆,就在釜山继续防御,"你们愿意让我们的部队像牛羊一样在屠宰场似的那个环形防御圈里束手待毙吗?谁愿意为这样的悲剧负责?当然,我决不愿意!"他的一番辩论最终让所有人接受,6天后,美参谋长联席会议授权麦克阿瑟在仁川登陆。

根据麦克阿瑟8月23日下达的登陆作战命令,"联合国军"成立第7联合部队,由第7特混舰队司令A. D. 斯特鲁布尔中将任联合部队司令官,编成包括第7特混舰队、第10军以及英国海军、南朝鲜海军部队。第10军为仁川登陆地面部队,由阿尔蒙德少将任军长,下辖美第1陆战师、美第7师、南朝鲜第7战斗群和海军陆战队以及相应支援保障力量。其中,第1陆战师是登陆作战主力部队,负责第一梯队抢滩登陆任务,该师由第5陆战团、第7陆战团和第1陆战团组成。第7特混舰队与第10军协同作战,主要包括"菲律宾海"号航母战队、"福吉谷"号航母战队、"拳师"号航母战队、"巴顿·斯特雷德"号护卫航母群、"西西里"号护卫航母群、巡洋舰群、驱逐舰群、旗舰群以及支援掩护兵力,承担的任务有实施海上作战、封锁朝鲜半岛相关海域;根据登陆部队要求,给予炮火和空中支援;运送地面部队和物资。登陆部队共计兵力约7万人,舰船230余艘,各型支援飞机500架。

远东空军没有针对仁川登陆编组力量,而是委派美第5航空队和空军轰炸机联队同时兼顾釜山方向、仁川方向以及整个半岛的空中作战行动,具体担负以下任务:保持朝鲜上空制空权;切断洛东江畔北朝鲜主力部队同后方的联系;直接支援第8集团军釜山防御作战,根据第10军要求实施紧急空中支援;继续轰炸朝鲜北部地区战略目标;破坏汉城以北的铁路桥梁和调车场;侦察朝中边境。为了协调海军和空军空中作战任务,远东司令部规定,海军飞机主要负责空袭以仁川为中心半径240公里以内的机场、对登陆作战实施直接空中支援,空军飞机负责制空权作战、汉城以北的阻滞作战、阻滞洛东江地区朝鲜人民军的回援。

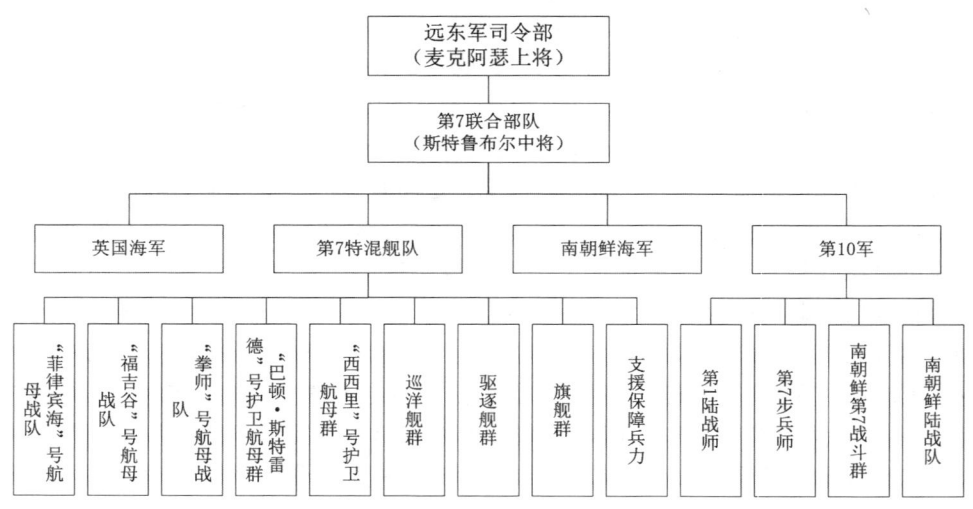

仁川登陆"联合国军"作战编成

相比之下，朝鲜人民军在汉城仁川地区的兵力非常薄弱。仅在仁川港部署了海岸警备队约 2000 人，汉城部署了第 18 师约 5000 人，金浦部署 1 个营约 500 人。在北朝鲜地区也没有预留多少增援汉城仁川地区的兵力。由崔庸健任人民军西海岸防御司令部司令官，负责以仁川—汉城为中心的西海岸防御。

联合登陆战役发起前夕，远东空军照相侦察部队对仁川—汉城地区进行了空中照相，掌握人民军的活动规律，特别是根据空中照片对仁川港高潮和低潮时防波堤距水面高度进行仔细判断。远东空军轰炸机指挥部每天出动数十架 B-29 轰炸机对汉城以北的人民军铁路线、调车场、桥梁和隧道实施轰炸，切断朝鲜北部人民军预备兵力对汉城的支援。

9 月 13 日至 14 日，美军第 7 特混舰队向仁川前进，海军陆战队飞机开始对仁川实施两天的火力准备，重点攻击仁川港外的月尾岛。美海军舰船对岛上防御工事和火炮进行了猛烈炮击，清扫了飞鱼峡水雷。同日，空军第 5 航空队和海军航母舰载机对群山港进行攻击，东海岸海军特混舰队对中部的注文津、三陟两地进行猛烈的炮击，造成美军可能在这三个地点登陆假象。9 月 15 日 6 时 30 分，美第 10 军部队在飞机和舰船密集火力的支援下，开始实施仁川登陆行动。美第 1 陆战师第 5 陆战团首先在月尾岛抢滩登陆。北朝鲜人民军 1 个海防炮中队、1 个海防步兵中队英勇地战斗到最后一刻。第一波突击兵力占领月尾岛后，美军仁川登陆企图已经完全暴露，但由于大潮已退，第 1 陆战师只能在 12 小时后下一个大潮来临时夺占仁川港，为了阻止汉城方向朝鲜人民军支援仁川，美海军出动舰载机 300 架次以上，对仁川周围 40 公里内的目标进行突击，海军舰艇以火炮封锁通往仁川的沿海公路。美陆战队第1航空联队每隔1个半小时起飞8架担任直接支援的F4U飞机、8架担任支援的F4U飞机和4架AD型轻型轰炸机。在美军高强度的空袭阻滞下，驻汉城的人民军第18师无法前往仁川增援。16时45分，美第5航空队战斗轰炸机和第7特混舰队舰载火力再次对仁川港实施炮火准备，压制该港口人民军的防御工事。17时29分炮火准备突然停止，随后，美第1陆战师第5陆战团在仁川北翼的红海岸、第1陆战团在南翼蓝海岸同时抢滩。海军舰艇以密集的火力压制人民军阵地，根据登陆部队的召唤随时进行火力支援打击。16日清晨，美军完成登陆上岸的部队已达1.8万余人，并攻占仁川市。虽然得到了海空火力的有力支援，但美军地面部队第二波抢滩登陆仍有一定的人员伤亡，最终完成了登陆行动。

登陆后的美第10军兵分两路向汉城发起进攻：第1陆战师沿仁川—永登浦—汉城干线公路向汉城推进，第7步兵师在陆战师右翼展开，向水原方向进攻，切断洛东江前线人民军的退路，并与北上的美第8集团军会合。美第10军部队在陆上作战时，海军陆战队第1航空联队为海军陆战队第1师提供了密切的空地支援，第1师每个营都驻有1名地面战术控制员，第5航空队也向第7步兵师提供了大量的地面战术空军控制组，在第10军指挥所附近专门开设了战术空军引导中心，这些战术空中控制组直接与战术空军引导中心通讯联系。另外，远东空军还为第10军提供大量物资的空运支援以及伤病员的后送工作，这些空中运输支援远比海上运输更快更方便。

18日，美陆战1师主力沿仁川至汉城方向突破人民军第一道防线，进至汉江一线。19日，美军继续攻占永登浦，突破人民军第二道防线，从西面进至汉城近郊。同时，美陆战1师一部自开城沿公路向汉城市区推进，在空中火力的支援下，顶住人民军北方增援部队1个师的反击，从西北方向威胁汉城。22日，从洛东江前线赶来增援的人民军3个师和一个坦克旅进至汉城附近，加入保卫汉城的战斗，由于前期连续作战，部队疲劳减员，战斗力减弱，但仍顽强抵御美军的进攻。9月24日，美军增调第7师和南朝鲜军主力，从汉城南侧发起进攻。25日，各方向"联合国军"突破人民军防线，攻入汉城。朝鲜人民军筑起街垒，与美军进行殊死战斗，至28日，美军在付出了一定代价后占领汉城。至此，仁川登陆的"联合国军"已完全切断人民军主要后方交通线。

总结仁川登陆中美军的军种联合，应该看到，美军在事先认为不具备两栖登陆条件的地方顺利登陆，而且伤亡人数较少，与历史上两栖登陆伤亡惨重的战例迥然不同，成为二十世纪最经典的登陆作战之一。这既有朝鲜人民军后方防御力量非常薄弱、美军在战术上实现了出其不意等原因，美军强大的海空火力支援也是非常重要的制胜因素。远东空军和远东海军密集的空袭行动，比较有效地阻断

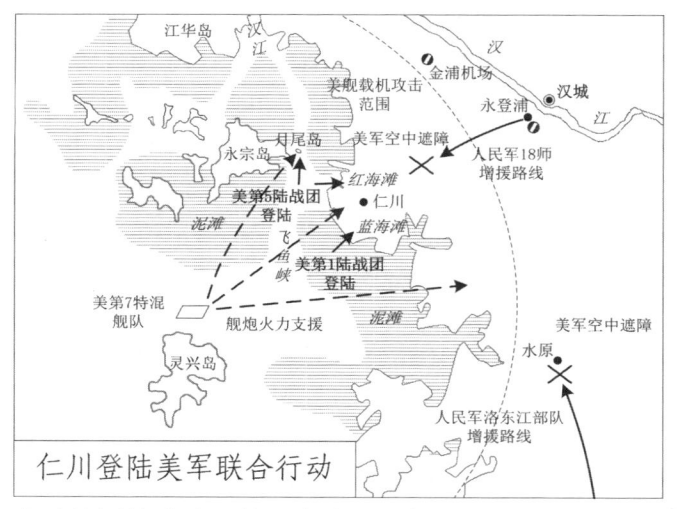

仁川登陆美军联合行动

了汉城方向和洛东江方向朝鲜人民军向仁川港的增援,特别是,15日早美军第一波次夺占月尾岛后,第二波次突击部队需要在12小时后才能突击仁川港,此时仁川登陆企图已经完全暴露,如果利用这个时间差,20公里以外的驻汉城朝鲜人民军第18师快速增援仁川,抗御美2个陆战团的进攻,战局会难以预料,至少会给美军带来更大的杀伤。但是,由于美军空中力量的强大火力阻滞了朝鲜人民军的增援行动,同时,美特混舰队的舰炮火力和舰载机近距离空中支援对仁川当面防守兵力实施很大杀伤,美地面部队能以较小的代价快速完成抢滩登陆行动。在登陆部队上陆后向汉城进攻的过程中,面临朝鲜人民军多道防线抗击,并有北方人民军增援1个师,洛东江前线人民军回援3个师和1个装甲旅,而美第10军3个师的兵力,在密集的空地火力支援下,仅用两周时间就攻占了汉城。此役之后,美军开始大规模进入朝鲜战场,将战争扩大到整个半岛。

遭遇中国军队的反击

仁川登陆成功后,"联合国军"对朝鲜人民军展开多路攻势。10月1日,以美军为首的"联合国军"无视我国政府的警告和国际舆论的谴责,悍然越过三八线向平壤、元山等地进逼,不仅严重地威胁着朝鲜民主主义人民共和国的生存,同时也严重地威胁着我国的安全与世界和平。在此紧急关头,党中央和毛主席及时作出了抗美援朝、保家卫国的战略决策,任命彭德怀为中国人民志愿军司令员兼政治委员。10月19日,我军13兵团作为首批入朝参战部队跨过鸭绿江。此时,"联合国军"已占领平壤、元山等地,并分东、西两路向中朝边境冒进。志愿军果断改变原定防御作战计划,确定"以运动战为主,与部分阵地战、敌后游击战相结合"的作战方针。10月25日,南朝鲜第6师由温井向北镇进犯,志愿军40军第118师突然发起攻击,全歼南朝鲜师,然后乘胜攻占温井。27日,40军120师在温井以东龟头洞地区歼灭南朝鲜军4个营。29日,40军118师击溃由楚山回窜古场洞地区的南朝鲜6师第7团。39军3个师对云山之敌构成三面包围。第38军占领熙川，随后向球场洞方向突击。第66军进至龟城以西阻敌前进。此时，"联合国军"已发现志愿军入朝，但认为是"象征性出兵"，仍一面调整部署，增加后援兵力，一面继续冒进。11月2日，39军攻克云山，歼灭美骑兵1师和南朝鲜1师各一个团大部，第40军攻击受阻，38军按计划沿清川江向军隅里、价川、安州一带直插，受阻于价川以西飞虎山一线。"联合国军"主力全部撤至清川江以南。第一次战役，中国人民志愿军能够根据战场情况变化，及时改变作战方针，隐蔽行动企图，出敌不意，有效地歼灭敌人。但是，由于与强敌作战经验不足，没有达成全歼"联合国军"的目标。由于"联合国军"轻敌冒进，志愿军又主要采取运动战，美军完全没有掌握志愿军的行动部署，致使其航空兵对地支援不够充分。根据战史资料记载，11月3日，美第8集团军沃克中将下令后撤至清川江一线，"美军和南朝鲜军部队凭借现代化交通工具，在飞机、坦克的掩护下，后撤速度极快，很快在清川江一线构成新的防线。"①。此后，美远东空军还进行了骚扰性空袭。例如，11月5日，麦克阿瑟命令远东空军对鸭绿江以南、交战线以北的地区进行长达两星期的大规模轰炸，重点对城市、乡村、交通设施、工厂和连接中国与北朝鲜的桥梁等进行了轰炸。

在狼林山以东的东线战场，美第10军在元山、利原登陆后分多路向中朝边境推进。志愿军第42军主力于10月19日至20日由辑安渡过鸭绿江进入朝鲜战场。25日，42军124师、126师抢占黄草岭、赴战岭一线阻击北进南朝鲜军第1军团部队。随后美陆战第1师接替南朝鲜军展开攻击，依旧采取战术空中支援地面进攻方式。42军运用"前轻后重"的原则及战术上防御与运动战结合的原则，有效地消灭与消耗了南朝鲜军和美军，守住了阵地，争取了防守时间，有力地配合了西线作战。②

第二次战役中，"联合国军"仍对我志愿军入朝参战力量估计不足，企图集中其全部兵力，发动一次所谓"结束朝鲜战争的总攻势"。在西线，美第8集团军新编组的第1军向新义州、义州方向进攻，新编组的第9军于龙浦洞、龙登洞地区展开，向朔州、碧潼方向实施主要突击，南朝鲜第2军向宁远、熙川方向进攻。在东线，美第10军沿长津湖向江界方向实施突击。志愿军针对当时战场的实际情况和"联合国军"麻痹狂妄的心理状况，采取诱敌深入，集中兵力，各个歼敌的反突击作战方针，同时，增调了第9兵团入朝负责东线江界、长津湖方向反突击任务。11月6日，"联合国军"向志愿军发起试探性进攻，至24日，"联

---

① 齐德学：《抗美援朝战争史》（第二卷），军事科学出版社2000年版，第37页。
② 齐德学：《抗美援朝战争史》（第二卷），军事科学出版社2000年版，第44页。

第四章 朝鲜战争时期：军种联合统而难合（1945—1953）

合国军"东西两线攻击部队基本进入志愿军预定作战地区。25 日，西线志愿军 38 军和 42 军首先攻占德川、宁远，歼灭南朝鲜第 7 师、第 8 师大部，打开战役缺口。第 40 军迅速攻击鱼龙浦，掩护 38 军右翼。第 39 军、66 军、50 军从正面发起进攻。27 日黄昏，38 军主力沿公路向价川进攻，28 日拂晓抢占戛日岭，粉碎土耳其旅一部兵力的阻击，并在瓦院与美军激战，该军 113 师在左翼沿小路向三所里进攻，于 28 日先后抢占三所里和龙源里，截断价川之敌退路。第 42 军承担由宁远至顺川第二重战役迂回任务，29 日进至新仓里，遭美骑兵第 1 师阻击，未能按计划进至顺川、肃川。"联合国军"开始全线撤退。美第 1 军撤至安州地区。第 9 军收缩至价川地区，以一部分兵力在大量航空兵及坦克支援下，向三所里志愿军 113 师阻击阵地猛烈冲击。驻顺川之美骑兵 1 师、英 29 旅也北上接应。为了打通南下撤退的这条通道，美空军出动航空兵对地面部队进行支援，最多时每日出动上百架飞机，向地面投掷了大量炸弹和燃烧弹。113 师在美军地面和空中立体进攻下连日激战，不怕牺牲，顽强战斗，使南北美军相距不足一公里，却始终未能会合。12 月 1 日，美军绕道西侧的安州实行总退却。2 日，志愿军以部分兵力向南追击，主力原地休整，6 日，解放平壤。在此役西线战场，志愿军取得了比第一次战役更大的战果，大量地歼灭了美军，把整个战线向南推进到了三八线。此次战役的前期，美军向北发展进攻，很少使用空对地支援行动。在美军全线撤退过程中，第 5 航空队的战斗轰炸机实施了较多的空地支援行动，但从结果看，美军空地支援作战的效果并不理想，第 2 步兵师企图依靠空中支援突破志愿军 113 师阻击南逃未果。在龙源里以北的松骨峰阻击战中，志愿军 112 师 335 团 1 营利用公路边高地顽强阻击，尽管美航空兵出动 500 多架次协助地面部队进攻，始终未能突破拦阻线。志愿军 38 军在三所里、龙源里一带的阻击战中表现出色，13 兵团的嘉奖令赞道："尤以一一三师行动迅速，先敌占领三所里、龙源里，阻敌南逃、北援。敌机坦克各百余终日轰炸，反复突围，终未得逞"①。

在东线的长津湖地区，美军陆战 1 师 2 万余人，被志愿军第 9 兵团围追堵截，最终，在陆战队航空兵的支援下，部分兵力狼狈逃出重围。11 月 27 日，志愿军第 20 军向下碣隅里、古土里和社仓里等地区的敌人发动突击，迅速占领死鹰岭，将下碣隅里与柳潭里之敌隔离，并切断了古土里以北的公路，使美军不得北援。美陆战 1 师在陆战队航空兵的支援下，连续向志愿军展开猛烈反扑。志愿军接连向被围之敌发起进攻，克服气候严寒，补给困难，非战斗减员较多等困难，大量歼敌。12 月 1 日，美陆战 1 师开始全面撤退。处于最前沿的柳潭里阵地的陆战 1 师第 7 团、第 5 团主力向下碣隅里撤退，海军陆战队 F4U"海盗"式飞机

---

① 齐德学：《抗美援朝战争史》（第二卷），军事科学出版社 2000 年版，第 108 页。

予以全过程掩护，沿途不断遭遇志愿军阻击。仅12月3日一天，陆战队6个航空兵中队进行了145架次出击。此时，志愿军依靠徒步在严寒山地行军，兵力严重分散，又面临粮弹供应不足的困境，但战斗精神依然旺盛。美第7团、第5团到达下碣隅里与陆战1师师部会合后。远东空军和海军陆战队航空兵将4000多名伤员后送，投送300余吨的食品与弹药补给。12月6日，陆战1师第7团、5团以纵队行军强行向古土里突围，其海军航空兵全程提供压制火力支援。志愿军20军60师和26军一部沿途实施层层阻击，特别是发挥夜战优势，有效杀伤美军。长津湖之战，美各军种航空兵在支援陆战1师突围中发挥了一定作用，归纳起来有三点：一是空中侦察使得志愿军在雪地机动行军以及后勤补给难以隐蔽实施；二是航空兵空运补给使美陆战1师弹药充沛，而志愿军则面临粮弹供应严重不足的困境；三是航空兵的空运后送大量伤病员，极大减轻了美军撤退时的运输负担，在下碣隅里，美军利用远东空军的C-47和海军陆战队的R4D运输机共后送数千名伤病员。但是，美空军对海军陆战队的跨军兵种火力支援效果并不好，期间还发生了美战略空军B-29轰炸机误炸下碣隅里美陆战1师的事件，导致撤退行动一度陷入混乱。

第三次战役，是中朝军队突破三八线的一次进攻战役。"联合国军"经过两次战役失败后，企图利用三八线既设阵地进行防御，以争取时间，重振旗鼓，发动新的进攻。美第1军、9军和南朝鲜第3军、2军、1军，共计5个军13个师另4个旅，自西至东建立防御阵地，由北至南梯次形成三层防线。李奇微接替因车祸身亡的沃克中将担任第8集团军司令，他吸取了前期战败的教训，采取更加积极的防御策略。志愿军以6个军及人民军3个军团，建立左右两个突击集团，其中，第38军、39军、40军、50军为右集团，第42军、66军为左集团，人民军1军团位右翼，2、5军团位左翼，配合全线突击。12月31日战役发起，志愿军右集团、左集团首先采取局部战役迂回、断敌退路的方法实施连续突破。人民军在两翼迂回前进，配合正面进攻。战至1月2日，志愿军突入"联合国军"防御纵深15公里至20公里。4日，解放汉城。8日，全军突破至水原、利川、骊州、原州一线。此役持续时间仅8天，以中朝军队机动进攻行动为主，歼灭"联合国军"部分兵力。由于正值1月，雪云低垂天气多，美军空中力量出动受限，对中朝军队杀伤效果不佳，更没有在协助地面部队防御中发挥根本性作用，而且，再次发生美第5航空队在汉江岸边误炸南朝鲜第1师的事件，但是，美空中力量利用一切可用时机对中朝军队进攻行动进行干扰破坏，美第5航空队1月1日出动飞机564架，2日出动飞机531架，3日出动飞机556架。由于航空兵的威胁，中朝军队不能昼间行动，以致在进攻中没有完成对美军的迂回包围。李奇微在评价这一阶段空地支援效果时指出："空军、海军航空兵和海军陆战队航空兵将继

第四章　朝鲜战争时期：军种联合统而难合（1945—1953）

续掌握着制空权。但是，不管天气是好，是坏，是昼间还是夜间，是胜利还是失败，这些地面部队的安全还是要靠我自己来负责①"。

第四次战役，"联合国军"集中了五个军计十六个师、三个旅、一个空降团，及在朝鲜的全部炮兵、坦克和航空兵发动全面反攻。中朝军队组成西、中、东三个集团，组织坚守防御和强有力的反击作战。以人民军第1军团、志愿军50军、38军组成西集团，坚决抵御向汉城方向实施突击之敌。志愿军第39军、42军、40军、66军为中集团，人民军第3、5、2军团为东集团，采取机动防御。中集团在横城地区实施反突击，并向纵深推进，威胁西线之敌侧翼，东集团在左翼实施掩护。1月27日，西线美军第1军、第9军在大量航空兵、炮兵、坦克的支援下，在野牧里至骊州正面发起攻击。中朝军队依托野战工事，展开积极顽强的防御作战，战斗异常激烈。2月4日，中朝军队第二线阵地被突破，主力撤至汉江以北防御。2月9日，"联合国军"进至仁川、永登浦、京安里、松岘里一线。东线，美第10军在骊州以东至原州、武陵里一线发起进攻，南朝鲜第3军、第1军分别向县里、襄阳方向突击。2月11日，中集团第42军、40军、66军向横城、原州方向发起反突击。13日，中集团以多个师兵力包围进入砥平里之美军约1个团兵力，尽管美军依托地面和空中火力优势顽固防守，但仍遭到志愿军有力打击。2月27日起，中朝军队全线进入机动防御阶段。以人民军第1军团、志愿军和50军、38军、42军、66军、人民军第5、3、2军团建立第一道防御地带，以人民军第1军团、志愿军第26、40、39军建立第二道防御地带。"联合国军"在地面火炮和航空兵的支援下，全线发起进攻。3月15日，占领汉城、洪川一线。23日，进占议政府、春川一线。4月上旬，志愿军后续有大量增援到达，而"联合国军"已陷入疲惫，至4月21日，"联合国军"于开城、高浪浦里、华川、杆城一线停止进攻。此役，持续时间八十余天，"联合国军"倚恃强大的空军和优势武器装备，采取"火海战术"进行猛烈的进攻，期间，实施了大量的空对地支援行动。中朝军队依托野战工事防御，不断总结作战经验，通过机动防御，兵力配备前轻后重、火器配备前重后轻，逐山逐水节节阻击等措施，有力地迟滞了"联合国军"的进攻。

第五次战役开始，"联合国军"发现志愿军后续部队已到达前线，遂转入防御状态，以五个军十四个师、三个旅的兵力在三八线附近实施固守。此时，志愿军在朝鲜共有十四个军，其中，正面战场自西向东一线部署十一个军，包括第19兵团第63军、64军、65军，第3兵团第12军、15军、60军，第9兵团第20军、26军、27军以及转隶的第39军、40军，另外还有人民军第1军团部署于右

---

① 李奇微：《朝鲜战争》，军事科学出版社1983年版，第117页。

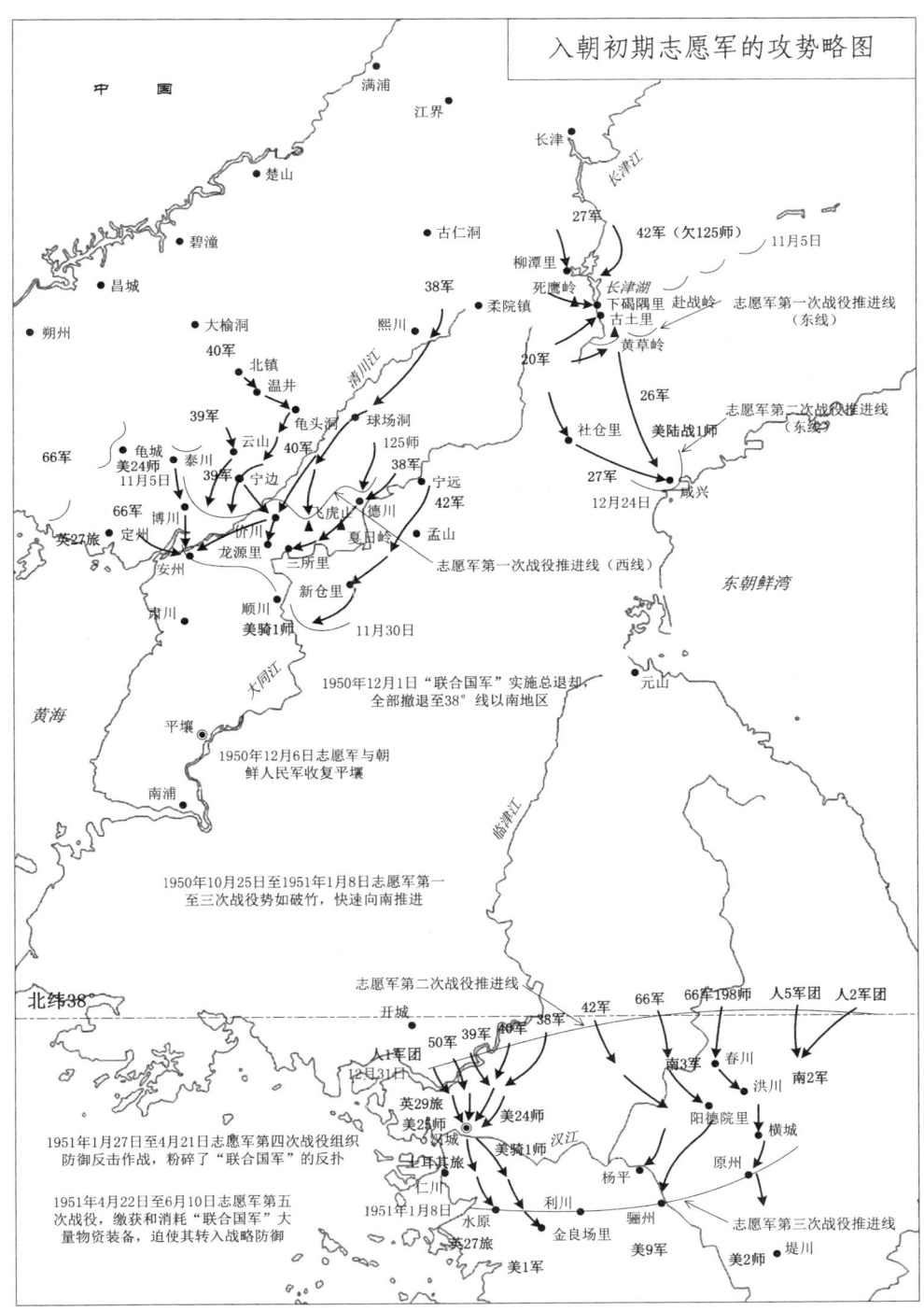

翼，第 2、3、5 军团部署于左翼。基本企图是：第 3 兵团居中，从正面突击，第 9、第 19 兵团分别从左、右两翼实施战役迂回，分割歼灭汉江以北、北汉江以西之敌方重要集团。4 月 22 日，志愿军在西线全线发起攻击。左翼第 9 兵团第 40 军突破敌防线并向纵深发展，至 24 日前出到加平以北沐洞里，完成战役割裂。第 39 军前出至原川里、芝村里地区，将陆战第 1 师隔于北汉江以东。中路第 3 兵团第 20 军打开一个十公里宽的缺口。右翼第 19 兵团第 63 军歼灭英 29 旅部分兵力，64 军突破临津江后与 65 军受阻于南岸，遭到美军航空兵与炮兵火力突击。整个战线形成平推。28 日，"联合国军"撤至汉城北汉江、昭阳江以南的防御阵地。30 日，"联合国军"发起反击，志愿军转入防守。5 月 8 日，志愿军第 9 兵团与人民军第 2、3、5 军团在东线发起反击，歼灭大量南朝鲜部队。5 月 20 日，西线"联合国军"利用志愿军部署调整之机，发起重点反击，随后抽调兵力向东增援，堵塞战役缺口，形成东西衔接的完整防线。至此，由于所携粮弹已尽，且雨季临近，志愿军于 23 日开始向北转移。"联合国军"乘机反攻，6 月 10 日，战线北移至汶山、高浪浦里、铁原、鹰峰山一线，第五次战役结束。此役，历时 50 天，双方有攻有守。"联合国军"投入了几乎所有地面部队并有大量航空兵部队的支援。志愿军和朝鲜人民军通过总结作战经验，采取了与美军近战、夜战等灵活机动战法，致使其空地密切支援无法展开。战后美第 1 骑兵师对第 5 航空队空地支援的批评是："最严厉的抱怨为空中支援的不充分及技术的拙劣。"对此，李奇微的描述是："中国人是喜欢在夜间发起进攻的，因为，到了夜间，我空军只能停留在地面上，观察员亦无法进行观察。"①

联合空中绞杀战的失败

1951 年夏季，中国人民志愿军完成第五次战役后，朝鲜战争进入相持局面，战线稳定在"三八"线附近。为了打破战场僵局，新任美远东空军司令奥托·P. 威兰提出要充分发挥美国空军强大的威力，将空中力量的任务由以前主要密切支援地面作战，转为独立进行空中封锁交通线、孤立战斗地域的作战。随后，威兰在与空军参谋长范登堡取得一致意见后，决定对朝鲜北方实施"空中封锁交通线战役"，即所谓的"绞杀战"。这场针对封锁志愿军和朝鲜人民军后勤交通线的"绞杀战"，是美军空中力量与地面部队在战略战役层面的一次联合行动，此举也反映出当时美军军种的独立性，可以绕开战区司令官直接决策战役行动。

为了有效达成"绞杀"目的，美军深入研究了志愿军和朝鲜人民军的后勤系

---

① 李奇微：《朝鲜战争》，军事科学出版社 1983 年版，第 202 页。

统。他们估计,在朝鲜沙里院一线以南的战区内,中朝军队驻有60个师,每个师每天至少需要40吨补给品才能维持有限的战斗,按此计算,每天必须向沙里院以南地区运送2400吨补给品。如果使用卡车运送,按照每辆卡车载重2吨来估算,至少需要1200辆卡车。如果使用火车运送,每节车厢载重20吨,每天只需120节车厢能满足需求。相比较而言,火车运送比卡车运送在运力和速度上有明显优势,而且,火车燃料可在北朝鲜就地取材,实施起来方便,因此,美军判断,北朝鲜的铁路运输系统对志愿军具有至高无上的重要性。

朝鲜北方共有7条铁路干线。南北走向4条,包括京义线(汉城至新义州)、满浦线(满浦至平壤北西浦)、平北线(定州至水丰)、元罗线(元山至罗津)。东西走向3条,包括平元线(平壤至元山)、平德线(平壤至德川)、价新线(价川至新安州),铁路干线全长1200公里。"绞杀战"就是切断志愿军以铁路为中心的运输补给线,分割前后方,以"窒息"志愿军,其目的主要有两个:一是阻断志愿军和朝鲜人民军的供应,使对手不能发动及维持一个大规模的地面攻势;二是以空中力量制压毁伤对手,以影响当时已经开启的停战谈判。

参与空中绞杀战的美空中力量包括远东空军第5航空队、远东海军舰载航空兵、海军陆战队航空兵,是典型的多军种联合空中"绞杀战"。此时,美远东空军第5航空队经部署调整已编有12个大队以及3个中队,各型飞机900架。其中6个战斗轰炸机大队,装备F-84、F-80和F-51等型飞机450架;2个战斗截击机大队,装备F-86和F-80飞机160架;2个轻型轰炸机大队,装备B-26型轰炸机96架;另外,还有战术侦察大队和战术控制大队等。远东轰炸机指挥部下辖有3个战略轰炸机大队,装备B-29型战略轰炸机和侦察机共115架,以日本本土和冲绳岛为基地。远东海军舰载航空兵,保持3艘航空母舰支援作战,装备各式飞机300余架,除陆战队航空兵每天以96架次飞机,用于支援第8集团军的地面作战外,其余舰载机全部投入"绞杀战"行动。

美军空中"绞杀战"的计划是,以第5航空队轰炸朝鲜西北部的铁路;以远东海军所属舰载航空兵轰炸从平壤到元山的横向铁路,及朝鲜东海岸从吉州经元山至平康的纵向铁路;以远东轰炸机指挥部轰炸平壤、顺川、新安州、宣州等主要铁路桥梁;以第5航空队的轻型轰炸机重点攻击公路上的卡车。整个作战计划预计以90天时间摧毁北朝鲜的铁路系统。该计划与美军地面部队的夏季攻势在1951年8月18日同一天实施。

"绞杀战"实施的第一个月,美空军第5航空队每天为所属6个战斗轰炸机大队赋予一段25~50公里长的铁路轰炸任务。每个战斗轰炸机大队按大队编队方式,以32架到64架的大机群出动至沙里院以北的京义线和满浦线进行轰炸。远程轰炸机指挥部的B-29战略轰炸机,对平壤以北正在修建的机场和主要铁路桥

第四章 朝鲜战争时期：军种联合统而难合（1945—1953）

梁进行轰炸；海军舰载航空兵对朝鲜东海岸的铁路进行轰炸。"绞杀战"造成朝鲜北方1200余公里的铁路中，只有价新线、京义线、满浦线、平元线中间总长290公里的部分铁路能通车，整个铁路交通处于前后不通中间通的状态。

9月中旬起，美军空中"绞杀战"由全面轰炸，逐渐转为重点轰炸。美空军第5航空队集中力量轰炸清川江以南、平壤以北的铁路枢纽"三角地带"。这个"三角地带"是朝鲜北方的铁路枢纽，这一地带铁路畅通，则南北、东西铁路皆可畅通。美空军重点对京义线渔波至新安州段和满浦线的顺川至价川段进行集中轰炸，平均每天出动飞机5批100余架次。甚至对铁路线的某一点上连续反复轰炸，造成深度破坏，使铁路无法修复。据统计，美军9月份出动飞机3027架次，破坏铁路648处次，破坏桥梁57座次；10月份出动飞机4128架次，破坏铁路1336处次，破坏桥梁53座次；11月份出动飞机8343架次，破坏铁路1937处次，破坏桥梁77座次；12月份出动5786架次，破坏铁路1697处次，破坏桥梁101座次[①]。由于美军的重点轰炸，致使这一地区4个月内80%的时间未能通车。

客观上，美军的联合空中"绞杀战"给志愿军本就薄弱的运输能力造成了相当的困难，9月初开始出现缺衣少粮情况。对此，志愿军后方部队联合朝鲜人民军全面展开了反"绞杀战"斗争。经中朝双方协商，成立了前方运输司令部，统一指挥协同朝鲜北方铁路系统的抢修、运输和对空作战，主要采取了以下措施：一是新组建的志愿军空军投入反"绞杀战"，采取以航空师为单位轮番作战的方针，另外还有苏联空军的协助支援，重点打击深入到清川江以北执行"绞杀战"任务的美空军飞机，一度掌握了清川江以北地区的制空权；二是调整高炮部队部署，陆续将掩护机场修建的高炮部队全部调派去掩护铁路运输，参加反"绞杀战"，到11月底参加掩护铁路运输的高炮部队达到3个师另3个城防团和11个独立营，占志愿军全部高炮力量的70%。三是加强铁道抢修抢运力量，重点对"三角地区"和东西清川江、东大同江桥梁实施抢修，根据线路通阻情况，实施抢渡、抢运、抢装、抢卸相结合的紧急倒运，能前运一步即前进一步。

在美军空中力量展开"绞杀战"的同时，美军地面部队也于8月18日同步展开所谓的"夏季攻势"。"联合国军"先后动用了美军2个师、南朝鲜军5个师的兵力，主要进攻目标在北汉江以东至东海朝鲜人民军80公里的防守正面阵地。朝鲜人民军在雨季洪水为害、交通运输困难的情况下，依托野战工事连续作战给"联合国军"以重大杀伤。与此同时，志愿军组织邻近人民军的部队选择"联合国军"比较突出的阵地进行局部小规模反击，配合朝鲜人民军的防御战。10月1日，"联合国军"地面部队再次发动"秋季攻势"。美军依仗其强大空中、地面支

---

① 军事科学院：《抗美援朝战争史》（第三卷），军事科学出版社2000年版，第149页。

联合空中绞杀战的失败

援火力,从西线至东线向志愿军和朝鲜人民军实施"逐段进攻、逐段推进"。此时,美军已经对志愿军和人民军实施了一个多月的空中"绞杀战",志愿军的物资运输面临严重困难,第一线的粮弹供应十分紧张,而相反,美军地面部队粮弹则可以得到后方充足的保障。在这种情况下,志愿军与朝鲜人民军协同作战,采取"积极防御,节节抗击,反复争夺,歼灭敌人"的方针,运用和发展坑道工事的优越性,充分发挥炮兵的作用,实施了顽强的地面防御作战,彻底粉碎了"联合国军"的连续进攻。

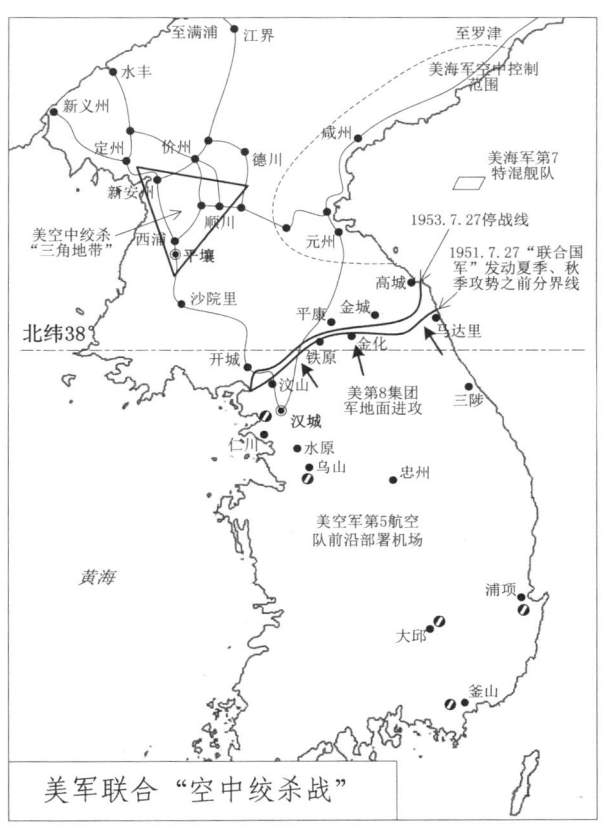

美军联合"空中绞杀战"

从军种联合的角度来看,"联合国军"地面部队发动的夏季和秋季攻势,与空中"绞杀战"在同一时间展开,互相呼应,是有计划的战役级空地联合作战。空中"绞杀战"行动一定程度上策应了地面进攻,起到了两个作用:一是美军空中"绞杀战"影响了志愿军和朝鲜人民军的后勤补给,削弱了中朝军队的持续作战能力。二是美军空中"绞杀战"影响了志愿军后续战役的准备工作。到12月底,"绞杀战"行动虽已超过原定计划的1个月时间,但是并没有达到"通过空中优势来摧毁敌人战争机器"的既定企图,所谓的"绞杀战"没有对地面作战产生决定性的影响,美国空军自己也不得不宣告"绞杀战"的失败。李奇微在总结这场空中绞杀行动时曾说:"这次作战的目的显然是阻止敌人沿通向北方的铁路和公路进行补给。但是,事情变得很明白,我们的空军根本不能持续不断地进行那种为了炸毁敌人铁路并使之始终无法重新使用而必须实施的轰炸。尽管空军、海军以及海军陆战队航空兵干得极为出色,敌人还是在继续增强着自己的力量。"①"朝鲜战争充分说明,幻想单靠空军'切断'敌人的补给线是十分错误的。我们在北朝鲜战

---

① 马修·邦克·李奇微:《朝鲜战争》,军事科学出版社1983年版,第197页。

129

第四章　朝鲜战争时期：军种联合统而难合（1945—1953）

场上空几乎未遭抵抗……可是，敌人在地面依旧很强大。"[①]

杜黑曾经在《制空权》中断言："夺得制空权就是胜利；在空中被击败就是战败，并接受敌人愿意强加的任何条件。这一论断的正确性对我来说已成为一条公理。"[②]但是，在朝鲜战争中，以美军为首的"联合国军"完全掌握了半岛的制空权，最终却被迫走向了谈判桌，这说明战争本身具有复杂性，制空权不是决定现代战争胜负的唯一因素，空中力量的优势可以达成控制天空的目的，但地面战的最终胜利不能完全取决于空中，尤其是在北朝鲜这样地形地貌复杂的山地丛林国家，还有面对中国人民志愿军和朝鲜人民军这样有强大战斗精神、顽强意志的军队。李奇微在十几年后总结朝鲜战争和越南战争的经验教训时，也不得不指出："海空军固然很重要，但只有地面战斗才能消灭敌武装力量。"这也进一步说明，任何一支强大的军队要想取得战争的胜利，单靠某一个军种是难以完成使命的，必须发挥多军种联合作战的整体优势。

本章小结

纵观朝鲜战争的全过程，美军虽然在高层加强了统一指挥，各军种的武器装备作战性能也得到明显提升，但是，其军种联合的运行模式与二战没有本质区别。美军实施的是一场典型的以陆军为主导的联合作战，真正意义上的联合作战指挥机构没有建立起来，军种兼顾战建职能，军种利益保护由平时建设延伸到战时指挥，这样的军种联合必然是粗放型的、低效的。

在高层的指挥关系上，军种参与指挥难免各谋其用。杜鲁门是侵朝战争的最高决策者，参谋长联席会议被指定为指导侵朝战争的执行机构，陆军参谋长担任参谋长联席会议指导在朝鲜军事行动的执行代表，陆军参谋部负责具体计划和指导所有参加"联合国军"的部队军事行动，这样的高层指挥体制决定了"联合国军"的筹划指挥是由美国陆军主导。作为战区指挥机构的远东司令部是二战胜利后的产物，其机构与人员的组成主要来自麦克阿瑟的西南太平洋战区，尽管远东司令部下辖有部分海、空军力量，但其本质上是一个典型的以陆军为主导的地区型指挥机构。远东司令部以下没有建立远东陆军司令部，这样造成远东司令部本身还要担负远东陆军司令部的职能，司令部内陆军人员自然就占了极大的比例。远东司令部直接指挥第8集团军和远东空军、远东海军，造成远东空军、远东海军与陆军集团军指挥机构处在一个层次，处于从属性、支援性地位。远东空军司

---

① 马修·邦克·李奇微：《朝鲜战争》，军事科学出版社1983年版，第91页。
② 朱里奥·杜黑：《制空权》，解放军出版社2005年版，第31页。

令部和远东海军司令部既要勉强接受远东司令部的指挥，还要分别接受空军部、海军部的指挥。

朝鲜战争是一场以地面战为主要形式的现代局部战争，但美军实施了较广泛的联合作战，主要是陆空联合，其次也有陆海联合，其军种联合依然集中于战略战役层，这是由当时美军联合作战体制机制、装备技术水平以及训练水平所决定的。这种粗放型联合主要表现在，从战争一开始远东空军就凭借数量众多的喷气式战斗机掌握了半岛制空权，并在朝鲜人民军后方实施大量的空中遮障和战略轰炸行动，减轻其地面部队的压力。

美军也进行了大量战术性的近距离空中支援行动，但面临的问题比较多。远东空军 F-84 等喷气式战斗机飞行速度过快，难以精确实施空对地支援，飞行员对空地支援知之甚少，战术空军控制引导效果并不好，包括空地引导通信装备陈旧、战术控制员对地面部队动态掌握不够、支援飞机过度拥挤、跨军兵种引导不顺畅等，很多情况下由空军飞行员自主发现攻击目标，发生许多误炸事件。陆军各部队对于空军的近距离空中支援表示不满，对空地支援的重视程度也严重不够。海军使用舰载机支援地面部队作战，其航母编队及水面舰艇掌握了半岛东西两侧的制海权，为地面部队运送补给和增援部队，海军的舰载火炮随时可以对朝鲜海岸公路实施轰击，对沿海岸前进的朝鲜人民军形成重要的威胁，迟滞了人民军南进速度。美海军陆战队飞机也实施了很多近距离支援地面行动，因为陆战队飞机的使命就是协助地面部队作战，能按编制匹配实现密切支援，陆战队飞机也用在了支援陆军地面作战中，以弥补空军近地支援能力不足的短板。

第五章　身陷越战泥潭：军种联合步履维艰(1953—1972)

艾森豪威尔出任总统后强势推动国防机构改革，进一步削弱军种的权力，但高层领导与指挥关系依然不顺，同时，冷战背景下的核战阴影，导致美国将防务政策重心放在发展核武器上，各军种常规力量建设受到限制。面对越南这个地处东南亚刚刚建立的社会主义小国，面对新的对手和新的作战环境，美军先后动用了50余万庞大兵力，企图挽救南越政权危局，却经历了从盲目自信到彷徨失望的挫折，最终陷入越战泥潭，不得不草草撤兵，军种联合在步履蹒跚中艰难行进。

战略不定中的军种发展

朝鲜战争的失利对美国以及美军的发展产生了深远影响，随后的十几年内，美国军事战略经历两次较大的转折调整。二十世纪50年代艾森豪威尔政府推行"新面貌"国家安全战略，军事上推行"大规模报复"战略，削减常规力量，把发展大规模毁灭性武器、扩大核武库作为国家安全的基础。60年代肯尼迪政府又提出"灵活反应"战略，大力发展常规力量，建立了一支"多样化军队"。各军种力量以及武器装备在摇摆不定的军事战略制约下曲折发展。国防机构改革继续深化，国防部的权力逐步加重，军种权力进一步被削弱，但军种联合的体制机制依然不顺畅。

朝鲜战争之后，美国进入与苏联长期对抗的冷战时期。1953年艾森豪威尔就任总统，制定了与以往迥然不同的具有"新面貌"的国家安全战略，基本思想是重视强化国家经济实力，减少军费开支，降低常规力量的重要性，强调核武器的威慑和作战能力，以核武器的"大规模报复"战略，达成遏制共产主义和苏联霸权的战略目的，采取延伸威慑和遏制、避免战争是这一战略的总基调。为实施威慑与遏制战略，核武器成为美国发展的核心，在数量上要形成对苏联的均势，同时，为了增加核威慑的可信度，美国还在北约国家发展了前沿部署的核力量。美国还极力推动在欧洲之外建立同盟体系，以遏制苏联和中国的扩张，力求通过向当地政府提供经济援助、军事援助和秘密行动，而不是通过运用军事手段来实现遏制战略。在艾森豪威尔的两个总统任期内，防务预算从占联邦支出的64%下降到47%，为国民生产总值的10%左右。为了腾出更多的军费发展导弹核武器，美国大幅度裁军，武装力量由1953年的355.4万人减至1960年的247.6万人，共裁撤陆军6个师、空军15个联队以及300艘海军舰船①，重点发展战略空军与海军的核潜艇部队，尤其是发展具备战略核打击功能的空军装备。1959年战略空军在军费配额中拿到192亿美元，几乎是陆、海军配额的总和。

"新面貌"战略主导下的防务政策，导致对军种的评价要从他们对核大战作出的贡献来加以衡量。很多人认为，有了核武器后，再保持大量的常规部队便没有意义了，整个50年代美各军种几乎都徘徊在打造"核军种"的较量中。陆军首当其冲地受到影响。1956年，为了应付所谓"战术核战争"，美陆军的师实行"五群制"，将三三制师的3个团改为5个"战斗群"，每个原子步兵师战斗群由5个步兵连和1个迫击炮连组成，师保留1个师属装甲营、1个装甲突击中队和1个可以发射核武器的火炮与导弹混成营。

在这一期间，美军战略空军得到了较快的发展，既源于"新面貌"战略对核打击的需要，还得益于战略空军司令部司令官柯蒂斯·E.李梅的领导能力。空军飞机及相关装备的开支从50年代初的12亿美元增至1959年的71亿美元。到1957年，美战略空军司令部总人数已达258703人，是10年前的5倍。1954年，美国波音公司研制成功B-52"同温层堡垒"喷气式远程战略轰炸机，第二年装备美战略空军部队。B-52轰炸机拥有八个发动机，早期投入越南战场的B-52F机型最大载弹量17吨。1960年战略空军司令部拥有B-36、B-47等各型战略轰炸机约2000架，其中，有500架是新增加的B-52。50年代中期，美空军还发展了空中加油技术，使得战略轰炸机具有几乎无限的航程，能够保持不间断空中戒备的能力。受苏联核力量发展的影响，1955年美国开始将导弹研发列为军事研发的重中之重。空军最早预见到这一变化，率先抢占先机，1957年以后美空军陆续研制成功并部署了"诚实约翰""尼士""雷神"等中近程弹道导弹。

海军也着力发展核动力和核装备，并努力开发在海上发射弹道导弹的技术。1954年"鹦鹉螺"号核潜艇顺利下水，次年海上试航成功，同时，在开发潜艇发射制导导弹方面也取得重大进步，1960年"北极星"号核潜艇潜航发射导弹成功。此后数年中，先后服役的"北极星"潜艇达41艘，使得核潜艇部队成为美国核威慑力量的组成部分，这也提升了海军在美国防务中的地位。至此，美军建成了包括洲际战略轰炸机、洲际弹道导弹和核潜艇的"三位一体"核力量。拥有了雄厚

---

① 阿伦·米利特·彼得：《美国军事史》，解放军出版社2014年版，第434页。

第五章　身陷越战泥潭：军种联合步履维艰（1953—1972）

的核实力后，根据"新面貌"战略，像朝鲜战争这样的常规战争，将尽量用盟国来打，美国只是进行必要的协助即可。

但是，在整个50年代，"新面貌"战略不仅没有改变艾森豪威尔政府的"面貌"，反而使政府在一系列外交危机中一筹莫展，各个战略方向上常规力量用起来总是捉襟见肘，海外驻军不断削减，海外基地一个接一个关闭，在全球贸易战中也情况不妙。一切事实表明，核大棒并不能有效解决地区争端。1960年，马克斯韦尔·泰勒发表著作《音调不定的号角》、罗伯特·奥斯古德发表《有限战争》，高调提出了常规战备的重要性，呼吁要提高非核空地作战能力。马克斯韦尔·泰勒曾在朝鲜战争中担任美远东总司令，他的核心观点是："美国准备在任何地点、任何时间以各种与形势相适应的武器和部队作出反应。这样，我们就使战争恢复了它自有史以来的意义，那就是战争是为了在战争胜利结束时建立一个更美好的世界而采取的一种手段。"①以这种新思想为基调的"灵活反应"战略在1960年成为了热点话题。肯尼迪总统入主白宫后，毅然抛弃了"新面貌"战略，将"灵活反应"作为其防务政策的基础。

肯尼迪政府强调要在准备打核战争的同时，建立一支"更强大和更灵活的非核力量"。"灵活反应"战略依然把苏联作为主要作战对象，为了维护美国的利益，抵制"共产主义扩张"，针对当时的国际形势，把战争样式区分为核大战、有限战争和特种战争。核大战只能是孤注一掷的"最后手段"，只有"当国家不能以其他办法实现自己的目标时"，才能进行这样的战争。有限战争就是美国在"有限地区"使用"有限手段"，进行"有限规模"的作战。特种战争就是在美国军事力量支援下，由美国出钱、出武器、出顾问，利用当地雇佣军替美国打仗。"灵活反应"战略要求建立一支"多样化军队"，战略核力量经费从1962年的62亿美元降至1966年的45亿美元，常规部队经费从145亿美元增至190亿美元，各军种加大常规武器装备建设。

新战略调整使战略空军轰炸机和核导弹力量遭到大幅削减，各军种常规力量进入大发展时期。陆军提出要实现装甲师的现代化，将装甲运兵车运用于步兵部队，同时要装备运兵直升机。1956年海军陆战队也将直升机运力融入步兵营。1960年陆军有了12个直升机营。鉴于朝鲜战争中，空军近距离支援的频频失误，让陆军看到了直升机作为近距离火力支援武器的潜力，希望直升机未来成为坦克的真正杀手。50年代中期，陆军步兵和航空兵训练中心就已经创建了被称为"天空骑兵"的直升机分队。1960年陆军参谋部召开高级委员会，审查陆军航空兵条令和编制，提出了直升机垂直攻击的作战思想，并开始推动相关的验证工作，直

---

① 马克斯威尔·D.泰勒：《单调不定的号角》，世界知识出版社1964年版，第110页。

升机逐步成为美国地面常规力量的先锋。期间，陆军还先后发展了 M-48A3 型坦克、M-16 自动步枪、M113 装甲运兵车等新型武器装备，并对师的编制进行再改革，恢复三三制，一个陆军师由三个旅、一个师司令部和配属的建制支援部队组成。旅的战斗队形比较灵活，可以根据需要尽可能多地编成步兵、机械化步兵、装甲兵、航空兵等建制营。师已经不再是编制装备表上的固定单位，师司令部已成为机动灵活的特遣部队指挥部。陆军由朝鲜战争后的 11 个师发展到 16 个战备状态良好的师，另外还包括 6 个后备役师。陆军空运能力也空前提升，国防部计划到 1967 年将空运能力提升 400%，并为此第一批订购了 129 架最现代化的大型人员装备运输机。为了提高陆军部队自身的空中机动突击能力，陆军师中尤其加强了空中突击力量和运输力量，每个师司令部直属装甲突击中队中编有 1 个武装直升机空中突击连，师司令部还直属 1 个航空营，下辖 1 个全般支援连，装备固定翼飞机和直升机负责侦察与联络任务，1 个空运机动连，装备 24 架运输机。

随着地面部队空中机动战术的提出，陆军重点进行空中机动化部队建设，即用直升机完成营级部队的部署、保障、撤离，并能得到攻击机、炮兵、直升机外挂武器系统的火力支援以及空中协同指挥、战术侦察等协助。1965 年陆军开始着手组建两个空中机动师——第 101 空中突击师和第 1 骑兵师。随后，两个空中机动师又被确立为空中突击师，即利用直升机进行空中突击和快速推进。整编后，101 空中突击师包括 9 个步兵营，1 个骑兵中队和 3 个炮兵营，这种新结构增强了该师的火力和地面机动能力。以第 11 空降师和第 2 步兵师为班底重建第 1 骑兵师，着眼建立以新的直升机为运输器材的部队，全师编制 1.6 万人，拥有 400 余架以 UH-1 为主的直升机。

海军加强常规力量的建设也取得稳步发展。早在 50 年代初期，美国国会就出台了法案，规定每年新建 1 艘航母，海军的员额也一直保持稳定。进入 60 年代后，出于"灵活反应"战略的需要，海军加强了常规武器装备的升级换代。1957 年 17000 吨的巡洋舰"长滩"号开始动工，成为首次使用核动力的水面舰船，并且用导弹武器代替了主炮。1961 年 11 月，第一艘核动力航母"企业"号也编入现役，成为当时世界上最大的航空母舰，由于装备了 4 个弹射装置，它的 100 架舰载机，每架起飞时间仅需 30 秒。随后，另有四艘常规航空母舰投入服役。随着雷达技术和制导技术开始在世界军事领域广泛运用，战争开始进入电磁空间，相应地，各类电子战装备也在大规模发展，美海军步伐走得最快。1960 年 1 月 20 日，E-1B"跟踪者"式舰载预警机正式装备美海军，它初步具备探测海上和空中目标、识别敌我、引导己方飞机攻击敌方目标的能力。美海军和海军陆战队还发展了标准的战术电子战飞机，由最初的 EF-10"空中骑士"，到 60 年代末的 EA-6B"徘徊者"，成为现代海空作战的必备空中装备。另外，美海军还加强了两栖作战力量的建设，立足于使海军陆战队能够快速部署2个完整师或联队的能力。

50年代后期，战略空军的B-52轰炸机开始改进战技术性能，以满足常规战争的需要，包括降低驾驶难度和优化飞行性能，增添了多样化武器投掷设备，从而由从高空投掷核武器的飞机，变为携带精确的常规巡航导弹的低空突防飞机。在战术运用上，由于B-52巨大的载弹能力，其作战方式也由过去的大编队机群投弹方式转变为单机或编为小组执行任务。最新的B-52G型和H型还可以携带AGM-28A"大猎犬"式巡航导弹，这种巡航导弹能在高空或低空飞行，速度达到2马赫。战术空军司令部、防御司令部和其他司令部也在不断发展新装备。针对苏联雷达、防飞机和防导弹力量的迅速加强，美空军在装备技术上实现了一系列重大突破：包括电子与通信系统的改进将空中指挥与控制提高到新水平；新大功率喷气发动机、先进的空气动力设计以及新的电子器材的结合使用，发明多型高速飞机，包括两倍音速战斗机F-104、战斗轰炸机F-105、F-111，大型运输机C-130、C-5A以及各种侦察机等，其中，F-105"雷公"最初被美空军作为一种战术核攻击机来设计，但它在越南战争中却以载弹多、突防力强、攻击性好著称。战术空军在大规模扩充的情况下，技术熟练程度也越来越高，新武器系统具备更大的杀伤力，以至于在越南战争中，战略空军司令部的轰炸机能够实施近距离对地支援行动，而战术空军司令部的战斗机也能够执行远程战略轰炸任务。

这一时期，特种作战也成为美军发展的热点。早在50年代陆军就开始训练特种部队，1957年5月1日陆军正式成立特种战争学院。60年代初期，肯尼迪上台后，开始加紧特种部队的建设。1961年5月25日，肯尼迪总统向国会发表了题为"国家的紧急需求"的演讲，声称"在所有涉及的部队中，必须格外强调特种作战技能和外语，后者能够使我们的军队与当地民众沟通"。此后，首先是陆军在北卡罗来纳州布莱格堡迅速扩建"绿色贝雷帽"部队；海军也紧随其后建立"海豹突击队"，着重发展两栖部队和水下破坏队伍；空军则建立起支援丛林战争的运输机队以及"森林杰姆"突击队；海军陆战队也扩编增员，开展游击训练。不到两年，特种部队规模扩大了150%。美军"特种战争"包括心理战、反暴乱作战与非常规战，非常规战又包括颠覆、逃脱与规避、游击战。美陆军还分别在冲绳、越南、巴拿马和法国建立起特种部队中心，到1966年美各军种特种部队人员共有10500名，其中最大的要算在越南的第5大队。

朝鲜战争结束后，美军还继续推行了国防机构的改革，以优化高层联合作战指挥体制，其主要推动者依然是艾森豪威尔。1952年12月，艾森豪威尔当选美国第34任总统，作为曾经的陆军参谋长，他非常清楚军种之间的斗争是国家防务规划和管理的主要障碍，因此，他上任后致力于国防机构权力的重组。首先，是将防务规划权力逐渐集中到总统办公室、国防部长办公厅和参联会下属的联合参谋部，同时，还将国家安全委员会的工作机制化，这不仅可以进一步削弱军种部在国防规划中的话语权，还可以限制国会对总统事务的干预。1953年，艾森豪威尔还进一步启动第6号重组计划，主要是加强参联会主席的权力，同时，将编制扩大的参联会下属联合参谋部也归由参联会主席负责。国防部长办公厅在副部长和3位现有的部长助理的基础上，新增了6位部长助理，使国防部长有了与军种部相抗衡的幕僚机构。

1958年，在新一轮机构改革运行了5年后，艾森豪威尔提出进一步集中权力的改革要求。新的改革以参联会为核心，参联会主席在参联会事务中拥有正式的投票权，各军种参谋长被排除在作战指挥序列之外。作战指挥序列现在是从总统到国防部长到联合司令部或者战略空军司令部等职能司令部，撤销三大军种部对本军种部队的指挥权、取消军种部对各联合作战司令部的干扰。加强联合司令部的权力，在不脱离原军种建制的原则下，将各军种部队的作战和勤务支援部队划归各联合司令部使用和指挥。但是，国会还是不同意参联会主席为总统和国防部长的主要军事顾问，却保留各军种参谋长会见总统和在国会作证的权力。国防部也进一步增强了权力，国防部长能够调整各军种职能和行动，国防部还建立了部级机构，取代了众多的军种间委员会。新的部级机构建立，减少了各军种在战略立项上的激烈竞争，进而加强了横向合作关系。经过这一轮机构改革，军种部沦为次要部门，军种的权力进一步被削弱，军种开始失去作战指挥权，但是，军种的预算、武器采购和物资管理等方面的职能与关系仍未理顺。

1961年肯尼迪上台后认识到，军种部在参联会的支援下，依然妨碍着防务计划的高效制订，国防部在防务决策方面集中权力和优化机制，可加快军事现代化进程。肯尼迪任命福特汽车公司总裁麦克纳马拉担任国防部长，开始推行一系列的国防预算改革，要求各军种采取计划—规划—预算体系（PPBS）的国防规划方法，这一系统分析法要求按照功能，而非各军种提出的"意见"来编制防务预算，这样可以有效地否决各军种的要求，强化文官治军的集权决策，强势的国防部将权力从对部队的运用发号施令拓展到主管军队建设发展。尽管经过这一系列国防机构改革，军种权力得到彻底地削弱，但是，美军高效作战指挥链尚未真正形成，各级权责划分不清晰，尤其是战区联合司令部的权责没有真正固化，联合作战指挥体制机制运行不畅，导致在越南战争中军种联合的效果不佳。

"特种战争"多样化支援

越南战争是冷战期间发生在东南亚的一场大规模现代局部战争，也是美国对外用兵介入时间最长、损耗最大的一次战争。越南战争起源在越南民族独立解放

第五章　身陷越战泥潭：军种联合步履维艰（1953—1972）

运动。二战前越南是法国的殖民地，二战中又被日本占领，1945年二战结束后，胡志明领导的越盟在越南北方的河内建立"越南民主共和国"，被法国挟持的保大皇帝则在越南南方的西贡立国。此后，为争取全民族的解放，北越与法国进行了长达9年的法越战争。1954年北越在奠边府战役中取得决定性胜利，法国军队士气受到沉重打击，迫于国内反战压力，法军不得不完全撤出越南。1954年7月，国际社会达成的《日内瓦协议》规定，越南北方和南方以北纬17°线为临时军事分界线，在规定时间内举行自由选举，实现和平统一。但是，美国为保持西方阵营对东南亚的控制，策划建立东南亚条约组织，将越南南方、老挝、柬埔寨置于其"保护"下。美国在越南南方扶持吴庭艳南越傀儡政权，给予其经济和军事援助，派军事顾问整训军队，镇压民主进步力量。为反对美国干涉和南方政权腐败统治，越南南方人民展开武装斗争，于1960年12月成立越南南方民族解放阵线，并组建越南南方解放武装力量，也称越共武装力量或越共游击战。到1961年初，越南南方民族解放运动接连取得重大胜利，针对日益糟糕的越南南方局势，美国高层决定军事介入越南战争。

美军正式介入这场战争是从1961年5月发动的"特种战争"开始的，直到1973年1月签署《巴黎和平协定》才实现停火，历时十余年，大致分为三个阶段：第一阶段从1961年至1964年，为"特种战争"阶段；第二阶段1964年至1968年，为直接介入阶段；第三阶段1968年至1972年为扩大战争阶段。每一阶段美军采用的作战样式不同，其军种联合也呈现不同的内容。

1961年初美国防部的计划人员研判，越南南方解放武装力量只是一些装备落后、战斗力弱小的游击队，不需要使用尖端的武器或强大的火力，尽量不提高武装行动的级别，促使战争扩大化，所以设想的是，由美国人出钱、出枪、出顾问，派专家提供训练支援，协助南越部队镇压越共游击队的活动，也就是通过越南人打越南人，达成其在东南亚的战略目标，这也符合新确立的"灵活反应"战略。根据国防部的建议，5月14日，肯尼迪总统下令派遣400名美军"特种作战部队"和100名军事顾问进入越南南方，通过支援越南南方军队来扭转局势，这是美军实施"特种战争"的开始。在所谓"特种战争"中，南越正规军是战争主力，美军没有大规模卷入，美军军事介入的主要方式是成立美国军事援助顾问团，顾问团由多军种人员联合组成，内部还设立了陆军组和空军组，以便组织陆空多种支援行动。干预行动开始后，美国军事援助顾问团的人员及装备数量呈现一种逐步扩大的模式，从起初的不到1000人发展到1.6万人。

1961年春，美陆军向南越派遣数名游击专家和经过布莱格堡训练过的绿色贝雷帽特种部队人员。到该年年底，进驻越南南方的美国陆军特种部队已发展至近千人。这些军事顾问深入南越地面部队营、连级单位，驻扎在受越共武装力量控制的纵深地区内孤立营地上，直接指挥或参与作战。为了应对战争需要，不久，美国军事援助顾问团被改组为武装力量特别指挥部，并以西贡为指挥部驻地，1962年2月越南军事援助司令部在西贡成立，由保罗·D.哈金斯上将领导，军事援助顾问团成员编入该司令部。尽管不断加强指挥力量，但美军的"特种战争"从一开始就不顺利。1961年春夏之交，美陆军的第一批100名"特种作战部队"进驻南越，开始施行所谓"斯特利-泰勒计划"，即要在18个月内绥靖南越并建立1.6万个"战略村"，该计划是在刚卸任陆军参谋长泰勒的指导下实施的，企图军事政治双管齐下，通过控制南越当地人民群众，枯竭越共武装力量的群众基础，封锁越共与外界的联系，还用军事手段切断北越对南方越共武装力量的支援。随着军事人员的不断增加，特种部队行动初期还比较顺利，美陆军开始全面"蚕食""清剿"越共解放区，美国陆军的直升机也开始为南越军队提供支援。整个1962年营以上规模的"清剿"行动就有将近1000次。到1962年底，"特种部队"已部署到居住在越南中央高地的山地部落中，也训练和武装了近万名南越部队。但是，越共武装力量也在反抗美军和南越军队清剿中不断总结经验，创新现代游击战方法，实施有效的反击行动。1963年，在阿巴村，越共武装力量成功地伏击了美军的直升机，并歼灭了大量南越军队，使美国政府为之震惊。之后，越共武装力量的反美行动此消彼长。而此时，南越政权上层也出现了重大危机，吴庭艳政权被军队推翻，南越领导人接连更换，整个南越政局陷入混乱。越南南方越共武装力量借机加强攻势，北越也开始派遣人民军到达南方，"斯特利-泰勒计划"宣告彻底破产。

1963年3月，美国防部长麦克纳马拉与南越政权领导人阮庆又联合拟定了所谓"重点清剿"的"麦克纳马拉-阮庆计划"。按照该计划，在美军联合南越军队强化"清剿"的同时，收缩据点，大力建立重点"战略村"，将南越老百姓集中到重点"战略村"的集中营，在村庄周围建立壕沟、铁丝网、瞭望塔，在村落之间组成一道连绵不断的火力线，孤立越共武装力量，以打乱其游击战术，还根据需要，划定了无人地带，以便"特种部队"和有限的南越武装集中兵力扫荡越共武装。但是，越共武装力量已经发展了灵活机动的小规模游击战方法，每次作战都是以歼灭对方的营、连规模兵力或以拔除数个据点为目的，采取出奇不意、打了就跑的战术手段和方法，使美陆军"特种作战"计划再次破产。1963年11月22日，美国总统肯尼迪被刺身亡，导致美国高层也面临战争决策困境，采用什么样的战略结束战争，成为悬而未决的难题。

当美国陆军向南越派出第一支特种部队的时候，美国空军也开始组建第一支用于对付游击队的特种部队。1961年初，空军参谋长柯蒂斯·李梅上将在位于佛罗里达州的埃格林空军基地建立了特种空战中心（SAWC），其目的是组织美

第五章　身陷越战泥潭：军种联合步履维艰（1953—1972）

空军对抗越共武装力量的游击战术。1961年10月5日，第507战术控制飞行大队分遣队到达南越。随后，美军第4400指挥人员培训中队也由特种空战中心抵达南越。11月，又有第二空中先遣梯队在越南边和市驻扎。为了加强对空军特种部队的指挥控制，美空军同时在西贡郊区的新山一机场成立了第2空军师前指，在岘港和芽庄分别设立了分遣队，负责控制所有在南越的空军部队，前指还配备了联络飞机以及机载前进航空兵控制员，为陆军提供近距离空中支援。第2空军师是太平洋战区所属空军第13航空队的下辖部队，第2空军师前指是第13航空队的下级指挥所，但是航空队对它在越南的活动不负责任，第2空军师前指对上接受军事援助顾问团的控制。

被派往南越的第一个分遣队代号为"农场门"，主要装备是T-28教练机、运输机和少量B-26轰炸机。这一时期，美国空军特种作战主要任务是为南越提供咨询和培训，重点是为南越培养飞行员，并协助南越军队实施空中侦察。但是，南越空军根本无力满足其陆军所迫切需要的全部支援，所以"农场门"便执行了战斗任务，先后有40多架飞机参加行动，包括侦察、近距离空中支援和监视行动，支援南越军队的地面作战。1962年，美国空军开始派出第一支战斗小分队——第509战斗截击机中队飞赴南越执行任务。

自1962年开始，美国空军又开展了代号为"牧工行动"的特种任务，该行动主要由C-123运输机在越共武装力量的活动区喷洒橙色除莠剂，这种除莠剂能在五天之内杀死所有植物。此行动的目的是对付越共武装力量在湄公河三角洲的游击战术，清除公路、河流上的遮蔽物，毁掉树林繁茂地区，消灭越共游击队的藏匿之处，1962年晚些时候，该行动发展为摧毁越共赖以生存的农作物。从作战效果来看，"牧工行动"造成南越丛林大面积被破坏，越共武装力量失去了天然的藏身之地，不仅如此，喷洒除莠剂导致很多农民失去了赖以生存的田地，只好逃入城市，增加了越共武装力量兵源补充与物资供应的困难，但是，该行动也造成南越大量森林、农田被破坏，特别是对当地人的身体包括美军自己人员的身体带来极大负面影响，不幸的是，这一行动持续了9年之久才被美军司令部叫停。

从最终效果看，美军第一阶段的"特种战争"是不成功的，未能达成清除越共武装的目标，也始终未能解决越南危机。究其原因，首先是美军战略判断的错误，他们苦心清剿的越共武装力量并不是他们起初认识的游击队，而是一支强大得多的力量，装备着正规军的武器，并得到北越源源不断的支援，而美军这几年里在南越投入的兵力有限。另外，美军战略高层的决策也是非常模糊不定的，对介不介入、介入多大程度、如何介入等问题顾虑太多，以至于每一次增兵都是在南越形势发生恶化的情况下，由总统临时定下战略决心，对美军来讲，这似乎是一场"无计划的、不必要的、不公开的和不得人心"的战争。在指挥上，当时美军战略层缺乏一个明确的作战目标，美军国防部对军事援助司令部的职责定位也含糊不清。美国防部和国务院经过一番争吵后，确定哈金斯上将的职责是"直接负责全部美国军事政策、军事行动和军事援助"，而关于"美国的政治和基本政策问题"，他必须同驻越大使"协商"。军事援助司令部一开始在职能上就没有被定位为军事指挥机构，而是一种协调机构，造成军事介入初期美军行动缺乏统一指挥，各军种特种作战行动分散独立实施，没有形成合力。

美国海军和海军陆战队早期进入南越的人数较少，只有海军少将斯特里姆指挥第7舰队的几艘驱逐舰，以岘港为基地，一直在南越沿海活动。临时接替肯尼迪的美国新任总统约翰逊，于1964年3月批准了"34A行动计划"，其目的是通过海上和空中渗透对北越目标实施突袭破坏。另一个是"德索托"巡逻计划，重点是从海上监听收集北越的情报。1964年7月30日夜间，执行"34A行动计划"的南越海军突袭队乘美国炮艇，袭击了北部湾内两个北越岛屿——义安省海岸外的纽岛和清化省海岸外的媚岛。而美国驱逐舰"马多克斯"号正北上北部湾执行电子侦察任务，下午5时，与北越鱼雷快艇发生交火，"马多克斯"号随后击沉1艘北越快艇。附近的航空母舰"提康德罗加"号出动舰载飞机，炸伤另外2艘，这就是著名的"北部湾事件"。正当美国高层对前期无效的军事行动困惑时，这一事件为美国扩大对越南军事干预行动提供了借口。8月4日下午，美国国家安全委员会召开会议，决定立即对北越发动"报复性轰炸"，美舰载战斗轰炸机出动64架次，击沉和重创25艘北越鱼雷快艇，摧毁荣市附近绝大部分储油罐。8月7日，美国国会通过决议，授权总统采取一切必要措施，对针对美国部队的进攻予以反击，至此，越南战争进入美军直接介入阶段。

"局部战争"无序的联合

到1964年初，越南的战争正在迅速扩大成为一场常规战争，这对于美军来讲会面临很多困难。越南战场具有非常特殊的复杂性，越南南北狭长，东西宽度很小，形状呈不规则窄条形，西侧越老边境是布满浓密热带雨林的山地，东侧面临大海，地形西高东低。美军与南越军队分散部署在这个狭长区域的各个城镇和要点，南越与北越的北纬17°分界线很短，但西侧长长的侧翼软肋完全暴露在北越人民军和南越越共武装力量的威胁中，并且几乎没有防御纵深，水网稻田密布，美军兵力只能依托简陋有限的公路机动，任何地方都可能遭到攻击，易攻难守。北越人民军沿越老边境山林的"胡志明小道"多点渗透，越共武装力量可以随时攻击城镇、破坏交通、切断补给，充满着旺盛的战斗精神，加上山地密林遮蔽，你不知道游击队会在哪里出现，什么时间出现，有多少兵力，打完又会消失

第五章 身陷越战泥潭：军种联合步履维艰（1953—1972）

在哪里，这是一场完全非线性作战，战场充满着迷雾。

在如何打这场战争的问题上，美国军方费尽心机形成多种不同意见。起初，美国防部要求对北越进行逐步升级的空中轰炸，以便切断北越人员和装备向南越的渗透。特别是空军方面，强调立即向南越派出少量部队，占领一些主要机场和战略要地，然后对北越腹地的战略目标进行猛烈轰炸，这样便能够结束战争，如果这一战略失效，再考虑在南越展开大规模地面作战。海军基本上同意空军的观点，支持对北越境内目标的轰炸。但陆军方面认为，这场战争应在南越打赢，作战任务应该更多地由驻南越的美国陆军部队担负起来，空军的任务是为陆军提供近距离空中支援以及对北纬 20°线以南和越老边境的交通运输进行阻滞攻击。1964 年 6 月 1 日，美军在檀香山的太平洋美军总部召开最高级别战略会议，会上美军高层对是否轰炸北越没有形成一致意见，美国防部长麦克纳马拉和参联会主席泰勒倾向于加强南越军队和切断越老边境的交通运输线，到会议结束，美军在南越作战的总体指导也没有最终确定。

7 月份的"北部湾事件"推动了美军向南越展开直接军事介入行动，战争迅速转入"局部战争"阶段。基于前期的战略筹划，美军同时展开了两类作战行动：一是地面部队在南越对越共的清剿行动，另一个是空中力量的轰炸行动，具体又包括四类作战行动，即空中轰炸北越、空中遮断"胡志明小道"、在南越支援地面作战，以及海上作战行动。由于总统约翰逊担心苏联和中国派兵介入，在作战行动上增加了很多限制条件，地面作战主要限制在南越范围内，空袭行动则主要限制在北越的南部地区和北越向南渗透的交通线。为了在"局部战争"中取胜，美军加紧向南越增调兵力，派驻南越的美国军事人员由 1964 年的 23310 人剧增至 1965 年的 184314 人，以后又稳步上升，1968 年达到顶峰——536134 人。同期，美国空军驻南越的飞机从 84 架增至 1085 架，另有 523 架驻泰国，占美国空军飞机总数的 28%。1965 年 2 月，第 7 和第 320 轰炸机联队的 B-52 轰炸机也部署到了关岛的安德森空军基地。

随着援助南越兵力的增多，为了有效组织联合作战行动，美军事援助司令部内部机构不断得到充实完善。到 1964 年 1 月威廉·威斯特摩兰接任驻越军司令后，军事援助司令部逐步形成了一个具有"联合"功能的指挥机构，但是，在整个越南战争中，这个机构并不能够有效地行使联合司令部的职能。从一开始美驻越军援司令部就是由美国陆军、空军、海军和海军陆战队的官兵组成，形式上是一个联合司令部。随后，又成立了单独的空军司令部，即第 7 航空队。由于陆军的人数增多，任务加重，后来又成立了一个单独的陆军司令——驻越美军陆军司令部，由威斯特摩兰兼任司令。美驻越军援司令部以下没有专门成立驻越美军海军司令部，位于北部湾的海军第 7 舰队直接接受太平洋司令部指挥。这个联合作战指挥体系基本上也是联合作战司令部+下属军种司令部的两层结构模式。

但是，作为一个联合司令部，驻越军援司令部在指挥关系方面非常不顺畅。在对上指挥方面，美驻越军援司令部并不是在华盛顿参谋长联席会议的直接领导下，而是在太平洋总部司令的领导下进行工作。但实际运行中，参谋长联席会议却经常是直接与驻越军援司令部联系，同时把文电抄送给太平洋总部司令。尽管华盛顿直接与驻越军援司令部联系，但驻越军援司令部的决策通常要考虑太平洋总部的意见。驻越军援司令部对上往往是按照指挥系统，把电报发给太平洋总部司令，特殊情况下才抄送参谋长联席会议。这种上下行指挥关系的不一致性，给联合指挥带来一定程度的混乱。在对下指挥方面，驻越军援司令部可以比较顺畅地指挥驻越陆军、空军部队，但是，无权指挥海军第7舰队，甚至连起码的控制权都没有，司令官通常是通过下属的空军指挥官向第7舰队提出要求，在南越境内用舰载机配合作战。另外，在B-52轰炸机的使用上，也是由战略空军司令部负责指挥，驻越军援司令部只是负责选择目标，提交给华盛顿审批后，由国防部下达战略空军司令部执行，造成目标选择与打击的指挥周期很长。而且，作为驻越军援司令部司令的威斯特摩兰的权责实际上只限制在南越地面部队清剿行动，对北越的空中轰炸行动则是由他的顶头上司——太平洋总部司令指挥，不过，他可以向上级提出空袭目标的申请。对于这种混乱的指挥状况，驻越军援司令部司令威斯特摩兰就抱怨"由于这种指挥上的安排，就种下了无异于第二次世界大战期间曾使麦克阿瑟和海军苦不堪言的那种摩擦的种子"①。作战指挥不顺畅，再加上前期战争指导的不确定，造成此阶段美军各军种很难形成统一行动，地面清剿和空中轰炸、海上作战之间出现严重脱节。

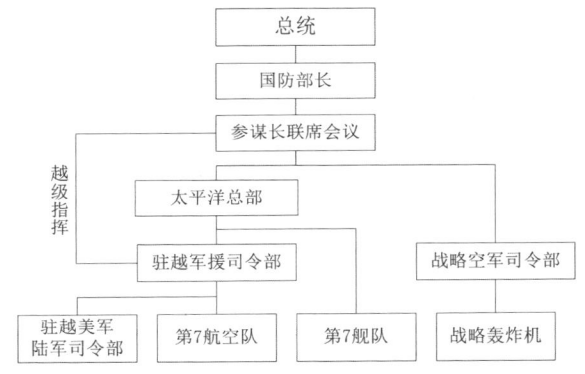

越南战争中美军作战指挥体系

在联合作战决策上，白宫高层对战争的干预太多，凡事都得由上级司令部和五角大楼的文官点头。头几年里，突击目标是在白宫由总统约翰逊及其顾问选定的。按照约翰逊的说法"我不愿让空军的那些将军们未经我的同意就确定轰炸的

---

① 威斯特摩兰：《一个军人的报告》（上），生活·读书·新知三联书店1978版，第115页。

第五章　身陷越战泥潭：军种联合步履维艰（1953—1972）

目标，哪怕是最小的附属建筑物"。国防部长麦克纳马拉对具体的空中任务也很感兴趣，有时甚至亲自仔细分析轰炸航路、投弹点及其他细节。最高层对空中作战计划制订和每日空中行动进行干预，往后才放宽了控制限度，军方实施有更多的自由，但对使用战略轰炸机的批准权限和对重要目标的袭击时机和架次，均由总统直接掌握。尽管战争的源头很明显是来自北越国内，并且老挝和柬埔寨已经成了北越和南方越共武装力量的集结地，总统约翰逊还是坚持认为这场战争只能在南越境内进行，在对攻击目标的选择以及空战规则上作了种种限制，影响了作战效果。例如，发电厂和飞机场等目标不在打击范围之内，河内市 30 公里范围内、海防港 10 海里范围内的目标不得袭击，向海防港码头输送物资的船也不得袭击，不可以攻击停在地面上的米格战斗机，只能空袭主动发起攻击的北越防空导弹阵地，而建设中的却不能打击等。

　　战争首先是从对北越的空袭开始的。1965 年 2 月 19 日，已经连任美国总统的约翰逊决定对北越开始正常的空中打击。自 3 月 2 日起，美军开始对北越实施大规模轰炸，"滚雷"行动拉开帷幕。当天，从中国南海的航空母舰和南越空军基地起飞的 100 多架飞机轰炸了北越的重要军事目标。实际上，早在"北部湾事件"之后的 1964 年 9 月，美军参谋长联席会议就已经列出了"94 个目标"的空袭清单，包括北越的各个飞机场、交通线、军事设施、工业设施和军事侦察路线。这是"滚雷"行动最早的计划，其目的在于"摧毁北越的战斗意志及其继续补给南方越共的能力"。但是，这个空袭计划没有得到执行，取而代之的是一系列空袭行动，反映出在越战中美军联合作战没有形成顺畅机制，缺乏统一指挥以及统一的战争指导，海军与空军的空中力量各行其是。

　　1964 年 8 月，针对"北部湾事件"，海军第 7 舰队展开了代号为"利箭"的有限规模报复行动，没有达到预期目的。1964 年 12 月，美海空军展开了代号为"横滚"的海空联合行动，对位于老挝境内狭长区域的"胡志明小道"进行攻击，阻止北越人员和补给的渗透。1965 年后美空军又自行调整任务，将空袭"胡志明小道"的任务转由"钢虎"行动负责，1968 年又由"猎杀"行动代替。1965 年 2 月，第 7 舰队又实施了两次报复性攻击行动"火飞镖"行动和"火飞镖 2"行动，然后，才加入到"滚雷"行动中。"滚雷"行动是有计划的长期空中作战，但从一开始就受到总统约翰逊及国防部的诸多限制。美国国防部认为"滚雷"行动不是对北越的战略性空中攻势作战，而是在南越支援地面军队作战。所以，只有华盛顿有权决定轰炸目标、任务时间、出动战机的数量和种类，使用的弹药种类，甚至飞机的航向。美国战机严禁进入距离河内 30 公里的范围，也不能进入海防港周边 10 海里的距离内，中越边境 30 公里之内也是禁飞区。轰炸行动是采取逐步升级的方式，先是炸一些小目标，主要集中在北纬 19 度以南的北越南部地区，目的是让北越知道自己的战略要地受到威胁，从而产生震慑效果。种种的限制，使得所有空袭行动收效甚微。到9月份，美国空军和海军飞机共出动了近4000架次，打击目标大多位于北越南部，包括雷达站、铁路线、列车编组场、公路、小道和桥梁。到1965年底，美国空军使用300架轰炸机，共执行了26000次轰炸任务，损失的飞机达171架，直到12月总统约翰逊才下令暂停空袭行动。这一年的空袭行动，单从摧毁的车辆、烧毁的油库和给北越造成的各种物资损失来看是成功的。但是，一年的空袭行动似乎没有吓倒北越军民，北越在物资上得到中国和苏联的支援，反美热情始终高涨。而南越越共武装力量都是轻型步兵，没有重型武器装备，对后勤保障需求很小，日需求量总共为380吨，其中只有34吨是依靠外援，这个补给量只需10余辆载重两吨半的卡车就能装下，美军无论怎么轰炸也不能切断北越对南越越共的援助。

上述这些轰炸行动是由美空军和海军分别实施的。为了协调不同军种的轰炸行动，减少相互干扰和误伤，1965年底，美军各军种间的一个委员会达成了一个折衷方案，把北越划分成7个地理区域，采取了地理区域包干的方式。最南面的始自北纬18度线，称作"Ⅰ区"。再往北，依次平等排列着"Ⅱ区"、"Ⅲ区"和"Ⅳ区"。最北端靠近中越边境部分，其西部为"Ⅴ区"，东部为包括河内在内的"ⅥA区"和包括海防港在内的"ⅥB区"。"ⅥA区"由美国空军负责，"ⅥB区"由海军负责。但在太平洋舰队司令松散的协调下，空军和海军只负责对分配给它们各自的目标实施突击，缺乏对这7个区轰炸行动的统一计划，很多情况下各军种航空兵是独立行动。例如，"北部湾事件"后，"火飞镖"和"火飞镖2"两次报复行动是第7舰队组织的，针对"胡志明小道"的"钢虎"行动、"猎杀"行动是由第7航空队组织的，而"滚雷"行动则是由总统约翰逊亲自下令的联合轰炸行动。

1966年春季，美空军轰炸机获准轰炸北越的石油和天然气储藏库、弹药库。美空军首先攻击了无人看守的小型储油设备，6月底，开始对河内及海防的大型油料储存设施进行轰炸，包括原油、燃油和润滑油，到年底，几乎摧毁了北越80%的燃料工厂。但是，这并没有对北越人民军的行动产生明显的影响，其原因，一是由于北越能够从中国和苏联获得更多的油料补给，另一个是北越本身是自给自足型农业经济，燃料损毁似乎对其日常经济没有什么影响。1966年秋，美军进一步对北越唯一的钢厂、唯一的水泥厂及其所有热电厂进行空袭，导致北越87%的发电厂以及工业设施化为废墟，但这一轰炸行动也没有对北越军事能力产生实质性影响。

1967年初，美军又把空袭的重点放在了"胡志明小道"上。美国防部长麦克纳马拉提出在越南中部非军事区附近，沿东西向建立一条"高技术隔离带"，拦腰截断"胡志明小道"。由于北越部队的强大反击，最后只在老挝境内建起东西

第五章 身陷越战泥潭：军种联合步履维艰(1953—1972)

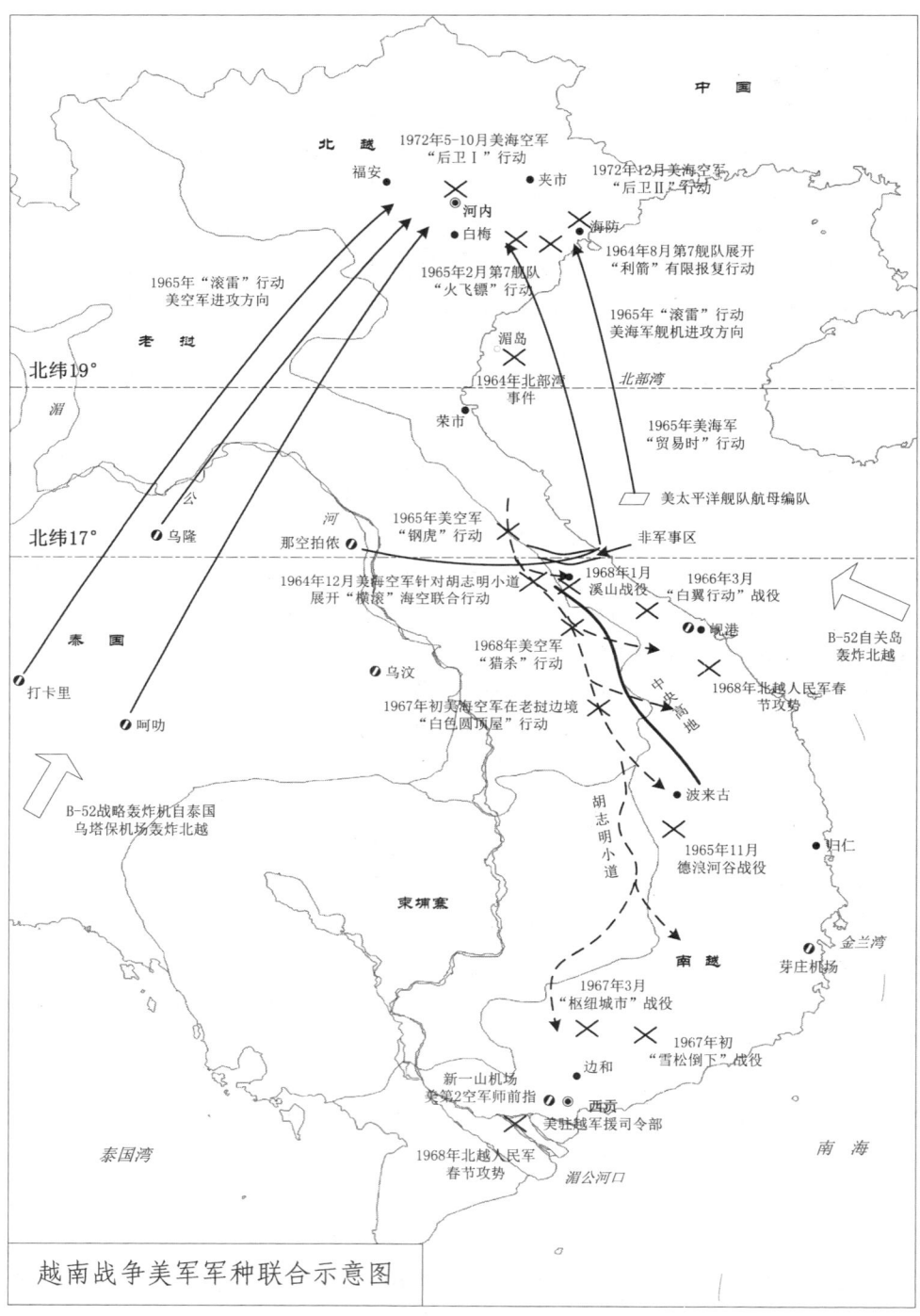

越南战争美军军种联合示意图

宽约 16 公里的隔离带,此称为"白色圆顶屋"行动。美国空军和海军向隔离带空投了两万多个传感器,包括声传感器和振动传感器,也有少量化学传感器,用于监测北越运输队的行踪。1967 年 11 月开始,EC-121R 预警机就不定时飞临隔离带上空,接收传感器的信号,再将这些信号实时转发到渗透监视中心,中心通过技术处理后,再把信号迅速传递给隔离带附近的地面部队或 F-4 机队,展开对北越运输队的追杀。这一行动一直持续到越南战争结束,但其效果并不理想。

美空军海军包干区的划分

在实施"滚雷"行动的 1965 年 3 月至 1968 年 11 月间,美国人声称,美空军共出动 153784 架次飞机轰炸北越,海军和海军陆战队也出动了 152399 架次,共投下 63.4 万吨炸弹,造成北越 6 亿美元的损失,5.2 万平民伤亡,而美国有 918 架飞机被击落,有 818 名机组人员死亡,损失约 60 亿美元。但是,这场持续 3 年半的空袭行动没有实现震慑北越以及阻止其支援南方越共的目的。由于战略层面的限制,美国飞机在北越的投弹量要远远少于在南越的投弹量,使得北越有时间加强防御和隐藏重要物资。在苏联和中国的支援下,北越的防空高炮网和苏联提供的防空导弹阵地,很快成为世界上最成熟的防空系统。到 1968 年底,美军逐步升级的方针已然失败。关于对"滚雷"行动的评价,持否定态度的居多。美空军一个将军称:"我们从越南战争中得到的教训是,如果空中运用不当,它就不能发挥应有的作用。"

"局部战争"阶段,美战略空军司令部的 B-52 轰炸机较长时间投入了轰炸行动,其代号为"弧光行动"。"弧光行动"实际上融入在各阶段轰炸行动之中,从 1965 年至 1972 年,B-52 轰炸机共出动 12.6 万架次。美 B-52 轰炸机主要部署在关岛的安德森空军基地,后来又拓展到泰国的乌塔保海军基地以及日本冲绳的嘉手纳空军基地。"弧光行动"的指挥控制仍由战略空军司令部负责,但美军驻越军援司令部可指定空袭目标。在最初的几年里,B-52 轰炸机主要用于支援在南越的地面作战行动。1965 年 2 月,越南战争开始不断升级,30 架 B-52 从美国本

第五章　身陷越战泥潭：军种联合步履维艰(1953—1972)

土调整至关岛。鉴于 B-52 轰炸机强大的杀伤性，一开始美国国防部和白宫还不考虑使用它，此后，在美军驻越军援司令部司令威斯特摩兰的极力鼓动下，才开始用于对南越境内越共武装力量的空袭。1965 年 6 月 18 日，部署在关岛的 B-52 轰炸机执行了首次空袭任务，由于对目标侦察不准确，空袭效果不佳，但是，B-52 轰炸机强大的杀伤效应可以对南越武装力量产生心理震慑效应。1965 年 12 月，"弧光行动"作战区域延伸到老挝境内的北越交通运输线路。1966 年 4 月，B-52 首次对边境线上的北越目标进行空袭。1967 年 B-52 的出动强度达到平均每月 800 架次。到 1967 年 6 月，"弧光行动"广泛采用地面引导雷达轰炸，7 座雷达站覆盖了柬埔寨、老挝以及南越，可以将 B-52 轰炸机引导至精确投射点，提高了轰炸精度。美军使用 B-52 的方法是，一旦前敌空军指挥部的侦察机发现敌方部队的集结地，B-52 轰炸机就会立即行动，通常采用 3 架轰炸机组成的单个或多个作战"单元"的标准攻击队形，执行轰炸时飞行高度一般为 25000～30000 英尺，目标区域长度和宽度分别为 1.2 英里和 0.6 英里。B-52 轰炸机对于实施大规模集结的敌方部队具有很重要的作战优势。为了增加轰炸威力，美空军还实施了"大肚子"计划，使 B-52D 的负载能力大增，如果是单枚重量 500 磅的炸弹，总负载量可达 54000 磅；如果是单枚重量 750 磅的炸弹，总负载量可达 49500 磅。在 1968 年北越发动的溪山之战中，美军平均每天出动 60 架 B-52 突袭北越人民军，利用 B-52 作战编组实施地毯式轰炸，导致北越军队遭受一定损失，使美军溪山基地得以坚守下来。

在南越地面作战方面，早在 1965 年南方越共和北越人民军就向南越军队发动了一系列的进攻行动，占领了多个省会，还包括中央高地和湄公河三角洲地区。为了遏止南方越共和北越的攻击，美海空军展开对北越轰炸的"滚雷"行动，但空中轰炸没有遏止住南方越共的进攻行动。3 月 8 日，总统约翰逊遂批准两个海军陆战团在岘港登陆，接着是美第 173 空降旅登陆，这共计 3500 名官兵是美军首批正式派往南越的地面战斗部队。一开始，美军地面作战也是按照白宫及国防部的要求，采取"逐步升级"战略，目的是让胡志明感到压力逐渐增大，并认识到无法承受代价，最终作出让步。但是，事与愿违，北越并没有按照美国白宫的设想放弃战斗，南越的地面战斗越来越激烈，美军地面部队向南越投入的也越来越多。驻越军援司令威斯特摩兰确立了被称为"扩大油点"的地面清剿作战指导，这是一项政治和军事相结合的"合作计划"。按照这一计划，美军和南越军队把安全控制范围从西贡逐步扩大到西贡周围的 6 个省。1965 年到 1967 年间，美军在越南投入的兵力从 2.5 万人增加至 50 万人。美海空军提供部分兵力为地面清剿行动实施近距离空中支援，这些南越空中作战行动由威斯特摩兰进行控制。随着美军投入的不断增加，地面行动也不断加紧展开，美第 4 步兵师强攻进入靠近波来古的中央高地，第1骑兵师联合第101空中突击师部分兵力深入沿海省份，第1步兵师肃清了西贡以北地区。在武器装备上，美军总体占有一定优势，但北越也不逊色。例如，美军地面部队配有M16步枪、40毫米掷弹筒、装甲运兵车、"巴顿"坦克和"休伊眼镜蛇"武装直升机。北越装备有中国和苏联支援的AK47步枪、迫击炮、重型火箭和苏制"萨姆"导弹，虽然没有空军，但这些装备在当时的条件下足以在地面上与美军较量。这一时期，双方发生多次较大规模的地面冲突。

在南越的地面作战中，第7航空队战斗轰炸机实施了大量的近距离空中支援，主要的机型有F-100"超级佩刀"战斗轰炸机、A-1"空中袭击者"螺旋浆攻击机及其绰号为"沙"的A-1E，而且美军已经发展了更加成熟的空地引导体系与装备。美驻越军援司令部指挥派到南越的全部军队，同时，能够控制在南越实施近距离空中支援的所有空中力量。空地支援体系分为驻越美军和南越军队两条线设置，在军援司令部设立一个协同作战中心，在南越军军区司令部设立直接空中支援中心，在美军相当于军一级的野战部队司令部设立直接空中支援中心，各军和野战部队提出的空中支援申请，由美驻南越军援司令官和第7航空队司令官决定先后顺序。在战术指挥层面，设置各种空中控制节点，包括空中指挥（设在C-130）、预警机、前进航空控制官（FAC）、战术空中控制组（TACP）（地面部队每营设1~2人），作战时负责根据地面指挥官的要求，呼唤空中火力支援。目标指示的方式通常有两种：一种是由配属到地面部队前沿的战术空中控制组（TACP）；另一种是前进航空控制官（FAC）为战斗轰炸机确认攻击目标位置。在空地通信方面，美军陆军和海军陆战队装备了AN/PRC-77甚高频电台，这是60年代初研制生产的电台，用于战术通信。另外还有单兵背负式电台，通信距离5~8公里，重7.6公斤，比较适合在越南山地河谷机动作战使用，能够进行双向话音通信，具有自动转发和通话保密能力，但抗干扰能力差，可靠性低。这种野战电台在当时为美军空地精确火力支援提供了重要的通信保障。依托空地引导体系，空中支援飞机通常在接到地面部队火力支援申请后30~40分钟后，就可进入战斗空域将炸弹投下。

但是，地面"战术空中控制组"（TACP）通常只配置在步兵营一级，而很多战斗都是连排级规模，无法获取空中近距支援。在这种情况下，"前进航空控制官"（FAC）受到更多重视，并拥有自己的专用战机，例如OV-1、OV-10，这些FAC战机，除了配备用于指示地面目标的发烟罐/发烟火箭弹外，还配有机载火箭弹、MK81航弹及机载机枪，既可以为战斗轰炸机指示目标，还能独立执行低强度的对地攻击任务。FAC战机能够组织起有序的空中打击，成为越战中空对地火力支援的重要前进控制者，其基本的火力支援流程是：地面部队的空中支援申请得到批准后，预警机会将担负支援任务的战斗轰炸机引导至目标区附近，然后

第五章 身陷越战泥潭：军种联合步履维艰（1953—1972）

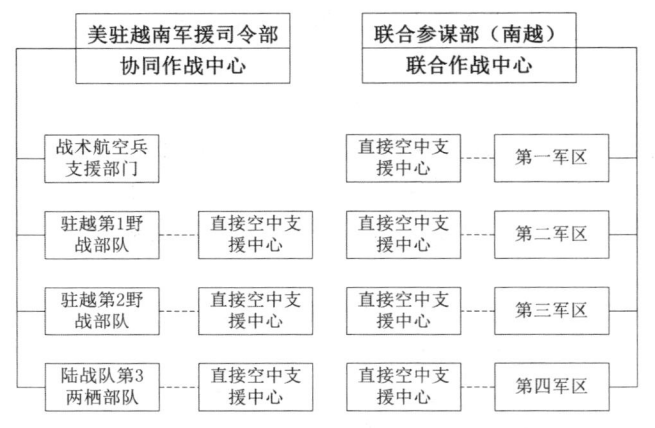

美军与南越军近距离空中支援体系

由 FAC 战机接手指挥。FAC 会向支援战机通报目标区的气象、地貌、目标性质与位置，己方阵地边界，敌方防空火力配置情况，还可以使用机载火箭弹标示目标。此时，地面部队的战术空中控制组也可以配合指示目标，战斗轰炸机向目标实施攻击。越战中，美军空中管制主要是由空军的战术空中控制组（TACP）完成的。

到 1967 年，美军 B-52 轰炸机也开始发展近距离空中支援能力。美军地面部队在拟制作战计划时要预定申请 B-52 轰炸机的支援事项，然后，由美驻越军援司令部集中确定轰炸目标和攻击顺序后，并呈送给战略空军司令部或空军设在南越的前进指挥所，B-52 轰炸机从关岛基地或泰国的乌塔堡基地出动执行支援任务，在飞行途中，美空军前进指挥所还可以发出改变目标的指令。B-52 轰炸机对地支援通常要距离己方地面军队 300 米以上，而战术轰炸机一般是在己方部队前方几十米的地方即可投弹。

自 1965 年开始，随着美军不断向南越增派地面部队，美军和北越之间爆发了一系列激烈的地面作战。1966 年 1 月下旬至 3 月底，美军在越南中部的东山平原发动了"摔碎器行动"、"白翼行动"，造成北越人民军伤亡 2000 余名。7 月中旬至 8 月初，美军和南越军队在非军事区附近的广治省联合发动了"黑斯廷行动"，北越官兵 800 人伤亡。随即，海军陆战队于 8 月上旬至 9 月中旬发动了代号为"大草原"的作战行动。美陆军也于 10 月中旬至 11 月下旬在西宁省开展了"爱托波罗行动"。1965 年 11 月，美军又与北越人民军展开了德浪河谷战役。1967 年初，美军向位于西贡以北地区的越共"铁三角"根据地发动了"雪松倒下"作战行动。随后，美军于 1967 年 3 月在西贡市的西北部发动了"枢纽城市行动"，并一直持续到 5 月，这是越战期间由美军单独遂行的最大的一次行动，此役的目的是拔掉越共武装力量指挥中心——越南劳动党南方局。

在这些地面作战行动中，德浪河谷战役是美越地面部队的第一次高强度正面交锋，美军 2 个空骑营和 1 个炮兵营及空军，与北越人民军 2 个团交战，双方都认为取得了很大的战果，都认为己方是胜利者。美军在实战中大规模实践了直升机机降突击行动，展现了空地一体作战的装备技术优势，这场战役也使北越认识到火力上的差距，从此避免与美军正面冲突，改而采取游击战术。1965年6月至11月，美军新编的第1骑兵师完全部署到南越的西原安溪地区。西原地区地处南越中部，1964年开始北越正规军沿

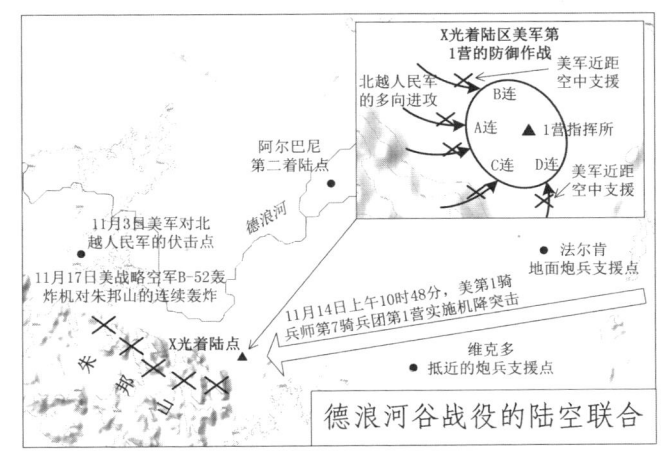

德浪河谷战役的陆空联合

着"胡志明小道"南下，如果北越方面占据这里可方便地向南越实施渗透，南越有被分割为两块的危险。1965年9月，在中央高地的百里居以西靠近高棉边界地区为B-3野战军区。辖有3个北越步兵团，包括33团、66团、320团，另外还有越共地区游击队H-15营。北越人民军的企图是采取"围点打援"的战术打击美军，保卫南北运输走廊和根据地，美军则是利用直升机机降突击作战"抓住并消灭"北越军。1965年11月，美军第1骑兵师第3骑兵旅在西原地区波来古以南40公里的波莱梅基地遭到越共武装的袭击。驻越总司令威斯特摩兰命令美军向西搜索越共武装一直到越柬边界，根据截获的无线电信号在德浪河谷地区发现北越军队的踪迹。第1骑兵师第3旅旅长第7骑兵团哈尔·穆尔陆军中校受命指挥第1营利用直升机垂直机动战术进驻靠近德浪河谷的朱邦山的"X光"着陆区。1965年11月14日10时48分，美军哈尔·穆尔中校率所属第1营的395人在30分钟的炮兵、航空兵火力准备后，利用16架UH-1休伊直升机分4批空降在德浪河畔谷地。另有第21炮兵团第1营12门105毫米榴弹炮在"X光"机降区以东的后方"法尔肯"着陆区建立炮兵阵地担负火力支援任务。北越人民军有3个团的兵力正集结于该地区。"X光"机降区正巧落在北越部队集结区中央位置，北越步66团、步33团自西面、南面逐次加入战斗。美第7骑兵团1营B连在向四周推进的过程中立即与北越部队发生激烈的遭遇战并被包围。此时C连刚着陆，立即在B连左侧展开正面防御，D连机枪排在C连东南方保护侧翼。14日午后，北越从三方面猛烈攻击着陆区，第7骑兵团1营在地面炮火和空中火力的支援下，将北越军队阻击在着陆区四周外的丛林中，美直升机冒着密集的防空火网运进弹药、食物、饮水和送出伤员。17时，第7骑兵团2营B连被空运进入X光着陆区，占领西北方之阵地并任营预备队，建立完成环状部署。15日早6点30分，北越以2个团的兵力自三方向发起攻击，战斗激烈至近接白刃战，几近突破美军

第五章 身陷越战泥潭：军种联合步履维艰（1953—1972）

阵地。美军 1 营指挥所空军前进控制官发出"断箭"密语，紧急调集全越南在空战斗轰炸机，全部集中到战场上空，由地面 TACP 为空中战机进行任务分配和目标引导，实施近接轰炸，美军开始稳住阵地。在 C 连阵地危急之际，美空军以 15 分钟临空一次的空中支援火力，对北越军队实施猛烈打击。8 时，第 5 骑兵团第 2 营在 X 光着陆区东面 2 公里处的"胜利者"着陆区着陆，另有两个炮兵连在战斗地区北方约 8 公里处着陆建立炮兵阵地，加强直接炮兵火力。中午后，18 架美国空军 B-52 战略轰炸机向北越军纵深实施地毯式轰炸，造成北越军重大伤亡，攻击力度遂降。战至 16 日午后战斗平息，北越军被迫撤走，经过三日激战，北越人民军阵亡超过千人，美军伤亡数百人。17 日，美军全部撤出战斗地区。17 日 11 点，美空军 B-52 轰炸机再次临空，对曲逢山区投下 800 颗总计 200 吨炸弹。第 7 骑兵团第 2 营在向西北运动的过程中，再次遭到北越步 33 团、66 团的攻击，两军迅速爆发激烈近接战斗，此次战斗第 2 营阵亡 155 人，负伤 121 人。由于双方陷入混战，炮兵支援效果受到限制，直到美空军 A-1E 攻击机到达投下燃烧弹和炸弹，才缓和北越军的攻击压力。入夜后，第 7 骑兵团 2 营 B 连再度投入战场，美越两军陷入混战，经彻夜激战，次日早晨北越人民军始撤退。

此战结束后，美军宣称击毙北越人民军 1037 人，估计北越人民军总伤亡在 1500 以上，而北越的统计阵亡人数仅为 208 人。这场战斗是越南战争中一场主要的地面作战行动，也是双方不多的几次决定性的战役之一。北越人民军占有人数上的优势，但是武器装备处在劣势，尤其是缺乏火力支援，此役的结果是双方都撤出了战场，可以说是打了个平手。北越共 3 个团参战，战斗人员应不少于 3000 人，美军参战兵力为第 7 骑兵团第 1 营，后续支援不到 1 个营的兵力，战斗人员总数 600 人左右，双方参战人数比为 5∶1，双方地面火力相比，美军有 12 门 105 毫米榴弹炮，3 个步兵连每个连有 1 个迫击炮排 3 门 81 毫米迫击炮，再加上火器连迫击炮排，共 12 门迫击炮。北越人民军地面常规火力与美军差距并不大。在地形方面，美军"X 光"机降场地势较低而且较为平坦，缺乏防御纵深，向西是朱邦山，为北越部队控制区，北越占地形优势。但是，美军在战斗中充分运用强大的空对地火力支援实现以少制多。美空军战机和海军舰载机几乎是全部出动，另外，B-52 战略轰炸机第一次用于近距离空中支援，在六天的战斗中，"B-52 几乎每天都向朱邦山及其周围地区进行轰炸"。B-52 还针对越南大片茂密的丛林，使用了"战斗空中定位"系统，可以很快变换目标诸元，并且非常准确。这场越战中经典的地面血战充分反映了战术层面美军近距离空中支援的优势。

同样可以证明美军空地支援优势的是溪山之战。1968 年 1 月 30 日，"春节攻势"开始。8.4 万越共武装力量和北越人民军对中央省份、西贡以及湄公河三角洲同时展开进攻。溪山位于南越非军事区防线西段的终点，西距"胡志明小道"最大运输站车邦仅40公里，是美军切断南越游击队战略生命线的桥头堡。但是，溪山远离美军后方，是孤立性的战略据点。为此，驻越军援司令威斯特摩兰派出了战斗力顽强的海军陆战队第26团6000名官兵部署在此。自1968年1月初，北越人民军派出第304师、325师约23000人向溪山发起强大攻势。美军一面派出地面增援部队，同时展开了具有压倒优势的空中支援行动。美空军、海军、海军陆战队航空兵共出动F-4、F-105、B-52、A-1攻击机、A-7等各型战机2万余架次，倾泻炸弹8万吨。在此战中，B-52轰炸机实施了大量的对地支援行动，驻关岛、冲绳和泰国的B-52轰炸机部队共出动436次，平均每天执行6次支援作战任务，每次出动4~13架，约占美军对地支援总投弹量的62%。

关于此战的伤亡数字，双方各执一词。据美军单方面统计，此役共有7000余名北越人民军在溪山战死，8000余人受伤。美空军发言人称："空中打击使越军伤亡惨重，他们的进攻已明显减弱。"而据越南战史记载，自1968年1月至7月，北越人民军在溪山战役中牺牲2441人，负伤5036人，总计伤亡7477人。[①]最终美军还是放弃了对溪山的防守，北越人民军达成既定目的，但是，这场战役再次让北越人民军认识到美军空中打击的杀伤力。同时，美军也被迫收缩战略，把山区据点统统放弃，集中兵力和火力防守沿海城市平原地区。溪山战役之后，北越人民军和南方越共没有被美军的优势装备吓倒，而是采取声势浩大、机动灵活的游击战继续在南越大范围内对美军设施发动总攻，向西贡等36个以上大中城市、省会及军事基地展开猛烈进攻。

"局部战争"阶段，美海军也是一支重要的联合作战力量。到1968年，海军陆战队达85000人，水面舰艇兵力38000人，海军陆战队纳入美驻越军援司令部的地面作战行动中统一使用，而水面舰艇兵力主要由第7舰队部分舰船编成第77特混舰队，由太平洋司令部直接指挥。第77特混舰队共由3艘航空母舰组成，停泊在距非军事区海岸100英里的北部湾"扬基泊位"。这3艘航空母舰采取轮流值班方式，相互密切配合，每艘航母上的飞机飞行值班12小时，确保每时每刻都有海军航空兵在北越上空活动。美海军水面舰艇兵力在这一时期展开了多次海上作战行动。首先是在1965年展开"贸易时"行动，其目的是阻断在南越海域活动的北越船只，摧毁北越对越共武装力量的海上补给线，迫使北越不得不把"胡志明小道"作为唯一的主要运输渗透路线。然后是执行"滚雷"行动，部署在航母和南越机场上的轰炸机、战斗机和电子战飞机对北越目标实施轰炸，其轰炸的重

---

① 胡烨：《溪山血战》，中国长安出版社，2015年版，第217页。

第五章　身陷越战泥潭：军种联合步履维艰（1953—1972）

点区域是靠北部湾的海防地区和清化地区，主要目标是北越人民军营房、车辆、铁路、桥梁、发电站和工厂区等，但由于害怕误伤苏联船只，海防港一直是被禁止轰炸的。另外，美海军航空兵也参加对"胡志明小道"的轰炸任务，对南越境内的地面行动实施支援。海军的部分驱逐舰、巡洋舰，包括"新泽西"号战列舰，组成炮火支援特遣部队对南越沿海岸线的地面行动实施火力支援。美海军还组织沿河突击队，主要装备装甲炮艇，配合美陆军第9师执行各种作战、运输任务，从水路切断越共交通线。1968年起，机动沿河部队展开"海皇"行动，沿南越与柬埔寨边境建起一系列渗透屏障。总的来讲，由于越南战争中美军行动主要集中在空袭和地面作战，美军海上作战行动看起来有点无足轻重，在对北越的空袭中海军舰载机也只是配角，更关键的是海军与空军、陆军在体制和行动上完全没有融合起来。

1968年初北越人民军和越共武装力量的强大攻势不仅极大地破坏了西贡政权，而且使美国的"绥靖计划"破产。在美国国内，适逢总统大选之年，加之巨额军费开支造成经济动荡，美国反战舆论高涨。总统约翰逊不得不重新思考对越政策，考虑把轰炸解决问题的方式用谈判的方法来代替。1968年3月31日，约翰逊政府被迫宣布停止对北纬20°以北地区的轰炸。5月，越美双方在巴黎启动谈判工作。10月31日，美国政府宣布完全停止对北越的轰炸。至此，"局部战争"阶段结束。

导弹战与电磁空间的对抗

越南战争期间一个值得关注的变化就是精确制导武器大量运用于实战，这不但推动战争开始向精确化方向发展，而且由此产生了电磁空间的角逐对抗，战场空间拓展到新的领域——电磁域，军种联合变得更加丰富、更具复杂性。精确制导武器前身是早期发展的制导武器。二十世纪40年代初，纳粹德国首先研制成功并使用了V-1型巡航导弹和V-2型弹道导弹，这些导弹带有动力系统和简易制导系统，可以依靠自身动力装置推进，由制导系统控制飞行路线并导向目标。二战结束后，随着微电子、光电子、计算机、自动控制技术等信息技术迅猛发展，出现了各种先进制导技术，促进了以激光制导炸弹为代表的精确制导武器产生。而越南战场正是各种精确制导武器的实验场，美军也成为这一新型武器实战运用的急先锋。

空空导弹发展相对较早，也最早在越南战场投入使用。第一代空空导弹主要有两型：一是"响尾蛇"AIM-9，以红外线作为引导方式的近距空空导弹，主要靠尾追形式实施攻击，稍作空中机动，容易失去目标，1956年7月开始装备美各军种航空兵。二是 AIM-7 中距空空导弹，采取雷达半主动制导方式，具有全天候、全向攻击能力，1958 年开始在美海军服役。60 年代中期，为了满足战争需要，美加紧研制装备了第二代空空导弹"响尾蛇"AIM-9G，它采取机载雷达寻的与导弹红外制导相结合的方式，增加了接战距离和效率。F-4 战斗机大量使用该型导弹。空空导弹的使用改变了空中机动—尾追—机炮攻击的传统空空作战方式，而是中距和近距导弹攻击加上尾追攻击方式。越战中，空空作战主要发生在战斗机为战斗轰炸机护航的行动中。1966 年之后，第 7 航空队获准对北越南部重要军事目标实施轰炸，使用 F-4 战斗机为 F-105 护航，F-4 携带的武器包括 20 毫米炮弹 630 发，AIM-9 响尾蛇 4 枚、AIM-7 麻雀导弹 4 枚，F-4 能够在 4~8 公里外用雷达锁住目标，实施先机发射。对于美军来讲，只有依靠优势装备争夺空中优势，才能使其它作战行动获得灵活性。但北越人民军没有被强大的对手吓到，集中使用数量有限的米格-17、米格-21 等战斗机实施防卫作战，不断积累战斗经验，灵活创新空战战法，可以说是越战越勇。按美军的战后统计，北越空军的实力在战争中是不断增强的，1966 年北越拥有的米格-17、米格-19、米格-21 等战斗机仅 66 架，到 1972 年，各型米格战斗机数量已经达到了 145 架①。

空对地激光制导炸弹是在越南战争中诞生的。进入"局部战争"阶段后，美军对北越展开一系列空中轰炸行动，但轰炸效果并不理想，"胡志明小道"依然运输不断，北越战略物资源源不断地运到南方。美军开始调整了轰炸目标，决定对北越重要的战略交通节点目标实施拔钉子式的轰炸，其中首选的两个目标是杜梅大桥和清化大桥。杜梅大桥是中国西南边境至河内两条铁路线的交会点，是北方铁路的枢纽。清化大桥也是越南北方主要通道的必经之地。为了炸毁这两座大桥，美军运用了各种各样的战斗轰炸机，先后组织了 4 次大轰炸，投下数万吨炸药，两座大桥始终安然无恙，自己的飞机却被北越防空火力击落 50 多架。轰炸行动的屡次失败促使美军加紧研制命中率高的激光制导炸弹。1967 年美国海军就已经研制装备了"白星眼"电视制导炸弹，投入越南战场使用后效果不佳，主要原因是电视制导要求目标有较强的对比度，而越南的天气条件往往难以满足这一要求。于是，美国空军开始加紧研制使用激光制导的炸弹，其基本方案是目标指示飞机将激光束对着目标连续照射，使其反射光形成一个向外的圆锥体，这个激光能量区被称为"篮子"，第二架飞机将炸弹投入到"篮子"中后，炸弹锁定反射激光信号，导引炸弹朝向目标。1968 年 8 月，美空军在越南对第一代激光制导炸弹"铺路"进行试验，其平均精度最高能够达到 6 米，几乎每投 4 枚炸弹就能直接命中 1 枚。但是，在激光制导炸弹即将投入战场之际，美国白宫暂停了对北越

---

① 威廉·W. 莫姆耶尔：《三次战争中空中力量》，世界知识出版社 2012 年版，第 147 页。

第五章　身陷越战泥潭：军种联合步履维艰（1953—1972）

的轰炸行动，余后4年内，"铺路"激光制导炸弹仅用于老挝和南越的作战中，没有取得明显的战果。

围绕防空导弹的对抗是美越双方较量的焦点。为了应对美军持续不断的轰炸行动，在苏联和中国的援助下，北越人民军逐步加强了防空力量，构建了由雷达、高炮、地空导弹和米格飞机结合在一起的防空体系。到1966年夏季，北越境内部署的各种口径高炮达到7000门，包括37毫米、57毫米和85毫米高炮，其中，在河内、海防港以及一些重要目标附近部署了数量众多的高炮力量。整个北越共部署了雷达约200部，在白梅、福安和夹安市设有三个地面引导截击站，另外在荣市还设有一个下级指挥单位，负责北越南方的防空作战指挥。北越的雷达系统能够有效地发现美军飞机，引导米格飞机进行攻击，并协调地空导弹和高射炮发射，雷达最远探测距离（10000米高度目标）能达到南越境内北纬16°线，地面引导截击雷达作用范围到北纬17°线。由于在1972年前，美军战斗轰炸机还没有采用高空激光制导炸弹攻击，主要采取俯冲轰炸方式，易被击落。据不完全统计，仅在1965年头7个月里，北越的高炮部队就击落美国空军和海军的F-100、F-105等喷气式飞机51架。北越在1965年初开始装备苏联援助的地空导弹，1965年7月24日"萨姆2"击落了第一架美军飞机F-4C。随着美军轰炸行动加强，北越的地空导弹装备数量迅速增加，主要部署在河内市、主要铁路干线以及重要机场附近，到1967年北越共有约200个防空导弹阵地，在河内市附近部署了20~30个地空导弹营，每个营有4~6个发射架。到1965年底，美军已损失飞机160余架。总的来讲，由于北越人民军强化防空体系并实施积极防空，美军作战飞机损失惨重，美军真实地感到了来自地面的威胁，不敢肆无忌惮地深入北越腹地狂轰滥炸。

惨重的损失促使美军开始研制和优化反地面防空体系的手段和方法，战场电磁领域的对抗由此产生。实际上，美军在越战前电子对抗技术就已经取得很大进步，但真正装备的部队很少，他们自认为依靠喷气式飞机的高速度就可以规避对手落后的防空武器。但越南战争的现实让他们看到了，单凭机动飞行和速度是无法战胜地空导弹的。美军最初采取了飞机外挂吊舱的方式，将电子对抗设备安装在吊舱内，根据对手情况灵活携带。电子对抗吊舱在1966年开始在战争中使用，到该年年底，随着电子对抗吊舱工作性能稳定，开始显现其在对抗北越防空体系中的作用。在实战运用中，美军设计了一种既有利于电子对抗保护、又有利于战斗攻击的战斗队形，每4架飞机组成小队，由其中1架装有电子对抗吊舱的飞机掩护，整个机群共16架飞机，小队可以独立行动。电子对抗吊舱的使用和战斗队形调整，明显降低了北越防空导弹的威胁。另外，美军还在各作战飞机上安装了雷达寻的设备，能够提醒飞行员北越地空导弹的雷达是否开始工作、地空导弹的射程范围和即将发射的方向，让战斗机在行动上有了更大的自由。越南战争的后期，美军还使用了防御效果较好的敷金属条，敷金属条可以建立一条"敷金属条走廊"或者"敷金属条云"，降低北越"扇歌"式目标捕捉雷达和跟踪雷达的使用效果。

美军还投入大量人力、物力研制专用的电子战飞机，对北越防空雷达实施软杀伤，主要有 EB-66、EA-6A、EA-6B 等机型。其中，EB-66 是美空军早期在越南使用的专用电子战飞机，EA-6A "入侵者"电子战飞机是由美国海军陆战队研制的，专门用来对陆战队攻击机和地面部队进行电子战支援及搜集电子情报。战争后期，美海军研制的 EA-6B "徘徊者"成为最先进的电子战飞机，它的主要特点是采用系统综合接收机对有源干扰系统和无源干扰系统进行管理，保障自身携带的电子战设备对敌方电磁威胁快速反应施放干扰，而不影响本身的干扰信号。这些电子战飞机使用的基本战术有两种：第一种，预先出动进行远距离干扰，一般比轰炸机群提前 5~10 分钟到达北越防空武器射程之外 100 公里左右，在高度 10000 米左右盘旋飞行，对北越雷达实施瞄准式或阻塞式等干扰，掩护轰炸机突击，待轰炸机返航后 10~20 分钟才回撤。通常，每次出动 2 架电子战飞机，每架电子战飞机掩护 10~15 架战斗轰炸机群，同时，每出动 2 架电子战飞机还要有 8 架战斗机为其护航。第二种，与轰炸机混合编队随队干扰，通常按照电子战飞机编队先导，轰炸机群跟进，战斗机实施两翼掩护的突击队形。

几个月后，美军研制装备了专门摧毁北越雷达的"百舌鸟"反辐射导弹，直接对北越防空雷达实施硬杀伤，即 AGM-54，它依靠头部的电子设备，接收雷达波束，能自动寻的，一旦接到"萨姆"导弹雷达信号，能寻着雷达波束飞行将其摧毁，使其防空体系瘫痪。同时，美军还制造"野鼬鼠"飞机来装载使用这种导弹装备，主要使用双座型的 F-105 突击战斗机，每架战斗机携带 4 枚"百舌鸟"导弹，后来使用射程较远的 AGM-76B，并定名为 F-105G "野鼬鼠"。一个"野鼬鼠"编队由四机组成，两架是携带反辐射导弹的"野鼬鼠"F-105G，另两架是携带普通炸弹的僚机。在实战中，"野鼬鼠"编队一般比突击部队提前 5 分钟到达目标区，北越地空导弹雷达一开始工作，即用机载反辐射导弹对其实施攻击，之后，还可以使用僚机的普通炸弹跟进突击，将对方地空导弹压制下去。但是，其实战的效果一直被人们争论，因为很难证明北越地空导弹是否被摧毁。

越南战争成为人类历史上首次大量使用精确制导武器的战争，并开始出现导弹战，导弹战又将战争拓展到电磁空间，武器装备的现代科技份量越来越重，空中、地面、电磁多维空间多种类作战平台相互协同的需求增大，多维空间、多种类作战平台对抗加剧，作战行动更加复杂。在空战场，美空军、海军、海军陆战队各类作战飞机各有各的特点，在空袭作战中基于平台的协同需求也更大，比

第五章　身陷越战泥潭：军种联合步履维艰（1953—1972）

如，海军 EA-6B 作为最先进的电子战飞机通常要为战略空军司令部的 B-52 轰炸机、空军战斗轰炸机提供电子对抗支援，而空军第 7 航空队的战斗机 F-4 等又要为海军 EA-6B 提供空中掩护，海空军的空中力量需要更加密切地协同行动，这一点在越战后期表现得尤为突出。

"扩大战争"草草收场

1968 年初，北越人民军和南越越共武装力量发起大规模"春节攻势"，将战争推向高潮。美军倚仗地面强大的机动力和火力，尤其是发挥空中打击的优势实施反击，北越最终中止大规模进攻行动。从战术的角度看，美国和南越击退了北越的进攻，并造成一定的人员伤亡。但是，北越人民军的强大攻势从政治上和心理上对美国产生了深刻的影响，它打破了许多美国人对战事进展顺利的幻想，使得美国政府不得不重新评估越战。他们不得不承认："我们面对的是一支意志坚决、纪律严明的敌军，他们全民动员，以求速胜。"总统约翰逊的智囊团也提出："美国已无法完成介入战争时设定的目标，我们必须开始采取措施，退出越南。"

1969 年 1 月，新任总统尼克松上任后，国际环境发生变化，多极化趋势明显，苏联趁机扩充军力。面对国内外压力，尼克松对战争政策进行了较大调整，推行将战争"越南化"的策略，逐步把美国地面部队撤离越南，而重点通过扩大空中力量对北越打击的范围和轰炸强度来加速战争进程，同时，继续推进与北越的谈判工作。尼克松的计划是通过将战争"越南化"，让美国人不失颜面地逐步退出战争，并确保南越政权的存续，并安排艾布拉姆斯接替威斯特摩兰担任了驻越军援司令。这一系列变化，标志着美国介入越南战争进入一个新阶段。美军地面部队开始撤出越南，并向南越军队提供武器、物资以及其他援助。到 1970 年末，美国在越南的兵力已经从 56.5 万降至 15 万人。美军的主要行动转向以空袭为主要方式，以加强的空中轰炸行动来弥补地面部队数量上的不足。1971 年全年，美空军对北纬 20°以南重要目标的轰炸又有了缓慢而持续的增长，同时，对越老边境的空中阻滞行动依然在继续。

1972 年 4 月，北越人民军发动"复活节攻势"，这又是一次大规模正规军的地面进攻行动。北越投入兵力多达 12 个师，包括 1200 辆苏制坦克和大型火炮。北越人民军的作战企图是朝着波来古的方向突击，切断南越北部两个省与南越其余部分的联络，为将来攻击西贡开辟道路。在没有美军地面部队支援的情况下，南越部队迅速溃败，到了崩溃的边缘，南越形势进一步恶化。美军联合使用第 7 航空队、第 77 特混舰队和海军陆战队的飞机，支援南越地面军队。第 7 航空队还使用大量高性能战斗机以及专打地空导弹的 F-105 和 F-4 压制北越人民军的地面防空火力，使用大量 B-52 以及战术空运部队输送武器、弹药和食物，以便稳住地面战局。

尼克松决定采取高强度的空中轰炸作为回应。美军再次大规模增派飞机到越南战场，驻扎在关岛的 B-52 战略轰炸机数量从 47 架上升到 210 架，F-4 战斗机的数量也达到 374 架。5 月 8 日，尼克松总统下令展开"后卫Ⅰ"行动。此行动中，美国空军开始动用 B-52 轰炸北越纵深目标，轰炸目的主要是摧毁东北和西北铁路沿线的调车场和枢纽站，以切断外界对北越的支援，然后突击海防和河内周围所有的主要供应区。"后卫Ⅰ"行动比起以前的"滚雷"行动，其主导思想不再是由北越的南部向河内地区逐步推进增大施压的方式，这次空袭的设想是，一上手便直接突击北纬 20°以北的重要目标，要达成的目的是限制外界对北越的供应；摧毁其内部储存的军用物资装备；限制其人员和补给品向战场移动；粉碎北越的作战意志。此次大规模轰炸，美军大量使用 B-52 战略轰炸机，这本身也是美战略空军司令部"弧光行动"的一部分，以图全面利用空中力量，通过全天候空中轰炸的巨大杀伤让北越屈服。B-52 战略轰炸机专门进行了机载武器的优化，提高了轰炸性能，包括针对北越防空雷达的电子战系统、精确制导的弹药，使目标打击精确度大大提高。

在空袭指挥控制上，参谋长联席会议放宽了选择目标、突击强度和使用兵力等方面的自由度，而且能够按照空军人员的主张动用空中力量。"后卫Ⅰ"行动由于使用了大量的 B-52，对 B-52 的指挥控制便成为一个困难的问题。此前数量相对较少的 B-52 主要由战略空军前指统一控制，随着 B-52 数量、轰炸区域和轰炸目标的增多，需要优化控制方法。前期轰炸的控制方法是依据包干区的划分来确定的，包干区Ⅱ、Ⅲ、Ⅳ内的 B-52 轰炸行动，由第 77 特混舰队通过第 7 舰队和太平洋舰队向太平洋美军总部提出；包干区Ⅰ内的目标，由第 7 航空队通过美驻越军援司令部向美军太平洋总部提出。由太平洋总部汇总确定先后顺序后，再将目标名单上报参谋长联席会议。这种筹划决策程序链路太长，不能够满足实际作战的需要。9 月，驻越军援司令部和美军太平洋总部多次提出下放目标选择的控制权。10 月 4 日，美参联会批准了这一要求，将目标选择权下放到太平洋总部，但期限只有十天，而太平洋总部又将指挥控制下放到各军种司令部。这十天内，由第 77 特混舰队直接为包干区Ⅱ、Ⅲ、Ⅳ内的 B-52 选择目标并控制其行动；包干区Ⅰ内 B-52 的轰炸目标由驻越军援司令直接确定。

空中轰炸实施的是多区域、多机型联合突击。第 7 航空队 F-4 战斗轰炸机携带激光制导炸弹轰炸河内附近的发电厂、北越人民军主要指挥机构、无线电台、铁路编组站以及全部主要桥梁。5 月 10 日，16 架挂载"铺路Ⅰ"精确制导炸弹的 F-4"鬼怪"式战斗机在电子战飞机的掩护下，对北越境内的杜梅大桥实施了精确

第五章 身陷越战泥潭：军种联合步履维艰（1953—1972）

轰炸，仅用 22 枚炸弹就炸毁了该桥。5 月 13 日，8 架 F-4 先后投下 26 枚"铺路Ⅰ"精确制导炸弹，炸毁了北越境内的清化大桥，清化大桥目标要比杜梅大桥小得多，并且防护更加严密，这次轰炸也成为精确制导炸弹实战运用最经典的战例。9 月，第 7 航空队还用 F-111 战斗轰炸机利用机载地形跟踪雷达，采取低空大速度突击方式，夜间突击北越机场、地空导弹阵地、铁路调车场和发电厂。另外，使用 A-7 型攻击机在 F-4 的带领下，用目视方法对主要机场进行轰炸。B-52 战略轰炸机不间断地袭击在北越的目标，采取快速临空轰炸和机载电子对抗设备等手段，抵御北越地空导弹的猛烈抗击。B-52 战略轰炸机受天候等因素影响小，在"后卫Ⅰ"行动中被首次用于轰炸北纬 20°以北的目标，包括河内附近的调车场、机场和物资存储区等。为了支援 B-52 的轰炸行动，第 7 航空队出动大量战术部队实施电子对抗和战斗机掩护，F-111 与 B-52 紧密配合行动，F-111 削弱压制北越地空导弹和高炮能力，B-52 实施跟进轰炸。到该年 10 月 23 日，美越双方和平谈判取得了进展，"后卫Ⅰ"行动也基本结束，美国空军已经向越南北部倾泻了 155548 吨炸弹。

"后卫Ⅰ"行动后，双方谈判进入拖延状态，直至 1972 年 12 月，尼克松在总统大选中胜出，美方再次强硬起来，实施所谓"卡脖子外交"。尼克松下令 12 月 18 日到 12 月 29 日展开"后卫Ⅱ"行动，目的是对北越进行最大规模轰炸，为撤军和谈增加筹码。这是二战结束

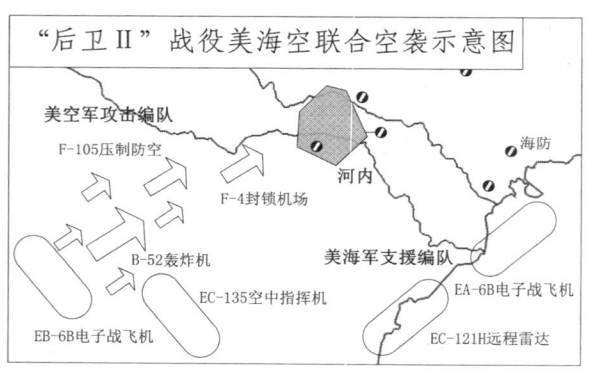

以来美军发起的规模最大的轰炸行动，主要运用 B-52 战略轰炸机和战斗轰炸机，对北越重要目标进行狂轰滥炸，包括扩大打击了之前在河内和海防港受到限制的目标，目的是通过超强度的空对地轰炸行动，从心理上震慑北越军民。B-52 战略轰炸机先后从关岛和泰国乌塔保机场出动 729 架次，对北越心脏地带实施了连续突袭，仅在第一天轰炸中美军共出动了 129 架 B-52，对河内实施高强度轰炸，这也是美军自二战结束以来集结的最大规模轰炸机编队。为了便于指挥，战略空军司令部还将选择攻击方向和撤离航线的权力转交给驻关岛的第 7 航空队。另外，美空军、海军总共出动 303 架战斗轰炸机和航母舰载机实施了 16 次大规模轰炸。伴随轰炸行动的有 1400 余架次的战术航空兵实施空中巡逻、压制北越地空导弹、电子对抗以及多种支援任务等。"后卫Ⅱ"行动针对的是北越不可替代的军事工业中心：首都河内和重要港口海防市，主要突袭目标包括铁路编组站、

仓库、电台、发电厂、变电站、机场、地空导弹阵地和桥梁，美军10天内共计飞行2814架次，向北越投下了1.5万吨炸弹。北越由此损失了80%的发电能力，军事基础设施也遭到较严重破坏。12月27日轰炸结束后，北越方面表示愿意通过谈判来解决问题，尼克松总统在29日轰炸结束后下令停止战斗。"后卫Ⅱ"行动就这样戛然而止。1973年1月27日美越在巴黎谈判中达成停战协议。

这一阶段，美国海军也发挥了重要的作用。一方面，海军舰载机与空军联合实施了对北越的"后卫Ⅰ"和"后卫Ⅱ"行动。另一方面，海军根据总统尼克松的命令，独立实施了对海防港的封锁和布雷计划。这是一场战略性的大规模袭岸战，这一计划由时任海军作战部长的穆勒亲自参与制定，该作战计划于1969年修定完成，其核心就是动用海军，采取袭岸战斗压制和摧毁越南北方港口的岸防和防空配系，保障航空兵或海军布雷作业，实现海上封锁的目的。其中，封锁的重点港口就是海防港，它的日吞吐量达21万吨以上，承担着北越将近70%以上的海上物资进口，而且，大部分是进口军品物资。1972年5月9日至10日美海军的巡洋舰编队和驱逐舰编队对海防港周围的北越主要防空导弹和炮兵阵地实施猛烈炮击。随后，美海军在海防港及其他主要港口布雷，切断了北越对外海运航道，直接减少了北越武器弹药的补给。这一海上作战行动，充当了空中进攻战"后卫Ⅰ"行动的战役前奏。

关于"后卫Ⅰ""后卫Ⅱ"两次大规模空袭行动的效果，当时的美空军指挥官认为"空军的集中突击给敌造成巨大的破坏，使其感到震惊并且打乱了他们的步伐，显然空中力量是导致1973年1月15日签订和平协定的一个决定性因素①"。但是，从战后资料解密看，北越之所以愿意签订和平协议，绝

"后卫Ⅱ"B-52轰炸行动

时间	使用飞机	轰炸波次	轰炸目标	备注
12月18日	129架B-52	3个波次	河内	3架被击落
12月19日	93架B-52	3个波次	河内	
12月20日	72架B-52	3个波次	河内	6架被击落
12月21日	30架B-52	1个波次	河内	2架被击落
12月22日	30架B-52	1个波次	海防	
12月23日	30架B-52	1个波次	河内	
12月24日	30架B-52	1个波次	河内	1架被毁坏
12月25日	—			
12月26日	120架B-52		河内/海防/太原	1架被击落
12月27日	60架B-52	1个波次	河内	2架被击落
12月28日	60架B-52	1个波次	河内	
12月29日	60架B-52	1个波次	河内	

不仅仅是美国轰炸的结果，更重要的是，中国和苏联都希望停战。由于1972年尼克松访华促进了中国开始与美国改善关系，苏联也正急于同美国签署战略武器条约，因此两国都对北越施加了压力，北越才同意在协议上签字。无论美

---

① 威廉·W. 莫姆耶尔：《三次战争中的空中力量》，北京世界知识出版社2014年版，第251页。

第五章　身陷越战泥潭：军种联合步履维艰（1953—1972）

越双方胜负如何，这种持续猛烈的轰炸无疑给北越广大人民带来了难以计量的损失。从军种联合的视角看，这是一场不成功的联合作战。"扩大战争"阶段美军地面部队已大部撤离越南战场，唯一能遏制北越人民军和越共武装力量的手段就是靠高强度、无底限的空中轰炸，而目的也只剩下一个，那就是与北越签订和平协议。这场旷日持久的战争历时10余年，美军先后投入地面部队近50万，作战飞机最多时达到5000架，总投弹量是朝鲜战争的11倍，最终还是以不败而败的结果草草收场。

本章小结

纵观越南战争，美军集诸军兵种优势装备于一身，拥有强大的空中力量和强大的地面快速机动火力，投入使用了多种精确制导武器，发展了专用电子对抗飞机，与装备相对劣势的北越人民军、南方越共武装力量对抗，鏖战十余个年头，最后以主动撤军草草收场，成为美军战史中不光彩的一页。究其原因，既有越南热带雨林与山地复杂战场环境的影响，又有其在整个战争指导上的主观失误因素，更有联合作战体制机制运行还不畅的原因，空中轰炸、地面作战和海上行动没有相互配合，没有形成合力。

美驻越军援司令部实质上是一个置于战区司令部下一级的联合作战司令部，它的上面是已经成立并担负亚太地区防务的太平洋战区司令部。但在实际运行中，驻越援军司令部通常由参谋长联席会议直接指挥，在战略层面造成多头指挥的混乱。在战区海、空军的指挥体系上，海军力量是直接在太平洋战区司令指挥下的独立力量，只能以恰当的方式给美驻越军援司令部提供支援。同样，太平洋空军也是独立于美驻越军援司令部运行，既能为其提供空中支援，又能保持本身的独立行动。这样，作为美军越南战争中的前线最高联合作战指挥机构——驻越军援司令部实际上沦落为一个手头上掌握了少量空中力量的地面部队司令部，对超出南越范围的空中力量和海军的使用都需要向太平洋司令提出支援申请，其联合作战指挥的权威性还不如朝鲜战争时期的远东司令部。

在联合筹划决策上，美军对北越空袭目标的选择权几乎全部集中在白宫，而白宫高层决策者在确定目标时要考虑各种复杂的条件限制，严重制约了空袭作战的效率。目标选择要经过层层审批，首先报给太平洋战区空军，然后依次转报太平洋总部司令、参谋长联席会议和国防部长，最后呈报总统。总统在审批时还要征询国务院、国防部长和国家安全委员会的意见。获得批准的目标再经过5个层次逐级下达到联队，这套目标审批程序造成指令流转时间太长，几乎无法有效地运用到战术空中打击行动。

各军种空中力量的使用分散严重。太平洋战区空军司令强烈要求由空军统一对各军种航空兵实施统一指挥控制，包括确定目标的选择、出动的兵力大小、空域的划分、飞机进入和退出的时间、具体控制的机构以及组织协同。但是，海军并不认为其航母舰载机需要置于太平洋战区空军的指挥控制之下。海军陆战队则要求支援陆战队的所有陆战队飞机以及其他飞机，都要由陆战队的战术航空兵控制系统实施控制。这样，驻越军援司令部只有在少数经过申请的重大紧急情况下，才能对所批准的某些航空兵资源行使控制权。

通过新技术和战术创新，空中作战开始出现基于平台的联合，来自不同军种、不同种类作战飞机围绕同一作战任务协同作战。导弹战开始出现，大量精确制导武器投入使用，军种联合进入电磁空间。近距离空中支援行动运用较为充分，但是，越南战场复杂的山地丛林地貌给近距空中支援带来了很多制约，地面"战术空中控制组"（TACP）视野受限，识别及标定目标极为困难，很难及时引导空中战机攻击。TACP通常只配置在步兵营一级，而很多战斗都是连排级规模，无法获取近距空中支援。近距空中支援的大量运用还促进美军发展了空中管制的理念，空中管制的主要任务是，当大量战机涌入一个狭小空域时，要有序地组织好同一空域多架战机，分配好对地打击目标，防止误伤友军。实际作战中，尽管出现了友军误伤事件，但总体上近距空中支援行动是较为成功的。

第六章 越战后的沉沦：美军痛定思痛大改革(1972—1986)

越南战争的失利使美军进入了一个缺乏自信、沉沦低迷的发展时期，随后又经历多次不成功的军事行动，美军吸取经验教训，以守为攻，医治战争创伤。进入80年代后，美军瞄准世界高技术战争前沿，以"空地一体战"思想为牵引，推进军队全方位改革；军事战略由尼克松时期的战略相对保守到里根时期的强势扩张，"黄金峡谷"一战让美军重拾信心，并激发新军事革命热潮；美军高层继续推进国防机构改革，正式确立军令政令分离型国防体制，战区司令部主导联合作战。

越战后的沉沦与改革

在印度支那的热带丛林里，面对刚刚建立的一个社会主义小国，以资本主义阵营老大自居的美国却身陷战争泥潭10余年，不但没有实现"遏止共产主义在东南亚蔓延"的战略目标，而且在付出战死47434人、耗费5700亿美元的惨重代价后，草草撤出南越。失去了美国靠山的南越，在3年后即遭到北越的全面进攻，南越政权迅速土崩瓦解，越南人民民主共和国实现了完全统一。

越战后相当一段时间里，美国为自身所经受的第一场重大军事失利而在困境中挣扎，人们从战略、战术、军事指挥以及政治领导各个层面对战争进行反思，指出美军存在的各方面弊病。

1. 美军自上至下没有正确地认清越南战争是一场二十世纪的革命战争，北越采取的是游击战与常规战相结合的混合战争，美国是在用一种错误的方式与一个并不熟悉的敌人作战。

2. 美军高层从一开始便忽视了空军的作用，对轰炸行动实施了过多的限制，完全低估了河内的斗志，在复杂的热带雨林地区被动地与对手开展了一场旷日持久的地面战争。

3. 美军高层的文职官员过度干预战术层面的决策，强加在军队身上的条条框框太多，连轰炸目标都要约翰逊亲自拍板，战区层面的指挥官过于软弱、担当不够，导致一线部队无法有效地作战。

4. 更加现代的通讯手段的运用和高级军官可以乘直升机亲临一线督战，造成了对战术行动的过度控制，不可避免地扼杀了连、排、班一级的战场自主权。

5. 在越南为期一年的任职期政策，造成军官、士官与士兵之间刚刚互相熟悉便被调走，这样的政策始终制约着部队团结和作战效力发挥。

6. 美国领导人没有向民众按时定期、令人信服地解释过为何要打这场战争，又该如何打这场战争，导致媒体对战争大肆渲染，扩大了国内的反战势力。

凡此种种因素严重削弱了美军在越南战争的作战能力，或许因素还远不止这些，正是因为战争失利的结局让人们更加负面地看待曾经声名显赫的美军。总之，美国开始对自身承担的世界责任感到困惑，医治越战带来的创伤，迎接未来的新挑战，成为70年代美军发展的主基调。

受越南战争失利的影响，整个70年代美军都处在消极与沮丧之中，其中以美国陆军尤为突出，纪律涣散、士气消沉和战斗力下降，陆军变成一支战斗力极弱的部队。1969年尼克松总统上台以后，就对陆军进行了大幅度裁减，陆军的总兵力从1968年的近160万顶峰锐减到1974年的78.3万，陆军的人员素质、战备与训练都处于最低水平。随着武器装备技术含量增加，部队越来越需要更多受过高水平训练和教育的军官和操作维修各种复杂武器装备的士官。然而，现实情况是，2年服役期满的义务兵大多选择退役，经验丰富的老士官不愿参加越南战争而选择提前退休，越战期间大量短期补充的军官和士官降低了部队整体素质，这些年轻的士官面临着部队士气低落、军官缺少经验、战争不得人心以及敌人难以对付等困难条件。对于军官来讲，战后裁减使职务晋升变得非常缓慢，要花更长时间才能得到提升，这导致了70年代陆军人才的不断流失，大批优秀人员离开了部队，而许多无用之人却留下来。更为糟糕的是，越战后美国陆军出现纪律松懈，士兵素质下降，部队士气消沉等问题，甚至出现很多开小差、吸毒、种族仇恨、犯罪现象，士兵素质下降以及士官经验不足致使陆军部队掀起一股犯罪的浪潮。军官及其随员被部下的士兵抢劫，有的甚至被谋杀。偷窃、吵架和拒绝服从命令的现象不断发生。这一切又导致合格的军官和士官不断地离去，好的士兵也不愿再重新服役。1971年有17.7%的士兵擅自离开部队当逃兵，有26%的士兵没有服满3年服役期。在整个70年代里，陆军很难保质保量地征召到预定数额的兵员。另外，由于战争耗资巨大，战后陆军的预算被大量削减到比战前还低的地步，军队没有足够的经费用于使用现有装备进行训练，战斗力下降到二战以来的最低点。

海军似乎比陆军的境地要好一些，但也面临舰艇遭削减、部队内部种族歧视、经费预算不足以及大量舰艇陈旧等问题。在1968年越战达到高潮时，海军

第六章 越战后的沉沦：美军痛定思痛大改革（1972—1986）

共拥有428艘水面舰艇和146艘潜艇，但是，由于战后政府大量削减造船费用，很多老舰达到适用期的极限，而又没有替代的新舰，到1978年，舰队现有的水面舰艇和潜艇已经减至217艘和119艘。战后海军士气低沉、武器匮乏，状态非常不好。士兵们不安心以舰艇为家，这导致难以保持舰上良好的秩序和纪律，管理的简单化和士兵们多样化的需求、种族歧视、失望的情绪，各种紧张因素综合在一起使矛盾冲突达到爆发点。1972年先后发生了3次舰上官兵的骚乱事件。好在美国决策层的大部分人能够认识到美国始终是一个需要通过海洋与外界联系的国家。所以，无论在越战期间还是战后，海军的发展与改革始终都在进行时，而越战后对美海军来讲重点是推进海军的现代化改革。但是，战后美国决策层面临海军的对内和对外政策确立问题，建设海军的目的以及由此而来的如何建设海军的问题。卡特政府确立的海军的目标是保护美国与欧洲之间的海上交通线，这一海军战略带来的结果是控制海洋而不是投送海基空中力量被列于优先位置，这样美国海军就不需要建造大型航空母舰。到70年代后期，中东和欧洲复杂不确定的形势让很多人看到利用航母投送力量的重要性，与此同时，让美国决策层感到忧心忡忡的是正在不断增强的苏联舰队，苏联水面舰艇和潜艇的数量已经超过了美国海军，并且增强了在欧洲和地中海地区的部署。总之，越战后的10年里，美国海军处在一个缺乏明确战略目标的摇摆状态中。

空军一直是越战中的主力，尤其在后期对美军"有体面"地退出战争作出了贡献。但是，战争中空军自身的损耗也非常巨大。由于北越严密的防空体系，造成美国空军在作战中损失的飞机约有1600架，非作战损失的飞机达2032架，损失额合计92亿美元①。在越战失利的阴影下，空军的发展也面临一系列棘手的问题，包括需要应对不断削减的预算、性别和种族歧视、对人员高度专业化和技术的要求以及应对新的外部威胁和使命任务的挑战。越战后空军内部种族歧视问题也在不断恶化，非洲裔美国人约占空军士兵的7%和军官的0.6%，这些非洲裔美籍士兵的不满情绪日益增强，一些被视为轻视黑人的事日积月累，终于引发了暴乱，1971年5月在加利福尼亚州特拉维斯空军基地发生了4天的种族暴乱。另外，对女性军人的歧视也在空军各个部门上演，不准妇女就任机上服务员和情报、气象、装备维修、指挥塔台等部门的专业职位，更谈不上飞行岗位。战后形势的发展，使空军不得不面临亚洲、欧洲以及中东多条战线上的应对任务，但是，预算的削减导致空军采购的每一种所需武器系统总是难以获得国会批准，空军每个采购项目都要接受国会专业工作人员组成的小组严格审查。尽管国防部的

---

① 引自《越南战争和印巴战争中的空中作战及其教训》，日本航空资料作业队，1973年版。

集中控制增加了发展的困难,但空军还是坚持以技术创新为重点,总结越战失利的教训,空军高层确立以下几条发展原则:一是必须立即获得空中优势,渐进主义是走向灾难之路;二是鉴于预算上的限制,只能通过对技术的大量投入来获得空中优势;三是一些关键技术必须是革命性的,而不是进化性的;四是在首次打击之后,决不能让敌人获得恢复过来的时间,必须有足够的飞机和装备可用于完成任务。

战后海军陆战队像其他军种一样经受了各方面的困境,包括毒品、种族和性别歧视问题,强烈的厌战情绪导致出奇高的逃兵率。1976年陆战队的逃兵率达到了69.2%,是海军的2倍,陆军的4倍,在招募兵员上也遇到了很大的困难。不过,海军陆战队战后面临的最大困境还在于它的作用价值再次遭到质疑。一些评论家认为,在这个核武器时代,大量使用导弹、先进战机和各种新式武器,还需要海军陆战队进行登陆作战吗?何况陆战队还需要独立发展自己专用的舰艇和作战支援飞机,这需要花费更多的军费,1976年发布的一份报告《海军陆战队从此要去向何方?》则准确地反映了这一时期陆战队的糟糕状况。

战后的美国国内经济、政治和社会也面临重重危机,而苏联军力大增,在亚、非地区不断拓展,中国实力也在上升。在国内社会消费和战争花费的影响下,美国经济上出现较严重的通货膨胀,使国防支出下降,人们普遍对国家安全事务的处理方式产生不满,不再支持战争,对政府也失去信任。而此时,苏联武装力量进入了现代化时代。尼克松开始推行"温和"政策,确立与中国接近、对付苏联的"大三角"格局,在军事上确立"现实威慑"战略。"现实威慑"战略历经尼克松、福特和卡特三届政府,其思想是在战略上做一些必要的收缩,调整全球军事部署,充实军事实力,减少海外用兵,力图摆脱被动处境。这一军事战略目的就是要让美军保持守势,认真反省思考,练好"内功"。1972年5月,尼克松政府试图通过签订战略核武器条约来停止与苏联的核军备竞赛,结果只是事与愿违。与此同时,美国的常规部队数量与质量也在全面滑坡,成本飞涨、管理不善和承担技术上的风险等因素阻碍了装备和弹药的现代化进程。1977年卡特就任总统,执行最低限度的防御政策以及非干涉主义政策,但不乏对地区事务的干预活动,1980年开始,美国对以色列、埃及和沙特阿拉伯的武器援助有所增加,以阻止苏联对中东地区的涉足。另外,还获得了印度洋的迪戈加西亚岛的使用权,在那里建立了大型空军和海军基地。

1973年10月中东地区爆发了第四次中东战争,对战双方埃及、叙利亚和以色列使用了大量的高技术武器装备,战争进程推进之快、毁伤效力之巨大,让美军上下为之震动。尤其是以色列在面对中东多国联军东西两线夹击的不利态势下,仅用两个星期时间扭转战局反败为胜,表现出以军很高的训练水平、军事素质和现代化作战能力，深深刺痛了美军神经，相比之下，同样拥有大量先进武器的美军却在东南亚"用一种错误的方式与一个并不熟悉的敌人作战。"美军总结此次中东战争得出了以下一些主要结论：

1. 现代战争的杀伤力比以往使用的任何武器都大，新式武器的杀伤力已经比二战时期提高了十几倍，但战争并不一定造成更大的伤亡，因为防守方会想方设法避免这种伤亡，防御的方式方法正在改变；

2. 现代战争必须具有诸兵种协同的战斗部队，而这种部队需要经过充分训练以提高素质，以及需要得到必要的支援手段，理想的进攻是由坦克、步兵、炮兵和空军密切协同完成的；

3. 战争实践还表明，研制远程空地导弹，对攻击对手防空武器和受到防护的地面目标具有重要意义；

4. 以空军战斗机总数量只有对手的一半，但以空军飞行员的战术技术水平高，装备了先进的空空导弹，以空军的指挥控制系统能够对飞机进行集中统一运用，因此，夺取了战场上空的制空权。

5. 地面和空中部队能够在更长时间内更快地实施机动，并具有更强大的火力，这给快速机动作战中的指挥造成更大的困难。

6. 现代战争的高消耗需要快速高效的后勤补给能力，迅速补充作战的损失。

7. 电子战再次成为战争的一个新特点，首次在两支机械化部队间大规模使用电子战设备，无线通信更容易被敌人干扰或更容易被窃听；

8. 训练对于在现代战场上生存和取胜至关重要，交战双方谁的部队训练得更好，谁的战斗力就更强。

总之，第四次中东战争速战速决的模式让美军高层认识到自身的差距，在现代战争的作战观念与作战方法上美军已经落伍了，推进军队改革势在必行，以陆军上将威廉·杜普伊为代表的少数高级将领成为这场军事领域改革的急先锋。

同一年，威廉·杜普伊出任新成立的陆军训练与条令司令部司令，该机构的职能就是研究与制订新的作战方法，并用新方法训练部队，这便自然成为陆军改革的策源地。尽管当时美国军事战略采取缓和的政策，但杜普伊将陆军改革的着眼点放在发展新战术上，要从根本上解决先进武器与人的有效结合问题。中东战争已经非常清晰地表明了掌握如何高效运用大量高技术装备的重要性，而美国陆军在这一点上依然是陈规旧套。人与武器装备有效结合的关键在于研究如何将大量高技术装备进行科学的配置和使用，这需要进行军事理论上的创新改革。杜普伊还得到了战术空军司令部司令罗伯特·狄克逊的鼎力相助，因为空军负责对地面部队提供战术空中支援，这一点使得美国陆军的改革融入了更多军种联合的优势。杜普伊的改革还得到陆军内部部队司令部——专门掌管部队训练的执行机构，以及陆军各兵种高级军官的支援合作，这场大改革已经成为美军上下一种自发的行为，因为大家拥有共同的目标，那就是打赢下一场战争。

美国陆军改革的切入点和核心是改进作战方法，从中东战争得到的经验教训，杜普伊开始研究制定一种强调以少胜多的作战理论。1976年7月，陆军颁布FM100-5野战条令《作战纲要》，这里面集中了杜普伊和陆军改革先锋们主要的作战思想。条令总结吸收了大量中东战争的经验与教训，彻底摒弃了越南战争中以步兵和空中机动作战为主的传统方式，将使用大量高技术武器的军兵种合成作战纳入作战条令，提出了很多新的战术思想，强调武器系统的火力和对技术的实际应用，使军事思想发生了革命。例如，首战获胜至关重要，因为，新武器的速度已变得更快，战争的进程也将更加迅猛，部队还没有来得及找到对付这许多种新武器的方法，战争就几乎要结束了。现代战争还表现出复杂性的惊人提高，地面和空中部队能够在更长时间内更快地实施机动，并具有更强大的火力。战场空间已扩大到太空和水下作战，多军兵种武器装备射程、杀伤力和机动性成数倍增长，这给指挥造成了更大的困难。如果你比敌人速度更快、协同更好，就能够快速地集中兵力。另外，现代战争还将是以诸军兵种合成战斗队的形式作战，这样才能从优势的新武器中获得最大效益。

为了应对现代战争日益增强的复杂性、强度和杀伤力，纲要还强调用"任务式命令"和指挥官的"作战企图"为手段，来综合指挥官需要协调的多头绪的行动任务，也就是，高级指挥官简单明了地表述想达到的目标，然后由参谋和下级指挥官们自己制订各自的计划，而不需要高级指挥官将所有的细节都交代清楚。为了确保高级指挥官"作战企图"得到贯彻，纲要还提出一套行动的方法，当不同类型的部队前往某一地点执行攻防任务时，就可以按照纲要和配套的详细条令去做，包括采用的战斗队形以及需要的时间等。

杜普伊还在1976年版《作战纲要》中特别提出了陆军"积极防御"的新观点，引起了大众的关注与争论。70年代后期，美国所承担的主要军事义务在中欧，在那里，北约部队面对的是人数占优势的华约部队，所以，杜普伊提出军事上应采取"积极防御"的原则，此原则的本质是充分利用防守者的优势，通过己方在战场上的机动打乱敌人的进攻计划，并使之按己方能集中最大火力给予打击的方法集中其大量兵力。为了实现"积极防御"，杜普伊强调要了解敌人、观察战场，在关键的时间和地点集中兵力，一旦敌人将主力投到己方预有准备的防御上，就可以以最强大的火力歼灭敌方的有生力量，而还可用足够的剩余兵力发动一场成功的进攻战。

对1976年《作战纲要》的反对意见也是非常多的，包括对首战取胜观点的批评，因为这一点在过去从未看得十分重要；对"积极防御"观点的批评，认为"积

第六章 越战后的沉沦：美军痛定思痛大改革（1972—1986）

极防御"的"积极"意味着美国的机动部队反击可能要进入东欧地区，会造成战略上的冒险，另外按此观点，除去防御华约部队需要相当数量的防御力量，这会导致用于积极进攻的后备部队缺失；还有很多人不能认识到集中的兵力在强大炮火打击下的脆弱性，不相信己方能够清楚掌握华约部队的主要突击方向，等等。尽管有那么多的争论和批评，1976年版《作战纲要》为美军摆脱越战失利阴影打下了基础，它将军事战略和战术思想推上一个新的高度，那就是开始致力于打一场高技术战争。

要打造一支适应新的战争样式的部队，按照《作战纲要》所明确的理论原则推进部队革命性的变革，首先需要采用革新的训练方法。唐·斯塔里曾经是杜普伊推进改革的重要助手，他在1977年接任训练与条令司令部司令一职，改革了训练质量标准的规定，越战前是采取以时间为标准训练部队的方法，即刻板地划分各项训练内容的时间要求，人员和部队在规定的时间内完成规定的任务之后，就可以进入下一阶段的训练，战争的实践表明这种训练方法效果难把控。改革后美陆军确立了以实际表现为标准的训练方法，这种方法要求部队在进入下一阶段的训练之前，必须证明它们有能力完成这一阶段大纲中的一项任务。例如，士兵在展开使用武器的战术训练前，必须具备精通该武器的能力，通过逐个抓训练质效促进战斗力的形成。陆军还通过"陆军训练与考核大纲"把训练制度化，与全志愿兵役制相结合，任何一名军人达不到标准，便会断送自己的军队生涯，这一制度化改革实现了让想打仗的人去打仗，让会打仗的人去打仗。

在越战中，美海、空军面临的战场复杂性要比陆军低得多，受到的损失也相对较少，因此，对改革的需求不是那么迫切。但是，各军种依然根据自身面临的问题推进改革事业。空军的改革幅度仅次于陆军，海军改革幅度最小。空军在作战方法、武器装备以及部队训练方面探索改革的路子。例如，在飞行员的训练方法上，空军在1975年之后开始探索使用许多模拟各类空对空武器的电子装备，启用接受过敌军军事理论、战术原则等方面特殊训练的飞行教官，让己方飞行员在至关重要的初期进行较为逼真的对抗训练来快速提升入门水平。海军强调飞行员要进行逼真的训练，让教官扮演敌方飞行员并驾驶按敌机改装的飞机飞行，以此来提升己方飞行员的训练水平。

美军还认识到营以上高级指挥军官缺乏必要的准备，常常是导致作战失利和伤亡惨重的主要原因，要打赢下一场战争，就必须对高级军官实行再培训再教育，教育的重点是要高级军官能够适应在欧洲和中东与华约部队进行现代机械化战争。比较严峻的现实是，整个50年代、60年代美军高级军官教育几乎处于关闭状态。1976年，美陆军军事学院院长德威特·史密斯，制定了一系列军官教育改革措施。他下令将作战推演同已经得到加强的战役法训练，纳入军事学院的课程。许多著名的军事模拟专家，包括吉姆·邓尼根等，都加入到陆军军事学院，帮助开设战区级作战模拟课。陆军军事学院还将制订作战计划和作战模拟的手段提供给部队指挥官。海军军事学院执行的是舰队战备训练计划，舰队指挥官率领下属指挥官和参谋军官到海军军事学院，通过逼真的作战模拟来检验海上作战计划，提高理论水平和作战筹划能力，学院教员、舰队指挥官及参谋军官互教互学，研究当今世界所面临的军事问题。

针对越战士气低落和纪律松懈问题，美军实行了全志愿兵役制，军队招录人员是通过志愿报名而不是强制招募的方式，部队与个人双向选择。但是，这一制度在实行之初并不顺畅。美军历史上大多数时期，战时主要依靠志愿兵作战，平时主要依靠志愿兵作为兵员。从一战起至越战结束，美军采用的是征兵制，征兵制征召的大多数是义务兵，义务兵服役时间短，带来一系列制约战斗力的问题。总结越战教训，美军于1972年结束了征兵制，采用志愿兵制度。新的志愿兵役制度可以提高志愿人员的薪金，但面临的问题不少：二战时期入伍的很多有经验的士官因年龄已退役，剩余的年轻志愿兵中很多都是越战中"速成"的士官，素质不高；社会上敌视军队的态度，增加了招兵工作的难度，军队不得不降低招兵的标准，这导致兵源素质的下降；越战遗留问题，如吸毒、种族敌视、士兵家属等问题，与废除征兵制带来的问题交织在一起，使情况变得更加复杂。不过美军也积极地采取一些措施解决这些问题。例如，对士兵进行定期和不定期检查，如果发现吸毒者给予严肃处理，对志愿兵进行解雇；对种族歧视问题采取种族混编方法；在招兵方面，海军和空军可以提供更有吸引力的工作，从而招到更优秀的新兵，陆军招兵的难度依然很大。总之，整个70年代美军的兵役制度改革进展不够顺利，面临的困难很多，客观上影响了其改革的效益。

中东折戟信心再遭挫

受越南战争失利以及美国家军事战略收缩的影响，整个70年代美军控制对外用兵。到70年代末，卡特政府以及后任的里根政府开始增加对外军事干预行动，重点是针对中东及北非事务。美国之所以对中东及北非地区感兴趣，首先源于其在经济上尤其在石油上对该地区的关注程度，同时部署在地中海的美海军第6舰队以及希腊与土耳其控制着北约的南翼，随时可以染指该地区事务，掌握中东及北非还能够为传统盟友以色列提供支援。从70年代末，美军展开了多次对外军事行动，效果均不佳，其中，尤以伊朗解救人质行动中途夭折的影响最恶劣，让美军再遭挫折。

1978年伊朗爆发革命，什叶派穆斯林领袖阿亚图拉鲁·霍梅尼获得了国家

第六章 越战后的沉沦：美军痛定思痛大改革（1972—1986）

领导权，结束了沙王礼萨·巴列维多年的统治。新的伊朗政府从一开始就对美国充满着敌视，这让驻伊朗的美国侨民感到不安。1979 年 3 月，卡特政府派遣一个航母战斗群至阿拉伯海，以表示一种威慑性的存在，这更激起了伊朗民众的反美情绪。11 月美国驻德黑兰的大使馆遭到激进的学生袭击，66 名美国人被拘禁。针对事态变化，卡特政府又派遣一个航母战斗群驶往阿拉伯海。17 日，伊朗释放了 13 名人质，随后，又有一个美军航母战斗群开赴阿拉伯海。同时，美国围绕人质展开的外交斡旋均无结果。到 12 月 8 日，时间已经过了将近 5 周，人质仍然没有获释的迹象，卡特总统决定展开解救人质的"鹰爪"行动。

伊朗人质事件美军联合行动

1980 年 4 月一个涉及陆、海、空三军力量的联合救援部队组建完成，它包括陆军的"三角洲"特种部队、突击队、防空专家与海军陆战队飞行员和机组成员，另外还有空军飞行员以及 6 架改装的 C-130 运输机。救援行动采取秘密渗透的方式，整个行动设计十分复杂，首先，中央情报局的两名特工在距离德黑兰 490 公里的沙漠中建立一个代号为"沙漠一号"的降落点。随后，由空军 6 架改装的 C-130 运输机搭载"三角洲"特种部队、游骑兵突击队员与行动所需的燃料、设备从阿曼附近的马西拉岛出发，与此同时，海军陆战队飞行员驾驶 8 架 RH-53D"海上种马"重型直升机从停泊在阿拉伯海的"尼米兹"号航空母舰上起飞，两支机群采取超低空飞行方式，在"沙漠一号"降落点会合。接着，在 C-130 为 RH-53D 直升机补充燃料后，RH-53D 直升机将"三角洲"特种部队和部分游骑兵突击队员运送至更靠近德黑兰的"沙漠二号"地点。这些救援队员将在第二天乘坐由中情局特工事先准备好的卡车强行攻入德黑兰，然后分兵进入使馆和外交部解救人质，另外，由一支游骑兵突击队员攻占德黑兰南方 56 公里的曼沙里耶机场。人质解救后，突击队员带领人质搭乘在市内不同地点降落的 RH-53D 直升机离开德黑兰飞抵曼沙里耶机场，将直升机抛弃，转搭飞来的 C-141 运输机撤离伊朗。

尽管经过了为期 5 个月的临战训练,但是,4 月 24 日行动开始后美军任务兵力就面临一系列差错。8 架 RH-53D 直升机起飞不久就先后有 2 架出现机械故障,另外 1 架遭遇沙尘暴后也出现导航系统故障,剩余的直升机数量已经不能满足需要。此时,"沙漠一号"降落点现场一片混乱。现场指挥官难以指挥,不得不中途取消任务。不久,在准备撤离过程中 1 架 RH-53D 直升机与 1 架负责加油任务的 C-130 运输机相撞引发巨大爆炸,直接导致 8 人死亡,惊魂未定的美军人员只得丢下直升机和阵亡人员,搭乘 C-130 运输机仓皇撤离。"鹰爪"行动就此夭折,亟待解救的 53 名人质直到第二年才通过外交途径得以归还。

不可否认,这是美军一次大胆而富有想象力的军事救援行动,但是,其参战力量最终在狼狈不堪中撤退,引来国内民众的一致批评。这次不成功的军种联合行动暴露出美军这一个时期在武器装备、联合训练、军心士气以及联合计划制定等方面存在的严重问题。由于军费削减导致装备更新不够,临时征用的 RH-53D 只是海军的常规直升机,并不适合远距离的特种作战,飞行员也不具备在复杂地形或气象条件下进行超低空渗透的能力。平时缺乏常态运行的联合训练机制,临战前的训练由于担心被苏联侦察卫星发现而放弃了很多必要的模拟演习,导致诸多意外情况未被考虑到。联合计划人员对伊朗的沙漠地区气象掌握不准确,在制定计划中没有充分考虑各种突发情况,计划行动过于复杂,又没有准备应对的预案。最后一个问题是,在这次联合特种作战行动中没有形成统一指挥,是临时拼凑的指挥系统,现场各军种人员分工不明确,导致指挥混乱。

二十世纪 80 年代初,以美国为首的多国力量频繁涉足中东事务,但屡次遭挫。1981 年 7 月 24 日,在美国的调解下,以色列和巴勒斯坦签订了停火协议,但停火只维持了 10 个月左右。1982 年 6 月 6 日,巴勒斯坦解放组织使用火箭弹攻击以色列北部,以军随即展开地面攻击,强行进入黎巴嫩实施报复。6 月中旬,以军包围了西贝鲁特,开始对巴勒斯坦和叙利亚部队为期 3 个月的围攻。8 月,在美国的斡旋下,巴解组织和叙利亚部队同意撤离西贝鲁特,并由美法意三国联合部队维持秩序。该月 24 日美海军陆战队第 32 两栖攻击群抵达贝鲁特附近的地中海海域,800 名海军陆战队员登陆贝鲁特执行维和任务,直至巴解组织撤出西贝鲁特。

1982 年 9 月 14 日,刚刚当选的黎巴嫩总统贝希尔·杰马耶勒被暗杀。9 月 15 日,以色列军队进入西贝鲁特。黎巴嫩的长枪党在随后的 3 天里大肆屠杀巴勒斯坦人。9 月 22 日,美第 32 两栖攻击群奉命再次进入东地中海。美军为首的多国部队重返贝鲁特,第 8 海军陆战队司令部 1 营以及一个营级登陆群进驻贝鲁特国际机场。1982 年 9 月至 1983 年 1 月,2 艘航空母舰先后抵达黎巴嫩海域支援海军陆战队登陆。1983 年 5 月 17 日,黎巴嫩、以色列和美国在撤军准备方面

第六章　越战后的沉沦：美军痛定思痛大改革(1972—1986)

达成共识并签订撤军协议，但叙利亚拒绝撤军。同年 12 月 3 日，2 架飞越黎巴嫩的美军 F-14 战斗机被叙利亚防空炮火击落。12 月 4 日，"独立"号与"肯尼迪"号航母上的战机起飞对叙利亚实施报复，行动中，又有 2 架战斗机被击落，1 名美国飞行员被叙利亚俘虏。

此后，美国驻外机构也连续遭到恐怖主义袭击。1983 年 4 月 18 日，美国驻西贝鲁特的大使馆遭到恐怖袭击，63 人丧生。同年 10 月 23 日，恐怖分子实施汽车炸弹事件袭击了驻扎在黎巴嫩机场的联军司令部大楼，巨大的爆炸导致美军 241 名海军陆战队员丧生。同时，叙利亚和黎巴嫩穆斯林势力给黎巴嫩政府施加越来越大的压力，要求废除 1983 年 5 月 17 日签署的协定，最终黎巴嫩政府接受了穆斯林势力的要求，宣布中止这个未曾实施的协议。美国海军陆战队只得全部悻悻撤离。

1983 年美军还在北非地区还进行了其他一些军事行动，但总体上比较保守，重在实施空中巡逻监视任务，显示军事力量的存在，减少因冒失带来的不必要损失。2 月至 8 月，美参联会派遣空中预警机部队前往埃及实施代号为"早期召唤"的军事行动，行动目的是监视利比亚对苏丹的空中威胁活动。8 月份，针对利比亚对乍得政府的控制，美军展开了代号为"旱地农夫"的军事行动，派遣预警机和战斗机前往苏丹以支援乍得南部政府，此外，"艾森豪威尔"号航母的舰载机也参与了空中巡逻任务，这次军事行动没有投入实际作战。不过这一年的下半年，一场较大规模的军事行动在加勒比海地区爆发，这就是美军入侵格林纳达行动，代号"暴怒"。

格林纳达是加勒比海南端的一个独立小国，面积只有 345 平方公里，人口约为 11 万。1979 年 3 月 13 日，莫里斯·毕晓普通过政变掌握政权，并开始在加勒比岛建立社会主义制度，奉行亲苏政策。1980 年之后，古巴还在格西南部建造大型现代化国际机场，对美石油运输线构成威胁。1983 年 10 月 12 日，格林纳达发生军事政变，莫里斯·毕晓普被软禁。10 月 19 日，格林纳达的混乱达到高潮，毕晓普被枪杀，格军司令奥斯汀宣布由 16 名军人成立革命军事委员会，该岛处于一片混乱之中。20 日，美国最高指挥当局召开"特别形势组"会议，决定利用营救 800 余名美国留学生为借口，对格林纳达动用武力，拔除这颗眼中钉。

1983 年 10 月，由"关岛"号两栖直升机登陆舰等舰船组成的美军第 22 海军两栖攻击群受命驶向格林纳达。与此同时，美国本土的陆军游骑兵部队和第 82 空降师伞兵部队做好待发准备。由"独立"号航母、5 艘驱逐舰以及补给舰组成的特遣队也受命驶向格林纳达。担负进攻任务的地面部队共约 7200 余名，包括美国海军陆战队 1200 人、陆军游骑兵部队 700 人和美军第 82 空降师 5000 人、加勒比海邻国部队约 500 人。整个"暴怒"行动由美海军第 2 舰队司令梅特卡夫中将指挥。格林纳达方面,当时在岛上的守军大约有 1200 名格林纳达人民革命军和大约 630 名古巴的军事工程人员、古巴军事顾问 150 人,以及其他国家支援人员 100 余人。另外还有格林纳达准军事力量 2000 人。23 日,美军两个海上编队抵达格海域,在格岛周围建立 50 海里的海上封锁区,切断该岛同外界的海上联系,陆军部分部队进驻格周边前进基地,美军计划采取两栖和空降方式从三个地点实施强登陆,进攻计划将格林纳达划分为两个作战区域,东北部由"关岛"号两栖攻击群的海军陆战队实施登陆,西南部由陆军游骑兵实施登陆。登陆部队建立桥头堡后,第 82 空降师进入并在全岛展开,主攻方向是岛南萨林斯。

25 日晨,美军从海上、周边基地、国内三个待运点乘直升机、运输机在格岛实施突然的伞降和机降着陆。首先是海军陆战队第 1 直升机突击部队从"关岛"号两栖直升机登陆舰起飞攻击珍珠机场,"海眼镜蛇"攻击直升机提供火力支援,几个小时后,击溃该机场和格伦维尔镇守军,之后,400 余名海军陆战队员抵达珍珠机场。与此同时,陆军游骑兵部队乘 C-130"大力神"运输机在萨林

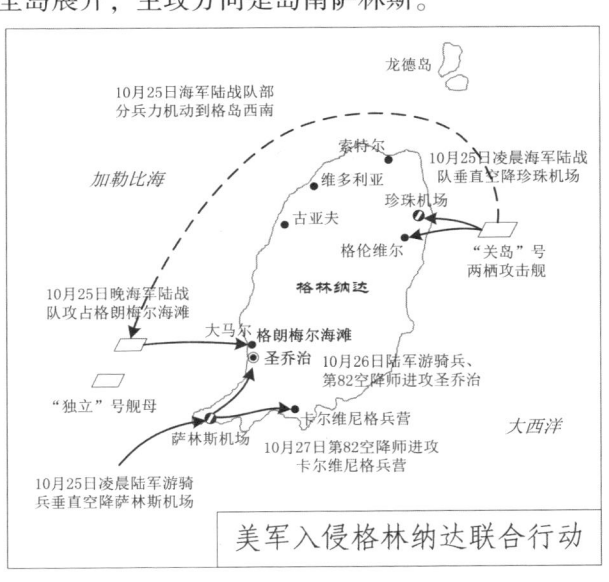

美军入侵格林纳达联合行动

斯机场实施空降,由于受到高射炮火袭击,游骑兵不得不实施低空跳伞,清除地面障碍后,第 82 空降师 2 个营先后机降着陆,随后,在海军 A-6、A-7 和空军 AC-130 的火力支援下,登陆部队集中火力摧毁机场附近的格军抵抗据点,至中午已经完全占领萨林斯机场。25 日晚,一部分机动至格岛西南的海军陆战队乘坐两栖登陆车和坦克,从坦克登陆舰出发实施冲击登陆,迅速占领圣乔治以北的格朗梅尔海滩。此外,一支海豹突击分队空降至圣乔治附近,攻击政府大厦和电台。当夜,大量后勤飞机在萨林斯机场卸载补给物资。第 82 空降师主力部队在该机场被完全控制后开始实施登陆,部队与重武器装备不断加入攻击。26 日清晨,在海军陆战队重型装备的支援下,游骑兵部队和第 82 空降师开始对圣乔治附近的古巴部队和格军据点发动总攻。26 日晚,第 82 空降师第 3 旅在岛上展开部署。27 日早上,陆军游骑兵部队和海军陆战队在"独立"号航母舰载机的近距

第六章　越战后的沉沦：美军痛定思痛大改革（1972—1986）

离支援下，攻击有重兵把守的几个监狱要点。第 82 空降师在海军炮火与舰载机支援下，攻击萨林斯东和卡尔维格尼军营。到 11 月 2 日，所有的军事行动都基本达成目标。3 日，格林纳达守军宣布投降。在整个军事行动期间，空军第 8 航空队从本土派出了 KC-135 与 KC-10 空中加油机提供燃料补给。美军总共用 60 个小时占领了全岛。美军共有 18 人阵亡，116 人受伤；格林纳达和古巴的守军有 36 人阵亡，66 人受伤，655 人被俘。

总的来讲，美军入侵格林纳达行动是成功的，但是，战后美军总结的教训有以下两点：第一，情报工作不完善。对格林纳达人民革命军战斗力估计不足，如在萨林斯机场的抵抗强度远超出预估；情报部门制作的战场地图等资料需要使用飞机才能被可靠地送到部队，缺乏快速传输手段。第二，缺乏统一协调的通信系统。各军种参战部队缺乏充分的行动计划、训练、实战演习，没有正规的通信程序，以及不同网络间通信的安全密码，致使行动中无法有效进行协同通信，如北部海军陆战队与南部游骑兵部队不能通信，双方不互通支援；地面部队需要通过商业电话才能间接呼叫空军 AC-130"空中炮艇"的火力支援，此战促进了美军开始重视发展跨军种的通信能力。

"空地一体战"牵动军力提升

1980 年罗纳德·里根就任美国总统，提出新"灵活反应"战略，强调依靠经济实力和技术基础重获对苏军事对比优势，并以新武器、新技术扩充军备，美军对外军事行动频度增加。80 年代初军事行动再次暴露的诸多问题，促使美军继续加大军队改革力度，特别是加大军费的投入。整个 80 年代美军用于国防的费用将近 3 万亿美元，比 70 年代多出 8000 亿美元，平均每年经费 2900 亿美元，每年巨大的军费开支中将近 40%用于提高各军种部队作战能力，包括购买更新高技术武器装备、提供充足的训练经费，剩下的经费中超过 10%的经费用于新式武器的研发，超过 10%的经费用于增加战略武器，还有大量经费用在提高军人待遇上，大幅提高军队退休人员与伤残军人的退休金，提高志愿兵的薪金，从报酬、医疗、住房、外出率和社区或家庭服务等方面大幅提高军人待遇，这项关键性的改革措施在后来的海湾战争中被证明是成功的。另外还增加了国民警卫队与后备役部队的费用。大量军费的投入给美军 80 年代的改革提供了强劲的动力，改革目标是建设一支高水平全职业化的军队。

基于 70 年代对新战争方式的探索，美陆军与空军逐步找到最佳的协作方式。1981 年美陆军训练与条令司令部司令唐·斯塔里提出"空地一体战"的概念。"空地一体战"的核心思想是谋求同时使用陆军、空军部队迅速果断地将敌军分割歼灭，以陆军的机动部队快速突入敌方纵深地域，空中力量与陆军前沿部队协调一致战斗，在前线占有足够的火力优势，进攻并突破敌方后方地域。这是美军第一次以作战概念的形式整合跨军种的能力，是其自认为的作战能力新增长点。1982年，美国陆军再度颁布修订后的《作战纲要》，正式将"空地一体战"思想纳入条令，提出利用空地一体作战，全纵深打击敌方的作战思想。该纲要指出："未来战役和战斗的实施地域及持续时间可能超过以往的任何军事行动。在这种战斗中制胜，需要完全统一行动和周密地协调空中与地面的行动。必须在战斗中始终保持和使用战斗力中的每一项要素，并且有效地协调诸军兵种的行动。"[1]纲要还提出陆军作战应遵循"主动、纵深、灵敏、协调"四大原则，为陆军提供了如何在实力处于劣势的情况下作战并且获胜的理论依据，它更加强调机动，攻击敌后方地域纵深，使用远程火力，以及在战场上控制作战部队，更强调人在战争中的作用，而且进一步强调战争的战役级，主要实施师以上规模的作战。1982年版《作战纲要》相比1976年版在内容上更加清晰，为陆军发展确定了更明确的目标方向。"空地一体战"作战思想自1982年开始，在陆、空两大军种首脑的密切协作下得以实施，围绕这一作战思想，两大军种集中精力联手研究了约30个建设项目清单，并将这些项目变成现实，两个军种做到了抛弃本军种利益，立足于最好地为国家利益服务，加强了各个层次上的合作。1986年美陆军再次颁布修订《作战纲要》，进一步澄清了"空地一体战"思想的原理，包括论述了现代战争的结构、战斗力的发展变化，让人们理解了为什么实施"空地一体战"。例如，在战斗力的产生上，此版纲要指出"战斗力的产生，要求通过在决定性的时间和地点集中力量采取的协调一致的猛烈行动，将部队、资源和战术机会的潜力转化成实际能力[2]"，此版纲要还明确区分开"空地一体战"战役和战术层面作战行动，更易于部队理解和执行。"空地一体战"概念是美军开始建立联合作战理论的标志，此理论也开启了美军在80年代更大力度的改革。

美陆军针对现代战争对快速机动作战的新要求，高度重视装甲战车的发展。先后发展了以M1、M1A1、M1A2为主的第三代主战坦克，这些新型坦克普遍采用较为先进的火控系统、电子系统，装备了进攻效能更大的火炮，安装了先进的车长热成像观瞄仪和定位/导航设备。陆军直升机也得到进一步发展，先后研制装备了AH-64型"阿帕奇"式攻击直升机、AH-1型"眼镜蛇"式攻击直升机、OH-58D侦察直升机、"先锋"直升机、UH-60"黑鹰"通用直升机等。为了从技术手段上加强陆军与空军的联合行动，陆、空两军种联合研制了E-8C联合监视目标攻

---

[1] 美国陆军FM100-5号野战条令《作战纲要》(1982年版)，1983年，第20页。
[2] 美国陆军FM100-5号野战条令《作战纲要》(1986年版)，1987年，第18页。

第六章 越战后的沉沦：美军痛定思痛大改革（1972—1986）

击雷达系统飞机，它是一种有 4 个引擎的空军雷达飞机，美国空军负责研制 E-8C 飞机以及相应机载雷达、空对地通信系统等，陆军负责研制地面站组件。这个系统可以与指挥、控制、通信和情报设备一起操作，其作用是提供近实时的地面广阔区域监视和远程目标攻击，以便向地面和空中指挥官提供战况发展和目标变化的情报信息，协调陆、空军的作战行动。

为了推进高技术武器快速生成作战能力，陆军在 80 年代初建立了"陆军国家训练中心"，该中心旨在用逼真的部队和装备再现地面战，并详尽地记录它所做的一切，让部队在实战对抗中提升作战能力。"陆军国家训练中心"设在阿尔温堡，这是一个位于洛杉矶与拉斯维加斯中间沙漠地域的训练场，2500 多平方公里，可同时供蓝方陆军师的 2 个营规模兵力以及 1 个师属旅级支援部队实施模拟对抗训练。训练中心还专门成立上千人的红方部队，逼真模拟苏军 1 个近卫团的兵力，使用苏军的武器装备和作战方法，按实际对抗结果决定胜负，训练效果与实战非常相似。训练结束后，"国家训练中心"对部队在演练中的优劣表现进行详尽讲评，对每一级指挥官进行专门的讲评。"陆军国家训练中心"还研发使用了"军队综合激光作战系统"，1981 年首次用于步兵武器，该系统安装在现行陆军的单兵或装甲车辆上，射击端发射激光束，被射击端安装接受系统，可以真实地模拟地面作战中的射击过程，中心还从技术上解决了模拟炮兵间接火力、航空兵空地打击的问题。中心指挥部还可以收集激光射击信息供讲评分析使用，流动摄像组把训练情况录入胶卷，可以较详尽地记录训练过程。80 年代先后对 100 多个陆军营级分队进行了实战训练。1987 年陆军还在堪萨斯州利文沃斯堡开展军、师两级指挥官及其参谋人员的计算机模拟对抗训练，红方按照敌军实际作战原则实施作战，蓝方军、师级指挥官采取理论研讨和指挥所演习方式实施训练，按实际对抗结果决定胜负，提高战役级指挥官的筹划指挥能力。

在"空地一体战"理论影响下，美国空军加强了与陆军的联合力度，制定了《空中机动作战》《空中战斗骑兵旅》等作战条令，把空地联合纳入条令，例如条令中指出"空中遮断的重心阶段的划分以及更为重要的是实施遮断的时机，可为地面部队提供充分的时间或机会，以夺取并保持主动以及赢得胜利。"这说明了空军已经将军种联合思想纳入作战法规，并且，空军的飞机速度快、作战范围广、具有通用性和快速反应能力，能够用于应对全球范围内的地区危机，空军得到国防部的经费支持。针对越战中空军飞机损失严重的问题，美国空军开始发展能够争夺空中优势的战斗机、能突入苏联的现代化轰炸机、更多的具有隐形性能的飞机、威力更强的地面攻击机、空中预警和控制飞机以及更多的精确制导武器、电子对抗系统、空中作战管理系统等，还须由一个有效的 C_3I 系统连接在一起，以战胜敌空军和取得空中优势。

在此战略背景下，美空军大力发展高技术空中武器装备。到 70 年代后期，美空军已经拥有了新一代作战飞机 F-16、F-15 和 A-10。80 年代在里根政府的支持下，空军还秘密生产了 F-117A 和 B-2 隐形飞机。其中，隐形飞机是充分吸取越战惨痛教训的产物，空军认识到隐形飞机可以在不被雷达发现的情况下单独进入目标区，对敌方重要价值目标实施轰炸或摧毁，大大提高了己方的生存概率。第一种隐形飞机为 F-117，是一种轻型的隐形战斗机，1982 年交付空军使用，该机采用超强的防雷达波材料和身体结构设计，并具备更高的投弹高度，可携带近 1 吨的激光制导炸弹、反辐射导弹等武器。另外，美国空军还秘密地开始研制 B-2 隐形战略轰炸机，该机不但隐形还有载弹量大、航程远等优势。这样，到 80 年代末，美空军将拥有 4 种远程轰炸机，包括 B-52、F-111、B-1 和 B-2。空军还装备了 E-3C 预警与控制飞机，作为载有远程雷达的空中控制中心，依托这一系统就能够迅速识别所有敌我飞机，高效地控制空战活动，防止己方飞机之间的误伤。美空军新研制的 E-8C 联合监视目标攻击系统，通过安装在飞机腹部的雷达对地面部队进行跟踪，系统还能与地面雷达实现通信联络，既可以为空对地打击提供目标情报，还可以辅助地面指挥官对部队进行调动，该机是美军空地联合的关键装备。

为了从远距离以外对敌实施攻击，而自己又不被敌人发现，美空军在 80 年代还致力于发展超视距空空导弹，主要是 1982 年开始研制的 AIM-120 空空导弹，该型导弹在 1985 年开始试飞，但是在这一时期，研制超视距导弹面临的问题很多，对超视距敌方目标的发现与识别有难度，敌目标可能会对超视距导弹实施有效电子干扰。80 年代美空军还大力发展了机载传感器用于准确掌握地面情况。随着飞机速度的一代代提升，飞行员用来发现地面目标并对其成功攻击的时间越来越短，尤其在夜晚和恶劣气候条件下，飞行员几乎无法攻击地面目标。大多数机载传感器使用红外(热)探测手段，让飞行员能透过浓雾、尘土和夜暗看到目标，甚至透过树叶和伪装发现装甲车等目标，而且机载传感器也增加了导弹火控系统的效能。随着造价低、功能强的计算机问世，美空军还在加紧发展可阻止对己方飞机的几乎所有电子威胁的机载电子对抗系统，追求形成全方位实施电子对抗的能力。

针对空中打击任务变得越来越复杂的现实，美空军建立了基于计算机的任务管理系统，其中，重点是研发了"空中任务分配指令"，能够根据所有空中任务申请，包括空军、海军、陆军，结合现有飞机的情况对各种任务的最佳搭配做出计算，然后，将空中任务分配指令发往所有飞行部队，飞行部队按指令执行飞行任务。在训练方面空军也在加紧创新，空军平时的训练本身就接近于实战，飞行中队以上的单位也经常组织合练，80 年代美空军开展了"红旗"训练计划，加强

第六章 越战后的沉沦：美军痛定思痛大改革（1972—1986）

空战模拟训练创新，由于空战场相对简单，比较好模拟，空军飞行员可以充分使用传感器模拟实战对抗训练。为使训练更加逼真，让飞行员获得更多反馈，美空军甚至还直接使用苏制"米格"战斗机进行对抗训练。

美国海军在 70 年代是被限制发展的军种，但是，从地理上看，美国是一个需要通过海洋与外界联系的国家，70 年代中期美军再度重视对海洋战略的研究，美海军开始将军事思想发展的重心转移到控制公海的海上战略。进入 80 年代后，世界局势的变化尤其是美国对中东石油的巨大需求，国会和里根总统开始高调支持海军的发展，开启了核动力航母、远程轰炸机、反潜战系统所需的飞机、潜艇和海上舰艇等一系列高新武器装备建设，在反舰导弹等舰载武器和传感器的研制上也耗费资源，着力提高电子设备和武器性能。到 80 年代中期，美国海军已经制定了一个复兴建设计划，包括两艘 9.1 万吨的"尼米兹"级核动力航母，15 个以航母为中心的作战大队建设，100 艘"洛杉矶"级核动力潜艇，2 艘战列舰重新服役——"新泽西号"和"衣阿华号"。"斯普鲁恩斯"级和"基德"级驱逐舰、"佩里"级护卫舰以及神盾巡洋舰也纷纷列装。在这些现代化战舰上都配备了各种高精尖武器，包括 A-6E "入侵者"攻击机和 A-7E "海盗"攻击机、安装了射程 100 公里的"不死鸟"导弹的 F-14 "雄猫"战斗机、新型的 F/A-18 "大黄蜂"战斗攻击机、"鱼叉"反舰导弹、"战斧"式巡航导弹、舰载反潜直升机。这些高新武器的列装使美国海军具备了同时进行空中、陆上、水面和水下攻防作战的能力，也使军种联合作战更趋复杂。例如，1983 年具备初始作战能力的 F/A-18A/C "大黄蜂"战斗攻击机是美国海军和海军陆战队使用的多用途新型战术飞机，其作战半径达到 800 公里，它既可以为舰队防空提供战斗截击，又可以深入陆地纵深实施空中遮断、近距离空中支援，压制敌方防空力量和攻击地面及海上目标。这种大范围、多用途的战斗任务要求海军、空军航空兵更加密切的协同。"战斧"式巡航导弹主要用于由海对陆地纵深目标打击，射程达 800 公里以上，具有很强的作战适应性，也需纳入空中作战统一计划。

美海军的作战模拟训练一直走在各军种前列。越战后，为提高高级指挥官的专业化程度，美海军实施了"舰队战备计划"，由海军军事学院主抓，建立了当时最先进的作战模拟设施，能够模拟海洋的特征，模拟海军舰队的各类舰只，包括模拟每艘舰的详细工作状况，模拟海上飞机和潜艇、电子战的运用。海军使用海战模拟设施来检验其作战计划的质量，培养各级指挥官和参谋人员的组织指挥能力，大西洋和太平洋舰队司令部每年至少要进行 4 次作战模拟训练，整个 80 年代美海军在各级都进行了作战模拟，各部队军官大都参加了模拟训练或演习，模拟训练可以让海军军官在舰艇不离港的情况下进行训练，增长了各级指挥官在未来战场上所需要的作战指挥技能。

但是，海军在与其他军种合作方面存在不足。海军本身就拥有陆、海、空兵种，习惯于独立作战。海军倾向于将自己视为一个独立独行的军种，其战略重点放在了远海上，其本身就编有能独立参加远距离地区战争所需要的不同兵种，没有迫切参与联合作战的需求，不重视与空军、陆军进行联合作战方面的协作。另一方面，海军编成内的各兵种关系本身就很复杂，水面舰艇、潜艇和海军航空兵需要协同行动，而海军陆战队实际上还是一个独立的军种，海军的主要精力是要将这些不同类型的军兵种关系理顺，少有精力去考虑与其它军种的联合。这一情况在90年代初的海湾战争中暴露明显问题，例如，海军航空兵不能与空军战斗管理系统进行有效合作，而且，在对地轰炸方面与空军相差较远，80年代美空军已经部署了新一代飞机轰炸系统和激光制导炸弹系统，而海军在这方面却一片空白。

70、80年代也是美军C_4I系统大发展的时期，为军种联合创造了重要的信息支撑条件。美军C_4I系统始自50年代冷战初期针对苏联的"赛其"半自动防空系统。1962年古巴导弹危机后，美军开始组建"全球军事指挥控制系统"（WWMCCS）的战略C_4I系统，由预警探测系统、指挥中心和通信系统组成，主要用来指挥控制其战略核部队，1968年该系统基本建成。越南战争结束后，70年代美军C_4I系统建设的重点放在了各军种的系统建设标准化和通用化问题上。80年代里根政府推进战略力量现代化，主要内容之一就是战略C_4I的现代化，投入了数百亿美金的资金，加强了各类指挥中心的建设，各军种也初步建成了自成体系的C_4I系统。另外，美军还加强了航天系统在军事领域中的应用。包括国防通信卫星系统，为美军在海外作战提供远距离战区间通信服务；侦察卫星系统、陆地资源与测绘卫星系统、国防气象卫星等，为美军提供战场环境和敌情动态情报信息；GPS全球定位系统，80年代已完成16颗卫星的星座部署，为美各军种提供实时的导航，为精确制导弹药提供连续定位数据。

80年代中后期的对外用兵

随着大量军费投入和改革带来的军力提升，80年代中后期里根政府逐步采取更加强硬的全球战略，尤其把地中海与中东作为重点关注的地区，主要基于中东地区巨大的石油与经济利益，同时还要在这一地区谋求与苏联的战略对抗。美海军舰队在这一区域保持常态巡航以宣示存在，并积极干预地区安全事务，成功发动多次对外军事行动。

1984年7月初，位于非洲与阿拉伯半岛之间的红海风波骤起，经过这片关键水域的轮船触雷事件不断发生，严重威胁航行安全，引起世界各国的关注。美海

第六章 越战后的沉沦：美军痛定思痛大改革(1972—1986)

军受命部署多艘先进的扫雷舰保护这个通向苏伊士运河的重要航线。美海军"什里夫波特"号多用途两栖船坞运输舰装载第 14 扫雷直升机中队自西班牙穿越地中海和苏伊士运河，赴红海执行扫雷任务，此举被视为美军为该地区安全作出了贡献。而在 1985 年 10 月，美军再次在该地区实施了一次成功的空中拦截行动。该年 10 月 7 日，一艘意大利豪华游轮"阿基里·劳罗"号在埃及水域被巴勒斯坦解放阵线的恐怖分子劫持，游轮上有 100 多名乘客。恐怖分子在杀死一名犹太人质后驱使游轮驶入埃及的塞得港，埃及答应为恐怖分子提供一条安全通道以交换游轮与人质。随后，恐怖分队搭乘一架埃及 737 航班企图飞往突尼斯，美国家安全委员会决定对其实施空中拦截，并把拦截任务下达给正在地中海巡航的美海军第 60 特遣队。10 日中午，美第 60 特遣队的"萨拉托加"号航母紧急出动 2 架 F-14 "雄猫"战斗机和 1 架 E-2C"鹰眼"预警机实施空中巡逻，直至晚上 22 时 30 分，在克里特岛东南方向美 F-14 战斗机才发现埃及 737 航班，在无灯的暗夜拦截一架民航飞机难度相当大，F-14 战斗机飞行员最终迫使航班降落在意大利西西里的北约基地锡戈内拉，机上恐怖分子被逮捕。

1985 年美国在中东地区遭遇了一系列恐怖袭击事件，据美方判断，利比亚卡扎菲是这些袭击事件的幕后支持者，美军与卡扎菲的斗争开始上演。年末，利比亚开始部署苏联 SAM-5 型防空导弹与雷达系统，以增强防空能力，美国军舰也挑战性地穿越利比亚控制的锡德拉湾。1985 年底至 1986 年初，美海军舰载机在这个地区先后两次实施自由巡逻行动。3 月 24 日，美舰载机第三次自由巡逻，利比亚发射了 3 枚 SAM-5 防空导弹，16 小时后，美战机击沉 2 艘利比亚巡逻艇以示报复。接下来的一段时间里，双方展开了一场导弹战，利比亚多处发射 SAM-5 防空导弹射击美战机，美海军航母则出动 A-6"入侵者"攻击机发射反辐射导弹打击利比亚防空导弹装备。美航母还出动 A-7 攻击机发射"哈姆"导弹对利比亚的 SAM 防空导弹雷达实施多轮打击。另外，美海军还发动了 5 次针对利比亚舰船的打击，A-6 攻击机使用"捕鲸叉"导弹击沉击伤利比亚多艘巡逻艇，另外还击沉 1 艘导弹护卫舰，美战机没有任何损失。

1986 年 4 月，美军再次展开针对利比亚的"黄金峡谷"行动，这次行动全面显示了美军大改革开始形成的现代高技术战争能力，此战也让美军开始摆脱越战失利的阴影重拾信心。利比亚本是北非的一个小国，长期沦为西方列强殖民地，直到 1951 年才正式成为独立国家并被美国掌控。1969 年利比亚一名叫做卡扎菲的上尉发动"自由军官"政变，建立了反美亲苏的利比亚共和国，卡扎菲本人成为利比亚的最高领导人。利比亚向苏联购买大量军事装备，并公开支持针对美国的恐怖主义行动，而美国里根连任总统后，对利比亚态度越发强硬。1986 年 4 月 5 日，在柏林的一个迪斯科舞厅发生炸弹袭击事件，总计有 200 人受伤，其中 63

人是美国士兵，3名美国士兵身亡。根据美中央情报局截获的证据，炸弹袭击元凶为利比亚，此事件最终触动美国再次动武的底线。

4月6日下午，里根就恐怖袭击事件召开国家安全委员会紧急会议，会议在排除苏联直接军事干预的可能性后，迅速作出了再次对利比亚实施军事打击的决策，并确定此次作战目的是通过对利比亚空袭，打击卡扎菲支持恐怖主义的信心，并迫使其改变自己的行为。随即，美参谋长联席会议主席威廉·克劳组织拟制惩罚利比亚的空袭作战计划。空袭的目标由美国家安全委员会初步选定，并得到参联会和国防部长认可，并最终得到总统授权。这些目标是：第一，的黎波里的阿齐齐耶兵营，据称这是卡扎菲的指挥部，也是卡扎菲的住处；第二，西迪比拉勒港兵营，据称这是用于训练恐怖分子水下破坏活动的基地；第三，的黎波里机场军用区，据悉这里停放着运输恐怖分子的伊尔-76运输机；第四，班加西民众国兵营，据称这是卡扎菲的备用指挥所；第五，班加西贝尼纳军用机场，据悉该处停放有米格-23飞机。

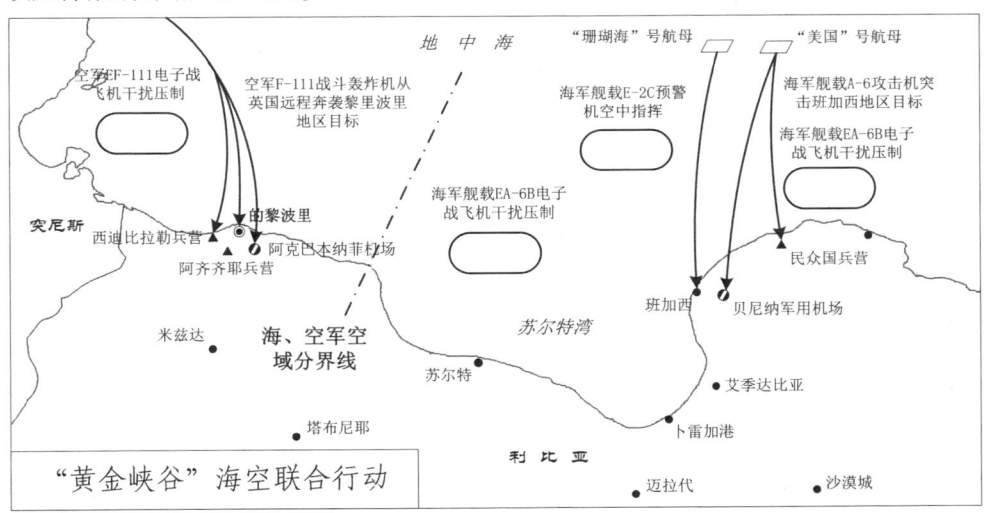

"黄金峡谷"海空联合行动

为了达成战术突然性，美参联会决定同时攻击这5个目标，并且采取夜间精确打击的方式，初步评估，同时成功打击5个目标，至少需要32架可以执行夜间精确打击的战机。根据当时的兵力部署情况，美海军仅有第6舰队"美国"号与"珊瑚海"号2艘航母位于地中海，每艘航母仅携带10架适于夜战的A-6攻击机，这意味着利比亚附近的海军力量不足以单独完成任务，因此，需要空军的作战飞机加入行动。参联会计划人员决定动用驻英国的美战术空军第3航空队的F-111战斗机参加空袭行动，这已经是距离利比亚最近的美国空军力量了，这样，也使空袭惩罚行动成为一次海空联合作战，空军F-111为空袭主力，因为

第六章 越战后的沉沦：美军痛定思痛大改革（1972—1986）

这款军机为超音速轰炸机，最大载弹量达 8 吨，海军舰载机担任辅助攻击。由于法国和西班牙不同意为美空袭行动开放领空，美空军 F-111 战斗机只能绕道自英国经直布罗陀海峡、地中海航线飞抵利比亚，整个飞行距离达到 5180 公里，中途进行 4 次空中加油，为此，美空军还需出动 28 架 KC-10 和 KC-135 空中加油机，5 架 EF-111"大鸦"电子对抗飞机，24 架 F-111 攻击机。海军 2 艘航母共出动 14 架 A-6 战斗攻击机、12 架 A-7E 型和 F/A-18 战斗攻击机、14 架 EA-6B 电子战飞机，若干架 F-14"雄猫"战斗机，2 架 E-2C"鹰眼"空中预警机，此外，还有若干架直升机担负搜救任务。

空袭作战计划还针对不同类型目标，选用恰当的武器弹药。对于阿齐齐耶兵营和卡扎菲住所，使用 2000 磅 GBU-10 激光制导重型炸弹精确轰炸；对于的黎波里机场军用区，使用 500 磅"迟钝"非制导减速炸弹轰炸；对贝尼纳军用机场，使用 500 磅"石眼"激光制导集束炸弹；对防空雷达站，使用"百舌鸟"和"哈姆"反辐射导弹攻击，计划强调攻击机以最短时间接敌轰炸，对目标集中最多的兵力。美海空军共有近 100 架飞机直接参与这次行动，战机与战舰的数量超过了英国在马岛战争使用的所有力量，而美参联会仅用 3 天时间就拟制完成这一复杂的作战计划。

利比亚采取的应对行动主要有：关闭边境上的几处雷达站，加强重要目标防空，将军队撤离兵营，将数百架战斗机秘密转移到邻国苏丹，同时将外国技术人员和工人作为人质集中到油田，其中包括 1000 名美国人。为了查明计划袭击的 5 个利比亚重要目标的确切情报，行动开始前，美军动用侦察卫星和 SR-71 高空侦察机对目标进行反复侦察。

4 月 14 日，里根下达作战命令，定于利比亚时间 15 日凌晨 2 时发起空袭行动。14 日 19 时，美海军第 6 舰队司令弗兰克·B. 凯尔索从"科罗拉"号旗舰上给驻英空军基地美第 3 航空队和地中海西西里岛水域的"珊瑚海"号和"美国"号航母编队下达立即行动命令。第 6 舰队两艘航母接令后分别进入班加西和的黎波里以北 500 公里的水域待命。驻英国的第 3 航空队 28 架 KC-10 和 KC-135 加油机分别从费尔福德和米登霍尔空军基地起飞，24 架 F-111 战斗轰炸机从拉肯希斯空军基地起飞，同时 5 架 EF-111 电子战飞机从黑福德空军基地起飞，这些飞机在英吉利海峡集结后经过 4 次空中加油向利比亚远程奔袭，中途共有备用 6 架 F-111、2 架机械故障 F-111 和 2 架 EF-111 返回英国基地。至 15 日零时 20 分，有 16 架 F-111 飞抵海军航母编队附近海域上空，两艘航母上起飞 14 架 A-6 战斗攻击机、12 架 A-7E 攻击机、F/A-18 战斗攻击机、14 架 EA-6B 电子战飞机和其他支援飞机，海、空军两大机群实现会合。

凌晨 1 时 54 分，海、空军机群完成联合编队。3 架 EF-111 电子战飞机和 14

架 EA-6B 电子战飞机同时实施强电子干扰，当即使利比亚防空导弹制导雷达迷盲，无线通信中断。同时，海军 F/A-18 战斗攻击机和 A-7E 攻击机对的黎波里和班加西利比亚军雷达站发射"百舌鸟"和"哈姆"高速反辐射导弹约 50 枚，摧毁地面雷达站 5 座，使利比亚军整个防空体系陷入瘫痪。借助海军舰载机压制利军防空阵地的时机，空军 16 架 F-111 战斗轰炸机使用地形跟踪雷达，从 60-150 米的超低空以高速突入利比亚境内的黎波里的预定目标，其中 8 架 F-111 战斗轰炸机各挂 4 枚 2000 磅 GBU-10 激光制导重型炸弹攻击卡扎菲住地和阿齐齐耶兵营；5 架 F-111，各以 12 枚 500 磅炸弹攻击的黎波里国际机场军用区；3 架 F-111 各以 2000 磅 GBU-10 激光制导炸弹攻击西迪比拉勒兵营。与此同时，海军 14 架 A-6 攻击机攻击班加西的预定目标，其中 8 架 A-6 攻击机以 500 磅 MK20"石眼"激光制导集束炸弹攻击贝尼纳军用机场；6 架 A-6 攻击机以 500 磅集束炸弹攻击卡扎菲预备指挥所班加西民众国兵营。空袭行动至 2 时 12 分结束，前后持续时间仅 18 分钟，攻击时间仅 11 分钟。按照战后的统计，此次空袭行动成功摧毁预定的 5 个利比亚军事目标，摧毁利军 5 座雷达站，迫使其雷达关机，整个防空系统瘫痪，炸毁利比亚军用飞机 14 架，卡扎菲本人尽管安全无恙，但他的养女被炸死，2 个儿子被炸伤。美海军全部安全返航，空军 1 架 F-111 被地面炮火击落，1 架因机械故障在西班牙迫降，其余全部安全返航。

"黄金峡谷"行动对于美军来说是一个重要转折点，越战失利后的阴霾自此烟消云散。"黄金峡谷"行动还开创了依托高技术武器的非接触、"外科手术"作战新模式，实现快节奏作战快速制胜，最大限度地减少己方伤亡，这正是美军 70、80 年代全面改革所要追求的效果，此战让美军真正找到了感觉，找到了未来发展的方向，现代战争到底该怎么打，怎么实现快速制胜，使美军迈开了"新军事革命"步伐。自此，以精确打击为主要手段的战略空袭成为美军首选作战样式。从军种联合的角度看，此战也有可圈可点之处，时任美国国防部长温伯格战后声称此行动是"一次成功的空海军联合作战"，集中统一计划海空军作战行动，实现海空军作战平台优势互补，在同一个时空内精确协同。但是，此战美军军种联合还存在较多不足，一是没有一个统一指挥的联合作战指挥机构，海空军作战行动是由海军第 6 舰队司令代行下达作战命令，行使战场控制权；二是海空军联合作战计划是由参联会直接拟制的，说明这一时期美军联合作战指挥机构的权责职能还未完全理顺；三是海空军空袭行动还是简单地按作战区域来划分，空军负责空袭利比亚西部的黎波里的军事目标，海军负责空袭利比亚东部班加西的军事目标，两个军种深层次联合还做得不够，关键是对海空军的空中力量未实现统一计划，统一指挥控制。

随着美军元气逐渐恢复，80 年代后期美军对外用兵范围已经涉及全球各地，以此强化其在国际社会中的影响力。自1987年7月起，美海军在海湾地区介入了因两伊战争波及第三国的军事行动，主要是为科威特油轮护航，避免其遭到伊朗报复攻击，包括在波斯湾主要航线的扫雷行动，对伊朗海军、海上石油平台进行的一系列报复攻击行动。1988年3月，在中美洲针对洪都拉斯受到尼加拉瓜的入侵威胁，美国第18空降军的两个师展开实兵演习，其中，第82空降师的2个营在洪都拉斯伞降和机降，以显示军事力量，对尼加拉瓜实施威慑。1989年11月，位于东南亚的菲律宾爆发了一场针对总统科拉松·阿基诺的军事政变，超过3000人的武装力量向菲政府机构和兵营发起攻击，局势变得非常严峻，美军组建了一支包括两艘航母在内的大规模特殊行动力量，为阿基诺政府提供保护，美F-4战斗机在菲上空巡逻，随时准备击落叛军战机，军舰实施海上支援行动，海军陆战队实施陆上保护行动，美军的一系列军力展示行动协助了菲政府的平叛。

80年代后期美军影响最大的一次对外用兵是1989年12月入侵巴拿马推翻诺列加政权的军事行动。巴拿马这个中美洲小国，因其境内巴拿马运河而具有特殊战略地位。巴拿马运河自开凿通航后，一直被美国实际掌控，并且，美国设立了南方司令部，在运河两岸拥有相当规模的驻军。美国与巴拿马的恩怨也集中表现在巴拿马运河的权益上，一直以来，美国在巴拿马致力于扶植亲美政治派别和反政府武装，但是，美巴两国矛盾在进入80年代后开始激化起来。1983年曼努埃尔·安东尼奥·诺列加通过政变自任国防军总司令，实际掌握军政大权，巴拿马国内形成政府与军方激烈斗争的格局，而美巴矛盾也伴随着巴国内危机同步激化，整个80年代美巴双方相互采取制裁措施，关系不断恶化。1989年5月巴拿马举行国家选举，反对诺列加成为候选人的票数是赞成票数的3倍以上，但诺列加宣布选举无效，自任国家元首。面对美国的经济制裁，1989年12月15日，诺列加宣布与美进入战争状态。鉴于巴拿马对美国的强烈敌视态度和巴拿马运河特殊的战略地位，美国高层决定发动推翻诺列加政权的作战行动。

实际上围绕对巴拿马的作战，美军参联会早在1988年2月就开始拟制代号"蓝勺子"的作战计划，1989年9月以后根据形势变化对该计划进行修订，重新拟定为"90-2计划"。该计划的总体目标是：以压倒性优势兵力在夜间迅速进入，同时向巴军27个目标发动进攻，一举摧毁诺列加政权和巴国防军。美军任命陆军上将马克斯韦尔·瑟曼为南方司令部司令，统一指挥参战各军种力量，美军参战部队共计2万7千余人，包括陆军、空军、海军、特种作战部队，形成了一支联合特遣队，共编为5支特遣队："红色特遣队"由陆军第75别动团1个营、第7特种作战大队1个营编成；"尖刀特遣队"由陆军1个机步营、1个步兵营、1个轻型坦克排和海军"海豹"小队编成；"太平洋特遣队"由第82空降师 1 个旅和部分别动部队编成;"永远忠实特遣队"由海军陆战队 1 个轻型装甲步兵连和 1 个步枪连以及部分宪兵编成;"大西洋特遣队"由第 82 空降师的 1 个营和第 7 步兵师的 1 个营编成。相比较看,巴拿马陆、海、空三军共 1.5 万余人,但实际参战人数约 6000 人,另外还有忠于诺列加的"尊严营"民兵 8000 人。美巴双方兵力总数相近,但实际参战兵力对比是 3.5∶1,在武器装备和训练水平方面相差更远。

1989 年 12 月 20 日凌晨 1 时,美空军首款隐身战机 F-117A 从托帕诺空军试验基地出发,隐蔽飞抵巴拿马首都西南里奥阿托镇上空向巴军 2 个连的营房投入 2 枚 2000 磅炸弹,正式开启了战争机器。与此同时,美海军"海豹"小队突入巴拿马核心地带,袭击了诺列加的私人机场和专用船只,以切断诺列加的空中和海上逃跑路线。随后,美军 5 支特遣队同时向巴军各个重要目标发动进攻。

第 1 路"红色特遣队"利用 F-117A 的轰炸效果,在附近实施低空伞降,在 A-7D 攻击机和 AH-64"阿帕奇"武装直升机强大的火力支援下,实施地面强攻行动,15 分钟击溃巴军 2 个连的防守兵力,攻占里奥阿托城,另一路攻占托里霍斯机场,并封锁横跨帕科拉河的大桥。第 2 路"尖刀特遣队"在火炮、坦克和武装直升机的掩护下,迅速控制巴拿马城内的交通要道,奔袭巴国防军司令部。这路兵力依然是采取空地协同方式,高打低攻,强行突破巴军阻击。最后,以损失 1 架直升机的代价占领巴拿马国防军司令部,并依次攻占巴军政府首脑机构。第 3 路"永远忠实特遣队"乘坐轻型装甲车沿着公路向泛美大桥勇猛冲杀,很快便攻占泛美公路大桥,并对美驻巴拿马的霍华德空军基地实施保卫。第 4 路"太平洋特遣队"在"红色特遣队"控制托里霍斯机场后,乘坐 20 架 C-141 运输机在该机场降落,迅速扩大战果,以一部原地留守戒备,加强机场防卫,另以一部增援封锁帕科拉河大桥的"红色特遣队",阻击巴反击部队。第 5 路"大西洋特遣队"急速向巴拿马第二大城市科隆进发,一路击败巴军阻击,占领运河附近的水坝、电站和供电中心等重要设施,把巴拿马运河的北侧入海口控制住。总体上,美各路进攻比较顺利,虽在各个要点上遭遇巴军的反抗,但地面部队利用火炮和空中战机的火力支援很快将其击溃,至 23 日,巴军抵抗活动基本停止。逃入梵蒂冈驻巴大使馆的诺列加也于 1990 年 1 月 3 日晚离开梵蒂冈大使馆向美军投降。

此次行动是美军有史以来规模最大的一次"外科手术"式打击,沿袭了军队全面改革以来确立的快速制胜作战思想,投入兵力 2.7 万人,8 小时击败巴军有组织抵抗,15 小时摧毁巴军所有主要军事设施,48 小时内结束主要战斗,美军以亡 23 人、伤 324 人、毁直升机 4 架的代价,击毙巴军 314 人、伤 124 人、俘 2969 人,捕获巴拿马首脑诺列加本人,再一次取得完胜。此战中,美军还注重使用高技术兵器，如首次使用 F-117A 隐形战斗轰炸机，首次使用 AH-64"阿帕奇"武装直升机，其"空地一体战"思想贯彻运用也非常到位，地面各路进攻全程召唤空地火力支援，让巴军无法招架应对。此战也是美军一次成功的战区级诸军种联合作战行动，由南方司令部司令马克斯韦尔·瑟曼上将统一指挥，各军种力量编成联合特遣队，将诸军种参战力量混合编组，联合作战指挥体系运转顺畅，各军种的合作更加默契。

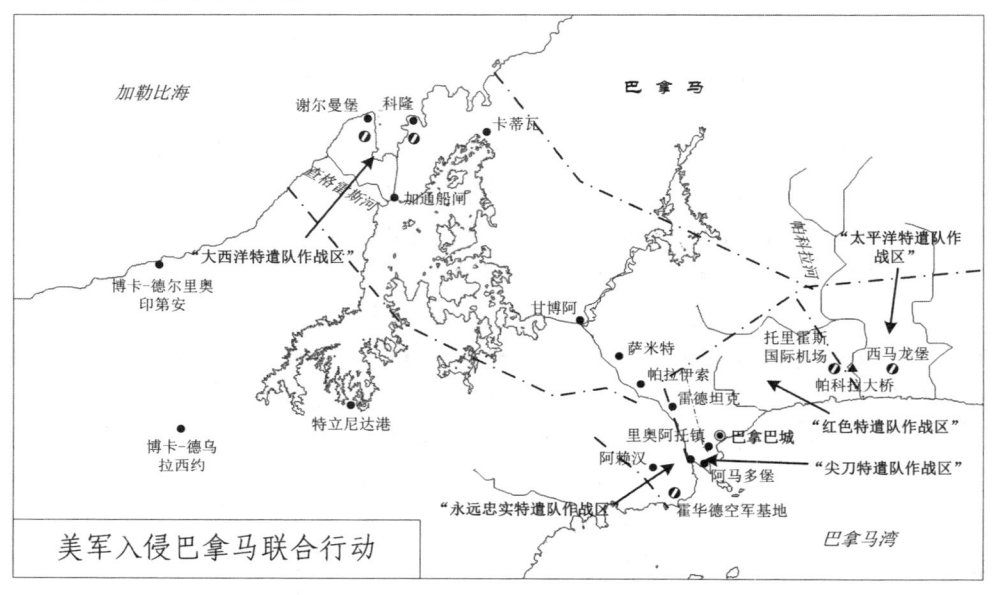

美军入侵巴拿马联合行动

联合作战体制基本成型

美军联合作战体制改革自二次大战结束后开始，经过四十年的调整，到 80 年代后期，体制机制已基本建成。早在二战结束后，美国国会就接连对《国家安全法》进行修正，增加了国防部机构设置，加强了国防部长的权力，将陆、海、空三大军种正式划归其属下。上个世纪 50 年代，艾森豪威尔政府连续进行国防机构改革，进一步削弱军种部的权力，强化了参联会的职能，逐步将各军种排除在作战指挥序列之外，明确美军作战指挥应遵从总统—国防部长—联合司令部的序列。由于联合作战体制机制还没理顺，在越南战争期间，美军军种行动各行其是，没有形成合力，成为越战失利的原因之一。进入 80 年代后，美军联合作战体制机制依然不够顺畅，一系列对外用兵行动多次暴露美军在战役战术层面联合体制机制问题。1980 年 4 月，美军特种作战部队在伊朗营救人质行动的失败，很大程度上也是由于平时没有理清联合作战指挥权责关系，又缺乏长期、有针对性的联合训练磨合，导致在行动现场联合指挥混乱低效。1983年10月，美军出兵格林纳达，各军种指挥官权责没有有效衔接，地面部队和海军之间更缺乏无线电沟通，无法向海军发出火力支援需求。1986年的"黄金峡谷"行动实现了高技术武器的制胜，但是此行动是由美海军第6舰队司令代行指挥，缺乏一个有权威的联合作战指挥机构统一指挥，等等。所有这些战争实践进一步表明，军种走向联合还不仅仅是让军种退出指挥链的问题，在战役战术层面还需要建立有效的军种联合体制机制。此后，美军高层继续对各军种进行调整和重组，特别是加强战区联合司令部建设。

越战之前，美军就已经在海外常态设有几个地区性的司令部，包括太平洋司令部，总部设于夏威夷，成立于1947年1月，辖区为亚洲及太平洋地区；欧洲司令部，总部设在德国斯图加特，成立于1952年8月，辖区为欧洲及大西洋地区；南方司令部，总部设在佛罗里达州迈阿密，成立于1963年，辖区为中美洲和南美洲。这些司令部负责所在辖区的危机处理和应急作战，保卫美国在该地区的利益。进入80年代后，针对形势需要和吸取对外用兵的教训，美国又新建了几个联合司令部，逐步形成地区性与职能性相结合的联合司令部格局。

首先是中央司令部的建立。70年代后期中东地区形势变得越来越复杂，苏联在这一地区的影响力在明显增强，在北非爆发的欧加登危机中，亲苏的埃塞俄比亚战胜索马里，随后这种危机席卷整个中东并蔓延至中亚，尤其是1979年12月苏联出兵阿富汗把势力延伸到中亚，这让美国高层认识到需要扩大其能力范围。1980年卡特政府宣称建立一个全新的指挥部——快速部署联合特遣部队，总部设在佛罗里达州麦克迪尔空军基地，由美海军陆战队中将P.X.凯利担任首任司令官，该指挥部有权从各军种召集20多万人的部队来应对海湾地区的突发事件，联合特遣部队还把印度洋的迪戈加西亚环礁建设成为一个大型空军和海军基地，供预装商船使用，为快速部署的联合特遣部队提供支援。随着在中东和西南亚地区不断增加的安全需求，1983年1月1日快速部署联合特遣部队被正式命名为美军中央司令部，其职能是保护美国在中东、北非、西南亚等地区的利益。中央司令部的建立意味着美军地区性联合司令部已经涵盖了美国本土以外的全球所有热点地区。

80年代美军还十分注重职能性司令部的建设。美军建立的第一个具有职能性的司令部是联合特种作战司令部。鉴于伊朗人质救援行动尴尬的无功而返，美军认识到需要有一支长期担负反恐怖主义行动的联合特遣部队，这种部队应有专职的参谋人员和兵员。在国会的要求下，国防部成立助理国防部长办公室，来监督特别军事行动以及低强度冲突策略，1980年12月正式成立了专门负责特种作战的联合特种作战司令部（JSOC），由一位陆军司令官牵头，负责指挥三角洲部

第六章 越战后的沉沦：美军痛定思痛大改革（1972—1986）

队以及其他精锐部队的反暴行任务，后来还增加了反大规模杀伤性武器的使命，JSOC 按照总统的秘密指令在世界各地开展行动。针对现代战争具有高消耗的特点，1987 年 4 月，美军又专门建立联合运输司令部，由时任美国空军上将杜·卡西迪担任司令，下辖空军军事空运司令部、海军海运司令部、陆军军事运输管理司令部，以及为军队提供服务的计划航空运输局等商业运输部门，为美军在海外用兵提供快速武器弹药和后勤补给的运输。此外，这一时期美军还有一些军种属性的作战司令部，独立于联合司令部使用兵力，可用于支援联合作战。例如，美国战略空军司令部，基本任务是实施战略空袭、支援海外战区作战、进行航空侦察，在最高统帅部的直接指挥下运用陆基弹道导弹核力量。美国空军航天司令部位于科罗拉多州彼得森空军基地，主要通过使用多种不同类型的卫星支持美国在全球的军事行动。

在越战中，美军暴露出联合作战体制机制混乱的突出问题，国防部文官直接干预一线部队决策，驻越军援司令部面临参联会与太平洋司令部的多头指挥。越战结束后美军一系列对外军事行动再次失利，也反映出军种联合低效的问题，这些都使得进入 80 年代后美军高层对国防部组织结构改革的呼声明显增多，并且，随着联合作战司令部格局逐步成形，需要从国家法规层面对整个作战指挥链路与权责作出明确的界定。另外，还有参联会的作用发挥问题，作为文职国防部长与军队之间的联结机构到底应发挥什么作用，目前的参联会只不过是一个军事官僚争吵委员会，各军种参谋长完全无法从狭隘的利益纷争中抽身出来，对诸如资源分配和军事职能公平分配等跨军种事项也不会提出任何客观的建议。

美国国会成为国防部重组最积极的倡导者。1985 年夏天，美国会参众两院开始积极考虑国防部组织结构的改革方案。1985 年 6 月，里根政府设立派克德委员会，旨在对国防部的总体状况进行评估，并提出适当的补救措施。改革的基调定下来，各方面对国防部重组的改革基本是认同的，但实际上，形成了国会的改革派和政府的温和派之间的意见分歧，国会在此问题上明显占上风，其中，比较关键的几个人物就是：众议院制定新立法的阿拉巴马州众议员比尔·尼科尔斯，参议院军事委员会主席巴里·戈德华特，两人力主推进国防部的改革法案，由尼科尔斯和戈德华特合作撰写的最终法案，最终得到众议院和参议院的批准。1986 年 10 月 1 日，里根也最终签署了该法案，这就是著名的《戈德华特-尼科尔斯国防部重构法案》——美国现代联合作战的法律奠基石。

根据该法案，美军实行文官控制军队的制度，并且进一步明确了美军作战指挥链始于总统，经国防部长，再通过参谋长联席会议主席到达联合作战司令部，并清晰地界定了各级的指挥职责。法案还特别为参谋长联席会议主席赋予了所有美国军事行动的最后决策权，并指定其为美国总统的最高军事顾问。这样，提高了参联会主席在各军种参谋长中的地位,参谋长联席会议的最后决定就由一个人来做,而不是由委员会里的多数人决定,法案还赋予参联会主席高于战区指挥官的权力,并且成为国防部长与联合作战司令官交流的渠道,参联会主席还有责任和权力拟定联合作战理论,并领导联合条令编写,以改进军种间的联合作战。法案赋予了战区联合司令部对战区作战行动独立的指挥权,能够对战区各种军事行动、训练和后勤工作进行全面的指挥,战区联合作战指挥官独立指挥战区内所有军种部队,而军种指挥官也彻底失去了对军种行动的控制权,这使得美军进入战区主导联合作战的时代。

根据《戈德华特-尼科尔斯国防部重构法案》的赋权,美军联合参谋部开始拟制出版联合作战条令,从法规层面规范军种联合行动,首先是一批关于联合作战的顶层出版物相继出版。例如,1986年出版的《美国武装部队的联合作战》成为美军联合条令体系中的第1号联合出版物,主要是为美国武装力量的联合行动提供指导,讨论美国军事力量的性质,阐述联合作战的意义,分析联合作战的基本问题,以及阐述联合战局。随后又有《武装部队的联合行动》作为第2号联合出版物,主要为部队如何实施联合提供理论和方针,还进一步讨论了联合作战指挥环节以及各作战司令部与各军事部门之间的关系,其中,最重要的是确立了联合作战指挥关系的类型,规定了联合作战区分四种指挥关系:作战指挥、作战控制、战术控制和支援等指挥关系,使联合司令部与各军种部队之间具有更加明确的责权关系。其中,作战指挥可以看作指挥官拥有部队;作战控制可看作是指挥官租用部队,允许最大限度地控制部队行动,但不负责对该部队的支援与保障;战术控制可看作指挥官短期租用部队;支援则是提供一种服务,如运输司令部为中央司令部提供空运和运输支援。1988年2月,美军联合参谋部又提出了美军联合条令的编写体系,拟出版109本联合条令,区分4个层次6大类,其中各军种负责编写55本,各联合司令部负责编写18本,联合参谋部直属单位负责编写36本。这些联合条令以参联会主席的名义颁布,条令的编写工作从80年代一直持续到整个90年代,之后又不断持续更新。作为美军法规性文件,联合作战条令的主要作用是指导联合部队的协调运用,为联合训练提供依据,为军事教育系统提供指导性文件。总之,通过长期战争实践探索,到80年代末,美军现代军种联合作战从体制机制到手段技术、到作战理论均已初步构建成型。

本 章 小 结

越战之后美军面临军队裁撤、军费削减、纪律松弛以及士气低落等问题,作战能力跌入低谷状态。在随后十余年里,美军反思战争失利的教训,医治战争创

第六章 越战后的沉沦：美军痛定思痛大改革(1972—1986)

伤，从作战思想、武器装备、军事训练、兵役制度、国防部组织结构等方面实施全方位改革，军事战略经历由低调保守到积极扩张的转变，先后实施了大小十余场对外军事行动，其中有失利亦有成功，经历了改革、再遭挫、再改革的起伏波折。到80年代末，美军已经打造成为一支拥有大量高技术武器装备、现代化作战思想、较完整顺畅联合作战体制机制和作战理论的现代化军队。

全方位改革首先从作战思想的创新开始。1973年10月中东第四次战争中，以色列以高技术武器快速制胜中东多国进攻，刺痛了美军脆弱的神经，以陆军训练与条令司令部司令威廉·杜普伊为代表首先在陆军发起改革运动，切入点是改进陆军作战方法，核心内容是创新如何通过大量使用高技术装备快速制胜对手，美国空军对陆军改革给予了积极支持，改革的成果集中反映在1976年版的陆军《作战纲要》中，此版纲要特别提出了陆军应采取"积极防御"的原则，强调通过己方在战场上的机动打乱敌人的进攻计划，并集中优势火力给予打击。作为改革的深化，美国陆军1982年版《作战纲要》正式提出"空地一体战"作战思想，此版纲要强调周密地协调空中与地面行动，强调充分运用空地联合火力在敌方地域纵深作战，构成美军现代联合作战理论的核心思想。

在高技术武器装备方面，随着80年代里根政府大幅增加军费投入，陆军发展M1、M1A1、M1A2为主的第三代主战坦克，先进的火控系统、电子系统，AH-64型"阿帕奇"等各型先进直升机。空军发展F-15、F-16等新一代作战飞机和超视距空空导弹，还发展E-8C联合监视目标攻击系统飞机，秘密生产F-117A和B-2隐形飞机。海军发展核动力航母、先进的驱逐舰和护卫舰、核动力潜艇，研制装备F/A-18"大黄蜂"等先进舰载战斗攻击机、"鱼叉"反舰导弹，建设以航母为中心的作战大队。

在军事训练改革方面，针对新作战方式对战斗力生成的新要求，细化训练内容标准，实施严格的训练考核，并把考核成绩与每一名军人的职业成长紧密挂钩，以提升训练质效促进战斗力的形成。注重加强各军种的作战模拟训练，通过建立电子化模拟训练手段，或者建立训练基地，模拟实战化战场条件，让单个军人以及每一支分队都能够在不进入战场前就可以得到实战化的训练检验。另外，还对指挥军官大力加强兵棋推演训练，检验作战计划，提高其作战筹划能力。

在提振军心士气方面，美军改革的重点是实行全志愿兵役制，通过志愿报名而不是强制招募的方式，部队与个人双向选择，建立全程淘汰机制，同时，大幅提高军人待遇，包括大幅提高军队退休人员与伤残军人的退休金，提高志愿兵的薪金，从报酬、医疗、住房、外出率和社区或家庭服务等方面大幅提高军人待遇，吸引最优秀的人员投身军队。

在国防部组织结构改革方面，逐步形成地区性与职能性相结合的联合司令部格局，国会参众两院一致通过《戈德华特-尼科尔斯国防部重构法案》，成为美国现代联合作战的法律奠基石，法案固化了从总统到国防部长，经参联会主席到联合作战司令部的联合作战指挥链以及相应的指挥权责，加强了参联会主席的职权，明确赋予了战区联合司令部对战区作战行动独立的指挥权。《美国武装部队的联合作战》《武装部队的联合行动》等系列联合出版物出版，成为美军官方主导联合作战理论的开端。

第七章　称雄海湾战场：军种联合走向成熟（1986—1991）

海湾战争是美军及其联盟军队针对伊拉克入侵科威特发起的一场大规模局部战争。美军将"空地一体战""快速制胜""非接触作战"等新作战思想贯穿战争全程，投入武器装备之先进、数量之多、作战胜负之悬殊让全世界震动，被军事界定性为人类第一场高技术局部战争。同时，海湾战争也是对美军在越战后十余年军队大改革的一次全面检验，是美军完成联合作战体制改革后的首场大规模战争，发挥了高技术条件下军种联合的巨大效能，标志着美军军种联合已走向成熟。

战前形势与高技术优势

伊拉克位于亚洲西南部，阿拉伯半岛东北部，境内两河流域曾经孕育了人类最古老的文明。1979年7月复兴党人萨达姆·侯赛因接任伊拉克总统。在萨达姆领导下80年代伊拉克同伊朗进行了历时8年的两伊战争，并取得战争胜利，伊拉克一跃成为海湾地区最强大的国家。作为该地区利益的主导者，伊拉克总统萨达姆开始敌视一直活动在该地区的美国部队，宣称外国军队没必要在该地区继续存在下去，这是两国矛盾的开始。同时，经过两伊战争的长时间消耗，到1990年伊拉克自身面临经济上的严重困难，不但背负巨大的战争债务，而且每年高额的军费开支，加剧了财政危机，大批军人的待遇以及工作问题成了急需解决的难题，而且国内物价飞涨，通货膨胀率高达40%，老百姓的不满情绪日益增长。但同时，伊拉克以高额军费换来的军事实力增加了其在地区称强的本钱。为了摆脱国内严重的经济困难，伊拉克开始以阿拉伯各国领导人自居，把矛头指向周围的阿拉伯邻国，其东南边境的小国科威特成为威胁的重点对象。弱小的科威特不但有钱，而且有丰富的石油储量，在地理位置上还扼控阿卜杜拉水道，这限制了本就缺少出海口的伊拉克进入波斯湾的海上通道，在历史上科威特还曾经是伊拉克的一个省，等等，这些因素是伊拉克想要入侵科威特的根源。自1990年7月，伊拉克就向科威特提出了一系列要挟条件，包括向科威特索要资金，提出位于阿卜杜拉水道上的沃尔拜和布比延岛的归属问题，责备科威特超额生产石油导致石油价格下跌等。针对伊科纠纷，阿拉伯各国领导积极斡旋均未取得效果，局势从唇枪舌剑升级到伊拉克在科威特北面部署大批部队，到8月1日，伊拉克已经在科威特边界地区部署了8个师的兵力。

1990年8月2日凌晨1时（科威特时间），伊拉克共和国卫队3个师越过科威特边界发起突然进攻，攻击部队一路南下，目标直指首都科威特城。与此同时，一支伊拉克特种作战部队直接对科威特城实施直升机突击。至下午7时，伊军完全占领科威特城。2日傍晚，伊军开始沿海岸向南推进，去攻占科威特的各个港口。到8月4日，伊军已经在科沙边界建立了防御阵地，8月6日，伊军至少有11个师的部队进入科威特，总兵力达到20万人和2000辆坦克。两天后，萨达姆宣布兼并科威特，并将该国并入"第19省"。

美国第一时间对伊拉克入侵科威特做出反应。8月2日，总统布什发表讲话强调"伊拉克占领科威特，并企图通过恫吓或侵略沙特阿拉伯，从而对美国的国家利益构成了真正的威胁"。随后，美国冻结了伊拉克和科威特在美国的所有资产，要求其位于中东地区的部队调整部署展开准备行动，并明确宣布了美国的政策目标，其中包括"所有伊拉克军队立即无条件地撤出科威特；恢复科威特的合法政府"等要求。国际社会对伊拉克入侵科威特几乎持一致的反对态度，8月2日，联合国安理会以全票赞成通过第660号决议，要求伊拉克撤军。6日，安理会又以13票赞成2票弃权通过第661号决议，对伊拉克实施贸易和财政制裁。但是，针对11月29日安理会第678号决议提出的采用一切必要手段来保证安理会各项决议实施，中国等一些国家提出了弃权票。危机发生后，美国实际上一直在政治和军事应对上担任领导者的角色，积极号召西方盟友对伊拉克展开军事应对行动，与沙特等中东各国斡旋寻求军事行动支持，一场以美军为首的联军针对伊拉克的军事行动已经全面展开。

海湾战争是一个世界超级大国与中东地区强国之间的军事较量，尽管双方在实力上有明显差距，但是，战争领域的不确定性让很多人感到此战胜负难料。伊拉克入侵科威特时，伊拉克号称世界第四大军事强国，其军队无论以何种标准来衡量都是一支久经沙场和令人畏惧的作战力量。伊拉克军队拥有一支世界上较大规模的陆军，包括共和国卫队、正规陆军和人民军，装备有5000多辆主战坦克、5000辆步兵战车和3000门100毫米以上的大口径火炮。伊拉克还拥有一支庞大的空军，装备有许多一流的战斗机和战斗轰炸机，作战飞机共计700多架，其中近一半为第三代飞机以及少量第四代飞机，包括苏制的米格-29和苏-24以及米格-23、米格-25和法国的F-1，并配有现代化的防空指挥及控制系统。八年的两伊战争让伊军具有丰富的实战经验、诸兵种合同作战能力以及运行顺畅的后勤保

第七章 称雄海湾战场：军种联合走向成熟（1986—1991）

障系统，各级参谋机构具备筹划组织现代战争的能力。或许就是因为伊军强大的战力，萨达姆在发动对科威特的入侵之前就没有预判到美国敢进行高强度的军事干预，或者即使美军插手，劳师远征的美国大兵未必能够在他这个中东雄狮身上占到便宜。直至开战前，萨达姆本人对其军队还是充满信心的。

但是，让萨达姆以及伊拉克高层没有认识到的是，美军经过越战后十多年的全方位改革，已经实现了军力重塑，已经是一支拥有大量高技术武器装备、拥有现代作战思想的现代化军队。对比来看，美军相较伊拉克军队有两大方面优势：即拥有大量的高技术武器装备和拥有以"空地一体战"为核心的现代联合作战思想，这是其之所以能够快速取胜的基础。这里不妨略观其高技术武器的优势。

首先看美军空中力量的高技术优势。80年代美军不断研制装备了大量先进的作战飞机，创新了机载先进技术，使各类作战飞机具备较优越的作战性能和战场适应能力，能够支撑美军快速地夺取制空权，对伊军实施非接触的高强度空地打击。这些高技术优势包括：

1. 拥有F-14、F-15、F-16、F/A-18等性能优良的第三代超音速战斗机，而伊空军除了48架米格29战斗机外，其余都是二代以下的作战飞机，在先进战机的数量和质量上美军都占有绝对优势。

2. 各类作战飞机装备大量精确制导弹药，包括空射巡航导弹AGM-86C，利用惯性导航系统加全球定位系统，可以精确打击地面固定目标；激光制导炸弹，此弹药在越战后期开始使用，到海湾战争前，美空军大量装备此类弹药，各型作战飞机都能够携带使用；还有"小牛"空地导弹可以采用电视制导系统或红外成像制导系统，从敌防御火力圈外投射，打击点状目标。在空空导弹方面，有AIM-9"响尾蛇"导弹、AIM-7"麻雀"导弹等各型机载导弹，在制空作战中拥有明显优势。

3. 装备了大量预警机，在空中预警、指挥和控制方面占有绝对优势。美空军拥有E-3预警机46架，海军拥有E-2预警机100余架，而伊空军仅有4架伊尔-76"阿德南"-1预警机。有了预警机的空中引导指挥，加上性能优良的第三代超音速战斗机，以及空空导弹超视距攻击，能够让美军及其联军很容易掌握战场制空权。

4. 美空军拥有50余架F-117A隐形战机。F-117A是美军第一款隐形战机，在入侵巴拿马时首次使用，其优长是能够很好地规避敌方雷达探测，深入纵深空袭敌方重要目标。

5. 拥有当时最先进的电子战装备，能够保持制电磁权，为空中作战提供支撑。在电子侦察方面，美空军U-2R、RC-135、RF-4F侦察机通过加装相应设备都能够用于通信情报侦察或战术电子侦察，侦获识别伊军的电子信号；在电子战方面，美海军与海军陆战队的 EA-6B，空军的 EF-111A、EC-130H 和 F-4G 等都是最先进的电子战飞机，其他作战飞机也可挂载电子战设备，如 EA-6B 挂载 10 部 AN/ALQ-99F，EF-111A 挂载 10 部 AN/ALQ-99E，是当时世界上辐射功率最大的机载电子干扰系统，频率覆盖伊军各型雷达和防空导弹用频范围，能有效削弱伊军装备作战效能。相比之下，伊军作战飞机只少量装有苏式雷达告警接收机、电子干扰吊舱和箔条/红外干扰弹投放系统，电子战能力很弱。

6. 很多作战飞机装备机载光电设备，具有夜间轰炸能力。美军战斗机、战斗轰炸机、武装直升机和轰炸机不同程度上都装备了机载光电设备，包括前视和下视红外设备、微光电视和夜视镜等，这些光电设备和惯性导航系统、火力控制系统的组合运用，可以使飞机员执行夜间低空轰炸任务。

美国地面部队在经过 80 年代大改革后，研制装备了大量先进的坦克装甲车辆，形成灵活机动作战能力。主要的高技术优势在于：

1. 陆军装备大量 M1A1"艾布拉姆斯"坦克，该型坦克 80 年代初装备陆军部队，车速快、机动性好，装甲防护能力强，拥有改进的火控系统，能够在行进中各种角度下进行交战，另外，还装备了热成像系统，能够在烟雾条件下全天候远距离探测敌方目标，比伊军主战坦克 T-72 探测距离远、综合性能优越，能够做到"先发现、先射击"。

2. 陆军"布雷德利"战车为机械化步兵、装甲骑兵、侦察部队提供全履带式、机动性能好、杀伤能力和生存能力强的轻型装甲战车。在武器方面，除了安装轻型火炮、机枪、自动步枪等武器外，还携带 6 发"陶"式双管反坦克导弹，车载热成像系统允许乘员透过烟雾和沙尘捕捉并攻击远距离目标，"陶"式导弹可以精确打击 2500~3000 米远的敌方坦克，所以，该型战车可以在反装甲能力和快速机动能力方面对 M1 坦克提供一种补充，与 M1 坦克协同作战。

3. 陆军、海军陆战队以及空降部队等地面部队大量装备各种轻型步兵战车，能够提供高速装甲防护与机动打击能力。如海军陆战队装备 AAVPA1 两栖突击车、LAV-25 轻型装甲车；陆军多管火箭发射系统和陆军战术导弹系统能够有效杀伤多种远距离敌方目标，"爱国者"防空导弹为地面部队和重要设施提供中、高空防御。

航天系统在军事领域中的应用，主要是提供战场信息支持，让美军拥有了伊军不具备的航天高技术优势，主要有以下卫星系统：

1. 军事侦察卫星，包括"锁眼"侦察卫星、"曲棍球"雷达卫星，以及民用的陆地资源测绘卫星等，可以实施地面光学侦察、多光谱侦察，最高分辨率能够达 30 米，为部队提供准确的战场地形地貌信息和伊军部署情况。另外，还有国防支援计划卫星，能够利用红外探测器探测到伊军"飞毛腿"导弹的排气火舌，并

第七章　称雄海湾战场：军种联合走向成熟（1986—1991）

快速向地面部队发出来袭警报。

2. 国防气象卫星和民用气象卫星，能够提供近实时的战场气象云图，预报天气变化形势，发布沙尘暴和其他极端天气的警报。

3. 国防通信卫星作为美军整个通信系统的一部分能够有效支撑美军远离本土海外作战，包括用于美国最高指挥当局和战区司令部之间的指挥控制、战区与各部队之间的通信、战区内各地面机动部队之间的通信，还可以用来传递战术预警信息，快速发布伊军导弹袭击警报。

4. 全球定位卫星系统，在海湾战争前已经部署16颗在轨卫星，能够向全球提供精确的三维位置及速度和时间数据，为美军及联军各部队在无特征的沙漠战场上提供精确位置导航信息，为各种武器平台提供发射所需要的精确定位信息，成为美军及联军在沙漠地区作战极为重要的信息支撑。

可以说，美军各军种武器装备在技术性能上全面超越伊拉克军队，这些高技术优势涵盖武器平台、精确制导弹药、电子对抗以及战场情报信息的获取与传输等各方面，而且，这些高技术优势呈现一个共同的特征，那就是将信息力融入武器装备，大幅提升作战效能，反映出90年代初美军武器装备已经开始整体向信息化时代迈进，而伊拉克军队武器装备要远落后于美军，甚至存在代际之差，这不仅体现在武器装备上，而且体现在军事思想上。另外，伊拉克军队还有一个致命的不利条件，海湾地区是全沙漠地形，几乎没有可供隐蔽的地理条件，这种地形在作战上利于进攻而不利于防守，尤其在美军增强信息力的高技术武器面前，这种不利条件被放大，出现战场单向透明，伊军无法防御美军大量先进战机的非接触空中打击。美军在战后总结中也明确地指出这一点，"首先承认了下列事实：沙漠气候适宜从空中进行精确攻击；沙漠地形使敌人车辆暴露；严酷的沙漠条件需要伊军进行不间断的后勤供给，从而使其更易受到空中遮断的伤害①"。凡此多种高技术优势使战争的胜负未战便知，只不过萨达姆本人没有认识到，何况战端已经发起，开弓没有回头箭。

快速建立联合防御体系

伊军刚入侵科威特不久，美国时间8月2日上午，负责中东安全事务的中央司令部司令施瓦茨科普夫向国防部长、总统主要军事顾问以及参谋长联席会议主席汇报了应对伊拉克入侵科威特的行动方案。两天后，参谋长联席会议主席和施

---

① 军事科学院外国军事研究部译：《海湾战争——美国国防部致国会的最后报告》（上），军事科学出版社1992年版，第14页。

瓦茨科普夫又在戴维营就军事应对方案向总统布什作了汇报，布什随即定下了向海湾地区部署部队的决心，并形成了美军初步的行动目标，即展开"沙漠盾牌"行动。"沙漠盾牌"行动是在伊拉克军队占领科威特后，美军为防止其进一步入侵沙特，而采取的军事防御部署，主要有三个目标：一是提高海湾地区的防御能力，慑止萨达姆·侯赛因的进一步进攻；二是一旦威慑失败，能有效地保卫沙特阿拉伯；三是建立有效的军事联盟。实际上，该行动美军还有一个隐含目的就是以慑备战，做好把伊军赶出科威特的准备。

"沙漠盾牌"虽然是美军向海湾地区增派兵力的行动，但其调整军事部署的全程贯穿了军种联合制胜的思想，特别是在防御部署初期地面部队数量不足、重型装备缺乏的情况下，美军强调"主要靠联盟海军、空军和有夜战能力的部队实施，以弥补联盟地面部队在数量上的劣势[1]"。与越战中军种各自为阵的状态相比，海湾战争中美各军种从投入战场之初就展现出了统一筹划、协调有序的行动。中央司令部根据总统定下的决心和军事目标，迅即展开作战计划拟制工作。根据中央司令部的判断，伊军进攻沙特阿拉伯可能有三条路线：第一条路线是沙特东部的沿海公路，途经米什阿卜、朱拜勒和达曼，这是可能性最大的进攻路线，这条路线能够最快地通往沙特沿海港口；第二条路线是以科威特中部为起点，穿过沙特边境，到达输油管线公路，再往东折向沿海公路；第三条路线是从科威特直达利雅得。无论对伊军的进攻还是对联军的防守，控制达曼北面的沿海地区都非常重要，这些地区港口被伊军占领，美军及联盟军队向战区集结兵力将变得极为困难。

美军选择了沿岸的朱拜勒和宰赫兰作为防御要点，并且把兵力部署的重心放在了靠近波斯湾的沙特东北部。因为这些港口能够提供最好的装卸设备，并接近伊军入侵沙特的可能路线，而且这一地区紧邻波斯湾，附近有美军航母战斗群，还有大量机场设施，最能够发挥美军陆、海、空诸军种联合作战优势。美军初期部署的方针是以空中、海上和轻型地面部队尽快建立起战区战斗部队，其基本的思路是空中力量最先开始部署，地面部队其次，海上力量最后完成部署。地面部队首先部署地面作战部队后部署战区后勤部队，先部署地面轻型部队后部署重型部队。最后，形成陆、海、空、天多维立体防御体系。实际上在危机爆发的当天，位于中东地区的美海军"独立"号航母战斗群就奉命从迪戈加西亚岛开往阿曼湾，"艾森豪威尔"号航母战斗群同步向东地中海机动，准备进入红海。常驻波斯湾的6艘海军舰只进入戒备状态，并开始执行海上拦截行动。迪戈加西亚岛

---

[1] 军事科学院外国军事研究部译：《海湾战争——美国国防部致国会的最后报告》（上），军事科学出版社1992年版，第59页。

第七章 称雄海湾战场：军种联合走向成熟（1986—1991）

美空军基地也进入高度战备。

8月4日，中央司令部就拟制完成"沙漠盾牌"行动方案。8月6日，布什下达第一道部署命令。在迪戈加西亚和关岛基地的海上预置中队开始起航，空中机动部队也开始启动空运。最早到达海湾战场的是美国空军战斗机部队，第1战术战斗机联队的F-15C战斗机接令后从弗吉尼亚州不间断飞行14小时，抵达沙特阿拉伯。随后，分别从美国本土和欧洲调来其它战斗机、E-3预警机、RC-135侦察机部队。9日，这些战斗机和支援飞机已经开始沿伊沙边境执行巡逻任务，在最短时间内建立起战区空中掩护。命令下达三天内，美空军在海湾地区已拥有96架F-15和F-16战斗机、72架轰炸机及100架支援飞机。11日，美战略空军司令部1个轰炸机中队20架B-52轰炸机进驻印度洋的迪戈加西亚岛，接受中央司令部空军的控制，另有1个C-130运输机中队到达沙特阿拉伯。仅一个星期内，美空军部署力量已拥有局部制空能力和对地打击能力。

美国陆军最快部署到海湾地区的是快反部队第82空降师，其战备值班旅先头部队于9日到达宰赫兰，负责沙特机场防御，到13日全旅进入防御阵地，8天以后第二个旅也到达指定位置，9月初，其全部人员和主要装备都通过空运抵达沙特。第101空中突击师比82空降师稍晚一点起运，到9月底完成全部人员的空中机动，但其直升机等重要装备直到11月份才通过海运全部抵达战场。地面部队与空中力量同时部署至战场，也反映出美军"空地一体战"的思想，地面部队用于抵御伊拉克军队的进攻，也为空军机场提供地面保护，空中力量则为地面部队提供空中掩护与支援。尽管第82空降师最早到达战场，但它只是一支轻型步兵师，缺少地面重型装甲力量，无法抵御伊军的进攻，此时，101空中突击师也只有部分人员装备到位，这段时间被美军称为"易受攻击之窗"。从8月10日开始，装备有M1坦克、M2/M3步兵战斗车等重型装备的第24机械化步兵师在美国本土装运，先头部队于27日到达沙特，直到9月23日才全部机动到位。随后，陆续部署的还有美陆军第1骑兵师、第3装甲骑兵团、第12战斗航空旅以及"爱国者"防空导弹部队。另外，这一阶段还有美海军陆战队第7远征旅、第4远征旅、第1远征旅陆续部署到沙特，合并为第1陆战师，对上接受第1陆战远征部队指挥。

到10月中旬，伊军在科威特部署的兵力有27个师，包括共和国卫队8个师，总兵力43.5万余人，3600多辆坦克和2400多门火炮。在海湾地区部署的美军及联军部队包括空军的1000架飞机，陆军第82空降师、101空中突击师、第24机械化步兵师、第1骑兵师以及第3装甲骑兵团等部队，海军陆战队第7、第4、第1远征旅，另外，"肯尼迪"号航母和"萨拉托加"航母取代了"独立"号、"艾森豪威尔"号航母，增强了舰载机的攻击能力，再加上海湾地区其它联军部队约5个师、3个多旅的地面部队，已经能够对沙特实施有效的防御。通过两个月的多军种快速部署,已经关闭了"易受攻击之窗"。满足防御需要的联合力量部署到位后,整个10月里,美军重点是进行兵力部署调整,加强防御态势,与联军多国力量在沙特边境形成多层大纵深的防御布势。为了加强多军种、联军部队之间的协同,美军与联军部队成立了特别参谋和联络小组以协调计划实施,部队指挥官定期开会、协商,进行图上演习作业,特别是解决空、海军和地面部队之间进行火力支援和空中支援的问题。通过反复的联合演习,加深了联军陆、海、空部队的合作。

在"沙漠盾牌"行动中,美军边建立联合防御体系、边搭建联合作战指挥体系。总体架构上,这是一种双重指挥系统,一条线是中央司令部司令指挥的所有参战美军,另一条线是沙特司令指挥的海湾地区多国联军。单就美军来讲,中央司令部是战区唯一的最高联合指挥机构,被赋予了非常明确清晰的指挥责权,已经完全没有越战中混乱的指挥关系,这是美军建立战区主导联合作战指挥体制后的第二次实战运用,此前一次是南方司令部指挥的入侵巴拿马行动。此次海湾军事行动指挥,采取美国国家最高指挥当局—中央司令部—中央司令部下属各军种司令部—作战部队的四级指挥层次。国防部长切尼通过参联会主席鲍威尔,向中央司令部司令施瓦茨科普夫下达作战命令。中央司令部是受援作战司令部,负责战区内所有军事行动,其他联合作战司令部、各军种部是支援司令部,负责为中央司令部提供兵力和装备支援,战区内所有地面部队、战术空军部队和海军部队,都要接受中央司令部司令的战斗指挥。中央司令部司令施瓦茨科普夫对战区内部队享有作战指挥、部队部署、作战使用等多方面控制权,还可通过参联会主席向国防部长提出兵力需求,抽调美军全军部队。参联会主席位于各军种之上,有权力调取任何军种部队,一旦这些部队到达战区,军种部就无权再指挥这些部队。中央司令部平时驻美国本土佛罗里达州麦克迪尔空军基地,战时前推至沙特阿拉伯利雅得。美军参战力量包括空军、海军、海军陆战队以及陆军部队,由战区军种司令指挥,这些战区军种司令直接向中央司令部司令负责,并承担已部署部队的行政管理、后勤补给和作战行动的责任。针对海湾战争的美军"战区司令部+战区军种司令部"的结构模式基本搭建完成,从运行看,此时中央司令部由于建立时间短,联合作战指挥经验不够,还特别突出战区军种司令部的作用。中央司令部司令施瓦茨科普夫在对战区内所有美军部队实施统一指挥时,要求各军种司令部在其指示范围内最大限度地发挥主动性,他在必要的层次上进行指导,为了适应不断变化的形势,还可以随时在各军种间交叉配属部队;在各军种司令部之间,甚至下一级各军种部队之间相互直接协调和交换联络小组,体现出在中央司令部集中统一指挥下必要的放权。

中央司令部陆军司令由美国陆军第3集团军司令担任,对部署的陆军部队进行控制。为了增强自身的指挥与控制能力,中央司令部陆军还采取了三个有力措

第七章 称雄海湾战场：军种联合走向成熟(1986—1991)

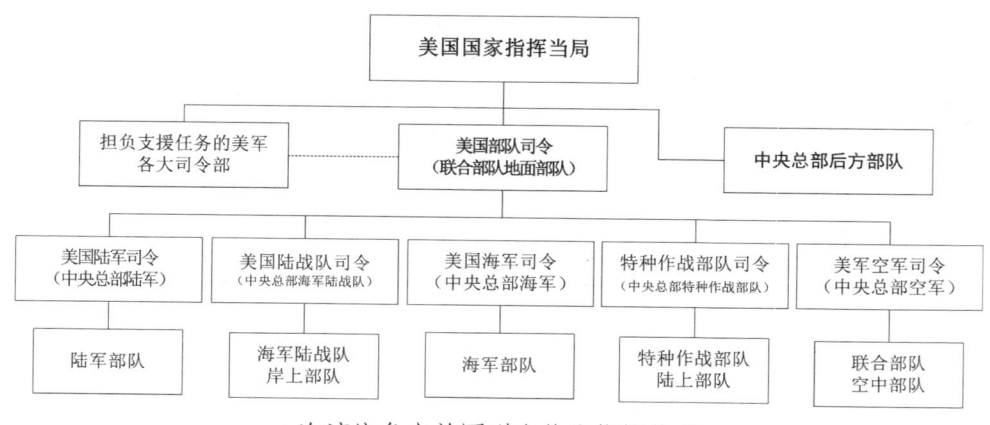

海湾战争中美军联合作战指挥体系

施：一是设立了7个联络组，将它们作为联系下级部队与友邻部队的一个网络，同时还可以保证司令官的意图迅速下达；二是建立1个位于前沿阵地的机动备用指挥所，促进中央司令部陆军对作战行动的控制，也可作为备用指挥所；三是利用第513军事情报旅的能力，在利雅得建立一个一体化作战与情报中心，加强与中央司令部、友邻军种司令部的情报交流共享。

中央司令部空军司令由美空军第9航空队司令霍纳中将担任。霍纳同时又兼任联合部队空中部队司令，其职责是对联军的所有空中部队进行协调，以确保集中力量实施空战。联合部队空中部队司令部开设于利雅得，人员一部分来自初期制定"迅雷"行动方案的空军部、海军部、陆军部和海军陆战司令部的参谋人员，也包括少数中央司令部和第9航空队参谋人员。联合部队空中部队司令通过与其他军种司令协调，就分配飞机出动架次问题进行规划、协调、分配、安排任务。

中央司令部海军司令由美国第7舰队司令阿瑟中将担任，负责指挥海湾地区所有海军部队。司令部位于第7舰队的旗舰"蓝岭"号两栖指挥舰上，司令部成员主要是第7舰队司令部参谋人员。中央总部海军司令部编配了一个自日本调来的舰队协调大队，部署于利雅得，目的是与联合部队空中部队司令部共同处理空中作战事宜，进行陆基与海基联合空中作战的协调。同时，中央司令部海军司令部在利雅得设立了中央司令部海军参谋部，先由第3航母大队司令负责，后移交第5巡洋舰驱逐舰大队司令，以便在中央司令部始终有海军的代表。这样，由于中央司令部海军参谋部比中央司令部其它军种参谋部级别低，使得海军代表在全面协调与规划工作中难以代表海军利益。

中央司令部海军陆战队司令由第1陆战远征部队司令沃尔特·布默中将担任，指挥所有在沙特阿拉伯登陆的海军陆战队部队。中央司令部海军陆战队在利雅得配备了一名分管后方的副司令，作为中央司令部海军陆战队的代表，并向中央司令部提供了联络军官和参谋人员进行协调。为了与其他各军种充分协调，中央司令部海军陆战队向中央司令部派出联络军官，并建立通信联络。中央司令部海军陆战队司令部内部设有两个参谋班子分别处理行政与战术事务。海军陆战队的岸上部队归中央司令部海军陆战队司令部指挥，而海军陆战队的海上部队则归中央司令部海军司令部指挥，这使得在协调两栖部队与海军陆战队岸上部队行动时遇到一定困难，为此，中央司令部海军陆战队设立一个前方司令部，与中央司令部海军司令部一起设在"蓝岭"号两栖指挥舰上，确保地面作战计划与两栖作战计划得到充分协调。为了向友邻部队或上级派出联络军官和参谋人员，海军陆战队还从各参战陆战队中抽调人员与设备，充实第1陆战远征部队指挥机构。

中央司令部特种作战司令部是中央司令部直属的一个联合司令部，负责对战区所有特种作战部队实施作战控制，但由军种司令部提供行政和后勤保障。中央司令部特种作战司令部负责确定抽调哪些部队支援"沙漠盾牌"行动与"沙漠风暴"行动，并将其置于中央司令部特种作战司令部的作战控制之下。

海湾战争中美军联合作战指挥体系层次结构与指挥权责非常清晰，并在中央司令部以及战区各军种司令部之间建立了有序的协调联络机构，美参战各军种部队能够在中央司令部的统一指挥下，协调一致行动，这些都是数十年持续推进联合作战体制改革的成效。施瓦茨科普夫在战后总结中指出："《戈德华特-尼科尔斯国防部重构法案》建立了极为明确的指挥系统，并明确了下属司令部的职责范围，这意味着在海湾地区有一支更为有效的作战部队。由于指挥线路畅通，责任明确，在这一地区我们不曾有任何问题，确实没有什么问题①。"

转入进攻部署与临战行动

美军向海湾地区部署了充足的部队和物资，对沙特阿拉伯的防御目标已经达成，但伊军依然盘踞在科威特没有撤退迹象，美国与联盟国开始着眼向海湾地区增兵并将伊军赶出科威特。11月8日，总统布什要求国防部展开进攻计划和向海湾地区增派兵力部署。进攻计划拟制是中央司令部最核心的工作，这一时期美军的联合作战筹划与指挥是有很多不足的，主要原因是中央司令部联合作战筹划力量较弱，很多情况下是由下属军种司令部直接筹划，两级筹划的具体职能、权责以及方法不够清晰，还处于一种实践探索修正的阶段。

---

① 军事科学院外国军事研究部译：《海湾战争——美国国防部致国会的最后报告》（中），军事科学出版社1992年版，第148页。

第七章　称雄海湾战场：军种联合走向成熟(1986—1991)

8月初，海湾危机爆发不久，美国防部长就要求中央司令部制定一个进攻计划，起初这是一个使用空军进行报复性的行动，该计划最后交由空军部作战计划局来制定，参联会主席鲍威尔亲自抓此项工作。随后又增加了运用地面部队的设想，计划工作吸收了海军、陆军和海军陆战队人员参加。到8月底，联合作战计划才正式交由中央司令部实施。中央司令部重点是对整个联合作战战局进行顶层筹划，形成了一个区分四阶段的进攻计划：第一阶段"战略性空中战局"，打击伊拉克境内目标；第二阶段"科威特空中战局"，打击科威特境内伊军；第三阶段"消耗地面战斗力"，消灭伊共和国卫队；第四阶段"地面攻击"，将伊军赶出科威特。这四个阶段是美军首次将联合作战按照若干个阶段进行设计，将阶段任务有侧重地分配给战区军种部队，有利于比较清晰有序地组织联合行动，这是联合作战筹划的一个探索和发展。这四个阶段的前三个阶段都是实施空中打击，只有第四阶段是地面进攻，这本质上还是体现了"空地一体战"思想，先空中打击，后地面进攻，以空中打击的效果支持地面进攻作战。另外，这四个作战阶段也充分反映了美军自80年代以来形成的"非接触作战"思想，与伊拉克这个"中东雄师"作战，美军抱着非常慎重的态度，对于有一定实力的强敌，不急于在地面与对方直接交手，而是首先充分利用空中力量的高技术优势进行非接触打击，不但可以试探对方的实力，而且可以夺取制空权并大量消耗对方作战能力，将敌方作战能力特别是地面部队作战能力降低到一定程度后，才发起地面进攻，让对手难有还手之力，以尽量小的伤亡代价快速制胜。

以上四个阶段的进攻计划中最难筹划的是第四阶段"地面攻击"，因为这是双方短兵相接的行动，尽管先期设计了三个阶段的空中战局，但还可能面临巨大伤亡的风险，必须慎之又慎，作为陆军上将的中央司令部司令施瓦茨科普夫亲自组织地面作战计划拟制工作。10月初，中央司令部地面作战初步设想只用1个军的兵力，采用夜战方式，从伊、科、沙三国交界处以东60公里的边境处正面突破，向北向东直插最终目标穆特拉山口及穆特拉岭北面的高地，把大部分的伊军包围在科威特以东地区。这个方案普遍被认为风险非常大，一是进攻部队数量太少，针对科威特和伊拉克南部部署的数量庞大、久经沙场的伊军，高技术武器优势和前期空中战局对伊军的消耗不足以弥补地面进攻部队数量劣势；二是从正面突破伊军的设障地带、防御工事和守卫部队难度较大，两翼还面临伊军侧击风险，可能导致大量伤亡和持久消耗战。10月中旬，根据国防部的要求，中央司令部提出第二种地面作战方案，计划设想动用2个军的精锐部队，避开正面进攻的冒险，从伊军防御薄弱的伊拉克西部沙漠实施更大范围的迂回包围侧击，同时，还强调地面作战之前的空中战局要重创伊地面部队，大幅削弱伊军作战能力。此案相较第一种方案风险明显要低，但也有不足之处，联军左侧暴露达100

公里，多路助攻任务比较复杂、不易协调，但这些不足比起它的优点来讲是微不足道的，第二种方案的亮点是体现了在现代化战争中要投入决定性力量、以己之强击敌之弱、以最小的伤亡迅速达成预定目标的原则。基于这些考虑，国防部和参联会主席明确要求中央司令部按照第二种方案展开细化准备工作，国防部最终确定的地面进攻部队是：2个美陆军军、1个美陆战队军、1个由埃及2个师和叙利亚1个师组成的军，以及沙特和海湾国家组成的阿拉伯部队，共计5个军的兵力。到12月中旬，布什最后一次听取汇报后批准了总体作战计划。根据这个计划，如果萨达姆拒绝从科威特撤军，就要动用武力，首先实施空中战局，然后展开地面进攻行动，将伊军赶出科威特，但是，作战开始时间需由总统另行批准。中央司令部及中央司令部各军种司令部继续细化完善作战计划，联军其它国家参谋人员也参与联合作战计划工作。

  从美军的联合作战计划工作看，战区主导下的联合作战计划并不是中央司令部完全独立拟制的，中央司令部与国家最高指挥当局有着密切的交互。中央司令部负责拟制联合作战整体计划，同时还要拟制第四阶段的地面进攻计划，美国总统、国防部、参联会主席全程指导计划工作，对作战方案选定、主要决策事项做决定，中央司令部根据国家最高指挥当局的重大事项决定具体拟制作战计划。总统布什、国防部长先后在8月4日、10月11日、12月中旬三次直接听取作战计划并对战争重大问题作出决定。参联会主席几乎全程指导中央司令部的计划工作，根据总统、国防部长的意图决定一些具体重大事项。从作战计划几经修改的过程中，我们还可以看到美军在80年代后期发展的几个重要作战思想：一是强调投入决定性力量，以最小的伤亡迅速达成预定目标，完全摒弃越南战争中逐步消耗的做法；二是以强击弱、以大博小的思想，强调杀鸡用牛刀，不但充分发挥高技术武器优势，还要在数量上形成一定优势，以数量质量的绝对优势实现完胜；三是充分发挥空中力量非接触作战优势，以空袭为先导并贯穿作战全程，陷对手于被动挨打、难以还手的境地。

  随着进攻作战计划拟制成形，所需要的地面部队编成和数量已经明确，"沙漠盾牌"行动进入第二阶段，即进攻性部署阶段。根据进攻作战计划，这个阶段增派的部队，美陆军有驻本土的第1机械化步兵师，驻欧洲的第7军，包括第1装甲师、第3装甲师、第2装甲骑兵团；海军新增3个航母战斗群，1艘战列舰；海军陆战队新增第5陆战远征旅、第2陆战远征部队部分兵力；空军增派了410架飞机。至1月15日，美军的数量较第一阶段翻了一番，同时，其它联盟国部队也增派了兵力。另外，美航天军事力量及装备也开始正式投入战时运用。国防气象卫星系统方面，在危机爆发前，已经有8号和9号两颗国防气象卫星，12月1日又发射10号卫星，在战区内共部署了6部地面MK4终端车，包括美空军1

第七章 称雄海湾战场：军种联合走向成熟（1986—1991）

部、海军陆战队 5 部以及海军航空母舰气象接收设备。国防卫星通信系统共有 5 颗实用卫星、3 颗备用卫星 DSCSⅡ和 DSCSⅢ。至 1 月初，部署了 120 个战术终端，为战斗、战斗支援和勤务支援提供了通信服务，解决各军种部队在广阔战场上通信联系不便的问题。全球定位系统有在轨卫星 16 颗，其中，10 月份发射的 1 颗，改善了系统星座分布，使战区美军几乎全天都有足够的二维覆盖，一天中有 19 小时三维覆盖。另外，还有多光谱图像"陆地"卫星，为制定军事行动计划提供支持。特别是，美军还建立了有史以来最庞大的、反应敏捷的 C_3I 系统，实现国家最高指挥当局、中央司令部、各军种部队以及战区外各支援司令部之间的联系，以满足大规模战区联合作战需要，主要的通信系统包括自动数字网络、国防通信系统、国防数据网络、国防卫星通信系统、战术通信系统以及全球军事指挥控制系统等。

中央司令部还结合作战计划的细化完善工作，对伊沙边境进行战场勘察，深入掌握作战计划的可行性，勘察的重点地区是伊科边境以西地区，这一带是美军的主攻方向，主要是考察这里的沙漠地形是否适应各式装甲车辆的越野行驶，在沙漠地带如何维持现有部队和后续增援部队的部署，沙漠地形对后勤支援行动的影响等。另外，密切关注科威特战区的伊军动向、兵力增援情况、纵深防御布势的构建，进一步对比分析双方优劣，细化确定对伊军作战的重心目标。除了进一步细化验证作战计划外，在临战前美各军种针对沙漠地区作战特点展开了一系列临战训练以及联合训练演练，另外还开展了一系列联合行动，比如，强化多方向布势，对伊军实施围困；通过佯动行动迷惑伊军，打乱其防御部署。这些临战行动反映出美军作战不仅重视发挥高技术武器优势，在施计用谋上也是很有一手，比较突出的有三个重要行动：一个战略性海上封锁行动，两个战役性的陆上牵制行动。

战略性海上封锁就是海湾危机爆发不久展开的海上拦截行动。伊拉克入侵科威特后，8 月 6 日联合国安理会通过的 661 号决议提出阻止出口任何商品和产品输入其境内，8 月 25 日，针对伊拉克拒不撤军的实际，安理会再次通过 665 号决议"必要时在安全理事会授权下采取符合具体情况的措施，拦截一切进出海运，确保严格执行第 661 号决议。"实际上，美军参谋长联席会议主席早在 8 月 11 日是就已经签发海上拦截行动预令，中央司令部司令的海上拦截行动命令在 8 月 12 日起草，8 月 17 日下达中央司令部海军执行。海上拦截行动是美军及联军对伊拉克的经济制裁行动，从某种意义上也是其军事行动的一部分，是一次典型的现代海上封锁行动。

伊拉克是一个以陆地为主的海湾国家，出海口非常少，只有紧邻科威特北部的两个港口乌姆盖斯尔和祖拜尔通向波斯湾，还有通过邻国约旦的亚喀巴港进入红海，占领科威特后，还可以利用科威特的港口进入波斯湾。伊拉克的经济主要

转入进攻部署与临战行动

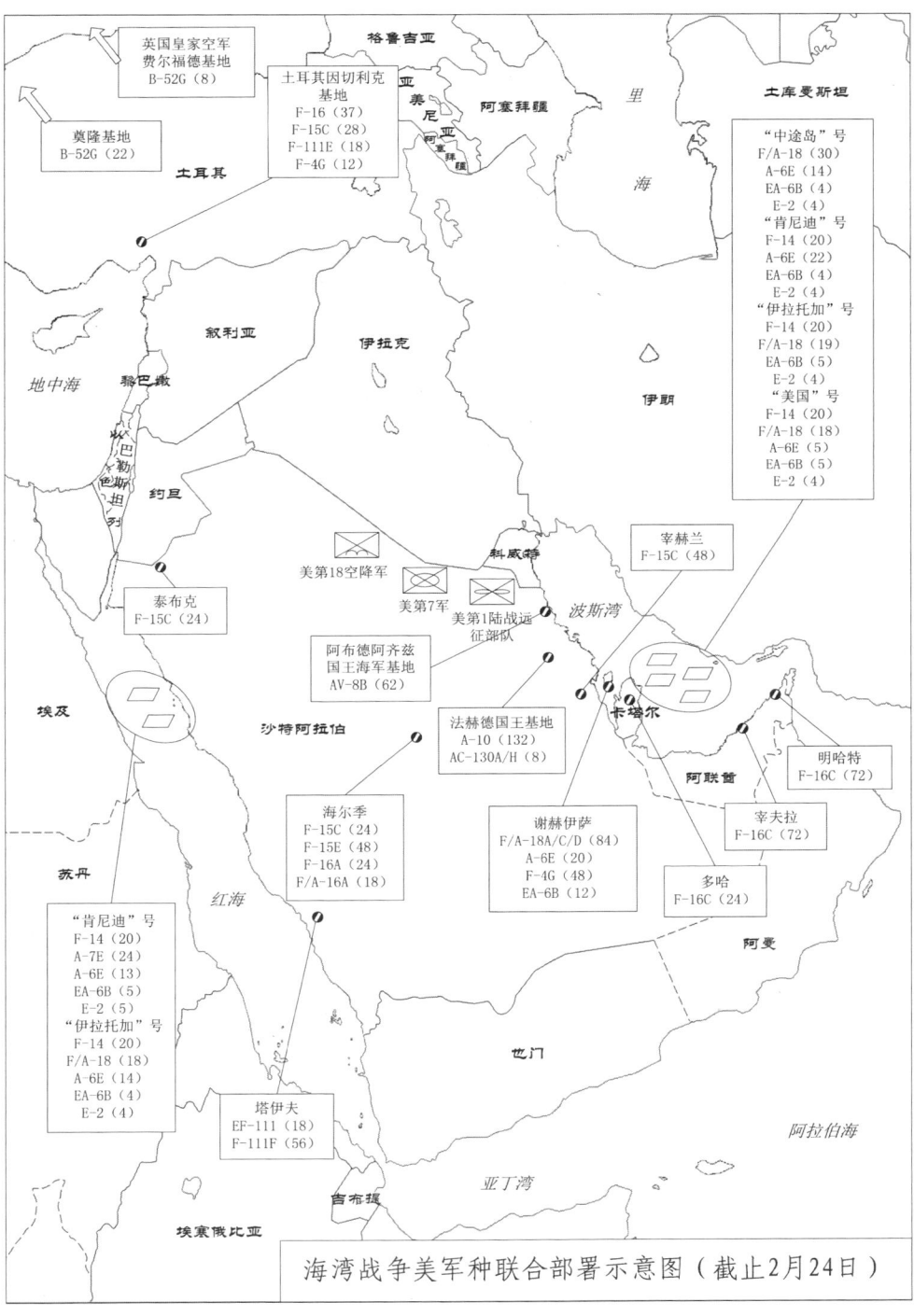

海湾战争美军种联合部署示意图（截止2月24日）

第七章 称雄海湾战场：军种联合走向成熟（1986—1991）

依靠石油和天然气资源，其对外贸易以石油、天然气为主，另外还有一些商贸和军贸交易。海湾危机发生后，伊拉克通过沙特和土耳其的陆上通道被关闭，只剩下通过波斯湾和经约旦到红海的海上通道，海上拦截行动无疑是对其经济的封杀，也是一种对伊军的海上封锁行动。

海上拦截力量由 13 个国家的海军舰艇组成，主要部署在波斯湾和红海两片海域，在地中海也部署了美国海军部队，采取各国独立拦截方式，拦截装有禁运物资的船只驶往或驶离伊拉克、科威特港口或约旦亚喀巴港。由于伊拉克海军非常弱，联军海上拦截基本没有海上作战行动，主要是对过往商船登船检查，强迫运送禁运品的船只改变航向。海上拦截行动从战前一直持续到战后数年时间，战前旨在对伊拉克施加经济压力，迫使其撤出科威特，战时则是切断伊拉克的战争物资来源。

联军的海上拦截行动基本切断了伊拉克的对外商业来往，阻止了船只前往伊拉克装载石油，使得伊拉克石油收益所剩无几，同时，也使得外界援助伊拉克坦克、飞机、军需品和其他战争物资的途径都被堵死，但是，很难对其最终效果进行准确的评价。战后美军自己的评估认为"海上拦截行动对伊军战斗力和意志的影响尚不清楚"，而通过战后进入科威特的现场观察伊军状况，也有分析认为"禁运限制了伊军进行再补给的能力"，并得出结论海上拦截行动"明显地削弱了萨达姆的军事能力"。

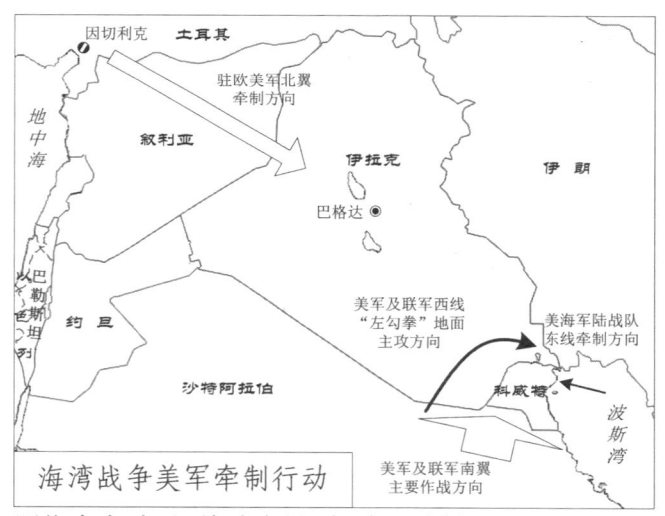

陆上第一个牵制行动是驻欧美军在伊拉克北翼加强的力量部署，主要是利用土耳其的因切利克空军基地部署空中力量，与科威特战区的主要作战方向形成西北与东南对角线的牵制效果。早在海湾危机爆发后的 9 月份，美军欧洲司令部就提出在土耳其开辟第二战场的设想。12 月中旬，欧洲空军按照指令启动了"检验力量"行动，委派美军欧洲空军副参谋长詹姆斯·L. 杰米尔森少将担任指挥官，建立专项参谋机构，调动驻欧空军组成联合特遣队，向因切利克空军基地调派空军部队。到 12 月底，部署在该空军基地的作战飞机有：20 架 F-111E 战斗机，24 架 F-16C 战斗机，10 架 F-15C 战斗机和 4 架执行特殊任务的 KC-135 空中加油机。到 1991 年 1 月 7 日，已经有各型飞机 100 多架，并又增加了陆军部队，美军把这些联合部队升级为"检验力量"行动特遣队，指挥部设在德国拉姆斯泰因空军基地，包括空军司令部、陆军司令部、联合特殊行动特遣队 3 个部分，其中，因切利克空军基地的美空军部队编为第 7440 临时联合空军联队，承担对伊拉克北部的空中作战任务，联合特殊行动特遣队负责搜索与救援联军迫降飞行员的任务。在指挥关系上，担任牵制任务的"检验力量"行动特遣队不属于中央司令部编成内的部队，但在作战上接受中央司令部的控制，担负中央司令部赋予的作战任务。

陆上的第二个牵制行动是联军在波斯湾北部实施的两栖登陆佯攻，掩护拟在伊拉克西部沙漠进行的主攻行动，形成局部的东西两个方向上的牵制。中央司令部在制定作战计划时同步拟制了一系列欺骗计划，其中一项主要的欺骗行动就是利用一支海军陆战队的两栖特遣部队在科威特东部沿海制造两栖登陆的声势，将伊军引离联军的主攻方向，并牵制伊军的防御兵力。实施佯动的两栖特遣队由第 4 海军陆战旅和第 13 海军陆战队远征部队组成，包括空军、陆军和陆战队人员。1990 年 11 月中旬两栖特遣部队就已经在阿拉伯沿海高调实施两栖攻击训练，实施综合性的两栖登陆演习，此后，又在伊拉克南部的布比延岛附近做出登陆作战部署的样子，促使伊军误判联军进攻方向。

"非接触"联合空中作战

代号为"沙漠风暴"的联合空中作战充分贯彻了美军"非接触作战"思想，以高技术优势的空中力量夺取战场制空权，瘫毁伊军作战体系，大幅削弱伊军地面部队作战能力。这是美军总结越战失利教训后进行的作战变革，前所未有地把夺取制空权和联合空中打击作为其发动战争的首选方法，因为这可以尽可能降低其人员的伤亡，以最小代价赢得战争。此后的战争实践表明，联合空中打击历时 38 天，达成了预定目标，为后续地面作战创造了极为重要的条件。在中央司令部的统一指挥下，"沙漠风暴"联合空中打击与后续"沙漠军刀"地面作战效果前后呼应，这与越战中美军"北炸""南打"陆空两大行动严重脱节形成鲜明对比。

在联合作战指挥上，美军首次依托战区联合司令部针对一个地区性强国，统一筹划涵盖空中、地面和海上的大规模联合作战行动。这种大规模的联合作战行动是在中央司令部与中央司令部下属各军种司令部的框架内实施的，中央司令部重在对整个联合作战进行设计和筹划，各下属军种司令部重在筹划并组织本军种在战区内的行动。此战中美军的整个战争计划首先是从空中作战开始的，中央司令部与空军部在制订战争计划的全过程中进行了密切的协作。伊拉克入侵科威特后，中央司令部司令施瓦茨科普夫就认识到必须发挥空中力量的优势，遏制萨达姆的进一步行动。8月3日，他要求中央司令部空军部队的参谋人员开始制订空战计划。在向总统布什汇报初步方案不久后，施瓦茨科普夫认识到这将是一场大规模的空中战局。8月8日，他要求空军参谋部代替中央司令部负责制订空中作战计划，中央司令部的参谋人员则全力组织参战力量的调配与部署工作。8月10日，空军参谋部向施瓦茨科普夫和参联会主席汇报了"迅雷"作战方案。随后，按照参联会主席的要求，空军参谋部吸收海军、海军陆战队和陆军的人员参加，计划人员增加到30人，并在联合参谋部主任的领导下继续制订详细的作战方案。8月25日，施瓦茨科普夫结合空军参谋部的作战方案，初步制订了分为四个阶段的联合作战总体计划，即前述的"战略性空中战局""科威特空中战局""消耗地面战斗力""地面攻击"四个阶段，前三个阶段构成"沙漠风暴"联合空中作战。随后，联合空中作战计划小组对空中作战计划不断修改完善，直到12月19日，美国防部长和参联会主席详细地审查了"沙漠风暴"总体方案。随后，国防部长切尼向布什汇报，布什正式批准这一计划。

"沙漠风暴"空中作战计划改变了越南战争中"滚雷"行动逐步升级的渐进式空中打击方式，而是强调在较短时间内，充分利用精确制导弹药以及主动与被动反雷达技术，对伊拉克境内重要目标实施高强度精确打击，重创伊拉克领导指挥机构，大幅降低其军事能力，削弱其战斗意志。参加过越战的中央司令部空军司令霍纳中将吸取越战教训，坚持认为要"夺取制空权！在遂行其他任务之前首先要获取制空权"。所以，他的空中作战首要目标是要将伊军的一体化防空体系"分崩离析"，从一开始就彻底打垮伊军，而不再像越战那样逐步升级，顾虑重重。时任空军参谋长迈克尔·杜根对越南战争的空中作战也是深有体会，他也强调这次联合空中作战"将不是一场越南式的作战，即不是围着边缘一点一点地蚕食"。他的意见是"要伤害你，就在你的家里伤害，而不是在别的地方。"中央司令部司令最终同意了这些意见。在空中打击目标的选取上，首次成体系、有目的地形成5类打击目标群：1. 孤立伊拉克政权，使其丧失能力，打击3类目标，包括领导指挥机构，迫使伊拉克最高决策当局不能作出决策，并陷于孤立地位；电力生产设施，重点是使伊拉克整个电力网遭受破坏，使多种重要军事设施无法正常发挥其功能，如预警雷达站、武器生产设施等；电信和C_3系统，如微波中继塔、电话交换台、通信枢纽等，使伊拉克领导人对部队失控。2. 获得和保持制空权，扫除空中威胁，打击2类目标，包括一体化战略防空系统，如雷达站、地对空导弹和防空指挥控制中心等，使伊军地面防空系统的作战效能削弱到可忽略不计的程度；空军部队及机场，使其丧失空中攻防能力。3. 摧毁核生化作战能力，包括伊军核生化研究、生产和储存设施等。4. 摧毁重要军工厂、基础设施和兵力投放能力，消除伊军进攻性军事能力，打击4类目标，包括"飞毛腿"导弹、发射架、生产与储存设施、海军部队和港口设施，用于军事目的的石油提炼和输送设施，军用仓库和生产场地等。5. 使驻科伊拉克陆军及其机械化装备失去作战能力，打击2类目标，包括连接军队和后勤保障设施的铁路和桥梁，驻科威特的伊陆军部队，包括科威特战区的共和国卫队。以上5类打击目标群按照三个空中作战阶段完成，第一阶段"战略性空中战局"约6天时间；第二阶段"科威特空中战局"约1天时间；第三阶段"消耗地面战斗力"10—12天时间。第三阶段是空中作战计划的重点，中央司令部提出的量化指标是摧毁科威特境内伊正规陆军部队75%~80%的装甲车辆、卡车和火炮，提出依据是：一支军队损耗20%~50%，通常就会丧失战斗力。

对于联合空中作战的指挥问题，中央司令部空军司令查尔斯·霍纳中将对越战中美军的失误体会很深，他发誓："越战对于我们来说像一场瘟疫，我们发誓绝不会重蹈覆辙。"因此，他强调要整合空中力量。1986年颁布的《戈德华特-尼科尔斯国防部重构法案》授权联合作战指挥官可指派1名单一空中力量指挥官，这为统一诸军种空中力量提供了法规上的依据。1991年1月初，中央司令部司令正式向战区各部队下达作战命令，中央司令部空军司令被任命为联合部队空中部队司令，这也是美军首次正式设立联合部队空中部队司令，不仅将美国空军、海军、海军陆战队以及陆军空中作战平台统一在一个指挥机构下使用，而且，还为14个参战国各军种的2700多架联军飞机协调分配任务，实现在战场区域内对所有空中力量集中统一指挥。

美各军种参战固定翼作战飞机（2月24日）

空军		海军		海军陆战队	
机型	数量	机型	数量	机型	数量
F-15C/E	172架	F-14	100架	F/A-18A/C/D	84
F-16/A/C	229架	F/A-18	85架	A-6E	20
F-111E/F	84架	A-6E	95架	F-4G	48
F-4G	60架	EA-6B	27架	EA-6B	12
EF-111	18架	—		—	
A-10	132架	—		—	
B-52G	30架				
合计	725	合计	307架	合计	164架

联合空中作战计划的实施是通过"总攻击计划"和"空中任务指令"两级计划活动来完成的，两级计划均由联合部队空中部队司令部制定，中央司令部只是提出任务指导。其中，"总攻击计划"是一种联合空中作战总体攻击计划，在作战过程中，需要及时分析战损判定数据，调整变化打击目标的等级与类型。在拟制"总攻击计划"时，作战计划人员要依据总统提出的目标、中央司令部司令的指令、目标的等级、对每个目标的预期攻击效果、对最新情报的综合分析、气象和威胁等作战因素以及攻击武器的可利用率及其适用性等，提出目标攻击清单，选

第七章　称雄海湾战场：军种联合走向成熟(1986—1991)

择能达到预期效果的最佳武器系统，空中作战行动的顺序和时间，包括抵达目标上空的时间、目标编号和目标的描述，每个攻击编队所用的武器和支援系统的数量和型号。"空中任务指令"是每天的空中作战日程，它向飞行员提供执行"总攻击计划"所需的细节和指示，相当于联合空中作战的一种实施计划。"空中任务指令"是根据"总攻击计划"来制定的，需要联合部队空中部队司令部的参谋人员和各军种、联军部队的计划人员以及情报、气象和后勤人员共同完成。"空中任务指令"由两部分组成：第一部分主要包括目标和任务数据以及电子战和压制敌防空配系的安排；第二部分包括有关保障与支援的具体指示，包括通信频率、加油机和侦察机支援、空中预警与控制飞机的覆盖范围、战斗搜索与救援所需资源、进出敌空域的路线以及其他许多细节。美军"空中任务指令"负责明确进入科威特和伊拉克空域执行任务的各军种、各联军飞机，包括给从中央司令部责任区之外起飞的某些飞机如 B-52 战略轰炸机下达任务，但不负责对海面上空飞行的海军飞机的指挥控制。由于"空中任务指令"实现了对多军种飞机的集中统一计划，各军种战术空中控制中心就可以依据任务指令进行有效的空中管制，战争期间，数千架来自各军种的飞机很少出现误炸误伤情况。因此，美军战后自我评价"空中任务指令"是极有成效，极为成功的。

美军联合空中作战的组织指挥遵循制定"总攻击计划"——制定"空中任务指令"——指挥与控制空中作战行动三个不断循环的步骤。这三个步骤基本上按 3 天为一个周期，每天迭代推进，即每天都要打 3 天的战争：实施当天的空中作战计划；为翌日的空中作战准备"空中任务指令"；为后天的空中作战准备"总攻击计划"。每天早晨 7 时召开联合部队空中部队司令部参谋会议，传达中央司令部司令关于调整空战计划的指令，计划人员立即展开"总攻击计划"的修订，当天 20 时由空战计划主任批准，并交情报处和相关军种人员进一步核实目标与瞄准点。次日凌晨 4 时 30 分，根据"总攻击计划"，开始制定"空中任务指令"，在晚 17 时—19 时完成最终"空中任务指令"，并电传至相关任务部队。"空中任务指令"于第三天凌晨被执行。在联合空中作战实施中，"空中任务指令"需要向任务部队下发，美国空军部署了"计算机控制的兵力管理系统"，能够使战术空中控制中心与战斗部队进行联机交流，但是，美军的通信传输手段还存在明显的不足，联合空中部队司令部只能向大多数陆基航空部队传输"空中任务指令"，与远距离的 B-52 战略轰炸机基地和海上航母舰队通信不畅，而且，航母数据系统与空军计划控制的兵力管理系统之间互不兼容。针对通信手段不畅的问题，海军采取的方法是启用国际海事卫星改善战术通信。

随着美军及联军空中力量的大大增强，施瓦茨科普夫将原计划三个阶段实施的空中作战合并成一个阶段，这样，从一开始就可以针对最重要的目标实施打击。联合空中作战首波攻击就是一个多军种的联合行动。攻击行动从当地时间1月18日凌晨3时(H时)持续到日出,约3个小时,其任务是分割乃至最终摧毁伊拉克的一体化防空系统,并有效地打击伊军领导机构以及C_3通信线路,使其指挥控制失效。进攻发起时刻的H时之前90分钟,美海军位于红海的"圣哈辛托"号巡洋舰向巴格达的目标发射了"战斧"式巡航导弹,在H时之前约22分钟,9架陆军AH-64攻击直升机(配属给第101空中突击师)在第1特种作战联队的3架空军MH-53J"铺路微光"特种作战直升机的引导下,利用夜视和微光技术以及GPS导航技术,超低空进入伊拉克南部,用"地狱火"导弹摧毁了两个预警雷达站,拉开了战争的帷幕。而此时,美空军F-117A隐形战斗机早已深入伊拉克纵深地区,在H时之前9分钟攻击了伊拉克南部加固的防空截击指挥中心和偏西部的一个防空作战中心。至此,陆军攻击直升机的超低空突击和空军F-117A的隐形突防在伊军雷达探测与指挥控制网上撕开了一个缺口,为后面的非隐形飞机开辟了通道。F-16、B-52、A-6、A-7等海空军作战飞机突入通道袭击伊拉克纵深目标。在伊军防空系统比较严密的地区,美军重点使用海军巡航导弹与空军F-117A隐形战机,并使用B-52战略轰炸机发射空射巡航导弹。在最初的5分钟内,巴格达约20个防空系统、C_3电力和领导机构的关键目标遭到攻击。在1个小时内,另外25个目标以及配电站和化学武器设施遭到袭击。美军在开战初对关键体系节点的高强度多点同步压制,造成伊拉克防空系统瘫痪。

在空袭编队上,也都是采取多军种作战飞机混合编组,实现优势互补。空袭编队的规模大小不一,小的只有1架F-117A飞机,实施单机隐身突防,多的可以有数十架飞机。例如,袭击艾哈迈德杰拜尔机场的攻击编队由16架F-16、4架F-4G、1架EA-6B和4架F/A-18组成,其中,空军的F-16挂有夜间低空导航与目标定位红外吊舱系统和MK-84炸弹,F-4G配有压制敌防空系统的高速反辐射导弹,而海军的EA-6B具有很强的电子干扰能力,F/A-18具有对地攻击/战斗双重用途,还有很多在战场外空域待命支援的KC-135等加油机。另外,压制伊军庞大的防空系统目标,更需要综合运用各军种电子战飞机。通常是美空军EF-111和F-4G"野鼬鼠"电子对抗机、海军和陆战队的EA-6B、A-6、A-7和F/A-18飞机首先确定威胁的位置,然后干扰敌雷达设施,或者用高速反辐射导弹攻击伊军雷达设施。同时,美空军的EC-130"罗盘呼叫"飞机干扰伊军通信系统。海军和海军陆战队还发射"战术空射诱饵",诱使伊军防空雷达开机,暴露雷达的位置,为攻击飞机提供实时目标信息。在空袭过程中,联合部队空中部队司令部始终是将各军种的战斗机、轰炸机、电子战飞机以及其它支援飞机综合编队使用,这种多军种作战飞机协调一致空袭,在深度、广度、规模和时间的同步运用上也是越来越成熟。

第七章 称雄海湾战场：军种联合走向成熟(1986—1991)

在联合部队空中部队司令的统一指挥下，美军空袭的第1天，伊军战略指挥通信网络和战略防空系统以及主要的领导与指挥设施遭到严重破坏。空袭第10天，美军完全掌握制空权。之后，在继续攻击战略目标和压制防空体系的同时，美军空袭的重点转向打击伊军机场、"飞毛腿"导弹发射架、交通运输线以及兵工厂等军事目标，进一步削弱伊军作战能力。从第3周开始至空袭作战结束，美军把空袭重点由战略目标转向共和国卫队和科威特战区其他伊军，主要是空袭科威特战区内的伊军装甲和机械化部队、人员、火炮、指挥机构、指挥与控制设施以及补给车辆和道桥。

由于很快夺取了制空权，对伊军地面部队的空袭，美军就直接采用前方空中控制飞机的做法。空袭过程中，美国空军部队的空中控制官深入伊军纵深为各军种的作战飞机提供对地攻击引导。例如，开战第一天，1架空军OV-10空中引导飞机报告，伊拉克的火炮正在向沙特阿拉伯海夫吉城炮击，海军陆战队第311攻击中队4架AV-8B从波斯湾向指定目标飞去，根据OV-10飞机空中控制官的目标指引，对伊军地面6门火炮实施精确攻击。随着空袭的不断推进，针对伊军地面临机出现的威胁目标，为了各军种战机协调一致行动，防止友军误击或空中碰撞，联合部队空中部队司令部还在"空中任务指令"中规定了杀伤区。杀伤区的每边为30英里，并被分为四个象限，作为规定时间内指定飞行的区域，凡在杀伤区内的飞机可以对临时目标进行定位和攻击，这一方法不仅使该区域内作战的各军种飞机不会互相产生冲突，而且也简化了确定目标位置的工作。这对于各军种联合攻击地面临机目标有很好的协调作用。在实施过程中，美军前方空中控制飞机和攻击机群都被反复分派到同一个特定的杀伤区内执行任务，他们越来越熟悉该区域地形地貌，提高了空袭效果。空军E-3飞机负责支援每天的"空中任务指令"，控制9万架次飞机的飞行，平均每天2240架次，确保不发生联军飞机空中相撞事件。E-3飞机与海军陆战队、海军、陆军、空军及联军协同作战，向联军的大多数指挥中心提供大范围空情以及实时信息。E-3飞机还同战地空中指挥与控制中心、战术空中控制中心和海军的E-2飞机建立了数据共享网络。战术空中控制中心将情报数据传递给美国海军陆战队、陆军以及联盟军队。

对伊军地面部队的空袭，不仅需要对多军种作战飞机进行统一指挥控制，还需要在空中待战的飞机与被支援的地面部队之间密切协同，发挥近距离空中支援的优势。海夫吉之战就是经典的案例。1月29日夜至1月30日，配备有数百辆坦克和其他装甲车辆的伊陆军第5机械化步兵师和第3装甲师部分兵力，占领了沙特边境城市海夫吉。驻守此地的只有部分装备轻装武器的美海军陆战队和沙特部队。当地面部队正在与开进中的伊军激战时，首先是陆战队的武装直升机提供了近距离火力支援，随后多型固定翼飞机也持续不断地攻击伊军。AV-8B、A-6和F/A-18与OV-10前方空中控制人员相配合，向靠近联军地面部队的伊军投入了常规炸弹和集束炸弹。A-6飞机利用地面特种作战部队发出的雷达信标轰炸了伊军炮兵阵地；空军A-10飞机使用"小牛"导弹、F-16飞机利用目标定位红外系统和GBU-87综合效应弹药大量杀伤了伊军装甲车辆。第1特种作战联队的3架AC-130"空中炮艇"重创伊军车辆和装甲人员输送车。1月30日白天，联军地面部队与空中力量继续协调一致行动，与地面增援部队消灭城内伊军残余力量。同时，在海夫吉北面，联军空中侦察飞机发现伊军2个装甲师正在集结准备增援海夫吉，遭到了联军多军种战机的协同攻击。战略空军的B-52投放了装甲感应雷，海军的AV-8B、A-6和F/A-18投入集束炸弹和精确制导弹药，空军的A-10发射了"小牛"导弹，F-15E和F-16投入了综合效应弹药，空中打击几乎摧毁伊军整个地面增援部队。

掌握了制空权的美军空袭行动对沙漠地形中的伊军几乎是一种屠杀，空中引导飞机和各型对地攻击机、轰炸机可以肆无忌惮地深入伊军纵深杀戮，大量歼灭伊军有生力量。可即便是这种一边倒的作战优势，联军空中作战持续时间也比原计划的18天超出了整整20天，连续实施了38天的空中作战，而且从空中作战一开始就对几乎所有目标同时

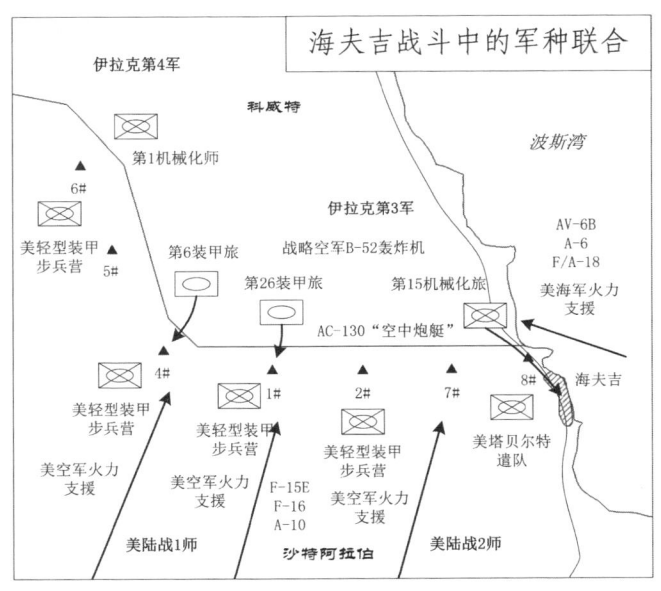

进行了攻击，以便尽早对伊军全面施压和实施破坏性打击，以达到中央司令部司令施瓦茨科普夫提出的转入地面进攻的作战条件——把科威特战区伊拉克地面部队的战斗力削弱大约一半。空中作战时间的延长反映出美军针对伊拉克这个地区强国的打击是非常谨慎的，没有可靠地判定伊军地面部队战斗力下降到预定指标，决不轻易发动地面进攻作战。为了精准地掌握空袭效果，美军还同步加强了战果分析工作，要把空中作战指标落到定量评估标准上，以精准的评估数据来掌控作战进程。削弱伊军地面部队战斗力的一半，实际上就是两类指标：一类是可量化的，包括伊军战斗人员、坦克、装甲输送车和火炮的数量；另一类是不可量

化的，主要是伊军的士气等因素。但是，空中作战非接触的特点给战果评估带来极大困难，飞机无法接近伊军士兵、装备和设施，精确制导武器新的打击方式使损伤效果更难判断，规模庞大的空袭架次使得攻击记录难以收集齐全。美军在空袭效果评估上做了大量周密细致的工作，掌握了历史上从未有过的战场和敌情情报，主要是统计伊军被空袭摧毁的坦克、装甲输送车和火炮的数量，另外，还利用了其他各种信息，包括桥梁毁坏情况、通信能力减弱程度、现有补给品的估计数量、部队的体质和士气状况、伊军战俘口供，等等。中央司令部情报部门对战损做出判断，以此为依据，中央司令部决策人员依靠职业经验作出评估结论。美军自己也认为所有这些判定很可能高于或低于实际结果，所以，大幅延长空中作战时间一定是基于最低战损的结果，也就是联合空中作战结束时，伊军地面部队战斗力实际上已经被削弱一半以上。

联合空中作战的同时，中央司令部海军部队实施了海上作战，这个海上作战特指海军水面舰艇与潜艇编队在海上的作战行动，不包括海军航母舰载机参加的联合空中作战。海上作战行动从战争开始便被纳入了中央司令部的联合作战筹划，与联合空中作战、地面作战行动形成一个有机整体，尽管伊拉克的海军力量非常有限，联军海上作战配合了空中作战行动，支援了地面作战。美军在伊拉克周边海域，包括波斯湾、阿拉伯海、红海和东地中海，部署了6个航母战斗群，共165艘军舰，其他盟国军舰共65艘。这些海上兵力按作战海域被编为波斯湾作战编队、红海作战舰队、中东作战编队、两栖特遣编队和后勤支援编队。在指挥权责和关系上，中央司令部海军司令全面控制所有海战行动，并指挥海军舰载机根据联合部队空中部队司令的安排参加空袭行动，各方向编队指挥官负责指挥与控制反舰战、反水雷战和反潜战。联军海上作战使联军掌握了伊拉克周边海域的制海权，彻底歼灭伊拉克海军兵力，完全控制波斯湾。制海权的掌握，使联军可以顺畅地组织海上拦截行动，切断伊拉克的对外贸易和军事物资来源，同时，也保障了联军自身的海上物资运输和其他海上作战行动。

100 小时联合地面进攻

联军战争计划的最后阶段是联合地面作战，代号"沙漠军刀"行动，其目的是通过地面部队的进攻行动将伊军赶出科威特，歼灭科威特战区的伊共和国卫队，恢复科威特原政府。时任参谋长联席会议主席鲍威尔从一开始就认识到，从萨达姆及其军队实力来看，单纯依靠空中力量很难达到战争目的，海湾战争的胜利离不开地面进攻行动。但是，地面作战是双方短兵相接的厮杀，联军在战争计划和实施中始终慎之又慎，必须在具备对伊军绝对优势的情况下才发起地面作战。根据中央司令部的要求，美陆军部于9月中旬调集部分军官组成了中央司令部特别计划小组，专门制定地面进攻行动方案，该小组成员均为毕业于陆军高级军事研究学院的军官，他们把已经发展成熟的"空地一体战"理论作为制定计划的基础。中央司令部司令施瓦茨科普夫上将出身于陆军，他自己不仅是战区联合作战总指挥官，而且，还亲自组织筹划地面作战行动，在他的直接领导下，中央司令部的计划与政策处与特别计划小组具体负责制定和研究整个地面进攻的行动方案，而中央司令部的陆军部队和海军陆战队结合自身力量编成对地面行动方案进行细化设计。在11月份增兵后，中央司令部陆军开始接手地面进攻计划的制定工作。

像预料的一样，经过"沙漠风暴"联军持续猛烈空袭后，伊拉克萨达姆只是提出有条件地撤军，并没有完全屈服，伊军地面部队相对联军在数量上还是占非常大的优势。参加"沙漠军刀"行动的联军地面部队总数相当于17个师，其中，美军大约10个多师，而部署于科威特战区的伊军地面部队有43个师，联军对伊军地面部队的数量比为1∶2，联军数量上仍居劣势。但是，经过38天的联合空中作战和前期6个多月的海上拦截行动，伊军地面部队的作战能力已经下降超过一半，关键是此时的伊军已经基本丧失战斗意志，只能依托既有工事被动地防御，也很难实施战场机动，而且对联军的进攻部署一无所知。美军以"空地一体战"思想为指导，强调主动、灵敏、纵深、协调为基本原则，全面掌握制空权和制海权，集中强大的空中火力和地面火力，在局部上能够形成对伊军的绝对火力优势。在作战企图上，不是要把伊军43个师全部吃掉，而是绕过伊军正面静态防御部队，从其弱点突破，重点打击共和国卫队和控制科威特战区的主要交通线，从而使战区内的伊军整体崩溃。联军在制定地面作战计划中还抓住了两条原则：一是联军只同影响联军达成作战目标的敌军部队作战，尽量避免同其他敌军部队纠缠；二是加强战场战术情报的获取，要力求在目标转移前能集中火力歼灭之，强调侦察与打击快速衔接，这一点被认为是联军地面作战取胜的关键，此时，实际上美军已经开始萌发了"发现即摧毁"的作战思想。

美军在"沙漠军刀"行动的地面部队是一个多军种混合编成的联合部队，并与中东地区的联军建立了密切的协调关系。中央司令部陆军司令部对战区陆军部队实施指挥与控制，辖第18空降军和第7军。中央司令部海军陆战队司令部指挥控制第1陆战远征部队，辖2个加强步兵师和第3陆战队航空联队，第3陆战队航空联队能够提供222架固定翼飞机和183架直升机实施对地支援，另外，部署在海上的第4、5陆战远征部队还有20架AV-8B攻击机和141架直升机提供支援。联军参加地面进攻作战的各类飞机总计1619架。中央司令部特种作战部队采取集中统一使用方式，包括陆军特种部队和陆军特种作战航空兵、海军和空军

第七章 称雄海湾战场：军种联合走向成熟（1986—1991）

特种作战部队，主要担负侦察、特种侦察和直接特种作战任务，以支援地面主力部队行动。

为了加强各部队之间的作战协同，美军在相邻地面部队之间、上级指挥所与下级指挥所之间、各军兵种部队之间以及与联军部队之间，广泛地互派各类联络小组，这些联络小组包括中央司令部陆军的联络小组、特种作战部队的联络小组、美空军前方空中控制官、空中联络官和海军陆战队海空炮火联络官。联络小组下至连、上到战区各级，协助制定部队具体进攻计划，协调部队分界线、前进调整线、火力支援协调线和火力线等，确保各部队之间有效配合，防止友邻部队火力误伤问题。在协同手段上，针对各部队之间机动距离较远的问题，美军扩大建制通信设备，增加了115部超高频战术卫星地面终端设备，建立了战术话音和信息交换网络，包括用于军和军以下部队的陆军全数字式机动用户设备以及用于中央司令部、各战区军种之间的交换设备，形成一个相互连接、相互兼容的网络，保证了在较大范围内机动指挥的需要。

经过几个月的集结和战前准备，在地面战场上的联军自西向东形成五个作战集群。最西部集群以美第18空降军为基础，下辖第82空降师、第101空中突击师、第24机械化步兵师、法国第6装甲师、第3装甲骑兵团、第12航空旅和第18航空旅。它的右侧是以美第7军为基础的主攻集群，下辖第1机步师、第1装甲师、第3装甲师、第1骑兵师（欠）、英国第1装甲师、第2装甲骑兵团和第11航空旅。再往东是以北线联军司令部为基础的中部集群，下辖埃及第3机械化步兵师、埃及第4装甲师、叙利亚第9装甲师、沙特皇家陆军第20机械化旅、沙特皇家陆军第4装甲旅以及科威特的2个旅。其右侧集群是美军第1远征部队，包括第1陆战师、第2陆战师、第3陆战航空队和第2装甲师第1旅。紧靠波斯湾的是东部联军司令部，所属部队包括3个特遣部队：奥马尔特遣部队包括沙特皇家陆军第10步兵旅和阿联酋的摩托化步兵营；奥斯曼特遣部队包括沙特皇家陆军第8机械化步兵旅、科威特法塔赫旅；阿布巴尔克特遣部队包括沙特国民警卫队第2摩托化步兵旅和1个卡塔尔机械化营。每个作战集群编组都注重把轻型部队与装甲重型部队互补搭配，使各突击方向都具备较均衡的攻防能力。地面进攻的基本设想是以东部主要集群在正面进攻牵制伊军前沿部队，然后运用装甲集群主力、空中力量从西部突破伊军薄弱的防线并向纵深攻击，切断科威特战区伊军陆上交通线，将其包围并歼灭在科威特境内。开战前，联军还向地面部队配发了大量轻型全球定位系统接收器，这一新技术优势可以让地面部队准确而协调一致地按照进攻线推进，穿过西侧沙漠地区，从侧翼对伊军主力实施包抄攻击。联军地面部队和空中力量装备的夜视系统，可以使各方向集群实施日夜不停的突击，让伊军难以招架。

与此同时，还部署了从海上方向支援地面部队的作战行动，包括对科威特沿海一线的伊军实施舰炮火力打击，主要是美战列舰"威斯康星"号、"密苏里"号使用舰载406毫米重炮对伊军前沿部署的指挥控制设施、雷达站、弹药库、火炮阵地、后勤站等目标实施打击，而在支援打击中，美海军舰艇与地面受援部队之间能够实施很好的协同，地面部队为舰炮提供准确的目指信息。另外，在地面进攻前的几个星期，海军两栖特遣编队对科威特伊军左翼发动了一系列两栖佯动进攻，包括1月29日第13陆战远征分队袭击科威特沿海的乌姆迈拉迪姆岛，2月20日至26日其他海军部队又连续佯攻了费莱凯岛、谢拜赫港口和布比延岛，这一系列的佯攻行动使伊军近30个师的主力被吸引在科威特境内和伊拉克的巴士拉地区，而在科威特战区西部漫长的伊沙边境只有10个遭受空袭重创的步兵师，为联军地面部队"左勾拳"行动创造了条件。

按照"空地一体战"作战思想，空中支援行动要与地面部队进攻行动协调统一，保持对伊军最强大的联合火力优势。在地面进攻的前几天，联军空中力量展开预先火力准备，重点是对伊军地面部队及其前沿防御体系剩余目标实施轰炸，空军部队出动了3.5万余架次飞机攻击科威特战区的伊军目标，其中攻击伊军共和国卫队的飞机达5600余架次。这些预先火力准备是由地面指挥官提出目标打击建议，由中央司令部司令统一分配出动架次，具体则由联合部队空中部队司令部组织实施。驻科威特伊军炮兵、指挥所、指挥与控制设施、装甲部队和后勤设施遭到了反复攻击。同时，陆军攻击直升机、海军舰艇火炮、巡航导弹等对伊军前沿防御阵地实施猛烈突击。

2月24日，实施"左勾拳"行动的西部集群在第18空降军的领导下，法国第6轻型装甲师及在其控制下的美军第82空降师第2旅在沿该军的西侧战斗分界线开始实施地面进攻，占领伊境内100公里处的萨勒曼后，继续向北进攻。第82空降师2个旅随后跟进，保障己方部队安全。第101空中突击师在东侧实施军事史上规模最大的直升机空降行动，突入距幼发拉底河地区一半路程的"眼镜蛇"前方作战基地，随后继续向北突击前进，到24日黄昏推进至伊境内200余公里处，切断巴格达至科威特战区的第一条公路。在右侧，第24机步师以3个旅并进的方式攻击前进，深入伊境内100公里。同时，东部联军沿海岸公路开始向北机动进攻，位于波斯湾的美海军使用16英寸舰炮对东部集群实施了火力支援，使得该集群迅速实现了初期进攻目标。在西、东线进展顺利的情况下，负责主攻任务的美第7军地面装甲部队沿科伊边境提前发起攻击，由西到东，第1装甲师、第3装甲师、第1机步师和英第1装甲师突破伊军雷场障碍，顺利推进到预定攻击线。24日早4时，位于中部的第1陆战师在突破了伊军前沿防御地带后，向贾比尔机场扫荡前进，左侧第2陆战师也实现突破，右侧第2装甲师第1旅则

第七章　称雄海湾战场：军种联合走向成熟（1986—1991）

在海军陆战队 M60A1 坦克的支援下，摧毁了伊军防线后方的装甲部队。本日，位于科威特境内的美军第 1 远征部队遇到了伊军中等强度的抵抗，海军第 3 陆战队航空兵向海军陆战队以及右侧的东线联合部队全程提供了近距离空中支援。第 3 陆战队航空联队的空中攻击机部队每 7 分钟通过直接空中支援中心与地面部队联系一次，飞行员根据地面部队机动计划，主动为发出申请的部队提供支援，如果没有部队发出支援申请，他们就主动要求机载前方空中控制员引导他们攻击伊军后方目标。AV-8B"鹞式"攻击机和 F/A-18 战斗攻击机在战场上空盘旋，等待地面部队发出支援申请。AH-1 攻击直升机在陆战队进攻部队后方待命，一接到命令迅即出动。全天各军种航空兵用于空中遮断和近距离空中支援的架次超过当日总架次的 78%。

25 日，联军继续发动全面进攻。在西部地区，第 18 空降军向纵深推进，在最西侧切断伊军支援攻击。法第 6 轻型装甲师与 82 空降师完全占领萨勒曼，巩固了联军的西侧。第 101 空中突击师一部实施了史上最远距离的空中突击，推进至幼发拉底河南岸纳西里耶以西。该军两天内，连贯进行 4 次空降突击，建立了 2 个前进基地，推进 200 公里。美第 24 机步师也快速进至纳西里耶以南地区，建立若干旅规模的拦阻阵地。美第 7 军下属 4 个师同步向北方发动攻击，美空军、陆军航空兵以及炮兵、多管火箭炮和战术导弹部队实施火力支援。在中部，北方联军部队边破障边向预定目标推进。在其右侧，美第 1 陆战远征队在进攻中遇到了最为顽强的抵抗。左翼的第 2 陆战师综合运用近距离空中支援和炮兵火力粉碎了伊军第 3 装甲师和第 1 机械化师的防御反击，占领科威特市北面和西北面的高地，右翼的第 1 陆战师则在布尔甘油田附近遇到了伊军更加强大的反击，该师及时呼叫 AH-1W 攻击直升机和 AV-8B 攻击机实施火力支援，将反击伊军歼灭，推进至距科威特市仅 15 公里的地方。东部联军部队顺着沿海公路攻击前进，未遇到伊军顽强抵抗，以极少的伤亡占领预定目标。在地面部队全面发起攻击的同时，部署于波斯湾的美海军部队也实施了密切的协同行动。美海军陆战队第 5 陆战远征旅在米什阿卜登陆，另外还有一支两栖特遣部队对费莱凯岛和布比延岛发动了攻击，这些佯攻行动牵制了伊军近 10 个师的兵力。美海军"密苏里"号和"威斯康星"号战列舰为地面进攻的第 1 陆战远征部队提供了舰炮火力支援。美空军、海军和海军陆战队战机实施了近距离空中支援和空中遮断，特别是对纵深的伊军地面部队实施反复空袭，直接支援战斗任务达 1997 架次，大大削弱伊军的反击能力。另外，特种部队通过潜入前沿巡逻向联军部队报告敌军的部署变化情况，通过联络小组向地面部队提供情报支援。

26 日，萨达姆被迫宣布从科威特撤军。联军各路攻击部队继续向纵深推进，目的是歼灭伊军第 2 梯队战役集团并封闭战场。最西侧，第 18 空降军推进至幼发拉底河，将矛头转向东北。法国第 6 轻型装甲师夺取了所有预定目标，建立向西的掩护布势；美第 24 机步师进入河谷地区后，向东直扑杰利拜和泰利勒伊军机场；第 82 空降师则负责保护后方地区和补给线安全；第 101 空中突击师对关键目标实施临机空中突击。至此，该军切断伊科交通线，阻止了伊军向科威特战区的增援，完成了对驻科威特伊军的包围。在东侧，美第 7 军的攻击线向东转向，矛头直指伊军共和国卫队的防御阵地，第 7 军整个战线已经变成南北走向。第一线 3 个师加 1 个团并驾齐驱，最北侧为第 1 装甲师，其右是第 2 装甲骑兵团，再是第 3 装甲师，英军第 1 装甲师居最南侧，第 1 机步师和第 1 骑兵师位于第二线。尽管伊军共和国卫队各部进行了顽强的抵抗，并且，天气恶化，大雨与风沙使能见度降至不足 100 米，空军的飞机无法起飞，但美军地面部队凭借具有热成像仪等技术的装甲火力摧毁了大量的伊军部队。中部的北线联合部队也在向东方推进，并接近科威特市。在右侧的美第 1 陆战远征部队抵近科威特市近郊后，两个陆战师分头展开进攻行动，陆战 2 师向西北贾赫腊方向挺进，其配属的第 2 装甲师"老虎旅"扑向穆特拉山岭制高点，封闭控制从科威特沿海延伸而来的 6 号环形公路。这是一场典型的空地联合战斗，在美空军和海军陆战队航空兵的支援下，"老虎旅"粉碎了伊军残余部队的抵抗，一路向北冲上穆特拉山岭占领制高点，俯瞰整个 6 号公路。同时，在地面部队的引导下，美空军百余架 A-10 战机使用集束炸弹对公路上撤退的大量伊军车辆和人员进行疯狂地轰炸，数十公里的伊军车队被摧毁，位于科威特城西北的这条 6 号环形公路成为伊军的"死亡之路"。第 1 陆战师向东进攻科威特国际机场时，得到了海军"威斯康星"号战列舰 16 英寸舰炮火力的援助和海军陆战队航空兵近距离空中支援，摧毁顽抗的伊军，占领机场目标。此时，东线联合部队的攻击也进展顺利，至傍晚已接近科威特市。在 26 日的各方向进攻中，尽管天气条件不佳，但联军空中力量利用战场能见度改善间隙给伊军地面部队重大杀伤。

27 日，联军各方向全天追击伊军撤退部队，伊军 33 个师已丧失作战能力，在科威特只剩下零星抵抗。第 18 空降军在巩固西侧防线的同时，以第 24 机步师为主向东进攻巴士拉，先后夺取纳西里耶以南的泰利勒机场、杰利拜机场，歼灭沿线残余伊军，并与南面的第 7 军建立联系。第 7 军以第 1 装甲师、第 3 装甲师、第 1 机步师以及第 1 骑兵师并行向东、向北推进，实施密切的空地协同攻击，矛头指向伊军共和国卫队的 4 个装甲与机械化师，空军近距离支援飞机向伊军的纵深目标实施打击，而 AH-64 攻击直升机和炮兵应召对前沿伊军实施压制。傍晚时分，第 7 军各师基本歼灭当面伊军，进抵科威特市西部。中部的北线联合部队部分也进入科威特市。第 1 陆战远征部队巩固已占领的科威特市重要阵地，并与北线、东线联合部队会合。东线联合部队进入科威特市。全天，美各军种航空

第七章 称雄海湾战场：军种联合走向成熟（1986—1991）

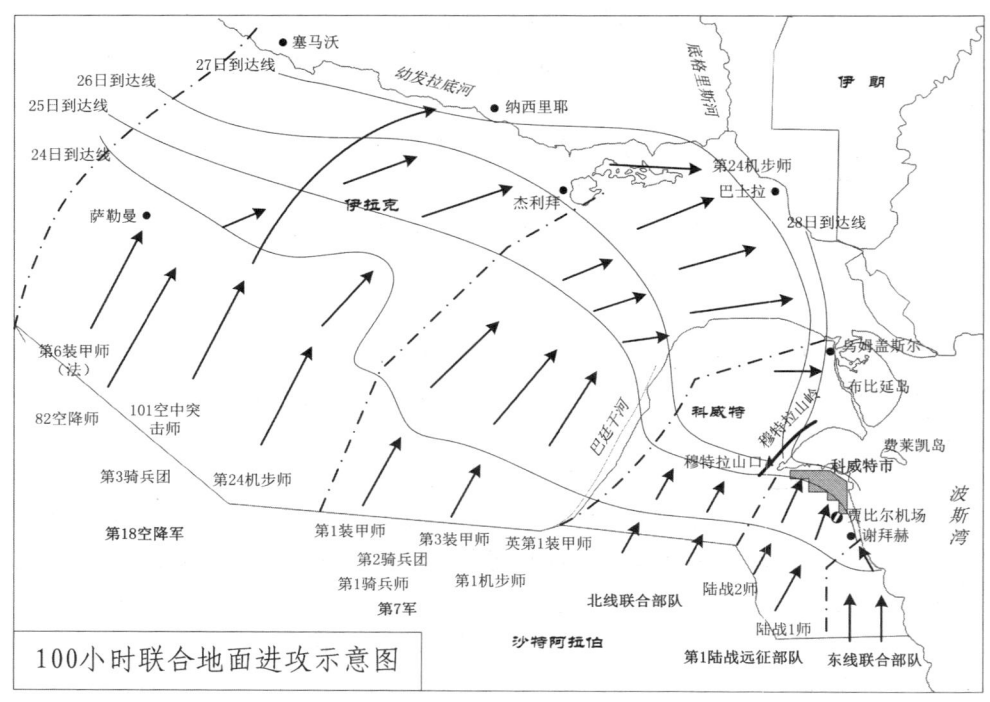

100小时联合地面进攻示意图

兵继续在恶劣的气象条件下执行空中遮断、袭击和近距离空中支援任务。

28日，第18空降军完成向伊拉克境内的推进，切断了伊军退路，第24机步师先头部队进至巴士拉以西45公里处建立防御线。第7军继续向东进攻，消灭伊军残余部队，并在贾赫腊和巴士拉之间停止进攻。北线联合部队、第1陆战远征部队和东线联合部队负责肃清科威特市伊军残余，至此，联合地面进攻行动结束。在此行动中，联军仅用100小时地面突击就以极少伤亡代价击溃了号称世界第四大陆军的伊拉克军队，迫使伊军不得不全部撤出科威特。

在连续100小时的联合地面进攻中，美军前所未有地运用了大量火力支援行动，除了海军舰载火炮对沿岸攻击部队实施大量的临机火力支援外，更多地表现在近距离空中支援和空中遮障的运用上，在沙漠战场上展现了"空地一体战"的效力，各军种用于近距离空中支援的作战飞机种类很多。美空军主要用于近距离空中支援的飞机是A-10，其载弹量大，飞行速度较慢，能够进行长时间空中巡逻，重点打击伊军地面装甲车辆，2架A-10攻击机一天内最多摧毁伊军20余辆坦克。另外，空军还有F-15E、F-16、AC-130空中炮艇、F-111用于近距离空中支援。海军和海军陆战队有A-6攻击机，可用于夜间、恶劣天气以及当油田起火产生的浓烟遮掩了目标区域等情况下作战。F-18攻击机为联军执行近距离空中支援任务确定和识别高价值目标。海军陆战队AV-8B"鹞式"垂直短距起降攻击机，专门用于近距离空中支援。陆军和海军陆战队建制内的攻击直升机 AH-64 和 AH-1 两种型号实施近距离空中支援。近距离空中支援使用的主要武器是：30 毫米机炮、500 磅反坦克集束炮弹、通用炸弹、100 毫米空地火箭弹和空对地导弹等，能够对距联军地面部队数公里以内的伊军目标实施精确打击。陆战队第 3 陆战航空队为支援海军陆战队及其他部队共飞行了 9569 架次，其中 8910 架次是出动固定翼飞机支援前进中的地面部队，平均每天出动 1782 架次。

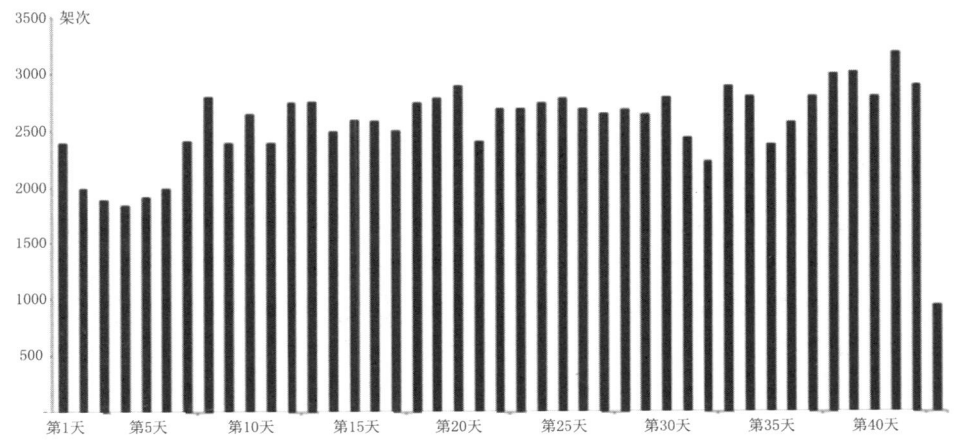

海湾战争中美军及联军空袭出动架次

此外，美军还使用了大量支援飞机。陆军 OH-85D 侦察直升机能全天候侦察、搜集情报和监视捕获目标，为陆战队和其他地面部队提供支援，并为固定翼攻击机指示目标。海军 E-2C 飞机和空军 E-3 预警机被大量用于空中指挥控制与协调。空军 E-8C 联合监视目标攻击雷达系统飞机提供近实时的广域监视和远程目标指示能力，向战术地面指挥官分发伊军装甲目标信息，用于引导飞机对地支援打击。由于各军种有很多机型发展了近距离空中支援能力，B-52 战略轰炸机没有担负该项任务，主要担负战略打击和空中遮断任务，最多时共部署了 68 架 B-52G 飞机，共执行 79 次战略打击任务，954 次空中遮障任务，还出动 527 架次直接轰炸纵深部署的伊军地面部队。

美空军、海军和海军陆战队还派出大量前方空中管制人员和海空炮火联络员，负责选择与确定目标，引导飞机攻击目标。另外还使用机载前方空中管制系统，海军陆战队使用 F/A-18D 和 OV-10，空军使用 OA-10 执行空中管制任务，甚至 F-16 战斗机也承担了前方空

海湾战争美军及联军作战飞机伤亡情况

国别、军种	架次	比重	战损	战损率
美空军	64826	59%	14	0.22
美海军陆战队	9890	9%	8	0.81
美海军	17580	16%	7	0.4
联军	17580	16%	9	0.51
总计	109876	100%	38	0.35

第七章 称雄海湾战场：军种联合走向成熟(1986—1991)

中管制任务。前方空中管制人员利用白磷火箭或激光指示器指明目标位置，帮助攻击机发现并摧毁伊军目标。为了更快地反应空地支援行动，美各军种航空兵靠近前沿建立前进机场，将担任攻击任务的作战飞机靠前部署，而且，建立空中待战值班，作战飞机在预定空域盘旋待命，如果没有近距离空中支援呼叫，地面空中战术控制中心就将其派到其它区域接受支援打击任务。陆战队航空兵还创新"主动请战"的空中支援方式，根据地面部队机动计划的预告，主动为发出申请的部队提供支援，而机载或地面前方空中控制员对陆战队航空兵实施积极引导，空地力量全程实施密切协同。

本章小结

海湾战争是自越南战争后美军主导的第一场大规模局部战争。经过越战后的反省与大改革，美军完成一系列国防政策制度改革，大量发展高技术武器，实现军队战斗力重塑。在战争实践中不断产生高技术联合作战的新思想，如"空地一体战""非接触作战"，作战效果上依靠高技术优势、追求零伤亡。美军及其联军部队在六周内以极低的代价打垮号称世界第四位的伊拉克军队，此战标志着美军军种联合已走向成熟，也拉开了机械化战争向信息化战争转型的序幕。

首次成体系地构建和运行战区联合作战体系。采取总统—国防部—中央司令部—中央司令部军种司令部—军种部队的结构，各级在指挥权责上梯次有序。战区司令官的权威性得到制度确认，中央司令部司令直接对总统负责，对战区部队享有绝对控制权，包括指挥权、部署部队权和任免下级军官权，还包括行使后勤和支援方面的重要权力。各军种、其它战区司令部、各职能司令部都是中央司令部的支援力量，向它提供所需要的部队，承担相应的运输与支援任务。

联合作战决策机制更加合理顺畅。总统确定战争目标，战区司令部制定作战计划并组织作战，再没出现越战中总统、国防部长直接选择空袭目标的越俎代庖现象。战区指挥层面，中央司令部负责联合作战整体筹划，划分联合作战阶段，区分各军种任务，评估作战效果，组织阶段转换；中央司令部各军种司令部负责军种各领域的计划制订与实施。

联合作战协调控制机制运行更加有效。中央司令部下属军种司令部是战区军种部队的基本指挥控制机构。以中央司令部空军司令部为主首次建立了联合部队空中部队司令部，计划协调全战区空军、海军、海军陆战队以及陆军空中力量。其他战区军种司令部通过派遣联络小组的方式加强了与友邻军种司令部之间的协作。海军陆战队司令部派出联络人员进驻中央司令部，参与地面作战行动的计划与协调，还派出联络人员到中央司令部海军司令部，加强陆战队与海军部队的协调。中央司令部海军司令部则把海上作战行动的协调控制权下放给了各海区方向的编队司令官。

联合空中作战注重实现各军种作战飞机优势互补。空军战机综合实力最强，尤其在预警探测、隐身突防以及飞机数量、载弹量方面具有明显优势，是空中作战的主力；海军作战飞机电子战能力较强，航母平台可以灵活机动配置，但挂载弹量有限、远距离攻击能力有限；海军陆战队则具有很强的近距离空中支援能力，但海军陆战队不愿意把所有固定翼飞机交给联合部队空中部队司令部，纳入到"空中任务指令"中使用，理由是海军陆战队飞机更容易与陆战队地面部队密切协同作战。

美军贯彻"非接触作战"思想，高度重视高技术优势的空中力量运用。首次将联合空中作战作为一个独立阶段，空中作战在先，地面作战在后，作战效果前后呼应。联合空中作战仅用10天时间即夺取了战场制空权，随后又持续使用28天高强度空袭大幅削弱伊军地面部队战力，使科威特战区伊军战斗力平均下降至50%以下，伊军指挥与控制系统遭到严重破坏。联合地面进攻作战中，在与伊军人数比1∶2的劣势下，突出快速纵深突击和"空地一体战"思想。由空中突击师和装甲师组成左翼作战集群，快速突入伊军纵深夺占要点，以空前的高速度切断科威特战区伊军与巴格达的联系，各路地面部队在进攻中强调侦察与打击快速衔接，空中力量全程为地面进攻部队提供近距离火力支援，力求在纵深和局部形成对伊军的绝对火力优势。

第八章 再逞巴尔干半岛：军种联合技术驱动（1991—1999）

科索沃战争是由美国为主导的北约发动的又一场大规模局部战争，是一场强大军事集团联合对付一个弱小主权国家的非对称战争。科索沃战争在作战样式上与海湾战争具有完全不同的特征，以美国为首的北约部队集中了优势的海、空力量，向南联盟实施了长达 78 天的联合空中打击。这场完全的非接触作战最后以北约零伤亡而达成作战目的，反映了美军联合作战进入一个重要发展阶段，即信息化技术在战争领域的大量运用，驱动美军军种联合由粗放型向精确型发展。

信息技术催生新军事革命

1991 年海湾战争向世人展示了高技术战争的巨大效力，并拉开了世界新军事革命的大幕。同时，海湾战争也全面展示了联合作战的威力，由此也引发了世界各国军队对联合作战的研究与探索。经过海湾战争的实战检验，美军上下对军令政令分离型体制已形成共识，军种联合作战的体制问题算是基本得到解决。按照这一体制，陆、海、空三大军种部负责部队规划建设、训练与管理，战区司令部负责作战指挥，部队建设与作战指挥两条路线分割清晰、运行有序，客观上又助推了美军军种联合进入一个新的快速发展期。

海湾战争出乎意料的完胜，也激发了美国主导"世界新秩序"的欲念。90 年代，美国军事战略先后经历了 1993 年"地区防务"战略、1995 年"灵活与选择参与"战略以及 1997 年"营造—反应—准备"战略的变化，"地区防务"强调美军保持前沿存在，能够对危机实施快速反应，同时对付两个半地区危机。"灵活与选择参与"是克林顿政府针对可能的"多种威胁"，通过灵活性和有选择性用兵，以阻止侵略和防止冲突的策略。"营造—反应—准备"则是着眼在二十一世纪继续保持霸权梦，营造有利的安全环境，对各种危机作出反应，着手准备应付未来不确定挑战。三次军事战略内容不断调整，用兵的手段越来越灵活，主动性越来越强，其核心思想一脉相承，那就是以强大的军事实力维护美国在全球的霸权地位。新的军事战略也驱动了美军不断谋求新突破，提升在未来战争中的联合作战能力，而其中最重要的发力点就是以信息技术为核心的高新技术创新及其军事运用。

自70年代以来，以微电子技术、电子计算机技术、通信技术和光电子技术为基础的信息技术，在世界范围内掀起了新技术革命浪潮。美军当仁不让地在第一时间将这些信息技术运用于战争领域，并在越南战争中掀起了第一轮导弹战的小热潮，最经典案例是使用精确制导炸弹摧毁了经多次空袭仍安然无恙的北越清化大桥，但越南战争中，美军精确制导武器的使用率不到1%。海湾战争中，美军使用了更多的信息化作战平台和精确制导弹药，据统计，精确制导弹药占总投弹量的8%，另外，美军还使用了部署于多维空间的传感设备和隐身突防、导航定位、电子软杀伤和"失能打击"等各种高技术手段，全面展现了高新技术应用于军事领域的巨大效应。美军在战后总结中把高技术武器优势放在了极为重要的高度，称之为"战争中的军事技术革命"，这些高技术的核心是信息技术，其广泛运用将使"战争的性质发生重大变化"，预示着"战争发展史上的新阶段"，所有这些归结到一点，就是信息技术正在催生一场势不可挡的新军事革命。关于新军事革命，这一时期美军认识也是很初步的，美《海军陆战队学报》1994年4月号称"军事革命要求把高新技术与新作战理论和编制融为一体，以取得决定性优势"①，1996年财年美《国防报告》中指出："军事革命都出现在新技术与军事系统相结合，而且作战理论得到革新的，组织编制进行了相应调整，使军事行动的特点和实施方式都发生了根本变化的时期。"②归结起来，实现新军事革命必须具备三个条件：技术的发展、作战理论的革新和组织体制调整。但是，新军事革命会给战争形态带来什么样的重大变化，新军事革命的最终目标是什么，等等，诸如此类问题还缺乏更深入的认知，只有一点是明确的，那就是信息技术及其在军事领域的广泛运用是这场战争革命的源头。所以，整个90年代，美军把建设的重中之重放在了信息技术和信息化武器装备上。1992年，美军修订国防关键技术计划，确定了7大军事能力需求领域和11个关键技术领域，用以指导2010年以前的美国国防科学技术发展工作，其核心内容是信息技术。美国防部1996年《国防技术领域计划》确定1997年财年新技术领域总投资额为592.36亿美元，其中"信息系统及技术"和"传感器与电子装备技术"的投资分别为153.38亿美元和100.39亿美元，合计占总投资额的43%。

90年代美军进一步加大了对现役作战平台和弹药的信息技术改造，同时，

---

① 王保存：《世界新军事革命》，解放军出版社1999年版，第19页。
② 美国国防部1996年财年《国防报告》，军事科学出版社1998年版，第54页。

第八章 再逞巴尔干半岛：军种联合技术驱动(1991—1999)

大力研制新型作战平台和新型弹药，发展新的高技术武器系统。美空军对现役第三代战斗机进行了现代化改装，换装了高性能发动机，装备了高精确制导武器，更换了新型机载电子设备。例如，普遍安装了卫星导航接收机、新型电子战系统和机载雷达、"LANTIRN"瞄准导航吊舱改进型和联合战术信息分发系统等信息设备，使其作战效能进一步提高，使各军种空中作战平台之间协同更加精确。这些新型信息化装备中，有不少对美军军种联合具有重要支撑作用。例如，EC-130E 机载战场指挥与控制中心是设在空中的指挥控制中心，配备有多种通信设备，能够发送各种不同的无线电频率信号，对所有空中作战飞机实施协调，该机可以与航空兵前沿控制员、各军种飞机保持通信联系，对其所管辖的空域实施飞行控制，与空中预警指挥机、联合监视目标攻击雷达系统配合，指挥和协调空中和对地攻击行动。海湾战争中只部署了 2 架 EC-130E 指挥与协调近距空中支援行动，到 90 年代中期，美军则共有 7 架该型飞机。联合战术信息分发系统，是集通信、导航和识别等功能于一体的综合系统，它可以把各种探测系统收集到的高度分散、迅速变化的超大量战术信息及时汇集起来，并及时处理分发到各军兵种战术平台，是实现军种联合的重要信息支撑平台。1974 年美国空、海、陆军和海军陆战队开始联合研制该系统，海湾战争前共生产 300 余部终端设备并投入试用。针对海湾战争中暴露的战术信息跨军种流动不畅的问题，90 年代中期以后，美各军种作战平台已大量装备联合战术信息分发系统，包括陆军的"爱国者"导弹，海军的航空母舰、巡洋舰、F-14、E-2C，空军的战术航空兵的飞机、E-3、RC-135、EC-130E 机载战场指挥与控制中心以及空战中心，该系统成为美军多军种联合作战的重要手段支撑。电视电话会议系统的发展也增强了军种联合的效率。电视电话会议系统实现了信息的横向和纵向共享，提高了战场感知能力，使高级指挥官对部队行动情况掌握更全面，并能实时对战场情况进行干预。另外，美空军还陆续装备了一些新型战机。自 1993 年 12 月至 1997 年 12 月，美军第 509 轰炸机联队先后共接收 20 架具有隐身能力的战略轰炸机 B-2A 战机，该机采用了一系列最先进的隐身技术，雷达反射截面不到 0.1 平方米，具有较优异的隐身性能，而载弹量可达 22680 公斤，作战航程可达 1.2 万公里，空中加油一次则可续航 1.8 万公里，能够从本土出发实现全球打击。美空军将该型战机执行任务的重心放在常规任务上，装备联合直接攻击弹药等多种先进武器，能够从 4 万英尺的高空精确摧毁目标。B-2A 战机列装使美空军战略打击能力再次跃升。

在精确制导弹药方面，美国空军新装备 AIM-120 中距空空导弹 AMRAAM、AGM-130 和 AGM-142 中程空地导弹、联合直接攻击弹药 JDAM 等新型弹药，并加紧研制联合远程发射弹药 JSOM，同时对空基和海基巡航导弹进行了改进。这些弹药普遍采用了加 GPS 的复合制导方式，制导精度更高，大部分能在敌方火力范围外发射,"发射后不用管"。1995年波音公司为美国海军与空军联合开发"联合直接攻击弹药",1998年通过测试,将本来无控的传统航空炸弹转变为可控,并能在恶劣气象条件下使用的精确制导武器。另外,还开发一系列"综合效应弹药",包括 CBU-87/B、BLU-97/B、"石墨"炸弹、"联合防空区外武器"、"感应引信武器"。大量精确制导弹药的研制使各类海空平台的火力打击更远、更精确,这种装备技术上的发展客观上促进了军种联合开始由着眼"作战域"的粗放型联合向着眼"作战平台"的精确型联合发展。

各军种开始列装更多的无人机,大幅增强战场信息感知能力。在海湾战争中,美军第一次广泛使用无人机,主要使用了3种系统:法国"马特"、以色列的"先锋"RQ-2无人机飞行器和美国的 BQM-147A"短毛猎犬",其中,装备数量最多的是"先锋"无人机飞行器,共6套近50架,美海军陆战队3套、海军舰载2套、陆军1套,该型无人机在支援各军种实时侦察、监视、目标捕获、引导打击和战损判定等方面发挥了重要作用。但是,海湾战争中美军无人机装备数量非常有限,仅出动183架次,合计飞行时间1083.1小时,并且,空军没有装备无人机。这些无人机侦获的目标信息主要通过电视影像近实时传输给地面战术指挥官,为火炮打击提供引导。由于军种间的电视传输制式不同,"先锋"无人飞行器的信息很难实现共享,另外,发射和回收的后勤保障也很复杂。无论如何,海湾战争验证了无人机的巨大应用潜力。1994年开始,美国通用原子公司研制出MQ-1"捕食者"无人机,当年就具备了实战能力,该型无人机作为一种长航程无人机系统,最大活动半径3700公里,最大续航时间达60小时。而海湾战争中的"先锋"无人飞行器只能巡航185公里,滞空3.5—4小时。1995年美空军共装备了"捕食者"无人机196架。同时,美陆军也发展了一种用于短距离侦察并能昼夜飞行的"猎人"无人机,在距离前线部队150公里以外为军、师级指挥官提供侦察、监视和目标截获保障。另外,1994年美国诺斯罗普·格鲁曼公司还启动了最先进的"全球鹰"无人侦察机的研制工作,到1998年3月进行了样机的试飞,该型无人机的设计目标是能够对全球范围内的威胁地区实现多手段持续有效的侦察监视,并提供空中打击引导。

这一时期,美军还开始进行战场数字化建设,其中,以陆军建设呼声最高。1992年美陆军开始数字化装备与数字化部队的试验论证。1994年6月,陆军成立陆军数字化办公室,不久公布了第一个数字化计划——《数字化总计划》,正式开展数字化部队与数字化战场建设。时任陆军参谋长沙利文就指出:"战场数字化就是用电子纽带把战场空间的各个武器系统连接起来,使指挥官得以协调运用战斗力诸要素,以达到毁灭性效果。"在这一思想指引下,美陆军开展了几项工作:一是建立数字化战场基础体系结构,其核心是规范数字化建设的标准;二是

第八章 再逞巴尔干半岛：军种联合技术驱动（1991—1999）

对陆军指挥控制系统进行结构性调整，采用一体化技术，建立完善军以上部队陆军全球指挥控制系统，师、旅两级陆军战术指挥控制系统，旅以下作战指挥系统；三是为作战平台嵌入全球定位系统等数字化设备，开发关键数字化技术等。陆军从1994年开始执行首期装备改造计划，计划投资21亿美元对1.1万件坦克、装甲车、直升机等武器平台加装数字化通信指挥设备。同时，加快研制新型数字化设备，为建设更高级的数字化部队作准备。主要发展项目包括："联合星"地面站系统、无人驾驶飞行器。

90年代中后期，美军指挥信息系统也开始进入高速发展轨道。在战略级，1993年美军开始建立覆盖全球美军的指挥、控制、通信、计算机、情报、监视和侦察系统——全球指挥控制系统，并与陆军的"陆军作战指挥系统"、空军的"地平线"C_4I系统和海军的"哥白尼"C_4I系统联通，真正意义上在全军搭建起军种联合作战的信息系统框架。在建设路线上，美军已经认识到联合C_4ISR能力必须是综合的、能互通互操作的，美军开始致力于C_4ISR能力与"系统集成"研究。1995年美国国防部组织了由各主要司令部、各军种和各部局参加的C_4ISR综合特别工作队。1996年10月，美国防部成立C_4ISR体系结构工作组。这一时期，美Link16三军通用数据链也在加快发展。早在越南战争中，美军认识到各军种之间的通信没有互通性，甚至在同一军种内部采用不同的通信系统也不能互通，造成协同作战能力较差。1965年美空军、海军分别围绕通信和导航领域，初步探索数据链建设。为了解决军种数据链之间的互通问题，美国国防部1974年成立了各军种参加的JTIDS联合办公室，负责各军种通用的JTIDS/Link16数据链研制工作。80年代，美军开始少量装备JTIDS/Link16数据链，主要用于E-3A预警机与陆基设施的信息传输。海湾战争中，美军种之间依然无法共享信息，致使作战协调不便，战后对通用数据链的需求变得越来越大。90年初，美国空军开始在F-15飞机上进行使用试验。美海军使用Link16数据链连接F-14D飞机、E-2C与舰载指挥所，并于1994年实现了初步运用。

总之，90年代美军对信息化武器装备的研发力度是空前的，不仅大力发展先进的单个作战平台，而且还重点突出提升部队信息力，从信息获取、信息传输、信息处理与火力打击各环节优化装备性能，研发新式信息化装备，并且开始重视系统集成的思想，通过C_4ISR系统建设把各军种武器装备与部队集成为一个整体。如果说80年代美军发展高技术武器只是在致力于优化作战平台，那么，90年代美军大力发展高技术武器已经开始聚焦于打造信息技术优势，以信息技术优化集成武器装备，构建军队的系统之系统，这似乎正在走上一条战争变革之路，而这种战争的变革也在影响着军种联合的内涵和表现形式。

联合作战理论的迅猛发展

海湾战争的完胜还让美国人看到了联合作战的威力,激起了研究、展望未来联合作战的热情,联合作战的新理论、新观点层出不穷,美军官方陆续出版一批关于联合作战的条令和文件。1992年美军参联会对第1号联合出版物——《美国武装部队的联合作战》进行了修订,强调了应用信息化手段整合各军种的作战能力,使作战样式、作战方法、军队编成、指挥机制等出现革命性的变化。这意味着,美军军种联合从过去的重在解决体制结构矛盾,向创新发展信息化联合作战手段的更深层次转变,其结果是推动军种联合由粗放型向精确型发展。随后,各层次各种类联合作战条令出版物相继颁发,美军联合作战开始形成法规体系,使联合作战有法可依。美各军种也从海湾战争中汲取经验教训,相继提出本军种的作战新理论,以牵引军种力量及武器装备的发展。1992年美国空军在新版《航空航天概则》中提出了全球作战观念,进一步凸显空中力量对战争胜负的决定性作用,还特别强调航空航天力量"既可与地球表面上的力量协同行动,也可单独执行任务",这些新的作战思想,为科索沃战争中美军采用全新的空袭作战样式提供了理论依据。海军于1992年9月推出"由海向陆"理论,而海军陆战队提出"超越地平线登陆"思想,装备技术的发展已经让海军与海军陆战队不满足于把战场限制在蓝色海洋,强调由远海作战向濒海作战发展,海军不但要控制大洋,而且要具备对陆地纵深打击的能力,这需要大量发展海基对陆打击的精确制导弹药。美陆军作战理论由"空地一体战"转向联合作战,1993年陆军颁发新的《作战纲要》,明确提出"陆军不会单独作战。陆军作为联合部队、联军或联合部队的组成部分对于实施持久地面战斗行动可提供各种用于战斗、战斗支援与战斗勤务支援职能的独特能力"①,陆军还提出"一体化作战"的思想,强调陆军的许多组成部分实施一体化即可使美国陆军的能力得到最大程度的发挥,这样,陆军更喜欢"作为一个联合兵种战斗队实施战斗"。1994年陆军还颁布《信息战》条令,首次提出"信息战"理论,该理论的重要意义之一在于把联合作战拓展到了信息域。

1995年时任美参联会副主席的欧文斯海军上将在给美国空军国家安全研究所写的文章《系统中的新兴系统》中提出"系统集成"的概念,就是要把很多系统集合成一个大系统,要求用大系统的观点来筹划军队建设,使其实现一体化。在部队建设上,要求实现武器装备通用化,指挥、控制、通信与情报一体化,作战系统网络化,建设各作战单元高度协调、整体作战能力极强的数字化部队。在装

---

① 美陆军野战条令FM100-5号《作战纲要》,军事科学出版社1993年版,第26页。

第八章 再逞巴尔干半岛：军种联合技术驱动（1991—1999）

备建设上，积极推行"横向技术一体化"，用共同的软件、标准和规程，从横向上对现有武器系统进行现代化改装或改进，使其具备通用性、联动性，加速从传感器到射手之间、各武器系统之间、各作战单元之间的信息流动。这一思想使美军军种联合进入"以技术为驱动"的轨道，即从系统集成的角度，通过技术手段将各军种整合在一起。以此为起点，美军军种联合的建设开始形成工程化的发展路径，使军种走向联合成为系统化的建设工程。

1996 年美参联会颁布《2010 年联合构想》文件，首次把"构想文件"作为从更高层面上前瞻性地指导联合作战的理论样板。该文件着重围绕"如何运用技术所赐予的良机"和"如何运用新的作战原则在各种军事行动中达成优势"，为各军种发展指明方向，使各军种能按照联合作战理论和计划的框架来发展各自独特的能力。文件中进一步阐明联合作战的必要性，首次提出了信息优势的重要性，并提出了美军联合作战的四个重要原则：制敌机动、精确打击、全维保护、聚焦式后勤。文件还推出了"多维联合优势行动"理论，其思想是"多方面利用信息、交战和机动能力来部署和使用大范围散开的空中、地面、海上以及空间联合力量来完成受领的任务"，以"使我军获得决定性优势"，夺取"地理位置、决定性速度和节奏方面的优势"，形成"敌人无法与之相称的力量"，"迫使敌人在不利地位被动应付或者放弃抵抗"，"创造一种敌人无法与之相称的优势"。强调通过联合力量的优势互补形成对敌的绝对优势。从这个文件开始，美军把实现信息优势作为推进军种联合的重要条件，强调"信息优势和技术进步将使我们得以灵活运用联合作战力量达成理想的效果"，"我们必须在制度、编制、知识和技术上实现充分的联合。为了产生即时效应并获得理想的效果，未来的指挥官必须能够设计并实现现有部队的'最佳组合'"[1]。作为海湾战争之后，美军提出的第一个联合构想，该构想文件提出的意义在于进一步从顶层设计上明确强调了联合作战的重要性，开始把信息优势与技术进步作为联合作战发展的动力和方向，并且，开始从理论上认识到联合作战的发展不仅仅是解决联合指挥体制的问题，而必须是制度、编制、知识和技术的协同发展。另外，这一构想的提出还把美军各军种放在同一个指导框架内发展，改变了过去军种各树烟囱、独立独行的发展模式，各军种的建设由过去无止境的竞争转向更多的协作。

1997 年 4 月，时任海军作战部长的杰伊·约翰逊在美国海军学会第 123 次年会上首次提出了"网络中心战"理论，并称"网络中心战"是 200 年来军事领域最重要的变革。1998 年 1 月，美国海军军事学院院长阿瑟·塞布罗斯基海军中将再

---

[1] 军事科学院外国军事研究部译：《备战 2020——美军 21 世纪初构想》，军事科学出版社 2001 年版，第 101 页。

次发表题为《网络中心战：起源与未来》的论文，强调要使美国海军从平台中心战转向网络中心战。传统平台中心战强调各司其职，主要依靠平台自身的传感器和武器进行作战，平台之间的信息共享非常有限，无法适应高技术条件下的作战需要。未来战争中，海军要遂行打击从岸边直到内陆纵深数千公里范围内的目标、为海军陆战队和陆军提供火力支援、承担对空作战以及导弹防御等多种作战任务，必须采用先进的信息技术，把作战部队和作战支援部队及其作战平台联系起来，实现岸基部队与海基部队之间，各作战平台之间的高速度、大容量、远距离实时数据交换，使各级指挥官能及时全面掌握战场态势、先敌采取行动，实施精确打击和联合作战。"网络中心战"理论强调"网络赋能"，强调平台之间的协作，通过平台间协作可以在不增加资源的情况下大幅提高美军作战能力，其本质思想就是通过网络和一体化技术实现《2010年联合构想》中提出的以技术实现现有部队的"最佳组合"，形成了美军以技术推进军种联合的理论指南。"网络中心战"理论的提出是美军高技术装备发展与战争实践协同发展的必然产物，它推动了美军军种联合开始向网络化、一体化方向发展。而且，"网络中心战"理论的提出实际上已经预示着一场基于信息时代的战争形态即将到来，它比新军事革命的思想又前进了一步，它似乎指明了新军事革命悬而未决的方向问题，所以，美国人把它称作200年来军事领域最重要的变革。实际上，这时候美军考虑的不仅仅是军种联合问题，还有如何适应正在到来的新战争形态转变问题，这样一来，美军军种联合的发展开始融入信息时代战争形态转变的大背景，是以战争形态的转变引领军种联合的创新。

海湾战争后，美军还进一步汲取战争的经验教训，对联合司令部以及各军种司令部进行一系列深化改革。美国空军立足削减和改组，开始了为期10年的稳步缩减工作，把空军改造成一支更好、更有效的新力量。空军参谋长麦克皮克对空军进行革命性改革。鉴于战略空军实事上承担越来越多的战术打击任务，战略空军和战术空军的界线更加模糊，1992年6月1日，由美空军原战略空军司令部、原战术空军司令部以及原空军军事空运司令部合并建立空中作战司令部和空中机动司令部，形成空军部下属具有管理职能的两大司令部。各个航空队也进行了改组，它们不再是管理司令部，而是作战系统中的一个层次。顺着指挥系统再往下是空军联队，空军联队也改革了结构，指挥官既管基地又管联队。这样，空军各战区的作战司令部就可以统一指挥所属战略、战术等各种空军力量，把指挥与管理两条线理得更清晰。以太平洋空军为例，海湾战争之前，太平洋空军司令是太平洋美军总部的空军司令部司令，但他实际上只能指挥太平洋战区的战术空军部队，对战区内的空运部队和战略空军部队只有作战控制权而无指挥权，也就是，无法对这些部队行使诸如人事安排、资金使用等权力。改组后，太平洋空军

第八章 再逞巴尔干半岛：军种联合技术驱动(1991—1999)

司令对区内所有空军部队和相应资源拥有实际上的指挥权，包括运输机、加油机、战斗机、轰炸机和战略侦察机等。太平洋空军司令即是太平洋战区内唯一的对和平、危机和战时空军统一行动负全责的司令官。新建的空中作战司令和空中机动司令部是军种管理型司令部，将按要求对战区实施支援。1992年6月1日，美军还成立了战略司令部，作为职能性的一级联合司令部，其基本任务是负责战时战略核力量的任务规划、战斗值班和作战使用。战略司令部将美海军潜射导弹、空军的战略轰炸机和洲际弹道导弹三位一体的战略力量归于一体指挥，而这些三位一体战力量的日常训练、装备和维护等仍由海、空军分别负责，这样，美军战略力量也建立了战建分离的模式。而战区司令部与战略司令部之间是支援关系，对于B-52、B-1B等战略轰炸机的常规运用，则由战区司令部实施战术控制。

巴尔干危机与北约军事部署

南联盟当地时间1999年3月24日晚21时，以美国为首的北约对南联盟实施了代号"联盟力量"的空中打击行动，标志着科索沃战争爆发。科索沃是南斯拉夫联盟共和国的一个自治省，科索沃战争的爆发缘于该地区塞尔维亚族与阿尔巴尼亚族围绕科索沃的主权之争，美国及其北约盟友从自身战略利益出发，以制止南联盟实行"种族清洗"为由，对科索沃进行干预，之所以要介入南联盟与所辖科索沃自治省的争端，其背后有多重原因。

90年代初海湾战争的胜利，让美国人可以自信地认为自己是世界上唯一一个超级大国。随后的数年里，中东地区迎来一个相对的和平，美国国内工业也处在良好发展形势，在布什的军事干预政策下，美国军队继续保持在世界各国的存在，主要承担一些国际维和任务。1993年初，克林顿就任新一届美国总统，此时的美国似乎面对的是一个没有敌人的世界，就连参联会制定作战计划都发现自己找不到作战对象，这显然不符合美国充当世界霸主的要求。1996年之后克林顿连续批准了国防部的两份报告《接触与扩大国家安全战略》《新世纪国家安全战略》，旨在扩大美国国家战略目标，其中重点强调的是要在国外推进美国式民主，这为美军确立新的建设目标提供了战略牵引。1997年美国防部根据新的国家战略向国会提交了《四年防务评估报告》，系统分析了美国面临的全球安全环境、防务战略、所需的军事能力等，这份报告成为进入二十一世纪前后建设与运用美军的基本规划。该报告认为，当前世界仍充满了危险和不确定性，尽管美国已经是世界第一超级大国，从现在到2015年间，美国将会面临一系列重大挑战，主要是遇到各种不同的地区性威胁，某些拥有强大军事力量的敌对国家，对在一些关键地区的美国盟友发动大规模越境侵略，或者在美国拥有关键性或重要利益的地区引起动荡、国内冲突和人道主义危机，这些地区包括西南亚、中东、朝鲜半岛、前南斯拉夫地区。所以，美国将在未来的10—15年里在世界上保持政治上和军事上的积极参与，将采取塑造、反应和准备的军事战略。这些战略背景构成了美国积极支持北约发动科索沃战争的内因。

南斯拉夫解体后巴尔干半岛的民族冲突引起北约军事集团的介入，这是科索沃战争爆发的直接原因。巴尔干半岛自古是欧亚文明冲突的热点地区，多民族和多宗教信仰使这个半岛充满着矛盾纠葛。二战之后，由铁托将军领导的共产党在巴尔干半岛中部建立起了南斯拉夫统一的多民族国家。1980年铁托去世，导致南斯拉夫失去强有力的国家领导，到90年代初，受苏联解体、东欧剧变等一系列政治事件影响，南斯拉夫开始走向解体。先是位于西北部和西部的斯洛文尼亚、克罗地亚、波斯尼亚—黑塞波维那以及南部的马其顿等联邦共和国相继举行公投宣布独立，这些共和国都亲欧洲，其独立自然得到欧洲及北约的支持。尽管南斯拉夫及塞尔维亚采取了军事镇压手段，但最终于1992年4月27日南斯拉夫彻底解体，只剩下塞尔维亚与黑山两个共和国共同组成新的南斯拉夫联盟共和国，简称南联盟。这时的南联盟内部依然面临着其南方科索沃自治省谋求独立的威胁，由于科索沃自治省77%以上的人口是穆斯林和阿尔巴尼亚族，塞尔维亚族只占该省人口的少数，自80年代初铁托去世后就有独立的倾向，南斯拉夫的解体更加剧了科索沃谋求独立的野心，在一系列政治解决手段未果后，1996年4月22日，被称为科索沃解放军的武装组织和塞尔维亚治安部队在多地发生冲突，自此武装冲突日益升级。实际上，在南斯拉夫解体过程中，北约及美国打着人权和反暴行的旗号支持各联邦共和国的分裂行径，并采取了包括军事手段在内的一系列干预行动，意在打压被西方体系视为异己的南联盟，防止在巴尔干再出现一个地区性强国。例如，1995年4月1日，北约和美国针对波斯尼亚的塞族武装发动了持续11天的空中打击行动，代号"慎重武力"。1995年12月起，美国相继向波黑、克罗地亚以及欧洲派遣数万人的地面和空中力量，行动代号"联合努力"。到1997年以后，科索沃自治省的塞族与阿族再次发生大规模武装冲突，伤亡人员日趋增多，约30万人流离失所。以美国为首的北约开始介入科索沃危机，北约与南联盟的矛盾逐渐成为主要矛盾。

早在1998年5月，北约内部就开始拟制针对南联盟的作战计划，设想了多种打法，包括使用空中力量和地面部队的方案。1998年9月，在南联盟重创"科索沃解放军"，控制大部分科索沃地区后，北约在没有联合国安理会授权的情况下，决定对南联盟实施空中打击。1998年9月24日，北约各国国防部长一致同意启动两项空中作战计划的拟制，第一项空中作战计划是"分阶段空中战役"，实质上是一种高强度的空袭方案，包括5阶段，第0阶段为向战区部署兵力兵

第八章 再逞巴尔干半岛：军种联合技术驱动(1991—1999)

器；第1阶段为在科索沃上空建立空中优势，在南斯拉夫联盟共和国全境破坏敌指挥控制系统和一体化防空体系；第2阶段为打击科索沃境内的军事目标和北纬44度以南、可对驻科索沃的塞族部队进行增援的南斯拉夫军队；第3阶段为扩大空袭范围，打击南斯拉夫联盟共和国全境内的各种高价值军事和安全部队目标；第4阶段为根据需要重新部署部队。第二项计划称为"有限空中反应"计划，旨在对科索沃发生的严重但又有限度的事件，随时作出有限的空中反应，该计划最后被并入第一项计划之中。

为什么美国和北约在针对南联盟的军事行动中最终只采取联合空中打击，没有采取地面作战行动？这是由于美国和北约考虑了多重因素的结果。南联盟兵力规模虽比不上伊拉克，但也是一支不可小觑的力量，现役部队11万多人，预备役部队约40万，作战飞机238架，各型防空导弹发射架100余部，高炮1850门。另外，南联盟境内中部、南部多丘陵和山区，尤以科索沃自治省地形最为复杂，多高山密林，极不利于地面进攻作战，而且塞尔维亚民族骨子里就有着坚忍不拔的反抗精神，如果实施地面作战，北约将会面临很多意想不到的困难。在早期行动筹划中，北约的北大西洋理事会就确定了具体的战略目标，为行动筹划提供指引，随着"联盟力量"行动的实施，这些战略目标更加明晰，归纳起来是两点：一是对南联盟进行震慑，慑止其对科索沃阿族平民的所谓"非难"；二是最大限度地削弱南联盟塞族军事行动能力。美军和北约军方高层认识到要达成这两个战略目标的最佳方案就是利用美军和北约强大的空中力量"打一场分阶段实施的空中战役"。在早期的危机计划中，北约也考虑了多种应急计划方案，包括为达成目标既使用空军也动用地面部队的方案。但是，美国以及北约内部对于是否动用地面部队问题始终未达成一致意见，北大西洋理事会从一开始就否定了出动地面部队的方案，尤其是美军高层出于政治上的考虑也不愿把地面部队投入战斗，因为，地面部队始终被认为是最容易引起伤亡的手段，必须防止越南战争失利的重演，特别是在1993年的索马里维和行动中，美特种部队在摩加迪沙又一次遭遇的重创，让美军再次深刻认识到充分运用先进空中力量，实施非接触作战，才是最有效、最容易把控的手段，空中打击能够把危险降到最低程度，以零伤亡获胜才是最佳的军事效果。何况在美国人眼里，南联盟距离美国的战略对手俄罗斯更近，地缘关系比伊拉克更复杂，尽管巴尔干半岛很重要，但那里所发生的危机，并没有明显损害美国关键战略利益。

科索沃战争中美国和北约建立的是联军指挥体制，不同于海湾战争的是，海湾战争是以美军中央司令部为主导的联军指挥体制，各国联军直接加入到中央司令部的指挥体系之中，但在科索沃战争中，美国和北约各有独立的指挥体系，联军指挥关系十分复杂。美国是北约的成员国之一，但同时又是当时的超级军事强国，提供了用于作战的大部分军事力量，但是战争又是在欧洲进行，北约的欧洲成员国拥有更高的利益关切，这导致联军高层存在双重指挥链，一条来自美国最高指挥当局，一条来自北大西洋理事会，都具有对战争的最高决策权。而且，北约指挥作战的将军包括欧洲盟军最高司令克拉克都是美军的指挥官，而美军又不归北约指挥。双方的关系实际上就是北约依靠美国，美国主导北约。欧洲盟军最高司令克拉克需要同时拉住两个方向，一方面拉住北大西洋理事会，把最重要的行动问题交给政治层；另一方面拉住美国最高指挥当局。欧洲盟军最高司令对下也是两条线指挥，一个是美军，一个是北约的欧洲成员国军队，从战前到战中，联军指挥体制都是在逐步调整适应，最后形成一体化北约指挥体制。

在1998年8月之前，美国和北约都有独立的指挥结构。美军是在国家最高指挥当局的指挥下，驻欧部队司令对下属各军种部队实施作战控制，包括美驻欧空军部队和驻欧海军部队。在北约的指挥结构中，欧洲盟军最高司令对北大西洋理事会负责，对包括南欧盟军部队司令在内的北约各地区司令实施作战控制。所以，在指挥体系上美军指挥体系与北约指挥体系是并列存在的，特别是在危机初期，两条指挥体系同时在筹划战争行动。美军在国家安全委员会主持下，建立了一个跨部门的科索沃执行委员会，跨部门地联合制定政治军事计划。在北约方面，北大西洋理事会是最高的政治机构，哈维尔·索拉纳秘书长为战争的最高决策人，而索拉纳依靠北约军事委员会向军事指挥官提供必要的战略性军事指导，并监督军事行动的实施。值得注意的是，美军和北约在科索沃战争之前就已经建立了统一的联军空中作战中心，作为指挥空中作战的神经中枢，该中心自南联盟出现民族冲突开始就一直配属在意大利维琴察的第5盟军战术航空队，负责对所有的美军和北约空中力量实施战术控制，也就是所有空中力量在实施空中作战时，统一由联军空中作战中心控制。

1998年8月，美国驻欧部队司令部将其所辖空军和海军空中部队分别编组为两个特遣部队作为应对危机的先期军事力量，即"天空铁砧"联合特遣部队、"灵活铁砧"联合特遣部队，前者力量编成包括美国驻扎在本土的空军提供的常规空射巡航导弹和第16航空队飞机，后者力量编成主要为第6舰队，包括"战斧"式巡航导弹和舰载机。这两支特遣部队都用于对南联盟有限打击时的一种编组，除美军的指挥体系稍有变化外，联军双线指挥结构基本没有变化。同月，北约联军空中作战中心拟定了空中作战计划。10月份，完成了南联盟近百个军事目标的侦察与选定。10月25日，北约与南联盟就南军撤出科索沃问题达成全面协议后，暂停执行上述两项作战计划。

科索沃战争准备与兵力集结的方式与海湾战争的快速反应也有明显不同，它是一个从战前到战中分阶段的逐步增兵的模式，并且受到很多客观因素制约。根

第八章 再逞巴尔干半岛：军种联合技术驱动（1991—1999）

据军事战略的要求，美军常年在海外驻扎军队，随时应对可能爆发的地区危机。对于比较小的联合行动，只需要战区已部署兵力即可，但针对"联盟力量"这样大规模联合行动，则需要美国本土或其他战区部队实施战略支援。这种快速临战部署调整受战场环境、运输投送能力等多种因素制约，极具复杂性。例如，空军受制于战区可用机场数量、大小以及分布，海军则需要可供就近部署的海域，地面部队也要考虑兵力装备快速投送的基础设施。针对科索沃地区发生的危机，美军的海空兵力部署最大的困难是北约盟友空军基地远离巴尔干半岛，散布在欧洲各国，其兵力部署不但要解决驻扎权问题，还要解决越境飞行授权、无线电频率使用、空中交通管制等一系列问题。而且，在欧洲的北约盟友空军机场部署分散，使各型飞机在作战部署与战时使用中的协调难度更大。

1999年初，科索沃局势再度紧张，北约重启对南联盟的武力威胁。1999年1月20日，北约正式开始"联盟力量"军事部署，美军也开始调动美国本土和其它战区的部队。1月30日，北大西洋理事会赋予北约秘书长索拉纳可下令发起对南联盟境内目标实施空中打击的权力。国际社会围绕科索沃不断加剧的危机，在努力寻找政治解决的措施。但美军和北约加紧进行军事部署，至3月24日空袭开始前，北约19个成员国中已有13个国家直接出兵。其中美军已在欧洲部署作战飞机270架，包括美陆基作战飞机190架，海军舰载机80架，"战斧"式巡航导弹460枚，另有北约盟国作战飞机130架，另外，B-2A隐形战略轰炸机由美国本土起飞实施支援。空袭过程中，北约和美空军先后三次大批量增兵。4月6日，美"罗斯福"号航母战斗群抵达亚德里亚海，加入对南联盟的空袭行动，同行的还有海军陆战队的"基萨奇"号两栖攻击舰。4月9日，美国陆军开始在阿尔巴尼亚部署"鹰"特遣部队。到6月份，美军驻欧洲的作战飞机增加到731架，北约盟国作战飞机300多架。

在空中力量的部署上，大体形成三线配置模式，作战基地分布于30多个国家。第一线为临近南联盟的意大利、匈牙利、阿尔巴尼亚以及波黑等国家，包括意大利12个基地、匈牙利9个基地以及阿尔巴尼亚、波黑等前沿基地；第二线为德国、英国等西欧基地群和土耳其基地群，包括德国4个基地、英国4个基地、土耳其3个基地以及葡萄牙、西班牙等保障基地；三线为美国本土基地群，主要部署战略轰炸机。

第一线空军基地以作战飞机为主，支援飞机为辅，包括F-15、F-16、F-117A等战斗机和战斗轰炸机，AC-130、MC-130等对地攻击特种飞机，RQ-1A无人侦察飞机，海军EA-6B电子干扰飞机，少量的EC-130E空中指挥控制飞机和KC-135空中加油机，距离南联盟边境100~600公里。具体部署如下：美国空军第31空军远征联队辖有110架各型飞机，部署于意大利阿维亚诺空军基地。其中，12

架 F-117A 隐身战斗机，第 48 联队之第 494 远征战斗机中队的 5 架 F-15E 飞机，第 20 战斗机联队的 24 架 F-16C/J 飞机，第 52 战斗机联队的 20 架 F-16C/J、第 355 联队的 2 架 EC-130 通信干扰机、第 603 空中控制联队的 5 架 EC-130E 空中战场指挥控制中心飞机、2 架 KC-135 型空中加油机、32 架海军的 EA-6B 电子战飞机。美空军第 48 空军远征联队辖有 32 架各型飞机，其第 492 战斗机中队的 16 架 F-15E 飞机部署于阿维亚诺空军基地，另部署 10 架 F-15C 飞机；6 架 F-15C 飞机部署于英国拉肯希斯空军基地。美国空军特种作战司令部的 19 架飞机部署于意大利布林迪西机场，包括 2 架 AC-130 飞机、2 架 EC-130 飞机、3 架 MC-130 飞机、10 架 MH-53 和 2 架 MH-60 特种作战直升机。美空军第 16 空军远征联队辖有 36 架飞机，其中，第 31 海军航空联队的 12 架 F/A-18D 飞机部署于匈牙利陶萨尔机场；第 940 空中加油联队的 5 架 KC-135 飞机部署于法国伊斯特尔空军基地；第 16 远征作战大队的 5 架 U-2 飞机部署于意大利锡戈内拉海军航空基地；第 11 远征侦察中队的 2 架 RQ-1A 无人驾驶飞机部署于波黑图兹拉机场。

第二线空军基地以支援飞机为主，作战飞机为辅，包括部分 F-15、F-16、F-117A 等战斗轰炸机，A-10/OA-10 对地攻击机，E-3C 预警机，E-8C 联合监视飞机，KC-130 空中加油机，C-130 运输机，B-52H、B-1B 战略轰炸机，距离南联盟边境 600~2000 公里。具体部署如下：美国空军第 52 空军远征联队辖有 66 架各型飞机，其中，在德国斯潘达勒姆空军基地部署第 20 战斗机联队的 14 架 F-16C/J 飞机和 12 架 F-117A 隐形飞机。第 60 空军远征联队辖有 50 架飞机，第 93 空中控制联队的 2 架 E-8C 型联合监视搜索攻击雷达系统飞机和第 9 空中加油中队的 2 架 KC-10 空中加油机部署于德国莱茵-美茵空军基地；另在英国布莱兹诺顿等空军基地部署了 18 架 KC-135R 空中加油机，在匈牙利部署了 28 架 KC-135R 空中加油机。美空军第 86 空军远征联队的 7 架 C-130 飞机部署在德国莱茵-美茵空军基地。第 92 空军远征联队的数十架空中加油机分别部署于意大利和英国基地。第 100 空军远征联队辖有 70 架各型飞机，其中，第 2 和第 5 轰炸联队的 18 架 B-52H 型轰炸机和第 27 轰炸中队的 5 架 B-1B 轰炸机部署于英国费尔福德空军基地；第 552 空中控制联队的 4 架 E-3C 空中预警指挥机部署于德国的空军基地；其余为加油机，均部署于英国。空军第 4 战斗机联队的 15 架 F-15E 飞机部署于土耳其巴里克斯尔空军基地，第 20 战斗机联队的 12 架 F-16C/J 飞机部署于班迪尔马空军基地；在因切利克空军基地部署 20 架 KC-135 空中加油机。

第三线为美国本土，主要是位于美国本土怀特曼空军基地的第 509 轰炸机联队 B-2A 隐形战略轰炸机。

在海上力量方面，北约先后集结了 32 艘各型舰船，其中，美海军 13 艘，部署于亚德里亚海。包括"罗斯福"号航空母舰、"提康德罗加"级导弹巡洋舰 2 艘、

第八章 再逞巴尔干半岛：军种联合技术驱动(1991—1999)

导弹驱逐舰3艘，"洛杉矶"级核动力攻击潜艇1艘，指挥舰1艘，两栖舰3艘，扫雷艇2艘。舰载机约80架，其中第14和第41航空中队F-14A战斗机各12架，第15和第87航空中队F/A-18C战斗机各12架，第124预警中队装备5架E-2C预警机，第141电子战中队装备4架EA-6B电子战飞机，另在2艘两栖攻击舰上有8架AV-8B攻击机。巡洋舰和驱逐舰配备"战斧"巡航导弹448枚。在作战飞机方面，空军与海军战机数量比为174∶68。空军的优势不但在于作战飞机数量为海军的2倍多，而且，还拥有火力强大的战略轰炸机和多种类作战支援飞机；海军的优势在于舰艇编队部署机动灵活，拥有数百枚舰载"战斧"巡航导弹，拥有电子干扰能力强的EA-6B飞机，海军舰艇宙斯盾防空系统与空军形成互补。

在地面部队方面，北约先后在南联盟周边部署兵力6万人，其中美国2.45万人，主要编组部署在马其顿、波黑、阿尔巴尼亚；另有美国部队6000人，包括驻阿尔巴尼亚、亚得里亚海的军舰和意大利的"阿帕奇"攻击直升机及保障部队2600人，海军陆战队2200人，驻意增援步兵营1200人。驻阿尔巴尼亚的美国部队中还有一支被称作"鹰"特遣部队的陆军地面力量，企图对南联盟发起地面进攻作战，包括1个地面机动旅战斗队、1个火箭炮营，另在阿尔巴尼亚地拉纳里纳斯机场部署了56架直升机，其中24架为第11航空团的AH-64"阿帕奇"武装直升机，其余为UH-60和CH-47运输直升机。

1999年1月之后，针对升级的"联盟力量"行动，美军和北约的指挥体系再次整合，形成一体化北约指挥结构，采取"二元三级"结构形式，实施战区外战役指挥和战区内战术控制。"二元"是指美军军事指挥体系和北约政治军事指挥体系并行。战略级，包括美国最高指挥当局和北大西洋理事会，负责为军事决策提供政治和外交指导，并掌握军事行动计划的最高审批权。战区战役级，美军驻欧部队司令克拉克上将同时又担任欧洲盟军最高司令，统一指挥美军和北约盟军作战行动，对上向北大西洋理事会负责，同时，克拉克作为美军驻欧最高司令还要听取美国总统克林顿和参谋长联席会议主席的指令，其指挥所设在比利时的蒙斯，距战区近2000公里，内设有联合作战中心，通过北约保密线路和先进的C_4ISR系统实施近实时的指挥与协调。在战区司令部之下整合美军与北约各军种力量，由美军第16航空队司令迈克尔·C.肖特中将担任联军空中作战司令，统一对美空军第16航空队、美空军部署在欧洲战区的B-52轰炸机及其携带的常规空射巡航导弹、南欧盟军空军力量实施作战控制。联合空中作战中心设在意大利维琴察，中心下设联合目标协调委员会和参谋机关，具体负责空袭目标选择和空中任务指令、兵力分配决心、兵力使用决心指南等作战指令的制订和下达执行。美海军第6舰队司令墨菲中将担任联合部队海军司令，不仅对欧洲战区的海军包括航母战斗群实施作战控制，还对"战斧"式对地攻击导弹打击计划的制订与实

巴尔干危机与北约军事部署

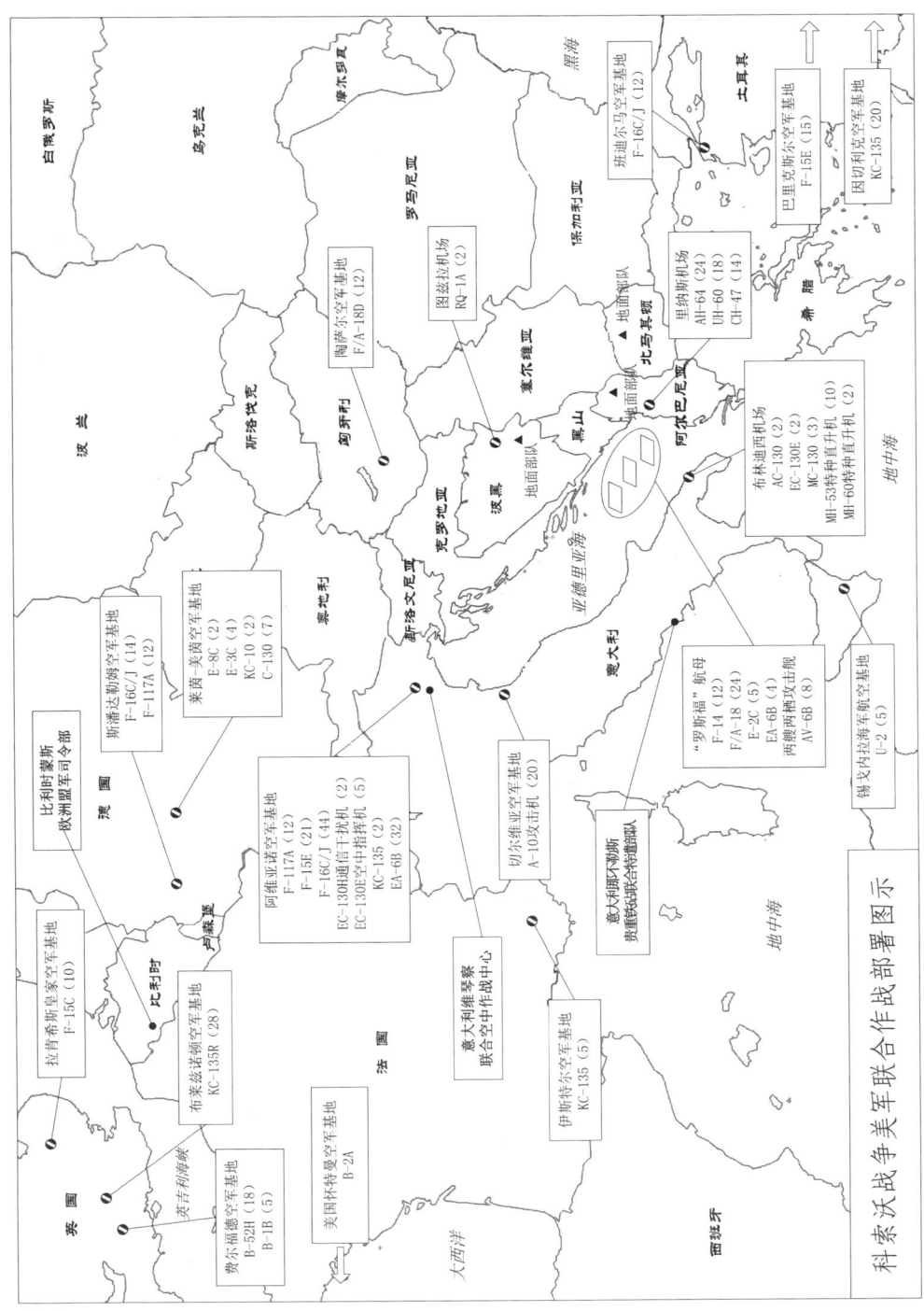

科索沃战争美军联合合作战部署图示

施进行指导。另外，在美驻欧部队司令克拉克与联军空中作战司令、联合部队海军司令之间，建立一个名为"贵重铁砧"联合特遣部队的中间司令部，由艾利斯海军上将担任指挥官，司令部设在意大利那不勒斯，负责靠前指挥对南联盟的海空打击行动，同时对欧洲盟军司令部快速反应军实施指挥，这个中间司令部实际上侧重靠前指挥欧洲参战部队。美军还组建了一支联合特种作战特遣部队和联合心理战特遣部队。"贵重铁砧"联合特遣部队司令还将联合空中作战行动控制进一步下放到位于意大利维琴察的联合空中作战中心。在整个指挥体系上，从战区司令官到战区军种司令官都由美国人担任，相应的指挥机构也以美军人员为主，美军掌握了联军作战指挥权。

为实施了统一高效的指挥控制，美军采用先进的自动化指挥控制系统。战略战役级，使用了美国的全球侦察预警系统和1993年开始建立的全球通信指挥系统，其核心部分由全球指挥控制系统、国防信息基础设施、国防信息系统网络、国防报文系统和国防信息交换网组成。在战区军种级，使用了陆军的"陆军作战指挥系统"、空军的"地平线"系统和海军的"哥白尼"系统与之联通。在部队战术级，北约大量装备和使用了移动用户设备系统、联合战术信息分发系统及单信道地面和机载无线电系统。四级中枢，第一级是设在美国本土的美国国家最高指挥当局，主要用于战略指挥；第二级是设在比利时的北约欧洲盟军最高司令部联合作战中心，用于战区指挥；第三级是设在意大利维琴察的北约战术空军司令部联合空中作战中心，用于战役指挥和战术指挥；第四级是部署于战区的 E-3C 空中预警指挥机、EC-130E 战场空中指挥控制飞机以及 E-8C 联合空中监视飞机，用于战术指挥控制。

在联合空中作战筹划上，北约建立了把打击目标的批准权交给军事指挥官的机制，通过大幅放权提高空中打击的效率，但对一些特定的目标，如贝尔格莱德市中心的目标、黑山共和国境内的目标，或可能造成巨大附带毁伤的目标，北约保留由高层政治当局批准的权力。打击目标的合法性审查，由指挥体系中的各级指挥官负责。一些特殊重要的目标，还需要由美国国家最高指挥当局批准，主要是由参联会主席的法律顾问和国防部的总法律顾问进行详细的合法性审查。在作战层面，联合空中作战中心是联合空中打击的核心指挥机构。沿袭海湾战争空中作战指挥模式，联合空中作战中心统一筹划运用美军第 16 航空队、驻欧 B-52 轰炸机、第 6 舰队舰载机以及"战斧"巡航导弹的对地打击，但在筹划能力上有很大提升。C_4ISR 系统不但缩短了目标筹划打击时间，而且，整合了海、空军空中作战平台。机载无线电情报传感器可以实时将目标情况通过中继方式传送至战区指挥与控制系统，甚至直接传送到进入南联盟空域的任务飞机。海军作战飞机或巡逻机发现空中、地面目标后，可以将信息快速传递至联合空中作战中心，但像

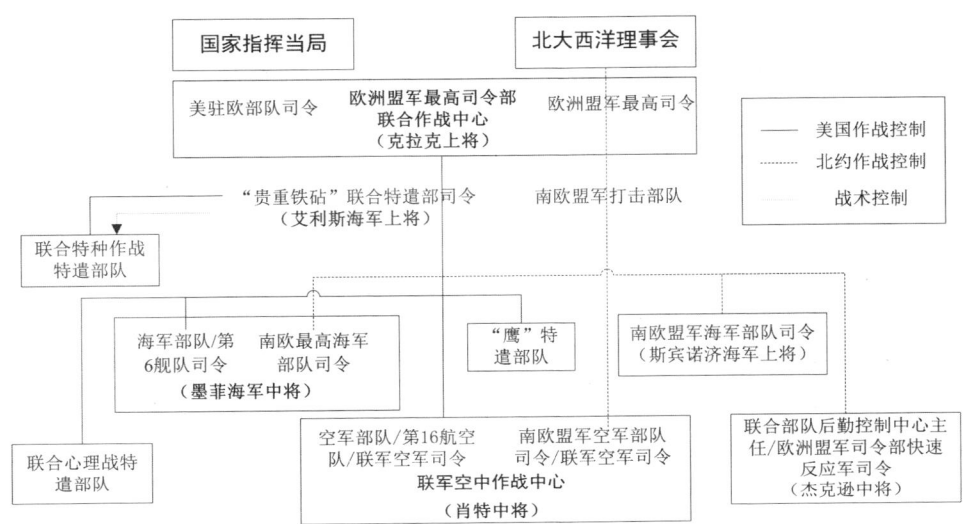

科索沃战争中美军和北约联合作战指挥体系

U-2 飞机获取的图像信息仍需要回传至美国本土的地面处理中心，联合空中作战筹划总体上比海湾战争信息化程度更高、效率更高。

美军的战场控制主要通过计划控制与随机控制两种方式实施。计划控制主要通过"空中任务指令"进行。作战中，美军运行了两种"空中任务指令"，一种是美空、海军以及联盟国的战术作战飞机执行"盟军空中任务指令"，另一种是美战略轰炸机以及 F-117A 等重要作战飞机，执行"绝密的空中任务指令"。空中任务指挥内容非常详尽周密，规定了特定时期内执行任务飞机的具体活动细节，如起飞时间、空中航线和空域、到达和离开目标的时间、任务指令、目标类型、位置、瞄准点和预计弹着点，陆军或海军陆战队要求空中力量打击目标的申请等。计划、产生并执行一份该类指令，一般需要 2—3 天。基本指挥程序为：在 C_4ISR 系统支持下，克拉克接到北约秘书长索拉纳发布空袭的命令后，在比利时的北约盟军最高司令部，通过联合作战中心的北约保密线路和 C_4ISR 系统，实施战区指挥与协调；战区内空、海军打击力量，则由意大利维琴察联合空中作战中心和空袭机群指挥官、舰艇指挥官实施战术指挥与控制。

海空联合毁瘫南联盟军战力

1999 年 3 月 19 日，北约与南联盟的和平谈判最终破裂，欧洲盟军最高司令克拉克指示展开第一阶段空袭行动。从 3 月 24 日至 26 日，北约对南联盟实施了

第八章　再逞巴尔干半岛：军种联合技术驱动(1991—1999)

第一轮至第三轮空袭行动，共出动了各型作战飞机 600 余架次，平均每轮 200 架次，重点打击南联盟境内目标以及一体化防空系统，包括机场、防空导弹阵地以及重要指挥控制设施，主要目的是夺取南联盟地区的制空权。3 月 24 日实施首轮空袭，持续 5 个小时，先后进行两个波次轰炸，共 156 架次。第一波空袭，首先亚德里亚海上的美"菲律宾海"号导弹巡洋舰、"冈萨雷斯"号导弹驱逐舰等 7 艘舰艇发射约 60 枚"战斧"式巡航导弹，8 架 B-52H 战略轰炸机从英国的费尔福德空军基地起飞向南联盟境内发射约 40 枚 AGM 空射巡航导弹，2 架 B-2A 从本土起飞在大西洋上空加油后，也参加了第一波次攻击行动。随后，从意大利阿维亚诺基地起飞的美空军 F-117A 隐形战斗机、F-15、F-16 战机对南联盟境内军事目标进行了攻击。在攻击前和攻击过程中，美海军的 EA-6B 电子战飞机对预定空袭区域进行了强电磁干扰，使南联盟的雷达陷入瘫痪状态。25 日晚，北约发动了第二轮空袭，主要目标是南联盟的防空系统和驻科索沃部队。此轮空袭规模更加猛烈，出动 200 架次，打击 50 个目标。首先是美海军舰艇发射"战斧"式巡航导弹，然后是 F-117A 等战斗轰炸机对南境内目标实施空袭，并有 2 架 B-2A 隐形轰炸机从本土出动参加空袭行动，另外，2 架 EA-6B 电子干扰飞机和空中预警机支援了空袭行动。3 月 26 日 16 时，北约发起第三轮空袭。包括 8 架 F-117A 战斗机、数十架 F-15、F/A-18 战斗机、从英国费尔福德空军基地起飞的 4 架携带巡航导弹的 B-52H 轰炸机，停泊在亚得里亚海上的美海军舰艇发射数十枚巡航导弹。这轮空袭是首次白天空袭，也是三天来最猛烈的。北约共出动飞机 250 架次，轰炸的主要目标是南联盟防空系统以及南联盟后勤补给系统。

由于几乎所有北约盟国都不能大量使用精确弹药，空袭初期大部分攻击架次是由美国提供的，而且美军与北约盟国通信设备不通用的问题比较突出，联军空中作战中心主要对美各军种作战飞机实施统一指挥控制。在初期空袭中，美各军种作战飞机联合行动、优势互补，尤其是海军也拥有很强的空中打击能力，几乎打破了传统军种域的划分。美空军在匈牙利、意大利等空军基地部署各类作战飞机，与海军航母战斗群在亚德里亚海的机动部署，构成对南联盟的多重包围。美"罗斯福"号航母战斗群司令小威廉·科普兰曾夸耀："航母战斗群的灵活性、快速反应性虽非'罗斯福'号航母战斗群所特有，但它再一次显示出这支作战部队具有空前的优势。"美海军还有多种类作战平台优势，如"罗斯福"航母共搭载了第 8 舰载机联队的 22 架 F-14"雄猫"战斗机、24 架 F/A-18"大黄蜂"战斗攻击机，海军 EA-6B"徘徊者"电子战飞机则是应对南联盟防空系统的利器。另外，美海军舰载"战斧"式巡航导弹，射程达到 1600 公里，命中精度达到 3 米，能够从水面舰艇或潜艇上发射，打击南军纵深地面目标，具有安全系数高、精度高的优势，成为美军空袭首选武器。海军陆战队的 F/A-18D 携带的先进战术空中监视系统，能提供大量空中光电图像和合成孔径雷达多光谱图像，弥补其它情报、监视与侦察系统获取的图像与信息的不足。总之，一切的联合都是基于作战平台而非军种所在的空间域。这种基于空中作战平台的军种联合在海湾战争就已经形成初步实践，而在此战中，由于美军信息获取、传输、处理能力以及 C_4ISR 系统效能大幅提升，还有跨军种信息分发的 JTIDS/Link16 数据链运用，使军种基于作战平台的联合更加丰富有效。

在基于平台的军种联合中，联军空中作战中心发挥了重要枢纽作用。战前该中心仅 400 人，"联盟力量"行动开始后中心人数迅速增加，各种情报、监视和侦察源都连接到联军空中作战中心，参谋人员分析情报、综合目标清单并发出打击指令。战区空中控制系统的机载手段，包括机载战场指挥与控制中心、机载高级预警与控制系统以及联合监视目标攻击雷达系统，能提供情报并使各军种作战飞机转向指定攻击目标。

第二阶段为 3 月 27 日至 31 日，北约对南联盟实施了第四轮至第八轮的空袭，共出动了各型作战飞机 1000 余架次，平均每轮 250 架次。此阶段是北约对南联盟实施的"更大范围的空袭行动"，空袭目的是瘫痪南联盟军事运作体系，瓦解其作战能力。在继续对南联盟全国各地的防空设施和指挥系统进行轰炸的同时，空袭目标扩大到坦克等地面重型武器和部队，特别是加强对在科索沃的南联盟武装力量的打击。由于攻击目标大多是南联盟部队的机动目标，飞行高度低的海军陆战队的 AV-8B 攻击机、陆军武装直升机是空袭主力。3 月 27 日下午 16 时 40 分，北约发动第四轮空袭，强度超过前三轮，共出动 66 架飞机，飞行 253 架次。当晚 1 架美国 F-117A 隐身战斗机被击落。3 月 28 日晚 9 时，北约对南联盟发动第五轮空袭，主要针对南联盟境内的南军作战部队、坦克、火炮、运输车辆、机动指挥中心等目标。此次空袭出动 60 多架战机，包括 2 架 F-117A 隐形战斗轰炸机、18 架 F-16 战斗机、25 架 F-15 战斗机、6 架海军 EA-6B 电子干扰机、2 架海军陆战队 AV-6B 攻击机、2 架 B-52 轰炸机，以及 1 架 E-3A 预警机等。当日，美国国防部发言人称，将增派包括远程轰炸机在内的 612 架飞机，以扩大北约对南联盟的打击面。3 月 29 日 19 时 30 分，北约对南联盟发动了第六轮空袭，主要打击南联盟的军队，包括南军总部、军火库和供应区，以及各种军队基础设施。北约出动 F-117A、A-10 等战机 30 多架，炸毁南联盟 1 个飞机制造厂、2 座军营和 2 个军用机场等目标。在初期空袭中，美军就发现了无人驾驶飞机可以深入南联盟防护严密的危险地域不间断监视，对南联盟目标进行定位和瞄准，将获取的目标位置数据回传到联军空中作战中心，还可帮助引导作战飞机对目标实施攻击。于是，美军国防部宣布向巴尔干地区增派 3 架"捕食者"和 8 架"猎人"无人侦察机，以加强第二阶段的空中侦察力量。再派包括 5 架 B-1B 轰炸机在内的

第八章 再逞巴尔干半岛：军种联合技术驱动（1991—1999）

20 架战斗机加入战斗序列，另外加上 8 架 B-52H 战略轰炸机。B-1B 具有很强的精确投弹能力，适合执行地面目标大规模精确攻击任务，此次任务中，B-1B 装备 AGM-82、AGM-84 等精确制导导弹和用于攻击坦克的反装甲炸弹等武器。鉴于南联盟防空系统依然十分强大，美海军增派 EA-6B 电子战飞机对南联盟军队的雷达、通讯系统进行压制，支援地面进攻作战。在 30 日的第七轮空袭中，美国空军动用"捕食者"无人驾驶侦察机，对南联盟境内实施侦搜，同时派出 A-10 攻击机攻击南联盟地面部队和重武器目标。31 日，北约对南联盟发动第八轮空袭，进行 24 小时不间断空袭，共计出动 F-16、F-15 和"狂风"等作战飞机 70 多架，攻击南联盟 1 个机场、1 座兵营、1 个空降旅指挥部、几个燃料仓库和特别警察总部等目标，还出动 F-117A、A-10、F-15、F-16 等 20 余架，攻击南联盟特种部队总部以及驻科索沃部队。

鉴于《2010 年联合构想》指出的"信息优势和技术进步将使我们得以灵活运用联合作战力量以达成理想的效果"。此阶段开始，美军在空袭中还注重以优势信息装备综合各种来源的情报信息，并将传感器、各军种作战平台、联合指挥机构及后勤支援中心灵活地结合为一体，以更快的速度完成更多的作战任务。例如，美海军舰载 E-2C 预警机能够与空军 E-3 预警与控制飞机的雷达图像综合起来，为各种作战平台提供空情信息。空军 EC-130E 战场空中指挥控制飞机可以将情报数据传递给海军、海军陆战队的作战平台。空军 E-8C 联合监视目标攻击雷达系统飞机，可以与陆军地面雷达共享情报信息，将南联盟军队地面机动目标信息回传至地面指挥中心。无人驾驶飞机对南军移动目标进行探测和定位，将信息传输至联合空中作战中心，可以在 1 小时内完成图像传输、处理并把已处理的图像传输给空中待战的各军种作战飞机，甚至，有少数"捕食者"无人驾驶飞机安装了目标定位激光器，直接引导"鹞"式飞机等对地攻击机攻击南军地面目标。联军空中作战中心拥有过去所不具备的信息处理与传输能力，各种机载传感器可将实时敌情以中继方式传送至中心，有时甚至直接传送到正在南联盟空域执行打击任务的飞机，有时联军空中作战中心甚至能为作战飞机快速派新的目标。

为了将多源情报信息与多军种作战平台结合为一体，美军首次全面使用网络技术。战略通信系统贯穿美国国家最高指挥当局、联军战区指挥机构，并与军兵种通信系统基本实现无缝连接。联军战区指挥机构使用由军用和商用系统联合提供的宽频带互联通信方式，各军兵种战术通信系统主要有"移动用户设备系统"、"联合战术信息分发系统"及"单信道地面和机载无线电系统"等，基本上实现了数字化，且保密性强，构成了畅通、安全的前线作战中枢神经系统。利用初步一体化的指挥通信系统，联合空中作战中心可以将陆、海、空各军种情报侦察信息进行快速融合处理，并分发到各军种作战平台，其时效性和准确性已经达到了空中任务分配指令的要求。

在跨军种的联合通信中主要使用了以下技术：为进行协调和共享信息，使用了网络技术设备；为进行指挥、控制和协调，使用了电视电话会议系统；使用电子邮件，进行协调和区分任务。例如，战争中美军第一次把电视电话会议系统作为实施指挥控制的主要手段。每天要召开一次各级指挥官电视电话会议，以评估作战行动进展，协调后续作战行动，"面对面"传达指挥官意图。这些会议跨越欧洲盟军最高司令到各军种各级部队指挥所，涵盖了战略、战役、战术指挥层次，大大压缩了正常的指挥控制过程，而且，能够更加准确地融合各级指挥员的观点，用美军的观点就是可以"减轻战争摩擦"，这种同步实时的信息交互，能够实现"平行制定作战计划而不是先后制订作战计划""能够缩短用于指挥与控制的时间"。

在海军与空军的跨军种联合指挥手段上，美海军依托的是海上指挥控制信息系统把盟军海上作战平台连成一个整体，并与联军空中作战中心进行有效的指令信息互通，保证美海军被纳入联合空中力量体系。对此，时任"罗斯福"号航母战斗群司令小威廉·科普兰是这样描述的："海湾战争中海军联合舰载机攻击行动存在互通协调问题，最近通信与信息技术的发展已使这个难题成为历史。""各个部门可以自由地、不断地共享信息。我们现在的联合 C_4I 系统使各级指挥层达到了联通，可以使作战行动协调一致，互不冲突，同步进行。"①

全面狂轰滥炸瓦解军心士气

第三阶段从 4 月 1 日开始至 4 月 29 日结束，北约对南联盟实施了第九轮至第三十七轮的空袭，主要是全面打击南联盟的各类目标，大幅度削弱南联盟维持战争的能力。打击的目标拓展到以下 5 类：一是南联盟的雷达阵地、导弹阵地、机场等防空设施和指挥控制系统；二是南联盟军队的军营、特种警察部队、坦克、火炮、装甲运输车等目标；三是通信站、公路、铁路、重要桥梁、炼油厂、油库、热电厂等重要基础设施；四是包括内政部、国防部、空军司令部、防空司令部直至总统府在内的重要政府机构和军事指挥机构；五是电台、电视台、电视转换塔等宣传设施。共出动各型战机近 1 万架次，平均每轮为 340 多架次。空袭行动开始后，北约建立了把打击目标的批准权交给军事指挥官的机制，随着第三阶段空袭强度增加，需要扩大打击很多政治敏感性目标，如贝尔格莱德市中心的目标、黑山共和国境内的目标，还有些可能造成巨大附带毁伤的目标，北约保留

---

① 美国海军《海军时报》，1999 年 5 月 24 日。

第八章 再逞巴尔干半岛：军种联合技术驱动(1991—1999)

由高层政治当局批准的权力，审查目标选定合法性，一些重要目标需要由欧洲盟军最高司令批准，一些敏感性更强的目标如南联盟内政部、国防部等，还需要美国国家最高指挥当局批准。

4月1日，北约展开第九轮空袭，所运用战机包括F-117A隐形战斗机、F-15、F-16、F-18战斗机、A-10攻击机、EA-6B电子干扰机、预警机等。本日，美军又增派13架F-117A隐形战斗机，美军参加空袭飞机总数达220架，其中F-117A战机24架。2日，第十轮空袭，目标集中在科索沃地区的南联盟军队，包括军营、电站、通讯塔等军用和民用设施。3日，第十一轮空袭，美军舰向南联盟内务部和塞尔维亚共和国内务部发射8枚巡航导弹，这也是首次轰炸南联盟首都目标，同时，还轰炸了位于科索沃的南联盟军指挥机构、军火库和军事设施，还轰炸了南联盟特种警察部队总部大楼、南联盟政府设施及高速公路桥、医疗中心及民宅等。在此轮空袭中，美军首次使用国际公约禁用的杀伤力极强的集束炸弹。4日，第十二轮空袭，北约轰炸了设在贝尔格莱德西北郊泽蒙的南斯拉夫空军总部和防空指挥部，对科索沃的佩奇、普里什蒂纳以及以南的格拉查尼察等地使用了集束炸弹，并开始重点打击南联盟军队的指挥机关和重要交通要道，摧毁南联盟的作战机器。另外，美军增派24架"阿帕奇"武装直升机赴阿尔巴尼亚参与对南军事行动，目的是进攻南联盟军队的坦克。同时，还部署地面部队2000人保护阿帕奇直升机的安全。5日，第十三轮空袭，天气转晴，北约空袭行动升级，在南全境发动最猛烈的轰炸，重点是轰炸贝尔格莱德和科索沃南部地区目标。南联盟空军总部及防空指挥部被炸。贝尔格莱德西北15公里处的苏尔钦机场被轰炸，贝市以南拉科维恰地区被轰炸，南联盟东南部的尼什市工业区的军事及民用目标和北部的诺维萨德被炸。普里什蒂纳东南方向弗拉涅地区两处军营、阿莱克西纳茨市居民区遭炸。贝市西北200公里的松博尔的多瑙河桥梁被炸。6日，第十四轮空袭，是北约飞机起飞密度最大的一次轰炸行动，同时，"罗斯福"号航空母舰编队在亚德里亚海就位，加入空袭行动。随后，北约的空袭更加猛烈，重点轰炸地区包括贝尔格莱德市、科索沃首府普里什蒂纳等，轰炸目标包括公路、铁路及机场跑道和油库、桥梁、电视台发射塔、军火库、军工厂以及通信设施等。参战飞机包括空军F-15、F-16等战机，海军陆战队的AV-8B攻击机，以及"罗斯福"号航空母舰上的F/A-18和F-14舰载机以及舰载"战斧"式巡航导弹。7日—10日，第十五轮至十八轮空袭，在南联盟单方面宣布在科索沃停火后，北约继续加强空袭行动，重点对南军地面装甲车辆、指挥机构等军事目标以及南邮政和电信总局实施轰炸，并开始轰炸南电视台、广播电台、汽车制造厂等民用设施。针对南联盟顽强不屈的抵抗，美国国防部长科恩批准再向北约增派82架飞机，包括空军反雷达的F-16C/J战机、海军6架EA-6B电子战飞机,以及 39 架 KC-135 加油机、2 架 KC-10 加油机,这使美军各军种飞机达到 480 架。

4 月 11 日,第十九轮空袭,由于复活节的缘故,北约减弱了轰炸强度,但仍摧毁了南联盟科索沃省的两处广播设施,摧毁科索沃首府普里什蒂纳多处炼油和储油设施。12—13 日,第二十轮至第二十一轮空袭,北约再度恢复了对南全境目标的轰炸,打击的重点是南联盟的工业基础设施,包括炼油厂、铁路大桥、热电厂、机器制造厂等,该日夜间,出动大量战机对贝尔格莱德、潘切沃、诺维萨德等 10 余个城市目标实施猛烈空中打击。14 日,第二十二轮空袭,北约的飞机继续对南联盟的发电厂、铁路桥和机械制造厂等民用工业设施实施轰炸,并有两次误伤阿族难民营。15 日晚至 16 日晚,北约发动第二十三轮至第二十四轮空袭,出动各型战机并使用巡航导弹对贝尔格莱德等 8 个城市进行狂轰滥炸,轰炸目标包括通讯基础设施、桥梁、电视发射台等,还轰炸了黑山共和国达尼洛夫格拉茨卡等城市的炼油厂、石油化工厂、公路桥和居民区。17 日凌晨,北约发动第二十五轮空袭,出动的战机主要有空军 F-15、F-16、F-117A 以及"罗斯福"号航空母舰上的舰载机,轰炸重点目标是贝尔格莱德西南部的瓦列沃和乌日策两城市。随后,又轰炸了斯特拉热维察山、潘切沃的化工厂和炼油厂、诺维萨德的炼油厂、乌日策等地的工业设施和居民区。18 日,第二十六轮空袭,贝尔格莱德等 6 座城市再次遭到北约飞机的狂轰滥炸,包括炼油厂、工业设施、居民区,以及南军的机场雷达站和防空导弹设施等。19 日,第二十七轮空袭,北约共出动战机 500 多架次,是至今为止日出动量最多的一天,主要轰炸目标有南联盟政府大楼、工业设施、生活设施和居民区等,连饮用水也遭到轰炸。20 日,北约进行第二十八轮空袭,摧毁了南联盟的"青蛙"地对地导弹的一个存放库,共攻击了 20 个目标,攻击了数个南军集结区、军火库、指挥部和机场。

针对持续高强度空袭,南联盟部队采取了充分利用山地密林等天然掩蔽物分散配置、频繁变换位置、广泛使用伪装和欺骗等战术,使美军和北约难以发现、定位和消灭作战目标。"联盟力量"行动开始后战场阴雨天气较多,70% 的时间里,云层密度大于 50%,跟踪发现地面移动目标更为困难。尤其是南联盟防空力量在很大部分时间里处于运动与隐蔽状态,这种战术增强了其生存能力,在防空力量运用上,南联盟还采取电子静默方式疏散、保存防空力量,寻机击落美军和北约飞机,南联盟防空力量的大部分兵力装备得以生存下来。在空袭行动中,美军和北约使用了多种支援兵器遂行防空压制行动,包括海军舰载 EA-6B、空军 EC-130H 电子战飞机以及 F-16CJ 防空压制飞机,这些电子战飞机为遂行打击任务的飞机提供保护。根据战况统计,截至 4 月 13 日,美军和北约总轰炸进入架

第八章　再逞巴尔干半岛：军种联合技术驱动（1991—1999）

次为 1687 次，只击中南联盟 103 个目标或目标群，其中 60 个是分散的防空目标和南联盟军队目标，其中有 56% 的目标只遭到中度毁伤，在被击中的 30 个防空目标中只有 5 个被摧毁，4 个遭严重破坏。

4 月 21 日，北约发动第二十九轮空袭，重点对贝尔格莱德等 12 个城镇进行轰炸，重点攻击目标是塞尔维亚社会党总部、政府大楼、电台、电视台和转换设施、桥梁以及其他军事设施。22 日，北约实施了第三十轮空袭，主要轰炸目标包括贝尔格莱德郊区的巴塔伊尼察机场、瓦列沃市的工业设施和居民区。另外，诺维萨德、科索沃首府普里什蒂纳、中部城市克拉列沃再次被炸。当夜，北约战机利用激光制导炸弹轰炸了南联盟总统米洛舍维奇的官邸。23 日，第三十一轮空袭，有 10 座城市被轰炸，主要轰炸目标包括电力设施、电台和电视台大楼、铁路桥等，其中，电力设施是开战以来新打击的目标，其目的是中断对南联盟军队指挥控制设施供电，同时，对南联盟人民施加心理压力。24 日，北约发动第三十二轮空袭，轰炸的重点目标是电力设施、交通线、机场、电视设施、工业区、居民区等。25 日，第三十三轮空袭，重点轰炸了贝尔格莱德等 4 座城市的电力设施、电视中转站及部分工业区。26 日，俄罗斯总统叶利钦与克林顿进行电话交谈，就可能采取的解决办法进行讨论，同时，北约发动第三十四轮空袭，参加空袭的战机包括 2 架从本土起飞的 B-2A 隐形战略轰炸机，轰炸目标是桥梁、油库、机场、工业设施等。27 日晚，在南联盟国庆节之际，北约发动第三十五轮空袭，轰炸目标包括南联盟社会党总部大楼、工业设施和机场等，贝尔格莱德、巴奇卡帕兰卡、乌日策等近 10 个城市工业设施和居民区遭到轰炸。28 日夜开始，北约发动第三十六轮空袭，重点目标是科索沃和贝尔格莱德地区，同时，还对米洛舍维奇的家乡进行轰炸。同日，美国防部下令再增派 10 架 B-52H 轰炸机和 30 架空中加油机。29 日傍晚，北约发动第三十七轮空袭，这是开战以来最猛烈的空袭，共出动战机 600 架次，南联盟国防部、陆军总部、警察大楼、两所军事院校和电视台遭到轰炸，另外，还有诺维萨德、黑山共和国首都波德戈里察等十几个城市被炸。30 日傍晚，北约发动第三十八轮轰炸，出动了 600 多架次战机，对南联盟境内重要目标进行全面轰炸。打击目标包括国防部大楼在内军事指挥系统、桥梁、通讯设施、机场和油料储存设施以及部队。本轮轰炸中，美空军的 F-15E 飞机首次投掷了重达 5000 磅的 GBU-28 型炸弹。这种炸弹可穿透混凝土和地面，然后在地下爆炸。至该日，北约对南联盟的攻击不断加强，已出动战机 11574 架次，其中 4423 架次为轰炸行动，日均出动战机约 310 架次。但是，据美国自己的军事分析家称，到目前为止，南联盟仍然保存有 90% 的坦克，75% 的现代化地空导弹综合系统，60% 的米格歼击机，80% 的军用仓库。由世界上最强大的、最富有的国家联合起来对一个孤立的小国家进行了 38 天的空袭，还没有达到目的。《纽约时报》为此发表了《此38天与彼38天》的评论,通过对比海湾战争空袭行动,对科索沃战争进行深刻评论。

鉴于长时间空袭未达成战略目的,4月23日至25日,北约举行了首脑会议。会议发表声明,强调要把对南联盟的战争进行到底。北约对南联盟的空袭进入第四阶段。第四阶段是从4月30日夜间发动的第三十八轮空袭开始,直到6月10日战争结束,强度空前加大,每天出去的飞机都超过了600架次,几乎是一周7天、一天24小时不停顿地对南联盟进行轰炸。5月1日晚,北约发动第三十九轮空袭,共轰炸南联盟70多个目标,其中31个为固定目标,包括南联盟7个地区的电视转播塔、无线电转播网络和部分桥梁等。此轮空袭中一架美军F-16C战机被击落。5月2日晚至3日上午,第四十轮空袭,北约出动飞机600架次。3日,北约发动第四十一轮空袭,再次出动600多架次战机,重点对塞尔维亚北部地区的电网、电视台大厦实施轰炸,而且,首次使用了专门对付电力系统的SUU-66B石墨炸弹。4日傍晚至5日白天,北约发动第四十二轮空袭,出动战机达到650架次。美空军、海军各型战斗机倾巢出动,对贝尔格莱德、乌日策和科索沃地区的南联盟部队,包括装甲车、炮兵、指挥中心、雷达站等实施更加猛烈的打击。5日晚间,北约发动第四十三轮空袭,对南联盟的军队、兵营、装甲车辆以及军队指挥中心进行轰炸。同时,美国防部宣布再增派176架飞机参加空袭。6日晚,北约发动第四十四轮空袭,由于天气原因实际只出动了500多架次,打击南联盟的24个目标,其中13个临时附加的机动目标。5月7日晚,北约发动第四十五轮空袭,出动飞机超过600架次。当晚11时45分,一架美国本土起飞的B-2A隐形战略轰炸机使用联合直接攻击弹药对中国驻南联盟大使馆进行攻击,美军"此地无银三百两"的暴行激起了全体中国人民的反美浪潮。8日北约发动第四十六轮空袭,出动飞机超过600架次,轰炸重点目标是南联盟的国防部、总参谋部及卫星通信天线、特种警察总部以及相关指挥设施、后勤设施。9日,北约发动第四十七轮空袭,出动各型飞机数百架次,同时还发射了巡航导弹。当日22时,南联盟军队和政治组织开始撤出科索沃,但北约宣称,北约将继续轰炸南联盟。当晚,北约空袭强度有所降低,出动各型飞机317架次,袭击了尼什市的机场、工业设施和居民区。10日晚,又发起了第四十八轮空袭,出动623架次,主要目标包括机场、火车站、化工厂、广播和电视转播站、桥梁、警察局、通信设施,以及科索沃地区隐藏的坦克、装甲车。当日美国防部长宣称,北约已经摧毁了南联盟100%的炼油能力,50%的军火生产能力和1/2到1/3的前线飞机。5月11日,北约发动第四十九轮空袭,共出动战机800多架次,这是开战以来最猛烈的一次轰炸。12白天至13日晚发动第五十轮和第五十一轮空袭,其中第五十轮共出动各型战机达900架次,760架次执行直接攻击任务,打击目标74个,包括

33个机动目标。截至5月13日，美军和北约总轰炸进入架次为6333次。按照美军的统计，南联盟飞机修理和维护能力下降70%，弹药生产能力下降2/3，半数以下的地对空雷达被破坏摧毁，驻科索沃的南联盟军遭重创。

14日，北约发动第五十二轮空袭，重点对科索沃地区进行了最猛烈的轰炸。15日晚至16日白天，北约发动第五十三轮空袭，造成多瑙河多处大桥被毁，航运被中断。此次空袭中，美军使用了集束炸弹和贫铀弹。16日晚至17日白天，第五十四轮空袭，由于天气状况不好，北约仅出动58架次飞机实施空袭，重点轰炸科索沃部分地区目标。连日来的不间断轰炸，也造成南联盟军队难以按计划从科索沃撤军。17日晚至18日白天，第五十五轮空袭，这次没有轰炸贝尔格莱德和科索沃城市，但对尼什等其他城市进行了狂轰滥炸。18日晚至19日白天，北约发动第五十六轮空袭，由于天气原因，仅出动425架次，重点轰炸了南联盟境内的主要交通要道和一些城市的油库、工厂。19日，北约发动第五十七轮空袭，主要轰炸目标有塞尔维亚地区的机场、电视转播站、电站、水厂、军事通信站以及部分军工厂，共出动446架次。20日傍晚，发动第五十八轮空袭，北约原计划出动1000架次，实际只出动了300架次，除了轰炸军事与后勤目标外，还轰炸了南联盟监狱。21日晚，第五十九轮空袭，出动飞机达684架次。22日晚，第六十轮空袭，重点对南联盟电力系统进行轰炸，造成塞尔维亚70%地区连续3天停电。23日傍晚，北约发动第六十一轮空袭，出动554架次，再次对电力系统等目标实施轰炸，使南联盟供电供水受到极大影响。24日晚，第六十二轮空袭，北约轰炸了塞尔维亚主要城市的电站，使塞尔维亚大部分地区处于停电状态。另外，还轰炸了塞尔维亚在科索沃的驻军阵地。25日晚，北约发动第六十三轮空袭，重点打击了在科索沃地区的南联盟军队，共出动650架次，其中，74架次进行压制防空任务。由于对供电供水系统的狂轰滥炸，塞尔维亚大部分地区处于连续停水停电状态。26日晚，北约发动第六十四轮空袭，出动强度再达到741架次。27日晚，北约发动第六十五轮空袭，出动飞机达到800架次，其中350架次执行直接打击任务，200架次执行压制防空任务，南联盟大量电力设施、电视转播设施和桥梁以及军事目标被毁。28日晚，北约发动第六十六轮空袭，共出动639架次，其中用于直接打击的有218架次，轰炸目标包括多座变电站。29日晚，发动第六十七轮空袭，共出动700架次飞机，轰炸目标包括热电厂、水电站、南联盟部队。新增派驻匈牙利的美海军F/A-18战机开始参加轰炸行动。30日晚，发动第六十八轮空袭，出动飞机约700架次。31日晚，发动第六十九轮空袭，共出动飞机772架次，再次轰炸变电设施，造成塞尔维亚大部分地区停电，同时，利用空军A-10攻击机向塞族武装部队阵地发动进攻。6月1日晚，发动第七十轮空袭，在气象条件不好的情况下，出动了575架次飞机，塞尔维亚地区的部分变电站、防空指挥中心、广播电视转播站等目标遭到摧毁性打击。6月2日晚，北约发动第七十一轮空袭，共出动644架次飞机，美空军A-10攻击机对"阿族解放军"地面进攻行动进行支援。3日，南联盟塞尔维亚共和国议会决定接受和平协议。随后，南联盟总统米洛舍维奇也表示全面接受这一协议。3日傍晚，北约仍然发动第七十二轮空袭，出动飞机610架次，对南联盟全境猛烈轰炸，打击军火库、油库、机场、部队营区和广播电视转播站等目标。

4日傍晚，第七十三轮空袭，北约出动535架次飞机重点打击塞尔维亚西部地区指挥控制中心、油库、弹药库等目标。当日，北约与南联盟军事代表会晤，商谈南军从科索沃撤军的实施步骤。5日傍晚，北约发动第七十四轮空袭，共出动431架次飞机重点打击科索沃地区。6日傍晚，北约发动第七十五轮空袭，重点轰炸科索沃地区的南军目标，利用B-52H对南联盟军队实施地毯式轰炸。7日傍晚，发动第七十六轮空袭，共出动658架次。8日傍晚发动第七十七轮空袭，出动523架次飞机，对科索沃地区南军实施打击。9日傍晚，北约发动第七十八轮空袭，出动飞机443架次，再次对科索沃地区南联盟军队实施轰炸。10日下午3时，北约秘书长索拉纳正式宣布，已证实南联盟开始从科索沃撤军，暂停空袭作战。

在历时78天的高强度空袭中，美军参加空袭的兵力囊括五大军种的空中力量。至战争结束时，美空军作战飞机包括B-52H、B-1B、B-2A、F-15C/E、F-16C/J、F-117A、A-10/OA-10，共252架；海军和海军陆战队作战飞机F/A-18、F-14B、AV-6B，共84架；侦察监视、预警指挥以及电子干扰等各型支援飞机200余架。总计各型固定翼飞机536架，另外，还有陆军武装直升机100架。共

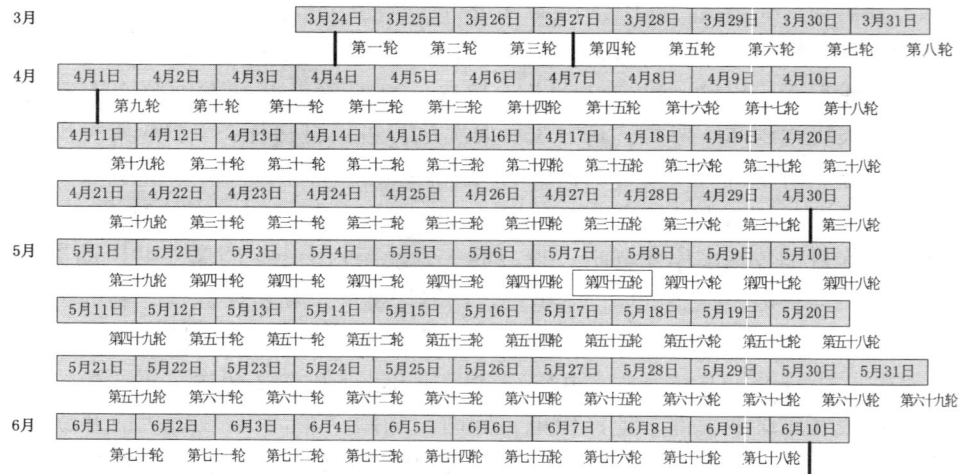

美军及北约空袭日期与轮次对照表

发射巡航导弹 900 枚，其中，空基巡航导弹 100 枚，海基巡航导弹 800 枚。美军和北约共出动航空兵 35000 架次，其中，海军航空兵出动 8000 架次，美军占了其中绝大多数出动架次。空袭强度采取了由低到高的模式，基本上每天一个空袭轮次，共计七十八轮空袭，平均每轮出动 450 架次，其中，战争开始第一阶段平均每轮出动 200 架次，第四阶段的 40 天内平均每轮出动 500 架次以上，单日最高出动强度为 5 月 12 日的 900 架次。美军和北约共发射了 23000 枚导弹和炸弹，其中海军"战斧"式巡航导弹 800 枚，空军空射巡航导弹 100 余枚，精确制导弹药约占 70%。相比之下，海湾战争所使用的空袭弹药中仅有 8% 是精确制导弹药，像美军战后总结的"我们通过有史以来最为精确地使用空中力量而达成了我们的目的"。值得注意的是，战争中，美军大量使用了无人驾驶飞机用于情报侦察和引导打击，大大提升了在危险地域侦察监视目标的安全性和能力，增强了部队信息优势，主要使用的有 3 种战术无人驾驶飞机系统，包括空军的"捕食者"、陆军的"猎人"和海军的"先锋"无人驾驶飞机，美空军"捕食者"和陆军"猎人"无人驾驶飞机共出动 2000 小时，其中，"猎人"出动约 900 小时，这还不包括其它盟国无人机的出动时间，无人机总出动时间至少是海湾战争的两倍。

在空袭目标上，第一阶段，重点轰炸南联盟军队的防空系统与指挥控制系统；第二阶段，在继续轰炸防空系统与指挥控制系统的同时，加强对南联盟军队有生力量的打击；第三阶段轰炸强度增大，对南联盟军事目标和国民经济目标、民用目标进行全面打击，并且，由南联盟南部地区扩展到全境；第四阶段是继续加大力度对南联盟境内军事、经济、民生目标实施全面空袭，目的是通过不加限制的狂轰滥炸，严重破坏南联盟军事能力以及人文、经济和生态状况，使南联盟

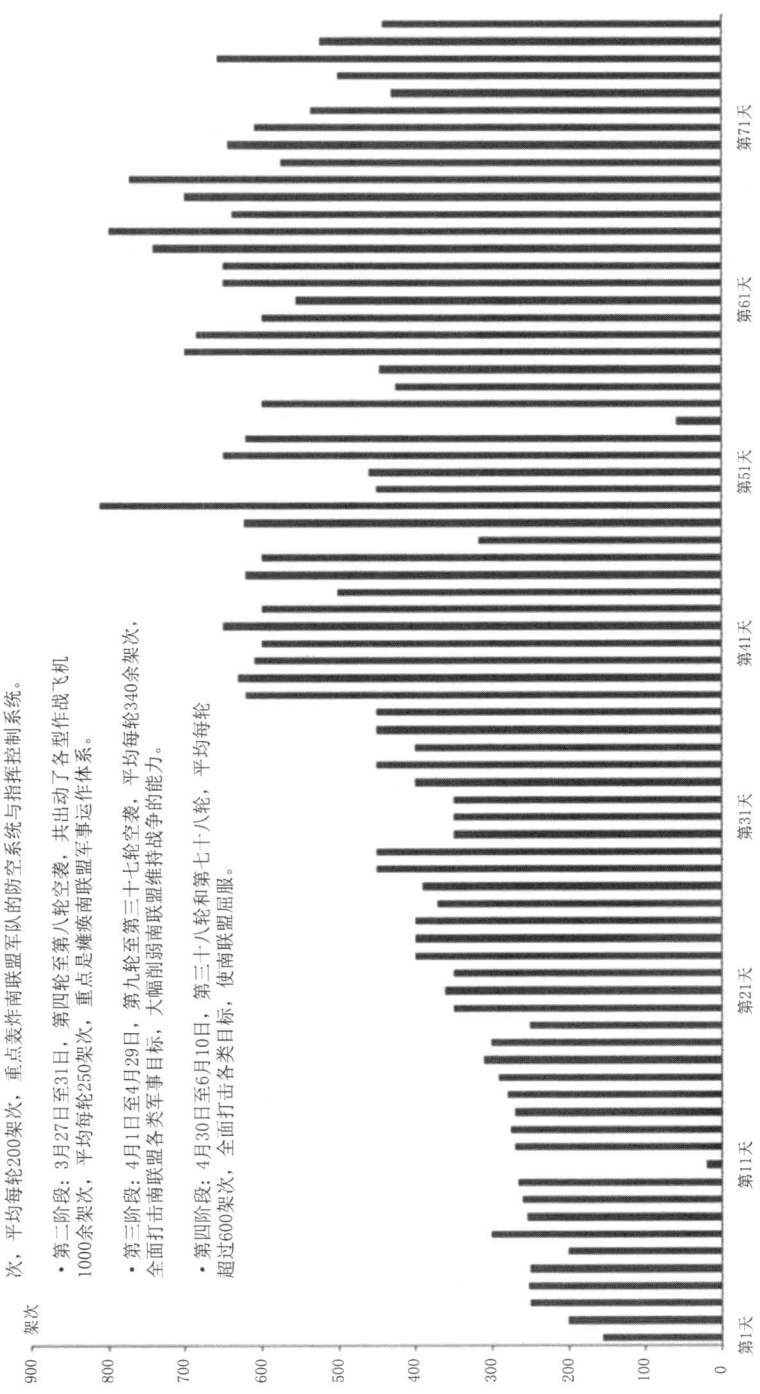

政府与人民屈服。据统计，至战争结束时，南联盟第一线战斗机MG-29有85%被击毁，MG-21被摧毁35%，萨姆-3导弹营被摧毁70%，萨姆-2导弹营被摧毁66%，萨姆-6导弹连被摧毁10%，仅保留少部分机动防空力量，基本丧失制空权；国家指挥控制系统的运作能力受到削弱，45%的电视广播能力遭到功能性破坏，军用和民用无线电中继网络30%以上遭到中度破坏；地面部队40%的重型装备及设施被摧毁；南联盟全国交通线遭到中度破坏，国内70%的公路被瘫毁、50%铁路桥被瘫毁，通往科索沃的铁路100%被切断、公路50%被切断；塞尔维亚所有大型电厂供电能力下降，35%的地区供电中断，贝尔格莱德大部分市区没有电，一半以上的国防工业设施遭到破坏或摧毁。根据战后统计，美军和北约打击南联盟部队机动目标总计约2155个，被证实击中的仅974个，不到50%①。美军在战后总结反复强调的一条经验教训就是"美国的现代化航空兵与导弹力量能够迅速击败空中的敌人，然而，它却不能迅速有效地发现和摧毁处于守势的、疏散配置的、隐蔽得很好的敌人空军部队，敌人使用比较简单的不对称作战技术，限制我们在改进目标定位和打击力度方面所产生的影响"②。

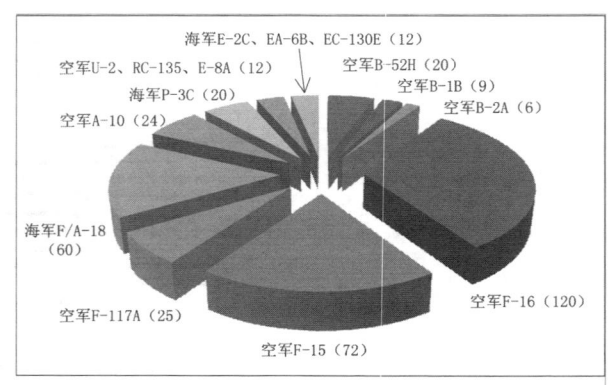

参与空袭的美各军种作战飞机数量占比

空袭南联盟目标统计

固定目标：
- 11座铁路桥；
- 34座公路桥；
- 29%南联盟弹药库；
- 57%石油储备设施；
- 南联盟所有炼油厂；
- 100多架飞机；
- 10个军用机场。

移动目标：
- 坦克181辆；
- 装甲人员输送车317辆；
- 军用车辆800辆；
- 火炮/迫击炮857个。

在整个空袭作战中也暴露出美军在军种联合上依然存在的短板不足。首先，联合决策机制依然不畅。由于美军与北约军事集团两条指挥链是临时融

---

① 《科索沃战争——美国国防部关于联盟力量行动的战后审查报告》（上），军事科学出版社2000年版，第127页。

② 《科索沃战争——美国国防部关于联盟力量行动的战后审查报告》（中），军事科学出版社2000年版，第164页。

合一体的，造成联合决策程序太复杂。北约军队主管政治的军官太多，体系过于庞杂，使技术装备难以充分发挥效率。例如，担任对地面活动目标进行监视的E-8C"联合星"飞机无法将看到的目标，用以指引攻击机实施攻击，原因是得到批准的时间过长。其次，联合作战体系手段不完善。联军空中作战中心的空中任务指令还不能将陆军武装直升机的作战行动纳入体系运用。各军种作战平台还没有完全建立互通互联的战术数据网，还不能实现传感器与武器之间的实时数据交换和精确目标信息处理，建立功能完善的通用战术图像。例如，E-8C联合监视目标攻击雷达系统飞机不能直接将地面机动目标信息传输给空中作战平台，移动目标打击链路还不畅。另外，无人机在跨军种支援的战术、技术与程序方面还需要进一步改进。其三，联合作战体系基础网络互通性不够。各军种之间以及与北约盟军之间网络互通性还不通畅，缺乏端到端的快速数据传输链接。战区内建了一个联合数据网络，但该网络是由互不相干的战术数字系统组成，其传输系统和电文格式又各不相同，只好通过烟囱式的垂直系统传输信息。

本 章 小 结

  科索沃战争是一次以美军为主导的北约军事集团的联军联合作战，从战争性质上讲是一次以大欺小的侵略战争，从军种联合来看，既有军种联合问题，也有多国联军问题，无论是联合还是联军，其本质思想依然是整合不同军兵种力量形成合力。此战中，美军和北约军队完全依仗先进空中力量对南联盟狂轰滥炸达成战争目的，而自身实现零伤亡，彻底贯彻了其"非接触作战"思想。可以说，经过海湾战争后的建设发展，美军军种联合水平又上升到了一个新的高度，表现在军种联合开始有了联合作战条令和理论的指导，军种联合作战样式花样翻新，并且，美军联合作战理论也开始与信息化战争理论相结合，信息化武器装备和C_4ISR系统成为驱动其军种联合发展的新动力。

  随着各军种单个武器装备平台作战能力和信息化程度的提高，以及各军种联合作战理论的发展，军种联合由域的联合走向平台的联合。此战中，参加空袭的作战飞机来自美空军、海军、海军陆战队的固定翼飞机，以及陆军的武装直升机，还有北约联军各类作战飞机。每个军种都有空中力量，空袭作战本身就是跨军种的联合行动，军种控制传统作战空间域的观念已经被突破，取而代之的是超越军种的平台级的联合。如果说军种基于域的联合是战略战役级联合，而基于平台的联合则是战术级联合，这是美军军种联合发展的一个新阶段，其军种联合开始超越空间域的局限，向更精确、更深层次发展。

  各军种的空中力量在使用时依靠联合空中作战中心统一分配打击目标，统一

第八章 再逞巴尔干半岛：军种联合技术驱动（1991—1999）

计划作战平台，统一规划飞行航线，统一实施控制协调。联合作战指挥权的战略、战役、战术界面越来越清晰，目标选择程序逐步理顺，并且有越来越向下放权的趋势。作为战区军种层面的联合空中作战中心具体负责整个空袭目标选择和空中任务指令制定，包括"战斧"式巡航导弹打击计划制定。该中心依托新投入使用的初期联合空战中心能力系统，能够将陆基和舰载预警机等空中平台与北约盟国地面雷达数据融合，形成广阔的空中态势图，统一计划各军种空中力量和巡航导弹的使用，并通过综合数据传输系统向各军种下达任务指令，空中任务指令分配再次发挥重要作用，且指挥控制效率更高。

美军军种联合走向深度联合依靠的是信息技术驱动，依靠单个作战平台的信息化作战能力。美军在海湾战争后就已经开始认识到，联合作战不仅仅是要解决联合作战体制的问题，而最关键的还要在联合手段与技术上下功夫。这次战争中可利用的频带宽度几乎是海湾战争的两倍，而海湾战争中投入的兵力要比这次多得多。无人驾驶飞机作为一种遥控操作的情报、监视与侦察平台，在战争中得到了前所未有的使用，具体任务是一般监视与侦察、实时目标跟踪定位，还包括跨军种引导其他情报、监视与侦察系统。

此战中，美军也暴露出许多在军种联合手段机制上的问题，包括联合决策程序太复杂阻碍了装备技术优势发挥，各军种作战平台没有完全实现互通互联，联军协同作战的通用性不够。另外，由于南联盟多山、多丛林复杂地形地貌和灵活机动的"游击战术"，使美军的联合空袭效果大打折扣，到战争结束时，南联盟武装力量高层仍保证了对部队的指挥，保存了70%~80%的战争潜力，保持了抗击侵略者的斗志。

第九章 "持久自由"行动：军种联合走向深入（1999—2001）

2001年9月11日美国遭遇严重恐怖袭击事件，美国政府以抓捕"基地"组织头目拉登和打击为其提供保护的塔利班政权为由发动阿富汗战争。此战是美国主导的又一场大规模联合作战、一场针对恐怖主义的复仇之战。由于阿富汗地处中亚内陆、山地险峻、气候干旱，塔利班和"基地"组织战略战役目标少、战术目标分散隐蔽且流动性强，美军灵活编组联合特遣力量，将特种作战与常规空地打击一体运用，促进美军军种联合向更精确、更快速方向深入发展。

谋求联合作战体系创新

美军和北约联军在科索沃战争中以大量高技术武器的空袭达成了既定战争目的。但是，美军认识到，他们高估了自己的能力，低估了南联盟的军事潜力，战争持续时间超出意料地比海湾战争多了一倍，对南联盟军队的空袭效果也比预计的差很多，特别是难以应对南联盟部队依托地形疏散隐蔽、频繁变换位置的移动目标。战后，美军进入又一轮反思与总结，使军种联合的建设发展进入快车道。在蓬勃兴起的"网络中心战"理论牵引下，美军再次出台《2020联合构想》，加强C_4ISR系统一体化建设，大力发展和装备无人机，积极构建基于无人机作战平台的快速杀伤链，侦察情报系统以及各军种作战平台由松散连接的点延伸到有机一体的链路，核心就是通过技术手段发展谋求联合作战体系的创新。到阿富汗战争爆发前，尽管与科索沃战争时隔仅三年时间，但是美军联合作战体系及能力又向前迈进了一步，军种联合走向更加精确、更加快速。

对于美军来讲，1998年美海军提出的"网络中心战"理论似乎是找到了一把破解信息技术支撑下作战能力生成的"金钥匙"，它本质上是借用了商业领域成功的网络中心经验，阐明战争中军队为什么要联成网络、要联成什么样的网络以及如何更有效地发挥网络潜能的机理。随后，"网络中心战"得到美国防部和军种部队的广泛关注，陆军、空军、海军陆战队纷纷效仿提出本军种的"网络中心战"理论。陆军在《陆军构想》文件中强调"依赖将所有网络化的、地理位置分散的作战要素连接在一起,通过同步行动有效改善对共享作战空间的理解和提高战斗效能"。空军强调"充分利用空中、太空和信息域的专门技术,来实现网络化之前难以企及的信息优势效果"。海军陆战队强调未来要为联合司令部提供一支"灵活多变、网络化程度高的强大快速反应部队"。2001 年 7 月,美国国防部向国会提交《网络中心战》报告,表明美军高层官方正式接受了"网络中心战"理论。

2000 年 5 月,美参联会又迫不及待地颁布了《2020 年联合构想》,这与此前出台的《2010 年联合构想》仅相隔 4 年。美军之所以急于提出《2020 年联合构想》,其一,从政治上讲,反映出科索沃战争胜利后美军急于打造世界上无以敌的超一流部队,以支撑其全球霸权地位。美军认为,这是他们"不断变革"、"富有创新"的必然要求,只有不断变革、创新,才能保证美军"在所有军事行动中都能占据主导地位"、"打赢国家的战争"。其二,科索沃战争让美军看到自身存在的种种短板弱项,需要新的联合作战理论为其指引方向。例如,科索沃战争中,南联盟部队依托巴尔干半岛多山地、多森林的特点,灵活地隐真示假、机动作战,有效保存了实力。美军需要打击临机发现的时间敏感目标,而美军当前的联合作战体系反应速度并不能有效应对这一威胁。按照美军统计,科索沃战争中美军出动飞机数量和空袭天数为海湾战争 2 倍,实际摧毁南联盟军队 93 辆坦克、153 辆装甲车辆等机动目标,而南联盟军队共有坦克 181 辆、装甲车辆 317 辆,摧毁率分别为 51%、48%。美军对这一战果并不满足,所以,要"为获得新能力而进行变革","在 2020 年比今天行动得更迅速、杀伤力更强、打击更精确"①。其三,《2020 年联合构想》是对《2010 年联合构想》的继承和发展。《2010 年联合构想》重点是提出了联合作战重要性的问题,提出了信息优势、一体化等技术进步对美军的意义,这些理论仅仅停留在认识层面,而《2020 年联合构想》则依据刚刚兴起的"网络中心战"理论,从作战机理上进一步阐明如何来实现这些技术进步,因而具有实践指导价值。例如,新构想中把一体化与联合作战关联起来,认为"各军种的核心能力实现一体化对联合部队至关重要","为了在 2020 年建立一支最有效的力量,我们必须完全联合,即在思想上、行动上、体制编制上、理论上和技术上实现联合"。这反映出美军开始认识到联合作战体系建设是一个多领域的协同发展过程。在新构想中,美军还把信息优势提高到新的高度,阐明了什么是信息优势、如何实现信息优势,指出了"信息优势只有在其有效转化为知识优势和决策优势时才能给联合部队带来竞争优势",而实现信息优势这一目

---

① 军事科学院外国军事研究部译:《备战 2020——美军 21 世纪初构想》,军事科学出版社 2001 年版,第 186 页。

标，需要"以网络为中心"，把信息优势理论与"网络中心战"理论结合起来。另外，新构想还专门提出了"互通性"要求，这是科索沃战争中美军信息系统暴露的问题，指出"互通性是 2020 年联合部队的必要条件，尤其在通信、联勤项目和信息共享等方面更是如此"，并强调美军下一步的主要任务是"完善联合条令和推动通用技术和程序的进步"①。《2020 年联合构想》使美军的联合作战理论发生了一个质的飞跃，那就是，把联合作战与信息化、网络化、一体化有机结合，并将联合作战体系建设推向科学化、工程化的道路。

在科索沃战争中，美军通过大量地使用信息化装备，几乎在单向透明的状态下对南联盟军队进行了一边倒的连续高强度空袭行动。但是，在战后总结中，美军也看到了各军种的作战平台还不能完全互通互联。特别是，2000 年美参联会颁布的《2020 年联合构想》明确提出"各军种的核心能力实现一体化对联合部队至关重要，充分调动'总体力量'的潜能将扩大指挥官选择的余地，也将使我们对手的反应方案复杂化"②，这是美军首次提出一体化的概念。为了实现"把各军种的能力合为一体"的目标，构想还提出必须"从根本上提高互通性的档次"，结合此前各军种提出的网络中心战思想，美军展开一体化 C_4ISR 系统工作，以促进军种联合的深化发展。

美军一体化 C_4ISR 系统工作的基本路线是根据"2010/2020 年联合构想"提出的理论概念和目标要求，以实现部队"网络中心战"能力为突破，在构建先进的全球信息栅格（GIG）和战区信息栅格等信息基础结构的前提下，加强一体化 C_4ISR 和全球指挥控制系统（GCCS）的建设。其中，全球信息栅格（GIG）是美军在 1999 年提出的一个新概念，它是"信息系统设施及其能力、各种程序和相关过程以及人员和规范要求在全球范围内互连、端对端的集合体"③。美军认为，全球信息栅格是实现一体化 C_4ISR 和网络中心战能力的基石。美军助理国防部长和信息办公室主任牵头开展"指挥与控制研究计划 CCRP"，重点研究网络中心战和全球信息栅格新概念的理论基础知识、学术观点创新、技术途径方法、战术运用设想和组织机制改革等内容。这些理论研究成为网络中心战概念与技术实现的桥梁。在 CCRP 研究计划之下，美军又主要从三个方面开展一体化工作。一是 C_4ISR 体系结构框架的研究。美国防部 C_4ISR 体系结构工作组出台《C_4ISR 体系结构

---

① 军事科学院外国军事研究部译：《备战 2020——美军 21 世纪初构想》，军事科学出版社 2001 年版，第 194 页。

② 军事科学院外国军事研究部译：《备战 2020——美军 21 世纪初构想》，军事科学出版社 2001 年版，第 194 页。

③ 朱林等：《信息化之路的启示》，军事科学出版社 2004 年版，第 22 页。

框架 2.0 版》，在前一版的基础上，重点对各军种通用体系结构、信息系统互通互操作能力等级水平以及多国部队通用性等进行了规范，这项工作旨在从体系结构上解决 C_4ISR 一体化和互操作问题。二是全球信息栅格的设计研究。包括出台了《全球信息栅格体系结构框架》，提出了全球信息栅格的三阶段发展规划。三是全球指挥控制系统（GCCS）项目计划。美军典型的战略指挥控制系统是 1962 年开始建设的全球军事指挥控制系统（WWMCCS），分为战略、战区和战术三级，由于建设周期长、缺乏统筹规划，存在纵向指挥层次过多，军种横向互连互通严重不足等问题，尤其不适应中低级别联合作战指挥需求。全球指挥控制系统项目计划就是对既有的旧系统进行一体化改造，包括制定系统标准、作战政策和条令，使各军种在一定程度上实现数据、话音、图像、报文和视频系统的互通；将国家军事指挥中心和各军种 C_4ISR 系统连通；使所有指挥、控制、通信、计算机系统和情报网之间最大程度互通，最终完成一体化工作。美军 GCCS 一体化工作实际上自 1992 年就已经开始，1996 年 8 月开始投入使用，科索沃战争就已经初显身手，之后，又连续进行系统软件升级，一体化指挥控制功能不断完善，大大提高美国防部指挥控制能力。

杀伤链是在一体化 C_4ISR 发展的基础上，结合网络中心战作战概念而发展起来的。杀伤链的概念由美国国防部先期研究计划局于 2001 年提出，用英文表示就是 $C_4KISR = C_4ISR + Kill$，它的含义就是"将杀伤能力嵌入传统的 C_4ISR 系统之中，实现侦察/监视-决策-杀伤-战损评估过程的一体化"。杀伤链也是 C_4ISR 一体化发展的必然要求，最终目标是实现"信息系统武器化"和"武器系统信息化"。美军最早在 1997 年就开始有了杀伤链的思想萌芽。当时美空军参谋长罗纳德·福格尔曼在国会发言中说："二十一世纪的前 25 年，我们将能够近实时地发现、锁定或跟踪并瞄准在地球表面移动或部署的任何重要物体。"随后，在科索沃战争中美军就进行了相应试验工作。《2020 年联合构想》为美军联合作战转型设定了目标"要使我们的军队在 2020 年比今天行动得更迅速、杀伤力更强、打击更精确，我们就必须继续给予投入并发展新的军事能力"[①]。网络中心战作为实现《2020 年联合构想》的主要途径，已经开始建立杀伤链的思想。例如，2001 年 7 月美国防部向国会呈交的关于网络中心战的报告，在第二章关于国防部转型中提出"网络中心战的概念与能力将传感器、指挥控制及射手通过网络有效地连接起来，在整个作战空间实施精确攻击"，并强调"这种联合将是跨军种，并将在适

---

① 军事科学院外国军事研究部译：《备战 2020——美军 21 世纪初构想》，军事科学出版社 2001 年版，第 186 页。

当时集成多国和跨部门伙伴的可用能力"。① 也就是说，要将跨军种的侦察探测、指挥控制和作战平台铰链在一起，一切作战行动，始于、终于ISR，谋于、源于指挥控制中心，成于、败于射手。因此，杀伤链将军种联合层次进一步向战术作战平台末端发展，这是军种更深度的融合。

无人机是构成杀伤链的第一环，解决目标发现、识别、跟踪和指示问题。科索沃战争中美空军少量"捕食者"无人机已经安装激光指示器用于引导轰炸机的对地攻击行动。战后，在美国防部的呼吁下，"捕食者"无人机进行了一系列功能改造升级，2001年3月，更换大推力发动机，能够携带340公斤负载。2002年6月正式携带"地狱火"导弹，从侦察无人机发展为多任务型无人机，还装配了多频谱瞄准系统，采用增强型热成像器、高分辨率彩色电视摄像机、激光照射器等。2003年春天还试验了用海军P-3C反潜机直接控制"捕食者"无人机。另外，还进行了"从无人机向战斗机传送图像"的试验，包括"捕食者"无人机直接向AC-130提供图像功能。美空军装备了最新型的"全球鹰"RQ-4无人机，该型无人机在1998年2月就完成了首飞，2000年6月小批量开始在美空军服役，强劲的动力使其可负载900公斤，巡航速度635公里/小时，飞行高度18000米，最大航程更是达到26000公里，而且，具备了更强的战略侦察能力，并通过中继卫星和地面站高速回传数位影像，不仅可以引导空军对地轰炸，而且，还可以用作更广泛的战略侦察行动，提前发现全球各地的危机和冲突。此后，海军也开始小批量装备"全球鹰"无人机，用于海上战略性侦察。

杀伤链的最核心支撑是数据链，美军主要是依托在各军种逐步批量安装的Link16链，采取跨军种、临机动态组网方式将传感器、指挥控制中心和武器平台及其弹药和人员形成一个无缝隙的组织结构。美军杀伤链在科索沃战争中就已经首次实战运行，但由于其Link16数据链只装在了F-15E等少数几种飞机上，改装数量也不够，杀伤链还未实现完全无缝链接。例如，传感器网络传输有三个层级：无人机—在英国和美国的情报单位—在意大利维琴察的联合空中作战中心；指挥控制中心网络传输有四个层级：联合空中作战中心—E-3飞机—空中前沿空军控制员飞机—作战攻击飞机，无论是情报信息的处理，还是指令信息的下达都存在较大缝隙和较长的时差。在阿富汗战争前和战争期间，美军反思了前期的经验教训，加强了杀伤链网络的机动和实时响应能力，提出了四个基本能力目标：预测感知能力、敏捷应变能力、全球响应能力、持续运行能力，具体在几个方面加强建设，包括：各军种传感器互连成网络并同步信息处理；持续不间断地为攻

---

① 杨晖译审：《网络中心战》，军事谊文出版社2009年版，第20页。

击平台提供支援的 ISR 系统；保障动态指挥控制能力；端到端以及情报到作战平台的综合一体化等。

以上就是阿富汗战争爆发前，美军在《2020 联合构想》和"网络中心战"理论指导下，推进联合作战体系创新建设的主要工作，重点是开展了 C_4ISR 的一体化建设、研制装备了大量无人机，提出了杀伤链的概念并推进该概念的实现，这些技术发展使各军种力量进一步融合，为实现更精确、更快速的联合奠定基础。另外，阿富汗战争是一场以特种作战为典型特征的联合作战，我们不妨再赘述一下美军特种作战发展情况。

自二十世纪 60 年代，美军各军种就相继建立特种作战部队，并在越战中展开"特种战争"，让这些特殊部队小试牛刀。但是，在越南战争中，特种作战部队与其它常规部队协调得并不好，也一直制约着特种作战效能发挥。在美军以不光彩的撤军结束越战后，美军特种作战部队的能力一直处于下降状态。80 年代初，在伊朗人质事件中，美军发动代号为"鹰爪"行动的跨军种联合营救行动，遭到狼狈不堪的失败。美军总结其原因，认为指挥控制混乱以及特种部队之间缺少相互协调是任务失败的主要因素，为此，在 1980 年 12 月成立了专门负责特种作战的联合特种作战司令部（JSOC），位于北卡罗来纳州布拉格堡的波普空军基地，下辖"三角洲部队"、海豹六队等单位。《戈德华特-尼科尔斯国防部重构法案》出台后，美军正式确立军令政令分离型的联合作战体制，着眼构建完善联合作战司令部，其中也进一步完善了特种作战司令部体系。1987 年 4 月，里根总统批准建立了美国特种作战司令部（USSOCOM），总部设在佛罗里达州的麦克迪尔空军基地。该司令部负责发展关于特种作战部队的相关学术、战术、技术和制度，训练相关部队并确保其装备使用的协调能力，监督特种作战部队对统一命令的执行力。特种作战司令部是一个对美各军种特种作战部队具有指挥权的战建一体的一级联合司令部，它的建立有利于各军种特种部队能力的有序发展，也有利于各军种特种作战部队的协调行动。在这期间，各军种特种作战司令部相继建立，包括海军特种作战司令部，部署于圣迭戈的科罗拉多海军两栖基地，下辖海豹突击队等单位；陆军特种作战司令部，部署于布拉格堡，下辖第 75 游骑兵团、"绿色贝雷帽"特种部队等单位；空军特种作战司令部，部署于佛罗里达州赫尔伯特空军基地，下辖第 23 航空队。而海军陆战队特种作战司令部直到 2005 年 10 月才被批准建立，位于北卡罗来纳州的勒琼营地，下辖海军陆战队特种作战团等单位。80 年代初成立的联合特种作战司令部（JSOC）隶属于美军特种作战司令部（USSOCOM）。特种作战司令部成立不久，1987 年 9 月，美军在波斯湾展开针对伊朗人的"坚定意志"行动，该司令部第一次协调指挥各军种特种部队，海军海豹突击队和陆军第 160 特种航空团默契配合顺利完成行动。随后，在入侵巴拿马行动、海湾战争、索马里危机等行动中，美军特种作战部队都有不凡表现，在联合作战中有力地支援了其他常规部队的作战。到阿富汗战争之前，美军特种作战部队已经建成组织体系顺畅、力量与装备技术配套完善，并且训练有素、有丰富实战经验的重要力量。例如，美空军特种作战部队拥有6个特种作战联队、1个特种作战大队、1个特种作战空战中心，装备多型飞机和专业兵种，可支援其他军种特种部队作战，并且能够与其他军种部队混编协同作战，在作战中，可以向其它军种部队派出战斗管制员、战术航空引导员、特种作战气象技术员以及伞降搜救员等，成为空地联合行动中的不可或缺的关键要素。同样，海军特种力量也可以灵活地与空军、陆军的飞机协同完成任务。在实际运用中，美军特种作战司令部（USSOCOM）能够指挥多种隐秘行动任务，例如直接行动、特种侦察、反恐、国家内外防御、非常规战争、心理战、民事行动及打击毒品行动，每一项行动分支都有对应的专门特种作战司令部（SOC）负责，彼此互不干扰。只有当不同的特种作战司令部（SOC）需要联合行动时，美军特种作战司令部（USSOCOM）才会代替各自分支SOC，成为联合作战司令部。

"9·11"事件与反恐战争部署

2001年9月11日，一伙极端恐怖分子劫持了数架美国客机后，接连撞向美国纽约世贸中心和华盛顿五角大楼等重要建筑，造成世贸中心双子塔大楼垮塌，五角大楼部分被毁，3000多个无辜民众丧失生命以及数千亿美元的损失，对美国在全球威望的打击也是巨大的。恐怖袭击后，美国政府很快认定恐怖袭击是以本·拉登为首的"基地"组织所为。然而，拉登是沙特阿拉伯人，参与袭击的恐怖分子一大半是沙特人，沙特又是美国的准盟友。当小布什总统举起复仇的铁锤时，发现不知道该打谁？思来想去，只有容留"基地"组织的阿富汗塔利班政府，才是合适的打击对象。综合来看，美国之所以选择阿富汗作为报复对象大抵有几点原因：其一，从"基地"组织的建立来看，"基地"组织就是在苏联入侵阿富汗时建立起来的，主要的骨干分子和据点都在阿富汗；其二，阿富汗的塔利班政权奉行原教旨主义，采取政教合一的神权统治，在西方国家声誉不是很好，打击阿富汗可以得到西方的支持，要知道美国发动战争总是拉上盟友一起上阵；其三，阿富汗是个贫瘠小国，打阿富汗不用付出太多代价；最后，从国际格局看，打阿富汗还有利于乘势染指中亚。因此，事件后美国政府的第一反应就是要求阿富汗塔利班政权交出凶手，美国防部也开始制定针对阿富汗的作战方案。14日，总统布什宣布全国进入紧急状态。美参众两院先后通过布什对恐怖袭击使用"所有必要和合适的武力"的决议。9月18日，美国防部长拉姆斯菲尔德签署了"正义

第九章 "持久自由"行动：军种联合走向深入(1999—2001)

无限"行动命令，以美国为首的多国部队开始展开作战部署。

复仇式的兵力集结速度超乎寻常的快。美军在部署命令下达前的15日，部分美空军飞机和海军舰艇就先期向阿拉伯海机动。17日，美、英、法多艘战舰和数架战机就已经机动至海湾水域。23日，美空军就已向海湾地区投送F-16、F-15战斗机和B-1B战略轰炸机以及空中加油机、作战支援飞机共100余架。至10月1日，距离恐怖袭击仅20天，以美国为首的多国部队就已基本在阿富汗周边完成作战部署。至10月6日，美国及其盟友已在阿富汗附近地区及海域集中了45000余人的部队，包括"企业"号、"卡尔·文森"号、"罗斯福"号3个航母编队和"佩莱利乌"号两栖编队在内的30余艘作战舰艇，约500架各型飞机，从四个方向形成了对阿富汗的包围态势，充分地反映了《2020年联合构想》提出的主宰机动的作战原则，也就是"以无与伦比的速度和灵活性来部署或重新部署其规模适当和疏开配置的部队"①。

就敌情分析看，阿富汗这边的作战能力几乎处于半原始状态，以奥马尔为总司令的塔利班武装力量，总兵力约7万人，武器装备以轻武器为主，另装备有少量T-62、T-54等老旧坦克、步战车以及各类火炮，空军装备有苏-22等老旧飞机约200架。而"基地"组织在阿富汗境内分布约有55个据点，下辖1.3万余人，擅长游击战，地面作战技能比塔利班要强悍些。相比之下，美军以及多国部队占有绝对的优势，但在地面交战中会面临弱势对手的不对称威胁。

"正义无限"行动由中央司令部全权负责筹划组织。实际上，在"9·11"事件爆发前，中央司令部就已经开始搜集阿富汗目标情报，因为进入90年代后，"基地"组织和塔利班开始与美国交恶，阿富汗已经被纳入美军在中东的作战对象之一，早期中央司令部针对阿富汗的打击设想是利用巡航导弹和空袭的方式。"9·11"恐怖袭击发生后第二天，中央司令部司令弗兰克斯就在麦克迪尔空军基地召集参谋人员筹划打击阿富汗的军事方案。按照总统布什的指示，此次复仇行动不应是象征性的空袭，而是大军压境、长驱直入的地面作战。弗兰克斯据此提出了四种打击方案：一是发动"战斧"式巡航导弹打击；二是利用B-2A隐形战略轰炸机打击；三是特种作战部队；四是部署美国常规地面部队。前三种打击方案同步实施，随后实施常规地面作战。打击阿富汗不同于打击伊拉克和打击南联盟，弗兰克斯还考虑到这里有极特殊的高山地形、恶劣的气象条件，数量众多、善出奇兵的游击武装，这是世界上最原始的一个战场，仅用导弹和空袭非接触作战很难奏效，使用地面作战不能投入大量的美国部队，防止重蹈苏联在阿富汗损兵折将

---

① 军事科学院外国军事研究部译：《备战2020——美军21世纪初构想》，军事科学出版社2001年版，第197页。

的覆辙。弗兰克斯的作战设想就是引入世界上最先进的军事技术——"战斧"式巡航导弹、联合直接攻击弹药、隐形轰炸机、雷达目标指示和卫星通讯,与最原始的敌人交战,针对神出鬼没的塔利班和"基地"组织武装,需注重灵活和神速——夜间空袭和小股部队乘直升机在夜间出其不意地发动致命袭击,以达到史无前例的快速精确,按照弗兰克斯的说法"这次行动会在战争史上掀起革命性的一页"①。中央司令部按照弗兰克斯的设想开始制定作战方案。9月20日,弗兰克斯向总统布什汇报了最终作战方案。该作战方案综合前期筹划的方案设想,将多国部队行动划分为三个阶段:第一阶段,利用"战斧"式巡航导弹、战术飞机、B-2A 隐形轰炸机和 B-52H 毁灭塔利班和"基地"组织指挥控制中心、预警雷达及主要防空体系,同时,特种作战部队和空中力量协助北部联盟和其他反抗力量投入地面进攻,中央司令部认为至少需要进行10天到12天的高强度战略空袭,地面部队才能进入阿富汗境内作战;第二阶段,多国部队一拥而入,在阿富汗施行决定性地面战斗;第三阶段,在塔利班和"基地"组织大部被消灭后,对残余力量进行清剿,而这一清剿行动预计要持续3—5年时间。

根据作战方案,美国和多国部队快速完成力量部署。美海军参战力量主要部署在南部的阿拉伯海,先后部署4个航母编队和2个两栖攻击舰编队,共计各型舰船61艘。其中,"企业"号航母编队舰艇7艘,舰载机78架;"卡尔·文森"号航母编队舰艇7艘,舰载机78架;"罗斯福"号航母编队舰艇11艘,舰载机80架;开战后到达的"小鹰"号航母编队舰艇6艘,舰载机30余架;"佩莱利乌"号两栖攻击舰编队有舰艇3艘;"巴塔安"号两栖攻击舰编队有舰艇3艘;另有扫雷舰、运输舰等共24艘。在这个方向上,美海军舰载作战飞机包括 F-14、F/A-18 "大黄蜂"作战飞机总计不少于160架。同时,在西侧的地中海方向,美海军还部署有导弹巡洋舰、导弹驱逐舰、攻击潜艇等作战舰艇11艘,保障舰船16艘。另外,两栖攻击舰编队还搭载了海军陆战队第15和第26远征部队数千士兵。

美空军参战力量约260架各型飞机,主要部署于阿富汗西、北、东三个方向上,其中,西部是部署的重点。在沙特阿拉伯,部署美空军第4404混编联队,有各型飞机100架;在科威特萨勒姆基地,部署第9远征队特种作战大队,各型飞机40架;在阿曼,部署美空军 AC-130"空中炮艇"攻击机6架;在土耳其因切利克空军基地,部署 F-16、F-15 等型飞机86架,以及 E-8C 联合空中监视飞机、EC-130E 指挥控制机、E-3A 预警机、KC-135 加油机、C-130 运输机等支援保障飞机。北部,在吉尔吉斯斯坦玛纳斯机场、塔吉克斯坦库里亚布机场,驻有美侦

---

① 弗兰克斯·汤姆:《美国士兵——弗兰克斯》,中国青年出版社2006年版,第176页。

第九章 "持久自由"行动：军种联合走向深入（1999—2001）

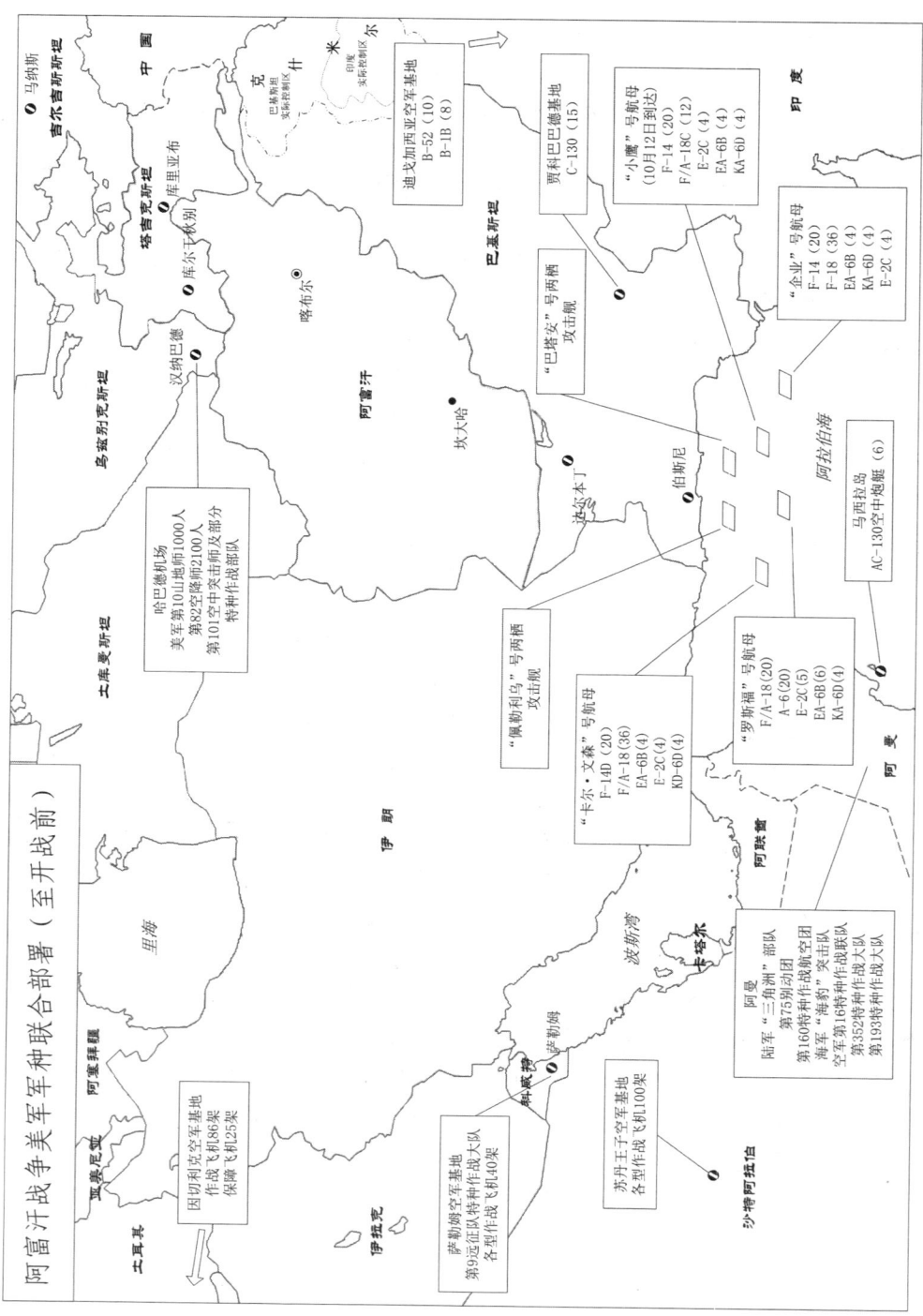

察机、特种作战飞机和运输机等。另外，在阿富汗东南方向距离3500公里的迪戈加西亚空军基地部署第20远征轰炸机中队B-52H战略轰炸机10架，第34远征轰炸机中队B-1B战略轰炸机8架。

美地面部队的部署主要是特种作战部队和部分陆军部队。在波斯湾西海岸的阿曼，部署了美陆军"三角洲部队"、第75别动团共计1500人；美海军"海豹"特种作战部队数百人；美空军第352特种作战大队。紧邻阿富汗北部的乌兹别克斯坦，部署了美陆军第10山地师2000人、第82空降师2100人、第101空中突击师一部及特种作战部队，可从北面向塔利班和"基地"组织发起攻击。数千名海军陆战队以及海豹突击队士兵部署于阿拉伯海的两栖攻击舰，主要从南面攻入阿富汗境内。

"9·11"事件一发生，美国便提出建立全球反恐怖联盟，获得了国际社会的支持，先后有35个国家派兵参加了军事行动，大多数参战国担任巡逻和保障任务以及战后维和行动。其中，主要是英国，约100架飞机部署于海湾地区，24艘舰艇部署于阿曼湾，陆军有第1装甲师、第4装甲师等。北约欧洲成员国派出6艘战舰部署于地中海。其他的还有加拿大、澳大利亚等国的少量参战力量。

阿富汗是位于中亚的一个内陆国家，被周边邻国包围没有出海口。这给美军军种联合部署带来一定困难，需要其他国家提供大量的帮助。空军必须借用巴基斯坦和乌兹别克斯坦的领空；海军航空母舰必须借用巴基斯坦的领海；陆军必须在乌兹别克斯坦设立北方战线的地面军事基地，在巴基斯坦设立南方战线的军事基地，并在这些周边国家驻扎空军以及营救部队。美军在军种联合部署上注重根据不同军种特点，克服地理条件的制约，合理安排布势，形成利于一体化作战的联合态势。

美空军作战飞机数量上与海军作战飞机相当，但是，空军配有远程战略轰炸机18架和火力超猛的AC-130"空中炮艇"攻击机，火力远比海军舰载机强。空军的作战部署面临在阿富汗周边没有空军基地、受第三方国领空的限制等困难。阿富汗的西部邻国是对美有敌意的伊朗，不给美军提供空军基地和领空，美空军只能再向西部署在土耳其、沙特、科威特、阿曼，距离阿富汗达1000~1500公里以上，一定程度上制约了空袭作战效能。为了解决空军就近部署和航线问题，美国政府不得不加强外交攻势，先后与中东主要国家、中亚五国以及巴基斯坦协调取得空军基地和空中走廊使用权。开战后，美军还强行在巴基斯坦境内建立了大规模临时空军基地作为空军战机的集散地。而美海军航母编队可机动灵活、就近部署于北阿拉伯海，与阿富汗战场距离不到1000公里，舰载机最远可以对阿富汗坎大哈及以南地区的塔利班武装和"基地"组织实施快速打击。航母编队还可以作为美军海上活动的基地，补充运送作战人员，另外，航母编队的其他战舰和

第九章 "持久自由"行动：军种联合走向深入（1999—2001）

潜艇还携带了数百枚"战斧"式对地攻击导弹。从空中进攻态势看，美空军作战飞机主要从北部和西南部实施进攻，美海军舰载机主要由阿拉伯海向北实施进攻。从地面进攻态势看，北部主要由陆军地面部队与阿富汗北部联盟武装协同进攻，南部主要由海军陆战队和特种部队负责进攻任务，形成南北夹击之势。

在联合指挥体系的构建上，鉴于美国把这次恐怖袭击行动定性为对美国的"战争行为"，美国政府成立了战时内阁，内阁成员由总统布什、副总统切尼、国务卿鲍威尔、国防部长拉姆斯菲尔德、国家安全事务助理赖斯、司法部部长阿什克罗夫特、联邦调查局局长米勒、中央情报局局长特尼特以及参谋长联席会议主席迈尔斯上将等组成，其职能是直接领导战争进程，监督制定作战计划。阿富汗所在责任区的中央司令部负责对阿富汗所有军事行动的作战指挥，本部位于美国佛罗里达州帕坦的麦克迪尔空军基地。为便于美国最高指挥当局及时掌握情况，中央司令部主要成员均位于麦克迪尔空军基地的中央司令部本部实施指挥，包括中央司令部司令弗兰克斯上将，其他成员有中央司令部副司令迪龙中将、中央司令部陆军司令兼第3军司令米科拉谢克中将、中央司令部海军司令兼第5舰队司令莫尔中将、中央司令部空军司令华德中将。同时，为了便于靠前指挥，中央司令部在沙特的苏丹王子空军基地设立临时中央司令部指挥机构，负责指挥控制中央司令部下属各军种及特种部队的具体作战行动。中央司令部空军在苏丹王子空军基地设立前指，也就是，中央司令部联合空中作战中心，其本身又构成中央司令部前指的重要组成部分，负责指挥对阿富汗的空袭行动；中央司令部海军司令部在巴林设立前指，负责统一指挥海军的作战行动；中央司令部陆军司令部在乌兹别克斯坦靠近阿富汗的边境设立前指，负责指挥控制美国陆军在阿富汗的作战行动；特种部队由中央司令部前指直接指挥。美军在战略战役指挥上，采取了"战时内阁—中央司令部—中央司令部前指—中央司令部各军种司令部前指"的四级指挥体系。这个指挥体系表面看是四级，实际上是三级，即战时内阁—中央司令部（包括前指）—中央司令部各军种司令部（包括前指），而且，中央司令部司令、副司令以及各军种司令主要位于麦克迪尔空军基地的中央司令部本部实施指挥。另外，特种作战指挥体系采取战时内阁—中央司令部（包括前指）—特种作战部队，减少了指挥层级，便于美最高指挥当局对特种作战行动实施集中统一快捷的指挥。为了满足特种部队抓捕塔利班和"基地"组织领导人的需求，2001年10月美国国防部宣布，由总统直接指挥美军特种部队在阿富汗的作战行动，并任命美军特种作战司令查尔斯·霍兰中将为布什总统的执行官，并赋予特种部队临机处置情况的自主权。总的来讲，美军在阿富汗战争的联合作战指挥体系突出特点是在战略战役层面加强了集中统一，采取这些优化指挥的措施是为了防止再次陷入"越战泥潭"，并防止出现苏联在80年代阿富汗战争中的失误。这种战略战役层面的集中统一仅仅是美军高层加强了对中央司令部的指导，并没有打乱已经理顺的战略、战役、战术各级指挥权责界限，更没有限制一线部队战术层面机动打击的灵活性。

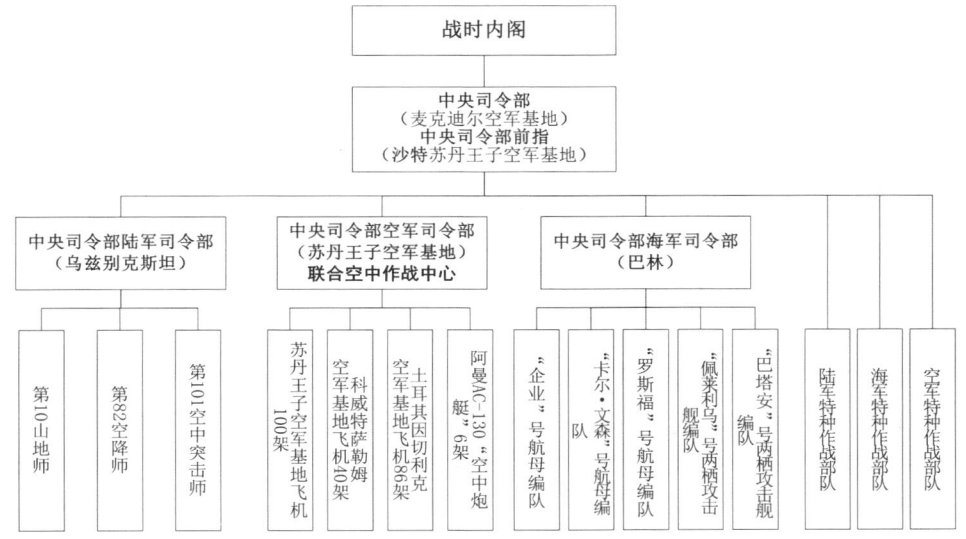

阿富汗战争中美军联合作战指挥体系

在联合指挥手段运用上，美国家军事指挥中心与中央司令部、中央司令部各前方指挥机构通过一体化 C_4ISR 系统组成有机整体，对美各军种实施指挥和控制。美军在沙特的苏丹王子空军基地建立了联合空中作战中心，该中心具有强大的信息处理功能，能够综合分析、处理、分发由各种侦察系统获取的战场信息数据，并将处理的战场信息数据实时传输到战斗机、轰炸机等空中打击平台，还能够使用Link16等数据链技术，将在阿富汗上空执行任务的侦察机、无人侦察机、战斗机、攻击直升机与联合空中作战中心、美国本土指挥中心等联系起来，实现战场信息实时共享，前方指挥控制飞机可以随时接收空中侦察平台获取的战场情报，并实时向空中作战平台发送指令，建立起从传感器到射手的直接连接，缩短"发现、定位、瞄准、跟踪和打击"目标的过程。

"持久自由行动"战略空袭

临战前，美国防部将军事行动代号更改为"持久自由行动"，行动第一阶段是战略空袭，主要目的是首先摧毁阿富汗境内塔利班战略目标和防空设施，夺取制空权，然后，对塔利班和"基地"组织战役战术目标实施打击，大量杀伤其有

第九章 "持久自由"行动：军种联合走向深入（1999—2001）

生力量。整个战略空袭行动由驻沙特苏丹王子空军基地的联合空中作战中心统一指挥控制，包括运用远程战略轰炸机、空军和海军作战飞机以及舰载巡航导弹。由于阿富汗多数邻国对美军开放的机场较少，所以，美空军部署的突出问题是缺乏前沿基地支撑，一线空军战机数量较少，只有在阿富汗北部的中亚五国部署少量作战飞机，而大量作战飞机部署在波斯湾西海岸，远离阿富汗战场，这些飞机需要经过空中加油绕过伊朗长途奔袭才能进入阿富汗境内，但是，空军作战飞机具有载弹量大的优点，尤其是战略轰炸机具备强大的对地杀伤能力。海军舰载机载弹量相对较小，但有利条件是能够依托4个航母编队靠前部署，舰载作战飞机F-14、F/A-18 战机的作战半径以及舰载"战斧"式巡航导弹射程都在 1000 公里以上，能够更加便利地打击阿富汗南部目标，而且，作战平台数量多、反应速度快。陆军武装直升机擅长打击近距离低空目标，能够灵活地支援地面作战。对于空袭的目标来讲，也是有利有弊：阿富汗的军事目标基本上没有采取任何隐蔽或加固措施，阿富汗空军作战飞机和地对空导弹系统都是老旧产品，"基地"组织以及塔利班政权的高级领导成员大都居住在平民区甚至民房内，很容易躲避美军侦察。美军根据不同军种的优劣点，将空袭任务区分为四类：部署于中亚五国的空军作战飞机重点对阿富汗北部重要目标实施打击；部署于北部边境的陆军武装直升机重点对边境防空系统等重要目标实施打击；部署于北阿拉伯海的美海军航母编队舰载机重点打击坎大哈以及以南地区阿方重要目标，舰载 EA-6B 电子战飞机具有很强的雷达和通信干扰能力，负责对阿富汗南部边境预警探测雷达实施干扰破坏。部署于迪戈加西亚岛的战略轰炸机载弹量多、轰炸面积大，重点对塔利班武装和"基地"组织集结营地实施强突袭。

首轮空袭：2001 年 10 月 7 日 21 时至 8 日凌晨，空袭进行了 3 个波次，目的是摧毁塔利班防空设施，夺取制空权。10 月 7 日夜间，在南部，美海军 2 个航母编队首先发动了第一轮空袭。美海军"菲律宾海"号巡洋舰、"麦克福尔"号驱逐舰以及英军舰艇共 6 艘向位于坎大哈的塔利班指挥中心、"基地"组织总部等要害目标发射了"战斧"式巡航导弹 50 枚；海军多架舰载 EA-6B 电子战飞机对阿富汗南部边境预警雷达等电子设施进行强电子干扰；25 架海军舰载 F/A-18 战机和 F-14 战机分别从"卡尔·文森"号和"企业"号航母上起飞，对塔利班控制的机场、防空阵地、指挥控制中心、基地训练营以及塔利班领导人毛拉·穆罕默德·奥马尔在阿富汗坎大哈的居住地进行了攻击。在北部，美陆军 AH-64"阿帕奇"直升机和 MH-53"铺路爪"特种作战直升机对阿富汗北部边境的塔利班武装多处防空导弹和预警雷达站实施精确打击，为空袭行动开辟空中安全走廊。美空军对阿富汗北部重镇昆都士、马扎里沙里夫、塔卢坎以及东部贾拉拉巴德机场等 10 余个重要目标进行空中打击。空军 2 架 B-2A 隐形战略轰炸机从美国本土怀特曼空军基地起飞,向阿富汗境内目标发射了"联合直接攻击弹药";13 架 B-1B 和 B-52H 轰炸机从迪戈加西亚岛空军基地起飞,对塔利班和"基地"组织训练基地等兵力集结地实施地毯式轰炸。

第二轮空袭:10 月 8 日 20 时至 9 日上午,共 3 个波次,打击指挥和防空设施。10 架海军舰载机和 10 架 B-1B、B-2A 轰炸机参加行动,另有海军 2 艘战舰和 1 艘潜艇发射巡航导弹 15 枚。空袭重点是喀布尔和坎大哈,同时,对贾拉拉巴德、马扎里沙里夫和赫拉特进行了打击。塔利班的防空系统进一步遭重创,其在坎大哈的指挥部被炸毁。第三轮空袭:10 月 9 日 22 时到 10 日 7 时,轰炸阿富汗机场及其附近防空力量。6~8 架空军轰炸机和 10 架海军舰载机对坎大哈和赫拉特附近的 6 个目标进行轰炸。经过 3 天的打击,美参联会声称,所有被列入打击目标的机场、防空雷达和防空导弹发射架均被摧毁,联军已取得制空权。

第四轮空袭:10 月 10 日 21 时至 11 日上午。美军将打击的重点转向塔利班和"基地"组织的指挥中心及营地等固定目标。10 架美空军战斗轰炸机,12~15 架海军舰载机,对分别位于喀布尔和坎大哈的塔利班地下掩体、坚固指挥中心和通信设施等 7 个目标进行打击。这次空袭,美空军 F-15E 首次使用了重达 2.3 吨的 GBU-28 激光制导巨型炸弹,能够穿透坚固的地下掩体。当晚,美海军 F/A-18 舰载机还轰炸了临近阿巴边界的谢姆沙德地区的一个塔利班军事基地。11 日 17 时到 12 日早上,美军发动第五轮空袭,轰炸塔利班军营及其设施。美空军出动了 F-15 战机、B-1B、B-2A 和 B-52H 战略轰炸机,重点打击喀布尔、坎大哈、东部的贾拉拉巴德、北部的马扎里沙里夫等主要城市的机场、军营、弹药库、油库、无线电发射站等军事设施。空袭中,美军除了继续使用 BGU-28 重型炸弹外,还使用了破坏力很强的 GBU-89 集束炸弹。12 日,"小鹰"号航母抵达战区,美军在这一地区的航母已增至 4 艘。13 日凌晨至 12 时,美实施第六轮空袭,重点轰炸塔利班总部。美空军战机对喀布尔的机场进行 2 个波次轰炸,与此同时,美海军向南部的坎大哈的塔利班总部等目标实施攻击。至 13 日,美军声称,已经摧毁了阿 85% 以上的预定目标,摧毁了其防空系统,破坏了阿富汗境内恐怖组织网络,削弱了塔利班军事力量,已经实现第一阶段目标。

10 月 13 日开始,美军开始把空袭的重点放在阿富汗境内的各种战役战术目标上,包括塔利班和"基地"组织的训练基地、军营、军事设施、集结地域以及前沿阵地等,消灭其有生力量。13 日下午至 14 日下午美军实施第七轮空袭,美海空军共出动 25 架战机对塔利班阵地及军营进行轰炸。包括东部贾拉拉巴德市塔利班第 1 军团、西部赫拉特的通信中心、北部马扎里沙里夫空军基地以及喀布尔和坎大哈的塔利班部队阵地。15 日,"斯坦尼斯"号航母抵达。美军再次实施第八轮空袭,共出动 100 架战机对塔利班约 20 个目标进行狂轰滥炸,展开了开

第九章 "持久自由"行动：军种联合走向深入（1999—2001）

战以来最大规模的空中打击行动。其中，美海军共出动 90 架舰载机，美空军投入 AC-130"空中炮艇"特种作战飞机。15 日夜至 16 日下午，美发起第九轮空袭，出动包括 AC-130 在内的战斗机对塔利班的 10 多个目标进行打击，此轮空袭中美海、空军作战飞机与陆军攻击直升机同时出击，空袭目标向近距离低空转变。美军战略空袭阶段基本结束。

2001 年 10 月 17 日以后，美军的空袭重点全面转向低空直接攻击塔利班武装的前沿防御阵地，支援反塔利班联盟的地面进攻行动，空袭行动与地面城市进攻作战同步展开。美军大量使用低空作战飞机和集束炸弹、重型炸弹。在反塔利班联盟夺取坎大哈的战斗中，美陆军多次出动 AH-1W"超级眼镜蛇"攻击直升机，对盘踞在坎大哈附近的塔利班武装防御阵地实施火力突击，摧毁 10 余辆装甲车，消灭部分有生力量，有力地支援了反塔利班联盟的地面进攻作战。至 12 月中旬，航母战斗群的舰载机共出动任务飞行 6000 架次。

在整个战略空袭过程中，美军海、空军空中作战平台通过 Link16 数据链实现无缝链接，战场信息从一个平台向另一个平台实时传送，为各作战平台实现跨军种的灵活协同提供支撑。例如，美空军 RC-135 和 U-2S 侦察机与海军载舰 EP-3E 协同配合对阿富汗境内电子信号实施监听。美空军 E-3D"望楼"预警机建立了一个从巴基斯坦出发进入阿富汗南部的 24 小时航行路线，在阿富汗上空执行侦察任务，监视阿富汗空军行动，而"企业"号和"卡尔·文森"号航空母舰的 F-14 战斗机全程提供掩护。借助海军 F-14 作战半径较长的优势，对地攻击范围达 1200 公里，美军还安排 F-14 战机与 B-1B 隐形轰炸机联合对赫拉特空军基地进行空袭。跨军种的作战飞机可以在飞行过程中对导弹的打击数据进行实时修正与更新，从而灵活地实施打击行动。甚至，还可以实现空中战机为战机引导打击的协同。例如，海军舰载 F-14 战机可利用机上配备的夜间低空导航与红外瞄准系统，以及机载 GPS 系统，准确辨别相距很近的双方目标，并将锁定的敌方目标信息传输给其它攻击机，协助攻击机对目标实施打击。另外，空军的 KC-130 加油机可以与空军、海军和海军陆战队战机高效地实施空中加油协同，这是阿富汗战争中各军种作战飞机必备的支援活动。

由于美军加强了 C_4ISR 系统的一体化，数据链得到了较广泛使用，还有各型无人机的大量使用，使目标的侦察监视实时性增强，发现及摧毁杀伤链在战场上显示作用。美军使用了 E-8C"联合星"监视与指挥飞机、电子侦察飞机以及"捕食者"、"全球鹰"、U-2 无人侦察机等侦察探测飞机 40 余架，可以实时地获得清晰的目标图像，实时地将目标信息传输到联合空中作战中心或者空中待战的飞机。例如，美空军大量投入使用了"捕食者"无人机，中央情报局也使用了 RQ-1 无人机，这些飞机全天候在已知或疑似"基地"组织和塔利班军营上空飞行，随时发现"基地"组织和塔利班采取的任何军事行动。空袭之后，无人机还用在了空袭效果的侦察上。无人机还可以与空中待战的作战飞机交互信息，实时引导打击地面目标，同时，还可以将无人机监视影像直接传输到中央司令部前指、位于苏丹王子空军基地的联合空中作战中心、位于弗吉尼亚洲的美中央情报局总部以及五角大楼。战略战役指挥官可以近实时掌握阿富汗战场情况，及时定下或调整目标打击决心。一体化 C_4ISR 和快速杀伤链也给快速指挥带来新的问题，例如，当无人机将疑似的塔利班领导人员情况实时传递给战区司令官甚至国防部高级官员时，到底是由空中待战的飞行员直接攻击，还是要向高层指挥官申请批准后打击。由于指挥权责没有确定，在第一阶段空袭中，美军多次丧失打击塔利班和"基地"组织高官的机会。例如，开战之初，美中央情报局局长特纳特向位于坦帕的中央司令部司令弗兰克斯通报，其所管的一架"捕食者"无人机发现并跟踪了阿富汗境内一个六辆越野车组成的车队，初步确定塔利班武装头目奥马尔就在其中的一辆车上，希望调遣空中部队对其打击。弗兰克斯在中央司令部直接调阅无人机传输过来的实时图像，现场观看车队行驶情况，由于无法对车里的人进行确认，弗兰克斯迟迟下定不了打击决心，最终，丧失了一次"斩首"的时机。

军种联合城市进攻作战

10月下旬，战略空袭基本达成目标后，美军随即开始地面进攻行动。地面进攻的基本方法是先用"代理人战"，后用美地面部队，由北至南逐次清扫。在北面，美军先以"代理人战"的方式，由阿富汗反塔联盟部队自北至南逐次攻占城市。在每支北方反塔联盟部队中，都同时插入美特种作战部队特遣队成员。阿富汗是四面环山的内陆国家，山区缺少平整的道路，美军很难将军用车辆输送进去。联合特遣队往往是骑在马背上与反塔联盟部队混合行动，加强与空中力量协同，以空中火力直接支援反塔联盟的进攻行动，形成现代武器科技与原始战场、老式战争与新式战争的有机结合。地面进攻作战中，针对阿富汗特殊的战场和特殊的作战对手，编组特遣队成为美军力量编组的一个特色创新，打破了美军传统成建制使用部队的习惯，每个特遣队既有攻击小组，又有空中引导小组，能够集中最强的空地一体火力，在战术层面实现了各类力量的优势互补，编队虽小但能力不小。反塔联盟在美联合特遣队的协助下先攻占马扎里沙里夫，再向东南攻占首都喀布尔，清扫完北部所有城市后，向南部重镇坎大哈挺进。在南面，美陆军第82空降师、第101空中突击师部分兵力以及海军陆战队第15远征部队采取超越投送方式进抵坎大哈以南地区，会同反塔联盟围攻南部重镇坎大哈，美空军、海军舰载机全程提供近距离空中支援。

第九章 "持久自由"行动：军种联合走向深入(1999—2001)

反塔联盟首战进攻的城镇是马扎里沙里夫，该城坐落在阿富汗和土库曼斯坦的界河——阿姆河南岸，北部较平缓，南部多高山，地势十分险要，是阿富汗北方地区的交通枢纽和商业、文化中心，也是阿富汗唯一有石油天然气管道输入的城镇。马扎里沙里夫是一个军事重镇，四周环绕着层层的防御设施。塔利班和"基地"组织集结了他们最好的武器、最顽强的士兵。从数量上看，驻守马扎里沙里夫的塔利班武装、"基地"组织成员和外国雇佣军共约2000多人，是反塔联盟部队的8倍，依托城外村镇、高地等有利地形，构筑了数道防线。反塔联盟部队每前进一步都要遭到顽强的抵抗。反塔联盟部队取得胜利的关键是依靠美特种作战部队小组召唤的强大近距离空中支援，形成压倒性的火力优势。

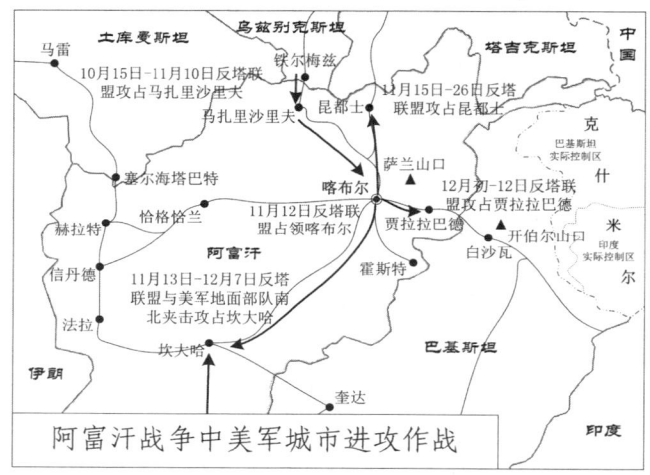

阿富汗战争中美军城市进攻作战

10月15日夜，反塔联盟向马扎里沙里夫西部机场发起进攻，激战数日，双方反复争夺该机场，但进展不大。美军和反塔利班联盟研究决定，首先夺占马扎里沙里夫以南80公里的要地达拉苏夫，尔后在美空军支援下，以南路反塔利班联盟部队为主攻，东、西两路为助攻，三路向马扎里沙里夫展开攻击，同时，以空中火力封锁马城北部，防止城内塔利班部队溃逃。10月31日夜，美军对马扎里沙里夫以南80公里的达拉苏夫进行猛烈轰炸后，反塔联盟向塔利班阵地发动了三次进攻，但遭到塔利班部队的拼死抵抗，双方在前沿对峙形成僵局。关键时刻，美空军加强了对马城南部反塔联盟部队的火力支援，平均每天出动飞机60至70架次，对塔利班阵地进行猛烈轰炸。仅在11月2日的轰炸中，美军就投掷了60多枚巨型集束炸弹，塔利班前沿阵地的防御工事遭到严重破坏。利用空袭效果，反塔联盟部队再次发起进攻，于5日晚夺占了达拉苏夫地区。6日，反塔联盟部队开始向马扎里沙里夫攻击前进。美空军向沿途塔利班阵地投掷了破坏力极强的BLU-82"滚地球"巨型炸弹，猛烈的空中打击迫使塔利班守军向城内收缩。随后，依靠美特种部队召唤轰炸机的支援，反塔联盟部队从南、东、西三个方向对马扎里沙里夫展开一轮又一轮进攻。至6日晚，反塔联盟部队已进至马城附近，东、西两路也分别进至马城东南7公里和西南15公里地区。为了加快作战进程，美空军再次以集束炸弹对塔利班守军实施毁灭性打击,为反塔联盟突破打开缺口,仅7、8日两天,就向塔利班阵地投下50多颗集束炸弹。反塔联盟向马扎里沙里夫城区步步推进。双方围绕每道工事、每座碉堡展开近战,战斗渐趋白热化。战线来回移动,形成胶着状态。为了打破僵局,9日凌晨,美特种部队指导反塔联盟部队后退至安全地带,呼唤轰炸机对马城外的塔利班守军进行连续精确打击,从南部打开了缺口。随后,反塔联盟部队从突破口进入并向两翼卷击,向市内多个方向发展进攻,最终将塔利班残部全歼。9日晚,反塔联盟部队全面占领马扎里沙里夫。此役,共消灭500多名塔利班士兵,反塔联盟部队28阵亡,30余人受伤。反塔联盟部队和美特种部队在兵力数量以1对8绝对劣势的情况下,依靠及时召唤空中火力,攻占马扎里沙里夫,显示了空地联合作战的威力。美军地面特种部队依靠数据通信手段,可以直接召唤B-1B、B-52H战略轰炸机和F-14、F-15、F-16、F/A-18海空作战飞机,快速精确地引导目标轰炸,空地一体联合作战发展到了非常娴熟的水平,这是仅有常规武器的塔利班武装力量无法相比的。

每个与反塔联盟部队配合的特种作战小队一般编组12人,均配有空中引导小组,装备了集成GPS定位系统、激光测距仪、无线电数据传输系统的微型计算机,可迅速为GPS制导弹药提供目标数据,另外,还装备了新型远程视频增强接收系统,能够共享空中飞行员从机载侦察监视装备或武器视频中获得的实时视频,大大缩短了目标确认时间和空地协同时间。这些空中引导小组经过了专业化训练,具备很高的目标引导能力,在作战中,首先利用全球定位系统和激光测距仪对目标进行定位,然后,利用微型计算机将定位信号传送到联合空中作战中心或附近待战的作战飞机,从发现目标、实施定位、传输定位信息,一直到对目标实施打击,仅仅需要几分钟时间,达到时间上的快速和空间上的精确。美军在引导目标轰炸时,还注重改进和发展空地协同战术,让特遣队的攻击小组与反塔联盟部队配合,对房屋或工事内的残敌实施佯攻,引其出洞,然后引导小组引导空中支援飞机精确打击。美军战后对空地联合效果的描述可作一定的参考:"在指定的一天,特种部队作战小组悄悄地潜入并且不露踪迹地隐蔽在敌人防线后边,准备呼唤空中火力打击。炸弹爆炸就是其他人发起攻击的信号。当这一时刻到来时,他们向联军飞机指示目标,看着手上的手表,'2分钟。''30秒。''15秒。'然后,一阵冰雹似的精确制导炸弹呼啸而来,落在塔利班和"基地"组织的阵地上。时间协调得如此准确。"[①]

11月12日,反塔联盟部队推进到阿富汗首都喀布尔。面对美军猛烈的空中打击和反塔联盟部队的地面进逼,喀布尔的塔利班守军主动撤退,向南部重镇坎

[①] 《新世纪美国军事转型计划》,电子工业出版社2003年版,第10页。

第九章 "持久自由"行动:军种联合走向深入(1999—2001)

大哈溃逃。在扫清了北部主要城镇后,反塔联盟部队与美军把目标放在了塔利班武装位阿富汗北部地区据守的最后一座城市——昆都士。

昆都士是阿富汗北部昆都士省的首府,位于阿富汗与塔吉克斯坦的交通轴线上,一旦攻下此城,便可打通北接塔吉克斯坦、南抵喀布尔的交通运输线,巩固北方地区、支援南方作战。防守昆都士的兵力包括塔利班武装和"基地"组织"圣战者敢死队",另外,还有从马扎里沙里夫和其他地区败退的残余武装,总兵力达到1万余人,并配备了60辆坦克和100余门各型火炮。这些防守昆都士的兵力抱着与美军和反塔联盟誓死顽抗到底的决心,尤其是约3000人的"基地"组织"圣战者敢死队",作战经验丰富,对"伊斯兰圣战"信念坚定,具有较强的战斗力。昆都士守军构筑了城区外围和市区两道防御阵地。外围防御阵地,主要依托昆都士周边高地、山口等有利地形,构筑大量坚固支撑点、据点。市区防御阵地,主要依托市内街道和建筑物构成。

反塔联盟集中优势力量,首先从东、北、西三个方向封锁昆都士,并以东路为主攻,先夺占外围阵地,尔后对市区发动总攻,以歼灭外国"圣战者"为主,以夺控昆都士为目标。11月15日,在美军战机支援下,反塔联盟部队从三个方向对昆都士外围阵地发起猛攻。配置在外围主阵地上的"圣战者敢死队"依赖其较为先进的武器装备和灵活的战术,打退了反塔联盟的一次次进攻。反塔联盟部队伤亡惨重,被迫撤退。为减少部队伤亡,16至18日,美军加强对昆都士守军的轰炸,同时,反塔联盟向塔利班武装发出要求投降信息,但未能达成一致意见。22日,反塔联盟再次在美战机支援下,向昆都士以东20公里的汗阿巴德发起攻击。双方在该镇展开激烈的争夺。23日,反塔联盟从三个方向艰难地向昆都士城区逐步推进。塔利班武装则步步为营,一边败退,一边利用防御工事节节抵抗。就在反塔联盟将要拿下城区外围阵地时,塔利班守军派出外国"圣战者敢死队"从两个方向实施增援,给反塔联盟部队打个措手不及。反塔联盟部队全线开始败退。关键时刻,美特种作战部队及时呼唤轰炸机对"圣战者敢死队"实施了精确轰炸,至23日下午,美军共出动70多架次飞机进行精确轰炸,"圣战者敢死队"伤亡惨重。反塔联盟部队乘势发起反冲击逼近昆都士城区。24日,美空军开始高强度地轰炸城内守军。反塔联盟展开强大的心理和军事攻势,使得塔利班士兵阵前倒戈。26日,反塔联盟完全占领昆都士。

早在11月12日,反塔联盟部队攻占阿富汗首都喀布尔后,美军就与反塔联盟展开对坎大哈的联合进攻。坎大哈是阿富汗南部交通中心和军事重镇,北通首都喀布尔,西接西部重镇赫拉特,东通巴基斯坦。塔利班总部和"基地"组织大本营就设在该地。本·拉登和奥马尔也常年居住在此。防守坎大哈的塔利班武装和"基地"组织部队达2万人,拥有一定数量的重型火炮和100余辆坦克。其中,

6000人抵抗意志坚决，愿意为"圣战"献身。这些防守兵力以坎大哈为中心，构筑了外围与市内两道严密的防守体系。由于阿富汗南部没有反塔联盟部队，而"基地"组织却有很多训练营和秘密军事基地，美军必须在他们逃逸前进行打击。因此，在10月份中央司令部司令弗兰克斯就决心在南部开辟战场，采取与北部完全不同的作战方式，那就是充分利用特种作战部队以及与空中力量的协同作战。先后有多支陆军三角洲特种作战部队被投送到阿富汗南部实施特种破袭行动，期间，发挥特种作战部队与空中力量平台之间快速信息交互能力，对"基地"组织实施快速精确打击。10月20日凌晨，一支美军特种部队被空投到坎大哈西南部，执行代号为"犀牛行动"的任务，其任务是攻击一处疑似塔利班军事基地的地点，大约200名特种部队参与这次行动，美空军派遣B-2A战略轰炸机为特种部队提供空中火力支援。与此同时，另一支陆军三角洲部队在坎大哈附近执行代号为"壁虎特遣部队"行动。通过一系列特种作战行动歼灭了很多"基地"组织分散的训练营和军事基地，并为主力部队开辟了前沿进攻基地。这些特种行动突出了美军特种作战部队与各军种空中力量快速灵活的协同作战能力。自13日起，美空军对坎大哈及其周边地区进行猛烈轰炸，平均每天出动约70架次，包括轰炸机、战斗机以及AC-130特种作战飞机。24日，美陆军101空中突击师和第82空降师兵力及英国皇家空军伞兵部队联合攻打坎大哈。25日，美军海军陆战队第15和26远征部队自南边协同进攻坎大哈。随后，反塔联盟部队主力逼近坎大哈，首先开始进攻东郊机场，在美空中火力支援下，先头部队进至距奥马尔指挥部只有10多公里的地区。12月1日至2日，反塔联盟部队从北面和东南面成钳形之势向坎大哈发起进攻，并进至距坎大哈机场1公里地区，通过反复激烈争夺，美海军舰载机每天出动约100架次火力支援，反塔联盟部队于6日重新夺占坎大哈机场。7日凌晨，美军和反塔联盟部队开始从西南、北、东三个方向对坎大哈发起总攻。在坚守无望的情况下，塔利班领导人奥马尔同意交出坎大哈。8日，反塔联盟领导人卡尔扎伊率部队进驻坎大哈，奥马尔及其塔利班领导人趁乱逃离坎大哈。至此，阿富汗主要的城市已经摆脱了塔利班武装和"基地"组织的控制，这意味着塔利班政权在阿富汗的统治彻底结束，美军开始将作战的重点转入第三阶段——肃清塔利班和本·拉登的残余势力。

阿富汗战争第二阶段地面进攻行动，反映了美军在C_4ISR一体化、跨军种信息系统兼容性等方面都有很大的进展，相比海湾战争地面作战，此战中美军地面作战力量与空中作战平台可以更灵活地实施跨军种协同。美军地面参战力量含盖了陆军部队、海军陆战队和特种作战部队，每一个独立行动的特遣队或作战小组利用国际海事卫星电话和其他一些特种作战通信装备，可以直接向苏丹王子空军基地的联合空中作战中心，也可以向空中值班的E-3预警指挥机快速申请空中火力支援。当担负支援任务的作战飞机进入作战空域后，地面特遣队或作战小组可以通过"战场数据链系统"，精确地引导指示各军种的作战飞机对塔利班守军的坚固支撑点实施精确轰炸，而此前海湾战争和科索沃战争的跨军种的空地协同还存在信息不通畅的问题。关于跨军种联合效果，时任美国防部长唐纳德·拉姆斯菲尔德宣称"在阿富汗，我看到，地面上的美国特种部队的合成小组，与天空中的海军、空军和陆战队飞行员协同作战，共同识别目标，协调空中打击的时间——给敌人以毁灭性的打击"。

美军在地面进攻中还大量使用了"全球鹰"新型无人机、"捕食者"无人机等先进侦察探测手段，不仅可以实时地将目标信息回传到联合空中作战中心，而且还可以直接与空中作战飞机实时交流目标信息，甚至，将重要目标信息实时回传到美国本土指挥中心，实现跨洲际的指挥控制，而这在此前的科索沃战争中是做不到的，这种战场目标的信息共享能力和效率前所未

海湾战争与阿富汗战争美军空地协同比较

海湾战争中的空地协同		
地面作战力量	美第7军、第18空降军	海军陆战队第1远征部队
空中支援力量	A-10"雷电"攻击机 F-15E F-16C/D AH-64D"阿帕奇"攻击直升机	F/A-18战斗攻击机 AV-6B"鹞式"攻击机 A-6E"入侵者"攻击 AH-1W"眼镜蛇"攻击直升机

阿富汗战争中的空地协同	
地面作战力量	联合特种作战特遣部队	联合山地特遣部队
空中支援力量	A-10"雷电"攻击机 F-15E"鹰"式战斗攻击机 F-16C/D"战隼"多用途战斗机 F/A-18战斗攻击机 B-1B、B-52战略轰炸机 F-14"野猪"战斗攻击机 AC-130"空中炮艇" AH-64D"阿帕奇"攻击直升机 AH-1W"眼镜蛇"攻击直升机	

有。"基地"组织二号人物被炸就是一个经典战例。2001年11月16日凌晨，美军一架"捕食者"无人机在执行空中侦察中发现一支车队，侦察图像实时回传到位于美国本土的中央司令部指挥中心，中央司令部与联合空中作战中心同步掌握情况、同步会商，迅速判断出该车队可能是"基地"组织的高层领导，随即一边控制无人侦察机继续监视对方行动，一边指挥3架F-15战机升空，投掷3枚精确制导弹药，准确命中目标。同时，还遥控留空的无人机向停车场内的汽车发射两枚"地狱火"炸弹。事后证实，"基地"组织二号人物阿提夫在这次轰炸中丧命。2001年12月11日，美总统布什在南卡罗来纳州一所军校发表讲话时称："我们的指挥官正在获得整个战场的实时图像，而且能够几乎立刻将目标信息传递到打击系统。"[1]

---

[1] 《新世纪美国军事转型计划》，电子工业出版社2003年版，第89页。

城市进攻作战是阿富汗战争最关键的阶段。美军以"代理人方式",鼓动和支援阿富汗反塔联盟部队担任地面作战主力,通过精确而快速的"空地一体战",逐个夺占大中城市,仅用了2个月时间,彻底击溃塔利班和"基地"组织有生力量,夺取阿富汗政权。用时任中央司令部副司令迈克·德龙的话:"我们在八个星期内就做到了苏联人用十年也没有做到的事情。"①地面作战开始前,反塔联盟兵力约20000人,而塔利班和"基地"组织武装人员共计约63000人,双方地面作战人数比为1:3,反塔联盟在数量上占明显的劣势。美军仅派出少量特种作战力量跟随反塔联盟部队行动,指挥引导空中力量支援地面作战。可以说,城市进攻作战的胜利很大程度上得益于空对地支援。美军特种作战人员利用战场数据链系统,随时引导作战飞机对塔利班守军的坚固支撑点及工事实施精确轰炸,摧毁了大量地面武器装备和人员,同时,也给塔利班和"基地"武装人员造成巨大心理压力和恐慌,使各个城市的防御在短时间内迅速分崩瓦解。

空地联合清剿"基地"残余

美军与反塔联盟部队夺占阿富汗主要城市后,塔利班武装和"基地"组织残余势力退守东部山区。东部山区位于阿富汗和巴基斯坦交界处,终年积雪覆盖,山川崎岖,洞穴密布,海拔3000~4500米的山峰众多,是理想的藏身之地。从12月中旬至2002年3月,美军和反塔联盟部队展开了一系列地面清剿行动。美军地面清剿部队主要为特种作战部队和部分陆军、海军陆战队兵力,力量规模非常有限,而塔利班和"基地"残余兵力分散隐藏于阿富汗东部山区。在清剿行动中,美军大量运用近距离空中支援,发挥空地联合优势,把地面火力清剿与空中火力清剿密切结合起来。

针对阿富汗战场上非线式作战的特点,美军灵活编组了很多联合特遣队,采取小规模分散搜剿方式,应对塔利班武装和"基地"组织的分散游击。在开战初期,美军进入阿富汗的地面部队只有少量的特种作战部队,共组建了三支联合特种作战特遣部队:一个是北部联合特种作战特遣队,也就是所谓的"刺刀"特遣队;另两个是南部联合特种作战特遣队,也就是所谓的K-Bar特遣队,以及利剑特遣队。每个特遣队由不同种类的力量组成,具有多种作战功能,每个特遣队都是一个联合力量,并能够随时召唤空中火力支援。例如,北部联合特种作战特遣队,即"刺刀"特遣队,是在陆军第5特战群的基础上组建,并整合有空军第160特种航空团的空中力量,由陆军约翰·穆赫兰道上校领导,它的任务是在阿富汗

---

① 迈克·德龙、诺亚·卢克曼:《我在指挥中央司令部》,东方出版社2006年版,第63页。

北部，为北方反塔联盟部队提供建议和火力支援引导。这些特遣队本身具有多种作战能力，包括破坏、渗透、通信、情报、医疗以及引导近距离空中支援等。南部联合特种特遣队，即 K-Bar 特遣队，是以海军海豹突击队第 2、3、8 分队以及陆军第 3 特战群第 1 营为核心组成，承担对敏感地点的攻击任务。利剑特遣队则是由"三角洲部队"等一些专门具有"猎杀"能力的成员组成，其任务是捕获或者击毙"基地"组织或塔利班的高级头目或"高价值目标"。

城市进攻作战后期，美陆军地面部队进入阿富汗，包括第 10 山地师以及第 101 空中突击师、第 82 空降师、海军陆战队部分兵力。联合山地特遣部队主要由美陆军和一些联军部队编组而成，其中，第 64 特遣队以澳大利亚特别空勤团的一个中队为基础组建，第 58 特遣队由美海军陆战队远征分队组成，"水雉"特遣队由英国海军陆战队第 45 突击队 1700 名士兵组成。美陆军第 10 山地师和第 101 空中突击师等部队则编组成名为"拉卡桑"的特遣队。

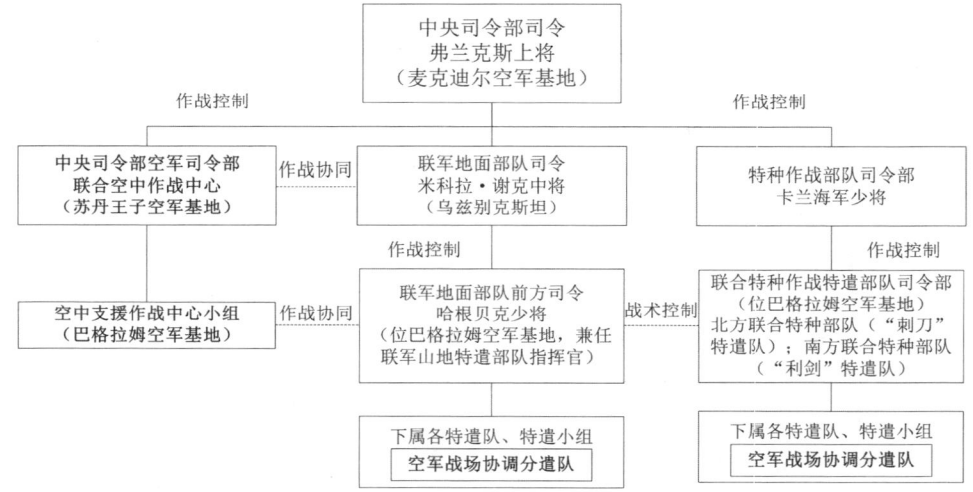

2002 年 3 月美地面联合清剿指挥体系

这些特种作战部队统一接受中央司令部特种作战部队司令部司令艾伯特·M.卡兰Ⅲ海军少将的作战控制，而卡兰少将又隶属于中央司令部司令弗兰克斯上将。2001 年 11 月建立联军地面部队司令部，由中央司令部陆军司令米科拉·谢克中将担任指挥官，统一协调控制所有阿富汗的地面部队行动，对上接受中央司令部司令弗兰克斯上将的作战控制。2002 年 2 月 26 日，联军地面部队司令部转进至首都喀布尔北面 50 公里的巴格拉姆空军基地。第 10 山地师师长哈根贝克少将担任联军地面部队前方司令部司令，兼任联军山地特遣部队指挥官，联合山地特遣部队下面编组的第 64 特遣队、第 58 特遣队、"水雉"特遣队以及"拉卡桑"

特遣队。中央司令部司令弗兰克斯上将认为，设置由第 10 山地师师长担任的联军地面部队前方司令部有利于通过战术控制关系及时申请和协调各种空中联合支援以及一线特种作战分队的支援，不能让逐级指挥丧失了阿富汗战场上变幻莫测的战机。2002 年 3 月联合特种作战特遣部队司令部也转进至巴格拉姆空军基地附近，相应的特种作战特遣部队亦部署在此。为了加强地面常规部队和特种作战部队之间的协同，中央司令部还要求，驻巴格拉姆的联合特种作战特遣部队仍由中央司令部特种作战司令部作战控制，同时还要受到联军山地特遣部队司令哈根贝克少将的战术控制。这样，驻阿富汗的所有常规地面部队都隶属于联军山地特遣部队，而特种部队则扮演作战支援的角色。关于空对地支援的组织，2001 年 10 月开战初期，由于美军投入的地面部队极少，空对地支援一直没有建立一个空中支援作战中心，仅由联合空中作战中心、E-3 空中预警与控制飞机以及配属给特种作战部队特遣部队的空中控制分队配合完成，但支援行动还算比较顺畅。11 月份，随着各军种地面部队进入阿富汗战场，联合空中作战中心派出若干战场协调分遣队，配属给各特遣部队，担任空中控制分队的职能。地面部队司令每天组织视频会议，与战场协调分遣队、特种作战联络分队、海军陆战队联络官代表商议协同事项。2002 年 2 月底，美空军还临时在巴格拉姆建立空中支援作战中心小组，进一步加强对地面清剿行动的空中火力支援协调。

2001 年 11 月底至 12 月上旬，美军在反塔联盟部队的掩护下，对托拉博拉地区进行清剿，基本打垮了"基地"组织残部。2002 年 3 月初至中旬，在阿富汗加德兹地区进行了开战以来最大规模的地面清剿作战——"蟒蛇行动"。2002 年 3 月美军在阿富汗东部帕克蒂亚省再一次实施了较大规模的霍斯特清剿行动。此外，英国等联军部队也同步展开一系列清剿行动。在 6 个月时间里，美军基本消灭了塔利班和"基地"组织主要残部，但拉登、奥马尔等主要头目和少量残余仍在逃。美军空地联合清剿通常的作战方法是，先投入较少的地面部队，当发现敌残余分子藏匿的山区，就迅速调集数架或更多战机，以猛烈密集的空中轰炸，从外向里逐步缩小包围圈，将残敌压缩在一个较小的范围内，特种作战部队和反塔联盟部队则对残余力量进行最后的清除。地面部队的主要任务是对塔利班和"基地"组织残余力量的搜索、侦察、火力引导以及最后清除，作战飞机的火力打击则是清剿残敌的主要手段，空地协同达到了较高的一体化和精确化程度。甚至，在清剿本·拉登期间，美国防部长拉姆斯菲尔德几乎不怎么关注地面行动，而不停地询问中央司令部"炸到他了吗？炸到他了吗？"这也从一个方面反映出美军在完成各军种 C_4ISR 系统一体化改造、建立发现及摧毁杀伤链后，空对地火力支援几乎成为空地联合清剿的主要手段。另外，在地面清剿中还面临很多跨军种的战场支援任务，也可以实现作战平台之间灵活协同。例如，战场联合营救力量分为

第九章 "持久自由"行动：军种联合走向深入（1999—2001）

空中指挥组和行动组。空中指挥组由空军 HC-130 救援指挥机担任，在作战空域附近盘旋待命，接收地面营救对象发出的求救信号，引导营救小组到达出事地点。行动组通常由空军 A-10 攻击机和陆军救援直升机及营救人员组成，当确认是己方人员后，由 A-10 攻击机用强大火力压制敌人，封锁地面通路。救援直升机抵达出事点实施营救。但是，在阿富汗东部山区的清剿行动，也暴露出美多军种组成的地面特种作战部队在组织机制方面存在的问题，空地协同出现一些混乱。同时，阿富汗东部崎岖多山的恶劣自然环境和复杂的非线式作战，也对军种联合产生了很大的制约。其中，"蟒蛇行动"是一次规模最大、最经典的地面清剿行动，美军从中吸取了较深刻的经验教训。

2002 年 3 月 1 日至 18 日，美军对藏匿于阿富汗东部山区加德兹地区南部沙伊霍特山谷的塔利班武装和"基地"组织残余势力进行大规模搜剿行动，代号"蟒蛇行动"。沙伊霍特山谷西部是名为"鲸鱼岭"的山岭，再往西北还有一个叫"小鲸岭"的小山岭，"鲸鱼岭"东侧山谷有三个村子，被美军称为"雷明顿屏障"，山谷东部是一些山岭，中间有一些道路穿过。整个山谷南北长约 10 公里，宽约 3 公里。山谷南部的塔寇克尔峰是最佳观测点。据情报显示，山谷中的"基地"组织武装人员有 800 至 1000 名，而且，这个数量似乎还在增加。参加清剿行动的地面部队以美军为主，包括美第 10 山地师、第 101 空中突击师一部及特种部队约 1000 人，阿富汗地方武装约 3000 人，此外还有联军的少量部队。位于巴格拉姆临时基地的空中支援作战中心小组负责组织近距离空中支援。美军的作战计划是利用部分特种作战力量和阿富汗部队组成"砧"特遣队，建立一个围绕山谷的外部包围圈；利用空中打击在沿着东部的山谷组成内部包围圈；第 10 山地师派出约 7 支特遣作战小组在山谷东部和南部展开特别侦察行动，监视逃出山谷的敌人并协助请求空中打击；最后让部分地面部队和特种作战力量组成"铁锤"特遣队在山谷北部建立阻击点，部分阿富汗部队从山岭南部进入发动主攻，计划的目标是尽可能地消灭"基地"组织成员并把残余力量赶出山谷，在外围包围圈消灭。这是在很小区域内由很多支力量参加的复杂空地协同作战。

3 月 2 日，美军展开首轮进攻。"铁锤"特遣队在行进途中就遭到美空军 AC-130 的误伤。由于情报失误，第 10 山地师一支 80 人的特遣队原计划占领"Ginger"的阻击阵地，却出乎意料地降落到了塔利班武装和"基地"组织残部的头顶上，并迅速被牢牢包围。塔利班武装和"基地"组织残部凭借有利地形向美军发动猛烈攻击。被围困美军不断呼唤直升机进行救援，但救援直升机都因对方火力太猛而无法靠近。接着，美军空军 F-16、AC-130 战机和海军 F/A-18 战机应召实施支援打击，由于地形过于狭小，众多战机对地打击难以展开，支援效果不佳。从凌晨战至黄昏，被困美军几乎弹尽粮绝。随着夜幕降临，巴格拉姆临时基地派出空军 MH-47 "支奴干"运输直升机将濒临绝望的被围人员分批接走。

3月4日，美英联军1000余人与阿富汗政府军一起，向阿尔马山区发动第二次进攻。美军首先出动大批轰炸机和战斗轰炸机对塔利班武装和"基地"组织残部阵地进行猛烈轰炸，摧毁很多暴露的"基地"组织藏身洞穴。4日凌晨5时，美军第10山地师数十名官兵搭乘2架MH-47"支奴干"运输直升机秘密投送到山谷东南部的塔寇克尔峰执行特种作战任务。

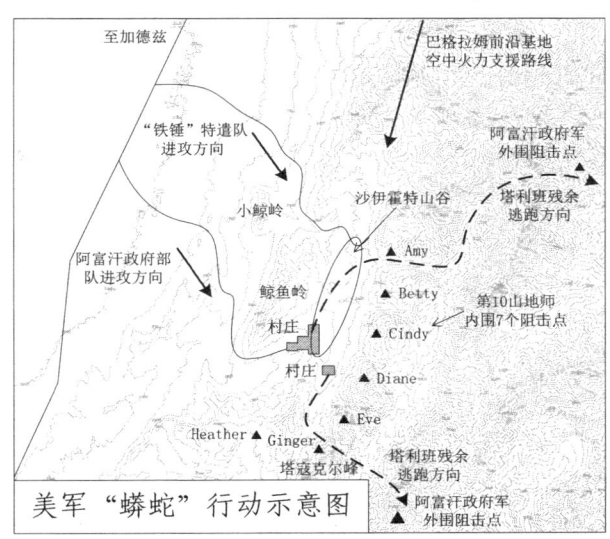

美军"蟒蛇"行动示意图

到达目标地域时，一架直升机被敌反坦克火箭弹击伤，1名士兵被打死，1名士兵坠机。面对地面火力威胁，2架直升机迅速撤离。美军前方指挥中心通过"捕食者"无人侦察机发现这名坠机美军被3名"基地"组织成员拖走并打死。随后，美军前线指挥员又增派30名特种兵，搭乘2架直升机飞回原地展开营救行动。2架直升机刚到达出事地点，突遭"基地"组织残部猛烈射击，一架直升机被击中坠地，另一架直升机紧急撤离。"基地"组织残部使用迫击炮向坠机美军射击。情况危急之际，被围美军紧急呼叫轰炸机和AC-130武装攻击机前来增援，在空中火力支援中，暴露出美军特种作战部队指挥体系复杂和无线电频率不同的问题。被围美军在受困12个小时后，才趁天黑安全撤离战场。此次战斗7名美军阵亡，40多人受伤，是开战以来美军损失最大的一次战斗。

在屡次进攻受挫的情况下，美军紧急调遣停泊在北阿拉伯海两栖登陆舰上的5架AH-1W"眼镜蛇"攻击直升机和2架运输机赶往阿尔马山区增援。与此同时，200余名"基地"组织残部从纵深调往前沿，但在途中遭到美军战机猛烈轰炸，100余人被击毙。随后，以美军为首的多国部队向山上守敌发起进攻。依靠空中火力的支援，联军包围了敌防御前沿的一个高地，切断了此高地与山上守敌的联系。被围残敌100多人，依托有利地形实施猛烈射击，并连续发起多次自杀式冲锋，试图突出重围向山上"基地"组织主力靠近，同时，山上守敌也组织100多人向联军发起冲击，试图接应被围己方人员，但两者均被美军AC-130武装攻击机打退，歼灭大部分残敌。最终，联军击毙全部被围残敌。

为加快清剿进程，美军再次调整部署，增派17架攻击直升机到达加德兹地

第九章 "持久自由"行动：军种联合走向深入（1999—2001）

区。同时，美军又调遣 300 人组成地面支援部队，向阿尔马山区增援，前线地面总兵力达 1500 人。美海空军出动 F-16、F-18、B-52、B-1B 等各型战机，对塔利班武装和"基地"组织据守地区进行多波次精确轰炸。在空袭掩护下，地面部队逐洞进行搜索，逐个清剿摧毁，大批塔利班武装和"基地"组织残部被炸死在洞穴和坑道内。3 月 11 日，300 多名塔利班武装和"基地"组织残部退至阿尔马山区沙伊霍特山谷的一个大型山洞工事中坚守，并在周边埋设了大量地雷，阻挡联军进攻。美军 13 日向沙伊霍特山谷的守敌发起总攻。出动 B-52、F-14、F-16、AC-130 等战机 180 多架次，投掷 150 多枚炸弹，对沙伊霍特山谷 40 多个山洞进行轰炸。在空地一体清剿过程中，美军设计实施了空地火力一体围剿方法。空中力量首先对"塔利班"可能藏身的洞穴、坑道等地点实施"梳篦"式的火力打击，地面部队及时利用空袭效果不断向山区纵深推进，将残敌挤压到一个 2.4 平方公里的狭小区域内。之后，在地面特种部队的准确引导下，空中力量对敌目标展开逐点空中精确打击，与地面部队配合，一举歼灭残敌。空中火力围剿发展了空中支援的运用方式，提高了空地联合作战的效率，空地联合在战术战法上得到了发展，变得更加灵活。战至 18 日，以美军为首的联军基本完成清剿任务，中央司令部司令弗兰克斯宣布"蟒蛇行动"结束。据美军公布的资料证实，为期半个月的"蟒蛇行动"，依靠空地联合行动，联军共打死 700 多名塔利班武装和"基地"组织残部，而美军有 8 名士兵阵亡，80 人负伤。

"蟒蛇行动"是一次美军空地联合清剿塔利班武装和"基地"组织残余力量的典型行动，集中反映了美军军种联合向精确化、快速化方向的发展，以适应更加复杂的非线性战场环境。但是，该行动中美军出现较多的混乱，空中火力不能及时支援地面特遣队遭遇的突发情况，甚至造成误伤。美军在战后总结中认为，在沙伊霍特山谷狭小的空间提供大量的近距离空中支援，战机攻击队形十分密集，地面空中控制小组数量太多，在如何消除冲突并进行协同上，面临着巨大挑战。面对复杂恶劣环境下的非线式作战，军种联合存在更大的复杂性，确保组织有序的作战能力和恰当的协调并不是一件容易的事情。战斗前必须采取充分的协同措施，建立明确统一的指挥关系，将空中控制系统部署到位，才能有效地处理各种近距离空中支援申请，避免空地协同的混乱。

阿富汗复杂的战场环境、非线式作战模式暴露出美军军种联合机制运行的深层次问题，"蟒蛇行动"是美军军种联合机制不畅的一次集中爆发。战斗第一天就出现一架美空军 AC-130 战机意外误击地面部队的情况，随后，出现情报失误，没有发现"基地"组织残部已经占领预定的"Ginger"阻击阵地，导致特遣队被包围的事件。3 月 4 日，第二轮攻击的"海豹"小队在塔寇克尔峰再次投入战斗，"支奴干"运输直升机被"基地"组织反坦克火箭弹击伤，后续营救再次受挫，数十名美军伤亡。在进攻沙伊霍特山谷中,美军地面同时有30多个空中作战引导小组,各军种大量作战飞机拥挤在狭小空域实施对地支援,造成军地协同的混乱,飞行员往往刚准备对某一敌方目标进行攻击,就收到另一条目标打击指令。

  总结美军的一系列战斗失误,可以看到其在联合机制运行上有几点不足:在复杂非线式战场中的侦察能力不足;作战飞机应对地面突发情况不力,误炸误伤依然存在;分散多点的特遣小组缺乏有效协同。成功的联合作战有着内在的复杂性,尽管美军在上世纪80年代就已经解决对各军种统一指挥问题,但是,面对充满不确定的复杂战场,多点分散的非线式作战行动,在战术层面缺乏有序的组织协调。在地面清剿阶段,美军在巴格拉姆空军基地建立了临时空中支援作战中心小组,与联军地面部队前方司令部配置在一起,但这两个空、地前沿指挥机构没有主动地协调空地行动,还是按照各自纵向指挥链路报告情况,这是空地支援频繁出现失误的重要原因。同时,在申请空中火力支援时,地面大量的空中作战引导小组之间缺乏协调,没有建立统一的、有效的机制。美军空军部在战后总结"蟒蛇行动"近距离空中支援经验教训时也承认:"第一是统一指挥的极端重要性。在这次激烈作战的整个过程中,没有任何一个指挥官有权将类型迥异的各支分散的小型部队整合在一起。"

本 章 小 结

  阿富汗战争作为一次大规模的反恐战争,促进了美军军种联合进一步向快速精确化方向深入发展。由于塔利班武装和"基地"组织武装力量具有分散、多点、流动性强等特点,可供打击的固定目标很少,再加上,阿富汗崎岖多山、高寒干旱的复杂战场环境,美军难以实施大规模的常规空中打击和地面作战,取而代之的是以分散多点的小型特遣队深入腹地,以反应灵敏的空地一体协同进行逐点突破,显现出典型的非线性作战特征。美军加快发展的一体化 C_4ISR 和发现及摧毁的快速杀伤链为这种反恐作战的新模式提供了手段支撑,此战的经验和教训促使美军加速联合作战转型。

  灵活编组联合特遣作战力量,每个特遣队下属还可以编组更小的特遣分队,还有一些美中央情报局特工人员,可以根据作战需要灵活加入作战编组,兵力运用具有非常大的灵活性。这种小规模的特遣队在反恐作战中很容易与友邻力量融合,适应不同作战环境任务的需要。美军在二十世纪80年代就已经有联合特遣部队的实践探索。1983年美军在入侵格林纳达行动中组建了两支联合特遣部队,第123联合特遣部队和第120联合特遣部队,每个联合特遣部队由不同军种力量构成。但是,将联合特遣部队列入作战条令却是在海湾战争之后。1992年美军第3-05.3号联合出版物将美军的联合司令部规定为三种：即战区联合司令部、下属联合司令部和联合特遣部队。战区联合司令部负责战区作战，下属联合司令部用以完成一项范围广泛的长期任务，联合特遣部队遂行某些具体的任务。联合特遣部队使美军能够灵活运用联合力量去应对各种中小危机行动。此后，美军在各种地区危机和非战争行动中都采取联合特遣部队的方式来整合各军种力量。在科索沃战争之前，美军针对巴尔干半岛危机，先后编组了"灵活铁砧"联合特遣部队、"天空铁砧"联合特遣部队，后来，又整合形成"贵重铁砧"联合特遣部队。在阿富汗战争中，特定的非线式作战环境让联合特遣部队编组得到更广泛的运用，产生了规模更小的战术级联合特遣小组，这些联合特遣小组与空中火力支援进行整合，使美军军种联合向战术级深层次发展。

实现军种平台之间的灵活协同，空地火力支援打击快速精确。由于美军加强一体化 C_4ISR 系统建设，军种各系统之间的兼容性问题得到了较好的解决。利用完成了一体化建设的全球指挥控制系统、国防信息系统等手段，美军已经将国防部所有信息系统数据库与数据汇集中心联接起来，使 C_4ISR 系统各环节无缝隙结合，大量 Link16 数据链的装备，大量地面和空中先进侦察探测平台的使用，尤其是"发现及摧毁"杀伤链的建立，各军种作战平台能够更加灵活地协同，从侦察探测平台到作战平台的信息传输链路精简直达，空地火力支援打击更加快速和精确，这为推进以网络为中心的作战奠定了基础。

阿富汗战争中美军作战体系的网络一体化水平有了大幅度提升，军种联合又向前迈进了一步。但是，在战争中不乏失误的战斗案例，反映出美军在联合作战体系运行机制方面还滞后于其快速发展的技术手段。美军先进的侦察探测平台和信息传输手段，让作战行动成为现场直播，但联合作战指挥权限还显得过于集中，对临机发现的地面目标打击要经过逐级审批，有时还须获得最高层的授权，导致多次丧失猎杀"基地"组织头目的机会。在联合战斗层面，联合特遣小组编组过多且缺乏高效协同机制，降低了空地支援打击效率。

第十章　伊拉克自由行动：军种联合阶段跃升（2001—2003）

伊拉克战争是美国发动的又一次地区性的大规模联合作战。战前美各军种积极打造信息优势，创新信息时代的指挥与控制方法，初步形成"网络中心战"能力。最终，美军在参战兵力数量比1991年海湾战争少一半的情况下，以势不可挡的速度攻入巴格达，彻底推翻萨达姆政权，此战标志着过去十余年来，美军以信息技术为驱动，从武器装备、作战理论、军事训练各方面协同推进军事变革，在军种联合的深度和广度上呈现出较明显的质变跃升。

打造信息优势与网络中心战

二十一世纪初是美军军事技术创新和作战理论创新的一个活跃期，几次对外大规模用兵给这些创新提供了实践检验，这些战争实践反过来又推动军事技术和作战理论向更深层次、更明确的方向急进。经过作战理论与战争实践协同发展，这时的美军对信息时代战争制胜的关键要素已经有了比较清晰的认知，那就是要打造信息优势，信息优势是信息时代军队作战能力的催化剂和倍增器，信息优势决定未来军队的作战能力，也是军种联合向更深层次、更高水平发展的核心驱动。早在1996年美参联会颁布的《2010年联合构想》就指出信息优势的重要性："为了始终拥有遂行联合军事行动所需的迅速的高质量的数据处理和信息，就必须拥有信息优势，即必须能够搜集、处理和分发连续不断的信息流。"[①] 在2000年颁发的《2020年联合构想》中明确地解析了信息优势这个概念，并把信息优势与联合作战能力关联起来，明确了联合作战能力的形成路径。"信息技术的不断发展和扩散将从根本上改变军事行动的实施，使信息优势成为促进联合部队能力

---

① 军事科学院外国军事研究部译：《备战2020——美军21世纪初构想》，军事科学出版社2001年版，第106页。

和联合指挥与控制变革的主要因素。"①"在2020年建立一支最有效的力量,我们必须完全联合,即在思想上、行动上、体制编制上、理论上和技术上实现联合。"②在阿富汗广袤原始的战场上,美军深刻体会到战场感知的重要性,也进一步看到了自身在全面快速获取战场情报方面的不足,美国防部以及各军种开始更加注重打造信息优势,包括信息获取优势和信息传输共享优势,基本途径是对现有装备的信息化改造和研制新型的信息化装备。

鉴于无人机续航时间长、安全风险小、能够扩大探测敌军的范围等特点,美各军种在已有侦察探测装备基础上加速发展无人机。到伊拉克战争前,美军共有10多种无人机系统在使用,包括"全球鹰""捕食者""先锋""猎人"和"影子"等无人机,其中,空军"捕食者"无人机的装备数量达到48架。美陆军的侦察探测能力与装备发展比较迅速。陆军共装备了43架"猎人"无人机,该型无人机为美陆军军、师级和海军陆战队远征旅装备的先进战术型无人机,能够实时获取距离前线部队和海军基准点150公里外的战场图像情报,为地面部队提

伊拉克战争前美各军种无人机数量

无人机	服务军种	库存量(2003年2月)
"全球鹰"	空军	4
"捕食者"	空军	48
"先锋""猎人"	海军/海军陆战队	47
"猎人"	陆军	43
"影子"	陆军	21
"总数"		163

伊战前旅及旅以下部队蓝军跟踪系统配置情况

部队	蓝军跟踪系统		合计
	地面系统	机载系统	
180联合特遣队	176	41	217
第5军	29	8	37
第3机械化步兵师	150	6	156
第1陆战远征部队	200	0	200
第101空降师	68	88	156
第1装甲师	153	15	168
第3装甲骑兵师	47	10	57
第4机械化步兵师	43		43

供了直接的战场感知手段。另外,陆军还研制了地面远程先进侦察监视系统(LARS3),该系统集成了前视红外线系统、激光测距仪、轻型可见光电视摄像机以及可判断位置高程的全球定位系统,具备对10公里以外的(圆概率误差60米)目标识别和定位的能力,使地面部队战术指挥官能够从更远的距离上以更高的精度和时效性获取目标信息,提升了火力打击效能,同时,对战场情况的准确掌握也赋予地面部队更多的机动自由。地面远程先进侦察监视系统还能将侦察监视到

---

① 军事科学院外国军事研究部译:《备战2020——美军21世纪初构想》,军事科学出版社2001年版,第187页。

② 军事科学院外国军事研究部译:《备战2020——美军21世纪初构想》,军事科学出版社2001年版,第186页。

的目标信息传输到通用作战图，与空军作战飞机实现目标信息共享。美空军与陆军还在协作更新现役的联合监视目标攻击雷达系统（JSTAR），改善它们与武器平台和传输情报的联通性。这些多源传感器为各级指挥官和参谋军官提供了丰富的战场信息。

随着联合司令部以下单位直至战斗勤务部队开始部署全球指挥控制系统（GCCS），美军开发互通性更有效的作战管理系统，解决向最低战术单位及时传输信息的能力不足的问题，使指挥官、计划制订者和射手能够快速获取和分享信息。其中，陆军装备的旅及旅以下部队作战指挥系统（FBCB2）以及蓝军跟踪系统（BFT）提高了地面部队信息共享能力。旅及旅以下部队作战指挥系统是一种数字化的指挥系统，由硬件和软件两部分构成，为使用部队提供网络化的自动指挥与控制能力，也可与陆军及联合指挥与控制系统以及其他传感器平台进行交互，可以生成通用战场作战图或通用作战图，帮助指挥官感知和理解战场态势。该系统研制于二十世纪90年代中期，最先由第4机械化步兵师进行少量装备验证，之后大规模部署于第1装甲师。旅及旅以下部队作战指挥系统整合了蓝军跟踪系统（BFT）后，配备有L波段的战术卫星收发装置，能提供超视线的通信传输能力，能够通过GCCS分发己方作战图，让战区司令官或友邻军种接收态势信息。该系统在伊战前已部署于作战部队连一级机动分队，使指挥官能够随时获取最新的通用作战图并获得前所未有态势感知能力，也具备了有限的超视线通信能力。伊拉克战争中美军与英军地面参战部队装备了基于卫星的"21世纪部队旅及旅以下作战指挥系统——增强型定位报告系统"，共装备地面和机动终端1189套，地面进攻主力第3机步师有156套，每个连级指挥官的战车上，甚至少数的执行特殊任务的排指挥官战车上配置了该系统。第101空中突击师有一半的直升机装备该系统，步兵旅配置到了连一级。其他部队也有部分配置。

自动纵深作战协调系统（ADOCS）则是整合多军种目标信息情报的重要平台，是地面联合火力协调中心选取攻击目标的主要系统，主要在空军联队及陆军军级、海军舰队指挥机构使用，具有关键的一体化功能，包括联合时间敏感目标管理、区域内空中作战中心目标管理、空中任务命令计划、间接火力管理、反炮兵作战及炮兵作战通用作战图、战斗搜索与救援、空地战场管理以及禁止攻击或受限目标清单更新维护等功能。该系统整合各类系统平台数据，并利用这些信息供指挥官强化及改善战场空间内任务的协调与执行。

美军从连级指挥所到位于后方的战区司令部、战略级指挥机构，均配备了近实时通用作战图（COP），以增强各级指挥官对战场态势的感知和理解。通用作战图，直观上讲是给指挥官提供一个通用作战区域战场空间的地理描绘，它能够整合由国家、战区和战术传感器获取的数据和信息。通用作战图所显示的作战区域大小和细节的层次，能满足特定层次指挥官组织指挥作战对信息的需求。美军认为通用作战图是整合军种能力的关键系统，在包括陆、海、空、天和电磁的整个战场空间内，将火力、ISR、后勤、机动融为一个整体，提供最新型指挥和控制方式，实时调整部队，使领导决策过程都建立在网络化的、知识共享的环境中。

自1997年美海军首次提出"网络中心战"概念后，美各军种竞相打造本军种的"网络中心战"能力。在《2020年联合构想》中，美军把信息优势、联合作战能力与网络中心战都纳入其中，阐明了三者的关系，信息优势体现的是信息技术驱动，联合作战能力是要实现的能力目标，网络中心战则是依托信息优势实现联合作战能力的基本途径。"信息优势只有在其有效地转化为知识优势和决策优势时才能给联合部队带来竞争优势[1]"。联合部队必须能够利用转化为知识优势的信息优势来夺取决策优势，而信息优势并不能自动形成决策优势，需要通过组织和作战理论的调整、相关训练和经验以及适当的指挥控制机制与手段等，还需要以网络为中心的环境。"网络中心战"的核心是发挥信息优势，依托网络赋能，在不用增加新式武器装备和作战资源的情况下，实现作战能力的倍增。首先在信息域建立质量更优的联网与信息共享，进而在认知域与社会域具备改进信息质量、改进共享晓知/理解、改进协同/交互/决策、更灵活的指挥与控制功能，这样，有助于在物理域形成更灵活的部队要素和能力包，最终提高任务效能与部队灵活性。网络中心战基本理念称：鲁棒的网络化部队最终将明显提高任务效能。部队通信能力变化会显著提高网络质量，信息共享能力改进能获得更高质量信息，并在个体与团队之间共享信息，进而改进作战人员的觉知能力，增强行动同步能力，最终明显提高任务效能。

2001年"网络中心战"思想正式得到美国国会的认可。美国防部长唐纳德·拉姆斯菲尔德将其作为推行国防部转型的基石，也作为国防部转型的五个目标之一。2001年上半年，拉姆斯菲尔德大刀阔斧地在国防部新设立了两个部门，一个是美国防部部队转型办公室（OFT），一个是助理国防部长办公室（主管C_4I系统），全力推动网络中心战思想的实现。这两个部门往上直接对C_4I的助理国防部长以及国防部长拉姆斯菲尔德负责，往下还有一批熟谙作战和技术的专家团队的积极参与。2002年4月美国防部还公布了《联合司令部计划》，增加一个新的职能司令部——联合部队司令部，专门负责推进美军的军事变革，形成新的条令、战略和战术，指导美军的联合训练和演习，随时向其他联合司令部提供受过良好训练、能够在各种作战环境中赢得决定性胜利的联合部队。"网络中心战"

---

[1] 军事科学院外国军事研究部译：《备战2020——美军21世纪初构想》，军事科学出版社2001年版，第190页。

思想转化为作战能力是在美国防部、联合参谋部、联合部队司令部和联合司令部的共同参与下展开的。由国防部统一规划网络中心战部队实验论证方案，各部门分工完成相应研究项目。国防部重点研究全球信息栅格、可互操作态势图、单集成空中图像系统；联合参谋部重点研究联合作战体系结构、联合作战能力评估；各军种重点围绕军种部队级别的互操作以及军种部队之间的互操作问题；战区联合司令部重点解决每个联合司令部的责任区域内的重要互操作性问题；联合部队司令部被指定为联合部队的实验验证和整合机构，支持各军种能力发展。

美国防部将网络中心战思想转变成作战能力的过程是一个任务功能组合包，从概念到能力包含了分析、建模与仿真、实验演习不断迭代发展的过程，并伴随着作战条令、部队编制、装备、人员和指挥控制等协同发展。美军先后开展的一系列作战实验与验证成为"网络中心战"能力初步生成的重要证据。比较典型的实验有以下几个：

1997年美国空军的"空对空任务：进攻性和防御性对抗"实验，使用数据链（Link16链）并辅之以话音通信，将传感器和空中作战飞机连接成网络，与仅通过话音通信控制的平台中心作战相对比，前者产生远远优于后者的信息状态，大大改进飞行员对空中情势感知，使作战飞机的行动实现自我同步。大量实验数据显示，以网络为中心的作战飞机在白天平均杀伤率增长2.61倍，夜间平均杀伤率增长2.59倍。

美国陆军围绕网络中心战能力先后进行了三次重要的作战实验，包括1997年3月在欧文堡国家训练中心的"21世纪特遣部队先进作战实验"，1997年在胡德堡进行的师级先进作战实验以及2001年4月的"师级顶点演习"第一阶段。这些作战实验演示了很多有价值的结果，如第一次显示时间敏感信息可以"横向"共享，而并非只能沿着传统"指挥链"的路径共享，使用战术互联网能够提高蓝军共享情势感知，营指挥所可以了解75%的排所处的位置；基于网络的陆军师指挥所火力呼叫速度提高6倍，而作战节奏提高了6倍。尤其在"师级顶点演习"第一阶段中，比较充分地验证了通过数字化部队的网络化显著提高了共享情势感知，第4机步师的2个旅级战斗队更为灵活和精确。"师级顶点演习"第一阶段专门验证了网络中心战对近距离空中支援影响。担任空中支援的飞行员与空地小组使用了态势感知数据链和监听舱，使共享实时信息的能力直线上升，能高效协调空地矛盾，在数分钟内完成空地精确打击任务，而在阿富汗战争初期美军的数据链没有形成空地共享网络。1998年10月美海军与驻韩美军司令部共同组织的"戴尔塔"舰队作战实验，重点检验了反特种作战部队任务领域。美军通过广域网将陆军第2步兵师、第6空战旅的"阿帕奇"直升机中队、几个海军和海军陆战队部队以及海上空中支援作战中心连成网络，指挥控制应用系统主要使用了纵深作战协调系统，实验显示，网络化系统能够共享信息，形成共用作战图像，提高海军、空军和地面组成部队指挥官之间的协调水平，从而，各部队几乎同步实施行动，作战时间和杀伤效率提高50%。

在网络中心战的能力生成过程中，信息时代指挥控制创新居于中心环节。美军认为，只有高度灵活的、分散的指挥控制才能第一时间反应战场突发情况，有助于部队行动的同步能力，将决策优势转换为行动优势。伴随网络中心战的理论与实践，美军开始致力于信息时代指挥控制的变革创新，以释放不断增长的技术优势带来的作战潜力，而指挥控制创新是关键核心，也是最难理解的部分。早在1996年的美参联会《2010年联合构想》中只强调了"编制体制与编制程序必须十分灵活，能够充分利用崭露头角的技术"①，但是未提及指挥控制创新。4年后的《2020年联合构想》开始提及指挥控制创新的重要性，"联合指挥与控制是个连接点，它是人员和技术、不断变化的作战能力及各军种能力的聚焦点。发展未来有效的联合指挥与控制需要开展严格而广泛的试验，尤其要着重进行组织创新和理论变革"②。90年代中后期美国防部已经关注到了指挥控制创新问题，专门建立了指挥与控制研究计划（CCRP），开展信息时代指挥控制理论创新研究，指导同步发展的 C_4ISR 框架、全球信息栅格以及指挥控制系统建设。指挥与控制研究计划（CCRP）主要由助理国防部部长和信息化办公室主任 John G. Grimes 和国防部长第一部长助理 Linton Wells. II 博士以及 ASD 特别助理和研究局长 David S. Alberts 博士牵头，由一大批从事信息时代组织理论创新的博士团队组成，围绕信息优势、信息战、指挥与控制理论以及相关作战概念展开研究工作，形成一系列的出版物，从理论上、原理上解析信息时代指挥控制方法创新，这些出版物包括《理解指挥与控制》（1994年）、《和平行动的指挥安排》（1995年）、《信息时代技术带来的结果始料未及》（1997年）、《处理边界》（1999年）、《理解信息时代战争》（2001年）、《放权周边》（2003年）。CCRP 研究计划由美国防部官方主导，由组织创新专业精英团队组成，既有权威性，又有科学性，对美军联合作战体系建设、网络中心战能力提升以及随后展开部队信息化转型有直接的推动作用。这一时期，美国防部 CCRP 研究计划形成的比较典型成果集中在两方面：

一方面，揭示了信息优势与网络中心战的原理，从理论上回答了信息时代指挥控制为什么要创新的问题。美军认为，影响信息时代的战争语言，必须考虑三

---

① 军事科学院外国军事研究部译：《备战2020——美军21世纪初构想》，军事科学出版社2001年版，第117页。

② 军事科学院外国军事研究部译：《备战2020——美军21世纪初构想》，军事科学出版社2001年版，第205页。

个域：物理域、信息域以及认知域。军事人员从物理域获取感觉、信息，在认知域形成知识，并通过人脑的分析综合形成晓知和理解，进而实施决策，最后在物理域展开行动。这一系列活动构成 OODA 环的基本过程。信息时代大量的信息装备和网络手段给部队提供了关键能力。对于信息化军队来讲，这种机会使其共享信息的能力显著增强。共享信息能力的提高将改善军事人员保持共享晓知和理解的能力，也就是对战场态势形成共同理解，进而大大提高协同的便利性，并提高部队同步能力。这也就是《2020 年联合构想》中提出的信息优势形成决策优势，决策优势形成行动优势的内在机理，这些原理能够从源头上指导指挥控制各个环节的设计与创新。

另一方面，提出了信息时代指挥控制的方式方法，从理论上回答了指挥控制如何创新的问题。CCRP 研究计划指出，在信息时代，指挥与控制组织的变化是获得可用益处的关键，如果不改变指挥与控制组织，那么信息时代概念与技术的全面影响将无法实现。而指挥与控制方法的改变又是信息化转型的最难点，因为，它受到"根深蒂固的传统、训练与经验方面的制约"[1]。在信息时代，针对大量传感器和网络提供的信息优势，研究人员提出指挥控制创新的关键是要具备高度的"灵活性"，在指挥方式方法上，强调"放权周边"，由过去的集中式指挥转向分散式指挥，"分散的指挥与控制或自同步最有希望"，所以，"信息时代的指挥控制组织创新应当转到这一方向"[2]。这些思想最终融入了"网络中心战"能力中，并在伊拉克战争中得到比较广泛的运用和检验。

未雨绸缪展开"倒萨"准备

自从 1991 年海湾战争以美国为首的多国部队完胜伊拉克后，伊拉克这个曾经的中东强国一蹶不振。战争给伊拉克造成巨大的经济损失，而且战后伊拉克持续面临经济困难，伊拉克军队整体作战能力下降 2/3 以上。美国对伊拉克战败后的国力和军力了如指掌，并且始终对其保持军事高压，不让其恢复元气。自 1991 年至 2000 年间，美军先后针对伊拉克展开近 20 余次大小不同的军事行动，主要采取军事威慑、巡航导弹打击、建立禁飞区、支援库尔德武装以及直接空中打击方式，比较大的军事行动有 1992 年"南部警戒"、1996 年"北部警戒"、1998 年

---

[1] 艾伯特斯：《网络中心行动的基本原理及其度量》，国防工业出版社 2007 年版，第 94 页。

[2] 艾伯特斯：《网络中心行动的基本原理及其度量》，国防工业出版社 2007 年版，第 104 页。

第十章 伊拉克自由行动：军种联合阶段跃升（2001—2003）

两次"沙漠惊雷"行动以及1998年的"沙漠之狐"空中打击行动。总之，虚弱的伊拉克已经成为美国的"眼中钉""肉中刺"，想打就打，推翻萨达姆政权对于美国是迟早要做的事。

2001年发动的阿富汗战争在很短时间内就取得决定性胜利，再次展现美国所谓"无以匹敌"的军事实力，这让美国高层拥有更充足的信心，并决心扩大战果。2002年1月29日，布什在向国会参众两院发表的《国情咨文》中明确提出"邪恶轴心论"，意将美国反恐战争扩大化。布什强调"阿富汗战争只是反恐战争的开始，而不是结束""美国绝不允许世界上最危险的政权使用毁灭性的武器来威吓我们"，并把矛头集中在伊拉克身上，他说"世界上存在着很多危险，但伊拉克构成的威胁格外严重，因为伊拉克的大规模毁伤武器控制在一个杀人成性的暴君手里……这个暴君妄图称霸中东地区……这个暴君还对美国怀有刻骨仇恨"。此外，美国的情报部门作出的判断是萨达姆与"基地"组织有着密切的联系，这更增加了美国高层要推翻萨达姆政权的决心。之后，美国开始以伊拉克拥有"大规模杀伤性武器"为由，为"倒萨"展开舆论和行动准备。尽管伊拉克在应对"大规模杀伤性武器"核查工作上不断让步，无条件接受联合国各项要求，但美国高层的"倒萨"决心已经确定，局势难以挽回。同年7月9日，布什总统在白宫招待会上宣称"美国将动用一切必要手段改变伊拉克政权"。10月上旬美参众两院先后通过授权总统必要时对伊拉克使用武力的决议。10月16日，布什总统正式签署了国会通过的授权总统对伊动武的决议。自此，美国正式展开对伊作战的一系列准备工作，包括政治外交准备、制定作战计划以及组织各种战前演习活动。

美军中央司令部针对伊拉克的军事筹划工作实际上在二十世纪90年代中后期就已经开始了，并在1998年形成了"行动计划1003"，此版作战计划在作战设计上只是"沙漠风暴"的一个翻版。到2001年12月份，中央司令部司令弗兰克斯开始与国防部长拉姆斯菲尔德、参联会主席迈尔斯商讨"倒萨"的方案设想，标志着已经启动了"倒萨"的军事行动。在阿富汗战争进行过程中就已经着手准备伊拉克战争，这也正应合了美军此前提出的"能够在全球同时打两场战争"的战略。此次针对伊拉克的军事行动目的一开始就非常明确，那就是推翻萨达姆·侯赛因的政权，作战的首要任务是剥夺伊拉克军队的军事能力。对伊拉克当前的军事实力，弗兰克斯认为，海湾战争后伊拉克的军事力量遭受重大削弱，但兵力仍然要比塔利班和"基地"组织多出10倍，不可小视。海湾战争时伊军有100万，陆军有68个师，现在大概有35万人，陆军只有23个师，其中，共和国卫队从10个师减少到6个师；1991年伊军坦克有接近6000辆、装甲运兵车4800辆，现在估计分别只有2660辆和1780辆；1991年伊军共有各类火炮4000门，现在只有2700门。为此，弗兰克斯提出大约需要40万的参战兵力，并设计了三种可能方案：第一种方案假想地面、特种部队及空中行动，从北部、西部、南部和从地中海、红海、阿拉伯海湾上的航母，同时或近乎同时地采取行动；第二种方案假定美军从少数几个国家发起攻击，按照先空袭，再地面作战的传统方式；第三种是"单一方案"，只使用科威特的基地和阿拉伯海湾上的航母，作战行动完全依照次序，一步一步地进行。经过与国防部长、参联会主席商讨，弗兰克斯最终选择了第一种方案，第一种方案，就是将强大的空袭与地面快速进攻同步展开，但由于很多中东国家不同意美军借道，地面进攻主要集中在科威特一个方向上。第一种方案是对伊拉克军队形成强大震慑效果的方式，能够彻底摧毁伊军的作战意志，因为弗兰克斯很自信地认识到"今天的伊拉克军队不同于我们在 1991 年面对的伊拉克军队。我们自身的军力同样发生了很大变化①"。

随后，中央司令部围绕第一种方案设计了四个作战阶段：阶段一——准备，向战场前推兵力，预计 45 天；阶段二——塑造战斗空间，主要是空袭，同时考虑空中与地面同步行动的设想，主要是利用特种作战部队协同空中力量打击伊拉克西部的"飞毛腿"弹道导弹发射系统，预计 90 天；阶段三——决定性的行动，彻底击败伊拉克军队，推翻萨达姆政权，预计 90 天；阶段四——战后行动，清剿与维护伊拉克国内稳定。这个阶段设计很大程度上有点仿效阿富汗战争的阶段划分。到 2002 年 1 月，通过中央司令部与美国防部的多轮沟通，方案大体的思路已经明确，由此形成新的"军事计划 1003V"。中央司令部围绕该方案展开详细的计划拟制工作，详细设计参战兵力、作战行动，推算各作战阶段所需要的时间，弗兰克斯对作战行动的总要求是实施快速决定性作战。2002 年 8 月，中央司令部针对"军事计划 1003V"完成作战计划拟制工作。9 月，弗兰克斯向总统布什汇报了作战计划。11 月，中央司令部向国防部提出兵力部署请求，同时，在中央司令部位于卡塔尔的前进指挥所进行计算机模拟演习，计算机仿真的结果显示，阶段二的空中打击和地面特种行动共需要 16 天时间，阶段三地面决定性行动消灭伊拉克军队需要 125 天时间，推演得出的实际作战时间比预先方案设想的 180 天要少 39 天。

依据中央司令部作战筹划进程，美军的兵力投送与部署在 2002 年 9 月初就已经展开，共区分为三个阶段：第一阶段为 2002 年 9 月至 12 月，主要是开设指挥机构，快速投送应急作战部队。10 月 12 日，美第 5 军军部的指挥参谋人员及指挥控制设施开始从德国陆续被投送到科威特。同时，第 1 陆战远征部队指挥参谋人员开始从美国本土移驻科威特。12 月，美中央司令部在卡塔尔的乌代德空

---

① 弗兰克斯·汤姆：《美国士兵——弗兰克斯》，中国青年出版社 2006 年版，第 225 页。

第十章　伊拉克自由行动：军种联合阶段跃升（2001—2003）

军基地开设了一个"机动司令部"。结合此前已部署在阿拉伯国家以及附近海域的部队，美军在海湾地区兵力已达到近10万人。

第二阶段2003年1月至2月，主要是投送海空部队和陆军轻型部队。海军方面，先后投送的兵力包括"罗斯福"航母战斗群、"小鹰"号航母战斗群、包括3艘舰艇的"塔拉瓦"两栖戒备大队、包括7艘舰艇的西部两栖特遣部队和东部两栖特遣部队。包括此前已部署的"林肯"号、"星座"号、"杜鲁门"3个航母战斗群，美海军在海湾地区共有各型舰载作战飞机180余架。空军方面，投送的主要兵力包括8架F-117A隐形战斗机、38架F-15、24架F-16、22架A-10攻击机、12架B-1B战略轰炸机以及部署于迪戈加西亚岛的18架B-52H战略轰炸机，另外，还有无人侦察机、预警机、运输机、E-8C"联合星"等作战支援飞机。陆军方面，第3机步师第2旅的作战人员空运抵达科威特，与那里的1个陆军旅预置装备相结合，该师第1旅早先驻扎在科威特，其他旅装备通过海运投送到海湾地区。2月6日，第101空中突击师和第82空降师5个营兵力向海湾地区投送。至2月底，美地面部队已超过5万人。

第三阶段2003年3月至开战前，主要是投送陆军重型装备及作战部队。进入3月后，美军加快了兵力投送的步伐。美陆军第3军的第4机步师、第5军的第1机步师和第1装甲师以及第3装甲骑兵团接收到向海湾地区部署的命令。由7艘大型两栖输送舰船组成的西部两栖特遣部队于3月10抵达波斯湾，同步到达的有约7000名陆战队官兵。海军"尼米兹"号航空母舰战斗群于3月3日从本土出发，赴波斯湾替换"林肯"号航空母舰。截至3月20日，美国及其盟友在伊拉克周边地区集结的兵力已近30万人，其中美军25万人，英军4.5万人左右。美陆军近13万人，坦克装甲车1500多辆；美海军5万多人，各型舰艇100余艘，各型作战飞机500余架；美空军4万人，各型作战飞机1000～1500架，包括8支航空航天远征联队及数支航空航天远征大队；美海军陆战队约3.5万人，主要为美海军陆战队第1远征部队，下辖第1陆战师、第3陆战队航空兵联队以及第1勤务支援大队。另外，英军在海湾地区共部署约4.5万人、100余架各型飞机、120辆"挑战者-2"型主战坦克。

在地面部队部署上，美军遇到非常大的麻烦，原计划采取南北部署、对进夹击方式，由于北线的土耳其拒绝美军借道，西南和南面的约旦、沙特阿拉伯也不支持美军地面部队进入，因此，美军只得将绝大部分陆军兵力部署在科威特境内，包括装备有最先进重型武器的第3机械化步兵师、第101空中突击师、第82空降师部分兵力和海军陆战队第1远征部队。其他少量地面部队分散部署在附近几个国家作为预备力量。在土耳其境内迪亚巴克尔兵营，驻有陆军第4机械化步兵师约5000人；在阿联酋部署陆军1个旅；在阿富汗境内部署1万美军，包括第82空降师一部。这样把绝大部分地面部队部署在科威特一个方向，不仅限制了攻击正面的宽度，也拉长了进攻距离，限制了地面部队攻击的速度。但是，此时的美军已经是一支武装到牙齿的准信息化军队，其部队质量上的优势已经可以抵消数量上和作战部署上的不足。

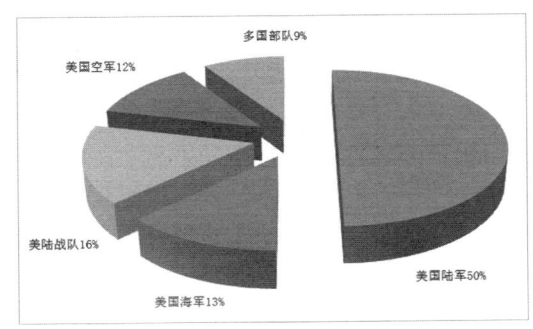

开战前美各军种参战力量比例

美空军作战飞机在伊拉克周边国家分散部署，呈现三线配置模式。第一线主要部署各类作战飞机和少量支援飞机。在科威特境内，贾贝尔空军基地部署有西南亚联合特遣部队，包括第332航空航天远征大队、第4406作战大队等，装备有F-15、F-16、A-10和陆军"阿帕奇"等各型作战飞机45架；萨勒姆空军基地驻有美空军第386航空航天远征联队和第9航空航天远征大队的部分力量，装备EC-130H、HC-130H、"捕食者"无人机、RC-12电子情报搜集飞机、陆军第11航空团AH-64"阿帕奇"直升机，以及英军"狂风"战斗机。约旦境内马弗拉克空军基地驻有美空军1000人，飞机27架。第二线主要部署各类支援保障飞机和少量作战飞机。在沙特阿拉伯境内，苏丹王子空军基地部署美空军第363航空航天远征联队等部队，约4500人，装备加油机、预警机和"联合星"联合目标监视飞机等约100架。利雅得、埃斯坎维利奇和达兰3个空军基地驻有美空军第9航空航天远征特遣部队、第320航空航天远征大队部分兵力、第4409空军基地大队等。在卡塔尔境内乌代德空军基地部署美空军379航空航天远征联队等部队，装备有F-117A隐形战斗机、F-15战斗机、KC-10加油机、KC-135加油机、E-8C"联合星"以及EA-6B电子战飞机。阿联酋宰夫拉空军基地驻有美空军第380航空航天远征联队、第763和第4413空中加油中队；萨姆瑞特空军基地驻有第405航空航天远征联队。第三线主要部署远程战略轰炸机和无人侦察机。阿曼境内穆斯奈空军基地驻有B-1B轰炸机10架，其他飞机46架。吉布提境内莫尼尔兵营驻有联合特遣部队以及"捕食者"无人驾驶飞机。土耳其境内因切利克空军基地驻有60余架飞机，包括F-15、F-16、EA-6B以及E-3A等。安卡拉航空站驻有美空军第7217基地大队。另外，在迪戈加西亚空军基地驻有B-52H远程战略轰炸机10架、KC-135加油机12架。

美海军先后参战的6个航母战斗群，依托地中海、波斯湾呈现东西对攻布势，并与依托地面部署的空军力量融为一体。其中，在东面波斯湾，"星座"号、"林肯"号和"小鹰"号3艘航母战斗群以及2个两栖戒备大队、2支两栖特遣舰队部署在狭长的波斯湾水域，"尼米兹"航母后续进入战场，在阿拉伯海游弋。在

第十章 伊拉克自由行动：军种联合阶段跃升（2001—2003）

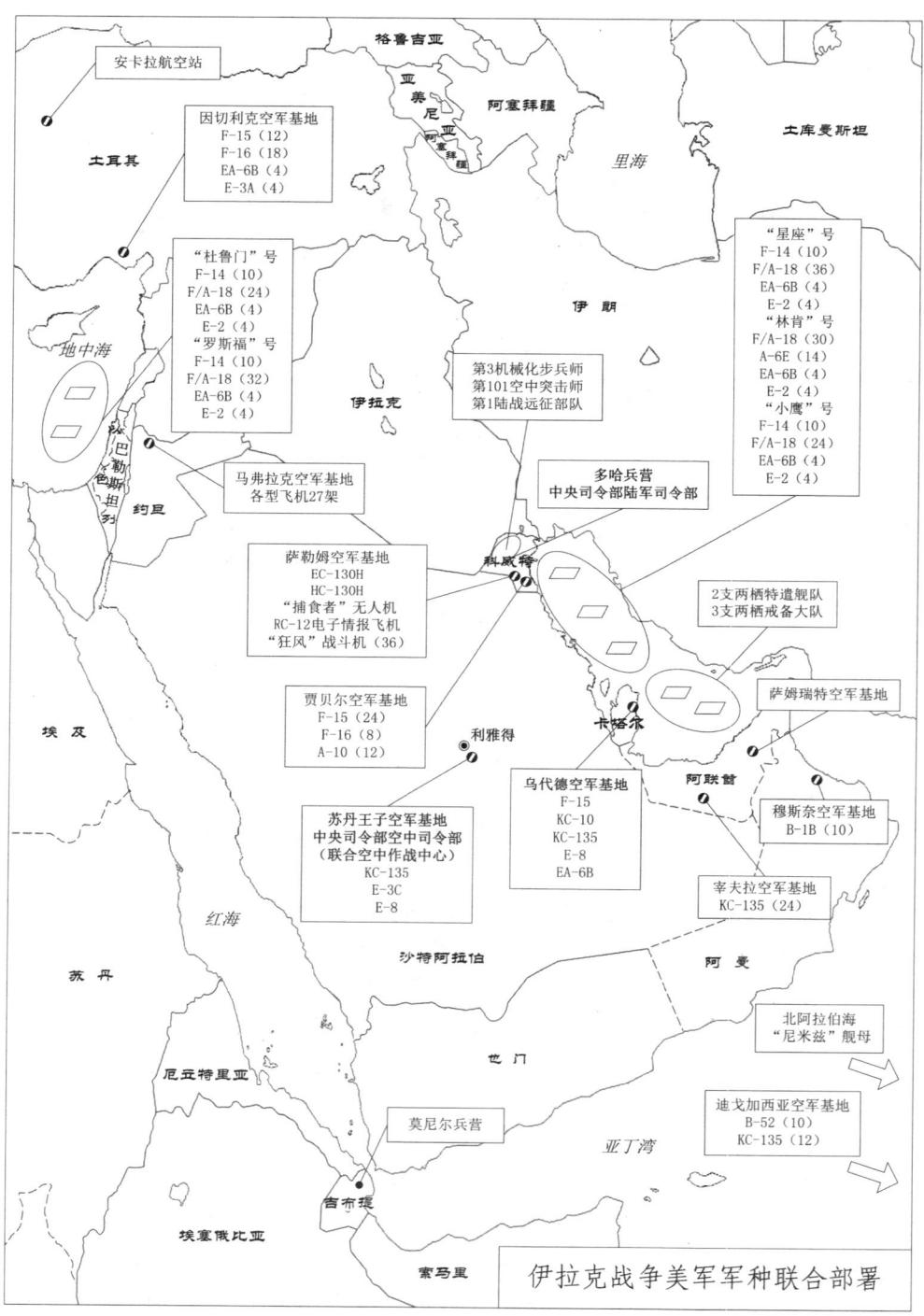

西面地中海，部署"杜鲁门"号航母战斗群和"罗斯福"号航母战斗群。

在联合作战指挥体系上，美军参战部队由中央司令部司令弗兰克斯统一指挥，中央司令部前方司令部设在卡塔尔的乌代德空军基地，负责美国对伊战争的实际作战指挥。中央司令部陆军司令部由第3集团军司令部兼任，设在科威特多哈兵营，下辖美陆军第5军司令部和美第1陆战远征部队司令部，分别指挥控制美陆军和海军陆战队地面部队。中央司令部海军司令部由美国海军第5舰队司令部兼任，设在巴林祖费尔海军基地。中央总部空军司令部由空军第9航空队司令部兼任，设在沙特的苏丹王子空军基地。英军地面部队接受美第1陆战远征部队司令部控制，英空军、海军分别接受中央司令部相应军种组成司令部控制。为了增进各军种在战役战术层面的联合，美军还完善了军种协同机构，着眼强化近距离空中支援中空地协同，成立了空中协调小组，由1个空军少将领导，由18个空军人员担任组员，其他7个由将军或上校率领的小组被分配到每一个地面部队指挥所，承担计划与联络任务。为了更有效地聚合能力，美军在体制编制与运行机制上有不少创新突破。作为地面进攻作战主力的第3机步师不再按照传统的师、旅、团、营编制模式，实现了充分的模块化战斗编组，全师编成3个旅战斗队，每一个旅战斗队又由不同机械化步兵营特遣队、坦克装甲特遣队组合而成，近距离空中支援的前方空中控制员已经配置到了连一级单位，这些优化组合的部队通过网络连成一个整体，每一个旅战斗队就是一个具备多样化作战能力的合成部队。

在战争准备中，美军注重利用信息时代给信息的获取、传输和共享带来的前所未有的契机，提高军种联合作战能力。美军在信息获取与流转的各个环节投入了大量的信息化装备，

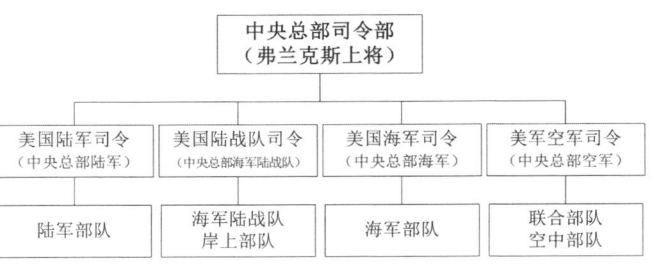

伊拉克战争美军联合作战指挥体系

使战场变得单向透明，包括更多的军用卫星、更多的空中侦察手段、更多的地面侦察手段和更先进的 C_4ISR 系统。在军用卫星方面，美共投入了90余颗各类卫星，可提供较广泛的战略级信息支援，而1991年海湾战争只有50余颗卫星。此次使用的卫星包括"锁眼"光学成像侦察系列卫星、"长曲棍球"雷达成像侦察系列卫星、电子侦察系列卫星、"国防支援计划"导弹预警卫星、中继卫星以及GPS导航卫星、气象卫星等。这些卫星系统的质量、性能和精度也大大提高。在空中侦察方面，包括U-2战略侦察机、RC-135电子侦察机、E-8C联合监视目标攻击雷达系统飞机、E-3机载预警和控制系统飞机、MH-53J直升机，另外，各军种还

使用了"捕食者"、"全球鹰"、"猎人"等十多种 90 余架无人机。在地面侦察方面，担任主攻的第 3 机步师装备 40 余套"远程先进侦察监视系统（LARS3）"，每个旅战斗队 13 套，能够伴随地面部队，更快速、更准确、更隐蔽地对伊军实施多手段侦察。另外，还有大量的特种作战小组和中情局特工渗透伊军纵深获取更多实时情报。这些侦察探测平台获取了伊军大量的战略情报、高价值目标情报、空情态势情报以及伊军地面部队战术情报。尤其是伊军地面部队实时战术情报，主要依托陆军"远程先进侦察监视系统"、空军 E-8C 联合监视目标攻击雷达系统飞机获取的伊军地面目标信息，经作战指挥系统数字化整合，形成了"红军跟踪系统"，再配合旅及旅以下部队作战指挥系统（FBCB2）——"蓝军跟踪系统"，构成通用作战图的最主要部分，这些实时红蓝双方地面态势信息从最低层的营连战术指挥所一直传输到中央司令部，甚至连通至美国白宫，让各级指挥官对伊拉克地面进攻作战态势达到实时准确的感知。

多方向多样式发起战争行动

战争发起前，中央司令部将对伊作战的"军事计划 1003V"正式命名为"伊拉克自由行动"，该计划基本思想是以"快速决定性作战"理论为指导，综合运用陆军地面部队、特种作战部队以及强大的海、空力量，充分发挥网络中心赋能作用，在对伊军实施超强规模空袭的同时，地面部队多路快速突入伊拉克纵深，空地一体直捣伊拉克首都巴格达，通过诸军种同步行动，摧毁伊军大脑与指挥中枢，使其失去整体协调作战能力，迅速击败伊军，推翻萨达姆政权。那么，如何隐蔽突然开启战争行动，首先从哪个方向发起打击，让本就虚弱的伊军猝不及防，中央司令部还是做了很多精心谋划，再次上演海湾战争施技用谋的套路。

首先是实施战略欺骗行动，这已经是美军实施地面作战的惯用手法。开战前几个月，中央司令部采取将计就计的方法，利用伊拉克的一名海外间谍外交官传递美军对伊作战计划，该计划向伊军显示联军只把一部分地面部队集结到科威特，而在伊拉克北部从提克里特到基尔库克周围的油田准备主要的空降进攻。美第 4 机步兵师随后穿过土耳其南下突击巴格达。这个欺骗计划让萨达姆误认为联军将从伊拉克北部进攻，从而把伊军有战斗力的陆军师特别是共和国卫队师套牢在巴格达及以北地区，为联军从科威特的主攻提供条件。

其二，伊拉克战争的发起不是美军惯用的非接触空袭作战，而是直接从伊拉克西部以及南部展开一系列特种作战。巴格达时间 3 月 19 日晚 21 时，美军也称 D 日 21 时，联军开展了历史上规模最大的特种战斗，50 余个美国特种部队 12 人小队与英特种空军战斗部队一同进入伊拉克沙漠地带，特种作战部队士兵总数达到近万人，配合数量众多的特种用途飞机，包括武装攻击机 AC-130、HC-130 搜救/加油飞机、EC-130 战场指挥控制飞机等。首要任务是歼灭与约旦、科威特和沙特阿拉伯接壤的伊拉克边境的伊军观察哨。随后，几百名特种作战队员将趁着夜色乘直升机和地面战车涌入伊拉克，搜寻伊拉克"飞毛腿"导弹和大规模杀伤性武器，夺取潜在的导弹发射地——西部沙漠的一系列机场。另外，还向伊拉克南部突进保护两大河流上的水坝和海上石油输出设施，这些特种部队还与空中力量以及先进的情报监视与侦察系统之间互动配合，为空中打击指示目标。美军之所以以特种部队行动发起大规模作战，基于几点原因：一是受到阿富汗战争的启发，美军非常重视特种力量的运用。"阿富汗战争表明，如果我们早一点部署地面部队，以便报告轰炸机应该瞄准的确切位置，那么从空中投下的精确制导炸弹就会发挥更大的效力。"①特种部队在装备了先进的导航定位、无线通信装备后，能够即时召唤空中火力和飞机救援，既能保证自身安全，又能实现小分队大能力；二是针对伊拉克"飞毛腿"导弹的威胁，对油气田等重要设施的保护，以及侦察和掌握伊军重要军事目标情报等，特种部队率先发起行动，可以快速消除这些威胁，快速获取目指信息，为主攻部队提供支援；三是从西部和南部沙漠先期展开特种作战，还可以进一步让伊军难以判断联军主攻方向，顾此失彼。

联军地面主攻时间原计划定于 G 日，即 D+2 日 6 点发起，因为，布什给萨达姆最后通牒的时限是 D+2 日 4 点。地面主攻方向在伊拉克的东南面，联军地面主力部队已经在伊科边境做好准备，包括第 3 机步师、陆战远征军和英国第 1 装甲师。但是，敌情的变化让主攻行动被迫提前，主攻行动的发起变成了对萨达姆的空袭"斩首"行动。

在巴格达时间 3 月 20 日凌晨，美国中央情报局局长乔治·特尼特向布什报告，中央情报局获得的最新可靠情报显示，萨达姆及其高级领导将在当地时间凌晨 5 时左右在巴格达以南的一个私人住宅召开会议，并且表示，错过这次机会，以后恐怕很难再锁定目标。中央司令部紧急制订打击计划，总统布什与安全委员会

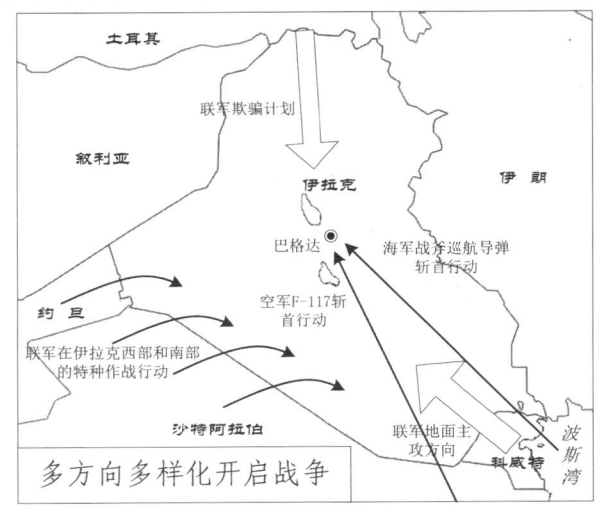

多方向多样化开启战争

---

① 《新世纪美国军事转型计划》，电子工业出版社 2003 年版，第 22 页。

第十章　伊拉克自由行动：军种联合阶段跃升（2001—2003）

的主要成员紧急磋商后，最终于巴格达时间 2 时 30 分签署了空袭萨达姆临时住所的命令。接到空袭命令后，位于红海和波斯湾水域的 8 艘美海军军舰上的操作人员立即根据中央情报局传回的目标数据向"战斧"式巡航导弹装定了打击诸元。与此同时，部署在卡塔尔乌代德空军基地美空军第 379 远征联队"黑羊"中队的 2 架 F-117A 隐形战机，携带两枚重达 2000 磅的"联合直接攻击弹药"，向伊拉克首都巴格达飞去。

当地时间 20 日 5 时 35 分，2 架 F-117A 隐形战机成功避过伊军雷达与防空火力，飞抵巴格达上空，分别准确地将两枚重型炸弹投向目标。当战机刚刚飞离巴格达上空时，由海上发射的多枚"战斧"式巡航导弹准确摧毁了伊军战略指挥机构指控设施。空海联合火力一齐指向伊军首脑目标，拉开伊拉克战争的序幕。15 分钟后，美军第二轮空袭开始，位于红海和波斯湾的军舰向巴格达发射 20 多枚"战斧"式巡航导弹，同时，又有 2 架 F-117A 隐形战机向巴格达投掷 4 枚重达 1 吨的精确制导炸弹，另外英军也发射了导弹。20 日上午 11 时 36 分，美军对巴格达的伊军首脑机构实施第三轮空袭。同时，布什总统在白宫发表电视讲话，正式宣布美解除伊拉克武装的战争打响。

此次"斩首"行动反映出美军作战的两个特点：一是超前做好情报工作以及对伊军高官的攻心收买。战争爆发前，美国中央情报局的两个特别行动组和特种部队小组早已部署在伊拉克北部库尔德人地区，并且中央情报局在战争爆发前就已经做了大量工作劝说或收买伊拉克军官。二是海空联合火力精确度很高。美军第一轮空袭是打击萨达姆会议场所和伊军战略指挥机构指控设施，分别使用空军 F-117A 战机和海军战舰发射"战斧"式巡航导弹，这两种不同军种的武器平台打击目标非常精准，而且到达目标的时间几乎做到同步。

由于伊方首脑具有很强的防范意识，行踪难以准确捕获，美军此次"斩首"行动没有获得成功。首先是美军"斩首"行动可用的武器平台不足。为了突破伊军防空雷达系统，美军主要依赖空军 F-117A 隐形战机，但为确保 F-117A 战机隐蔽可靠突入巴格达纵深，美军需要精心筹划多种开辟空中通道的方案，F-117A 和"战斧"式巡航导弹从接令到飞行、再到临空打击共花费了 3 个小时，造成无法把握"斩首"时机。事实证明，使用作战飞机、巡航导弹斩首成功率很低，主要原因是作战反应时间太长。对"斩首"目标打击后，打击效果的侦察判定也缺乏手段，直到"斩首"任务结束，中央司令部才收到一线部队的战斗报告，了解全面情况。这说明美军虽然已达到较高的信息化水平，但是，情报侦察与监视能力还有短板，尤其缺乏快速打击高价值时敏目标的手段。另外，此举失败也反映出美军对自己高技术武器的过度自信。

以"斩首"行动发起战争是美军对伊作战计划没有预先设计的，是依据情报作出的临机决定,体现了美军在作战中的灵活性,注重以变应变。但是,仓促实施的"斩首"行动未获成功一定程度上打乱了美军的预先计划。原定第4机步师和第3装甲骑兵团从土耳其战区发动攻击,但战争爆发时,这个方向还未准备好。驻科威特的101空中突击师到开战时多数装备还未配置到位。原定2到3天大规模预备性空中打击计划也未来得及实施。由于"斩首"行动未能达到目的,美军迅即展开更大规模的空地联合突击行动。

"震慑"行动空地一体推进

在"斩首"行动开始后不到24小时内,美军发起了"震慑"行动,将战略空袭与地面部队进攻行动同步展开,这是有史以来美军第一次将空地两种行动样式大规模同步实施。战略空袭重点是打击伊拉克的领导指挥机构、防空系统、通信系统、地面部队、电力与能源设施等。地面进攻采取南线主攻,北线配合接应,多方向合围巴格达的路线。在南线的伊科边界,美军与英军协同分左、中、右三路同步推进,各路进攻部队在一体化网络支撑下精确同步作战,通过空地一体快速猛烈打击,地面部队快速前推,使伊拉克军队难有还手之力,产生强大的震慑效应。中央司令部司令弗兰克斯向参战官兵提出的口号是:"关键是速度,伙计们。""我们肯定要赢取这场战争——深入敌人的决战圈。记住:快速干掉——敌人[①]。"就像一支进行全线反击的足球队,所有各方向的球员向对方的球门猛扑过来,让对方没有喘息之机。

地面进攻的具体部署是:南线的左路进攻部队,以美陆军第3机步师为主,在第101空中突击师和第82空降师1个旅兵力的配合下,向西向北迂回攻击,经纳西里耶、纳杰夫、卡尔巴拉向巴格达实施主要突击。在中路,美海军第1陆战远征部队经纳西里耶、舍特拉、库特向巴格达突进,切断伊军中、南两个作战集团的联系,割裂伊军的战役布势,钳制伊军行动,并保障主力部队的侧翼安全。右路则是由英第7装甲旅、第16空降旅、第3两栖突击旅和美海军陆战队第15远征分队组成,从科威特北部向伊拉克发起进攻,主要任务是夺占巴士拉,保护油田,保障海上交通运输安全。北线,由于美第4机步师未能到位,主要采取空降集结方式,在库尔德人控制的伊北部地区开辟战线,以钳制伊军的反击力量,为合围巴格达创造条件。

联军地面进攻面临三大困难:一是地面部队投入太少,正面只有美第3机步师、101空中突击师、82空降师一部和海军陆战队第1远征部队,加上英军地面

---

① 弗兰克斯·汤姆:《美国士兵——弗兰克斯》,中国青年出版社2006年版,第310页。

部队总兵力约 15 万，不到海湾战争联军地面部队的一半，与伊军地面部队人数比不足 1 比 2；二是在地面进攻前没有实施大规模空袭，伊军还有相当规模的地面防御力量；三是美军地面进攻目标是要彻底击溃伊拉克军队并攻占首都巴格达。在部队数量不占优势情况下，空中力量的战略空袭和对地支援很关键，必须以高度同步的空地一体火力弥补地面部队数量上的劣势。

地面进攻于当地时间 20 日深夜首先从右路发起。英国皇家海军陆战队第 3 两栖突击旅在海军支援下发起两栖进攻，占领法奥半岛。美国海军陆战队一部与英军部队联合行动，控制了鲁迈拉油田。随后，攻占乌姆盖斯尔港。英军除留一部分兵力保护油田外，主力部队等待后续到达的美第 1 陆战远征部队后将合力向巴格达推进。

21 日清晨，位于左路的美第 3 机步师以第 7 骑兵团和第 3 旅为先头部队开始发起主攻。第 3 机步师在使用工兵清除了伊科边境障碍后，沿伊南部沙漠公路高速向西北推进。随即，美军与联军空中力量开始对伊拉克领导指挥系统和军事目标同时实施大规模空中打击。空袭的目标包括巴格达、北部重镇摩苏尔，还有东南部阿勒纳赫布和阿卡夏特两座城市，以及科伊边境的伊军地面部队。装备"地狱火"空地导弹的"捕食者"无人机在伊拉克西部和南部上空进行长时间巡逻，重点打击伊军的机动式弹道导弹发射车，压制机动式防空导弹系统。

21 日白天，第 3 机步师继续向纳西里耶方向急进，该师的基本行动指导是避免同伊军在沿途城市长时间巷战，保持快速的作战节奏。第 3 机步师到达纳西里耶南部后，展开对该城的进攻。纳西里耶位于幼发拉底河东岸，巴士拉西北，伊南北干线公路横跨幼发拉底河的大桥从市区通过，是连接伊南部和中部地区的交通要道，伊军步兵第 11 师负责防守该城。第 3 机步师一部分兵力绕过纳西里耶向西边塞马沃挺进。师属第 3 旅于当日 15 时开始向纳西里耶西南目标代号为"火鸟"的塔利尔空军基地以及附近的目标"泥块"、目标"自由"等三个目标发起进攻，并歼灭防守在那里的伊军第 11 步兵师，至 22 日上午作战行动结束，开始建立一个近距离空中支援基地和后勤支援区。后续跟进的第 101 空中突击师开始分批进入伊拉克。与此同时，海军陆战队第 1 远征部队部分兵力协同英军参加了攻占法奥油田和乌姆盖斯尔等行动。21 日夜间至 22 日，美空军作战飞机和海军舰载机向巴格达、摩苏尔、石油重镇基尔库克和萨达姆家乡提克里特发动多轮空袭，出动的飞机包括 B-52H、B-1B 战略轰炸机、B-2A 隐形战略轰炸机、F-117A 隐形战斗机以及海军舰载机 F-18、F-14 等，轰炸目标是伊军指挥控制设施、共和国卫队和炼油厂等。美特种作战部队占领了伊拉克西部沙漠两个代号为 H-2 和 H-3 的重要机场。22 日下午，第 3 机步师的部分先头部队（第 7 骑兵团 3 中队）已经发起进攻塞马沃的战斗并占领目标"查塔姆"，而少数侦察分队已经在更西边的纳杰夫与伊军发生了接触。塞马沃也是伊拉克南部重要城市，位于幼发拉底河畔，距巴格达东南 280 公里处，伊军共和国卫队圣城师部分兵力防守在此。至此，美第 3 机步师主力已经深入伊拉克腹地 250 多公里。第 101 空中突击师紧随其后也展开战斗行动，先后攻占目标"贝壳"和目标"艾克森"。22 日夜间，美军对巴格达及其郊区进行新一轮猛烈轰炸，导致市区大面积停电。次日白天，再次对巴格达、摩苏尔、基尔库克进行轰炸。

21 日至 22 日，两天时间美英联军已出动作战飞机 2000 余架次，日均出动 1000 余架次，超过此前任何一次战争的空袭强度。同时，海军 30 艘战舰和潜艇共发射"战斧"式巡航导弹近 500 枚。空袭地区包括：巴格达、摩苏尔、基尔库克等城市的重要政府机构和要员住地、指挥中心、通信枢纽、国家电台和电视台、共和国卫队、重要机场和港口等 1500 多个目标，重点集中在伊军指挥控制系统、通信网络和共和国卫队等。大规模的战略空袭发挥的一个重要作用是"瓦解和弱化了伊拉克军队以及破坏伊拉克在战争初期实施统一战争指挥与控制的能力"，使伊军地面部队处于一盘散沙的状态，士气低迷，各自为战。在战略空袭的同时，密切的空对地火力支援也同步展开。为了弥补地面部队数量的不足，美军强调把地面和空中行动融合成整体的重要性。"如果一名步兵需要火力打击目标，他必须能够同等容易地请求攻击机、武装直升机或者火炮的火力支援。"如果一架"掠夺者"或者"全球鹰"发现伊拉克的装甲车，地面和空中分部必须瞬间接到数据，从而我们所有的火力——空中和地面——都能对目标实施打击。开战前三天的飞机出动架次中，有 800~900 架次是近距离空中支援行动。

美陆军各个地面部队实现以网络为中心的同步作战，空对地支援与地面行动也达到了同步。构建良好的空地联合作战协调机制，第 5 军司令部临时成立火力效果协调中心，其中的人员机构设置和组织程序都是临时整合的，由一位空军少将领导的、有 18 名空军人员组成的空中协调小组，加入到火

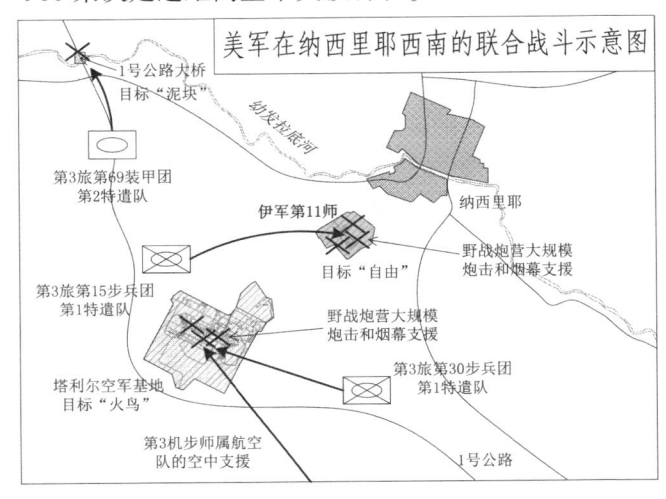

美军在纳西里耶西南的联合战斗示意图

力效果协调中心，以便更好地进行近距离空中支援的协调，并与位于卡塔尔的美军中央司令部前方指挥机构和位于沙特苏丹王子空军基地的联合空中作战中心进

第十章 伊拉克自由行动：军种联合阶段跃升（2001—2003）

行联络。开战不久，第 3 机步师第 3 旅战斗队在纳西里耶西南的战斗就是一次高度同步的作战行动。这里有三个重要目标：一个是代号为"火鸟"目标的塔利尔空军基地，另一个是机场北部幼发拉底河上的 1 号公路大桥。第三个是在机场与纳西里耶之间的"自由"目标，这里部署了伊军第 11 步兵师 1 个整师兵力。战斗中，美军依靠连成网络的共享信息和战术通信系统将地面部队、地面火力支援和航空兵力量同步应用，共同发挥的效果要大于独立元素的连续作用。第 3 旅第 30 步兵团第 1 特遣队的步兵分队，机动到"火鸟"目标东南方向的攻击位置，师属第 4 航空队的攻击直升机提供空中支援，在炮兵和攻击直升机打击后，第 30 步兵团第 1 特遣队的步兵分队在炮火掩护下迅速占领塔利尔空军基地。第 30 步兵团第 1 特遣队在攻占机场的同时，第 69 装甲团第 2 特遣队夺取了北部的 1 号公路大桥目标，同时，第 15 步兵团第 1 特遣队占领了目标"自由"。整个战斗行动只有一名美军士兵在战斗中负伤。战斗结束后，第 3 机步师将大桥的控制权交给第 1 陆战远征部队。几天之内，空军、陆军、海军陆战队与英国工兵建造了机库和加油点，随后，空军 C-130 运输机将设备和材料运送到基地，很快 A-10 攻击机进驻机场，开始在周边执行任务。信息高度共享和灵活的战术原则，再加上部队的高机动性，让所有战斗行动与支援行动达到前所未有的同步。空袭与地面进攻高强度同步行动，特别是地面部队前推速度出乎意料的快速，导致联合空中作战中心战略空袭使用的 72 小时空中任务指令周期经常滞后于部队前推速度，很多三天前想打击的目标，到三天后就已经不需要打了。

23 日是美军受损最严重的一天，26 名士兵在战斗中阵亡，地面进攻减缓。第 3 机步师第 3 旅战斗队一部与第 1 旅进攻塞马沃地区，另一路兵力直奔伊中部城市纳杰夫以南与第 2 旅战斗队会合攻打目标"拉姆斯"，在那里与伊军发生激烈交战。纳杰夫是纳杰夫省省会，位于幼发拉底河西岸 11 公里处的山脊处，距巴格达以南 160 公里，是伊拉克境内伊斯兰教什叶派著名的圣地，有不少著名的伊斯兰教古迹，伊军"圣城"师主力部队防守在此。位于中路的第 1 陆战远征部队从第 3 机步师接过了对纳西里耶的攻击任务，与伊军发生激烈战斗。第 1 陆战远征部队面对幼发拉底河东岸的伊拉克 6 个师的兵力，需要在这里建立一个桥头堡掩护西侧第 3 机步师的进攻行动，然后，过河击溃伊军攻占纳西里耶，还要继续沿 6 号公路北上抵达巴格达东部，参加合围巴格达的任务。

24 日，美军开始派兵降落在伊拉克北部的埃尔比勒和苏莱曼尼亚附近的机场，准备开辟北方阵线。美空军对摩苏尔与基尔库克等城市实施轰炸。美军第 3 机步师前锋已推进到巴格达以南 80 公里的地方，并在巴格达与卡尔巴拉之间与伊军"麦地那"师进行试探性交火。在南面，该师第 3 旅继续进攻塞马沃，第 1 陆战远征部队也在进攻纳西里耶，伊军抵抗激烈。

25 日，美英联军对巴格达及其周边地区、北部摩苏尔地区、东南部巴士拉进行新一轮猛烈轰炸，重点轰炸伊军地面部队以及弹药库。第 1 陆战远征部队在纳西里耶同伊军再次展开猛烈交火，下午越过幼发拉底河以及萨达姆河，继续向巴格达方向进发。第 3 机步师继续在塞马沃和纳杰夫地区战斗。25-27 日，伊境内出现强沙尘暴，能见度极差，攻击部队无法得到攻击直升机等空中火力的直接支援，地面攻击强度有所减弱。美军暂缓了向北推进，清理主要补给线，但战略空袭仍在继续。25 日以后，美军空袭的重点集中在巴格达以南的共和国卫队防御阵地和集团目标，特别是"麦地那"师、"巴格达"师和"汉穆拉比"师等精锐力量，大量地杀伤和消耗伊军有生力量和战斗意志。在这一段时间，伊军利用强沙尘暴等不良天气的掩护，以小股分队采取运动战、游击战等战法，对美军先头部队、后勤补给分队和攻击部队侧翼发动袭击，造成美军出现一定程度伤亡。

26 日，美伊双方进入激烈交战状态。凌晨，美英联军再次对巴格达猛烈轰炸，导致大部城区断电，伊国家电视台遭空袭被毁。共和国卫队"麦地那"师从巴格达外围前出至东南部的库特和卡尔巴拉西南部抵抗美军，随即遭到美军猛烈空袭。北部重镇摩苏尔也遭到多轮轰炸。在纳杰夫地区美第 3 机步师第 2 旅战斗队与伊军精锐部队进行激战，第 1 旅战斗队在塞马沃继续战斗，第 3 旅战斗队对各地战斗实施支援。进攻纳西里耶的第 1 陆战远征部队渡过幼发拉底河后，在舍特拉镇又遭遇了伊军的顽强抵抗。16 时，巴格达南部又遭受一轮新轰炸，目标是共和国卫队。同时，一支共和国卫队主力部队从巴格达南下，绕过第 3 机步师向纳西里耶方向的美第 1 陆战远征部队逼近。当日晚，美第 4 机步师和其他作战部队启程前往海湾地区。

27 日，美英联军战机再次轰炸巴格达地区和伊军地面部队。在开战以来的 7 天内，美军和联军已出动作战飞机近 1 万架次。美军第 173 空降旅乘夜黑空降到伊拉克北部库尔德人控制区，很快占领了一个机场。第 3 机步师第 1 旅战斗继续在塞马沃进行，第 2 旅战斗队在纳杰夫南部进攻目标"佛洛伊德"，第 3 旅战斗队一部分兵力攻占基夫尔桥梁。第 1 陆战远征部队经过与伊军的猛烈交火后，突破位于底格里斯河和幼发拉底河之间的伊军防线，继续向巴格达推进。作为预备部队的第 82 空降师参战兵力向塔利尔空军基地移动。晚 20 点，美英战机再次空袭巴格达，市中心一个通讯中心被炸弹击中。

28 日自凌晨起，美军至少对巴格达实施了 4 轮空袭，攻击伊残存防空系统、指挥情报等设施，6 时 30 分，B-2A 战略轰炸机向巴格达位于幼发拉底河东岸的程控电话交换中心投放了重磅钻地炸弹，另外，美军战机还对伊共和国卫队发动了攻击。开战以来，美特种作战部队在伊西部边境攻击伊军哨所、通讯设施、指挥中心，控制重要机场，寻找"飞毛腿"导弹发射装备以及化学武器的藏匿点，向东推进了300余公里，开展对目标"海盗"的攻击行动，开辟攻击巴格达的另一通道。第3机步师各部相继攻占塞马沃和纳杰夫等地区目标。第101空中突击师向纵深投送到卡尔巴拉一线，协助第3机步师进攻共和国卫队"麦地那"师。第1陆战远征部队主力向巴格达推进，与共和国卫队"尼达"师发生激战，一部滞留在纳西里耶与伊军继续交战，目的是控制该市、确保补给线安全。

29日，上午美军第101空中突击师的30余架"阿帕奇"直升机攻击了巴格达西南方向的"麦地那"师。由于补给不足和伊军的顽抗，美军暂停向巴格达的推进，调整力量，加强过长的补给线，但仍对伊军实施强烈的空袭。巴格达和周围军事目标再次遭到美英联军的多轮空袭，伊拉克新闻大厦在轰炸中被美军巡航导弹击中，一处伊军指挥中心、一处情报中心以及准军事组织训练中心损失严重，多处平民目标遭空袭损毁。第3机步师暂缓进攻行动，加紧调整部署。第1陆战远征部队在巴格达东面继续与"尼达"师激战。

3月30日凌晨，美继续对巴格达地区实施新一轮轰炸。第101空中突击师和第82空降师接防第3机步师沿途剩余部队，负责夺控要点的任务，第101空中突击师包围纳杰夫，当天，该师即与守城伊军发生激战，清除伊军外围一些据点。第82空降师负责监视塞马沃，并守卫南部交通线。

3月31日凌晨开始，美军同时使用B-52H、B-1B和B-2A等战略轰炸机，对巴格达的伊拉克通讯指挥中心进行突击，使用巡航导弹再次突击了伊拉克政府新闻部大楼，连续2天对巴格达的萨达姆总统府进行大规模轰炸，同时，对伊共和国卫队实施连续大规模空袭。美第3机步师第2旅战斗队一部攻入巴格达南部重镇欣迪耶的目标"墨累"并展开巷战，该镇已经是离巴格达最近的一个前沿阵地。第101空中突击师和第82空降师主力分别在纳杰夫和塞马沃实施战斗。在南部，第1陆战远征部队部分兵力在纳西里耶逐个街区搜索，清除伊军小股抵抗力量。

4月1日，从位于东地中海的航母起飞的50

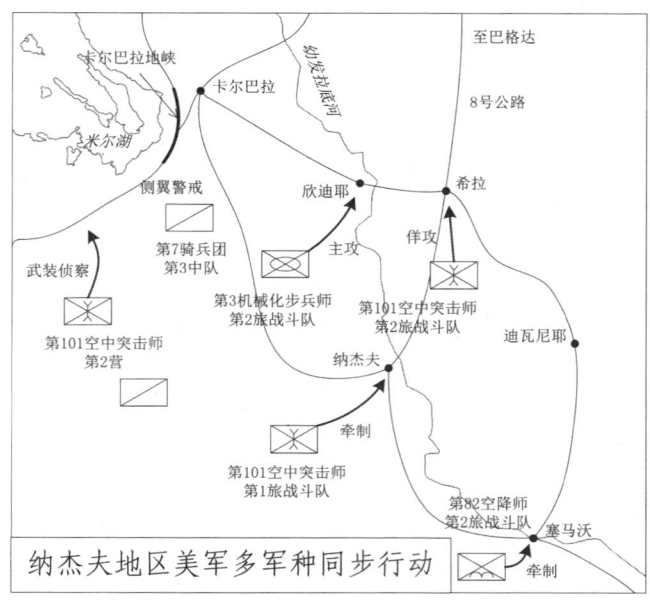

纳杰夫地区美军多军种同步行动

"震慑"行动空地一体推进

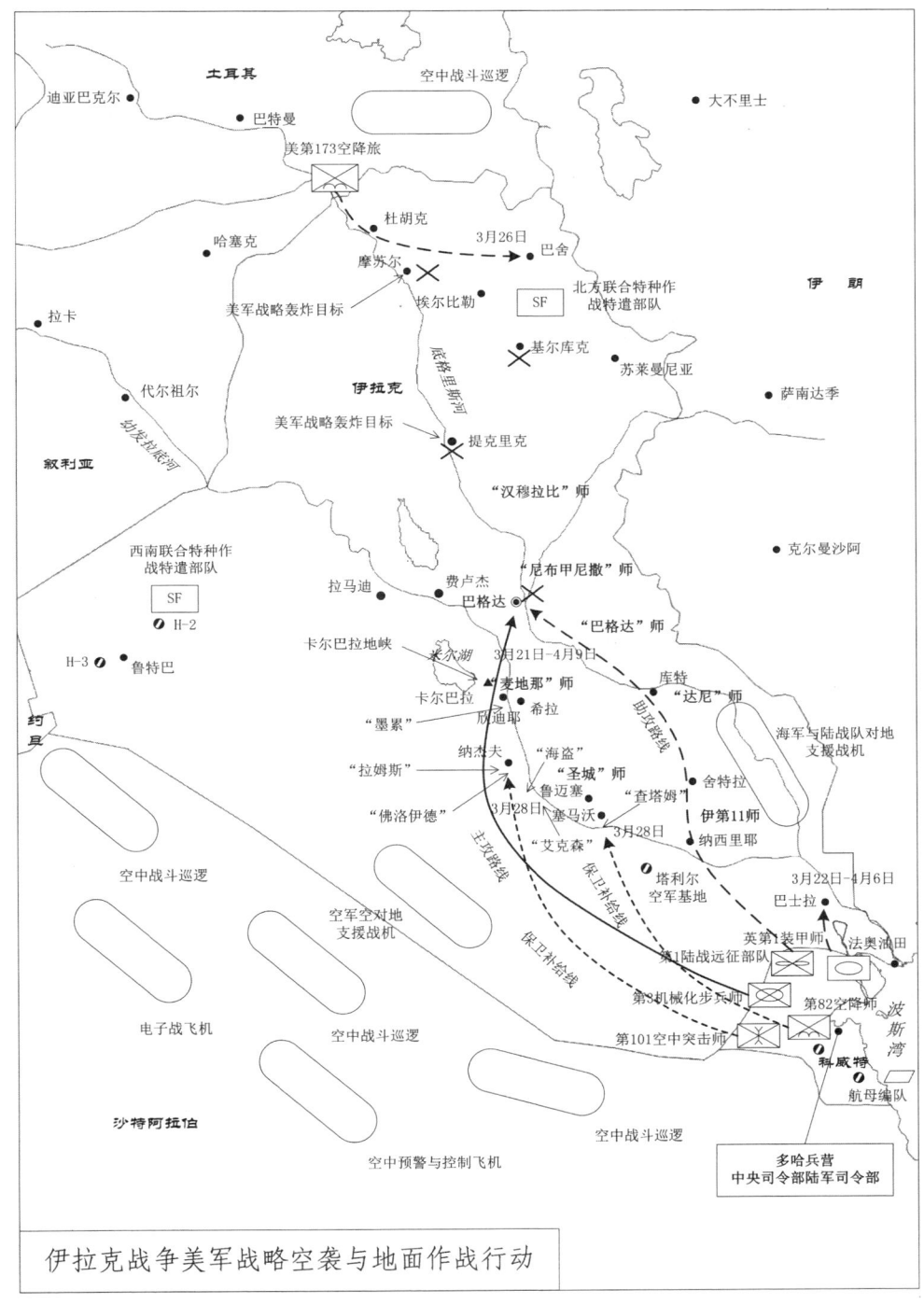

伊拉克战争美军战略空袭与地面作战行动

第十章 伊拉克自由行动：军种联合阶段跃升（2001—2003）

余架战机对伊拉克北部军事目标进行多轮轰炸，以配合特种部队以及第 173 旅开辟北方战线。同时，美空军持续轰炸伊拉克军队、情报和复兴党目标，并集中轰炸希拉和卡尔巴拉地区的"麦地那"师。美第 3 机步师在卡尔巴拉城附近与"麦地那"师进行全面交火，并对该城形成合围。第 3 机步师一部越过卡尔巴拉，继续向北推进。第 101 空中突击师继续进攻纳杰夫，一部佯攻纳杰夫北面的希拉镇。第 82 空降师负责清剿塞马沃和鲁迈塞地区，保卫南部交通线。美军第 4 机步师先头部队 5000 名士兵于当天抵达科威特，以增援美军进攻行动。第 1 陆战远征部队进攻库特镇，与共和国卫队"巴格达"师激战。

3 月 31 日至 4 月 1 日，在卡尔巴拉、纳杰夫与塞马沃地区，多支美军进行地面协同，展开多个战斗行动，空地一体火力对伊军地面部队进行毁灭性打击，反映了美军网络中心战促进诸军种部队实现战术层次的密切同步，包括地面行动同步、空地行动同步。由于几天前的恶劣沙尘暴天气，防守在卡尔巴拉以东地区的伊军"麦地那"师采取了分散隐蔽战术，美军一直没有发现其实际部署，此前的空袭收效很小，该师作战能力只削弱了 4%。同时，美军对其它伊军部队的行踪掌握也不充分。巴格达近在咫尺，美第 5 军面临两个任务：一是要通过佯动进攻吸引巴格达南部伊军注意力，然后，第 3 机步师一部突然向西穿过卡尔巴拉地峡，避开伊军在幼发拉底河东岸部署的优势兵力，迂回到巴格达城下；二是通过地面部队的多方向攻击行动，摸清伊军地面部队部署和动向，利用联合火力歼灭其有生力量，为最后进攻巴格达创造条件。此时，美军已经将进攻伊拉克主要地面部队集中到纳杰夫一带。第 3 机步师第 2 旅战斗队位卡尔巴拉东南方向，第 101 空中突击师位纳杰夫附近，第 82 空降师位塞马沃附近。31 日前一天，第 5 军军长华莱士中将带领参谋人员制订了一个同时开展五个攻击行动的方案。31 日 6 时，第 3 机步师第 2 旅战斗队对欣迪耶附近的目标"墨累"实施火力侦察，以迫使伊军调整位置；第 101 空中突击师第 2 航空团对米尔湖以西的伊军雷达阵地和其他目标实施武装侦察；第 101 空中突击师第 1 旅战斗队向纳杰夫发起攻击并占领了一个机场，扰乱其准军事部队的作战部署；第 101 空中突击师第 2 旅战斗队对希拉实施佯动攻击；第 82 空降师第 2 旅战斗队攻占塞马沃幼发拉底河大桥。第 5 军使用"猎人"无人机和各种情报搜集手段以及支援的"捕食者"无人机密切监视伊军反应。这些同步进攻的行动取得了效果。伊军判断美军越过幼发拉底河后要沿 8 号公路由南至北向巴格达推进，隐蔽于这一地区的伊军地面部队急忙调整防御阵地，造成共和国卫队"麦地那"师、"汉穆拉比"师、"尼布甲尼撒"师的部署完全暴露。4 月 1 日，美第 5 军的联合火力支援协调中心利用先进的火力协调系统平台召唤大量的作战飞机、攻击直升机和火炮的打击，1 天时间里基本歼灭"麦地那"师。第 3 机步师第 3 旅战斗队乘势攻入卡尔巴拉地峡并向巴格达迂回挺进。这两天的战斗行动，美第5军利用旅及旅以下作战指挥系统——增强型定位报告系统提供的共享态势，组织多支地面部队实施密切协同的多点进攻行动，无人机与地面侦察监视设施提高了信息质量，纵深作战协调系统大幅提高了部队态势感知共享能力，火力协调组织结构革新提高了近距离空中支援的任务效率，以信息技术平台为支撑的创新指挥流程实现了一体化联合行动。

2日，美英联军对伊拉克领导层和军队实施了规模更大的"震慑"。在对巴格达的领导系统目标以及象征萨达姆统治的总统府、总统官邸、提克里特及复兴党办公机构进行精确打击外，重点突击了巴格达南侧抵抗顽强的共和国卫队。美军在空袭中还动用了威力强大的贫铀弹。同时，美军还对伊拉克北部摩苏尔进行猛烈轰炸。B-52H战略轰炸机还对伊军坦克纵队投下精确制导"集束"炸弹，对伊军共和国卫队造成重大杀伤。第3机步师一路穿过卡尔巴拉地峡向巴格达西面迂回，16时30分占领巴格达西南郊幼发拉底河上的大桥目标"桃子"，3日，继续前推攻占目标"圣人"，这是巴格达以南1号和8号公路的交叉口，切断伊军交通线，使伊军无法回援巴格达。第101空中突击师在空中火力支援下向纳杰夫发起猛烈进攻。下午，第1陆战远征部队在库特附近越过底格里斯河上的一座桥梁，边与"巴格达"师交战，边向巴格达方向开进。4月2日至3日，美军对巴格达外围的共和国卫队——主要是"汉穆拉比"师、"尼布甲尼撒"师的空袭达到高潮，日均出动战机1900~2000架次。据报道，在这几天里，战略空袭共摧毁了伊共和国卫队770多辆坦克、450门火炮，损毁了伊军90%以上的重型装备，严重削弱了伊军战斗力。

此后，美第3机步师、第1陆战远征部队作战的重心是围攻伊拉克首都巴格达。第101空中突击师、第82空降师等部队的主要任务是清剿巴格达外围主要城镇。4月4日，第101空中突击师在空军A-10对地攻击机支援下，对纳杰夫城内的"萨达姆敢死队"实施了长时间的定点打击，并占领纳杰夫。随后，美第101空中突击师转入对卡尔巴拉的进攻。卡尔巴拉市是卡尔巴拉省的省府，位于伊拉克中部，距巴格达80公里，是伊拉克什叶派穆斯林的聚集地。5日，美军从四个方向对卡尔巴拉市发起攻击，很快突破伊军外围防御阵地。在直升机火力掩护下，该师逐个建筑物向内推进，不断收缩包围圈。城市巷战迫使美军无法发挥飞机、火炮优势，只能靠轻武器实施近距离战斗。之后，美军改变战术，与伊军脱离接触，呼唤航空兵和炮兵对隐蔽在房屋内的伊军实施猛烈轰炸。经过两天艰苦战斗，美军终于攻克卡尔巴拉市。此次战斗，第101空中突击师共击毙伊军400多人，俘虏100多人。4月6日，第82空降师完成清剿塞马沃和鲁迈塞的任务。第1陆战远征部队也直到4月5日才完全控制纳西里耶大桥，6日，攻占纳西里耶城。

第十章 伊拉克自由行动：军种联合阶段跃升（2001—2003）

综合这一阶段美军联合作战情况，可以认识到，战场态势的充分感知与共享，有助于保证各级部队指挥官对将要支援的目标、将要遇到的威胁和行动计划有一个明晰无误和共同的理解，也就是形成共同的认知，以支撑各军种在作战行动上更加高效的同步。这些作用效果在前期近20天的地面进攻作战中已经有大量体现。例如，3月21日，第3机步师第3旅战斗队各特遣队在纳西里耶附近同时进攻目标"泥块"、目标"自由"的同步行动。3月23日，美空军"捕食者"无人机在塞马沃高空拍下一股伊军抵抗武装企图阻击第3机步师机动部队，而这一情况，由驻沙特阿拉伯联合空中作战中心的"捕食者"空军操作员将图像传输到远在本土的中央司令部指挥所。3月31日至4月1日，位于纳杰夫的美第5军在空中力量的配合下同时展开5个作战行动，大量歼灭"麦地那"师有生力量。

在联合指挥方面，中央司令部全权指挥伊拉克战争，美国防部通过通用作战图可掌握伊拉克战场态势，一般不干预中央司令部的指挥，但及时实施必要的指导。中央司令部联合空中作战中心、陆军第5军司令部以及特种作战司令部具体筹划组织战略空袭、地面进攻作战和特种作战行动。中央司令部基本指挥所设在美国本土的坦帕空军基地，指挥远在万里之外的海湾作战行动。位于科威特多哈的中央司令部第5军司令部的保密扬声器可以将指挥调度传到中央司令部。在中央司令部可以实时接收伊拉克现场传来的各种图像画面。中央司令部一般不包揽下属军种司令部的筹划工作，但是，所属军种司令部对作战中的重大突发情况要向中央司令部司令及时报告，中央司令部进行审核并组织再研究再筹划。例如，4月1日，中央司令部陆军司令部上报了使用第11攻击直升机团（AHR）从前方空中加油站起飞纵深攻击"麦地那"师，前方空中加油站位于纳杰夫南部开阔的沙漠里这一情况。考虑到第11攻击直升机团的安全问题和与空军固定翼飞机协调问题，中央司令部司令弗兰克斯对该方案提出改进意见。例如，3月23日早晨，第5军的一个保障单位在纳西里耶遭到伏击，几人阵亡，至少12人失踪。这对于美军来讲是重大伤亡事件，必须向中央司令部报告。中央司令部司令可以通过蓝军跟踪系统或者直接的战场图像了解情况，作出处置决定，尤其是涉及跨军种的协同事项，往往需要中央司令部出面协调。在上述伤亡与被俘事件中，弗兰克斯就是直接向中央司令部特种作战司令部和中情局提出抢救被俘人员要求。此次遭伏击事件也反映出情报、侦察与监视系统主要保障拥有重型武器的主战部队，而对步兵或非正规部队保障分队的情报侦察手段不足。另外，根据海军陆战队战后总结，海军陆战队与陆军部队之间仍然存在着令人困惑的协同混乱状态，特别是在纳西里耶附近地区，陆军的补给梯队遭到伏击，主要原因就是两个军种地面部队之间缺乏协同手段与机制。

"雷霆"行动联军轻取巴格达

"雷霆"行动是美军围攻伊拉克首都巴格达的联合作战。巴格达位于伊拉克中部枢纽位置，市区横跨底格里斯河两岸，是美军取得战争胜利的标志性目标。经过前期作战，防守巴格达市区的伊军数量已经剩下不多，但却是一些忠于萨达姆的骨干力量，具有较顽强的战斗力。包括"汉穆拉比"师的2个旅防守着国际机场以西通往巴格达的通道、巴格达北部，"阿德南"师2个旅防守底格里斯河以东城区，另外，还有一些轻步兵和准军事部队驻守在巴格达城内，总计防守兵力约2万多人。同时，伊军还紧急抽调驻守提克里特的"尼布甲尼撒"师南下增援巴格达作战。负责进攻巴格达的美军地面部队有第3机步师和海军陆战队第1陆战远征部队。第3机步师从南部和西南部担任主攻任务，第1陆战远征部队从巴格达东部担任助攻，第101空中突击师、第82空降师在南部交通线上承担对第3机步师的支援掩护任务。

4月3日早晨，美第3机步师第2旅从卡尔巴拉以北转向东越过幼发拉底河，攻占1号公路和8号公路的交叉路口。第7骑兵团第3营也紧跟着越河向北攻击巴格达国际机场以西1号公路和10号公路交叉路口，阻击伊"汉穆拉比"师发动的侧翼攻击。随后，第3机步师第1旅向北机动攻占国际机场。当天，在1号和10号公路交叉路口的战斗进行得异常激烈。美第7骑兵团第3营依靠炮兵和近距离空中支援，击退了伊军1个旅和许多准军事部队的反攻。第3骑兵营控制侧翼后，第3机步师第1旅战斗队一部乘势沿1号公路向东攻占国际机场。当天，美军共歼灭了伊军700多人，摧毁36辆T-72坦克、2辆T-62坦克、19辆T-55坦克以及50门大炮。在整个战斗期间，第3机步师所有层次指挥所通过"蓝军跟踪系统"观看了部队进展情况，依托共享的战场态势实时进行协同。当晚，被困在巴格达与希拉之间的残余伊军企图向东越过底格里斯河撤回巴格达。美空军"捕食者"和陆军"猎人"无人机侦察到伊军的动向。第5军司令部通过"火力效果协调中心"（FECC）的"空中支援作战大队"，协调空中力量实施了大规模空中打击，消灭了大部分溃逃伊军。

4月4日，第5军主力已推进至巴格达郊区，军战术指挥所转进至纳西里耶东南的贾巴拉机场实施靠前指挥，尽管距离一线部队还有300余公里，但是，战术卫星通信系统可以将军、师、旅指挥所有效地连接起来，甚至"蓝军跟踪系统"的态势信息也可以直接传输到军指挥所，保障指挥官对所属部队有效指挥与控制。第5军战术指挥所转进至贾巴拉机场，还有利于军"火力效果协调中心"与空军近距离空中支援的协调。第3机步师已经从南面和西南对巴格达形成了

第十章 伊拉克自由行动：军种联合阶段跃升（2001—2003）

包围，第 101 空中突击师和第 82 空降师完成了在塞马沃、纳杰夫和其他地区的行动，确保了第 3 机步师后方的交通安全。海军陆战队第 1 陆战远征部队从东南方向围向巴格达。第 5 军决定，让第 101 空中突击师第 2 旅接替第 3 机步师第 3 旅战斗队防守卡尔巴拉，而第 3 旅战斗队转进至巴格达西北方向 1 号公路附近的主要路口。

5 日拂晓，根据中央司令部的命令，第 3 机步师第 2 旅战斗队发起以环形路线穿过巴格达市又返回巴格达国际机场的试探性进攻行动，代号"雷霆行动"。该师第 2 旅第 64 装甲团第 1 特遣队沿 8 号公路向北前进，很快便与伊军发生交火。美特遣队使用坦克装甲车的直接火力和空军近距离空中支援有效配合，展开了一场激烈的近距离战斗。在战斗过程中，第 2 旅战斗队指挥官、第 3 机步师指挥官、第 5 军指挥官、中央司令部，甚至五角大楼的指挥官通过蓝军跟踪系统目睹了"雷霆行动"全过程。第 3 机步师还出动"猎人"无人机现场跟踪行动，将视频传输到中央司令部。激战 3 小时，第 64 装甲团第 1 特遣队进入巴格达市区后又向西向南迂回，最终回到机场与第 7 步兵团部队会合。此次行动共打死伊军 2000 余人，摧毁伊军坦克 1 辆、装甲车 1 辆以及防空火炮数门。

6 日，美军南线部队已全部到达攻击位置。第 3 机步师第 3 旅从西向北弧形运动，一路突破伊军"汉穆拉比"师和共和国卫队特种部队的防线，沿途还收拢了加强到其它旅的第 15 步兵团第 1 特遣队和第 1 野炮团第 1 营，傍晚，控制了巴格达西部和西北部进出该市的两条高速公路；第 1 陆战远征部队从东南方向袭击了巴格达东南 12 公里的塞勒曼帕克镇，并夺取了共和国卫队的大本营。至此，美第 3 机步师和第 1 陆战远征部队基本形成了对巴格达的合围。

7 日，美第 3 机步师再次派出第 2 旅战斗队对巴格达实施一次有限攻击，这是第二次"雷霆行动"。基本计划是以第 64 装甲团第 1 特遣队、第 64 装甲团第 4 特遣队为先导突入巴格达市中心；第 15 步兵团第 3 特遣队随后控制通往市区的 8 号公路交通线，主要控制代号为目标"科尔利"、目标"拉里"和目标"莫伊"的三个路口。第 1 和第 3 旅战斗队在其他地区实施支援进攻。早晨 5 时 30 分，第 2 旅战斗队三个特遣队以纵队方式沿 8 号公路逐次向市内推进。伊军从建筑物、天桥和隐蔽的装甲车内向美军疯狂射击，战斗异常激烈，但没有预想的困难，美军第 2 旅战斗队始终掌握着进攻的主动权。两个先导的装甲特遣队并不恋战，以 70 多辆坦克和 60 多辆步战车，在 A-10 攻击机等空中火力的掩护下，杀开一条血路向巴格达市中心长驱直入，紧跟其后的第 15 步兵团特遣队则逐个清除残敌，控制沿线交通路口。在整个进攻过程中，第 5 军军长华莱士中将、第 3 机步师师长布朗特少将则通过"蓝军跟踪系统"实时观看战斗态势，但不干预战斗行动，把指挥权全面交给了一线战斗人员。当第 2 旅战斗队先头坦克分队占领第 2 个交通路口目标"拉里"时,该旅指挥官伯金斯上校决定向城中心推进。7时30分,先头部队第64装甲团第1特遣队已经攻入巴格达市中心,占领底格里斯河边西岸的萨达姆行宫。伯金斯上校又通过战术卫星通信系统向布朗特少将提出要利用市中心的林荫大道和公园进行防御,而不按原计划回撤。布朗特少将毫不犹豫地同意了。布朗特少将随即又命令第1旅战斗队派出第7步兵团第2特遣队增援第2旅,重点是保护进入巴格达市中心的8号公路交通线,确保市中心部队后勤补给安全。7日夜间,巴格达市内战斗仍然十分激烈,但第2旅战斗队在市区坚守阵地。第3旅战斗队则在巴格达西北的重要交通路口上击退了伊军的多次反击,牢牢地控制通往北部的1号公路和附近的底格里斯河上的桥梁。战后美军总结认为,作为一线指挥官的第2旅旅长伯金斯上校以一个旅的兵力留守巴格达市中心的决定,是"压断萨达姆政权脊背的最后一根稻草",加快了萨达姆政权的垮台,而第5军及第3机步师指挥官放权指挥起到了支撑作用。

  8日至9日的战斗依然非常激烈,被围困在巴格达市内的伊军残余力量作困兽犹斗。美军出动坦克、火炮、战机和直升机对市中心的一些目标发起攻击,双方在底格里斯河西岸的政府机构发生激烈交战。8日凌晨,约500名伊军士兵向占领萨达姆官邸的美军发起攻击,美军以坦克、步战车实施正面抗击,A-10攻击机从空中对伊军进行扫射。第1、3旅战斗队在巴格达西北和西南方向阻击伊军的突围行动。9日,美第1陆战远征部队从东面到达巴格达市区并加入战斗。第3机步师第1、3旅战斗队开始向市中心发起进攻,与在这里防守的第2旅战斗队会合。美数百辆坦克和装甲车从数个方向同时向市中心开进,在几乎没有遇到抵抗的情况下占领市中心广场。与此同时,萨达姆及其军政要员突然集体消失,伊军官兵纷纷逃离战场,伊军在巴格达"有组织的抵抗已经停止"。这标志着推翻萨达姆政权的既定战争目标已经实现。

  作为第一场初具信息化形态的局部战争,伊拉克战争中美军的军种联合水平达到了全新高度。按照美军战后总结:"美军的作战能力,不是独立分散的单军种能力——而是真正意义上的联合力量,是能最大限度发挥威力和创造致命性的力量。"①4月3日以后进攻巴格达的"雷霆行动"也是充分地运用了战场感知优势,大量无人机的使用让战争成为现场直播。中央司令部司令可以在远离战场的情况下随时调看一线武器平台的图像。美参联会主席战后描述这一能力变化:"联合作战是战场上更重要的事情。我认为这一点在此已得到了充分的证实。我们的整合非常好。使整合得以实现并消除了其间的鸿沟和缝隙的是 C_4ISR。"

---

  ① 军事科学院世界军事研究部:《伊拉克战争——战略、战术及军事上的经验教训》,军事科学出版社,第2页。

第十章　伊拉克自由行动：军种联合阶段跃升（2001—2003）

战争中，美军 C_4ISR 系统的网络化程度有了很大提高，基本实现了战场感知系统、指挥控制系统和作战行动系统之间的无缝连接。纵向上，中央司令部本部和前方指挥所、联合空中作战中心、第5军司令部、特种作战司令部以及各参战部队联结为一体化指挥体系；横向上，各参战军兵种部队的作战单元及相关要素之间能够实时传输共享信息。例如，美海军可以依托保密的因特网，从联合空中作战中心的空中计划制定小组以数字化形式获取空中任务指令（ATO），使战略空袭任务快速准确下达。战争初期，美特种作战部队在伊拉克西部成功的破袭行动，依赖于使用加密通信和指示器，以及使用了诸如单兵异频雷达应答器或"蓝军跟踪器"等新系统，使得他们可以与其他地面部队保持更加紧密的协同，上级指挥官也能更好地协调特种作战与地面部队、空中力量的行动。在空对地火力支援方面，网络化的"纵深作战协调系统"是融合战区内陆航、野战炮兵、空军等火力的重要手段。该系统集成了联合时敏目标管理、空中作战中心目标管理、空中任务命令、间接火力管理和炮兵通用作战态势图等不同军种作战指挥系统的功能，融合多来源目标信息，能够根据前沿侦察发现的伊军目标，快速分析协调最佳火力资源，组织空对地支援打击行动。这种多军种网络化的火力整合功能，能够实现作战能力的倍增。中央司令部司令弗兰克斯称："一个陆战队侦察排乘着轻装甲车（LAV）前出，可以激光测定一个营的伊军 T-72 主战坦克，呼叫火力打击，铺天盖地的 GBU-12 制导炸弹会应声而来。藏身农舍的一名特种作战部队队员可以传输一个隐伏的伊拉克炮兵阵地的参数，稍顷就能目睹多管齐射火箭系统炮弹群砸向敌人。"

美军各军种作战平台之间也表现出较高水平的网络化、一体化作战能力。美空军、陆军的各型无人机在伊拉克上空进行长时间的巡逻，发现可疑目标后，立即通过机载高速数据链回传并显示在后方的自动纵深作战协调系统上，指挥控制人员随即在短

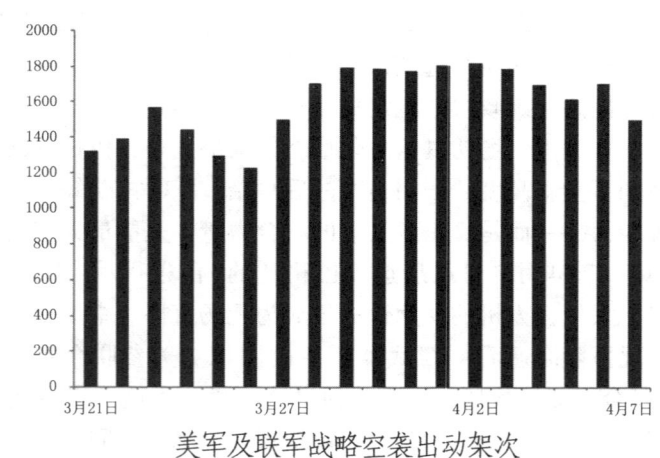

美军及联军战略空袭出动架次

时间内完成协调和攻击审批程序，并将此目标分配给合适的地面炮兵或空中力量。针对伊军发射"飞毛腿"导弹，美军还发挥了多军种平台网络一体反导能力。

开战之初，伊军使用"飞毛腿"导弹进行了微弱的反击，但是，美军使用基于多军种网络化的"爱国者"导弹实施了较有效的拦截。在伊军"飞毛腿"导弹发射后两秒钟，位于海湾北部的美国海军"宙斯盾"驱逐舰就能够检测到，驱逐舰迅即向科威特多哈营地的中央司令部陆军司令部的防空作战中心告警，在伊导弹飞行过程中，美陆军防空炮营的雷达实施不间断跟踪定位，14秒内计算机就算出火力解决方案，发射并引导"爱国者"导弹实施拦截。

在战术指挥层面，美军各参战部队的指挥则更加灵活高效。战术卫星通信系统和部队作战指挥系统（FBCB2）—"蓝军跟踪系统"使得各部队指挥官身处极度分散的非连续战场照样能了解战斗动态，并通过通信系统和态势感知来高效指挥作战。战术层面的高效指挥不仅来源于先进的通信与信息共享技术，还得益于对一线指挥官的充分信任并由此采取的分散式指挥。在高强度的地面作战中，美军遵循了"让第一线指挥官作决定"的原则，保证地面作战行动的快节奏和同步能力，在战场上始终保持主动权。因为，在网络化体系中集中指挥很难及时处理各方面汇集的海量信息，信息传输不可避免存在延迟和不清晰问题，只有一线指挥官才能最快、最准确地处理战场突发情况。美陆军第5军司令华莱士中将对美伊双方部队行动效率作了评论："伊拉克部队都需要很长时间——有时几乎要24小时——才能对我们的行动作出反应。当敌人意识到我们在做些什么、然后从指挥官那里得到命令、最后他们再做些什么，这时我们已经在做其他事了。"而美军在作战指挥上却有截然不同的表现，很多指挥的案例可以说明这一点。例如，3月31日至4月1日，第3机步师在纳杰夫地区展开的五个同步战斗行动；第3机步师第2旅战斗队4月7日攻入巴格达市中心后主动实施的防守行动，等等，都反映了美军一线部队战术指挥官的自主灵活指挥的效果。

另外，空对地火力支援协调机制也得到了优化。伊拉克战争中，美空中力量日均出动1500架次，初步估计，每天约900架次是负责空对地支援打击任务，第5军和海军陆战队第1陆战远征部队平均每天各得到450架次的空中支援，这个空前规模的空对地支援大量歼灭了伊军共和国卫队的有生力量。美第5军建立火力效果协调中心（FECC），优化了传统的线性的、树状的军火力协调程序方法。火力效果协调中心能够整合军情报部门的"分析与控制分队（ACE）"多源目标情报数据，还可以协调引接侦察飞机和无人机实施目标侦察，依托"自动纵深作战协调系统"直观了解目标定位、空域和作战，更广泛地整合陆军战术导弹系统以及陆军攻击直升机和联合空中火力。火力效果协调中心指挥官能够进行更快速地分析目标、确定瞄准点或分配用弹，将目标信息传给火力支援协调分队（FCE）进行炮击，或传给空军的空中支援作战中心（ASOC）进行近距离空中支援。

第十章 伊拉克自由行动：军种联合阶段跃升(2001—2003)

在整个作战过程中，也暴露出很多美军军种联合方面的问题。首先是多次发生误炸误伤事件。23 日，美军"爱国者"导弹击落英军"旋风"式战斗轰炸机，机上两名飞行员遇难。24 日，美军一架 F-16 战斗机在纳杰夫附近误击美军"爱国者"导弹阵地上的雷达系统。

美军空中打击对地面部队支援的效果

	"自由伊拉克行动"前	空中遮断行动阶段之后	第 5 军进行近距离空中支援后
伊军第 11 师	84%	81% 1.5 日后	63% 3 日后
伊军"麦地那"师	96%	92% 4.5 日后	29% 10 日后
伊军"汉穆拉比"师	97%	73% 13 日后	23% 5 日后

28 日，美军一架 A-10 攻击机误击巴士拉附近的英军装甲车，造成多人伤亡。4 月 3 日，一架美军 F-15E 战斗机误炸巴格达南部的美军炮兵阵地，导致至少三名美军士兵死亡。4 月 6 日，美军战机在伊拉克北部误炸友军，至少有 4 名美军特种兵和 12 名库尔德武装人员死亡，数十人受伤。这些反映出美军在战场感知手段、敌我识别手段、空地协同手段与态势信息共享等方面还有较大缺陷，战场临机协同缺乏有效机制，本质上还是各军种作战体系融合度不够的问题。

情报、侦察与监视手段和能力还有不少欠缺。如空军 E-8C 联合监视目标攻击雷达系统飞机可以与陆军纵深作战协调系统整合信息，支撑空对地支援行动，但陆、空两大军种体系依然是独立的壁垒，这种有限的网络化制约了军种之间的深度融合。中央情报局、国家安全局、国家侦察局、国家图像测绘局等机构融入作战体系还不够，导致难以给一线部队尤其是营级以下战术指挥所提供实时的、高分辨率的图像，不能满足地面部队纵深快速推进的需要。尽管使用了数量较多的无人侦察机以及地面侦察系统，但是，这些很多是供师及师以上指挥所优先使用，旅营级以下战术情报搜集手段严重缺乏，不能满足近距离作战需要。另外，一线机动作战部队观察山背后、建筑物内或城市环境情况的能力相当有限，大部分是靠一线战斗人员现场目视观察，这是造成地面部队在进攻巴格达等城市目标中出现人员伤亡的重要原因。

地面部队的战斗互联网络在营及营以下级别分队中的作用最为微弱，导致分队之间的协同效果不佳。例如，担任左翼主攻任务的第 3 机步师的旅及旅以下作战指挥系统——"蓝军跟踪系统"只配置到了连指挥官，大量的坦克装甲车辆和步兵分队没有配发，而担任右翼助攻的第 1 远征部队装备数量更少，其它保障部队几乎没有，这导致战场态势不完整，态势共享不充分，不利于军种的联合行动。另外，陆军的通用作战图主要依托"蓝军跟踪系统"和"红军跟踪系统"，与联合空中作战态势图是各自独立的系统，没有真正实现联合作战一张图。在战术行动层面，美军地面部队进攻作战普遍采用无线通信手段互联，战术卫星通信系统配发数量有限，受地形、天候及电磁环境影响大，系统运行不够稳定。如美军在攻打纳杰夫的战斗中，因受高大建筑等地形地物的影响，造成通信不畅，不得不在距前线20公里处临时开设通信中心，指挥协调部队行动。海军陆战队的部分战术通信系统仍在使用"越战时代"的陈旧装备，作战中严重依赖于基站内通信设备，其覆盖距离仅有约30公里，难以满足陆战远征部队机动距离更远、更快的要求。如3月24日，在乌姆盖斯尔港争夺战中，美军第1陆战远征部队的地面部队与空中支援部队失去联络，致使地面进攻行动拖延了5小时。

本章小结

伊拉克战争被称之为一场准信息化战争，美军依靠信息化武器装备、一体化指挥手段和网络化作战体系，以"网络中心战"能力支撑军种联合行动，实现了诸军种在战略、战役、战术各层次更紧密的联合，在作战行动上表现为快节奏、精确火力和力量同步等特征，这是美军军种联合的一个质变跃升。军种联合的优势使作战能力实现倍增，作为进攻方的美英联军不是以传统3∶1以上的数量优势取胜，而是以少击多，并在短时间内以极少代价彻底击溃数量依然庞大的伊拉克军队，实现"倒萨"战争目标。

无人机以及各类传感器的大量使用，配合各作战系统之间广泛的连通性增强态势感知。美军战后的总结也认为，伊拉克战争战场的透明度比海湾战争提高了一倍。战争是充满不确定性和动态性的领域，敌对双方互争优势的主观努力以及各自内外部因素产生的摩擦，使战争领域更加扑朔迷离、难以把控。消除这一复杂性的首要环节就是利用一切信息化手段清除"战争迷雾"。

美军通过总结过去的经验教训，改进和创新了指挥控制方法，以发挥信息技术平台的优势，这促进了军种更深度的融合。战争中，美军战略、战役、战术各指挥层面依托一体化的指挥手段可以共享战场态势，各级指挥权责、关系以及运行机制更加顺畅，战略、战役层面适当集中指挥与战术层面灵活放权指挥有机统一，分散指挥的程度大于集中指挥，充分体现了信息时代对指挥控制的新要求。

网络化体系促进军种力量深度融合。军种联合的高级阶段就是军种力量之间的深度融合，其本质内涵就是各种力量从战略、战役、战术直至作战平台实现互通互连，依托信息的高效流转共享，实现军种能力优势互补，进而融合成一个有机整体。仅仅在战略层面或者战役层面的军种联合是简单联合，是浅层次、粗放性联合，必须在战役、战术甚至作战平台各层面建立广泛的互联互通，建立网络化体系，以信息力整合火力，实现军种在战术层面的融合贯通，才能推动军种联合的深化。军种深度融合不仅要依靠信息化网络化体系，还需要创新灵活的体制编制与组织机制。

　　从作战全程看，美军军种联合依然不够完善，面对复杂战场环境带来的战场迷雾和战争阻力，暴露出不少作战体系和能力上的不足，导致行动频频失误。美军各个军种情报数据计算、加工和传输的组织、技术与通信机制还是各成体系，军种之间相互独立，一体化程度不够，只有少量的作战平台可以实现跨军种整合。伊拉克战争中美军构建的"网络中心战"体系并不是真正意义上的"系统的系统"，而且是"系统的无系统组合"，是多种系统的简单叠加拼凑，在体系的局部打通链路。不少军种协同的机制还未得到固化，美中央司令部的许多指挥官仍坚持以单个军种的需求为核心，联合作战方面出现的许多进步只是临时想出的新方法。跨军种的联合也不是时时有效，战斗中的误炸误伤事件依然频发。

第十一章 伊战后用兵：军种联合激进而迷茫（2003年以后）

伊拉克战争的再次完胜，让美国人的心理优势达到了顶点。美国不仅要充当世界领导，而且要按照自己的模式输出美国民主。为了维护这个霸主地位，美军强势推进新世纪军队转型，创新联合作战理论，研制新型武器，并积极谋求在世界热点地区用兵。另一方面，随着全球化和国际多边主义潮流发展，传统战略对手俄罗斯逐步复苏，而中国也在崛起。美军事战略由应对反恐战争匆忙调整为应对大国高端战争，端出"多域战"等一系列新概念，军种联合步伐激进、曲折而挑战不断。

部队信息化转型中途夭折

美军部队信息化转型实际上在伊拉克战争之前就已经启动，其直接诱因是"9·11"恐怖袭击事件。"基地"组织的袭击让美军认识到，冷战结束后国际格局在深刻变化，苏联已经不复存在，未来潜在的对手将"避开我们的优势，不断寻找我们的弱点"，因此，"美国必须再次改变我们的军事思维和作战方式"。美国总统布什2001年12月11日在南卡罗来纳州查尔斯顿堡军校发表了题为"加速军事转型是美国当前的第一要务"的讲话，正式开启美军转型工作。"防止大规模恐怖事件的发生是从现在起到未来的各届美国总统的责任。这一职责决定了美国三个急迫而又需要付出持久努力的重要事务。第一个就是加速我们的军事转型。"①布什还强调，面对新威胁，需要有新的思维方式，并发展能够迅速适应新的挑战和意想不到的环境情况的军队和能力。美国防部提出以"基于能力"的战略取代传统"基于威胁"的战略，全面推进部队信息化转型，使之成为一支"供求平衡"的全能部队，以便联合指挥官有更大选择余地，以应对日益多样化的威胁，进一步提出军队转型"六步走"目标：第一，保护美国本土和海外基地；第二，向远距离战区投送并维持力量；第三，剥夺敌人的庇护所；第四，保护美国信息

---

① 《新世纪美国军事转型计划》，电子工业出版社2003年版，第4页。

网络免遭攻击；第五，使用信息技术把不同种类的美国部队连结起来，以便使它们能够进行联合作战；第六，使美国能够不受阻碍地进入太空，保护美国的太空能力免遭敌人攻击。其中，第五个目标就是实现"网络中心战"能力。2002年，美各军种相继提出本军种转型路线图，研究了转型的具体措施，列出一系列的建设项目和预算。

为了理清军队转型的思路，特别是，廓清此前提出的《2020年联合构想》、"网络中心战"能力以及军队转型的关系，2003年4月10日，美国防部正式颁布了《美国防部转型计划指南》，指出美国军队转型确定的目标不只限制在反恐斗争领域，而是全方位的，包括"未来的威胁可能来自恐怖分子，但是也可能以计算机战、传统的国与国之间的冲突或某种完全不同的方式出现"①。其转型的根本目的是要"发展能够很快适应新挑战和不确定环境的部队和能力。"而且，美军强调新世纪军队转型是全方位的，不仅要对传统的作战能力、武装力量进行转型，而且，还要对思维方式、训练方式、演习方式和作战方式，甚至军事文件进行转型。转型的最终目的是充分利用信息时代提供的信息优势发展能适应各种环境的、新型军队能力。其目标是"从根本上建立以网络为中心的分散配置的联合部队，具备快速决策优势，能在整个战场空间实施集中效果的作战"②。《美国防部转型计划指南》把军队转型的方向最终定格在发挥信息优势上，定格在全面形成信息时代联合作战能力上，这样的指南把军队转型与网络中心战能力建设结合了起来。但是，军队转型目标又远高于"网络中心战"，它是对美军二十一世纪建设信息化军队的一个全方位的设计。综合前面的指挥控制创新、"网络中心战"思想以及军队转型目标的提出，可以看到，二十一世纪初的头几年里，美军的军事思想、军事理论创新是非常活跃的，这一方面在于《2020年联合构想》对创新提出的呼唤，另一方面，时任美国总统布什、国防部长拉姆斯菲尔德急于作为的创新意识起了高端引领作用。近几场高技术局部战争中展现的技术带来的始料未及的巨大战果也激励美军上下始终保持激进的创新热情。此外，这也反映了美国在进入二十一世纪后渴望拥有一支全能型的军队，能够打败一切可能形式的威胁，始终保持其称雄世界的霸主地位。

伊拉克战争的主要作战行动结束后，美军再次把重心放在转型建设上。2003年11月，美国防部部队转型办公室颁发《军事转型战略途径》，提出"网络中心战"是美军新的战争方式，确定美军应以此作为统一美军建设和作战理论发展的指导思想。2004年1月，美国国防部颁布《网络中心战：创造决定性作战优势》

---

① 《新世纪美国军事转型计划》，电子工业出版社2003年版，第25页。
② 《新世纪美国军事转型计划》，电子工业出版社2003年版，第25页。

和《网络中心战实施纲要》，将发展和建设网络中心战能力作为统揽军事转型的整体框架和中心环节。部队信息化转型对于美军来讲，不仅仅是发展网络中心战能力，还是国防部主导下的一次全方位改革，不仅要打造信息优势，还要从作战理论、编制体制等各方面配套创新，才能将信息优势转化为新质战斗力，打造一支适应信息时代作战的新型军队，取得并保持非对称优势，大幅度提高战争能力，以满足变化的安全环境之需求。

各军种按照国防部的转型指导思想分别规划本军种转型路线图。美陆军转型路线图将转型工作区分三个阶段，近期从 2002 年到 2004 年，中期到 2009 年，远期是 2010 年以后，重点发展六大能力①。根据这六大能力目标，陆军又确立一系列转型建设项目。2003 年 8 月，新上任的陆军参谋长彼得·斯库梅克结合阿富汗战争、伊拉克战争的经验教训，提出陆军转型应着重关注的 15 个"核心领域"，包括"士兵""网络""模块化""联合与远征能力""现役陆军与后备队的平衡""部队稳定""作战训练中心／作战指挥训练项目""领导教育与领导力开发""陆军航空兵""配套设施"等。

美海军的转型是要建成一支能持久作战、能立即部署战斗力，并能随时应付任何挑战的海军—陆战队合成部队。转型的关键是建立力量网络，能将传感器、网络、决策辅助手段、武器和支援系统整合成一个综合性的海上网络。美海军将这种网络上升为一种力量，强调运用力量网络将使海军与海军陆战队完全融合成一支联合部队，为联合部队指挥官提供"最独立、最好利用和最安全"的"海洋投送兵力"。海军转型主要形成三个相辅相成的能力：海上打击、海上盾牌和海上基地。未来在网络化和兼容性更强的海上基地，美海军能够快速地依据任务把适合的力量编组投送部队，作为联合部队的一个组成部分。

美空军转型提出"全球警戒、全球到达、全球力量"的构想，将通过采纳新作战理论、改变组织结构、先进技术以及战争观、文化、训练和条令的一系列改革，以完成转型目标。空军实现国防部转型目标的关键举措是建立特遣部队，能够根据各种各样的威胁情况剪裁部队、使用部队。强调转型必须维持其核心竞争力，即航空航天优势、信息优势、全球攻击、精确打击、全球快速机动、灵活的作战支援。空军参谋部与各大司令部一起，制定基于能力的特遣部队方案。包括航空航天远征部队作战方案；空间和指挥、控制、计算机与通信情报、监视与侦察特遣部队；全球打击特遣部队；全球反应特遣部队；国土安全特遣部队；全球机动特遣部队；核反应特遣部队。这七大特遣部队方案的核心思想是为联合作战指挥官提供不同威胁背景下的力量编组使用。为了实现这七大特遣部队方案，美

---

① 《新世纪美国军事转型计划》，电子工业出版社 2003 年版，第 100 页。

空军细化了包括信息优势、航空航天优势、精确打击、全球攻击等17项转型能力建设目标。

2004年1月21日，美军联合部队司令部向国防部部队转型办公室提交了《联合作战转型路线图》，重点从联合行动的层面阐述信息化转型的目标、重点及路径，与各军种转型路线图形成一个完整体系。《联合作战转型路线图》强调从基于威胁、需求推动的部队发展方法转向基于能力、概念推动的部队计划方法，强调开发和列装得到巨大改进的联合作战能力，包括以信息作战夺取信息优势和决策优势的能力、联合指挥与控制能力、联合情报能力、投送和维持联合部队的能力以及网络化作战行动的能力，以确保未来联合部队能够完全一体化、远征化、网络化、分散化、适应性强、能够夺取决策优势和实施致命攻击。《路线图》还要求加强信息栅格建设，全面提高各军种以及联合司令部之间的信息互通能力；重视对联合作战概念进行实验，协助国防部高级领导人就联合部队投资、下一代能力开发重点等做出正确的决策。

总之，伊战之后美军国防部推行的部队信息化转型的核心目标是针对未来不确定的非传统威胁，构建网络中心战体系，基于能力灵活编组力量，支持联合作战。如美国防部军事转型办公室主任亚瑟·塞布罗斯基海军中将所讲："美国国家正在进入一个以小型、快速、人民大众为基础的优越性的时代，为了获取这些能力，美国遭受了笨重和大型部队的惩罚①"。美军部队信息化转型瞄准的远景目标是未来10年之后，但是，这项由国防部自上而下推行的庞大改革计划从一开始就面临一系列阻力。战后伊拉克局势日益恶化，美军不得不加强战区部署，仅陆军在伊拉克、阿富汗与科威特，便部署有16万人，在全世界部署或驻扎的人数达36万，而且，这种"低强度冲突状态"的结束似乎是遥遥无期的。转型工作几乎与阿富汗战争、战后伊拉克行动同步展开，必须优先考虑如何打赢眼前战争，阿富汗、伊拉克两个战场美军的困境也使人们对部队信息化转型的有效性产生疑问，原有的转型计划不断被调整变化。同时，国防部的资金与项目投入也没有提高。军中不少高层指挥官则倾向于打赢更高端的常规战争，而不是国防部确定的"非传统威胁"。部队信息化转型要求装备实现信息化、轻便化，但是，当前部队很多重型装备服役年限远超过转型的时限要求。如此以来，国防部顶层设计的庞大转型计划很难逐项落实，一切工作集中在把成熟技术尽快用于当前的战场上。2005年6月，美陆军出台的FM-1《美国陆军》就明确指出，"陆军转型没有终止，但它同时必须服务于当前的战争②"。而随着2006年11月作为改革急

---

① 《新世纪美国军事转型计划》，电子工业出版社2003年版，第433页。
② 《凯夫拉军团：美国陆军转型》，知远战略与防务研究所2014年版，第347页。

先锋的国防部长拉姆斯菲尔德被迫下台和 2009 年 1 月布什总统的卸任，这场改革热潮逐步降温。

但是，不可否认，这场多少有些虎头蛇尾的转型大改革使美军信息化程度和联合能力又向前迈进了一步。美陆军完成了"以旅为中心"的模块化重组，完成了现有战车及飞机平台的信息化改造，地面战车普遍配备了全球定位系统和旅及旅以下作战指挥系统，精确制导弹药使用率也大幅度提升。美海军围绕"网络中心战"能力和三个核心能力，建立了与陆军、空军和海军陆战队互联互通的 C_4ISR 系统，开展了 E-2C 预警机雷达现代化以及协同交战传感器网络建设计划，研制了一系列无人机，两艘"尼米兹"级航母先后列装。美空军瞄准阿富汗战场最紧迫的需求，发展非传统战争军事能力，整合近距离空中支援、情报、监视和侦察、伤员撤离和信息战等军事行动，重点加强空军与地面部队之间的联系，包括拓展"捕食者"无人机的能力和部署、提供专门的近距离空中支援和武装掩护武器平台，以满足战场指挥官不断增长的作战需求，发展轻型运输机以适应伊拉克和阿富汗偏远战场的保障需要。

在部队信息化转型过程中，值得注意的一个现象就是美军上下高度迷信武器装备技术。参联会《2020 年联合构想》总结近几场高技术局部战争实践作出论断："技术创新是联合部队变革的关键部分。整个工业革命时代，美国依靠技术创新能力夺取了军事行动的胜利，今后仍需这样做。然而，扩大创新的重点，使其超越技术而且认识到体制编制和理论创新的重要意义，是十分重要的"。美军认为，实现部队信息化转型的核心是发展出适用于未来信息化战场的武器系统。美国防部提出部队信息化转型之初，美各军种曾经一度竞相炒作"未来作战系统"，成为美军建设发展急速冒进的败笔。首先是美陆军提出了发展"未来作战系统（FCS）"、建立"未来部队"的构想，随后，开展了一系列相关概念和技术的开发工作。按照美军的说法，未来作战系统是"系统的系统"，就是以体系的思想来发展新式武器装备，它构成美军信息化转型的一部分。2003 年 5 月，美国国防采购委员会批准陆军"未来作战系统"项目从概念与技术开发阶段正式转入系统研制与演示阶段。不甘落后的美海、空军也纷纷列出未来装备研制大单。

美陆军的"未来作战系统（FCS）"研制计划包括 18 个单独系统加网络加士兵构成的大系统，被称为"18+1+1"。这 18 个单独系统包括：1. 视距/超视距火炮；2. 间瞄火炮；3. 间瞄迫击炮；4. 导弹车；5. 武装人员输送车；6. 控制车；7. 指挥控制车；8. 再补给车；9. 侦察、监视与目标探测车；10.155MM 火炮再补给车；11. 抢修车；12. 卫生车；13. 架桥车；14. 机动/反机动车；15. 微型无人机运载发射车；16. 武装机器人车；17. 多功能通用/后勤装备车；18. 单兵无人地面车。第一个"1"是与这些平台和传感器相连续的士兵。第二个"1"是武士信息网络战术系统（WIN-T），这是未来作战系统的中枢。陆军"未来作战系统"本质上是一个分布式的网络中心系统，它将使陆军部队能够获取周围战场动态的更精确图像，获得前所未有的强大火力、机动力和生存能力，对付二十一世纪战场上的各种敌人，这将是未来美国陆军作战能力的核心。

美海军围绕信息化转型提出的"海上打击""海上盾牌"和"海上基地"三种核心作战能力发展未来作战系统。根据美海军发展规划，2010年前，加速研制与建造各种信息化武器装备，对武器装备进行信息化改造。2020年前，建成拥有先进信息化武器装备的舰队。装备研发的重点是网络化、隐身化、精确化、无人化、远程化、高速化，加快"力量网"的建设步伐，加速新一代武器装备平台和打击兵器的研发，以及无人艇（机）和新概念武器，最终完成海军武器装备的信息化建设。

- 2003年6月，"尼米兹"级第9艘"里根"号航母正式交付美国海军。
- 2008年4月，"尼米兹"第10艘"布什"号航母开始服役。该舰设计装备了全新的指挥、通讯、计算机和控制系统，结合"网络中心战"部署新的"海军——联合指挥与控制系统"。
- 2014年，新一代航母CVN-21投入使用，该型航母隐身性能好，具备出色的探测能力，能与其他各军种或盟军及各种作战单元之间实现"互联、互通、互操作"，形成一个高度集成的指挥控制中心。

美空军重点发展以隐身技术、远程精确打击技术和信息技术为核心的武器装备，以增强全球打击、全球反应、全球机动、国土安全、核反应和航天C_4ISR能力。美空军开展了一系列装备研制计划。

- 2005年12月，F-22首批列装部队，计划到2025年装备210架。
- 2006年中，交付第一架空军型X-45C隐形无人战斗机的验证机，后改为发展海军型X-47B。
- 2008年1月，"捕食者"B型无人机实现首飞，该型机重点是加装武器系统和"多频谱目标瞄准系统"和战术通用数据链系统，其目标跟踪能力和图像信号传输速度大大提升。
- RQ-4B型"全球鹰"无人机携载量更大，包括增强型光电传感器、红外摄像机、智能信号系统以及改进型合成孔径雷达。
- 联合防区外空对地导弹。包括JASSM基本型、ER增程型和XR增大型。

2010年以后：

- F-35联合攻击战斗机，2008年交付首架生产型飞机。
- CV-22倾转旋翼飞机，特种作战飞机。
- 高超音速飞行器，速度达到10倍音速，可在2小时之内打击世界任何地区的目标。
- 新概念轰炸机（B-X），包括亚音速轰炸机、超音速轰炸机和高超音速轰炸机概念。
- 先进机动概念性飞机（AMC-X）

"未来作战系统"是美军二战以来耗资最大的装备研制计划。超大的研制目标和缺乏科学筹划论证使这一计划很快面临尴尬境地。许多关键技术都不成熟，国会对国防预算的削减，加上阿富汗战争和持续伊拉克军事行动需要对现役武器装备改造，造成研制经费的严重不足。据第三方组织的独立统计，美陆军的研制计划从2003年5月到2006年5月花费了2033亿美元，年均达600多亿美元。美海军的研制预算也是呈几何级数递增，2008年到2011年年均为140亿美元，2012年以后达到年均170亿美元。也就是说，美军每年仅用在各军种"未来作战系统"研制的总经费接近1000亿美元，而美国这一时期用于国防支出的经费年均只有4000多亿美元。面对如此巨大的花费，2004年、2007年布什总统不得不进行两次大调整，大幅度削减原定研制项目和预算。随着在阿富汗和伊拉克，本身拥有高技术武器的美军对恐怖分子和伊拉克反美武装的"游击战术"束手无策，美军军中反对"未来作战系统"的声音接连不断。2009年6月，布什总统正式宣布取消"未来作战系统"研制计划，许多已经研制成熟的技术只得重新运用到别的发展项目。美军这一装备研制计划从酝酿到终止经历6年，耗费数千亿美元中途夭折，整个部队的信息化转型工作也是草草收场，其重要原因是美国防部在伊拉克战争初步胜利后急躁冒进，确立过高的建设目标，急于利用自己的先进技术拉开与所有对手的距离，没有看到自身在技术和财力上存在的局限性，这应该是美军军种联合建设中又一个不成功的教训。

后阿富汗战争胜负孰评

2002年3月"蟒蛇行动"结束后，阿富汗战争的主要行动暂告一段落，但战事远未结束，塔利班武装和残余"基地"组织还在坚持抵抗，打算东山再起，以美军为首的联军在阿富汗境内的作战逐渐趋于常态化。美军也开始认识到，阿富汗的这些残余势力并非乌合之众，而是训练有素、意志坚定的强敌，开始梳理特种作战中的缺点，制定详细的空中支援运行机制，注重增加更多的空中力量，作长远计划。这时候，美军正在筹备针对伊拉克"倒萨"的第二场战争，大量的兵力要抽调到伊拉克战场，美军在阿富汗境内保留了总数在10000人以内的部队，包括地面特种部队和空中力量。地面特种部队由三角洲部队、陆军突击队以及海豹突击队部分兵力组成。在这种情况下，美军的空中力量担负的任务就更重，负

第十一章 伊战后用兵：军种联合激进而迷茫（2003 年以后）

责将数量有限的美军地面部队运送到阿富汗境内广阔的作战地点，并为地面部队提供近距离空中火力支援。美军在阿富汗的巴格拉姆、坎大哈和喀布尔国际机场建立了三个常设空军基地，其中，巴格拉姆空军基地成为美军空中力量集散地，停驻空军一个 A-10 对地攻击机中队、海军陆战队 AV-8B "鹞"式攻击机中队以及大量的 AH-64 "阿帕奇"等各型直升机，并且在前线的多个地点设立临时空军基地。根据需要，驻阿富汗周边空军基地的美军及北约战机还可以提供援助。当需要猛烈火力支援时，美军还会派出迪戈加西亚空军基地的 B-52H 轰炸机。乘伊拉克战争之际，一度躲藏在巴基斯坦的塔利班开始在阿富汗南部重组，对新政府军发动袭击。阿富汗境内的美军尽管装备性能和战术不断改进，但清剿行动一直不顺利，而这几乎是后阿富汗战争的常态。

从 2002 年到 2005 年，美军把打击的重点放在阿富汗的南部和东部地区，在这些区域内组织了一系列特种作战行动。基本方法是利用波音 CH-47 "支努干"直升机或 UH-60 "黑鹰"直升机，将特种部队队员投送到偏远地区执行情报收集工作，如果发现塔利班成员行踪，美国陆军或者海军陆战队队员就会乘坐"支努干"直升机赶往目标地点，执行封锁和肃清任务，对于重要目标，还会派出联合特种作战特遣部队实施打击。2002—2004 年，数千名英国、加拿大、德国、荷兰、丹麦和挪威等北约国家军队先后加入了阿富汗的战斗，而美军在阿富汗境内的作战次数和规模在大幅度减少。这一段时间，美军和联军既要追击塔利班残余力量，还要援助阿富汗各省份的重建工作。联军的清剿和援建工作尽管很努力，但塔利班残余活动一直在延续着。而此间，美军和联军部队的行动失误和各种误炸误伤事件不断。2002 年 7 月，1 架 AC-130 战机在阿富汗南部将一处平民的婚礼误认为塔利班武装的集结进行空中打击，造成至少 48 名平民死亡，百余人受伤，美军耗费巨资安抚平息事端。由于多处分散部署的地面部队与空中力量联络不通畅，导致美军与联军内部也发生飞机误击友军事件。另外，阿富汗恶劣的气候、高耸的山脉以及稀薄的氧气，使经验丰富的飞行员也会经常遇到麻烦，导致空难事故频发，2002 年至 2005 年内至少有 5 次空难事故，造成数十人非战死亡。而到 2004 年以后，一度溃不成军的塔利班武装在阿富汗南部和东部重新活跃起来。塔利班的卷土重来有多重原因，以塔利班领导人奥马尔和"基地"组织拉登为核心的两大组织领导层没有被肃清，美军发动伊拉克战争导致在阿富汗战场投入兵力不足，这些残余势力得到了喘息机会，美国扶持的阿富汗卡尔扎伊新政府施政不力，官员腐败，民心涣散，使得曾经对新政府满怀憧憬的老百姓倒向塔利班一边。从 2005 年开始，塔利班逐步恢复元气，其袭击也变得更有组织更具威胁，而在伊拉克境内得到壮大的"基地"组织近年也在有计划地返回阿富汗，为塔利班提供资金、武器以及富有经验的作战人员。美军和联军部队清剿行动任务逐年加重，2004年美军空中力量共执行了6495次近距离空中火力支援任务，2005年达到了7421次之多。阿富汗战争似乎又有重启之势，随之而来的，由于塔利班武装攻击造成的美军和联军部队的损失也在逐渐增加，其中，最为严重的一次是发生在2005年6月代号为"红翼行动"的战斗，这也是美军海豹突击队40年历史上最黑暗的日子。

2005年6月28日，在阿富汗库纳尔省山区，美国海豹突击队第10分队上尉迈克尔·墨菲领导了一次四人先期侦察监视任务"红翼行动"，执行任务的4名队员中有3名阵亡，前去救援的美军士兵中有16人牺牲。根据预先计划，4人小队的任务是潜伏在阿富汗和巴基斯坦边境库纳尔省阿萨达巴德村庄西侧外围的山区，搜索塔利班一名高级指挥官本·沙马克的行踪，在侦察确认目标动向后再由驻扎在150公里以外的巴格拉姆空军基地的快速反应部队进行攻击。4名海豹队员在潜伏侦察过程中，被当地3个牧羊人发现。3个牧羊人被海豹突击队员释放后却向当地塔利班武装告密。于是，4名海豹队员遭到近200个塔利班武装搜索攻击。由于战场位于山区，海豹突击队员携带的无线电台无法发出求救信号，墨菲上尉不得不冒着生命危险爬到山顶开阔处通过卫星电话向基地求救，不幸牺牲。随后，又有2名海豹队员阵亡。只剩下1名海豹队员躲过塔利班武装的追捕最终获救。而负责行动的美军指挥部收到墨菲求救电话后派出2架CH-47"支奴干"、2架AH-64"阿帕奇"、2架UH-60"黑鹰"、MH-60G"铺路鹰"和强大支援分队前去支援，不幸的是一架"支努干"被武装分子击落，机上8名海豹突击队员以及8名160特种陆航团队员共16人全部阵亡。此次战斗成为美军在阿富汗战争中最大的一次伤亡，而且都是精锐的特战队员。这次战斗失败的最大原因是山区通信协同不畅，如果美军的求救信号能够早点发出，或者海豹小队能够与空中力量保持通信畅通，战斗结局就会完全不同。此战表明，再先进的技术装备难免有"软肋"，在复杂的非线性战场上会因此造成致命的伤害，而"红翼行动"成为美军在后阿富汗战争的一个局部缩影。

2006年，阿富汗塔利班的袭击活动加剧，席卷了整个阿富汗南部地区，美军和联军部队的空中力量在该年9月也达到了前所未有的巨大规模，仅9月固定翼飞机的近距离空中支援就已经有1441次、轰炸任务706次。空中力量在阿富汗这种广袤的原始战场对地攻击，面临着非常大的困难。塔利班武装经常换上阿富汗的警服或者平民服装，飞行员很难在混乱的作战区域中发现并识别友军和敌军，组织不同部队之间的空地协同作战极端困难。现在阿富汗南部的5个省份都已经频繁遭到反美武装的袭击，除了少数几个城市支持新政府，大面积区域仍处于塔利班武装的控制范围，塔利班武装在当地毒枭支持下不断招兵买马，扩充兵力。按照联军的计划，联军部队划区分片负责相关区域安保工作，加拿大部队驻

第十一章　伊战后用兵：军种联合激进而迷茫（2003年以后）

扎在坎大哈省，英国部队驻扎在赫尔曼德省，荷兰和澳大利亚部队驻扎在乌鲁兹甘省，美国陆军驻扎在查布尔省，另外，还有一个由联军部队协同阿富汗当地政府武装管控的"南部控制地区"。为"南部控制地区"提供空中支援的力量主要来自坎大哈空军基地，这是美军和多国部队的一个大型空军基地，部署人员达到12000人，由于该机场跑道陈旧，主要部署的是具备短跑道起降的英国"鹞"式战机、美空军MQ-1"捕食者"无人机以及部分直升机。该空军基地一直处在遭塔利班武装分子袭击的状态，基地自身的安保任务也不轻松。在空中力量的使用上，由于美军中央司令部同时指挥着伊拉克和阿富汗两个战场的空中支援任务，在阿富汗专门设立了空中支援协调中心，该支援协调中心位于阿富汗东部的巴格拉姆空军基地，负责制订每日的空中支援作战任务计划，并上交给卡塔尔乌代德空军基地的联合空中作战中心，该中心于2003年由苏丹王子空军基地迁移至此，统筹伊拉克和阿富汗两个战场的任务计划，形成每日的空军任务安排，这样可以有效利用稀少的空中战略资源，包括大型运输机、加油机以及侦察情报飞机等。但是，实际的战场打击目标都是由地面部队的联合终端打击引导员或者空中作战引导员为飞行员发现和识别的，这些终端打击引导员配备有先进的目标定位系统、夜视仪等设备，甚至还可以实时猎取"捕食者"无人机监控设备中的影像，自由查看塔利班武装集结情况，并通过笔记本电脑向战机发送打击目标的准确坐标。

同年6月，塔利班武装在诺扎德、穆萨卡拉、卡贾齐和桑金等地发起多次针对阿富汗政府军的伏击行动，美军和联军部队也发起代号为"直击山地"的反击行动，美陆军第10山地师部分兵力与英国、加拿大陆军、阿政府军1万多人协同展开反击作战，反击地区在阿富汗南部多个省份，这是几年来最大规模的联合反击行动。联军反击的方式是利用直升机将多个营、连或排级编制的作战分队运送到遭到塔利班武装围困的地区中心，并建立稳固的军营，利用空地联合的方式打击来袭的塔利班武装分队。其中，美国陆军一个营部署在重点地区穆萨卡拉。但是，他们很快发现这些远离中心城市的分散军营随时都在为生存与塔利班武装分子激战，这些远小散的军事基地像磁铁一样吸引了成百上千的塔利班武装分子，遭到武装分子狙击手、机枪手、迫击炮和火箭炮的不间断攻击，这些袭击使美军和联军部队疲于奔命，而且运送物资的直升机成为塔利班武装攻击的热点。每天大量的A-10、"鹞"式、B-1B战机以及"阿帕奇"直升机在联合终端打击引导员的指引下对塔利班武装实施空中打击，很多情况下由于双方距离太近，空中支援无法实施，甚至造成误伤。到8月，这种战斗白热化，美军和联军部队在苦苦坚守，打得十分艰难，这种状况与美军当年在越南战争的遭遇非常相似。当然，客观上讲，这些反击战斗也给塔利班武装造成了不小的损伤。9月初，美军、加拿大军队和英军在坎大哈省潘杰瓦尔地区又开展了一次代号为"美杜莎"的行动。3个多星期的扫荡行动中使用了大量的A-10攻击机、航母舰载机以及B-1B战略轰炸机，还有地面火炮，向该省境内塔利班武装部队目标实施了100多次精确打击，给该部塔利班武装造成重创，消灭塔利班武装分子1000多人，其中只有不到200人是由地面部队消灭的，扫荡几乎完全依靠空中力量，此次扫荡行动使得阿富汗南部的塔利班武装活跃程度削减。总之，2006年是阿富汗清剿行动最激烈的一年，美军和联军部队战斗攻击机的出动架次达到11528次，阿富汗南部几个省份的塔利班武装活动被得到一定程度遏制，美军自己也出现了不少伤亡和友军误伤事故。

2007年年初，阿富汗境内反恐形势依然不乐观，其南部大部分乡村和城镇郊区都受塔利班暗地控制，其西南部的大部分地区还处于塔利班武装及其友邦部落的控制之下，阿富汗政府只掌控了几个主要城镇，而其西北部地区居民大部分属于普什图部落，对于新总统卡尔扎伊及其政府持怀疑态度，认为他们是不同于自己的"北方人"，他们是西方"异教徒"，是美国和北约保护下的"傀儡"政权。经过2006年袭击与反袭击的激烈较量，双方在战斗方法上不断优化。塔利班通过总结经验教训，开始采用传统的游击战术，以避开美军和联军部队空中力量的狂轰滥炸，他们尽量减少大规模集结作战，而是分散在乡间和居民区中，一旦美军和联军部队小队进入乡村就进行袭击。在这一段时间里，美军和联军部队地面部队在阿富汗南部维持在1万人的规模，进一步修整坎大哈空军基地的机场跑道，增加了F-16战机、MQ-1"捕食者"无人机和大量攻击直升机部署。在作战方法上也有了新变化，开始发起了对塔利班重要领导人的"斩首"行动。大量具有情报收集、监视和侦听用途的飞机被部署在坎大哈空军基地，用来在执行飞行任务中监听塔利班武装的无线电通讯，这些情报又支撑美空军的"捕食者"无人机准确发现定位这些塔利班武装领导人的位置，最后，由地面特种部队通过直升机进入领导成员藏身地点发起快速攻击。2007年美军和英国的特种部队共发起了将近20次斩首作战行动。另外，在阿富汗南部的各偏远分散小型军事基地，空地一体反袭击战斗依然在继续。实施空中火力支援的作战飞机主要来自巴格拉姆和坎大哈空军基地，还有卡塔尔乌代德空军基地的B-1B轰炸机，这些飞机每天都要收到大量近距离空中火力支援任务，同时CH-47"支努干"等运输型直升机的后勤物资远程投送、伤员救援后送任务也非常繁重。为了更有效地打击塔利班武装，美军和联军部队还进一步采取了强硬的攻击战略，就是将作战范围扩大到阿富汗政府的控制区域之外，并试图切断塔利班武装的运输线并对塔利班发起先发制人打击。这种深入塔利班势力纵深的打击行动依靠联合作战。空军"支努干"直升机和"大力神"运输机将地面小分队投送至重点地区，并持续提供弹药和物资补给,同时在战斗中陆军的攻击直升机和空军战斗机提供火力支援,另外,还有"捕食者"无人机等各型无人机随时监视塔利班武装的动向,及时向地面作战小分队发出警报。2007 年前 4 个月,英军皇家海军陆战队第 3 突击旅主要在赫尔曼德省南部的沙姆舍尔镇一带行动。6 月份,美军以及荷兰、澳大利亚部队在乌鲁兹甘省的科拉城行动。10 月,加拿大部队在阿格罕达博包围了数百名塔利班武装分子。整个下半年,在乌鲁兹甘省、赫尔曼德省的穆萨卡拉等地美国和联军部队展开了一系列大小不等的纵深打击行动,这些主动式的清剿行动对塔利班的打击是有一定成效的,歼灭了不少塔利班武装人员,收复了一些城镇,但是,联军部队自身也有一定伤亡,地面小分队人数少,空中力量支援、救援不及时带来战斗伤亡,或者空地协同不力带来空中火力误伤。例如,6 月中旬,在乌鲁兹甘省科拉城的战斗,空中支援火力误伤造成联军部队死亡 4 人,阿富汗政府军死亡 16 人,平民死亡 58 人。

2008 年针对塔利班的清剿行动继续,该年夏天,美国和联军部队向阿富汗增加兵力,加大打击力度。这一年比较大的几次清剿行动,一个是"鹰峰"行动,该任务是将一个新发电涡轮从坎大哈空军基地运送到桑金以北的卡贾基水电站,英军的地面部队和直升机、美国海军航母舰载机等参与了行动,为了帮助英国部队完成护送任务,美第 24 海军陆战队远征队进入赫尔曼德省南部佳穆思城周边进行了为期 4 个月的肃清行动。在阿富汗东部地区与巴基斯坦交界地区,美军遭到塔利班武装的多次袭击,最严重的一次发生在 7 月 13 日,在位于东部偏远省份奴里斯坦的华纳特镇,塔利班袭击了美军基地及其观察哨,摧毁了大部分重型武器,攻进了基地内部。在最危险的关头,陆军 AH-64 攻击直升机和空军"捕食者"无人机、B-1B 轰炸机、A-10 攻击机等及时赶到,强大的空中火力击退了塔利班进攻。这一年空中战机的误击误伤事件依然不断,7 月 6 日,美军战机对坎大哈某目标空袭时又误炸一个婚礼现场,造成 47 人死亡。11 月 5 日,在坎大哈的维克巴格图村,美军战机误炸了一处民居。据数据统计,2006 年之后美军和联军部队空袭持续造成的平民伤亡,2006 年是 116 人,2007 年上升到 321 人,2008 年前 9 个月共有 138 名阿富汗平民丧生。总之,2007 至 2008 年,美军和联军部队的清剿行动规模在增加,2008 年小布什卸任前,美军已经向阿富汗派出了 4.85 万名士兵。空中力量出动战机 2007 年是 13962 架次,实施空中打击 5198 次,2008 年出动战机 19092 架次,实施空中打击 5051 次。时任美国参联会主席马伦则更直白地表示:"我不确定我们在赢得这场战争。"

2009 年年初反恐战争进入了一个僵持状态。塔利班无法攻占美英等国部队在阿富汗南部地区的前线作战基地,但袭击和爆炸行动不断,尤其是坎大哈省和赫尔曼德省是塔利班袭击最频繁的地区。此外,美军与联军部队也无法帮助阿富汗新政府控制大城市以外的地区，大部分乡村仍处于塔利班武装掌握之中，塔利班甚至将其势力范围扩展到了阿富汗首都喀布尔附近以及昆都士等北方地区。而且，2009年8月阿富汗将面临新一轮总统大选，迫切需要美军和联军部队加强清剿力度，以维持安定形势。在其他几个参战国家明确没有能力再向阿富汗增援军队的情况下，2009年1月，奥巴马刚刚上任总统就下令增派17000名美军，包括美国陆军第4斯特瑞克旅战斗队和美国海军陆战队第2海军陆战队远征旅，这两支部队分别部署在阿富汗坎大哈省和赫尔曼德省。美军还加强了坎大哈空军基地和位于赫尔曼德省中部沙漠的"棱堡"军营机场的整修工作，以满足更多大型飞机起降之需。另外，还增加了直升机力量以支持地面部队作战，包括美陆军第82空降师的作战航空旅，配备多个营规模的AH-64"阿帕奇"攻击直升机、CH-47"支努干"重型运输直升机和UH-60"黑鹰"直升机；美国海军陆战队第40航空大队，配备多个营规模的AH-1W"超级眼镜蛇"攻击直升机、"支努干"和CH-46E"海上骑士"运输直升机。另外在坎大哈空军基地和巴格拉姆空军基地还新增了A-10"疣猪"攻击机和F-16C战斗机中队，进一步加强固定翼作战飞机数量。该年5月和6月，美军和联军部队展开夏季清剿行动。7月份，英军与丹麦军队共5000人在赫尔曼德省中部对塔利班展开了多次攻击行动，同时，美军新到达的海军陆战队第2远征旅大约4000人与阿富汗政府军也在该省南部发动一系列军事打击行动，拟将控制范围扩大到沙姆舍尔镇地区。美军大量的作战飞机支援了这两场清剿行动。塔利班武装进行了顽强抵抗，对美军与联军部队夺走的村庄进行反扑，双方反复争夺，数百名塔利班武装分子伤亡，而美军和联军部队也有几十名士兵在战斗中负伤或丧生，这两场战役是该省内展开的最为激烈的作战行动，美军空中力量也是完成了数量繁多、情况复杂的空中支援任务。战场形势变化迅速，固定翼战机、直升机和地面火炮必须周密安排，美军不得不派出E-3A预警机实施空中指挥协调。在阿富汗南部其他地方，主要是一些局部的摩擦，塔利班通过简易爆炸装置实施攻击，还使用重机枪、便携式地对空导弹对起降的直升机进行攻击，在赫尔曼德省的桑金地区的英国部队以及坎大哈城附近的美国部队遭爆炸袭击最多，导致不同程度伤亡。在阿富汗东部地区，美国第82空降师与塔利班武装之间对抗主要在阿富汗巴基斯坦边境地区。美军在阿巴边境的咽喉要道和道路制高点建立一些排级单位的前哨，双方围绕这些要点发生激烈争夺，其中，比较重要的是奴里斯坦省巴格伊马托地区的前哨据点，双方发生多次激烈的争夺战斗。该年夏季在阿富汗喀布尔以及以北的昆都士省，部署在此的德国部队和阿富汗政府军对疑似塔利班武装控制的村镇发动了一系列军事打击行动。整个2009年，尽管美军以及联军部队有能力对塔利班武装发动大规模军事打击，收复大片区域，但还不能一时彻底制服塔利班组织，该年战机的飞行达到

26474架次，而战机误击平民事件依然时有发生，另外，阿富汗新政府的腐败也引起民众的强烈反感。阿富汗战场总指挥官、美国陆军麦克·李斯特将军提出停止使用杀伤力太大的重型武器，降低因误击误伤引发的平民敌意，使用所谓的"为人民考虑"的作战形式，为此，提出美军和联军部队需要分别再增兵3万人和1万人。该年11月，奥巴马下达了增兵阿富汗的命令。增兵后的2010年，赫尔曼德省中部"棱堡"军营英美联军达14500人，坎大哈空军基地驻有联军部队21000人到29000人。2010年2月，联军部队在赫尔曼德省和坎大哈省开展了代号为"莫斯塔拉克"的系列军事打击行动，大约4000名英国士兵攻占了纳迪伊阿里地区的周边区域，这里是塔利班在赫尔曼德省的总部，同时，美海军陆战队第2远征旅发动了对马尔亚镇的攻击。按照新的作战形式，此次行动中联军部队空中火力支援受到很大制约，这比前一年同期在阿富汗投放炸弹数量下降约30%。此后，这一年联军部队把作战的重点放在坎大哈地区。到2010年8月，驻阿富汗的美军人数已经达到了10万人。

2011年算是阿富汗战争的一个转折点，该年5月2日，美军海豹突击队在巴基斯坦击毙本·拉登。拉登是美国认定的"9.11"恐怖袭击的主谋，自发起阿富汗战争之日起，美军的目标就是抓住或击毙拉登。此后，在近10年的逃亡中，拉登停止使用一切现代通信工具，行踪处在极度保密状态，但美军始终没有放弃对他的抓捕。2001年底，在美军展开东部清剿行动时，拉登从东部托拉博拉地区进入巴基斯坦，先后辗转在巴基斯坦西北部的白沙瓦、斯瓦特山谷等地，2005年以后定点隐藏在阿伯塔巴德的一个私人院落中。直到2010年底美中央情报局通过追踪拉登核心圈子的一个重要人物锁定了拉登藏身的私人院落。2011年4月29日捕杀行动最终被奥巴马批准，任务交给美海军海豹突击队六队，这是一次比较复杂而成功的战略性联合战斗行动。美国总统奥巴马及幕僚在白宫远程掌握行动过程，美特种作战司令、海军中将威廉·麦克雷文在阿富汗巴格拉姆空军基地靠前指挥，共有79名特战队员参与这项任务，主要突击力量由24名海豹突击队员组成，另有十余架直升机、超过20架固定翼战斗机承担支援任务，再加上多个情报和监控操作员团队，仅用1个小时10分钟，突击队员成功击毙拉登。

拉登既死，美国的反恐复仇目标实际上已经达成，但塔利班武装的袭击没有停歇，美国也不能丢下软弱的阿富汗新政府，只得硬着皮头继续阿富汗的重建行动。一直坚持到2014年5月，奥巴马认为阿富汗战争可以收尾了，宣布在2016年底之前撤出所有美军。然而，事与愿违，随着塔利班不断壮大，占领更多地区，再加上"伊斯兰国(ISIS)"在阿富汗东部站稳脚跟，美军不得不将8400名美国士兵继续留在阿富汗。此后，塔利班的袭击持续不断，阿富汗新政府仅控制较

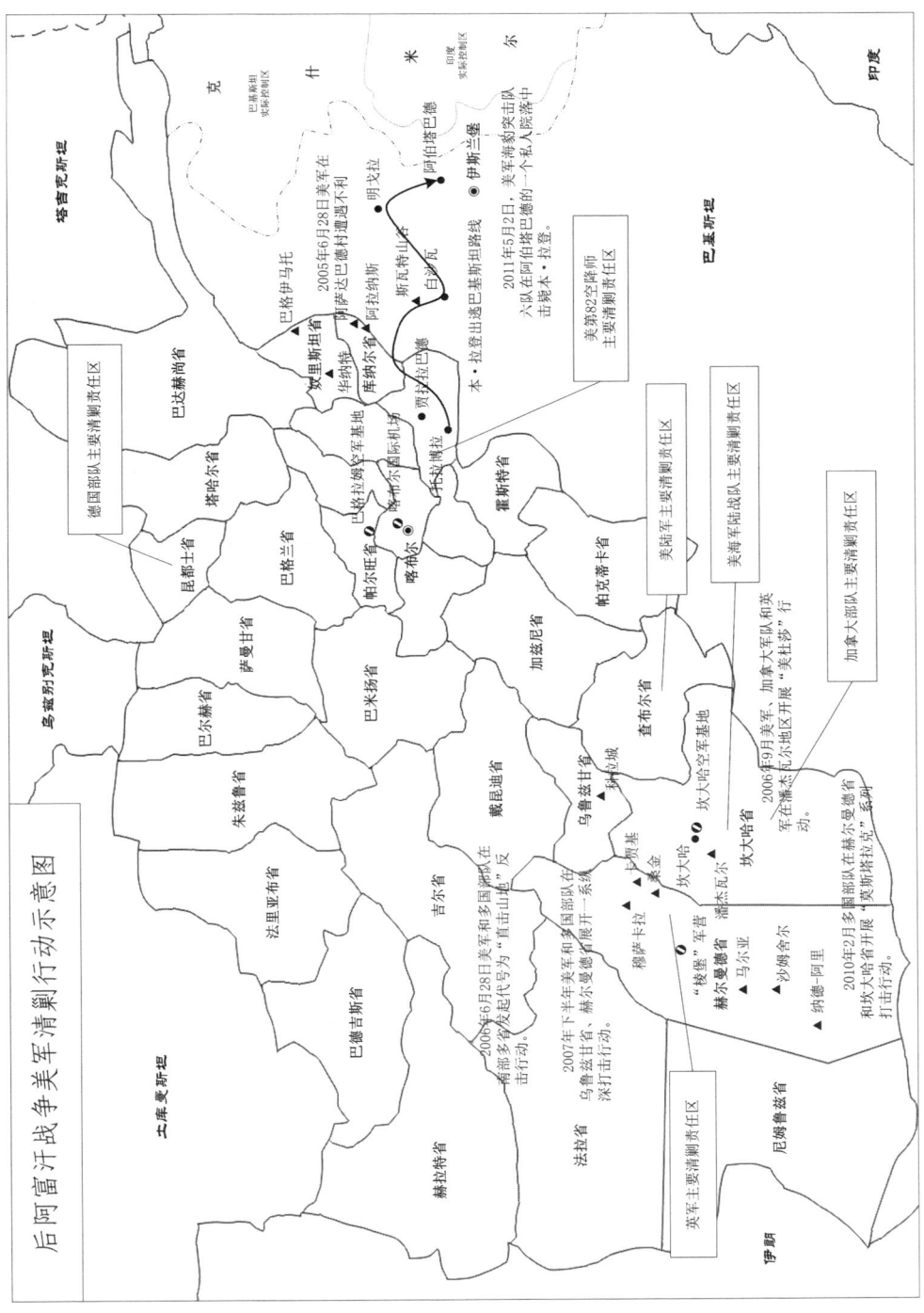

大的城市和主要交通线，塔利班势力依旧占据着阿富汗广大的山区及村镇，所控制的面积甚至比 2002 年战争期间还要多。美军的陆续撤军又不得不伴随着增兵，阿富汗重建行动遥遥无期。直到 2021 年 8 月，美国才从阿富汗全部撤军，塔利班又重新掌握阿富汗政权。美军从发动阿富汗战争到全部撤军整整花费了 20 年，根据统计，美国在阿富汗战争花费高达 2.3 万亿美元，这个巨额经费足可以让美军购买 460 艘尼米兹级航母或者 15000 架 F-22 战斗机或者 6.5 万辆 M1A2 坦克。而在人员伤亡方面，更是付出了惨痛的代价。整个战争期间美军有超过 2400 名人员丧生，负伤超过 20000 人，另外还造成阿富汗 3.1 万名平民和 3 万多士兵警察的死亡。最为关键的是大量军人的死伤，导致士气低迷，已经很少有美国军人愿意主动到阿富汗这样的地区执行任务了。对于美军来讲，尽管拥有高精尖武器、信息化部队和联合力量，但剿灭塔利班几乎是不可能的事情了。从这个角度看，阿富汗战争不折不扣地成为美军的又一个"越战泥潭"，美军在阿富汗的征战显然算不得圆满，甚至难以称之为胜利，虽然美军在很多战斗中都不吃亏。

阿富汗战争美军伤亡人数统计

年份	死亡人数	受伤人数
2001	12	33
2002	49	74
2003	48	99
2004	52	217
2005	99	270
2006	98	403
2007	117	751
2008	155	798
2009	317	2157
2010	498	5264
2011	415	5227
2012	310	2971
2013	128	1368
2014	55	457
2015	22	77
2016	13	71
2017	15	107
2018	14	115
2019	24	192
2020	11	11
2021	13	0
合计	2465	20662

中东北非四处用兵

战后伊拉克是美军陷入的另一个泥潭。当美国坦克抢救车把萨达姆·侯赛因的塑像推倒在费多斯广场上时，象征着萨达姆统治时代的结束，但是伊拉克并没有从此太平无事，一场持久的非常规战争才刚刚开始。战后的伊拉克形势比阿富汗要复杂得多，随着前复兴党政权的崩溃，数百万计的军人、警察、政府机构解散，伊拉克社会陷入无政府混乱状态，到处充斥着武器、抢劫和暴力，对美军的袭击接连不断，反抗军与平民混合在一起，盟友与敌人难以分辨。而数量有限的美英联军只占领了巴格达半个城市和通往科威特方向的一条公路，超过 95% 的伊拉克领土都处在部族武装、前政府军或各势力民兵的控制下，伊拉克人民的生命和财产处于极大的危险之中。

2003年5月1日美国总统小布什宣布伊拉克战争结束，美英联军的任务随即转变成对伊拉克的战后管理与重建工作，也就是伊拉克战争"稳定行动"阶段。但是，战后联军地面部队参与维持治安的部队数量非常有限，只有101空中突击师、第3机步师、第4机步师、第82空降师、海军陆战队第1远征部队、第3装甲骑兵团以及英军共约6个师，总兵力10万人，分别部署在摩苏尔、巴格达、提克里特、安巴尔省、巴士拉等少数几个城市及地区，这些部队严重缺乏维持治安的经验，而且还随时面临战后调防，很难维持整个伊拉克社会治安，中央司令部自始至终也没有制定应对战后伊拉克稳定行动的指导方针。在联合行动指挥上也进入一个混乱状态，中央司令部将伊战时的联军地面部队司令部就地改为第7联合特遣队司令部，由原第1装甲师师长保罗·桑切斯担任司令，并升任其为中将，负责伊拉克联军的管理与指挥，但该司令部人员规模只有额定的一半，驻伊各部队也面临指挥官大量换人的情况，指挥力量非常薄弱。就在这个当口，按总统布什的要求，美国政府又派出保罗·布雷默在伊拉克成立文官主导的联合临时政府全权负责伊拉克的重建工作，直接受美国白宫领导，但布雷默不了解伊拉克情况，上任后要大刀阔斧地塑造一个现代化新伊拉克，同时，伊拉克的管理和重建工作需要大量部队，必须在中央司令部的指挥链上，这样，伊拉克的重建工作上出现行政与军事权力重叠，行政文官与指挥官各自发号施令的乱象。

在伊拉克战争结束几个月后，伊拉克局势实际上已经处在非常混乱的状态，对美军基地、车队以及巡逻实施的直接攻击在不断增加，难以预料的狙击、小型伏击、卡车炸弹和无处不在的简易爆炸装置使许多人死亡或致残，平均每月发生500次反叛分子袭击。伊拉克境内各派力量争夺势力范围，另外，还有境外伊朗势力的渗透，"基地"组织也乘机进入伊拉克境内发展力量，与前政府的残余力量结合，形成大量反美武装。2003年5月美英领导的伊拉克临时委员会成立，开始重建伊拉克安全部队，美英联军协助伊拉克安全部队维持治安。自2003年5月起，美军实施了一系列清剿行动，目的是搜捕前伊拉克高级官员、查封大量遗留的武器装备和弹药以及打击反美武装人员。这些清剿行动以地面步兵搜查为主，规模较大的清剿行动则需要动用炮兵、陆航部队和空军分队联合实施。如该年5月份第4机步师第1旅在提克里特以南实施的"第十行星"行动；6月，第4机步师第3旅、第173空降旅以及第3机步师部分兵力在巴格达东北部实施的"半岛突击"行动，在提克里特和基尔库克附近实施的"沙漠之蝎"行动，第3机步师第2旅在费卢杰地区实施的"斯巴达蝎"行动；7月中下旬，第4机步师展开针对清除反美武装的"苏打山""艾维毒蛇"清剿行动。另外，7月份，还有第

第十一章 伊战后用兵：军种联合激进而迷茫（2003年以后）

101空中突击师在巴格达实施的"白宫"行动，第1装甲师实施的"铁子弹"行动，第4机步师在提克里特实施的"提尔"行动。2003年6月至7月期间，美军实施了大量清剿行动，围捕了数以百计的伊拉克人，这激起了当地居民的怨恨。8月，美军改变策略实施最小化的对伊拉克西北部的清剿行动。此后，到2003年年底，美军又实施了10余次大小不等的清剿行动，这些清剿行动大多数局限于地面行动，空中主要是直升机的火力支援，少量比较大的清剿行动则动用了固定翼飞机，主要使用火力猛的AC-130"鬼魅"战机，对反美武装的集结地实施空中打击。到该年12月萨达姆被捕后，伊拉克境内抵抗运动和反美行动没有减少的迹象。

2004是美国的大选年，美国高层无暇顾及伊拉克的局势，导致伊拉克境内

伊拉克战争美军"稳定行动"初期示意图

反美势力不断发展，逐步形成反美联盟，主要形成三股反美势力。以萨德尔为首的什叶派民兵武装"迈赫迪军"、"基地"三号人物扎卡维领导的"统一圣战组织"以及复兴党安全头目艾哈迈德领导的逊尼派武装等，在多个地点展开反对新政府的游击战和恐怖活动，美军被赶出了伊拉克大部分地区。这一年美军指挥层又暴露出很多问题，中央司令部司令弗兰克斯提出退休，由阿比扎伊德出任新的中央司令部司令，由于要同时指挥伊拉克和阿富汗两场战争，中央司令部又增设联合地面部队司令部，由梅兹中将担任联合地面部队司令，这样，与桑切斯中将负责的第7联合特遣队司令部平级，两个平级的司令官面临到底谁负责伊拉克地面稳定行动的问题。同时，联军内部还出现缺乏配合的问题，随着伊拉克战争的结束，北约各国部队纷纷要求撤军，不愿再趟这片浑水，美军被迫调整撤军计划，原定撤离伊拉克的第4机步师、第101空中突击师不得不延长12个月撤军，另增调国民警卫队进驻伊拉克参与稳定行动。

2004年抵抗组织展开大规模反美袭击，美军在伊拉克各战场自顾不暇，阿布格莱布监狱虐囚事件又让美军在政治上陷入被动，美国国内超过一半的人认为伊战是错误的。白宫开始建立针对伊拉克战争的长期化机制，重新建立乔治·凯西二世上将领导的驻伊领导的多国武装力量司令部MNF-I，负责伊拉克所有安全事务，主要人员从第7联合特遣队司令部抽调。托马斯·梅北中将领导重组伊拉克多国部队司令部MNC-I，领导联军多国部队专门打击伊境内的抵抗组织，下属还建立伊拉克安全过渡司令简称MNSTC-I，负责重建新的伊拉克安全部队。另外，还建立TF-134特遣队负责管理伊拉克境内的拘留所监狱等，原第7联合特遣队司令部解散。美军开始收缩兵力应对最重要的挑战。8月，美军新到达伊拉克的海军陆战队第11远征队在纳杰夫对萨德尔武装进行了一个多月的大规模军事打击，战斗规模脱离了联军控制，给联军造成近百人的死亡。12月，摩苏尔的美军基地遭炸弹袭击，14名美军和4名美保安人员死亡，美军展开对摩苏尔部分城区定点空袭，夺回对该城的控制权。整个2004年联军消灭了4000至6000反美武装，但自身伤亡也超过了1000人。美军占领城市后又撤出该城市，导致抵抗组织死灰复燃，伊拉克全境没有一处真正得到稳定，而拉马迪和费卢杰等"逊尼派三角地带"的城镇成了叛乱的中心和目的地。

值得注意的是，这一年美军在两次较大战役中发展了城市进攻战中的空地一体运用。2004年4月的第一次费卢杰战役，美海军陆战队的一支2000人的特遣队，在空中火力和伊拉克部队的支援下，与费卢杰的什叶派"马赫迪军"展开激战巷战。经战数月，双方各不相让，美军伤亡29人。11月，美军发起更大规模的第二次费卢杰战役。美陆军和海军陆战队1.2万人以及伊拉克部队2500人，以6倍于反美武装的兵力，对费卢杰展开强攻，空军提供精确近距离空中支援，

第十一章 伊战后用兵：军种联合激进而迷茫（2003年以后）

血战一个多月才完全控制该城，但美军88人死亡，500多人受伤。在这两次费卢杰战役中，美军把空中力量运用到城市进攻战中，起到了一定的效果。这些空中力量的运用包括持续的空中侦察、精确的空中打击和快速的空中运输，为地面进攻提供全般支援。空中计划人员绘制了费卢杰精确到街道的地图，约800栋建筑资料及坐标方位被输入数据库，空军作战人员和地面部队可以共享数据。空军"RQ-1""先锋"等无人机24小时不间断对目标区域进行侦察监视，充当了地面部队的"眼睛"，地面作战人员可以掌握巷战的全动态。联合战术空中管制人员为空军飞机提供实时目指。在作战中，空中力量多使用低空扫射方式支援地面作战，从一个建筑物到另一个建筑物，一路跟踪打击。另外，各类战略和战术运输机为地面提供人员部署、装备、弹药、补给和伤员快速救护支援。这两场战役是美军在伊拉克稳定行动中军种联合运用的一个集中体现，在复杂城市环境中运用空中力量，尽管美军自认为已经做得很好，但是，由于空中力量对地面目标侦察与打击的准确性始终难以保证，美空军持续空袭，造成大量建筑物被夷为平地，无辜平民伤亡近千人。

　　2005年伊拉克新政府面临大选，抵抗组织千方百计要破坏大选，而新组建的伊拉克安全部队士兵溜号不断，处在崩溃边缘，安全事务全部落在联军身上。美军第1骑兵师、第1步兵师、海军陆战队第31远征队和第25步兵师都被迫延长部署时间，第82空降师一个旅临时调入伊拉克，美军驻伊人数达到15万，这个数字是战争结束后的最高峰。1月，伊拉克数百万民众上街投票，伊大选算是成功进行，士气得到一定恢复。2月，美军面临新一轮换防，8个国民警卫队旅被调入伊拉克，这些大量非专业部队给稳定行动带来混乱，出现误击意大利少将尼古拉·卡普利亚尼的事件，这导致意大利从伊拉克全部撤军。驻伊多国武装力量司令乔治·凯西要求把清剿行动交给伊拉克政府和安全部队，美军只提供军事顾问过渡小组派驻安全部队，并逐步建立撤军时间表，脱开伊拉克这个泥潭。计划到2006年中旬缩减到9个美军旅和2个盟军旅，2007年年初则缩减到6个美军旅和2个盟军旅。驻伊美军人数最终降到5万人以下。但此时，伊拉克境内反美势力不断发展，多股势力交织盘杂，扎卡维的逊尼派武装力量不断加强，并与"基地"组织合流，建立有组织的逊尼派政权。萨德尔领导的什叶派反美武装得到伊朗圣城旅苏莱曼尼的支持。另外，由于什叶派获得大选，与什叶派有千丝万缕联系的伊朗势力渗透到伊拉克。2005年的反美袭击攀升到3000次，伊政府中亲美的高级官员频遭暗杀。美军只能控制少数几个大城市，尤其是西部完全被扎卡维的武装控制，美军无力肃清遍布全国乡村的反美组织，对重点地区也只能短期扫荡，不能维持存在，这导致抵抗组织越打越多。

到2006年，伊拉克实际上处在宣传中的和平状态，驻伊美军大多数指挥官都期望进一步从伊拉克撤军，把更多安全任务交还给伊拉克安全部队。英国国内则掀起反战浪潮，英政府只得指示其驻伊部队消极应战。小布什总统答应尽快从伊拉克撤出2个旅和部分特种部队，年末再撤走4个旅加1个团，总人数直接减少1.5万人，但实际情况是，伊拉克的民主选举反而将社会搞得更乱，伊拉克安全部队只是形式上具备清剿能力，美军已经是想撤撤不了。扎卡维正在建立圣战者舒拉委员会，逊尼派武装人员制造萨马拉清真寺爆炸事件，随后数月内发生30余起清真寺爆炸，这引起教派冲突。美军失去对大部分城市和大量乡村的控制，兵力使用顾此失彼，把边境地区美军调到大城市，边境又失控。在首都巴格达暴力越演越烈，该年4月份，美军为了打击伊朗支持的什叶派反美武装发

伊拉克战争美军伤亡人数统计

年份	死亡人数	受伤人数
2003	486	2423
2004	849	8004
2005	846	5945
2006	823	6415
2007	904	6121
2008	314	2052
2009	148	680
2010	62	392
2011	58	221
2012	2	0
2013	0	0
2014	4	0
2015	8	5
2016	20	25
2017	22	32
2018	17	13
2019	12	11
2020	11	116
合计	4586	32455

动"正义刻度"行动，6月伊拉克安全部队和警察2万余人、联军7000人又发动了"共同前进"行动。6月7日，美军在一次空袭中又炸死了扎卡维。但据当地媒体报道，这些打击行动导致当地局势更加不稳定，小布什总统也在当天的声明中说："我们在伊拉克还有艰难的时刻，这需要美国人民保持耐心"。美军在一个接一个胜利中失去对伊拉克的控制。

在随后的数年内，伊拉克境内局势仍处在混乱状态，针对伊拉克新政府和美军的爆炸袭击事件举不胜举，美军清剿行动一直在继续，但局势难以掌控。美国高层开始把关注点放在撤军的问题上，要把这个烂摊子交给伊拉克人自己处理。按照小布什的说法"战争不是无止境的"，现在摆在美军面前的大事是如何从这个泥潭中脱身。直到2008年11月17日美国终于与伊拉克新政府签署了《驻伊美军地位协议》，协议规定美国作战部队将在2009年6月30日前撤离所有伊拉克城市和村庄，所有美军人员在2011年12月31日前撤离伊拉克，这对于美军来讲是一个莫大的解脱。伊拉克战争前后历时8年时间，总共有4586名美军死亡，32455名受伤，消耗军费8060亿美元。美军死亡人数连续多年居高不下：2004年849人、2005年846人、2006年823人、2007年904人、2008年314人。信

息化武器装备和联合部队能够使美军赢得战斗，最终杀死叛乱者，但战争看不到尽头。新上任的总统奥巴马面对《时代》周刊采访时评价说："这场战争至今没有赢家，以后也不会有。"

此后，美军并没有停止对外用兵的步伐，但吸取之前的教训，用兵方法在发生变化，非接触空袭作战和扶持反叛者成为主要方式。2011年3月利比亚战争爆发。卡扎菲领导的政府军与东部反政府武装展开激烈交战，政府军凭借武力优势击退反叛军，一路东进收复沿途城镇。正当利比亚反政府武装生死攸关之际，3月19日，美、英、法等国再次联手对卡扎菲军队实施空中打击，法国出动战机空袭了利比亚境内多处目标，与此同时，部署在地中海的美海军第6舰队向利比亚北部防空系统发动导弹攻击。此次空袭的主导者为北约，尤以法国最为积极，美军只是参与者，空袭行动背后关联的是利比亚巨大的黄金和石油利益。联军空袭初期目标指向卡扎菲政府军的防空系统、装甲目标、部队营房和指挥系统，目的是打击政府军，防止反政府武装被歼灭，稳定战争态势。在联军空袭支援下，利比亚反叛军夺回失去的城镇，逼近首都的黎波里。随后，联军空袭强度有所降低，但增加了海空封锁和禁运措施。4月份，利比亚政府与反政府武装交战进入僵持阶段，联军空袭也在持续进行，不断削弱卡扎菲武装。直至8月下旬，反政府武装才攻入的黎波里接管利比亚政权。10月份，新执政当局武装攻入苏尔特市和一些残余分子的最后盘踞地点，卡扎菲及其接班人穆塔西姆死于枪杀，为期七个月的利比亚战争终于结束。战后的利比亚再一次陷入群雄割据的时代。

自2011年3月起，中东地区的叙利亚政局发生突变，异军突起的反对派武装"叙利亚自由军"向叙政府军发起进攻。美国在幕后扶持反对派武装推翻叙政府，企图在叙利亚复制利比亚模式。战争初期，叙政府军节节败退，岌岌可危。随着2015年9月俄罗斯的军事介入，局势发生逆转，在俄空军支援下，叙政府军转守为攻。面对极端复杂的叙利亚局势，美国也开始向叙利亚增派特种部队和军事顾问，协助当地反对派武装的军事行动。空袭依然是美军最有效的介入方式，由美军特种部队渗入反对派武装，精确引导空中力量实施对地支援打击，支援叙反对派武装。坊间一直流传着美国24名游骑兵特种部队引导AC-130攻击机和F-22战机猎杀500名俄罗斯瓦格纳雇佣兵的战绩，也有报道俄瓦格纳雇佣兵实际只伤亡数十人。消息一时难辨真伪，但有一点可以确定，美军是具备这种空地一体精确打击能力的。另一方面也要看到，尽管拥有这样高水准的空地打击能力，美军始终没能主导叙利亚局势也是事实。中东战争局势已然更趋复杂，高新技术武器和联合部队似乎不是解决问题的关键。

从2014年6月开始，一个名为IS的极端组织在伊拉克和叙利亚境内崛起。IS全名"伊拉克和大叙利亚伊斯兰国"，短短三个月内，其武装人员迅速扩编到9

万多人。IS 的崛起打乱了美国在中东的战略部署，对美国中东霸权构成直接挑战。2014 年 9 月 11 日，应伊拉克政府请求，奥巴马宣布"坚定决心"行动，组织 18 国军队大规模空袭 IS，后将对 IS 的空袭范围扩展到叙利亚。由于美国中东战略收缩，奥巴马坚决不派遣大规模地面部队，主要通过直接空中打击、支援地面部队、情报收集与共享、限制外籍作战人员流入、切断资金链等方式打击和削弱该组织。依托网络化的空中力量和无人机的查打一体能力实施定点摧毁是美军最常用的手段。据统计，在美军空袭 IS 的第一年里，共出动战机 2642 架，日均 7 架次。IS 组织不但没有被削弱反而成倍扩编，领地扩大了一倍。2015 年 7 月，奥巴马承认缺乏打击 IS 的"完整战略"，空袭效果非常有限。美军空袭 IS 行动说明了网络一体化的空中力量，包括无人机的使用，如果没有地面部队协同，很难有效地打击非线性的游击武装。美军能够赢得战斗，但不能赢得战争。

军事战略调整与再次转型

　　二十一世纪头十年，美军陷入阿富汗和伊拉克两个战争泥潭，作战行动被动而低效，蓬勃兴起的联合作战创新激情被反恐战争的巨大损耗所熄灭。进入第二个十年后，随着反恐战争形势任务的变化，美国军事战略发生重大调整，军种联合作战发展又进入一个活跃期。2011 年 11 月，美国总统奥巴马在夏威夷主办的亚太经合组织峰会上高调亮出"转向亚洲"战略。2012 年 1 月，奥巴马正式公布《维持美国全球领导地位：21 世纪国防优先任务》的新军事战略报告，报告强调"美国经济和安全利益与西太平洋、印度洋区域的东亚和南亚的发展分不开，并产生了复杂变化的挑战和机遇。因此，美国军方在为世界安全作贡献的同时，我们有必要重新平衡亚洲太平洋地区"。奥巴马提出了美国军队十个方面的作战任务，除了继续"打击恐怖主义和不规则的战争"外，特别提出了把"阻止和击败侵略行为"和"针对反介入/区域拒止的部署军力"作为重要军事任务，强调"通过在陆地、空中、海洋、太空和网络空间等所有域中的联合作战，应该能够完全击败一个有一定军事实力的国家在一个地区的侵略目标"。"必须维护我们在自由进入受到挑战的区域的军力部署。在这些区域，富有经验的对手将使用不对称能力，包括电子战、网络战、弹道导弹、巡航导弹、高性能防空系统以及其他方法"。作为对奥巴马总统"转向亚洲"战略的响应，同年 6 月，美国防部长帕内塔在香格里拉对话会上提出了美军"亚太再平衡战略"，指出美国将在 2020 年前向亚太地区转移一批海军战舰，届时 60% 的美国战舰部署在太平洋。美军实施"亚太再平衡战略"的目的非常明确，就是针对中国，其目标无非是削弱中国在亚太地区日益增长的影响力，强化自身在该地区趋于弱化的领导地位。新战略要求美

第十一章　伊战后用兵：军种联合激进而迷茫（2003年以后）

军的联合部队开始由非传统、非对称的反恐作战向信息化条件下的常规联合作战转变，这又被称作美军"二次转型"。

随着战略重心东移，美军开始推出"空海一体战"理论。"空海一体战"作为概念的提出是在2009年7月。时任美国国防部长罗伯特·盖茨指示美海军部和空军部开发一种新的作战概念——"空海一体战"，来解决美国保持向全球公域投送力量的能力和全球公域行动自由所面临的反进入/区域拒止挑战。该年9月，美空军参谋长和海军作战部长签署了一份关于空海一体战的秘密合作备忘录，并成立了协调开发这一作战概念的联合工作组。这个联合作战概念提出之初，类似于80年代美军提出的"空地一体战"，是单纯解决军种更加有效联合的问题。2011年6月，美军国防部颁布《空海一体战作战概念》官方报告，11月，发布《空海一体战作战概念概要》。2012年秋，美军四大军种确立了在建设联合部队过程中实施"空海一体战"的框架，此时，作为一个联合作战新概念的"空海一体战"已经融入美军"亚太再平衡战略"。随后，美军出台一系列"空海一体战"相关文件并迅速形成理论体系，包括2012年颁布的《实现并维持进入：美国陆军与海军陆战队联合概念》1.0版、《空海一体战作战概念》9.0版、《空海一体战2013年财年执行总规划》，2013年6月美国防部发布《空海一体战：军种协作应对反进入/区域拒止挑战》，表示美军官方认可并支持此概念的开发工作。"空海一体战"理论的核心作战思想是要建立一体化的打击力量，与美军过去提出的"空地一体战"、"网络中心战"理论不同的是，它本身不能解决军种联合方法问题，而更像一个带有明确战略对手和目标的战争构想，通过战争构想反推其作战能力建设的思路，某种意义上是在用作战理论来掩盖其战略目标，为战争准备提供冠冕堂皇的外衣，也是一种战略威慑，其内容充满着火药味。

"空海一体战"通过分析主要作战对手的反进入/区域拒止能力，提出了美军需要解决的几大问题：在战略层面保卫美国领土（比如关岛）、基地和设施，保护重要盟友，压制或击败对手；在作战层面，应对作战对手反进入/区域拒止能力带来的挑战和机遇。"空海一体战"在先期作战阶段，重点是四条作战线：一是承受先期打击，控制美国和盟友部队与基地的损失；二是对作战体系实施致盲行动；三是对远程打击系统实施压制行动；四是夺取并保持空中、海上、太空和网络领域的主导权。这些作战线将会有不同的实施时机，有一些可能会平行展开，多条作战线将会同时在许多部队实施，要求这些部队有相应的能力。随着战事推进，美军将主要展开以下行动：实施持久战役、保持和利用在多个领域的主导权；展开"远距离封锁"行动；扩大军工生产。以上有几个关键的行动：包括致盲行动，通过摧毁或削弱对手的指挥控制和传感器网络，使其不能获得重要的情报、监视与侦察信息和保护己方的这些能力；压制行动，通过空军和海军的隐形远程打击和支援平台,在潜射武器和传感器的支援下,运用动能和非动能攻击压制对手的一体化防空系统和远程进攻性武器;夺取主动权,就是夺取空中、海上、太空、电磁网络各领域控制权;展开"远距离封锁",就是通过远域的封控,切断对手的大部分海外贸易、海上能源运输和商业行为。早前在 80 年代美军提出的"空地一体战"仅仅局限在陆军和空军两个军种。这次"空海一体战"则突出了空军、海军,拓展了太空、网络电磁领域,没有涉及陆军,这是由于其明显的区域指向性所致,所以,"空海一体战"是其军种联合作战理论的一次升级发展,尤其是明确地提出了太空领域和网络电磁领域加入联合作战的思想。

新军事战略和"空海一体战"作战概念提出后,美军认识到,与中俄对抗将是一场大国之间的较量,自身军事优势正在被逐步削弱。2014 年 9 月,美国防部宣布将制定第三次"抵消战略"作为落实新军事战略的措施。第三次"抵消战略"是通过综合集成创新发展颠覆性先进技术武器,抵消中国和俄罗斯的相对优势,特别是中国的"反介入/区域拒止"能力。"抵消战略"是美军战略发展中一种常用手段,核心思想是用非对称的方式改变自己的不利地位。此前,美军实施过两次"抵消战略",第一次是朝鲜战争后提出以核技术优势抵消苏军压倒性常规军力优势的"新面貌"战略,第二次是越南战争后提出以精确打击技术为龙头、以信息技术为核心抵消苏联常规军力优势。美军当前的第三次"抵消战略"确立了四大突破点:一是作战概念创新突破,突出信息主导,推出"作战云"概念、"水下作战"概念以及"全球监视和打击"概念(GSS)等;二是技术发展创新突破。以计算机、人工智能、3D 打印等技术为代表的科技创新,推动定向能武器、电磁轨道炮、士兵效能改造、自动化无人武器系统、智能武器、高超声速武器等新概念武器发展;三是组织形态创新突破,以新技术、新作战概念与新作战样式牵引编制体制优化,建设一支更加精干、高效的联合部队,采取更多组合模式,以科技装备创新发展催生更多的新质作战力量;四是国防管理创新突破,注重战略规划与优化资源配置,支持军工企业改革创新,确保国防工业基础的可靠性和灵活性,利用最优秀的思想和尖端技术推进国防部的创新及运作方式。美军还认为,抵消能力生成的关键是大力构建全球监视与打击网络,利用美军在无人作战、远程空中作战、隐形空中作战、水下作战、复杂系统工程集成与运用等领域的绝对领先地位,将地理上分散的多种平台(如长航时无人机、远程隐形战机、先进的无人机作战编队和水下系统)结合起来,构建全球监视和打击网络,破击对手的"反介入/区域拒止"网络。2012 年成立的国防部战略能力办公室是第三次抵消战略的重要组织机构,另外,美国防部还宣布将在 2017 财年投入 120 亿—150 亿美元,驱动此轮"抵消战略"的五个关键技术领域:具有自主学习能力机器、人机协作、人类作战行动辅助系统、先进有人/无人作战编组、针对网络和电子战环境进行加固的网络赋能自主武器。

2015年7月1日，第二任期的奥巴马政府发布了第二份美国《国家军事战略》报告，该报告重新梳理了美军面临的新战略环境以及目标任务。报告认为，在全球化、技术扩散、人口转移的战略环境下，未来美国军事优势面临的挑战包括"传统安全、跨地区的分散小型组织，他们都充分利用快速变革的网络技术"，这样一来，美国将来可能在不确定的地点，面对"比冲突还要快速的突发事件"，因此，美军应在"冲突不可预测同时资源减少的情况下，不得不调整我们的全球态势"。美军的主要对手将是俄罗斯、伊朗、朝鲜以及中国，另外，还有像IS一样跨地区的分散小型组织。美军明确把"阻止遏制击败国家的敌人"作为首要战略目标，把"击败暴力恐怖组织"放在第二位，强调要"推进全球一体化作战"，需要有一种能够迅速果断地在世界各地投射的力量，包括八个关键组成部分：利用任务指令；抓住、巩固和扩大主动权；在全球范围内提高敏捷性；伙伴关系；通过建立联合部队显示弹性；提高跨区域协同水平；使用灵活、低识别性的能力；尽量减少意外后果。这样的军事行动依赖全球物流和运输网络、安全通信以及一体化联合和合作伙伴的情报、监视和侦察能力。2012年新军事战略与2015年国家军事战略同出自奥巴马政府，可以说是一脉相承，都强调将美军的作战任务由非传统领域反恐作战转向传统领域的联合作战，不同点在于，前者的目标仅放在西太地区，而后者的目标转向了全球。

2018年1月，上台仅一年的美国总统特朗普指示国防部发布《国防战略报告》，再次分析评估了美国所面临的战略环境，更突出渲染中国、俄罗斯等"大国竞争"的挑战，提出"确定部署一支杀伤力强、富有弹性、适应性强的联合部队应是优先发展的领域"。该报告提出了美军需要建设的八大关键核心能力："核力量""太空和网络空间的战争""指挥、控制、通信、计算机、情报、监视和侦察""导弹防御""冲突环境下的联合致命性""前沿部队的机动和态势灵活性""高级自主系统""富有弹性及灵活的后勤保障"。报告还强调了未来美军力量运用的两大要求：一是"动态力量运用"，将保持应对大规模作战的力量规模与能力置于首要位置，更加灵活地运用常备力量来塑造战略环境；二是"全球作战模式"，综合运用"核能力、网络作战能力、太空作战能力、C_4ISR、战略机动能力和应对大规模杀伤性武器扩散能力"，获取竞争优势和完成战时任务。

从"多域战"到"全域战"

美军军事战略的目标和任务由过去针对中东地区小国的反恐战争转向针对中俄等全球性大国的高端战争，面对新的对手和新的任务，军种联合作战将如何创新、如何发展呢？早在2011年11月，美军参谋长联席会议主席马丁·登普西上将就曾提出了一个具有预言性的问题："联合之后是什么？"而五年之后，这个答案似乎已经找到，那就是"多域战"。应该说，美军"多域战"理论的产生是多种因素综合作用的结果。奥巴马政府先后抛出两个军事战略，推动美军向应对传统安全领域的常规联合作战、高端战争转型。根据这个转型目标，美国防部要求美军联合部队提高"全球敏捷性"，具有"更高的效益和效率"及"决定性的优势"，"促进与跨部门、国际合作伙伴的更大程度的协调性"。新战略目标需要新军事理论牵引建设，而此前的"网络中心战"似乎更适合针对弱小对手的有限战争。并且，战争实践已经表明网络中心能力并不能解决非线性复杂战场中的一切问题，刚刚提出的"空海一体战"只是军事战略尚未定型时的过渡性理论，更多像一个明确作战对手的战争构想，新的战略环境和技术条件下军种联合到底如何发展、如何创新，需要更系统的理论支撑，此为"多域战"理论产生的战略动因。另外，导致"多域战"理论产生的还有很多复杂的背景因素，包括战争空间已经由传统的陆、海、空向太空、电磁与赛博多维空间域发展；美军的每个军种都已经形成多域能力；通过前期信息化转型建设，美军一体化网络作战体系与联合能力初步形成，尤其是全球信息栅格为跨军种的、多域的无缝链接奠定了物理基础；第三次"抵消战略"催生的一系列颠覆性技术如人工智能、人机协作、全球监视与打击网络等创新发展，正在加速各军种能力在全球更广泛的领域渗透融合。最后，催生"多域战"理论产生的直接因素，还在于先进信息技术在全球范围内扩散，席卷全球的强大的、廉价的、现成的商业技术使军事领域的竞争对手更趋广泛和复杂化。很多国家和非国家行为体通过获得先进能力以抵消美国在空中、陆地、海洋、太空和赛博空间域的优势，美军在海外投射常规力量的能力正迅速减弱。在美军看来，任何空间域的优势已经不可能是普遍的或永久的，而往往是局部的和暂时的，只有在多个域的组合中建立跨域优势才能获得完成任务所需的行动自由，利用短暂的局部机会来瓦解对方体系。

"多域战"理论由美国陆军率先提出，几年内迅速发展为美军转型的方向。2016年10月，在美陆军协会年会期间，美军高层以"多域战：确保部队未来战争行动自由"为题展开研讨。美国防部副部长罗伯特·沃克、陆军训练与条令司令部司令大卫·帕金斯、太平洋司令部司令哈里·哈里斯等高官力推"多域战"概念。同年11月，美陆军发布《ADP3-0：联合地面作战纲要》，正式将"多域战"概念写入其中，提出陆军部队要作为联合部队的组成部队实施多域战，这为陆军转型提供了新方向。2017年2月，美国陆军和海军陆战队联合发布《多域战：21世纪的合成兵种》白皮书，进一步阐述了"多域战"的背景、必要性和具体落实方案，提出要在联合部队内建立小型、灵活、更具适应性的编队，具备覆盖多域的

"T"型作战能力,即横向与其他军种进行融合,纵向将其他军种优势力量融入自身,联合层面延伸至战术层面,甚至体现在排级单位,打造"小编制、大能力"的部队。同年10月,美国陆军发布新版野战手册FM3-0《作战》,将"多域战"的重要思想写入其中,提出了陆军未来作战面临的多域的环境、多域的方法。12月,美国陆军训练与条令司令部发布了《多域战:面向21世纪的合成兵种进化2025—2040》概念文件,标志着"多域战"概念已经形成了较为完整的理论脉络。明确"多域战"的概念要点和制胜机理,编列了陆军所需的7大类和140项能力和行动。"多域战"开始在美各军种内形成共识。

2017年12月,在美国总统签署批准的2018财年国防授权法案中,参众两院军事委员会均赞同美陆军、海军陆战队对"多域战"的研发工作,列出需要评估的相关事项,并且,提出要争取海军、空军参与的倡议,法案还确定高达6342亿美元巨额基础预算,来支撑新一轮军事转型,这表明美军官方已经认可和支持各军种发展"多域战"能力。2017年以后,美太平洋司令部将"多域战"概念验证评估纳入一系列演习。2018年年初,美陆军与空军开始探讨联合制订"多域战"作战条令。作为"多域战"的实施步骤,2018年5月,隶属于美军战略司令部的网络司令部提升为与战略司令部平行的独立一级联合作战司令部,下属133支网络任务分队,其中陆军41支,这些分队已于2016年10月具备初始作战能力。网络空间正式与陆、海、空、天并列成为美军的作战空间。另外,美太空军建设也在紧锣密鼓地展开,2018年6月18日,特朗普总统下令国防部立即启动组建太空军,成为美国武装力量的第六军种,8月29日,美军太空司令部正式成立。2020年2月,美陆军未来司令部派员访问北约盟国陆上组成司令部,向盟国推广"多域战"理论。同月,美国空军2020年度空战研讨会在奥兰多举行,研讨主题为:"多域战——从愿景到现实",探讨"多域战"在美空军中的发展问题。

"多域战"中的"域"指的是战场空间域,即陆、海、空、天、电磁以及赛博空间,"多域战"理论的核心思想要求打破军种之间的界限,在陆、海、空、天、电磁以及赛博空间域之间实现密切协同,实现作战力量多域灵活编组和各军兵种火力的跨域融合,综合运用实体摧毁、网络电磁攻击和认知诱导、胁迫等手段,对敌实施全方位一体化攻击。"多域战"的内涵可以归纳为四点:一是要整合多域的优势,包括在多个域夺取优势、夺取控制权,一个作战单元或一个指挥中心能够融合多域资源实施联合作战,或者通过多个域的组合建立优势;二是有人无人相结合的先进作战平台,这里的先进作战平台体现在作战平台的信息化、智能化上,具备高效地获取、处理和运用信息的能力,此外,美军还强调发展多域多能的作战平台;三是依托全球一体化网络,形成更大范围、更加高效的网络之网络,以支撑美军在全球实施联合作战;四是小型多能的灵活动态编组,在兵力运用上强调小编组大能力,依托更小的作战单元甚至作战平台,实施更加分散灵活的动态部署。

我们还可以进一步理解,"多域战"是美军实现了初步的网络一体化后对军种进行深度融合的措施,是通过空间域这个概念框架来促进军种深度融合,尤其是强化和利用在电磁域和赛博空间域的领先优势。"多域战"不是对前期部队信息化转型成果的推倒重来,而是更大范围内、更深层面的继承和发展,其以信息为主导、以网络为中心作战的本质没有变,旨在形成更精确、更快速、更广泛、更灵活的全球一体化军种联合作战能力。"多域战"也是对此前"空海一体战"的具体落实,"空海一体战"是一种战争构想,"多域战"则是落实这一战争构想的作战方法。"多域战"面对的是同样建立了网络化体系的高端对手,这些潜在对手可能还拥有远距离杀伤性武器等非对称手段,所以,"多域战"还可以理解为美军针对与中俄等大国之间高端战争的信息时代联合作战理论,它解决的是体系之间对抗的机理与方式问题,力求以全域全方位的技术优势与先进作战理论击倒对手。值得注意的是,美军"多域战"着眼在全域、全方位建立技术优势,可能会引发新一轮高科技军备竞赛,而在二十世纪 80 年代,美国正是利用类似战略拖垮了前苏联。

从制胜机理来看,"多域战"是通过不同军种在多个空间域融合能力,夺控某个或多个空间域的优势,从而,切断或瓦解对手的 OODA 环,最终击败对手。这可以从战争的三个领域、OODA 环以及多维空间域之间的关系入手进行一些探讨。战争的三个领域包括物理域、信息域、认知域,OODA 环存在于这三个领域,同时,物理域又包含陆、海、空、天传统空间域,信息域包含电磁与赛博空间,认知域则是指挥官和士兵头脑中的认知空间。拥有网络化作战体系的敌对双方同处多维空间域,但各有自己的 OODA 环。在这种非线性的复杂战场空间,拥有"多域战"能力的作战单元可以通过某个域和多个跨域能力整合,获得信息和火力上的局部绝对优势和敌军无法跟上的快节奏,一举突破对手的某个或多个域,造成对手 OODA 环断裂,使其体系失能失效。下面的案例可以加深理解:一支"多域战"能力部队受命要摧毁敌沿海纵深防守的数量较多的动态目标群。担任打击任务的兵力包括隐身作战飞机 F-22、智能无人机和携带"战斧"巡航导弹的潜艇,F-22 依靠隐身能力与无人机协同渗入敌纵深,通过传感器网络与"战斧"巡航导弹共享目标信息,实施有人-无人空海一体打击,同时,来自空中、海上和陆地的电磁干扰平台破坏敌一体化防空系统,掩护 F-22 与无人机的渗透行动,另外,一支特种作战小组潜入海岸破坏敌指挥控制网络,位于太空的通信卫星和 GPS 卫星调整状态抵御电子干扰,敌方在陆地、电磁与赛博空间域同时遭到打击，这是一场多域的联合行动。归纳起来，美军"多域战"的突出特点是多域联合同步打击，表现特征是更精确、更快速、更广泛、更灵活的联合，制胜关键是瓦解对手 OODA 环。

2019 年 9 月，美国防部高级研究计划局发布研究报告《恢复美国的军事竞争力：马赛克战》，提出美军针对中俄这样的高端对手，应以"马赛克战"作战概念为牵引，重建力量体系和创新作战方式。"马赛克战"本质上是"多域战"理论框架下衍生的新概念，初衷是创新一种新的作战力量体系构成，后拓展为一种新的作战概念，其中心思想是以人工指挥和机器控制相结合，通过对更为分散的部队快速重组来制造自适应能力，给敌方制造复杂性和不确定性。例如，用一艘护卫舰和几艘无人水面艇来取代由三艘驱逐舰组成的水面行动大队。这样分散的部队可以更多方式重组，给敌方制造更大困难，更容易融入新技术，具备更高的适应性和生存能力，能够执行更广泛的行动。"马赛克战"对指挥控制的新要求又促成了"决策中心战"思想的产生，"决策中心战"旨在改变美军指挥控制程序与方式，充分利用分散的和更具可组合性的部队价值，依靠人工智能支持比对手更快地形成决策。

2019 年 12 月，MITRE 技术和国家安全中心发布了题为《一种新的多域作战指挥体系架构：对抗同等对手的力量投送》的研究报告，针对"多域战"、"马赛克战"，指出当前指挥架构存在诸多不足，包括不同域之间、不同保密级别之间、不同军种之间和盟友之间的障碍，国防部无法有效地整合不同的数据，以提高态势感知能力，而单个军种或作战域无法充分理解所需的能力，提出"全域指挥和控制（JADC2）"概念是解决"集成系统"的办法，其核心思路是通过变革指挥与控制的架构与方法，削除作战域之间和军种之间的界限来使用传感器和各军种力量，迈向真正的"多域战"。2020 年 1 月，美参联会副主席约翰·海顿表示，联合参谋部正在进一步探索"联合全域指挥和控制"概念及其要求，以期开发一种新联合作战概念，其主要目标是对当前陆军"多域战"、空军"多域指挥与控制"、海军"分布式杀伤"进行整合，将来自全域乃至所有部队的分布式传感器，射手和数据相连接。3 月 5 日，美空军首次将"联合全域作战（JADO）"和"联合全域指挥控制（JADC2）"写入空军条令，此两个概念得到美国防部的特别关注和大力支持。"联合全域作战（JADO）"是美军继"多域战"之后提出的最新作战概念，旨在"陆、海、空、太空和网络空间的所有五个战争领域展开新型的协同作战，与全球性竞争对手在各种烈度的冲突中竞争"，其实质就是对各军种"多域战"的整合升级，使美各军种统一了发展方向，这或许是美军军种联合可预见的未来。

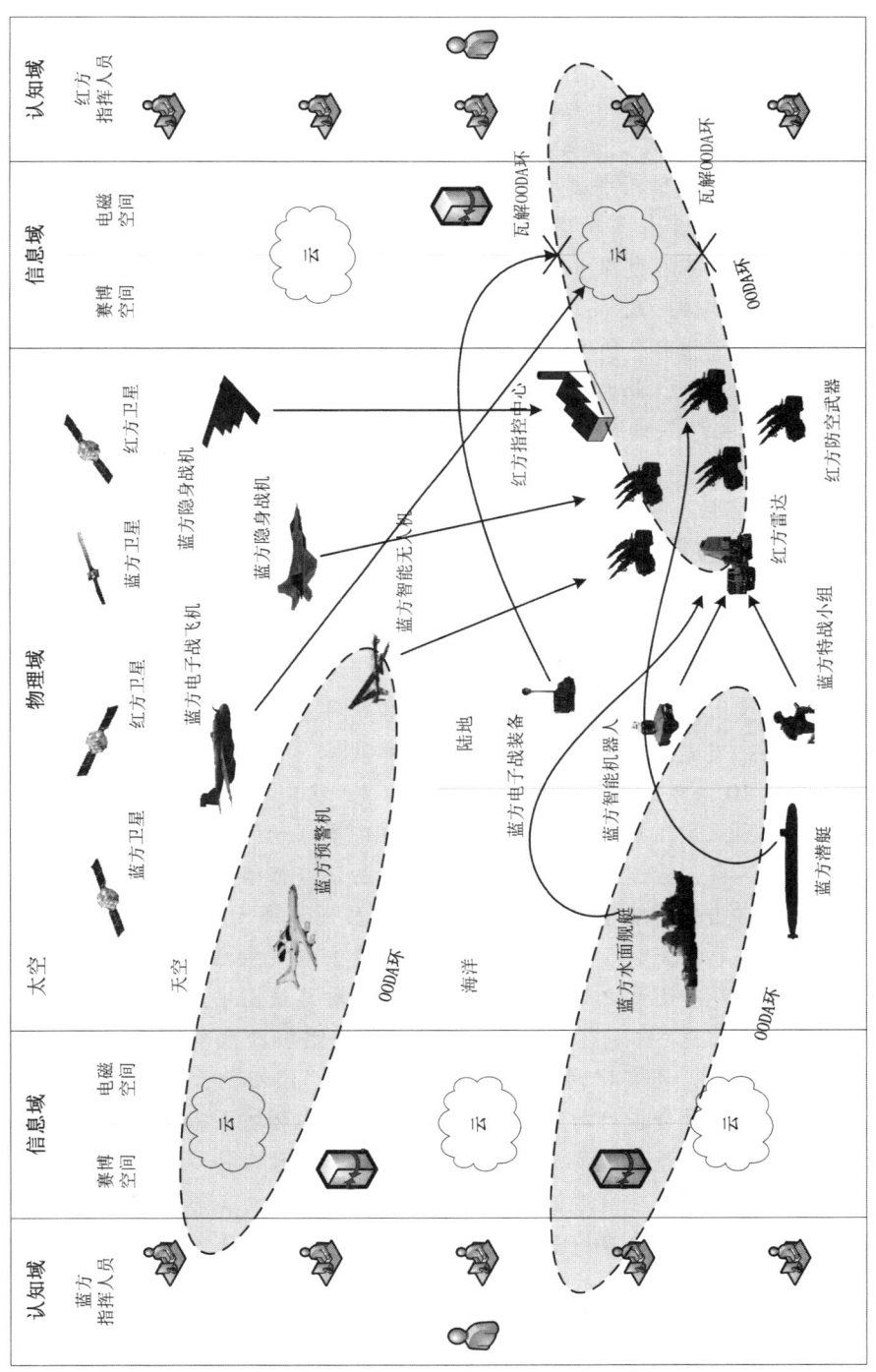

美军多域战联合打击对手防空系统示意图

本章小结

伊拉克战争后的20年，美军军种联合发展几经起伏，经历两次转型。第一次转型是在取得伊战完胜后推进的部队信息化转型以及创新联合作战理论的热潮，但经过长达10余年身陷反恐战争泥潭的疲惫无奈，曾经光鲜亮丽的军种联合作战体系与作战思想在复杂非线性反恐战场上毫无用武之地，结果是巨大的战争消耗、人员伤亡和国际政治上的被动，实际上也宣告了第一次转型的失败。进入二十一世纪第二个十年，美军军事战略转型，把目光投向亚太地区，想要与高端对手打一场高端战争，此为第二次转型，军事战略调整掀起了新一轮联合作战理论的创新热潮，以"多域战"为核心框架的创新作战概念层出不穷，但其实效究竟如何难得验证。

伊拉克战争前后，美军军种联合作战创新发展的热潮达到顶峰。美军以《2020年联合构想》为顶层指导全面推进部队信息化转型，军事转型的核心是建设和发展"网络中心战"能力，发展目标不仅在反恐斗争领域，而是一次全方位改革，不仅要打造信息优势，还要在作战理论、编制体制等各方面配套创新，将信息优势转化为新质战斗力，旨在打造一支"供求平衡"的全能部队。各军种详细规划了转型路线图，形成完整的理论脉络，各军种还竞相打造天价的未来作战系统，力图建立一支先进技术装备起来的未来军队。

随后，持续10余年的后阿富汗战争和伊拉克"稳定行动"让美军疲于应付，再现当年越战失利阴影。后阿富汗战争，美军在广袤原始的西南亚战场用尽了能用的最先进技术装备，就连寻找塔利班武装分子的踪迹都很困难。美军引以为傲的空地引导精确打击并不能彻底消灭恐怖分子，反而造成大量阿富汗平民伤亡，美军自身的伤亡也不在少数。塔利班武装分子的袭击愈演愈烈，袭击范围越来越大，军种联合似乎没有用武之地，没有让人看到各种路线图中所设想的所向披靡的未来军队。在伊拉克"稳定行动"中，美军面对的困难和危险更多，伊拉克境内多股势力竞相争斗，还有伊朗等国外势力和"基地"组织的渗透，抵抗分子与平民混杂在一起，大量袭击行动隐藏在城市中，在这种环境下很难有效地展开联合行动，只有靠地面人员逐街逐屋进行战斗，最终美军只有将烂摊子甩给伊拉克新政府，匆匆撤离战场。在随后的利比亚、叙利亚等战场，美军吸取教训回到过去的非接触作战方式，完全靠空袭来打击对手。总之，这10余年的反恐战争实践让人们看到美军军种联合作战的低效。

进入二十一世纪第二个十年，美军从中东泥潭中脱身，将战略重心投入到亚太地区，企图与高端对手打一场高端战争，旨在维持美国全球领导地位。军事战略发生方向性调整,新的作战对手和作战任务要求创新发展新作战方式。美军激进地提出一系列新的作战概念,包括"空海一体战"针对中国的战争构想、海军的"分布式作战"、陆军的"多域战"、国防部的"联合全域作战",等等,这些作战概念最终形成以"多域战"为核心的作战概念框架体系,也就是未来美军将企图与中俄高端对手打一场"多域战"。"多域战"是美军军种联合作战的一个新阶段,是更精确、更快速、更广泛、更灵活的全球一体化军种联合作战,但是,"多域战"是否行之有效,是否会重蹈此前类似的覆辙,还有待时间去考证。

第十二章 总结与展望

美军军种联合从独立战争创建大陆军开始，历经了萌芽产生、实践探索、体制改革、快速发展和迷茫徘徊五个阶段，前后共计250余年，这段时间涵盖现代军种联合发展的主要时期。美军军种联合水平起点不高，整体落后于西欧列强，最终却从跟跑者跃升到领跑者，其实践发展历程比较典型地反映了现代军种联合发展的共性特点，是现代军种联合发展一个具有代表性的缩影，总结其特点规律对于了解现代军种联合的发展规律和了解研究美军都有重要理论价值。

历 程 总 结

军种联合是战争领域发展到一定阶段的产物，是重要的现代战争艺术之一。正是由于现代军种产生，才产生了军种联合，进而才有军种联合的演化发展。从动因上讲，军种联合发展的根本动力是武器装备技术，以武器装备技术推动战争形态演变，战争形态演变又促进军种联合发展，三者逐步递进协同演化。另外，军种联合发展还依靠战与建的协同推进作用，也就是军种联合的建设活动和战争实践活动，两者相互推动，按照建—战—建—战的规律螺旋递进上升。对于美军而言，其军种联合之所以以激进的速度后来居上，既反映了军种联合发展的一般规律，又折射出美军军种联合发展特有的外因和内因。美国作为一个新兴的国家，长期处在对外用兵的状态，先后发动和参与了近百场不同大小规模的战争行动。美国前总统吉米·卡特在一次演讲称，美国在建国后240多年中仅有16年没有打仗。建国之初，美国通过发动多次战争一跃成为洲际大国，一战以后，美国的眼光开始投向全球，从争霸全球到称霸全球，积极谋求海外用兵，战争实践的牵引成为其军种联合快速发展最强劲的外因，而美国文化崇尚技术至上、崇尚务实精神和创新激情则是其发展的重要内因。我们今天总结研究美军军种联合的建设与实践，就是通过系统梳理其发展历程中的一个个案例，从纷繁复杂的历史案例中抽象概括出其演进的特点规律。

从一般规律来看，美军军种联合的发展历程经历了从低级向高级、从低效到高效的渐进式发展历程。这个发展历程本身又是一个复杂的体系工程，需要采取多侧面、多视角的方法去梳理其发展脉络和规律。这里考虑三种视角，包括发展阶段视角，从宏观上概括美军军种联合发展阶段划分的特点规律；运用水平视角，从运用的深度、广度、模式和效果等方面概括美军军种联合的发展规律；建设方法视角，从能力建设的角度概括美军军种联合的发展规律。

一、在军种联合发展阶段上，经历了由形成联合观念和实践到建立联合体制再到联合理论与技术协同创新的递进历程

现代军种的产生经历了从十七世纪到第一次世界大战，这段时间只是军种联合发展的萌芽阶段。一次大战分化出空军后才真正产生现代军种联合的观念，这是现代军种联合真正的开端。以此为起点，美军军种联合也进入大发展时期，逐步由后台跟跑走到前台领跑。美军军种联合发展的五个阶段，又可以概括为比较有特色的三大递进历程：第一个历程，从一战结束到二战结束，大约30年时间，美军建立现代军种联合的观念，阿卡迪亚会议正式形成联合作战的概念，并进行了大量联合作战实践；第二个历程，从二战结束后到1986年《戈德华特-尼尔科斯国防部重构法案》出台，大约40年时间，美军成立国防部启动联合作战体制改革，并逐步形成军令政令分离型高层领导与指挥体制；第三个历程，从1986年至今，也是大约40年时间，美军经历了海湾战争等数场高技术局部战争，大力研制装备高技术武器，推进部队信息化建设，形成联合作战理论与技术协同创新机制，成为军种联合发展的领跑者。这三个递进发展历程是立足于现代军种联合发展的大背景，又凸显了一个激进的领跑者的发展路径。联合观念的产生和大量联合作战实践解决了对现代军种联合的认知问题，形成对军种联合重要性和组织方法的基本认识，这是军种联合发展的起步历程。体制建立是破解军种壁垒，解决利益纷争的关键，使各军种力量在体制机制上形成协调一致的整体，解决体制问题是军种联合发展最重要的历程。联合作战理论与技术协同创新则是将军种联合发展推入一个更高阶段，以武器装备技术牵引联合作战理论创新，联合作战理论创新又为武器装备技术发展提出新需求，推进军种联合作战能力质变跃升。

在联合观念形成和实践探索历程中，美军当时仅有的陆、海两大军种几乎处在完全独立发展的状态，航空兵还只是陆军中的一个兵种。武器装备有限的射程与威力使得陆、海军种只能限制在相互隔绝的空间域，一个在陆域，一个在海域。经过了二战之前和二战期间近30年的实践探索，美军才逐渐树立起根深蒂固的军种联合观念，其中有三大因素发挥了作用：一是二次大战实践探索验证了军种联合的迫切性、必要性；二是军种力量与武器装备的快速发展，尤其是战争中陆、海、空力量联合运用的迫切需求，为军种走向联合提供了推动力；三是美军中的麦克阿瑟、艾森豪威尔、航空兵英雄米切尔等一批精英分子的强力推动。联合观念一经形成,美军高层就围绕实现军种统一指挥这个目标而下决心推进联合体制改革,解决军种矛盾冲突,最终走向全面的联合。

在联合体制建立历程中,美军花费了40年时间才把高层联合作战体制机制基本理顺。二战结束后,以艾森豪威尔为代表的改革派,针对军种矛盾冲突问题,先后推进国防体制五次大的调整改革,这些联合体制改革贯穿的基调就是改变军种主导作战的体系结构,让军种退出指挥链,加强对各军种的统一指挥与领导,这是一个完全没有经验借鉴的摸索过程,其中,"统"是解决军种之争以及军种在体制上分立的核心思路。美军的一系列做法,包括在总统之下建立国防部,强化参联会的职能,削弱军种权力,再进一步强迫军种退出指挥链,建立一系列战区联合作战司令部和职能司令部,最终,形成总统——国防部——战区联合司令部的顺畅作战指挥链,而军种部降格为国防部的一个下属部门,仅负责本军种部队的建设与管理。美军联合作战体制改革之所以花了40年时间,主要原因是联合体制改革触及军种利益和部门利益,遇到的阻力很大,尤其受到美国三权分立国家体制的掣肘太多,包括美国总统与议会的制衡,军队内部各军种部门相互制衡,每一道改革法令都要受到很多争论质疑,很难一锤定音。另外,还有美军高层领导任期轮换太频繁,一项改革措施很难贯彻到底,所以,这一阶段是美军军种联合发展最为缓慢的时期。

在联合作战理论与技术协同创新历程中,这是美军军种联合发展的成熟期、领跑期,也是最激进的发展时期。美军作为西方军事强国的代表,一直就对武器装备技术极端重视,部队建设首先是花样翻新地研制先进武器装备。二十世纪80年代美军大改革中开始重视联合作战理论创新,"空地一体战"就是其中的代表。海湾战争之后,美军既看到了高技术武器给战争带来的惊人变化,也看到了联合作战理论创新的重要价值,开始进入一个联合作战理论与技术协同创新的新阶段,这一阶段以信息技术、网络技术为核心的高新技术群,牵动了"网络中心战""空海一体战""多域战"等一系列联合作战新概念、新理论、新构想,还创建了科学化、工程化、体系化建设模式,其协同发展路径是:新的技术→新的联合作战理论→作战能力技术实现→实验验证与实战检验。不断产生的新技术加上激进的联合作战理论创新,产生强劲发展动力,使美军军种联合水平在此后十余年时间里实现了质的跃升。

二、在军种联合运用层次上,经历了由战略级联合到战役级联合再到战术级联合的逐步深入发展路线

军种联合从联合层次上可以区分为战略级、战役级和战术级。战略级联合通常体现在整个战争层面军种行动的协同配合,战役级联合体现在战区军种部队集团军、军一级力量的协同配合,战术级联合则体现在师、旅、团以下力量甚至作战平台之间的协同配合。三种不同层次的联合行动反映出军种联合的水平与深度,联合层次越向下延伸,军种联合的水平就越高,作战体系复杂度就越高,建设与实践的难度也就越大。满足未来信息化战争需要的军种联合应该是军种在战略、战役、战术直至作战平台各层面实施灵活高效的协同配合。从美军军种联合发展历程看,战略、战役、战术三个层面的军种联合是并行同步推进,但各层次发展的路线不一样,战略、战役级联合起点较高,进步幅度相对平缓,战术级联合起点最低,进步水平呈现先缓升后陡升的状况,总体上呈现由战略级联合一步步向战役级、战术级联合逐步深化的规律。

美军战略级军种联合的核心问题是解决国防高层体制上的矛盾。二次大战中,美军就已经在战略层面实施军种联合,在总统罗斯福领导下,陆、海两大军种部长直接协商战争问题,协调解决军种矛盾纷争,通过划分太平洋战区和不同战略进攻路线实现陆、海两大军种在战略层面联合。二战结束后,美军建立国防部、削弱军种权力,进行国防体制的一系列改革,在战略层面加强对各军种的统一指挥,美军逐步从体制上解决了军种战略级联合上的矛盾冲突。自二十世纪60年代开始,美军逐步建立并完善战略级指挥自动化系统,为军种战略级联合提供了平台手段支撑,理清了国防部高层与各战区联合司令部之间的职责权限和运行机制,美军在这个层次的军种联合基本实现了顺畅高效。

美军战役级军种联合的核心问题是解决战区联合作战指挥机构与联合力量编成问题。美军在二战时期就已经探索过这个层次的联合。当时,太平洋战区的不同区域,包括西南太平洋战区司令部、太平洋战区司令部基本上是由某个军种主导,西南太平洋战区司令部是麦克阿瑟的陆军人员,太平洋战区司令部则是尼米兹的海军人员,每个战区司令部以本军种人员为主体,适量加入了少数其它军种人员。在力量编成上则根据战区作战需要混编陆军、陆军航空兵、海军等各军兵种部队,在形式上已经是一个联合部队,这种临时拼凑的联合作战指挥机构和编成在运行中矛盾重重,勉强实施联合作战。此后,在朝鲜战争、越南战争中虽有调整,但也面临同样的问题。二十世纪80年代,美军逐步建立完善战区联合司令部,战区联合司令部全权负责战区联合作战,与军种部以及战区军种部队理顺了作战指挥关系,相继配套战区联合作战指挥手段,美军战役级军种联合问题基本解决,海湾战争就是成功的案例。

美军战术级军种联合最为复杂,受制约影响因素最多,需要解决实战需求、信息化技术手段、联合行动方法与训练等一系列问题。作战能力构成的基本要素是人和武器装备,作战能力生成的关键是实现人与武器装备的最佳结合,而这个最佳结合的基础是战术，军队作战能力的生成有 60% 以上在战术。军种联合的发展，解决战略战役层面的体制机制问题固然重要，但是，解决军种联合的最大难点和最大亮点在战术级甚至平台级联合。美军在二战时就已经实践了近距离空中支援的空地战术联合行动，受当时作战飞机对地打击精度和空地通信联络手段的制约，空地联合的效果并不好，主要依靠对敌大面积轰炸取胜，空地联合在时间和空间上都达不到精确化的要求。越南战争中，美军积极发展空地通信手段，但是，受越南特殊的热带雨林环境影响，效果也不理想，这一时期，战略战役层面联合体制机制的不顺畅也制约了战术层面联合的发展。海湾战争以后，美军战术级军种联合进入一个快速发展时期，中央司令部联合空中作战中心的"空中任务指令"在战役层面将各军种空中力量实现了整合，但是，72 小时"空中任务指令"在科索沃战争中效率不足，美军很难对南联盟军队机动目标实施及时打击。此后，美军加强了数据链建设，建立空中侦察探测平台与空中打击平台的无缝链接，形成快速杀伤链，优化军种战术级联合的机制和程序，战术级军种联合逐步走向精确化和快速化。军种战术级精确联合在此后的阿富汗战争和伊拉克战争有较好表现，但随着清剿行动深入，面对非线性复杂战场环境，出现了较多的误击误伤和平民伤亡，造成很多政治上的被动，让人大跌眼镜。

三、在军种联合运用范围上，经历了由陆海联合到陆海空联合再到陆海空天电网多维联合的拓展趋势

任何战争都是在一定的战场空间中展开的。战场空间根据其维度，可以划分为陆、海、空、天、电磁以及赛博空间，每一维战场空间与某个特定的军种有着密切的关联。战场空间通常又可以称为"域"。所谓"域"，字面上理解，就是泛指某种范围。每一维战场空间对应一个作战空间域，所以，上述的多维战场空间又可以称作陆域、海域、空域、天域、电磁及赛博空间域。随着武器装备技术的发展，人类战争的空间范围逐步由单维单域空间过渡到多维多域空间，相应地，军种联合也是由两维空间联合向多维空间联合拓展。需要认识到的是，不同的空间维度在军种联合中发挥着不同的作用，有些战场空间对军种联合则具有枢纽作用。某个战场空间是否具有枢纽作用，取决于该空间与其它空间的接合度，接合度越广泛越紧密，影响作用越大，同时，还取决于这个战场空间物质、能量、信息交换与移动的时效，时效越高，影响作用越大。在战争中，夺取和保持具有枢纽作用的战场空间尤为关键。

美军军种联合最早只发生在陆、海两维空间，实施联合的主体是陆军和海军，这一阶段从陆海两大军种的产生一直延续到一次大战。陆海两维空间的军种联合是平面化的联合，联合行动主要发生在陆海接合部、海上交通线以及内陆纵

深重要河流，联合层次以战略级联合为主，以战役战术级联合为辅，战略级联合主要表现在夺取制海权、控制海上交通线、对陆地实施海上封锁或者对陆地实施海上运输支援上。战役战术级联合则是海军舰炮在陆海接合部对沿岸目标实施的支援打击，这个陆海接合部的范围大小由舰炮的射程所决定。总体上，由于陆海两维空间接合部范围是有限的，所以，早期陆海两维空间的军种联合实践是非常有限的，军种联合是粗放型的，联合的需求并不十分迫切，实际上，陆海联合的这种特点直到现在依然存在。

一战之后，美军航空兵迅速壮大，使战争进入陆、海、空三维空间，美军开始探索现代意义上的军种联合，这一阶段从一战结束一直可以延续到越南战争。陆、海、空三维空间是战场由平面向立体的转变，战场空间不仅有水平面的延伸范围，还有垂直高度。在这种三维战场空间，空域成为三维战场空间的枢纽域，主要基于三点原因：一是空域能够与陆地和海洋形成最全面无缝隙的结合，在陆地和海洋上的任何一个点都离不开相应的空域；二是空中作战平台能够实现比地面更快速的灵活机动，将物质、能量、信息迅速从一个点移动到另一个点，在地面或海洋的任何一点快速集中火力和兵力；三是空中作战平台能够对地、对海形成居高临下的侦察与打击，可以轻松克服地形地貌障碍，让对手难以防范。所以，掌握制空权才能掌握制海权，才能掌握制陆权。从空间维度看，军种联合最富活力、最具创造力以及难度最大的是空地联合，这也一直是美军军种联合发展的特色和重点。

美军军种联合进入陆、海、空、天、电磁与赛博多维空间可以追溯到二十世纪60年代。越南战争中，美军就开始较广泛地使用电子侦察、干扰装备，战争后期又投入使用精确制导武器，展开电磁空间的较量，这是战场进入电磁空间的标志。随后，美军开始将人造卫星应用到军事领域，海湾战争是战场进入天域的标志，直到海湾战争后，美军军种联合才真正拓展到陆、海、空、天、电磁及赛博多维空间。在多维战场空间中，最具有枢纽作用的是电磁及赛博空间，这是因为电磁波无处不在，可以光速形式渗透到陆、海、空、天的每一个角落，而赛博空间则是作战信息最终流入每一个指挥平台、武器平台以及进入指挥人员头脑的必经途径，另外，电磁及赛博空间也是连接和贯通OODA作战环的基本链路。电磁空间还是敌我双方同时存在的空间，敌我电磁信号相互交织，没有明确的界限，因此，也是双方最容易进入和破坏的空间，另外，赛博空间也面临着被对方突破而杳无踪迹的危险。电磁及赛博空间一旦被夺控，作战体系就会大幅失效甚至瞬间崩溃，因此，当军种联合进入多维战场空间时，电磁及赛博空间将是敌我双方首先角逐的焦点。

第十二章 总结与展望

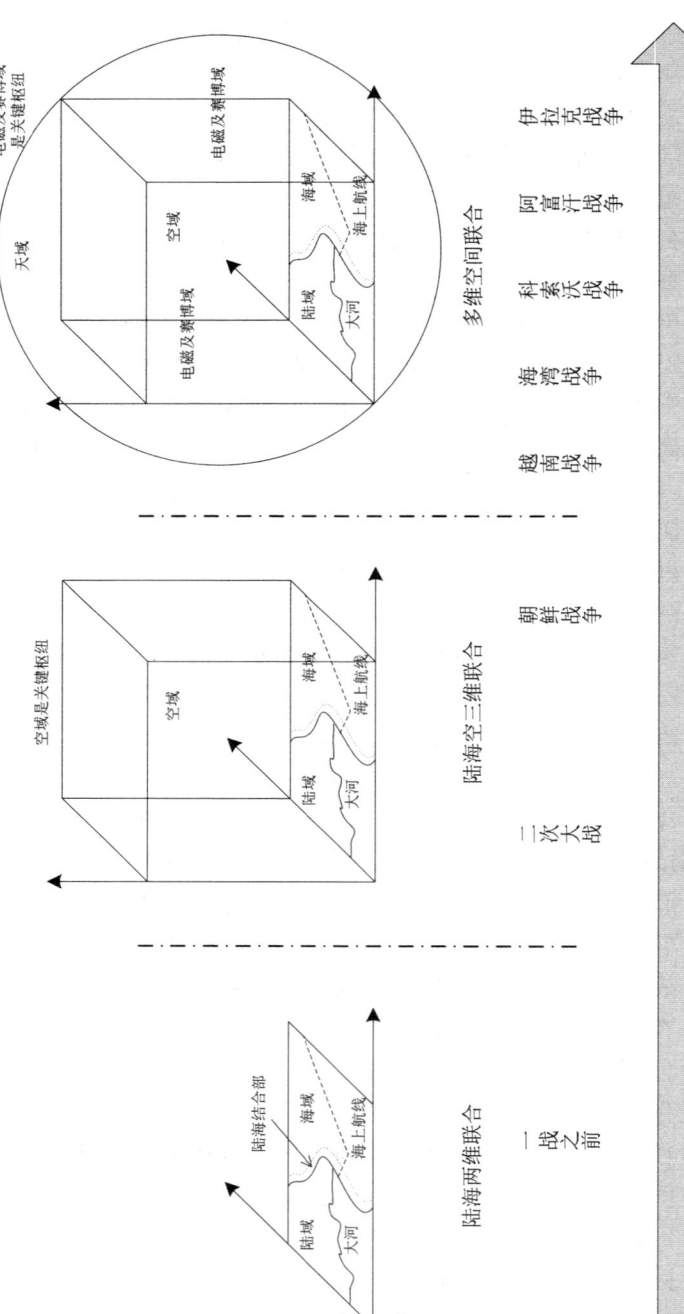

美军军种联合范围的拓展示意图

四、在军种联合运用模式上，经历了由基于域的联合到基于平台联合再到基于网络联合的进化路径

军种的产生源于作战空间域的划分，从使命上讲，军种活动于特定的空间域，并致力于夺取掌握该域的控制权。在军种创建之初，军种联合最本质的特征是基于域的联合，表现在制空权对陆地、海上作战的支援掩护，制海权对登陆和陆上作战的支援掩护等方面。随着军种武器装备和能力的拓展，军种联合的本质特征在发生改变。美海军舰载机作战半径达到1000多公里，"战斧"式巡航导弹能够打击距离海岸线1500公里的陆上目标。对于部署在内陆纵深地带的敌方目标，不同军种作战平台都可以打击。当每个军种的作战能力都延拓到多维作战空间域，军种联合就不再是基于域而是基于单个作战平台。基于平台的联合要求平台与平台之间、平台与各级指挥机构及部队之间建立跨军种的高效可靠的信息传输链路，当基于平台的链路发展得足够充分进而形成网络，军种联合又必然要向基于网络的联合模式发展。从表现形式看，军种联合由域联合到平台联合、到网联合，又反映出军种联合从面、到线、到点的形态发展特征。基于域联合是面状联合，是粗放型联合，也对应着战略级、战役级联合。基于平台联合是线状联合，基于网络联合是点状联合，两者都是精确型联合，对应着战术级联合。这是作战体系由低级向高级自适应进化的必然路径，也是世界各国军队军种联合建设发展应遵循的基本规律。按照系统论原理，系统是由众多元素组成的，元素之间是存在一定的关联度，关联度越多，系统就越复杂，系统的功能就越强。"从无序到有序，从无组织到有组织，从低度有序到高度有序，从简单到复杂，是系统向上的演化。"[①] "向上演化"就是进化。军种联合由简单的面向线、向点发展正符合这个进化原理。

美军军种联合的早期是基于域的联合，自越南战争开始，就产生了基于平台联合的萌芽。在越战"滚雷"空袭行动，以及后来的"后卫"大规模空袭行动中，美军的空军和海军舰载机开始实施了基于平台的联合。在空袭行动中，美空军预警机、战斗机、轰炸机与海军舰载战斗轰炸机以及 EA-6B 电子干扰机经常是混合编组、联合行动。空中作战已经开始不区分军种，而是着眼作战平台本身的性能特点，进行优势互补的联合运用。但是，越南战争中，由于高层联合体制机制没有理顺，也没有相应的技术手段支撑，军种作战平台联合的效率还不高。在总体上，美军空中力量还是通过划分空间区域来实施的，美军将对北越的空袭划分为七个小区域，由空军、海军、海军陆战队分别承担相应区域的空袭任务。基于

[①] 苗东升：《系统科学精要》，中国人民大学出版社2016年版，第48页。

第十二章 总结与展望

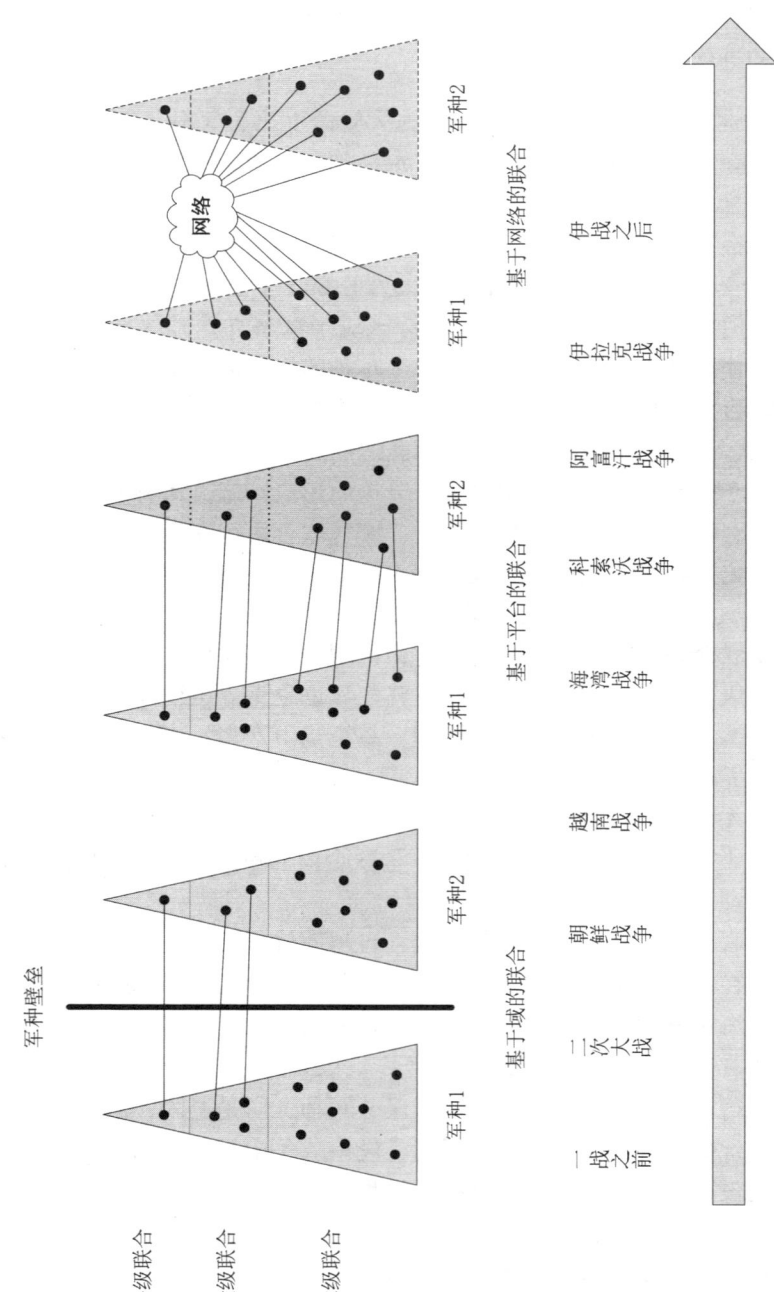

美军军种联合三种发展模式进化图示

域的联合，要求各军种在战略战役指挥机构之间建立协同链路，相当于在各军种域之间打通了一条或若干条"烟囱"式通道，缺乏充足的互通互连，军种之间依然存在严重壁垒，因此，也是最低水平的联合。

海湾战争是美军军种联合走向基于平台联合的标志点。中央司令部联合空中作战中心统一筹划运用各军种空中作战与支援保障飞机，包括确定打击目标、打击时间、进出航线、空中加油区域、预警指挥区域等。基于平台的联合，能够让各类作战平台实现优势互补，打破了传统由各军种独立指挥的模式。但是，海湾战争中，由于缺乏数据链和共享态势支持，各军种作战平台缺乏协同，战术行动主要是单打独斗。基于平台的联合，不仅要求对各军种平台实现精确统一的指挥，还要求平台之间打破军种的界限建立高效的协同数据链路，甚至在各军种战役战术指挥机构之间建立协同链路，军种壁垒被大量的数据链路突破，但军种界限依然明显。科索沃战争 78 天空袭，北约联军空中作战中心完全打破军种界限，精确筹划指挥到各军种每一个作战平台，各平台间的通信和数据传输能力得到提升。此后阿富汗战争则是美军基于平台联合的最高点。

伊拉克战争中美军开始进入了基于网络的联合。基于网络的联合是点到点的联合，大量的信息化作战平台以及指挥机构建立起数据传输链路，并累积形成网络化体系，军种界限开始变得模糊。基于网络化体系，美军获得增强的战场感知能力、信息传输与共享能力，创新更加灵活的分散化指挥方式，部队实现模块化战斗编组，形成部队近实时的同步作战能力。基于网络的联合能够发挥信息优势赋能，由信息优势转化为决策优势，进而形成行动优势，这是一种新质作战能力，也是军种联合模式的质变跃升。但是，伊拉克战争中美军基于网络的联合还只是初步的，军种体系依然相互独立，网络化体系还缺乏一体化设计，不少军种协同机制还未得到固化，制约了军种之间的深度融合。

五、在军种联合运用效果上，经历了由粗放型联合到精确型联合再到精确+快速型联合的发展路线

衡量军种联合效果的一个重要指标是军种联合的粗细程度，很显然，军种联合由粗到细发展，对应其联合水平由低到高提升。粗放型的军种联合是指在时间、空间、力量编成编组以及作战目标上是一种粗粒度、大尺度的军种联合，也是最低水平、最初级的联合。军种战略级联合、基于域的联合都是粗放型。相应地，精确型的军种联合是在时空域、力量编成编组以及作战目标上具有更细的粒度和更小的尺度。军种战术级联合、基于平台的联合都是精确型联合。精确型与粗放型是相对而言的，没有绝对的划分指标，本质上反映了军种联合发展水平。军种联合的时间粒度可以天计，以小时计，或者以分钟甚至以秒计；空间粒度可以公里计、百米计，甚至米计；力量编成编组粒度可以军、师、团、营等各层次甚至单个作战平台为单位计量。精确型联合要优于粗放型联合，比精确型联合更高一层的是精确+快速型联合。精确型联合衡量标准是时空域的大小和力量实体的大小，快速型联合衡量标准是完成联合行动的时间快慢，军种联合行动的时间越快越好。快速型联合是建立在精确型联合基础上的，没有精确型联合就很难谈得上快速型联合，所以，快速型联合本质上也是精确+快速型的联合，也是军种之间效果最好的联合，最高水平的联合。

军种联合由粗放型向精确型、再向精确+快速型发展是信息化战争的内在要求。各军种武器装备具备高精确性、高机动性的特点以及大范围的火力机动能力，网络化作战体系能够快速获取和传输共享信息，为军种联合向精确+快速型发展提供了前提和基础。只有精确制导武器及其作战体系的装备数量达到一定比重，才能谈得上军种联合的精确快速。从这个意义上讲，精确+快速是信息化时代对军种联合的要求。同时，"战争是充满不确定的领域"，信息化战场上非线式、非接触作战使这种不确定性更难以把控，作战节奏会出人意料地快，应对这种不确定性和超快的节奏，要求整个作战体系和联合部队要具备精确、快速应对战场突发情况的能力，以精确+快速来应对非线式、非接触的战场威胁。实现精确+快速型联合需要战术级联合得到充分的发展、网络化体系得到充分的发展，也就是达到军种之间的深度融合。

美军军种联合从粗放型走向精确+快速型经历了一个较漫长的历程。二战时期、朝鲜战争中美军军种联合是粗放型的。各军种的任务主要是争夺和控制各自作战空间域，通过对所在域的控制实现军种之间协同配合，军种联合是战略级的、粗放型的。朝鲜战争中，美空军重视战略空军、战略轰炸，战术空军也主要用于制空权作战，或者对战场纵深的中朝军队实施无目标的狂轰滥炸，缺乏精确的空地协同。虽然，也探索了在前沿建立地面战术空军引导站，指挥和引导战斗轰炸机对地面战斗实施支援，但由于训练不足以及喷气式飞机飞行高度高、时速大等多方面原因，近距离空中支援效果甚微。

从越南战争到海湾战争是美军种联合由粗放型向精确型转变的过渡期。越南战争前期空对地战术支援使用的战斗轰炸机包括首次使用的 B-52 战略轰炸机均是投掷普通炸弹，只能对面目标轰炸。越南战争后期才出现精确制导炸弹，为空地力量精确协同提供了必要条件。美空军和海军累计对北越的清化大桥攻击 871 次，均一无所获。直到 1972 年 5 月 13 日，美军使用 26 枚激光制导炸弹，才圆满完成轰炸任务。尽管越南战争后期有了精确制导炸弹，但此战中的美军是一个多头指挥的混乱体系，谈不上精确型联合。海湾战争中，虽然美军已经建立联合作战体系，并使用了更多的精确制导弹药，但精确制导弹药只占总弹药的 8%，

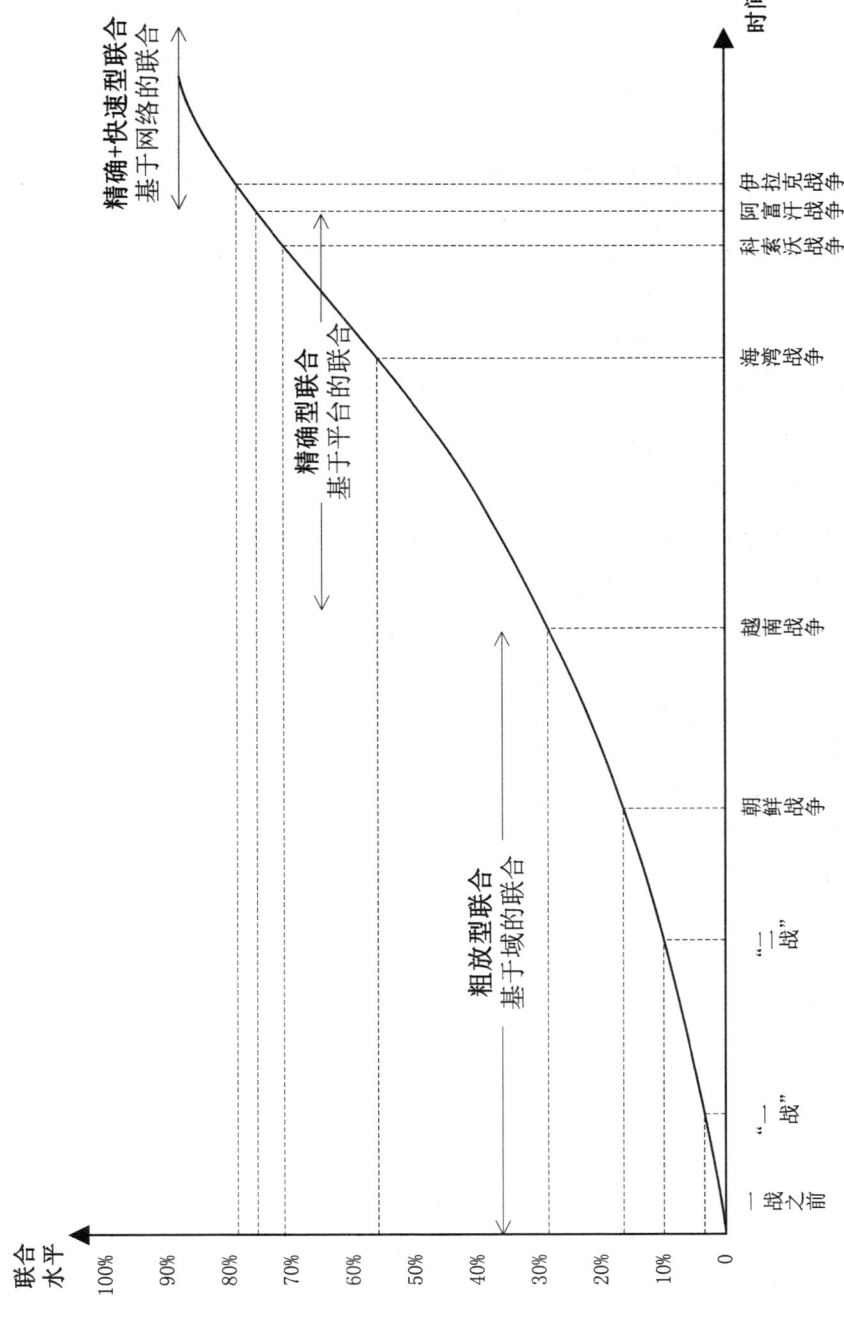

美军军种联合发展水平量化评估示意图

美军目标选定与打击的"空中任务指令"周期为三天，对临机发现的目标难以实现快速打击，从效果上讲还未达到精确型的水平。

科索沃战争是美军实现精确型军种联合的真正开端。科索沃战争中美军使用的精确制弹药达到70%，美军发现目标与打击的时间缩短到两小时，这意味着侦察探测平台与空中打击平台联合的时间精度是以小时计，达到了精确型联合的标准，但还未达到快速型联合的要求。阿富汗战争美军种联合开始由精确型向精确+快速型发展，杀伤链的使用让作战信息在侦察平台与打击平台之间迅速流转，美军发现与打击目标的时间缩短到几十分钟。伊拉克战争中美军种联合的精确性和快速性更高，美各军种的精确制导弹药达到90%，网络化体系带来的信息优势不仅使打击的周期更快，而且开始实现部队行动同步，美军依靠这种精确+快速型的空地联合，在很短时间内击溃数量巨大、反应迟钝的伊军。

六、在军种联合建设方法上，经历了体制机制、作战理论、武器装备、训练创新诸方面的协同演进

军种联合建设与发展的核心是研究解决如何构建高效的联合作战体系以及如何有效运行的问题。联合作战体系是信息时代构成军队战斗力的新元素。在冷兵器时代、热兵器时代以及机械化时代构成军队战斗力基本元素的是人与武器装备，而在信息时代，构成军队战斗力的基本元素应该包括三个：人、武器装备和作战体系。作战体系是从组织的角度解决人与武器装备的优化组合问题，作战体系这个元素像武器装备一样，是实实在在客观存在的，它不仅体现在联合体制机制、法规条令等软性指标上，而且必须落实到具体的信息化装备上，并以这些信息化装备为支撑将各军种力量联合成一个有序的组织，广泛的连通性和信息的高效传输、高度共享是对作战体系的基本要求。二十世纪80年代，为解决空地联合问题，美空军专门发展了E-8C联合监视目标攻击雷达系统飞机，陆军研制了相应地面站组件，使空中作战平台与陆军地面部队实现信息互连互通，形成了一个局部的作战体系，支撑空地一体战。信息时代敌我双方的对抗是人、武器装备以及作战体系三大元素的综合比拼。

传统的依靠人与武器装备两大基本元素生成战斗力的周期相对较短。在过去，要快速组建一支部队，只要有足够的枪支弹药，集中足够的人力资源，再进行一定量的临战军事训练，战斗力就可以快速形成。但在信息时代，不仅要有人与武器装备，还要建立结构科学、运行高效的联合作战体系，而联合作战体系的建立则要比前两个元素复杂得多。联合作战体系必须在平时、在战前就要建立完善。美军信息时代的联合作战体系自海湾战争开始建立，由点到链、到伊拉克战争中初步形成的网络一体化，共花费了13年时间。联合作战体系建立之所以难，在于它是一个系统的工程、科学的工程、复杂的工程,靠传统的"手工作坊"式建设模式是完不成建设任务的,也是建不好体系的。具体来讲,联合作战体系建设需要在体制机制、作战理论、武器装备、人才培养、训练创新等各方面实现协调发展、共同演进,这是一个多部门协作、有序组织的过程,需要依靠良好的建设机制,而美军这个机制始于越战之后的70年代。

二十世纪70年代中期,美军经历了越战泥潭的失利后,开始全方位反省自身军队建设。美军认识到仅仅拥有大量的先进武器装备并不能决定作战的胜利,不断创新与之相适应的作战方法、训练方法,才能形成最佳的战斗力。军队的大改革首先从陆军开始。陆军成立陆军训练与条令司令部,专门研究与制订新的作战方法,并用新方法训练部队。1976年7月,陆军颁布FM100-5野战条令《作战纲要》,1982年再度颁布修订后的《作战纲要》。美空军也颁布了《空中机动作战》一系列条令,海军也展开相应改革工作。整个70、80年代,美各军种武器装备、作战理论和训练实现了一个协同性的整体跃进,包括空军研制F-117A隐形飞机、E-8C联合监视目标攻击系统,研发了"空中任务分配指令";海军研制核动力航母;陆军研制M1A2为主的第三代主战坦克,在作战理论方面提出了"空地一体战""非接触作战"等思想。1986年国会出台《戈德华特-尼科尔斯国防部重构法案》进一步确立联合作战指挥体制框架。随后,美参联会颁发了第一个联合出版物《美国武装部队的联合作战》。

进入90年代后,美军作战理论、武器装备、体制机制以及训练方法开始了更加密切的协同发展,逐步形成以作战理论牵引部队建设的路径。海湾战争后,美军重拾信心,更加雄心勃勃,战后的一系列经验教训总结使美军对作战问题的认识进一步趋向理性。美军官方陆续推出一批联合作战的条令和文件。1997年,美军各军种相继提出"网络中心战"理论,而这一理论在4年后得到美国防部官方认可,成为美军推进作战体系和武器装备建设的理论基石。这一时期,美军官方开始探索作战理论如何牵引军队建设问题。1997年美国防部在《四年防务审查报告》中专门强调了"需要进一步探索作战理论指导的路径"。而在2001年,美国防部专门成立了由国防部长主管的"部队转型"办公室和"C_4I"办公室,专门开展信息时代作战理论创新并指导部队建设,这是美军官方主导作战理论创新的开始。一大批富有部队建设与作战经验的军事专家和地方工程技术专家加入到创新行列。官方主导下的"军事指挥员+工程技术专家"精英团队让创新的作战理论更有效地落实到部队建设中。在同一时期,作战实验也开始在美军全面兴起。1999年,各军种专门成立实验部队研究试验"网络中心战"的运用效果和作战方法,以实验部队为种子向全军推广,推动部队信息化转型。2002年4月美军成立联合部队司令部,为作战实验提供了更稳固的组织机构保障。到二十一世纪初期,美军已经初步形成在军事战略顶层指导下，按照作战理论—作战实验—装备研制—军事训练—战争实践—作战理论再创新逐项递进的周期性建设路径。

值得一提的是，美军之所以形成这样有序的建设路径，实现联合能力快速质变跃升，还在于有良好的监督评估机制。美国防部及其下属部队受总统统一领导与指挥，同时，还要受到美国国会相关部门监督。美国参众两院都设有军事委员会，对军队建设与作战进行监督评估。国防部的建设规划和预算要经过参众两院军事委员会审议通过，还要国会全体议员听证投票才能最终通过。从一定意义上讲，军种部与联合作战司令部之间构成卖方与买方的约束关系。在约束运行中是由需求侧主导，军种部队具不具备作战能力，由需求侧的联合作战司令部使用和评估。军种在战争中不能发挥作用，国会就会削减军种建设经费，军种发展就会受到限制，甚至被裁减撤销。这样一个多方监督制衡的机制，让美国防部以及各军种千方百计地抓好军队建设，军种联合建设效率自然很高。另外，美军几十年来接连不断的海外用兵也是其军种联合建设高效的重要原因。美军每打完一场战争，都会进行全面深刻的作战总结，既总结经验更剖析问题，毫不回避弱项短板。美国防部督导各军种逐个问题——抓实解决，所以，海湾战争后美军基本上是打一仗进一步，打一仗上一个台阶。

几 点 展 望

美国，一个由移民者构建的新兴大国，这个国家仅有短短两百多年的历史，但是，不可否认到今天依然是不可轻视的一方强国。美军，美国大兵，以世界警察自居，挥舞大棒遍及世界各地，不可否认到今天依然是一支战力十足的武装力量。美国本身没有多少深厚的历史文化积淀，但是，移民者始终追求利益至上的本能驱动其国家的发展，敢于创新，不怕失败，失败了推倒重来，可以说几乎是在一张白纸上创造了美国版的现代科技与文化成果。讲求实际、注重实效是这个国家及其军队建设发展的主基调，正因为讲求实际、注重实效，才有不拘一格的创新力，才促进了其企图主宰世界的野心。

近几年，美国国家战略和军事战略已经发生明确而重大的变化，把中俄确定为最大战略竞争对手，而美军军种联合又进入一个创新活跃期。从"多域战"到"联合全域作战"，短短数年内一系列创新的联合作战概念蜂拥而出，急不可耐。概括起来看，美军这一系列联合作战概念形成了以"多域战"为核心的联合作战概念框架体系，也就是说，未来美军军种联合的发展总目标就是"多域战"，就是要与高端对手打一场更精确、更快速、更灵活的全球一体化联合作战。今天，站在这个时间点上，回顾美军军种联合的发展之路，展望其军种联合的未来，我们不禁会发问：当前美军势在必成的"多域战""联合全域作战"能否会实现？还会产生更新的作战方式吗？是否会转型智能化战争？回答这些前瞻性问题是富有挑战性的，但可以预见的是，未来相当一段时间内美军以中俄为对手的战略目标不会变，"多域战"、"联合全域作战"的军队转型步伐也就不会停止。美军高层亦已形成从未有过的统一，上下信心满满，正像美军联合参谋部海军少将比尔·蔡斯所说："这是新生事物，我们在向前急速狂奔。"按照美军设想，未来三年要初步解决全域联合指挥与控制问题，搭好全球联合作战大体系的"脚手架"，预计到 2025 年左右，美军"多域战"、"联合全域作战"能力能够初步形成，再往下一个五年将是巩固提升阶段。2023 年 8 月，即将离任的美军参联会主席米利敦促发布《联合作战概念》，意在为国防部提供一个统一的愿景，指导联合军力发展和联合军力设计，该文件直接服务于美国最新的《国家安全战略》和《国家军事战略》，这反映出美军高层急于要在各军种统一思想，在联合作战领域继续保持军事优势。但是，也要看到，"多域战"、"联合全域作战"是美军前所未有的大联合，这在美军种联合建设中也是史无前例的。宏大的转型目标必然会带来巨大的军费开支，急进的建设步伐也需要配套的前沿技术跟进，另外，还会受到美国多元分立的国家体制制约，愿景中的全球联合大体系的预期效果还是未知数，顶层设计的概念理论与作战实验毕竟不能代替实战，阿富汗和伊拉克战场旷日持久的消耗就是现实的教训。另一方面，就美军转型建设本身来讲，在组织层面、在技术实现层面、在军种关系层面也面临一系列矛盾问题，包括如何在庞大的全球联合大体系与数据快速精确流动之间寻求平衡，如何协调全域联合目标与军种发展目标，还有如何处理好人与智能机器之间的关系，等等，这些问题答案似乎只能在未来实践中才能找到。

一、面对复杂性的挑战

我们生活的这个世界充满复杂性。按照现代物理学的理论，复杂性源自多层次体系以及庞杂的组分结构与关系，源自物质世界发展演变的不确定性、非线性。我国复杂科学著名学者苗东升认为"世界是简单性和复杂性的矛盾统一，并沿着复杂性不断增加的方向演化[①]"，复杂性这个新世纪的新话题，让我们永远无法准确地认知和把握未来。当前，美军事战略目标已经定位在应对高端战争上，但此起彼伏的非传统威胁依然刺痛着美军的神经。美军这个"世界警察"既要能打全球规模高端战争，又要准备抓"小偷"，这将是一个全频谱战争环境，

[①] 苗东升：《开来学于今——复杂性科学纵横论》，光明日报出版社 2009 年版，第 158 页。

造就这样一个无所不能的"世界警察"本身就是复杂的。实践证明，装备先进武器的信息化部队在围剿塔利班游击武装中也并不是手到擒来，始终难以避免大量士兵和平民伤亡，面对国内外巨大的舆论压力。战争的实践一再表明，网络化的信息优势并不能让美军在混乱无序的地面战场上游刃有余，大多数地面行动仍开始于美军与对手不期而遇的遭遇战，没有任何先进技术能阻止发生在街巷村镇内近距离的意外。另外，在与大国的全球化对抗中也不尽占优势，恰恰相反，软肋却是不少，美军脆弱的空间平台24小时面临着被反击的威胁，而网络赛博空间也不是无懈可击，作战对手的非对称打击会让美军处处防不胜防，更不用说核威胁的底牌让美军根本就没有全胜的把握。未来无论美军以何种方式联合，联合到何种程度，又怎么能够破解这些多样化威胁。

构建全域联合大体系与军种固有的独立性之间存在着复杂性。美军尽管构建了比较完善的战区联合司令部，战时作战是联合体制，但平时建设却是军种体制，各军种依然是各造各的"烟囱"，这种情况下如何真正构建跨越军种、跨越战区畅通无阻的全球联合大体系。当前美军实现军种整合的基本思路是在联合全域指挥与控制（JADC2）概念总框架下采取松耦合的结构，鼓励各军种各自发展，这种建设方式无形中给军种之间筑起一道相互隔开的篱笆。美军采取"自下而上"的方法进行军种融合。以空军建设为枢纽，先由空军研发"先进战斗管理系统"作为实现联合全域指挥控制的解决方案，再逐步整合其他军种。这种整合方法也面临复杂问题，空军对其他军种的技术研发或联合作战司令部没有指挥权，而各军种更倾向于优先发展自己的系统，需要国防部对各军种、联合作战司令部进行指导，通过"自上而下"来补充，这是一个上下反复迭代的过程，在装备采购上也需要创新很多机制。

全域联合大体系是一个复杂网络，网络的复杂度随节点数呈指数增长，复杂网络存在自组织、自相似、吸引子、小世界、无标度等一系列特征，而这个复杂网络又分隔在军种独立的壁垒内，在这种复杂网络上实现跨军种、跨域的更广泛联合是一种极大挑战。美军采取松耦合的方法，放弃数据交互的丰富性，提升灵活性和效率，具体做法是先给复杂网络建立一个联合指挥与控制、数据管理和数字工程的底层脚手架，各军种在这个基础上来实现具体的应用。但即使这样，网络的互联互通以及数据传输也是极端复杂的工作。在高端战争环境中，不太可能有足够的带宽将所有数据传输到高端作战所涉及的每个系统和平台，虽然战前可以预先设计好数据交互的结构，但战时的信息传输共享还需要根据特定的场景对相关单元、能力或平台的效能进行动态评估，寻求最快捷、最有效的打击链路及信息传输链路，也就是要快速寻找复杂网络的吸引子，这是由指挥官确定，还是全部交给机器系统，这里还涉及指挥权责的分级分类，尤其是在跨军种和跨域联合打击中,由谁来批准在什么层次上出于何种目的采取什么行动,以及使用什么作战平台,还有由谁来评估并转换作战行动。

另外,实施多域战、联合全域作战是否会颠覆一直以来以军种为框架的作战方式。美军包括世界各国都是按军种或军种所在域来组织作战行动,包括陆上作战、海上作战、空中作战。1986年《戈德华特-尼科尔斯国防部重构法案》构建的联合体制依然是基于军种的体制,联合只是表面现象。全域作战强调时刻准备动用跨军种、跨域的力量,那么,传统的陆、海、空作战还有存在的价值吗?自近代数百年来形成的陆上、海上和空中战略战术还会发挥作用吗?全域作战是按军种整合,还是按域整合,抑或是按更混合的方式整合,联合部队如何以最快的速度编成编组,还有如何将战略目标纳入战区级和战役级决策,很难想象在未来五年或十年内完成这种颠覆性的改变。

二、军种方阵能否被打破

全域作战旨在于陆、海、空、天、电、网所有空间域展开全方位的联合作战。但是,当前美军力量构成是基于军种而不是基于域,战区联合司令部实际上也是以军种为基础。军种与空间域的范畴具有明显的不同,当前美军的每个军种都已经是一支多域力量,海军同时拥有对海、对空、对陆打击能力,陆军地面火力完全可以精确打击来自空中和海上的威胁,空军也不仅限于对天空的掌控,而海军陆战队本身就是一个三位一体的联合力量,另外,还有太空域、电磁与赛博空间域这两种特殊作战域,既存在于每个军种,又有独立使用的力量,如何在这些军种和作战域同时交叉林立的复杂壁垒中实施高效的多军种全域作战是美军亟待解决的问题。

全域作战需要消除军种之间和作战域之间的界限,使用传感器和效应器,以完全网络化的力量,比对手更快地实施攻击和机动,使对手陷入多重困境。战役级的指挥控制将可能围绕一组动态的关键作战任务进行组织,而不是围绕特定作战域或面向特定军种组织行动。为了快速执行联合部队指挥官所分配的任务,这些战役级的指挥控制单位必须有权调度与该任务相关的任何资产和能力,不论这些资产和能力来自哪个军种或哪个作战域。但是,基于军种的管理和运营,每个军种不愿意放弃对本军种能力的掌控,将一个军种的资产控制权交给另一个军种,联合司令部的现有组织架构又强化了这种以军种为基础的运转方式。这样一来,美国防部和情报部门无法轻松地整合不同的数据集以提高态势感知能力,也无法为战略、战役和战术决策者提供更好的信息,而单个军种或作战域也无法充分理解所需的全域作战能力。

还有一个难点问题是,美军的建设依然是按军种结构分类实施,还没有有效的机制来建设联合作战司令部所需的联合能力,这不利于开发或部署全域联合作战能力,因为,每个军种都只针对其所在作战域特有的高端问题进行兵力设计,这样会带来诸多弊端。第一,军种的自我利益保护带来恶性竞争。每个军种为了生存,总会把自己建成与其他军种有明确区别而且无所不能的力量,不会考虑其它军种的需要,在建设过程中就没有联合的意识。美空军成立初期,一味发展战略空军力量,轻视对地支援的战术空军发展,造成空中资源的浪费,陆军不得不自己发展武装直升机来优化空中支援问题。就是当前提出的"全域战"也没被所有军种接受,海军似乎还在犹豫,担心沦落为陆军的支援力量,它提出的目标是"重回海洋"。第二,军种建设的"壁垒"还会造成大量重复建设。美空军、海军、海军陆战队都发展固定翼飞机,这三支不同属性的空中力量很难分清各自的使命。第三,军种体系的独立性制约军种联合的效益。每个军种的力量与武器装备都自成体系,战斗力生成需要由军种体系合成再到军种联合的多级路径,战时联合作战司令部也严重地受制于下属军种司令部。关于按军种结构建设部队带来的巨大财政浪费,早在本世纪初美军道格拉斯·A. 麦格雷戈的《打破方阵》一书就已经提出了尖锐的批评,麦格雷戈认为"兵力冗余是冷战时期的奢侈品。现实的财政状况要求消除所有军种中重复的部分"①,"尽管军事领域的发展表明,像航母战斗群、B-2 轰炸机和大规模两栖部队那样昂贵的冷战能力,在未来冲突中最多只能处于次要地位,但这些能力依然在造成庞大的机会成本"②。

  美军的一位资深军事学者也认为"军事变革可以是渐进性的,也可以是革命性的。然而,为了使变革更快速地实现,组织编制变革的方针必须是革命性的而不是渐进性的"③。多方面的论据集中在一点,形成的问题就是:传统军种方阵是否要被打破。无论是军队建设还是军种联合作战,都对军种的存在产生困惑。只要军种存在,军队建设发展总归要束缚在军种的某个界限之内,形成一道难以突破的藩篱,打破军种方阵是创新联合部队的一个必要途径,这可能需要有实施革命性变革的勇气。当前美军采取的军种"自下而上"和国防部"自上而下"迭代建设路径是一种改良性的方法,但仍然还有许多机制需要探索。战时,根据不同背景与规模联合作战需要,灵活建立联合特遣部队,对模块化力量进行菜单式编组,构建小型多能战斗群,也是打破军种方阵的方法。当前,军事理论界还有一种观点认为,按武器装备使用划分的兵种可能会长期存在,但以传统空间域划分的军种则可能是一个历史性概念,有其产生、发展和消亡的演进过程。那么,打

---

  ① 麦格雷戈:《打破方阵》,军事科学出版社 2005 年版,第 260 页。
  ② 麦格雷戈:《打破方阵》,军事科学出版社 2005 年版,第 272 页。
  ③ 詹姆斯·J. 特里顿:《军事变革:模式转变与理论》,1995 年版,第 15 页。

破军种方阵的最终目标是不是要走向"军种的消亡"？现在看来，"军种的消亡"是存在理论上的可能性，然而，军种一旦消亡，军队战斗力生成将会采用什么样更优化的发展模式呢？

三、智能化战争路在何方

美军从二十一世纪初的部队信息化转型时期就开始研制军用智能机器人，2014年实施第三次"抵消战略"以后，美军智能化武器和自主系统作为颠覆性技术得到迅猛发展。深度学习、模式识别、脑科学等人工智能领域的突破性进展，推动了无人机自主性水平即智能化的跃升，成为支撑"多域战""全域战"的重要技术装备和力量。目前美军各种地面机器人增长到约1.5万个，各类无人机数量已达1.13万架以上，除承担大部分侦察、情报、监视等作战保障任务外，还负责约1/3的空中打击任务。人在基本战斗单元中的功用不断被替代，而智能化无人系统则越来越独立地担负起原来"人与武器"系统的使命。2014年美陆军在阿拉巴马州的红石兵工厂和加利福尼亚州的飞行测试中心成功完成AH-64E"阿帕奇"直升机同时控制"灰鹰"无人机和"影子"无人机执行任务的测试。2016年美空军成功地进行了多达103架微型无人机的自适应编队飞行测试，美军战略能力办公室预计未来10年由多达1000架智能体组成的蜂群将成为可能。美国2018年版《国防战略》报告强调"新兴技术如人工智能、定向能、高超音速以及生物技术等，其发展将决定美国是否有能力打赢未来战争"。2018年6月27日，美国防部宣布成立联合人工智能中心，以指导执行国家任务倡议及大规模、高预算的专项工作。2019年美陆军"机动作战实验室"实施了"有人-无人"混编步兵排兵棋推演实验，结果显示无人机和地面机器人加强给步兵单位后，其战斗力提高10倍。同时，美空军也在探索将F-35和新F-15EX与XQ-58"女武神"无人机或其他无人机结合使用的方法。2022年3月，美国防部向国会提交新版《国防战略报告》提出"未来5年美国将投入约15亿美元用于人工智能相关的技术研发"。

人工智能是继网络化之后战争形态发展的又一推动力。人类战争形态也因此显露出从信息化战争向智能化战争演变的迹象，这将是战争形态演化发展的又一个里程碑。人类战争形态经历了冷兵器时代、热兵器时代、机械化时代以及信息化时代，现在又指向了智能化时代。之所以形成这样的演化路径，源于人类这个智能生命社会实践所涉猎的三个关键领域，即物理域、信息域、认知域，此三个领域反映了复杂性和文明水平由低到高不断递进的方向。物理域，由实实在在看得见摸得着的物质实体构成，人类文明在这个领域获得了改造和利用工具的能力，对应着冷兵器、热兵器和机械化战争的形态演变；信息域，由看不见但又客观存在的信息构成，信息本质上是一种自然界的反馈现象，人类文明进入信息域是近一百年内实现的，具备了收集、传输和运用信息的能力，在这个领域的战争形态对应着信息化战争，当前人类信息化战争形态已趋向成熟；认知域，则是对信息的加工处理形成知识，并创造出新的知识。认知域是人类独有的领域，存在于人类的大脑中。今天随着智能化技术发展，人类可以创造出与人脑相接近的智能化机器，将人脑向机器脑拓展，由此引发在认知域的一场新战争形态演变，即智能化战争。根据相关文献定义，所谓智能化战争，是以"网络通信和分布式云"为支撑，以"数据计算和模型算法"为核心、以"认知对抗"为中心，多域融合、跨域攻防，无人为主、集群对抗，虚拟与物理空间一体化交互的全新作战形态①。当前，美军极力发展的"多域战"、"全域战"已经开启了信息化战争向智能化战争转变的过渡，突出特点是分布于多域的大量智能化武器和自主系统的运用。但也要看到，美军智能化武器主要停留在概念和实验阶段，进展仍然比较缓慢，与实战有较大的距离。由于人工智能技术的局限性，机器智能在可见的未来很难完全代替或超越人的思维，智能化武器几乎无法适应不断变化的战场环境，还存在着突出的安全性和可靠性问题、复杂战场环境中的通信问题，而且，传输带宽也不好解决。总体上，美军当前智能化武器还处在"弱人工智能"水平，只具备"信息表征、逻辑推理和自主简单决策"等能力。有行业专家认为，美军解决这种"弱人工智能"武器的问题只需要几年时间，另一些专家认为，这种突破可能要几十年甚至更久，而那种"超人工智能"武器进入战场则更加遥远。尽管前面困难重重，智能化武器可以帮助军队更快、更准确地行动，同时减少己方部队面临的风险，这种巨大应用潜力使美军不会止步不前。

然而，智能化战争作为超越信息化战争的更高战争形态，将不仅仅依靠智能化的武器装备，还要围绕相应的作战条令、体制编制以及人员训练等进行一系列的调整变革，从智能化武器的使用到智能化战争又有更远的路要走。智能化战争将是以智能化武器的广泛使用为标志，机器智能与人类智能协同配合，促成作战方式与体制编制发生创新变革，这将带来新质决策优势和行动优势。从美军出台的未来智能化发展战略看，美军将以深度学习技术、智能算法技术、军用机器人技术为突破口，聚焦三大领域发展：情报侦察智能监控、指挥决策智能辅助、体系攻防智能较量，至2035年前初步建成智能化作战体系，至2050年前智能化作战体系将发展到高级阶段，作战平台、信息系统、指挥控制全面实现智能化甚至无人化，更多样的新型武器可能走上战场，进而导致战争形态质变。而在未来智能化战争形态中，美军的军种或许不复存在，军种联合将呈现更新的面貌。

著名的生物学家查尔斯·达尔文说过："并不是最强壮的或是最联盟的物种

---

① 吴明曦：《智能化战争—AI军事畅想》，国防工业出版社2020年版，第62页。

存活下来，而是那些对变化最能做出反应的。"再度回顾美军自1775年建立到现代军种产生与走向联合的历史。为什么美军能够在百余年内从白手起家走向强大，并且在第二次世界大战崛起后经历长盛不衰？其原因当然是多方面的，其中最值得我们借鉴的是美军自上而下一以贯之的创新精神，在每一个特定的历史发展时期，美军都注重不断检查反省问题与不足，以创新求变的精神，寻求最佳解决之道。这种创新精神在不同的发展阶段，始终保持目标一致性，也正是这种不拘一格的创新精神推动了美军军种联合的发展。但是，我们也要看到，就今天的美国而言，尽管其军种联合的能力水平暂时处于"全球领跑"状态，但其强大的军事能力表象后面往往正在生长反向的力量，激进的军力发展步伐必然次生灾难性的隐患。老子《道德经》云："是以兵强则灭，木强则折。强大处下，柔弱处上。"其意为：用兵逞强必遭灭亡，树林粗壮必遭砍伐。因此，强大的往往居下方，柔弱的往往居上方。今天的美国无处不用手中的军种联合"大棒"来吓唬别国，只能显示出其内在已失去应有的活力，因而失去了应对外部世界的手段，一味依靠军事手段难以支撑永久的强大。

附录 大事记

- 1775年6月14日，北美第二届大陆会议通过组建10个步兵连的决议，美国陆军建立，由最具军事才能的华盛顿担任总司令。同年10月，大陆会议通过决议创立海军，11月建立了海军军舰警卫部队——海军陆战队前身。

- 1776年10月，美军阿诺德少将率领第一支舰队在尚普兰北面的瓦尔库尔岛勇敢阻击强大的英军舰队，使英军陆海联合的钳形攻势破产，此战被认为挽救了美国独立战争的命运。

- 1789年3月，美国国会正式成立并取代临时性的大陆会议。8月7日，美国国会决定在新的中央政府内设立陆军部。1798年4月，美国国会决定成立海军部，这表明美国海军作为一个独立军种正式成立。1798年7月11日，美海军陆战队独立成军。1802年3月16日，美军西点军校创立。

- 1814年9月，美海军指挥官托马斯·麦克多诺在尚普兰湖击败英军南下舰队，夺取尚普湖控制权，有效地配合了地面作战，此役被美军官方认定为最早的军种联合作战。

- 1817年7月，美军高层下大力复兴西点军校，该校成为美国一流的军事与工程兵学校。1824年，美军又建立第一个陆军研究生院。1850年，美军建立第一所海军军官学校。军事院校的建立促进了美军军事职业化的发展。

- 1846年5月13日，美国发动美墨战争，美军陆海多路进攻墨西哥，最终战争以美军压倒性胜利结束，此战使美陆、海、海军陆战队三大军种开始走向成熟。

- 1861年4月，美国南北战争爆发，经过4年艰苦惨烈的厮杀，北方联邦军获胜，此战是热兵器战争向机械化战争的过渡，促进了美军现代军种的产生和军种联合的发展。

- 1890年美国海军学院院长阿尔弗雷德·赛耶·马汉提出"海权论"，其核心思想是"谁控制了海洋，谁就控制了世界"，海权论促进了美海军的现代化建设以及在军事领域的运用。

- 1896年4月24日，美西战争爆发，这场战争凸显了海战的重要性，此战美国获胜，使美国逐渐成为一个世界性的大国。

- 1903年，为了强化文官治军原则，美军撤消陆军总司令一职，在陆军部内设立陆军参谋机构，陆军参谋长为陆军现役最高军职，辅佐陆军部部长。

1915年3月，美海军设立海军作战部长为最高军职，辅佐海军部部长。至此，美军早期文官治军国防体制形成。

- 1903年美军建立了由陆军与海军的军职领导人和各军种主要计划人员组成的陆军和海军联合委员会。
- 1907年8月1日，美国陆军成立通讯兵航空科，这应该是美军最早的航空兵管理机构。1908年11月，美国陆军开始拥有飞机。
- **1914年7月28日—1918年11月11日，第一次世界大战。**
- 1917年美海军陆战队第一航空队成立，这表明美海军陆战队也进入军事航空领域。
- 1921年美国海军建立海军航空局。在海军少将威廉·A.莫菲特领导下建立海军航空兵，实验、购买战斗机、鱼雷轰炸机和俯冲轰炸机，建造航空母舰。
- 1921年7月，美军飞行员威廉·米切尔在弗吉尼亚海角实施轰炸实验，击沉德国"奥斯特弗里斯兰"号战列舰，展示了空海协同能力。
- 1926年，美海军陆战队进攻尼加拉瓜，第一次采用对敌俯冲轰炸，这是美军实战中首次采取近距离空中支援。
- 1926年7月，美陆军成立航空兵团，标志着美陆军航空兵正式成立。
- 1927年美军陆海联合委员会出版《陆海军联合行动》，提出了军种协同的原则，提出"不涉及'最高利益'的军种指挥官被要求执行涉及最高利益的军种指挥官分派的任务"。
- 1933年，太平洋舰队陆战队成立。通过对两栖作战的深入研究与实践，海军陆战队成为具有独特作战使命的军种，在美国军事架构中谋得一席之地。
- 1933年至1936年，美国国会先后批准建造"企业"号、"约克敦"号、"黄蜂"号和"大黄蜂"号航空母舰。
- 1934年德国军事家埃里希·鲁登道夫上将出版著作《总体战》，提出现代军种联合思想萌芽。
- 1935年《陆海军联合行动》修订稿删除了"最高利益"原则，强调联合行动中的协调可以通过灵活的相互合作得以实现，这为二战中美军种联合作战提供了重要指导。
- **1931年9月18日/1937年7月7日/1939年9月1日—1945年9月2日，第二次世界大战。**
- 1941年6月，美陆军航空队建立，航空兵成为美陆军一个战斗兵种。
- 1942年初阿卡迪亚会议正式形成联合作战的概念；7月，美海军上将威廉·丹尼尔·莱希提出"高级联合司令部"的概念，美参谋长联席会议由此建立。

- 1947年7月26日，根据杜鲁门总统提出的三军统一计划，美国国会出台《1947年国家安全法》，设立国防部长以及"国家军事机构"，包括陆、海、空军文职部长，这是美军首次军种联合体制机制改革。
- 1947年9月18日，美国空军正式成立，W.斯图尔特·赛明顿宣誓就职首任空军部长，卡尔·斯帕茨就任美国首任空军参谋长。至此，美国形成陆军、海军、空军、海军陆战队的力量构成。
- 1949年8月，美国国会又通过《国家安全法修正案》，该法案加强了国防部长的权力，把"国家军事机构"变成国防部，成为政府中的一个执行部门，而陆、海、空军部则由政府的执行部门变为国防部下属的三个军事部门。
- **1950年6月25日—1953年7月27日，朝鲜战争**。
- 1952年12月，艾森豪威尔总统致力于国防机构权力的重组，将防务规划权力逐渐集中到总统办公室、国防部长办公厅和参联会下属的联合参谋部，进一步削弱军种部在国防规划中的发言权。
- 1953年艾森豪威尔政府制定"新面貌"国家安全战略，重视强化国家经济实力，减少军费开支，弱化常规力量的重要性，强调核武器的威慑和作战能力。
- 1954年美国波音公司研制成功B-52"同温层堡垒"喷气式远程战略轰炸机，该轰炸机拥有八个发动机，最大载弹量达17吨。
- 1954年"鹦鹉螺"号核潜艇顺利下水，次年海上试航成功。1960年"北极星"号核潜艇潜航发射导弹成功。
- 1955年B-52"同温层堡垒"喷气式远程战略轰炸机装备美战略空军部队，并执行空中载核弹巡航。同时，美军还发展了空中加油技术，使得战略轰炸机具有了几乎无限的航程。
- 1956年，为了应付所谓"战术核战争"，美陆军的师实行"五群制"，将三三制师的3个团改为5个"战斗群"。
- 1957年以后美空军陆续研制成功并部署了"诚实约翰"、"中士"、"雷神"等中近程弹道导弹。
- 1957年17000吨的巡洋舰"长滩"号开始动工，成为首次使用核动力的水面舰船，并且用导弹武器代替了主炮。
- 1959—1960年，第一代潜射弹道导弹"北极星"及发射潜艇问世。至此美军建成了包括洲际轰炸机、洲际弹道导弹和核潜艇的"三位一体"的核力量。
- 1958年艾森豪威尔提出进一步集中权力的改革要求。新的改革以参联会为核心，参联会主席在参联会事务中拥有正式的投票权，各军种参谋长被排除在作战指挥序列之外。
- 1960年肯尼迪上台后，制定"灵活反应"战略，强调要在准备打核战争的同时，建立一支"更强大和更灵活的非核力量"。

· 1960年肯尼迪总统任命福特汽车公司总裁麦克纳马拉担任国防部长，开始推行一系列的国防预算改革，要求各军种遵循计划—规划—预算体系（PPBS），强化文官治军的集权决策。

· 1960年美陆军有了12个直升机营。陆军参谋部召开高级委员会，审查陆军航空兵条令和编制，提出了直升机垂直攻击的作战思想，并开始推动相关的验证工作。

· 1960年美陆军对师的编制进行再改革，恢复三三制。师由三个旅、一个师司令部和配属的建制支援部队组成。

· **1961年5月14日—1973年1月27日，越南战争。**

· 1961年11月，第一艘核动力航母"企业"号编入现役，成为当时世界最大的航空母舰。

· 1961年美陆军在北卡罗来纳州布莱格堡组建"绿色贝雷帽"部队；海军也紧随其后建立"海豹突击队"，着重发展两栖部队和水下破坏队伍；空军则建立起支援丛林战争的运输机队以及"森林杰姆"突击队。

· 1962年美军开始建设全球军事指挥控制系统（WWMCCS），由探测预警系统、指挥中心和通信系统组成，主要用来指挥控制其战略核部队。

· 1965年美陆军开始着手组建两个空中机动师——第1骑兵师和第101空中突击师，随后，被确立为空中突击师，利用直升机进行空中突击及快速推进。

· 1972年尼克松总统开始推行"现实威慑"战略，其思想是在战略上做一些必要的收缩，调整全球军事部署，充实军事实力，减少海外用兵，力图摆脱被动处境。

· 1973年威廉·杜普伊上将出任新成立的陆军训练与条令司令部司令，推动美国陆军大改革。

· 美国国防部1974年成立了各军种参加的JTIDS联合办公室，负责各军种通用的JTIDS/Link16数据链研制工作。

· 70年代美军C_4I系统建设的重点放在了各军种的系统建设标准化和通用化问题上。

· 1976年美国陆军颁布《作战纲要》，将以大量高技术武器的军兵种合成作战纳入作战条令，使军种联合开始进入高技术时代。

· 1980年4月，美国实施伊朗德黑兰解救人质行动，代号"鹰爪"行动，由于各军种人员协同不力，造成行动中途夭折。

· 1980年11月，里根总统上台，提出"重整军备"口号。

· 1982年美国陆军再度颁布修订后的《作战纲要》，正式提出了"空地一体战"思想。

- 美国空军加强与陆军的联合力度，制定了《空中机动作战》、《空中战斗骑兵旅》等作战条令，把空地联合纳入条令。
- 1982 年美军首款隐形飞机 F-117 研制成功，并交付空军使用，这是一种轻型的隐形战斗机。
- 到 80 年代末，美空军拥有 4 种远程轰炸机，包括 B-52、FB-111、B-1 和 B-2。美空军还研制了空中预警与控制飞机，作为载有远程雷达的空中控制中心。
- 美空军还研制了 E-8 联合监视目标攻击系统飞机，通过安装在飞机腹部的雷达对地面部队进行跟踪，系统还能与地面雷达实现通信联络，可以为空对地打击提供目标情报。
- 美空军建立了基于计算机的任务管理系统，其中，重点是研发了"空中任务分配指令"，对所有空中任务申请和现有飞机实现最佳的搭配。
- 80 年代中期，美国海军已经制订一个复兴建设计划。
- 80 年代是美军 C_4I 系统大发展时期，里根总统推进战略力量现代化，主要内容之一就是战略 C_4I 的现代化，投入了数以百亿美金的资金，加强了包括各类指挥中心的建设，各军种也初步建成了自成体系的 C_4I 系统。
- 80 年代美军开始少量装备 JTIDS/Link16 数据链，主要用于 E-3A 预警机与陆基设施的信息传输。
- 80 年代美军加强航天系统在军事领域中的运用，包括国防通信系统、侦察卫星系统、气象卫星、GPS 全球定位系统卫星等。
- 1983 年 10 月，美军入侵格林纳达，代号"暴怒"行动，美空降部队、海军陆战队、航母战斗群参战，联合行动取得胜利，但此战美军也出现不少失误。
- 1985 年派克德委员会成立，对国防部的组织结构进行评估，提出必须重组国防部，成立多军种联合作战司令部。
- 1986 年 4 月，美军展开对利比亚的"黄金峡谷"行动，行动全程采取空袭方式，实施快速非接触作战方式，成功摧毁利比亚多处军事目标，美军自身零伤亡，此战成为美军越战失利后的转折点。
- 1986 年美国国会通过了《戈德华特-尼科尔斯国防部重构法案》，该法案从法律上对美军联合作战体制进行了确定，成为美军种联合作战的基石。
- 1986 年美联合参谋部出版《美国武装部队的联合作战》《武装部队的联合行动》等一批联合作战顶层出版物，为美军联合作战提供指导。1988 年又提出美军联合作战条令编写体系。
- 1989 年 12 月，美军入侵巴拿马，此战大量使用高技术武器，采取"空地一体战"方式，多军种部队联合编组快速达成作战目的。
- **1990 年 8 月 2 日—1991 年 2 月 28 日，海湾战争。**
- 1992 年，美军修订国防关键技术计划，确定了七大军事能力需求领域和 11 个关键技术领域，用以指导 2010 年前的美国国防科学技术发展工作，其核心技术是信息技术。
- 90 年初，美国空军开始在 F-15 飞机上使用试验数据链，通过数据链掌握态势和威胁信息。
- 美空军对现役第三代战斗机进行了现代化改装，换装了高性能发动机，装备了高精确制导武器，更换了新型机载电子设备。
- 90 年代中期以后，美各军种作战平台已展开信息技术改造，包括陆军的"爱国者"导弹，海军的航空母舰、巡洋舰、F-14、E-2C，空军的战术航空兵的飞机、E-3、RC-135、EC-130E 机载战场指挥与控制中心以及空战中心，这些成为美军联合作战的重要手段支撑。
- 90 年代中期，美军开始发展和运用电视电话会议系统，以增强军种联合的效率。
- 美国空军新装备 AIM-120 中距空空导弹 AMRAAM、AGM-130 和 AGM-142 中程空地导弹、联合直接攻击弹药 JDAM 等新型弹药，并加紧研制联合远程发射弹药 JSOM，同时对空基和海基巡航导弹进行了改进，加装 GPS 卫星定位设备。这些弹药普遍采用了加 GPS 的复合制导方式，制导精度更高，大部分能在敌方火力范围外发射，"发射后不用管"。
- 1992 年美军参联会推出了联合出版物第 1 号出版物——《美国武装部队的联合作战》修订版，强调了应用信息化手段整合各军种作战能力，使作战方式出现革命性变化。
- 1992 年美国空军在新版《航空航天概则》中提出了全球作战观念。
- 海军于 1992 年 9 月推出"由海向陆"理论，而海军陆战队提出"超越地平线登陆"思想。
- 1992 年美陆军开始数字化装备与数字化部队的试验论证。1994 年 6 月，美国陆军成立陆军数字化办公室，不久公布了第一个数字化计划——《数字化总计划》，正式推开数字化部队与数字化战场建设。
- 1993 年美军开始建立覆盖全球美军的指挥、控制、通信、计算机、情报、监视和侦察系统——全球指挥控制系统，并与陆军的"陆军作战指挥系统"、空军的"地平线"C_4I 系统和海军的"哥白尼"C_4I 系统联通，真正在全军搭建起军种联合作战的信息系统框架。
- 自 1993 年 12 月至 1997 年 12 月，美军第 509 轰炸机联队先后共接收 20

架具有隐身能力的战略轰炸机 B-2A 战机,该机采用了一系列最先进的隐身技术,雷达反射载面不到 0.1 平方米,具有出众的隐身性能和航程,能够从本土出发实现全球打击。

- 1993 年美陆军颁发新的《作战纲要》,明确提出"陆军不会单独作战。陆军作为联合部队、联军或机构间联合部队的组成部分,对于实施持久地面战斗行动可提供各种用战斗、战斗支援与战斗勤务支援职能的独特能力"。
- 1994 年美陆军颁布《信息战》条令,首次提出"信息战"理论,该理论的重要意义之一在于把联合作战拓展到了信息域。
- 1994 年开始,美国通用原子公司研制 MQ-1"捕食者"无人机,当年就具备了实战能力。同时,美陆军也发展了一种用作短距离侦察并能昼夜飞行的"猎人"无人机,为军、师级指挥官提供侦察、监视和目标截获保障。
- 1995 年美国国防部组织了由各联合作战司令部、各军种和各部局参加的 C_4ISR 综合特别工作队。1996 年 10 月,美国防部成立 C_4ISR 体系结构工作组。
- 1995 年时任美参联会副主席的欧文斯海军上将在给美空军国家安全研究所的文章《系统中的新兴系统》中提出"系统集成"的概念。
- 1996 年 8 月,美军全球指挥控制系统 GCCS 开始投入使用。
- 1996 年美参联会颁布《2010 年联合构想》文件,以构想文件形式提出了联合作战的重要性以及原则、思路,成为美军从顶层上前瞻性指导军种联合作战的理论样板。
- 1997 年 4 月,时任海军作战部长的约翰逊在美国海军学会第 123 次年会上首次提出了"网络中心战"理论,强调要使美国海军从平台中心战转向网络中心战。
- 1997 年底,美国防部 C_4ISR 体系结构工作组出台《C_4ISR 体系结构框架 2.0 版》。
- 1998 年 1 月,美国海军军事学院长阿瑟·塞布罗斯基海军中将再次发表题为《网络中心战:起源与未来》的论文,成为"网络中心战"理论的奠基之作。
- **1999 年 3 月 24 日—1999 年 6 月 10 日,科索沃战争。**
- 1999 年美军提出全球信息栅格(GIG)的新概念。
- 2000 年美参联会颁布《2020 年联合构想》,为美军新世纪如何实现军种联合作战提出指导。
- 2000 年 6 月,美空军开始小批量装备"全球鹰"无人机,该型无人机不仅可以引导空军对地轰炸,而且,还可以用作更广泛的战略侦察行动。此后,海军也开始小批量装备"全球鹰"无人机,用于海上战略性侦察。
- 2001 年美军国防部提出杀伤链的概念。
- 2001 年 7 月,美国防部正式向国会呈交《网络中心战》的报告。

附录 大 事 记

- **2001 年 10 月 7 日—2021 年 8 月 30 日，阿富汗战争。**
- 2001 年 12 月 11 日，美国总统布什在南卡罗来纳州查尔斯顿堡军校发表题为"加速军事转型是美国当前的第一要务"的讲话，开启美军转型工作。
- **2003 年 3 月 20 日—2011 年 12 月 18 日，伊拉克战争。**
- 2003 年 4 月 10 日，美国防部颁布《美国防部转型计划指南》，正式启动部队信息化转型。各军种按照国防部指导思想，分别规划军种转型路线图。
- 2004 年 1 月，美军联合部队司令部向国防部部队转型办公室主任提交了《联合作战转型路线图》。
- 2011 年 5 月 2 日，美军海豹突击队在巴基斯坦击毙本·拉登。
- 2011 年 6 月，美军官方版《空海一体战作战概念》报告出台，同年 11 月，美国防部发布《空海一体战作战概念概要》。
- 2011 年 11 月，美国总统奥巴马在夏威夷主办的亚太经合组织峰会上高调亮出"转向亚洲"战略。
- 2013 年美国防部公布了题为《维持美国全球领导地位：21 世纪国防优先任务》的新军事战略报告。
- 2014 年 9 月，美国防部宣布将制定第三次"抵消战略"作为落实新军事战略的措施。
- 2015 年 7 月 1 日，奥巴马政府发布了第二份美国《国家军事战略》报告。
- 2015 年美空军部发布《美国空军战略总体规划》，提出了构建未来空军的战略框架。
- 2016 年 10 月，美陆军率先提出"多域战"理论。2017 年 2 月，美陆军和海军陆战队联合发布《多域战：21 世纪的合成兵种》白皮书。
- 2017 年 1 月，美海军发布《水面舰艇部队战略：重回海洋控制》。
- 2018 年 1 月，美国防部发布 2018 年版《国防战略报告》，评估了美国所面临的战略环境，突出渲染中国、俄罗斯等大国竞争的挑战。
- 2018 年 5 月，隶属于美军战略司令部的网络司令部提升为与战略司令部平行的独立一级联合作战司令部。
- 2018 年 6 月 18 日，美国总统特朗普下令国防部立即启动组建太空军，8 月 29 日，美军太空司令部正式成立。
- 2020 年 1 月，美参联会副主席约翰·海顿表示，联合参谋部正在进一步探索"联合全域指挥和控制"，以期开发新的联合作战概念。3 月 5 日，美空军首次提出"联合全域作战"（JADO）概念。
- 2023 年 8 月，即将离任的美军参联会主席米利敦促发布《联合作战概念》，意在为国防部提供一个统一的愿景，指导联合军力发展和联合军力设计。

部分参考文献

[1] 阿伦·米利特：《美国军事史》，解放军出版社，2014.

[2] 詹姆斯·M. 莫里斯：《美国军队及其战争》，世界图书出版公司，2012.

[3] 哈珀·柯林斯：《世界军事历史全书》，中国友谊出版社，1998.

[4] 阿彻·琼斯：《西方战争艺术》，中国青年出版社，2001.

[5] 海厄姆：《简明战争史》，商务印刷出版社，1982.

[6] 张聿法等：《局部战争概览》，解放军出版社，1988.

[7] T. N. 杜普伊：《武器和战争的演变》，军事科学出版社，1985.

[8] 周柏林：《山姆警长》，解放军出版社，2002.

[9] 王昉：《世纪超霸美利坚》，时事出版社，1997.

[10] 拉塞尔·F. 韦格利：《美国陆军史》，解放军出版社，1989.

[11] 约翰·赫尔弗斯：《美国海军》，海潮出版社，2012.

[12] 曹玥译：《美军空军史》，湖南人民出版社，2010.

[13] B. L. 克拉姆利：《由海制陆——美国海军陆战队作战全史》，海洋出版社，2016.

[14] 温斯洛·T. 惠勒：《美国军事改革反思》，电子工业出版社，2014.

[15] 戴维·贾布隆斯基：《陆战、海战和空战》，军事科学出版社，2014.

[16] 艾伯特斯：《网络中心行动的基本原理及其度量》，国防工业出版社，2007.

[17] 《网络中心战》，军事谊文出版社，2009.

[18] 《"疣猪"A-10 攻击机和近距离空中支援》，中国市场出版社，2015.

[19] 詹姆斯·邓尼根：《美军大改革》，海南出版社，1999.

[20] 傅雁南：《桀骜不驯——麦克阿瑟》，世界知识出版社，1993.

[21] E. B. 波特：《尼米兹》，解放军出版社，1987.

[22] 齐德学：《抗美援朝战争史》（第一、二、三卷），军事科学出版社，2000.

[23] 马修·邦克·李奇微：《朝鲜战争》，军事科学出版社，1983.

[24] 孙旭主编：《十场渡海登陆战》，解放军出版社，2006.

[25] [日]陆战史研究普及会编：《日本人眼里的朝鲜战争》（上、下），国防大学出版社，2000.

［26］大卫·哈伯斯塔姆：《美国人眼中的朝鲜战争》，重庆出版社，2010.

［27］《中国军队实战实录4》，国防大学出版社，1993.

［28］威廉·莫姆耶尔：《三次战争的空中力量》，世界知识出版社，2014.

［29］罗伯特·S.麦克纳马拉：《回顾——越战的悲剧与教训》，作家出版社，1996.

［30］威廉·威斯特摩兰：《一个军人的报告》（上、下），生活·读书·新知三联书店，1978.

［31］《海湾战争——美国国防部致国会的最后报告》（上、中、下），军事科学出版社，1992.

［32］张相元：《海湾战争纵览》，海潮出版社，1992.

［33］李成刚：《第一场高技术战争——海湾战争》，军事科学出版社，2008.

［34］航空科技情报研究所：《海湾战争中航空武器装备面面观》，航空工业出版社，1991.

［35］《科索沃战争——美国国防部关于联盟力量行动的战后审查报告》（上、中、下），军事科学出版社，2000.

［36］徐洸：《科索沃战争研究》，蓝天出版社，1999.

［37］刘克俭：《第一场以空制胜的战争》，军事科学出版社，2008.

［38］《阿富汗战争研究》，解放军出版社，2004.

［39］《阿富汗战争中的特种作战》，知远战略与防务研究所，2016.

［40］《阿富汗战争的经验教训：战斗、情报、部队转型和国家建设》，知远战略与防务研究所，2016.

［41］西风：《阿富汗战争：2001—2011年美国与北约的作战行动》，中国市场出版社，2014.

［42］郑守华：《第一场国际反恐怖战争——阿富汗战争》，军事科学出版社，2008.

［43］《伊拉克战争——来自参战国军方的报告》，军事科学出版社，2005.

［44］《伊拉克战争研究》，军事科学出版社，2003.

［45］《网络中心战案例研究》，军事科学出版社，2011.

［46］樊高月：《第一场初具信息化形态的战争——伊拉克战争》，军事科学出版社，2008.

［47］王永明：《伊拉克战争研究》，军事科学出版社，2003.

［48］弗兰克斯·汤姆：《美国士兵——弗兰克斯》，中国青年出版社，2006.

［49］小彼得·F.潘泽瑞：《海神之矛行动海豹突击队猎杀本·拉登》，中国市场出版社，2016.

［50］罗伯特·盖茨：《责任——美前国防部长罗伯特·盖茨回忆录》，南方出版社媒体，2016.

［51］汤米·托马森：《海上力量海空突击》，海洋出版社，2017.

［52］David S. Alberts：《网络中心战与复杂性》，电子工业出版社，2004.

［53］张华翼：《鹰之猎场》，军事科学出版社，2009.

［54］陈亚来：《外军 C_3I 系统》，解放军出版社，1989.

［55］《备战 2020——美军 21 世纪初构想》，军事科学出版社，2001.

［56］苗东升：《开来学于今——复杂性科学纵横论》，光明日报出版社，2009.

［57］麦格雷戈：《打破方阵》，军事科学出版社，2005.

［58］吴明曦：《智能化战争——AI 军事畅想》，国防工业出版社，2020.

［59］斯蒂文·L. 瑞尔登：《谁掌控美国的战争？——美国参谋长会议史（1942—1991 年）》，世界知识出版社，2015.

［60］刘鹏：《拨开迷雾：信息化局部战争美军典型战例研究》，武汉大学出版社，2021.

后　　记

当初，决定写《激进之鉴——从战争实践看美军军种联合》这本书，主要基于三点考虑：一是想研究美军，美军是当今世界最强悍的军事力量之一，系统研究美军建设与运用的经验教训，达到知鉴图强之目的；二是想研究点战争史，从历史纵向发展脉络中探索总结战争领域的演变规律，为打赢明天的战争寻求有用之策；三是想研究军种联合的建设发展问题，这是当前世界各国军队建设的热点，通过探究军种联合发展规律，为改革实践提供理论参考。综合上述考虑形成本书标题，本书以时间为顺序，梳理了自美国独立战争至今 250 余年间美军军种联合的建设与实战历程，先后记述美军发动或参与过的十余场战争，剖析了大小百余次作战行动，从军事战略、武器装备、体制机制、作战理论以及战役战术等多侧面、多视角系统研究美军军种联合的发展历程与规律。

从 2017 年年初确立写书目标到成书出版，断断续续共计八年有余，研撰工作主要利用业余时间，深感其中的艰辛。在研撰过程中遇到较多困难，包括需要处理好美军 250 余年大跨度时间历程与篇幅局限的矛盾，处理好写战争史与研究军种联合的矛盾，处理好收集消化大量文献资料与研撰时间有限的矛盾。针对这些困难，笔者紧紧盯住军种联合这个方向，做到抓大放小，以最简洁的文字描述战争的大进程，同时，有重点地深入到一些战斗个案里探微军种联合的细节。撰写中，还细心对海量文献资料进行综合比对、抽丝剥茧，对重要作战过程进行逐段推演，在叙述战事中解析军种联合的特点规律。由于研撰时间和本人能力有限，本书对美军军种联合的很多问题研究还不深透，还存在浅尝辄止的情况，也难免有少量资料数据的遗漏和差误，敬请批评指正。

本书能够付梓出版首先要感谢信任和支持我的领导、同事、同学和各位朋友。同时，要特别感谢武汉大学出版社在选题、研撰和编审校对过程中给予我积极、周到的指导和帮助。最后，还要感谢我的家人，她们永远是我在学术道路上执着追求、自强不息的精神动力。